Erich Schmidt-Eenboom · Ulrich Stoll

Die Partisanen der NATO

Erich Schmidt-Eenboom · Ulrich Stoll

Die Partisanen der NATO

Stay-Behind-Organisationen in Deutschland 1946–1991

Ch. Links Verlag, Berlin

Editorische Notiz
Deck- und Tarnnamen von Personen, Organisationen und Operationen wurden in Kapitälchen ausgezeichnet.

Die Deutsche Nationalbibliothek verzeichnet diese Publikation in der Deutschen Nationalbibliografie; detaillierte bibliografische Daten sind im Internet über www.dnb.de abrufbar.

2., erweiterte Auflage, Juli 2016

Schönhauser Allee 36, 10435 Berlin, Tel.: (030) 44 02 32-0
www.christoph-links-verlag.de; mail@christoph-links-verlag.de
Umschlaggestaltung: Ch. Links Verlag, Berlin
Umschlagabbildung: istockphoto.com/pashabo (52953808)
Lektorat und Redaktion: Das Verlagsbüro, Andernach
Satz: typegerecht, Berlin
Druck und Bindung: Druckerei F. Pustet, Regensburg

ISBN 978-3-86153-889-9

Inhalt

Staatsgeheimnis Stay Behind
Einleitung ... 11

Was ist Stay Behind?
Vorgeschichte und Grundlagen ... 17

Stay-Behind-Partisanen: Eine sowjetische Idee ... 17
Werwolf – das letzte Aufgebot des Dritten Reiches ... 18
W für Widerstand ... 21
Jürgen Stroop: Werwolf und Kriegsverbrecher ... 24
Werwolf im Osten ... 27
Endkampf im Süden ... 30
Das Kriminaltechnische Institut ... 32
Auftrag: Mord. Geheimer Einsatz für Ilse Hirsch ... 32
Der Oppenhoff-Mord ... 36
Winke für Jagdeinheiten ... 38
Freikorps Adolf Hitler ... 41
Werwolf-Propaganda ... 43
Fememorde ... 45
Das Scheitern von SS und Wehrmacht bei eigenen Partisanenplanungen ... 49
Die Zeitenwende nach 1945 ... 51

Der Bund Deutscher Jugend (BDJ) und sein Technischer Dienst (TD)
Das ehrgeizige Stay-Behind-Netzwerk der CIA zu Anfang der 1950er Jahre ... 57

Der Skandal um den Technischen Dienst des Bundes Deutscher Jugend ... 57
Die Entstehung des Bundes Deutscher Jugend (BDJ) ... 59
Erste Reaktionen auf die Entdeckung: Betroffenheit der bundesdeutschen Politik ... 64

Die Bundesführung des Technischen Dienstes (TD): Generalstab und Geheimdienstzentrale ... 67
Die Partisanenschule des Technischen Dienstes: Werwolf-Romantik und ein Mord ... 76
Die Donelly-Zinn-Erklärung: Das Scheitern der deutsch-amerikanischen Untersuchungskommission ... 78
Leidenschaft für die Demokratie? Die problematische Rolle des Oberbundesanwalts Carl Wiechmann ... 81
»Fauler Zauber«: Die Bundestagsdebatte über den BDJ ... 84
Die politische Kampagne gegen Zinn ... 86
Verbot hin, Verbot her: Das Gezerre der Innenminister ... 88
Der BDJ in Hessen ... 89
Die Nordfront des BDJ: Alte Kameraden in Niedersachsen, Bremen und Hamburg ... 91
Das Nordlicht des BDJ: Schleswig-Holstein ... 99
BDJ Berlin: Der Nordosten tickt anders ... 100
Im Westen nichts Neues: Der BDJ in Nordrhein-Westfalen ... 102
Der BDJ-TD im Südwesten: Rheinland-Pfalz und Baden-Württemberg ... 103
Spagat im Freistaat: Bayern schlägt Krach und will seine Ruhe ... 106
Waffen vom Werwolf für den BDJ: Felix Steiner und der Schutzbund Deutscher Soldaten ... 109
»Nadelstiche in den Rüssel eines Elefanten«: Die Diskussion über den militärischen Nutzen des Partisanenkampfes ... 112
Die Auflösung des BDJ-TD ... 114
Vom BDJ zum KDJ? Die Schmonzette als nachrichtendienstliches Kampfinstrument ... 117

Das Stay-Behind-Netzwerk der Karlsruher CIA-Station
Das kurze Leben der Kibitze ... 121

Die »Kibitz-15-Show«: Das Netz des Walter Kopp ... 125
Kibitz 15 im Rassenkrieg ... 135

Stay-Behind-Krieger jenseits der innerdeutschen Grenze
Die Kriegsplanungen amerikanischer, britischer und deutscher Nachrichtendienste für West-Berlin und die DDR ... 139

Die Berlin Operating Base: Hochfliegende Pläne und frühe Bruchlandung ... 139

Britische Stay-Behind-Planungen für Berlin: Ein Waffenfund im Wald ... 141
Ernstfallplanungen der Organisation Gehlen für Berlin und die SBZ/DDR ... 143
Mythos AsA: Die in die DDR eingeschleuste BND-Geheimarmee ... 151

Panik nach der Berlin-Blockade
Die Stay-Behind-Anfänge in der Organisation Gehlen ab 1949 ... 155

In drei Tagen am Rhein? Die amerikanische Lagebeurteilung der sowjetischen Streitkräfte ... 157
Erste Schritte zur Gründung der Stay-Behind-Organisation: Das F-Netz ... 158
Auf Freunde angewiesen: Die Evakuierungsplanungen der Organisation Gehlen ... 168

Ein neuer Auftrag für die Org
Der Aufbau von Flucht- und Evakuierungsrouten 1954 bis 1968 ... 171

Britische Ressentiments: Stolpersteine auf dem Weg der Org zum BND ... 172
Der Aufbau des Rettungsprogramms ... 174
1966: Die Stunde der Wahrheit ... 177

Reinhard Gehlens Schattentruppe
Die Stay-Behind-Organisation des BND 1956 bis 1968 ... 181

Die Übernahme von ausländisch geführten Netzen ... 182
Die Einbindung in die NATO ... 187
Gehlens »staatsstreichähnliche Pläne« ... 188
Die Entwicklung des SBO-Programms ab Ende der 1950er Jahre ... 191
Die Stay-Behind-Manöver des BND ... 193
Der Mann, der Dieter Gerlach wurde ... 197

Neue Ostpolitik und Kalte Krieger
Die Stay-Behind-Organisation des BND 1968 bis 1990 ... 201

Pullach gegen die Hardthöhe: BND und Bundeswehr in einem spannungsreichen Verhältnis ... 203

Der Auftrag bleibt: Widerstand und Sabotage 205
Flucht- und Evakuierungsrouten: Evasion and Escape 213
Kampf der Schattenkrieger gegen den Bedeutungsverlust 216
Ein U-Boot für Stay-Behind-Aktionen 218
Waffen und Sprengstoff für die BND-Partisanen 219
Freundschaftsdienste für die niederländische Stay-Behind-Organisation 221
Personalprobleme im HOP-Netz 222
Verschwiegene Freundschaften: Die Zusammenarbeit mit den ausländischen Partnerdiensten 225
Projekt »Brückenschlag«: Das Stay-Behind-Ausweichquartier 230
Ein neues Agentenfunksystem: Kampf um HARPOON 231
Die letzten Jahre: 1987–1990 234

Stay Behind im Visier östlicher Geheimdienste
Identifizierung von SBO-Agenten durch das MfS 237

Lauscher und Spione 239
Geknackte Chiffriercodes 241
»Danke für die gute Schmetterlingsaufnahme«: Identifizierte SBO-Agenten 242
Enttarnte Partisanen: Lebensgefahr im Falle eines sowjetischen Einmarschs 245

Stay-Behind-Kampf im Innern?
Das Rätsel der Oktoberfestbombe 247

Die Gruppe Hepp 252
Operation WANDERVOGEL 255
Geständnis oder Angeberei: »Das waren wir!« 257
Wo war Hoffmann vor dem Anschlag? 259
War Heinz Lembke ein Schattenkrieger? 262
Woher stammten Lembkes Waffen? 268
War Lembke Überrollagent 27? 269
Ende der Ermittlungen? 270
Das Tabu: V-Leute 274

Tarnen und Täuschen
Die stille Abwicklung von Stay Behind ab 1990 277

Schlussbetrachung

Unentdeckte Schattenarmeen in Deutschland? ... 285

Anhang

Anmerkungen ... 296
Quellen- und Literaturverzeichnis ... 331
Abkürzungen, Kryptonyme, Glossar ... 339
Zeittafel ... 344
Personenregister ... 350
Angaben zu den Autoren ... 360
Danksagung ... 360

Staatsgeheimnis Stay Behind
Einleitung

Am 29. Juni 1951 bog eine amerikanische Militärkolonne nahe der württembergischen Kleinstadt Schriesheim von der Landstraße ab und verschwand im Wald. Die Geschwister Marianne und Karl-Heinz Beckenbach, die im Schriesheimer Forst Heidelbeeren pflückten, wunderten sich, als ein amerikanischer Jeep, zwei Militärlastwagen und ein Tankwagen vor ihnen im Wald auftauchten. Die Soldaten machten Feuer und schlugen ein Zelt auf, als ob sie im Wald kampieren wollten. Und die Kinder belauschten sie. »Ich habe […] Geräusche gehört, Arbeitsgeräusche, Spaten und so weiter«, berichtete der heute 77-jährige Karl-Heinz Beckenbach in einem Hörfunkinterview: »Sie haben ein Loch gegraben und haben dann Kisten abgeladen, aus den LKWs und da rein. Sie haben irgendwas verbuddelt.«[1]

Als der damals 13-jährige Schüler, von Neugier getrieben, am Abend noch einmal in das Waldstück lief, waren die Männer verschwunden. An der Stelle, wo das Zelt gestanden hatte, entdeckte er eine zwei Meter breite Grube, die wieder zugeschaufelt und mit Zweigen getarnt worden war. Beckenbach berichtete seinem Nachbarn, dem 27-jährigen Fritz Gönnawein, von dem Fund. Der holte eine Schaufel und begann zu graben. In zwei Meter Tiefe stieß er auf handkoffergroße Blechcontainer, in denen er Pistolenmunition und »schlecht riechende Kernseife« fand. Gönnawein hatte, ohne es zu ahnen, ein Munitions- und Sprengstoffdepot der amerikanischen Stay-Behind-Organisation entdeckt, einer Schattenarmee, die im Kriegsfall als Partisanentrupp gegen die Sowjets kämpfen sollte. Doch dies sollte noch Jahrzehnte im Dunkeln bleiben.[2]

Wenige Wochen später bemerkte der Bahnwärter Sepp Scheurer an der Strecke zwischen Bamberg und Hof eine Kolonne von etwa zehn Militärfahrzeugen, die kurz vor dem Bahnübergang, an dem Scheurer seinen Posten hatte, in den Wald bei Marktschorgast fuhren. Als Scheurer sich dem Waldstück näherte, wurde er durch US-Soldaten am Weitergehen gehindert. In einiger Entfernung konnte er aber etwa 25 Soldaten erkennen, die Zelte aufschlugen und das Waldstück zu vermessen begannen. In der kommenden Nacht verschwand der Militärkonvoi. Sepp Scheurer berichtete dem Bauern Hans Kolb, dem Besitzer des Waldstücks, von seinen Beobachtungen. Kolb fand dort aber nur ein zugeschüttetes Loch von zwei mal zwei Metern Größe vor: »Ich dachte mir, die haben da eine Latrine gehabt und (die) dann wieder zugeschmissen.«[3]

An einem sonnigen Sonntag Anfang Oktober suchten die Arbeiter Hans Heissinger und Michael Feulner mit Kolbs Erlaubnis in dessen Waldstück nach Feldspat, einem Mineral, das zur Porzellanherstellung benötigt wird. Neben einem kleinen Weiher, etwa 100 Meter vom Bahndamm und wenige hundert Meter von einer Autobahnbrücke entfernt, stießen die Männer beim Graben auf ein Dutzend Metallkisten. Die Männer brachen die Container auf. In einem fanden sie Schokolade, Kekse und Zigaretten, in einem anderen Verbandszeug, Spritzen und Penicillin. Eine weitere Metallbox enthielt gelbe, in Ölpapier eingewickelte Stangen. Feulner und Heissinger hielten sie erst für Seife und versuchten erfolglos, sie im Weiher zum Schäumen zu bringen. Dann zündeten sie eine Stange an, die mit hellblau zischender Flamme abbrannte. Als Feulner den Aufdruck »Danger! Explosives!« entdeckte, ließen sie von der gelben »Seife« ab. Beim Öffnen der nächsten Kisten wurde den Männern, zu denen inzwischen auch der Bahnwärter Sepp Scheurer und der Anwohner Linhardt Hoffmann gestoßen waren, noch mulmiger: Sie fanden Tausende Schuss Munition, Pistolen und Maschinenpistolen – eine »vollständige Ausrüstung für eine Partisanenarmee«, wie Feulner feststellte – nagelneu und wasserdicht verpackt. Die TNT-Stangen waren offenbar in dem Erdversteck abgelegt worden, um die Autobahnbrücke oder die Bahngleise in der Nähe zu sprengen.[4]

Nachdem sie ihren Fund der Kulmbacher Polizei gemeldet hatten, gerieten Kolb, Heissinger und Feulner zunächst selbst in Verdacht, das Waffenversteck angelegt zu haben. Heissingers und Feulners Wohnungen wurden durchsucht. Die Ermittler fanden bei Feulner Flugblätter und Zeitungen aus der Sowjetischen Besatzungszone – Feulner war Mitglied der damals noch nicht verbotenen westdeutschen KPD. Mitentdecker Hoffmann war »bestürzt, dass man das auf die andere Seite ziehen wollte«, also das Depot kommunistischen Guerillatruppen zuordnete.[5]

Doch die Ermittlungen der bayerischen Polizei wurden sehr rasch durch das U.S. Army Criminal Investigation Command (CID) gestoppt. Die Fahnder der Besatzungsmacht interessierten sich nicht sonderlich für die Verdächtigen, denn sie wussten es besser. Es ging nur noch darum, die Partisanenausrüstung verschwinden zu lassen. Elmar Feulner war damals als Sechsjähriger Augenzeuge des Abtransports der Waffenkisten: »Plötzlich waren Amerikaner da, amerikanische Armeepolizei und Kripo. Die haben dann alles abgesperrt und haben niemanden mehr hergelassen.«[6]

Auch in Schriesheim rollte das CID an, nachdem Fritz Gönnawein der örtlichen Polizei den Waffenfund gemeldet hatte. Wie in Marktschorgast wurde das Waldstück abgesperrt und das Depotmaterial – 21 Kisten mit TNT-Sprengstoff – auf US-Militärlastwagen abtransportiert. Als der *Spiegel* im November 1951 bei der Besatzungsmacht nachfragte, ob zwischen den Depots in Marktschorgast und Schriesheim eine Verbindung bestehe, verneinte das US-Hauptquartier in Heidelberg die Vermutung der Reporter. Auch das CID warf Nebelkerzen: »Wir wissen nicht, woher das Zeug stammt. Es ist auch nicht gesagt, dass Leute in amerikanischer Uniform immer amerikanische Soldaten sein müssen.«[7]

Nach dem Abtransport der Kisten wurde es still um die spektakulären Sprengstoff- und Waffenfunde von Schriesheim und Marktschorgast. Die Regionalpresse in Franken veröffentlichte lediglich knappe 30 Zeilen, in denen von einem geheimen Waffenlager »in einer Feldscheune« die Rede war, mit dem sich deutsche und amerikanische Polizei- und Sicherheitsbehörden jetzt befassten: »Eine klare Spur zu den Kreisen, von denen das geheime Arsenal errichtet wurde, scheint bis jetzt noch nicht gefunden worden zu sein. Es konnte auch noch nicht festgestellt werden, ob bereits Verhaftungen erfolgt sind.«[8]

Die vom US-Geheimdienst CIA in Westdeutschland aufgebauten Stay-Behind-Netzwerke standen Anfang der 1950er Jahre mehrfach kurz vor der Enttarnung. Im September 1952, ein Jahr nach den Depotfunden von Waldschorgast und Schriesheim, flog die aus ehemaligen SS-Männern gebildete Terrororganisation Technischer Dienst des Bundes Deutscher Jugend (BDJ-TD) auf, eine von mehreren US-geführten Schattenarmeen. Der BDJ-TD hatte Listen unliebsamer westdeutscher Politiker angelegt, die er im Kriegsfall »kaltstellen« wollte. Die Adenauer-Regierung behinderte die Aufklärung dieses Skandals und ließ zu, dass sich die ehemaligen SS-Männer der Verhaftung entziehen konnten. Und die US-amerikanischen Stellen in Deutschland ließen Beweismittel verschwinden.

Aber auch 1981 stellte der damalige Generalbundesanwalt Kurt Rebmann viel zu rasch Ermittlungsverfahren ein, die sich mit dem Bombenanschlag auf das Münchener Oktoberfest und der möglichen Beteiligung eines Rechtsextremisten aus Niedersachsen befasst hatten. Damals war erneut ein gigantisches Waffenlager entdeckt worden, das den Ausrüstungsdepots von Stay-Behind-Truppen ähnelte. Angelegt hatte es – angeblich ganz allein – der Rechtsextremist Heinz Lembke aus Uelzen. 9-Millimeter-Pistolen, Panzerfäuste samt Munition und 156 Kilogramm

Sprengstoff fanden sich in mehreren Dutzend Erddepots. Jahre später, nach der Aufdeckung der Stay-Behind-Netze in Europa aufgrund von Ermittlungen in Italien, kamen Spekulationen in der Öffentlichkeit auf, ob Lembke die Waffen und den Sprengstoff für die NATO-Partisanentruppe angelegt hatte.[9] Lembke konnte dazu nicht mehr befragt werden, er erhängte sich nach der Festnahme in seiner Zelle.

Der Bundesnachrichtendienst (BND) – der deutsche Auslandsgeheimdienst – hat nach jahrzehntelangem Schweigen rund 20 Aktenbände der von ihm geführten Stay-Behind-Organisation aus vier Jahrzehnten freigegeben und den Autoren dieses Buches Gespräche mit ehemaligen Mitgliedern der BND-Partisanentruppe ermöglicht. Den Bundestagsabgeordneten hatte die Regierung Kohl Ende 1990 noch erklärt, man habe keine Akten aus der Gründungsphase der Schattenarmee gefunden. Erst jetzt, fast ein Vierteljahrhundert später, lässt die Bundesregierung einen ersten Blick auch auf bislang angeblich verschollene Akten zu.

Sie geben einen Einblick in die Denkwelten des Kalten Krieges. Der BND unter seinem Präsidenten Reinhard Gehlen hatte Bedrohungsszenarien entworfen, die die illegalen Aktivitäten der BND-Partisanentruppe rechtfertigen sollten – bis hin zum Putsch gegen gewählte Politiker.

Das Bild, das sich anhand dieser Dokumente zeichnen lässt, bleibt aufgrund der geringen Dokumentenzahl unvollständig, doch es ist das erste Mal seit 1990, dass der deutsche Auslandsgeheimdienst überhaupt Auskunft über seine Partisanentruppe gibt. Damals, nach der Enttarnung der Partnerorganisation Gladio in Italien im Herbst 1990, hatte der BND sich nur knapp zur anstehenden Auflösung der Stay-Behind-Organisation gegenüber der Parlamentarischen Kontrollkommission (PKK) geäußert; journalistische Anfragen wurden jahrelang negativ beschieden. 1990, in den Wirren des Wiedervereinigungsprozesses, verdrängten Themen wie Stasiseilschaften und Treuhandskandale die BND-Schattenarmee von der politischen Agenda.

Kurzum: Der Skandal um die Stay-Behind-Schattenarmeen ging in Deutschland unter – und das trotz der klaren Forderung des Europäischen Parlaments an die Mitgliedsstaaten, »die erforderlichen Maßnahmen zu ergreifen, gegebenenfalls im Rahmen eines parlamentarischen Untersuchungsausschusses, um eine komplette Bestandsaufnahme der auf diesem Gebiet tätigen Organisationen zu erstellen, gleichzeitig ihre Verbindung zu den jeweiligen Geheimdiensten und zu den terroristischen Aktionsgruppen und/oder ihre Affinität mit anderen illegalen Praktiken zu überprüfen.«[10]

Nichts davon fand in Deutschland statt. Die Stay-Behind-Organisation wurde stillschweigend abgewickelt. Und das, obwohl in ganz Westeuropa Schattenarmeen außerhalb jeder parlamentarischen Kontrolle existiert hatten und zum Teil in schwere Straftaten verwickelt waren. Die italienische Partnerorganisation GLADIO, mit der die BND-Truppe gemeinsame Übungen veranstaltet hatte, war offenbar in die Machenschaften der rechtsextremen Terrororganisation Ordine Nuovo verstrickt, die für Bombenanschläge und Polizistenmorde verantwortlich war.

Dieses Buch ist der erste Versuch, anhand von Akten des US-Nationalarchivs (National Archive and Record Administration – NARA) und des Bundesnachrichtendienstes, aber auch mit Hilfe von privaten Nachlässen und Zeitzeugengesprächen Licht in das Dunkel zu bringen, das die Stay-Behind-Organisationen in Deutschland jahrzehntelang umgeben hat. So wurde immer wieder darüber spekuliert, inwieweit die jeweilige Bundesregierung über das Treiben der Schattentruppe informiert war und ob die BND-Krieger in Straftaten verstrickt waren wie ihre Partnerorganisationen in Italien und anderswo. Ausgelöst durch den »Nazi War Crimes Disclosure Act«, den US-Präsident Bill Clinton 1998 erließ, gab die CIA 2001 zunächst zögerlich, ab 2007 jedoch in großem Umfang Personal- und Sachakten frei. Der Zugriff auf diese US-amerikanischen Akten erlaubt, einen wesentlichen Teil des Führungspersonals auch namhaft zu machen.

Was ist Stay Behind?
Vorgeschichte und Grundlagen

Stay-Behind-Partisanen: Eine sowjetische Idee

Das Konzept, Schläferagenten bei einem militärischen Rückzug im vom Feind besetzten eigenen Gebiet zu platzieren, stammt aus den Anfangsjahren der UdSSR. Diese Agenten sollten bei der Rückeroberung im Rücken des Gegners durch Aufklärung und Sabotage zum militärischen Erfolg beitragen. So analysierte es eine umfangreiche Studie des amerikanischen 7707th Military Intelligence Service Center vom 27. Januar 1947. Diesem Sonderbericht Nr. 32 zufolge hatte der sowjetische Nachrichtendienst NKWD bereits in den 1920er Jahren ein Netz aus Schläferagenten aufgebaut. Sie sollten nach einem Überfall auf die Sowjetunion Informationen sammeln und diese an Kuriere übermitteln. Der NKWD stützte sich auf einheimische Informanten, die schon in Friedenszeiten zur Kontrolle der Bevölkerung eingesetzt worden waren und eine paramilitärische Ausbildung genossen hatten. 1941 gelang es dem NKWD in den ersten Monaten des Krieges jedoch nicht, aktive Agenten (Operateure) in das von den Deutschen besetzte Gebiet einzuschleusen. Die Schläferagenten bekamen daher den Auftrag, zunächst die Spionage einzustellen und sich bei der deutschen Militär- und Zivilverwaltung als verlässliche Mitarbeiter zu bewähren, bis sie reaktiviert würden. Hingegen hatten sich nur wenige kleine Partisanengruppen – geführt von Geheimdienstoffizieren – in die Wälder zurückgezogen. Nach der Konsolidierung der Fronten wurde dieses Schläfernetz durch Fallschirmjägeragenten verstärkt, die, begünstigt durch die brutale deutsche Besatzungspolitik und das Ausrufen des »Großen Vaterländischen Kriegs«, auf die Unterstützung durch weite Kreise der Bevölkerung zählen konnten. Bereits im Winter 1941 verübten sie eine wachsende Anzahl von Sabotageakten.

Während der deutschen Kaukasusoffensive 1942 nahm die Bedrohung durch Anschläge im Rücken der Heeresgruppen Mitte und Nord zu, aber erst 1943 war die vom NKWD geführte Partisanenarmee zur »Dritten Front« geworden. Von allen zwischen Frühjahr 1943 und Frühjahr 1944 von der Leitstelle III Ost identifizierten Agenten waren 82 Prozent Partisanen. Das Konzept des sowjetischen Geheimdienstes von »Stay Behind« war voll aufgegangen. »Die mächtige Partisanenbewegung der Jahre 1943 bis 1945 basierte nicht auf einer spontanen Erhebung der friedliebenden russischen Bevölkerung gegen die deutschen Eroberer, wie die sowjetische Propaganda behauptete. Vielmehr war sie seit dem Ende der Revolution offiziell für jede mögliche Krise vorbereitet worden«[11], resümierte die amerikanische Geheimdienststudie. In der Schlussoffensive der Roten Armee sah sich die deutsche Abwehr – mit nur 300 hauptamtlichen Mitarbeitern als Kommando IV (später WALLI III) unter Führung von Major Heinz Schmalschläger in das Unternehmen Barbarossa gestartet – einer Übermacht sowjetischer Geheimdienstoffiziere gegenüber.[12]

Der 1985 in den Westen übergelaufene KGB-Oberst Oleg Gordiewsky hat 1990 dem NKWD eine »führende Rolle im Partisanenkampf um den siegreichen Vormarsch der Roten Armee« zugesprochen, seine Stärke von 53 Divisionen und 28 Brigaden mit einer Dreiviertelmillion Menschen hervorgehoben und auf die zentrale Rolle bei der brutalen Beherrschung zurückeroberter Gebiete hingewiesen.[13]

Um es vorwegzunehmen: Die Vorstellungen der westlichen Nachrichtendienste und Militärs, wie brutal ein sowjetisches Besatzungsregime in Westdeutschland aussehen könnte, basierten auf den Erkenntnissen, die sie über den Übergang der Kriegsstrukturen in die Militäradministration in Ostmitteleuropa und der sowjetisch besetzten Zone gewannen. »Die nach der Armee vorrückenden NKWD-Truppen zum Schutz des Hinterlandes sollten breit angelegte Razzien und Verhaftungen aller ›verdächtigen und feindlichen Elemente‹ vornehmen. Die NKWD-Einheiten sollten die Ordnung gewährleisten und die sowjetische Besatzungsmacht in den neuen Gebieten stabilisieren«[14], analysiert die Sammelbiografie über die Mitarbeiter beim NKWD-MVD-Bevollmächtigten in Deutschland. Bevor sich der sowjetische Nachrichtendienst (1946 inzwischen in MGB und dann in KGB umbenannt) 1953 weitgehend auf Beraterfunktionen für die Staatssicherheitsorgane der DDR zurückzog, hatte er bis 1949 ein dichtes Netz von sechs Operativsektoren in den Ländern und Provinzen der sowjetisch besetzten Zone (SBZ) mit 40 MGB-Stadt- und 91 Kreisabteilungen aufgebaut.[15]

Werwolf – das letzte Aufgebot des Dritten Reiches

Der Nachrichtendienst der 12ten US-Armee befürchtete im April 1945, dass die Nachrichtendienste des Dritten Reichs und andere Teile der NS-Elite die bedingungslose Kapitulation nicht widerstandslos hinnehmen würden: »Mit dem Eindringen unserer Streitkräfte in Deutschland wird

Spionageabwehr, insbesondere der Sicherheitsaspekt darin, vital. Vor dem Sieg über die regulären organisierten militärischen Kräfte des Feindes wird Sicherheit noch wichtiger werden. Die Geheimdienste des Feindes verstärken, unterstützt von fanatischen und mit ihnen sympathisierenden Zivilisten, ihre Anstrengungen. Unsere Streitkräfte stehen einem skrupellosen Feindstaat gegenüber, der seinen letzten Kampf auf eigenem Boden gegen die bedingungslose Kapitulation führt. Vom feindlichen Nachrichtendienst, Sicherheits- und Geheimpolizei sowie paramilitärischen Organisationen, wird angenommen, dass er Pläne ausgearbeitet und Vorkehrungen getroffen hat, um bei Vordringen unserer Kräfte schrittweise in den Untergrund zu gehen. Es wird angenommen, dass die Organisationen, vereint mit anderen Elementen der NSDAP, eine große Bedrohung für die erfolgreiche Erfüllung unserer militärischen Mission in Deutschland darstellen. Derzeit wurden keine größeren Untergrundoperationen verdeckter oder offener Art festgestellt. Dennoch wird angenommen, dass die grundlegende Politik des organisierten Untergrunds einen weitreichenden Charakter besitzt, anfangs mit niedriger Intensität, Teilhabe an der Art von Spionage, Sabotage und subversive Aktionen, die die Organisation selbst nicht gefährdet, wartend auf eine Gelegenheit, die aktive Kontrolle unter besseren Umständen wieder zu gewinnen. In späteren Stufen werden Guerilla-Kampfführung und sporadischer Widerstand in Form von Sabotage und umstürzlerischen Aktivitäten, einschließlich von Angriffen auf einzelne Angehörige unserer Streitkräfte und auf Menschen, die mit ihnen zusammenarbeiten, von organisierten und halborganisierten Gruppen sowie von fanatischen Einzelnen wahrscheinlich ein viel größeres Ausmaß annehmen.«[16]

Die Sorge vor einem kampfbereiten Untergrund war im US-Militär und im US-Geheimdienst weit verbreitet. Kurt Hälker erinnerte sich, dass er als deutscher US-Agent aus dem französischen Widerstand vor einem Einsatz in Deutschland in St. Germain auch den Auftrag erhalten hatte, nach der Besetzung Deutschlands Werwolf-Gruppen zu bekämpfen.[17]

Das Office of Strategic Services hatte 1944 ein zweibändiges Werk mit Personenangaben zu mehreren tausend deutschen Geheimdienstmitarbeitern aufgelegt, um diese festzusetzen und ihre Beteiligung am Aufbau eines demokratischen Gemeinwesens zu verhindern. Registriert war da auch Else Boedigheimer, die Landesverbandsführerin des Deutschen Amateursendedienstes und Ehefrau des Funkleiters Ost Ferdinand Bödigheimer, ansässig An der Bitz 12 in Frankfurt-Praunheim. Das OSS unterstellte, die Amateurfunker würden wahrscheinlich nach der Besetzung Deutschlands als Agenten genutzt.[18]

Noch ausgeprägter war die Befürchtung vor einem Vierten Reich beim britischen Nachrichtendienst, der vor allem durch Vernehmungen gefangener deutscher Geheimdienstler ein möglichst vollständiges Bild vom Verbleib nachrichtendienstlicher Führungskader gewinnen wollte. Erst 2011 sind 168 Seiten der Geheimdienstakte »SS-Fourth Reich Plans«[19] von der britischen Regierung freigegeben worden. Es handelt sich um Berichte aus dem Zeitraum von November 1944 bis November 1949. Aussagen von Nachrichtendienstlern bestärkten Londons Geheimdienstmitarbeiter in ihrer Sorge, es gäbe deutsche geheimdienstliche Vorkehrungen für einen NS-Nachfolgestaat: Ein Plan sähe vor, in einer Milchpulverfabrik in der Schweiz, die angeblich unterernährte Kinder in Deutschland versorge, die neue Abwehr aufzubauen. Ein Memorandum des MI 5 basierte auf der Befragung des Geheimdienstoffiziers Bruno Nikoll, in dem er ausgesagt hatte, dass die Bemühungen zur Wiedergeburt Deutschlands bereits begonnen hätten. Das Hauptziel sei, gestützt auf Abwehr- und SD-Mitarbeiter in Zusammenarbeit mit dem ukrainischen Untergrund und einer polnischen Brigade, den Alliierten ihre Nachkriegsaufgabe so schwer wie möglich zu machen und Misstrauen zwischen Amerikanern und Russen zu säen. Verschiedenste Einrichtungen würden dazu zur Tarnung der Agenten genutzt. Der deutsche Geheimdienstoffizier Heinrich von Berseviczy hatte zudem im Juni 1945 behauptet, die Überlebenden der NS-Nachrichtendienste würden versuchen sich neu aufzustellen und neue Agenten rekrutieren. Hinzu kamen Ergebnisse aus der Vernehmung des Frontaufklärers Julius Hagemann, der auf den Nachkriegsplan »Friedensorganisation« der Abwehr verwies. Ein auf mehreren Quellen fußender Bericht vom Juni 1945 kam zu dem Ergebnis, der SD habe bereitwillige Mitarbeiter der Reichspost ausgebildet, um seine Arbeit fortzusetzen. Dieses Netz bestehe aus zahlreichen Posteinrichtungen und habe ihr Hauptquartier am Nordufer des Bodensees.

Der bretonische Nationalist und Gründer der bretonischen Nationalpartei Olivier Mordrelle (1901–1985) war 1939 von der Abwehr angeworben worden. Im Mai 1945 geriet er in Bozen in Kriegsgefangenschaft und wurde ausführlich vernommen, bevor er am 11. März in Rom aus der Internierung fliehen konnte. Er gab an, er hätte im Mai 1945 in Deisenhofen bei München an einer Konferenz eines ihm unbekannten SS-Obergruppenführers mit Vertretern aus 15 deutschen Ländern teilgenommen, auf der die Pläne für die Verbreitung von Unruhen in der Nachkriegszeit diskutiert worden seien. Dabei sei zur Sprache gekommen, dass beträchtliche Geldmittel und vertrauenswürdige Banker nach Lateinamerika, hauptsächlich nach Argentinien, nach Spanien und in die Schweiz gebracht worden seien. Die Agenten seien angewiesen worden, sich nach dem Krieg zunächst bedeckt zu halten, bevor sie nationale Bewegungen ins Leben rufen sollten, die den Alliierten ihre Aufgabe so erschweren würden, dass eine Nazi-Partei in passender Verkleidung wieder auferstehen und ein Viertes Reich aufbauen könne.[20]

Die West-Alliierten sahen also die doppelte Gefahr eines militärischen Stay-Behind-Netzes zur verdeckten Kriegführung im Endkampf um Deutschland und eines politischen neo-faschistischen Untergrundnetzes nach der Kapitulation des Dritten Reichs. In Österreich waren diese Ideen auf fruchtbaren Boden gefallen. Der Grazer Kaufmann und fanatische Nationalsozialist Theodor Soucek hatte von Graz aus in der britischen Besatzungszone eine Werwolf-Bewegung aufgebaut. 1948 schritt der britische Nachrichtendienst dagegen ein und verhaftete ihn und eine Reihe seiner Anhänger, darunter den SS-Offizier Adolf Urban – ab 1951 Mitarbeiter der Organisation Gehlen – als Spiritus Rector der Organisation. Soucek wurde zum Tode verurteilt, dann zu lebenslangem Kerker begnadigt, aber bereits nach drei Jahren wieder aus der Haft entlassen, Urban durfte während seiner Haftzeit als Freigänger weiterhin für eine Reihe westlicher Nachrichtendienste arbeiten.[21]

In Nordrhein-Westfalen war die ohnehin rechtslastige FDP seit 1950 systematisch von ehemals hochrangigen Nationalsozialisten im so genannten Gauleiterkreis unter Werner Neumann unterwandert worden, der etwa 100 Mitglieder umfasste. Auf Geheiß des britischen Hochkommissars Sir Ivone Kirkpatrick wurden die führenden Mitglieder im Januar 1953 verhaftet. Kirkpatrick und das Londoner Außenministerium verlauteten gemeinsam, »den britischen Behörden [sei] seit einiger Zeit bekannt, dass sich eine Gruppe ehemaliger führender Nazis mit Plänen zur Wiederergreifung der Macht in Westdeutschland befasse.«[22]

Aber wie sah es generell aus, was die Werwolf-Aktivitäten in den letzten Kriegstagen und was die Pläne zur Wiedererrichtung einer faschistischen Diktatur in Westdeutschland betrafen?

W für Widerstand

Dass das Dritte Reich in der letzten Kriegsphase einen asymmetrischen Kampf von Werwolf-Partisanen gegen die alliierte Übermacht plante, deutete der Reichsführer SS Heinrich Himmler erstmals in einer Rundfunkrede am 18. Oktober 1944 anlässlich der Aufstellung des Volkssturms an:

»Unsere Gegner müssen begreifen lernen: Jeder Kilometer, den sie in unser Land vordringen wollen, wird sie Ströme ihres Blutes kosten [...], auch in dem Gebiet, das sie glauben erobert zu haben, wird immer wieder in ihrem Rücken deutscher Widerstandswille auflodern, und wie die Werwölfe werden todesmutige Freiwillige dem Feinde schaden und seine Lebensfäden abschneiden.«[23]

Einen Monat zuvor, am 19. September 1944, hatte Himmler den SS-Obergruppenführer Hans-Adolf Prützmann zum Generalinspekteur für Spezialabwehr beim Reichsführer SS und damit zum Leiter der Werwolf-Organisation ernannt. Prützmann, der schon 1929 der SA beigetreten war, fungierte ab März 1937 als Höherer SS- und Polizeiführer erst in Hamburg, dann in Königsberg. In dieser wichtigen Funktion unterstand ihm der gesamte SS- und Polizei-Apparat des jeweiligen Wehrkreises. Prützmann sammelte von November 1941 bis April 1944 an der Ostfront Erfahrungen mit russischen Partisanen und hatte sich bei der Räumung der Region um Donezk in der Ukraine als äußerst brutal erwiesen. Er hatte Himmlers Anweisung umgesetzt, wonach »kein Mensch, kein Vieh, kein Zentner Getreide, keine Eisenbahnschiene zurückbleiben [darf], dass kein Haus stehen bleibt, kein Bergwerk vorhanden ist [...]. Der Gegner muss ein total zerstörtes und verbranntes Land vorfinden.«[24]

Wenige Monate vor dem Zusammenbruch des Dritten Reiches schien Prützmann für Himmler der richtige Mann zu sein für die schwierige Aufgabe, aus Soldaten, Parteifunktionären, Hitlerjungen und BDM-Mädels eine wirkungsvolle Partisanenorganisation aufzubauen, »in die jeder Deutsche zum aktiven oder passiven Widerstand in den vom Feind besetzten Gebieten einberufen werden sollte.« So stellte Prützmanns Mitarbeiterin Irmgard Reschke später die Aufgabe des Werwolfs gegenüber den US-Vernehmern im Mai 1945 dar.[25] Die Kämpfer sollten sich, so Reschke, als Zivilisten im besetzten Gebiet tarnen: »Sie bekamen falsche Papiere, auf denen ein normaler Beruf stand. Unter der Tarnung als normale Bürger sollten sie aktiven oder passiven Widerstand in besetzten Gebieten leisten und die deutsche Bevölkerung zur Rebellion gegen die Besatzer aufstacheln. Sie sollten ein richtiges Partisanenleben führen. Sie sollten Waffen und Munition bekommen, außerdem Gift und Sprengstoff, um alle Arten von Anschlägen durchzuführen«.[26]

Derart deutlich hatte keiner der Werwolf-Verantwortlichen gegenüber den Amerikanern die Tarnung der Partisanen als Zivilisten geschildert. Immer wieder wurde die Ausstattung der Werwolf-Kämpfer mit SS-Uniformen und -papieren geschildert. Offenbar wussten die für den Werwolf verantwortlichen Offiziere, dass sie eine Anklage wegen Kriegsverbrechen zu erwarten hätten, wenn sie zugeben würden, dass ihre Kämpfer ohne Uniformteile agieren sollten, ihre Befehlshaber somit bewusst gegen die Haager Landkriegsordnung verstoßen hätten.

Von seinem Werwolf-Kommandostand in Königs Wusterhausen aus, einem Eisenbahnzug, nahm Prützmann Kontakt zu allen Höheren SS- und Polizeiführern (HSSPF) in den Wehrkreisen des untergehenden Reiches auf: Sie sollten jeweils einen »Widerstands«(W)-Beauftragten benennen, der wiederum alle verfügbaren Kämpfer in NSDAP, HJ, BDM, Gestapo, Polizei, Gendarmerie und Wehrmacht, aber auch Zivilisten zu mobilisieren hatte, sofern sie »politisch zuverlässig, fanatisch gehorsam, intelligent und mutig« genug für die Werwolf-Organisation waren.[27]

Sogar 300 Offiziere der bereits kaum noch einsatzfähigen Luftwaffe sollten laut Irmgard Reschke als »Fuß-Sturzkampfbomber« für den Werwolf im Rücken der Alliierten Sabotageeinsätze durchführen. Dass sich Prützmanns Mitarbeiterin diese abenteuerliche Geschichte nicht aus den Fingern gesogen hatte, beweist eine Vernehmung von sechs Angehörigen des Sonderkommandos »Bienenstock« durch den Feindlagebearbeiter der 1. US-Armee vom 3. Mai 1945. Am 2. und 3. Mai 1945 waren drei einmotorige Schulflugzeuge der deutschen Luftwaffe hinter der Kampflinie der 1. US-Armee gelandet. Die Piloten ergaben sich und berichteten, sie gehörten einem Sonderkommando an, das Ende April aus freiwilligen Fluglehrern und Piloten aufgestellt worden war. Am Standort Einring bei Salzburg gäbe es 20 zweiköpfige Teams, im oberbayerischen Bad Aibling 50 Zwei-Mann-Crews sowie ausreichend Flugzeuge. Nach kurzer Einweisung in die Sprengstoffhandhabung sollten diese Kleinstgruppen mit zweisitzigen Schulflugzeugen vom Typ Bücker Bü 181 im Rücken der US-Truppen im Raum Würzburg-Nürnberg landen. Die am 1. Mai gestarteten Zweierteams sollten ihre Flugzeuge nach der Landung aufgeben und mit Sprengstoff und Handgranaten Sabotageakte gegen militärische Ziele durchführen: Sprengung von Nachschubdepots, kleinen Brücken, Eisenbahnlinien, Flugzeugen und Fahrzeugen. Anschließend sollten sie ihre Luftwaffenuniformen ablegen, in Zivilkleidung schlüpfen und sich nach Hause durchschlagen.[28]

Vor allem die Führung der Hitler-Jugend sei »vom Widerstandsplan begeistert« gewesen, berichtete ein Werwolf-Rekrutierer den Amerikanern im August 1945. Reichsjugendführer Artur Axmann habe im November 1944 den Befehl gegeben, alle HJ-Mitglieder als Werwölfe auszubilden.[29] Die potenziellen Untergrundkämpfer sollten in Schulen der HJ, der Waffen-SS und der SS-Jagdverbände sowie in eigens gegründeten W-Schulen zu Partisanen ausgebildet werden, fassten die US-Vernehmer im Juli 1945 ihre Befragungen der Werwolf-Verantwortlichen zusammen. Demnach übten die Werwölfe in zwei- bis dreiwöchigen Kursen ab Herbst 1944 Sabotage, Morsen, Geländeerkundung, Fremdsprachen, Umgang mit Funkgeräten, Kompass und Sprengstoff. Waffen und Ausrüstung sollte die Wehrmacht stellen, Uniformen und Dienstpapiere die SS. Für die Beschaffung der Spreng- und Sabotagemittel sollte SS-Hauptsturmführer Otto Skorzeny vom Reichssicherheitshauptamt zuständig sein.[30]

Jürgen Stroop: Werwolf und Kriegsverbrecher

Im Rahmen seiner Unterrichtung der Wehrkreisverantwortlichen reiste Prützmann auch nach Wiesbaden, um SS-Gruppenführer Jürgen Stroop, dem obersten SS- und Polizeichef des Wehrkreises XII, die Widerstandspläne des Reichsführers SS Heinrich Himmler mitzuteilen: »Im September 1944 teilte mir SS-Oberstgruppenführer Hans-Adolf Prützmann, nachdem er mir einen Eid abgenommen hatte, Stillschweigen zu bewahren, im Vertrauen mit, dass in ganz Deutschland ein Geheimbund mit dem Namen Werwolf vorbereitet werde.« Das erzählte Stroop nach dem Krieg in polnischer Haft seinem Mithäftling Kazimierz Moczarski.[31]

Er behauptete, Prützmann habe den Aufbau der Werwolf-Organisation anhand wissenschaftlicher Studien über Partisanenbewegungen geplant: »Die Studien waren von einer supergeheimen Dienststelle der SS betrieben worden [...] Wenn ein Angehöriger dieser Sondereinheit erfuhr, dass die Gestapo, die Sipo oder der SD jemanden wegen politischer Verbrechen gegen das Dritte Reich verhaftet hatte, konnte er diese Person sogar aus der Todeszelle herausholen [...] unter der Bedingung, dass jener Häftling ihm behilflich war, Erkenntnisse über das Wesen der betreffenden konspirativen Bewegung zu gewinnen.«[32]

Stroops Wehrkreis, in dem »Jungen und Mädchen, ja sogar Frauen und Kinder« ausgebildet werden sollten, um »Sabotageakte zu verüben, den Gegner und seine Agenten zu liquidieren, Lebensmittel und Trinkwasser zu vergiften, Anschläge auf das feindliche Transportwesen zu unternehmen«,[33] umfasste drei Gaue: Moselland (mit Luxemburg), Westmark (mit Lothringen) und Hessen-Nassau. Stroop war nach Einschätzung seiner US-Vernehmer »ein überzeugter und arroganter Nazi«, der »bereit war, alles für Hitler, Himmler und das Vaterland zu tun.«[34] Stroop will Prützmann aus der gemeinsamen »herrlichen Zeit« als Höheren SS- und

Polizeiführer in der Ukraine gekannt haben: »Damals bin ich mit Prützmann spazieren geritten. Wir führten lange, herzliche Gespräche.«[35] Seit Februar 1943 war Stroop in Polen für »Säuberungsaktionen« zuständig gewesen und hatte aus Ghettos geflohene Juden gejagt und ermordet. Im April/Mai 1943 hatte er die grausame Niederschlagung des Aufstandes im Warschauer Ghetto geleitet, bei der SS- und Wehrmachtsverbände 17 000 Juden ermordeten. Weitere 49 000 Warschauer Ghettobewohner wurden nach der Räumung in die Vernichtungslager geschickt.

Stroop, seit November 1943 in seiner Leitungsfunktion im Wehrkreis XII, ließ nach Prützmanns Besuch bei den drei Gauleitern seines Wehrkreises und bei den Bürgermeistern nach Kandidaten für die Werwolf-Ausbildung suchen. Die mussten dann, so schilderte er es nach dem Krieg den US-Vernehmern, in seinem Büro in der Wiesbadener Uhlandstraße antreten: »Er teilte ihnen die Gefahren mit, denen sie ausgesetzt sein würden, erläuterte aber nicht die genauen Aufgaben, die sie zu erfüllen hätten. Er versprach gutes Essen, Kleidung und Ausrüstung sowie Bezahlung in der Höhe ihrer zivilen Berufe.«[36]

Zur Ausbildung gelangten die Kandidaten mit LKW in das Kloster Tiefenthal bei Eltville, das zuvor als BDM-Hauptquartier gedient hatte und ab Oktober 1944 eine W-Schule war.[37] In einem Bericht fassten die US-Befrager das Trainingsprogramm der ersten Sabotage-Kurse von Oktober bis Dezember 1944 in der SS-Kampfschule Tiefenthal zusammen:

»1. Sabotage kalt:
Bäume und Wrackteile als Straßensperren
Drähte über Straßen spannen
Schrauben von Eisenbahnschwellen lösen.
2. Sabotage warm:
Da sie nur mit kleineren Sprengkörper ausgestattet werden würden, sollten die Werwölfe Hilfsbrücken der Alliierten sprengen.
Schienen zerstören mit genau platziertem Plastik-Sprengstoff
Sprengen und Verbrennen von Nachschubdepots
Zerstören von Ersatzteildepots
3. Karten lesen
4. Kompass lesen
5. Handfeuerwaffen
Es wurde viel Arbeit darauf verwendet, die Werwölfe an verschiedenen ausländischen Waffen auszubilden. In den meisten Ausbildungsklassen wurden Maschinenpistolen benutzt. Sie wurden ausgebildet an

a. französischer Maschinenpistole
b. Sten-Maschinenpistole
c. amerikanischer Maschinenpistole
d. italienischer Maschinenpistole
6. Brandmittel

Es gab eine spezielle Ausbildung zur Herstellung von Brandmitteln aus leicht beschaffbaren Materialien. Obwohl keiner der befragten Männer die genaue Formel kannte, waren sie imstande, folgende Bestandteile aufzuzählen:

a. Zucker
b. Mehl
c. Sägemehl
d. Sulphat
e. Eisenspäne
f. Salpeter
g. Kalzium-Permanganat
7. Explosivstoffe
a. Füllpulver 02

Es wurde vorgeführt, wie man aus Füllpulver 02 durch Zufügen von Wasser eine Paste herstellen kann, die in jede Form gebracht werden kann.

b. Nipolit (nicht im Ausbildungsprogramm des 2. Kurses, aber bei einem Auffrischungskurs 10.–16. Januar 1945 vorgeführt).«[38]

Die Ausbildung war demnach von Anfang an darauf ausgerichtet, dass die Werwolf-Partisanen im besetzten Gebiet auf improvisierte Spreng- und Sabotagemittel angewiesen sein würden, falls der neu entwickelte Sprengstoff Nipolit nicht verfügbar wäre. Außerdem sollte die Bewaffnung zum Teil aus erbeuteten Waffen bestehen. Tatsächlich funktionierte die Beschickung der Waffen- und Sprengstoffdepots des Werwolfs Anfang 1945 wegen des unerwartet raschen Vormarsches der Alliierten häufig nicht.

In seiner Vernehmung durch die US-Besatzungsmacht beschrieb Stroop den für seinen Wehrkreis vorgesehenen organisatorischen Aufbau des Werwolfs: Jeder Gau war als »W-Abschnitt« definiert, der wiederum in sechs bis acht Sektoren unterteilt war. Pro Sektor sollten sich zwischen sechs und zehn vierköpfige Werwolf-Gruppen (»Zellen«) in Höhlen, Bergwerken oder Steinbrüchen verstecken. Zwischen den »Zellen«-Stützpunkten sollte ein Abstand von höchstens zwölf Kilometern bestehen. In einem Report vom Mai 1945 analysierte die US-Army, wie sich die in Tiefenthal ausgebildeten Werwolf-Gruppen im Ernstfall im besetzten Gebiet verhalten hätten: »Jede Gruppe hatte den Befehl, zwei gut ausgebaute Verstecke zu errichten. Der Sprengstoff, den sie erhalten sollten, sollte an verschiedenen Orten versteckt werden, ein spezieller Bunker war für Nahrungsvorräte vorgesehen. Wenn die Alliierten ihren Sektor besetzten, sollte die Gruppe sich in nur einem der beiden Verstecke aufhalten und dort 10 bis 14 Tage bis zum Einsatz ausharren. Nach der Wartezeit sollten sie Patrouillen aussenden und die Gegebenheiten erkunden. Die Späher sollten zunächst feststellen, wie nah der Feind an den Verstecken stand; Anzahl und Position der Wachen, Zeit und Frequenz des Wachwechsels und Erkundung, welche Wege die Wachen benutzten. Die Späher sollten Ort, Struktur und Wichtigkeit der Einrichtungen erkunden, die sie zerstören könnten. [...] Sie sollten nie versuchen, eine Beton- oder Stahlbrücke zu zerstören, weil sie nicht dafür ausgerüstet waren. Sie sollten sich auf Holz- und Ponton-Brücken konzentrieren. Unmittelbar nach Erfüllung ihres Auftrags sollten sie ihr erstes Versteck aufgeben und das zweite Versteck aufsuchen. Dort sollten sie erneut warten, weil die Alliierten wahrscheinlich ihre Wachen nach einem Anschlag verdoppeln würden. Sie sollten sich niemals auf ein Feuergefecht mit den Alliierten einlassen, nur in aussichtsloser Lage. In diesem Fall sollte ein einzelner Schütze zurückbleiben, während die anderen fliehen würden.«[39]

Die hier beschriebene Guerillataktik, die Ende 1944 in Tiefenthal und anderen W-Schulen vermittelt wurde, erinnert an die Schilderungen des asymmetrischen Krieges in dem von SS-Sturmbannführer Arthur Ehrhardt bereits 1935 verfassten Buch »Kleinkrieg«, das in der zur Jahreswende 1944/45 erschienenen Werwolf-Fibel »Winke für Jagdeinheiten« fortgeschrieben wurde.

Die Zahl von nur etwa 150 Absolventen der Kampfschule Tiefenthal, die die Amerikaner durch Befragungen ermittelten, hätte kaum gereicht, diese Einsatzpläne zu erfüllen. Bereits im Februar 1945 musste der Standort Tiefenthal nach starker Bombardierung aufgegeben werden. Die Schule wurde erst nach Wiesbaden, dann nach Wallrabenstein verlegt.[40] Im Gau Hessen-Nassau soll die Werwolf-Organisation aus Personalmangel gar nicht erst zustande gekommen sein.

Werwolf im Osten

Ein Schlüsseldokument über den Aufbau der Werwolf-Organisation in Ober- und Niederschlesien sowie im ehemaligen Tschechien (Protektorat Böhmen und Mähren und Reichsgau Sudetenland) vom 31. März 1945 gibt Einblick in die Werwolf-Aktivitäten im Bereich der Heeresgruppe Mitte. Der vom dortigen Werwolf-Beauftragten, SS-Obersturmbannführer Bruno Müller, verfasste 12-seitige Bericht ist in den Akten des DDR-Ministeriums für Staatssicherheit erhalten. Die für strafrechtliche Ermittlungen zuständige Hauptabteilung IX hatte Originaldokumente aus der NS-Zeit zusammengetragen, um gegen NS-Täter ermitteln zu können.[41]

Der promovierte Jurist Müller fungierte seit November 1944 als Chef der Prager Sicherheitspolizei und des Sicherheitsdienstes (SD). Vor seiner Prager Zeit war Müller 1941 als SS-Einsatzgruppenleiter in der Ukraine an der Ermordung zehntausender Menschen beteiligt. Im besetzten Polen hatte Müller 1939 die Verhaftung von polnischen Hochschullehrern organisiert. Ziel war die Ermordung sämtlicher polnischer Intellektuellen, um aus der verbliebenen Bevölkerung Polens ein kaum gebildetes Sklavenvolk zu formen.

Am 11. Februar 1945 hatte Werwolf-Chef Prützmann SS-Obersturmbannführer Müller an dessen Dienstsitz in Prag persönlich zum »Beauftragten für Spezialabwehr im Bereich der Heeresgruppe Mitte« ernannt. Müllers Dienststelle war zunächst bei der Gauleitung in Reichenberg angesiedelt und ab 17. März 1945 im Hauptquartier der Heeresgruppe Mitte. Müller ernannte sofort drei Unterführer, die der Werwolf-Organisation in Oberschlesien (Chef W I), in Niederschlesien (Chef W II) sowie in Böhmen, Mähren und dem Sudetenland (Chef W III) vorstanden.[42] Die drei »W«-Führer hatten ab Mitte März 1945 die Aufgabe, Freiwillige für die Partisanentruppe zu werben und auszubilden.

In Oberschlesien war kurz zuvor das Freikorps Oberschlesien gebildet worden, das seinen Auftrag, nämlich die Rückeroberung der schlesischen Industriegebiete, nicht erfüllen konnte. Aus dieser »Panzervernichtungseinheit« meldeten sich daraufhin 161 Freiwillige für den Widerstand. Müllers »W«-Führer und die Hitlerjugend konnten lediglich weitere 41 Partisanen-Anwärter in Oberschlesien verpflichten.[43] In Niederschlesien rekrutieren die »W«-Beauftragten 250 Mann, darunter allein 108 minderjährige Hitler-Jungen. In Böhmen und Mähren konnten Müllers Männer 321 Freiwillige für den Werwolf verpflichten. Hinzu kamen noch 350 bis 400 Männer, Frauen und Hitler-Jungen aus dem Sudetenland, so dass das Partisanen-Netzwerk im Bereich der Heeresgruppe Mitte Ende März 1945 aus knapp 1150 Personen bestand, die allerdings noch keine Spezialausbildung abgeschlossen hatten.[44] Für ihre Partisanen-Ausbildung standen fünf Kampf- und Nachrichtenschulen zur Verfügung, die laut Müller-Bericht Mitte März »voll beschickt« waren, an denen also ausgebildet wurde.

1. In der für die Volkssturm-Ausbildung genutzten Kampfschule Hirschberg am See fanden 14-tägige »W«-Lehrgänge für 60 Rekruten statt.

2. In der vom Amt VI des Reichssicherheitshauptamtes (RSHA, Auslandssicherheitsdienst) betriebenen T-Schule Eger konnten 25 Werwölfe zweiwöchige Partisanenkurse durchlaufen.

3. An der Nachrichtenschule in Prag wurden 25 Mann in fünf- bis sechswöchigen Kursen im Agentenfunk ausgebildet.

4. An der Kampfschule der Hitlerjugend in Wartha befanden sich 80 Werwolf-Rekruten. Da die Schule nicht über genügend Ausbilder verfügte, konnte die Werwolf-Schulung nur durch Lehrkräfte erfolgen, die ihrerseits lediglich eine Kurzausbildung durchlaufen hatten.

5. An der Volkssturmschule Sonderlager Ludwigsdorf bei Hirschberg im Riesengebirge konnten 40 bis 50 Rekruten geschult werden, es war aber nicht ein einziger Fachausbilder vorhanden.

Weitere »W«-Ausbildungsmöglichkeiten bestanden bei den Frontaufklärungstruppen in Reiners und Odrau, die auch Werwölfe in so genannten »Heimabenden« schulten.[45]

Nach den NARA-Akten gab es eine weitere Schule im Osten, die Heeresschule II in Türkenberg in der Nähe von Bratislava. Dort befand sich die Kampfgruppe Paul. Sie war – so die US-Papiere wörtlich – eine fünfzigköpfige »Stay-Behind-Einheit« der Wehrmacht, die den Auftrag hatte, sich von den Sowjets überrollen zu lassen und im Rücken des Feindes Sabotage zu verüben. Mitte Februar 1945 trafen rund 150 Werwolf-Anwärter in Türkenberg ein, um eine zweiwöchige Ausbildung zu absolvieren. Eine zweite Gruppe von weiteren 150 Kämpfern beendete die Ausbildung am 26. März 1945. Ausbilder der Werwölfe waren die Anti-Guerilla-Experten der Heeresschulen-Lehrabteilung B, die die angehenden Partisanen in der Geländeerkundung sowie im Umgang mit Waffen und Sprengstoff ausbildeten. Kurz darauf, im April 1945, musste die Partisanenausbildung eingestellt werden, da die Rote Armee Türkenberg einnahm. Auch die in den US-Dokumenten erwähnte Schule der SS-Jagdverbände im tschechischen Koleschnowitz könnte für die Partisanenausbildung im Osten genutzt worden sein.[46]

Der von SS-Obersturmbannführer Bruno Müller aufgebaute 33-köpfige Werwolf-Leitungsstab wurde im Frühjahr 1945 als »Stabskompanie B« der Prager Stabskompanie des RSHA, also der SS, unterstellt und sei, so Müller, »ordnungsgemäß« bekleidet, untergebracht und ausgerüstet worden.[47] Seine Werwolf-Einheiten dürften sich in einem schlechteren

Zustand befunden haben. Müller berichtete, er verfüge über 21 »W-Gruppen im Aufbau« diesseits der Hauptkampflinie (also 21 noch nicht einsatzbereite 3–4-Mann-Trupps) und über vier Gruppen im Rücken der Sowjetarmee. Drei Gruppen, bestehend aus 20 Mann und drei Frauen, lägen im Tillowitzer Forst bei Ratibor, hätten Proviant für vier Wochen und seien erst »im letzten Augenblick vor dem Überrollen« mit Waffen und Sprengstoff ausgestattet worden. Die vorgesehene Funkausrüstung sei bei den Überrollten nicht mehr rechtzeitig angekommen, somit war eine Kommunikation mit den Partisanen hinter der Front nicht möglich.[48]

Ende März 1945 plante der Werwolf im Osten fünfzehn Aktionen hinter den feindlichen Linien. Als bedeutendstes »W«-Unternehmen schildert Müller den geplanten Einsatz von 25 Hitler-Jungen, die sich allerdings erst in der Ausbildung bei den Frontaufklärungstruppen befänden.[49]

Selbst wenn sich im Verantwortungsbereich Müllers im März über 1100 Werwölfe in der Kurzausbildung befunden hätten und einige bereits hinter den Linien platziert waren, deutet wenig darauf hin, dass die NS-Partisanen der Roten Armee hätten zusetzen können. Konkret erwähnt Müller in seinem Arbeitsbericht einen Ausbildungsbereich, die »Kalte Sabotage«, für die er lediglich vier Ausbilder stellen konnte.[50] Diese Widerstandsform ohne Waffen und Sprengstoff besteht aus dem Anlegen einfacher Straßensperren durch gefällte Bäume oder durch Sabotage von Fahrzeugen durch Zucker im Tank. Es ist zu vermuten, dass der Werwolf auch im Osten völlig ungenügend für den Partisanenkampf ausgerüstet war. Die *Werwolf-Nachrichten*, ein Flugblatt vom April 1945, jedenfalls konnten keinen einzigen Erfolg der NS-Partisanen im Osten melden.

Endkampf im Süden

Im April 1945, wenige Wochen vor Kriegende, verlegte Werwolf-Chef Prützmann sein Hauptquartier nach Süddeutschland. Der rollende Kommandostand, der Eisenbahnzug Krista, wurde in der Nähe von Steinebach am Wörthsee stationiert. Erst zu diesem späten Zeitpunkt forderte Prützmann den Höheren SS- und Polizeiführer des Wehrkreises VII, SS-Gruppenführer Friedrich Karl von Eberstein, auf, einen Werwolf-Verantwortlichen im südlichen Teil Bayerns zu benennen. Prützmann verließ seinen Befehlsstand Richtung Berlin und ließ einen Major seiner Dienststelle den entsprechenden Befehl Himmlers an von Eberstein übergeben.[51] Der war nun aufgefordert, auch Frauen für Werwolf-Kampfschulen und gebrechliche Alte für Spionagetätigkeiten zu rekrutieren. Weder von Eberstein noch der von ihm zum W-Beauftragten ernannte Sturmbannführer Ernst Wagner glaubten, dass eine derart spät aufgestellte Werwolf-Truppe überhaupt Wirkung entfalten könnte.[52] Wagner gab in seiner Vernehmung an, überhaupt nur drei Briefe in seiner Funktion als W-Beauftragter geschrieben zu haben. Eine eigene W-Schule des Wehrkreises VII kam offenbar gar nicht erst zustande. In den US-Papieren ist die Rede davon, dass die bayerischen Werwolf-Anwärter zur Ausbildung nach Böhmen geschickt werden sollten, was angesichts der ständigen Bombardierung der Verkehrswege im Reich und des Vormarsches der Roten Armee im April 1945 als wenig realistisch erscheint. Auch eine Werwolf-Ausbildung in Bad Tölz wird erwähnt. Es ist aber zu vermuten, dass von Ebersteins Werwolf-Rekruten nicht in Bad Tölz trainiert wurden, sondern dass die SS-Absolventen der dortigen Junkerschule nach ihrer Ausbildung versuchten, in den Alpen eine Widerstandsorganisation aufzubauen, als Teil der von Himmler in der Kriegsendphase geplanten »Alpenfestung«. Die Funk- und Sabotageausrüstung, die von Eberstein versprochen worden war, kam vermutlich nie beim nordbayerischen Werwolf an.[53]

Im Mai 1945 entdeckten US-Streitkräfte in einer Kupfermine der Sinter-Metallwerke in Mitterberghütten/Österreich ein riesiges Waffen- und Sprengstoffdepot der SS-Jagdverbände, das von Februar bis Mai 1945 genutzt worden war. Offenbar waren die Bestände aus den Kampfschulen der SS-Jagdverbände in Oranienburg und in Neustrelitz Anfang 1945 nach Österreich gebracht worden, um dort für den »Endkampf« in den Alpen genutzt zu werden. Gefunden wurden 25 bis 30 Tonnen Material, verteilt auf 2100 Kisten: 105 Kisten Plastit-Sprengstoff, 125 Kisten Nitropenta-Spengstoff, 65 Kisten Donarit-Sprengstoff, fünf Kisten Nipolit-Sprengstoff, 73 Kisten Nipolit-Eierhandgranaten, 100 Minenteppiche, Bangalore-Torpedos (Sprengrohre), 75 Kisten Sprengkapseln, vier Kisten Zeitzünder, 65 Kisten Hafthohlladungen, 18 Kisten Sprengschnüre. Ferner entdeckten die Amerikaner in dem Depot Maschinengewehre, Gewehre, Panzerfäuste, Minen, Munition, Nipolit-Torpedos und große Blöcke von Nipolit-Sprengstoff. Eine Besonderheit stellten mit Nipolit gefüllte Gewehrpatronen im russischen Kaliber 7,62 mm dar. Die Geschosse sollten in Waffenmagazine der russischen Truppen geschmuggelt werden, um direkt bei der Schussabgabe zu explodieren und den Schützen zu verletzen.

Die US-Ermittler stellten anhand der Depot-Dokumente zudem fest, dass sich neben den SS-Jagdkommandos auch die Werwolf-Dienststelle Prützmann zwischen dem 10. Februar und dem 16. März 1945 aus dem Depot bedient hatte und 110000 Schuss Munition entnommen hatte.[54]

Allerdings war Prützmanns Kommandostand erst ab April 1945 in Bayern, und auch der nordbayerische Werwolf wurde erst im Frühjahr 1945 aufgestellt.

Das Kriminaltechnische Institut

In die Vorbereitungen für eine Widerstandsbewegung in den besetzten Gebieten war auch das Kriminaltechnische Institut einbezogen. Es unterstand der SS, namentlich dem Amt V des Reichssicherheitshauptamtes (Reichskriminalamt). Ursprünglich für die technische Unterstützung bei der Lösung von Kriminalfällen gedacht, diente das Amt in der Endphase des Krieges als Entwicklungsanstalt für Guerillatechnik. Das Institut entwickelte auf Otto Skorzenys Anregung hin Schalldämpfer für eine britische Pistole und den russischen Nagau-Revolver und fertigte Ersatzteile für erbeutete britische Sten-Maschinenpistolen, die bereits mit Schalldämpfern ausgerüstet waren. Ferner wurden den Werwolf- und Jagdverbandsführern hunderte von Giftkapseln für die Selbsttötung im Fall der Gefangennahme zur Verfügung gestellt. Die Kriminaltechniker waren an der Entwicklung des Sprengstoffs Nipolit beteiligt, der zum festen Bestandteil der Werwolf-Sabotageausrüstung wurde.[55] Ab Februar 1945 wurden Einheitspakete mit verschiedenen Nipolit-Sprengmitteln an die Widerstandsgruppen ausgegeben. Der Werwolf bekam 500 Pakete, die einzelnen SS-Jagdverbände zwischen 100 und 200 Einheiten.[56]

Auftrag: Mord. Geheimer Einsatz für Ilse Hirsch

Die Hauptgruppenführerin im Bund Deutscher Mädchen (BDM) Ilse Hirsch war 23 Jahre alt, als sie im Februar 1945 vor dem mächtigen grauen Wehrturm des mittelalterlichen Schlosses Hülchrath in der Nähe von Neuss stand. Hier sollte sie auf Weisung von SS-Führer Heinrich Himmler auf einen streng geheimen Einsatz vorbereitet werden. Hirsch, eine schlanke brünette Schneidermeistertochter, stammte aus Hamm und war überzeugte Nationalsozialistin. Sie konnte fechten und schießen, hatte erste Erfahrungen im Segelflug und war seit April 1944 in Aachen hauptamtlich für die NS-Organisation Glaube und Schönheit tätig. In diesem Jahr war sie auch der NSDAP beigetreten. Ihre Aufgabe als BDM-Hauptgruppenführerin in Aachen bestand darin, junge Frauen zwischen 18 und 21 Jahren durch Sport und Tanz im Sinne des NS-Frauenbildes zu prägen. Nachdem im September 1944 erste US-Granaten im Stadtgebiet eingeschlagen waren, hatte Hitler Aachen evakuieren lassen. Unter den 18 000 Ausgesiedelten war auch Ilse Hirsch. Die junge BDM-Führerin unterstützte nach dem Fall Aachens am 21. Oktober 1944 den Endkampf des NS-Regimes und beaufsichtigte als Befehlsstellenleiterin die Errichtung von Barrikaden am Niederrhein, bis sie im Januar 1945 nach Düsseldorf-Lohausen beordert wurde. Dort befand sich in einem Bunker das Hauptquartier des Höheren SS- und Polizeiführers West Karl Gutenberger, der im Wehrkreis VI seit dem Herbst 1944 eine Widerstandsbewegung aufbauen sollte. Ilse Hirsch behauptete später, sie sei »notdienstverpflichtet« worden. Tatsächlich erfuhr Hirsch in Lohausen, dass sie mit ihren Ortskenntnissen einen Spezialeinsatz in Aachen unterstützen sollte.

Schloss Hülchrath war eine der wenigen »W«-Schulen, in denen in den letzten Kriegswochen Werwolf-Partisanen ausgebildet wurden. Volker Kopp, der ehemalige Sprecher des Verteidigungsministers, schätzt, dass in Hülchrath höchstens 300 Hitler-Jungen und BDM-Mädchen die Partisanen-Ausbildung durchliefen. Auch nach ihrer Ankunft in der W-Schule Hülchrath will Ilse Hirsch im Interview nur vages über ihre künftige Aufgabe im untergehenden NS-Staat erfahren haben: »Man hat mir nur gesagt, dass ich eventuell für einen Auftrag ausgesucht worden war, damit ich den Leuten Essen oder andere Sachen besorgen soll.«

Sie teilte sich mit zwei weiteren jungen Frauen ein Zimmer im Schloss, übte mit ihnen drei Tage lang das Schießen mit Panzerfaust und Pistole und lernte Verhaltensregeln für den Partisanenkampf. »Ich glaubte, mich für mein Vaterland einsetzen zu müssen, genau wie jeder andere Soldat«, berichtete sie viele Jahre später. Der Name Werwolf sei bei der Ausbildung nie gefallen, den will Ilse Hirsch erst nach dem Krieg erfahren haben.

Nach der kurzen Ausbildung in Hülchrath wurde Ilse Hirsch erneut ins Werwolf-Quartier in Lohausen gebracht und einer kleinen Gruppe vorgestellt – den SS-Männern Herbert Wenzel und Sepp Leitgeb, dem erst 16-jährigen Hitlerjungen Erich Morgenschweiß und den beiden früheren Grenzpolizisten Karl-Heinz Hennemann und Georg Heidorn. Hirsch habe bei dieser Einsatzbesprechung angeblich nur erfahren, dass der sechsköpfige Trupp für »irgendeinen Einsatz an der Front« vorgesehen war. Doch zunächst musste sie mit ihrem Team wochenlang auf den »Fronteinsatz« warten. Ein Flugzeug musste beschafft werden.

Seit Beginn des Aufbaus einer Widerstandsbewegung hatte die SS-Führung den Werwölfen nicht nur die Aufgabe zugedacht, als Partisanen gegen den übermächtigen Gegner zu kämpfen. Sie sollten auch als Terrorkommandos gegen abtrünnige Deutsche tätig werden. Die NS-

Führung fürchtete, dass das Bekanntwerden funktionierender deutscher Verwaltungen in den von den Alliierten bereits besetzten Gebieten den Widerstandswillen der Deutschen schwächen würde. Denn die waren ja aufgefordert, in den zu Festungen erklärten Städten des Reiches bis zum letzten Mann und Hitlerjungen zu kämpfen. Bereits am 5. Oktober 1944 drohte das SS-Kampforgan *Das Schwarze Korps* allen »Verrätern« unter der Überschrift »Sie werden sich noch wundern« mit dem Tod. Wer als deutscher Beamter Befehlen der Alliierten folge, säße bald »kalt und starr hinter seinem Schreibtisch«, heißt es dort. Niemand könne »Vollstrecker feindlichen Willens sein, ohne dass sich hinter ihm das Loch des Grabes auftue.«[57] Morde an »abtrünnigen Deutschen« waren am Ende die einzigen Taten, die den Werwolf-Kommandos gelangen, so auch im Fall von Alfred Heise, einem Werwolf-Doppelmörder, der in der Nachkriegszeit als Landesführer Nordrhein-Westfalen eine wichtige Rolle in der Partisanentruppe des Bundes Deutscher Jugend (BDJ) spielen sollte.

Angesichts solcher Morddrohungen taten sich die Alliierten schwer, in den besetzten Gebieten NS-unbelastete Freiwillige für den Aufbau einer Zivilverwaltung zu finden. Noch war Nazi-Deutschland nicht völlig besiegt. In Aachen aber fanden die Amerikaner in Franz Oppenhoff einen Mann, der bereit war, das gefährliche Amt des Oberbürgers am 31. Oktober 1944 zu übernehmen. Der katholisch-konservative Jurist Oppenhoff war bis dahin Syndikus eines Rüstungsbetriebes gewesen. Aachens Bischof Joseph van der Velden hatte ihn den Amerikanern dennoch als NS-unbelastet empfohlen. Oppenhoff hatte als Rechtsanwalt in der NS-Zeit den Drucker Wilhelm Metz vertreten, der die NS-kritische päpstliche Enzyklika »Mit brennender Sorge« gedruckt hatte und daraufhin von der Gestapo enteignet worden war. Erst als ihm KZ-Haft angedroht wurde, legte Oppenhoff das Mandat nieder.[58] Doch er war nicht der Musterdemokrat, den die Amerikaner sich als Oberbürgermeister wünschen. Der US-Geheimdienst stellte im Januar 1945 fest, dass Oppenhoff die Leitungsebene der Stadtverwaltung nur mit katholisch-reaktionären Gesinnungsfreunden besetzt hatte und Sozialdemokraten, Gewerkschafter und Kommunisten systematisch ausgrenzte, ja sogar mit Diktaturen wie der von General Franco in Spanien sympathisierte.[59]

Das neue Stadtoberhaupt ahnte, dass die Nazis den Fall der ersten deutschen Großstadt im Herbst 1944 und seine Zusammenarbeit mit den Amerikanern nicht tatenlos hinnehmen würden. »Sie haben geschworen, mich umzubringen, und ich fürchte, dass sie es auch tun werden. Es wird mir ergehen wie Rathenau und anderen. Vielleicht ist der Fallschirmspringer schon für mich bestimmt«, soll Oppenhoff im Februar 1945 gegenüber Vertrauten gesagt haben.[60]

Tatsächlich trachtete SS-Chef Himmler dem »Verräter« Oppenhoff seit seiner Ernennung zum Bürgermeister nach dem Leben. Otto Skorzeny als Chef der SS-Jagdverbände gab Himmlers Befehl an Hans Gerlach vom SS-Jagdverband Südwest weiter: »Nach Berichten in der Feindpresse und von deutschen Agenten ist ein Deutscher Bürgermeister von Aachen geworden. Er wurde nach sorgfältiger Befragung durch den Feind ernannt. Dr. Goebbels und die Öffentlichkeit sind der Ansicht, dass dieser Mann getötet werden muss. Es wird gefordert, dass alle notwendigen Schritte unternommen werden, um den Erfolg dieser Aktion sicherzustellen.«[61] Gerlach erwiderte, dass Aachen außerhalb des Gebiets von Jagdverband Südwest liege, kein Personal dafür vorhanden sei und dies eher eine Werwolf-Aufgabe als eine für die Jagdverbände sei.[62]

Kurz darauf, im November 1944, wies der Leiter des Wehrkreises VI, SS-Obergruppenführer Karl Gutenberger, seine W-Beauftragten an, den neu ernannten Bürgermeister von Aachen zu ermorden. Das geht aus einem Schreiben der Gestapo (Staatspolizeileitstelle Köln) vom 10.11.1944 hervor. Danach hatte Gutenberger direkt von Prützmann den Befehl erhalten, in seinem Befehlsbereich eine Werwolf-Gruppe aufzustellen, um »den neuen Oberbürgermeister von Aachen zu erschießen«. Allerdings, so das Gestapo-Schreiben vom 10. November 1944 weiter, sei es der Frontaufklärung noch nicht gelungen, in den Raum Aachen vorzudringen.[63]

Gutenberger hatte gegenüber seinem Höheren SS- und Polizeiführer-Kollegen Jürgen Stroop im Oktober 1944 geprahlt, die Werwolf-Mobilisierung laufe in seinem Wehrkreis, Westfalen und der Rheinprovinz, gut an; er habe in seinem Werwolf-Kommando sogar drei Frauen.[64] Eine davon könnte Ilse Hirsch gewesen sein, die wenige Monate später diesen Mordbefehl in die Tat umsetzte. Hirsch behauptete jedoch später, sie sei erst im Januar 1945 »notdienstverpflichtet« worden.

Wer der neue Oberbürgermeister war und wo er wohnte, wusste die Gestapo Ende 1944 noch nicht. Erst im Januar 1945 wurde Oppenhoff identifiziert. SS-Chef Himmler erteilte erneut den Mordbefehl, der durch »W«, also ein Werwolf-Kommando, zu vollstrecken sei.[65] Dass ihre Werwolf-Gruppe für den Mord an Oppenhoff vorgesehen war, will Ilse Hirsch erst Anfang März 1945 erfahren haben: »Da wurde gesagt, dass sie den Auftrag hätten, den Oberbürgermeister, der fahnenflüchtig war, dass der das Todesurteil bekommen hätte und dass das vollstreckt werden sollte. Ich war ja überzeugt, dass das rechtmäßig war. Denn jeder Fahnenflüchtige wurde ja hingerichtet im Krieg. Das war nicht nur bei uns so, das war auch beim Engländer so.«[66]

Das Kommando sollte mit Fallschirmen in den Wäldern bei Aachen abgesetzt werden. Die ortskundigen Grenzer Hennemann und Heidorn hatten die Aufgabe, die Werwolf-Gruppe durch den Wald nach Aachen zu führen. Ilse Hirsch und der Hitlerjunge Morgenschweiß sollten dann Oppenhoffs Wohnung auskundschaften. Wenzel und Leitgeb, so der Plan, würden ihn dann in einen Hinterhalt locken und erschießen. Nachdem der geplante Abflugort, der Flugplatz Lohausen, aufgegeben worden war, wartete das sechsköpfige Mordkommando in den ersten Märztagen in einem Hotel in Hildesheim auf seinen Einsatz. Dort existierte noch eine intakte Startbahn. Der Aufenthalt dauerte zwei Wochen: Ilse Hirsch war krank und musste eine Grippe auskurieren. Die Meldungen von der Front waren für die überzeugte Nationalsozialistin niederschmetternd. Am 6. März 1945 eroberte die US-Army das völlig zerbombte Köln.

»Ich bin über das kämpferische Versagen des Westens sehr niedergedrückt. Dass Köln beispielsweise in einer Stunde kapitulierte, ist geradezu beschämend«, schrieb Joseph Goebbels in seinem Tagebuch am 30. März 1945 und beklagte ein »Absinken der Moral der Zivilbevölkerung wie bei der Truppe«: »[...] Wir bewegen uns in unserer Kriegsführung heute schon in mancher Beziehung im luftleeren Raum. Wir geben in Berlin Befehle, die unten praktisch überhaupt nicht mehr ankommen, geschweige denn, dass sie durchgeführt werden können. Ich sehe darin die Gefahr eines außerordentlichen Autoritätsschwundes.«[67] Goebbels brauchte eine Erfolgsmeldung. Die sollte das Werwolf-Kommando um Ilse Hirsch bringen.

Der Oppenhoff-Mord

In den Abendstunden des 19. März 1945 hob das Mordkommando um Ilse Hirsch in einem erbeuteten US-Bomber vom Typ »Flying Fortress« in Hildesheim ab. Der Flug ging ins Grenzgebiet zwischen Deutschland, den Niederlanden und Belgien. Allen sechs Werwölfen gelang es, in der Abenddämmerung unbemerkt über belgischem Gebiet in der Nähe von Gemmich abzuspringen. Der Trupp versteckte sich in der Nacht und am folgenden Tag im Wald, um dann in der zweiten Nacht die Grenze nach Deutschland zu überschreiten. Dabei wurden sie von einem holländischen Grenzposten entdeckt. Nachdem die Werwolf-Gruppe den Grenzer erschossen hatte, errichtete sie ein zweites Lager im Aachener Wald in der Nähe des Pelzerturms. Ilse Hirsch fehlte – sie hatte sich im Wald verirrt und schlug sich nun alleine in die Stadt durch. Dort fand sie ihre alte Wohnung in bewohnbarem Zustand vor: »Da habe ich dann mehrere Nächte übernachtet und habe mich von Eingemachtem ernährt, was noch im Keller war. Und dann wollte ich mich da auch melden als Flüchtling.«[68]

Doch bevor sie den Mordplan aufgab, versuchte Ilse Hirsch, den Namen und die Wohnung des Oberbürgermeisters herauszufinden: »Ich habe irgendeine Frau auf der Straße gefragt und bin dann zu dem Haus gegangen, habe dort geschellt und um ein Glas Wasser gebeten. Dann habe ich gefragt, wer da wohnt.«[69] Ilse Hirsch lief stundenlang in der Stadt umher. Zwar wusste sie jetzt, wo der Aachener Bürgermeister wohnt, doch sie war unsicher, ob das Attentat überhaupt noch durchführbar war. Vielleicht waren ihre Mitverschwörer längst verhaftet? Schließlich ging sie am 22. März zur Passstelle im Suermondtmuseum, um sich als Flüchtling zu melden. Dort wurde sie an das für Ausweispapiere zuständige Polizeipräsidium verwiesen. Auf dem Weg dorthin traf sie zufällig auf Leitgeb und Morgenschweiß. Ilse Hirsch folgte den beiden in das Waldversteck am Pelzerturm und gab den Männern eine genaue Beschreibung der Lage von Oppenhoffs Haus am südlichen Stadtrand: Eupener Straße 251.

Wenzel, Leitgeb und Hennemann fanden so das Wohnhaus und trafen am Abend des 25. März auf Oppenhoff, der gerade aus einem Nachbargebäude kam. Die Männer in Fliegerkombination gaben sich als abgeschossene deutsche Piloten aus. Als der Bürgermeister ihnen etwas zu essen anbot, schoss Leitgeb Oppenhoff mit einer schallgedämpften Pistole in die linke Schläfe. Der Bürgermeister war auf der Stelle tot. Am 26. März 1945 meldete die Aachener Stadtverwaltung: »Oberbürgermeister Franz Oppenhoff fiel am Spätabend des 25. März feigen Meuchelmördern zum Opfer.«

Oppenhoffs Mörder Leitgeb trat bei der Flucht aus Aachen im Wald auf eine Mine und starb. Auch Ilse Hirsch geriet in der Nähe von Schleiden versehentlich an einen Stolperdraht und wurde von einer explodierenden Mine am Bein schwer verletzt. Anwohner bargen sie und den ebenfalls verwundeten Morgenschweiß und brachten sie in das Krankenhaus Vussem in der Eifel.

Sechs Tage nach dem Mord griff Goebbels die Nachricht vom gelungenen Attentat in seinem Tagebuch auf. Der Propagandaminister hoffte auf weitere Racheakte des Werwolfs, auch in seiner Heimatstadt Rheydt: »Nachdem der Bürgermeister von Aachen niedergelegt worden ist, sollen jetzt der jüdische Polizeipräsident von Köln und der Bürgermeister von Rheydt an die Reihe kommen.«[70] Ende März 1945 war Goebbels jedoch insgesamt unzufrieden: »Erfreulich ist die Meldung, dass der von den Angloamerikanern in Aachen eingesetzte Bürgermeister Oppenhoff in der Nacht vom Dienstag zum Mittwoch von drei deutschen Partisanen erschossen worden ist. Ich glaube, dass den Bürgermeister Vogelsang von Rheydt in den nächsten Tagen dasselbe Schicksal treffen wird. Trotzdem bin ich mit der Arbeit unserer Werwolf-Organisation nicht zufrieden. Sie läuft erst sehr langsam an, und es scheint nicht der richtige Druck dahinter zu stehen.«[71]

Fünf Wochen vor Kriegsende konnte auch noch so starker Druck nicht mehr darüber hinwegtäuschen, dass der Krieg für Deutschland endgültig verloren war. Das schmälerte auch in der jungen, oft fanatischen NS-Jugend die Bereitschaft, sich »verheizen« zu lassen, ganz besonders bei den Mädchen und jungen Frauen. Bei ihrem Unterfangen, durch zahlreiche Befragungen von Zeitzeuginnen Frauenerfahrungen in der Kriegs- und Nachkriegszeit zu dokumentieren, ist Margarete Dörr 1998 in drei Fällen auf Werwolf-Erfahrungen gestoßen. Die BDM-Scharführerin Annemarie K. äußerte: »Die Führerinnen wurden im April '45 auf den Bann bestellt. Wir sollten Sabotageakte machen, wenn der Feind einrückt. Da habe ich Zweifel bekommen. Selbst ist die Bannführerin abgehauen ins Allgäu.« Auch bei der hauptamtlichen Ringführerin Rotraut J. war für die Verweigerung der Widerstandsmaßnahmen ausschlaggebend, dass ihr Vorgesetzter sich abgesetzt hatte: »Dann hat der Bannführer noch einmal telefoniert und hat mir Ratschläge gegeben, dass ich die Stellung halten soll und dann nachher Werwolf spielen. Und dann hab' ich gesagt: ›Gerhard, das darfst dann du machen.‹ Ich hab' das so abscheulich gefunden, dass die abgehauen sind, und die kleinen Hunde sollen dann die Drecksarbeit machen«.[72] Die Jungmädel-Scharführerin Gertraud L. hatte ihre Mitschülerinnen im Klassenzimmer dagegen zum »Kampf bis aufs Messer« aufgerufen, »weil ja nun doch alles aus ist und die Feinde uns töten werden«.[73]

Winke für Jagdeinheiten

Während das letzte militärische Aufgebot, die hastig zusammengestellten SS-Jagdverbände und der aus Hitlerjungen und Greisen bestehende schlecht bewaffnete Volkssturm, den Vormarsch der Briten, Amerikaner und Sowjets kaum aufhalten konnten, sollten wenigstens die »todesmutigen Freiwilligen« des Werwolfs als Stay-Behind-Truppe im Rücken des Feindes zuschlagen. Das Konzept für diesen Kleinkrieg legte der für

»Bandenbekämpfung« zuständige SS-Sturmbannführer Arthur Ehrhardt im Januar 1945 vor, wenige Wochen vor Ilse Hirschs Einberufung nach Hülchrath. »Werwolf – Winke für Jagdeinheiten«, ein schmales Bändchen mit Anleitungen über den Aufbau von Partisanengruppen und das Überleben im besetzten Gebiet, ist gewissermaßen die Fortschreibung des 1935 erschienenen Ehrhardt-Buches »Kleinkrieg. Geschichtliche Erfahrungen und künftige Möglichkeiten«.

Die Wehrmachtsabteilung Fremde Heere Ost hatte ab 1942 an der Ostfront Erfahrungen mit der asymmetrischen Kriegführung gesammelt. Partisanen griffen im Zusammenspiel mit der Roten Armee immer wieder deutsche Truppen an. »Der Guerillakrieg ist hart und grausam; die Guerillas sind beweglich, besitzen eine ausgezeichnete Aufklärung, arbeiten mit Überraschungen, sind verschlagen«, vermerkte ein Bericht der Abteilung Fremde Heere Ost vom Dezember 1944. Leiter dieser Generalstabsabteilung war Reinhard Gehlen, der sich nach dem Krieg auf diese NS-Erfahrungen stützen sollte. Glaubt man Walter Schellenberg, dem Leiter des SD-Ausland (Amt VI des RSHA), dann sah Gehlen die polnische Widerstandsbewegung als Vorbild für eine deutsche Werwolf-Organisation. Schellenbergs US-Vernehmer notierten später: »Schellenberg hat ausgesagt, dass GenMaj von Gehlen sorgfältige Widerstandspläne nach Auswertung der Widerstandsbewegung ausgearbeitet hat und dass diese von Himmler als Beleg für Defätismus zurückgewiesen wurden.«

In den »Winken« gaben Ehrhardt und seine anonym gebliebenen Mitautoren wohl auch die Erfahrungen der Fremden Heere Ost wieder: »Der hart, entschlossen und mit klarer politischer Zielsetzung geführte Kleinkrieg ist ein wirksames Mittel, den eigenen militärischen und politischen Kampf zu unterstützen und die feindliche Kriegführung, Wirtschaft und Politik durch kriegerische Nebenhandlungen zu stören und zu lähmen. [...] In verzweifelter Lage ist er das letzte Mittel, Freiheit und Leben des Volkes bis zum äußersten zu verteidigen.«

Ziel des Partisanenkampfes sei:

»1. Störung, Bindung und Vernichtung von Feindkräften.

2. Störung und Vernichtung des Nachschubs des Feindes, seines rollenden Materials, seiner Verkehrsanlagen und Nachrichtenverbindungen, seiner Industrie- und Versorgungsanlagen.

3. Ausrottung der Helfershelfer des Feindes und Durchkreuzung aller feindlichen Maßnahmen durch rücksichtslosen Kampf. Gewalt gegen Terror!

4. Ergänzung der Truppenaufklärung und Ausspähung.«

Die Werwölfe sollten in kleinen 5-köpfigen Gruppen, so genannten »Jagdeinheiten«, und in 10- bis 40-köpfigen »Jagdtrupps« im besetzten Gelände tätig werden, ausgerüstet mit leichten Waffen wie Pistolen, Maschinenpistolen und Handgranaten sowie Sprengstoff für Sabotagehandlungen. Ehrhardt und seine Co-Autoren empfahlen den Partisanen auch Schalldämpferpistolen und Zielfernrohrgewehre für lautlose Tötungen. Neben einer Infanterie- und Pionier-Ausbildung ist in den »Winken für Jagdeinheiten« auch von einer Nahkampfausbildung die Rede. Die Partisanen-Fibel beschreibt den Bau von Verstecken, so genannten Fuchslöchern und Erdbunkern, und gibt Anleitungen für einfach zu errichtende Straßensperren und Angriffe aus dem Hinterhalt.

Die »Winke« lesen sich wie eine Blaupause für die US-geführte Stay-Behind-Organisation in Deutschland, die ab 1956 vom Bundesnachrichtendienst übernommen wurde. Gehlen konnte in der Org und im BND auf die Erfahrungen der NS-Nachrichtendienste mit Partisanen zurückgreifen und hatte nach dem Krieg zudem die Möglichkeit, ehemalige SS-Männer und Wehrmachtssoldaten für Stay-Behind-Aufgaben zu rekrutieren, die nicht nur die gegnerischen Partisanenkampftaktiken kannten, sondern sie auch auf die deutsche Werwolf-Bewegung übertragen hatten. Zwar entfiel nach 1945 bei den späteren NATO-Partisanen der Fememord-Auftrag des Werwolfs, doch gehörten zumindest in den 1950er Jahren Morde aus dem Hinterhalt durchaus zum Übungsprogramm. In amerikanischen Stay-Behind-Waffenlagern in Österreich wurden in den 1990er Jahren Spezialpistolen vom Typ Welrod gefunden, die mit einem festen Schalldämpfer ausgerüstet waren und lautloses Töten aus nächster Nähe ermöglichten. Ob sie zur Ermordung von »Verrätern« oder »Kollaborateuren« bestimmt waren oder zur Ausschaltung von Wachpersonal an Sabotagezielen, muss offen bleiben.

Eine weitere Übereinstimmung zwischen den Einsatzkonzepten von Werwolf und Stay Behind ist auffällig: Im letzten Anhang der Partisanenfibel »Winke für Jagdeinheiten« werden unter dem Stichwort »Lufteinsatz« geplante Luftlandeoperationen des Werwolfs detailliert beschrieben: Mit Lastenseglern oder Motorflugzeugen sollten Partisanentrupps unauffällig aus der Luft mit Verpflegung und Waffen versorgt werden. Ebenso sollten Personen aus einer extrem niedrigen Höhe von 300 Metern mit dem Fallschirm im feindbesetzten Gebiet abgesetzt werden, um dem gegnerischen Radar zu entgehen. Partisanentrupps am Boden sollten die vorgesehen Absetzzone mit in einem Dreieck angeordneten Lichtern für die anfliegenden Piloten sichtbar machen und dann das empfangene Material oder die gelandeten Helfer unbemerkt aus der Absetzzone schaffen. Genau solche nächtlichen Luftlandeoperationen übten die Stay-Behind-Männer des Bundesnachrichtendienstes Jahrzehnte später in den Wäldern Bayerns.

Es gibt einen Augenzeugenbericht eines solchen Werwolf-Lufteinsatzes. Der damals 17-jährige Erhard Kaufmann stieß Anfang März 1945 zu einer 35 Mann starken Werwolf-Einheit in Müncheberg östlich von Berlin: »Wir sollten per Fallschirm auf einer Waldlichtung südlich von Landsberg/Warthe abgesetzt werden. [...] Wenige Tage vor dem Losbrechen der sowjetischen Offensive an der Oderfront wurden wir allesamt in einen ›kleinen Giganten‹ geladen. Es war die 4-motorige Version des Transportgleiters, mit dem ursprünglich deutsche Truppen nach England transportiert werden sollten.« Die Gruppe sprang in Zivilkleidung aus niedriger Höhe in der Nähe sowjetisch besetzter Häuser ab. Während die meisten Männer des Kommandounternehmens gefasst wurden, konnte sich Kaufmann mit wenigen anderen Versprengten im besetzten Gebiet tagelang verstecken und Richtung Westen durchschlagen. Seinen Auftrag, den Vormarsch der sowjetischen Panzerarmee von Danzig in Richtung Frankfurt/Oder zu erkunden und per Funk zu melden, konnte das Werwolf-Kommando nicht ausführen.

In den letzten Kriegswochen im Frühjahr 1945 gelang es den spät aufgestellten und mangelhaft ausgerüsteten Werwolf-Trupps kaum noch, Wirkung im Sinne einer Partisanenarmee zu entfalten. Es kam lediglich zu vereinzelten Sabotageaktionen oder Hinterhalten in den von den Alliierten besetzten Gebieten. Statt des vorgesehen Kleinkrieges gegen die alliierten Besatzer konzentrierten sich die Werwölfe auf Terror gegen Deutsche, die nicht gegen die Feinde kämpfen wollten oder sie verübten Fememorde an Personen, die den Nazis verhasst waren.

Freikorps Adolf Hitler

Am 28. März 1945 hatte Hitler, der seit Mitte Januar im Führerbunker unter der Reichskanzlei lebte, seiner Sekretärin Traudl Junge den Befehl zur Aufstellung weiterer Werwolf-Partisanenverbände in den Block diktiert: »Ich verfüge die Aufstellung eines Freikorps ›Adolf Hitler‹, das sich aus den Aktivisten der Bewegung, Freiwilligen des Volkssturmes und Freiwilligen der Werkschar zusammensetzt. Jeder, der über 18 Jahre alt ist und sich freiwillig meldet, muss von der Partei, dem Volkssturm und den Betrieben freigegeben werden. Mit der Aufstellung dieses Freiwilligenkorps und seiner Führung beauftrage ich den Reichsorganisationsleiter der

NSDAP, Parteigenossen Ley.«[74] Robert Ley, der Reichsorganisationsleiter der NSDAP und Führer der Deutschen Arbeitsfront, sollte in jedem Gau des Reiches einen »Gauschwarm« von 1000 Mann aufstellen – eine unlösbare Aufgabe.[75] Ley appellierte in einem fanatischen Aufruf vor allem an die Parteifunktionäre der NSDAP, sich »in allen Betrieben und Kontoren, in jeder Verwaltung und Behörde« für das Freikorps zu melden: »Die besten und fanatischsten Gauleiter werden Eure Führer sein.« Auch Frauen sollten sich als Kämpferinnen melden – bis dahin ein Tabu für die NS-Ideologen.[76]

Auch das Freikorps sollte als Partisanengruppe im Westen hinter den Linien der US-Streitkräfte tätig werden. Das legt auch ein Tagebucheintrag von Joseph Goebbels nahe. Goebbels zitiert Hitler, der sich optimistisch zeigte, dass Löcher in der Westfront kurzfristig geschlossen werden könnten: »Das ›Freikorps Adolf Hitler‹ könne dann auch langsam in Erscheinung treten. Ich verspreche ihm [gemeint ist Hitler; die Verf.], dass ich die Partisanentätigkeit in kürzester Frist in den besetzten Westgebieten in die Höhe bringen werde.«[77] Eine bemerkenswerte Aussage, denn Goebbels war weder an der Aufstellung der Freikorps- noch der Werwolf-Verbände beteiligt. Er kümmerte sich lediglich darum, mit den Mitteln der Propaganda den Mythos einer Partisanenarmee zu schaffen, die dem Feind angeblich zusetzte und Verräter gnadenlos bestrafte.

Die Vernehmer der U.S. Army fanden im August 1945 bei Befragungen von Kriegsgefangenen heraus, dass die überlebenden Freikorps-Kämpfer, nach dem Ende ihres militärischen Fronteinsatzes, in Zivilkleidung gemeinsam mit dem Werwolf im Rücken der Alliierten tätig werden sollten.[78] Die Kandidaten für das Freikorps sollten über eine militärische Grundausbildung verfügen und auf Truppenübungsplätzen der Wehrmacht im Guerillakrieg ausgebildet werden. Jeder Freiwillige sollte eine einheitliche Uniform bekommen, bestehend aus Trainingshose, Uniformjacke, Mütze, Tarnanzug und Armbinde mit der Aufschrift »Freikorps Adolf Hitler«. Als Bewaffnung waren Sturmgewehre, Panzerfäuste und Handgranaten vorgesehen. Fahrräder waren die einzigen mechanischen Fortbewegungsmittel der »Panzerjagdverbände«, und nicht einmal die konnte die Freikorps-Führung stellen. Ley schrieb: »Bringt nur das Notwendigste mit, vor allem Euer Fahrrad, oder lasst Euch ein solches von der Gemeinde oder der Ortsgruppe geben«.[79]

Während Leys letztes Aufgebot sich mit Fahrrädern und Panzerfäusten auf den aussichtslosen Kampf vorbereitete, war den Amerikanern bei Remagen bereits der Übergang über den Rhein gelungen. »Auf dem linken

Rheinufer [...] befinden sich zur Zeit deutsche Soldaten nur noch in alliierter Kriegsgefangenschaft«, heißt es in einem US-Flugblatt. US-Truppen hätten mit der Einnahme Frankfurts am Main begonnen. Auch an der Ostfront sei die Lage für die Wehrmacht hoffnungslos: »In Ostpreussen ist der deutsche Widerstand im Raume des Frischen Haffs endgültig gebrochen«, so das US-Flugblatt weiter.[80] Gotenhafen (Gdynia) war an diesem Tag den Sowjets in die Hände gefallen. In dieser Lage nahm Joseph Goebbels das Projekt Werwolf selbst in die Hand – als reine Propaganda-Aktion.

Werwolf-Propaganda

Goebbels war mit Prützmanns Aufbauleistung der Partisanentrupps unzufrieden und sah in sich selbst offenbar den besseren Werwolf-Leiter: »Ich bin jetzt dabei, in großem Stil die sogenannte Aktion Werwolf zu organisieren. Die Werwolf-Aktion hat sich zum Ziel gesetzt, in den feindbesetzten Gebieten Partisanengruppen zu organisieren. Viel Vorbereitung ist dafür noch nicht getroffen.«[81]

In Prützmanns Führungsstab war Hauptsturmführer Renken für Propaganda und die Übertragungstechnik des Werwolf-Radiosenders zuständig, doch offenbar, so die Aussage von Prützmanns Mitarbeiterin Irmgard Reschke, unternahm er nichts für die Aufnahme des Sendebetriebs. Ein HJ-Führer im Propagandaministerium soll dann den Aufbau des Werwolf-Radios vorangetrieben haben.

Dieser Untätigkeit, die dem überraschend schnellen Vordringen der Alliierten im Westen geschuldet war, wollte Goebbels eine Propagandaoffensive entgegensetzen: »Ich will für unsere Werwolf-Organisation sowohl einen Sender freistellen als auch eine Zeitung herausgeben lassen.«[82] Am Abend des 1. April 1945, dem Ostersonntag, machte Goebbels der Bevölkerung den Werwolf durch eine Rundfunkansprache bekannt: »Hier spricht der Sender Werwolf, der Sender der deutschen Freiheitsbewegung in den vom Feind besetzten Gebieten – [...] Der Werwolf hält sich nicht an die Beschränkungen, die dem innerhalb unserer regulären Streitkräfte Kämpfenden auferlegt sind [...] Für die Bewegung sind jeder Bolschewist, jeder Brite und jeder Amerikaner auf deutschem Boden Freiwild. Wo immer wir eine Gelegenheit haben, ihr Leben auszulöschen, werden wir das mit Vergnügen und ohne Rücksicht auf unser eigenes Leben tun [...] Hass ist unser Gebot und Rache unser Feldgeschrei [...] Dreimal wehe den Landesverrätern, die sich dem Feind zur Verfügung stellen. Werwölfe, nehmt keine Rücksicht auf das Leben des Feindes, da er das

Leben unseres Volkes vernichten will. Das Auge des Führers ruht ständig auf Euch.«[83]

Die wenigen Zeitungen, die in Deutschland im April 1945 noch erschienen, meldeten nach Ostern die Aufrufe des Werwolfs. Jeden Abend um 19.00 Uhr wurden die von Goebbels und seinen Ministeriumsmitarbeitern verfassten Botschaften über den »Deutschlandsender III in Herzberg/Elster auf Langwelle verbreitet, nach dessen Zerstörung über ein fahrbares Rundfunkstudio vermutlich bis zum 23. April.[84] In den Sendungen wurde behauptet, es gäbe in den besetzten Gebieten geheime Werbestellen des Werwolfs, an die sich Widerstandswillige wenden könnten. Die Werbestellen würden durch Mund-zu-Mund-Propaganda oder durch »geheime Flugblätter« bekannt gegeben – ein Eingeständnis, dass die Kommando- und Kommunikationsstrukturen des Dritten Reiches bereits zusammengebrochen waren. Die Angesprochenen sollten auf eigene Faust bei amerikanischen Nachschubkolonnen Benzin, Waffen und Fahrzeuge stehlen. Ferner wurden die Hörer aufgefordert, »schwarze Listen« von Deutschen anzulegen, die mit den Alliierten zusammenarbeiteten. Derartige Todes- oder Internierungslisten legte wenige Jahre später auch eine von der CIA geführte westdeutsche Stay-Behind-Gruppe an, der aus ehemaligen SS-Männern bestehende »Bund Deutscher Jugend/TD«.

Die im April 1945 erschienenen *Werwolf-Nachrichten* feierten angeblich erfolgreiche Sabotage- und Mordaktionen des Werwolfs. Danach hätten Werwolf-Gruppen eine US-Funkstation in Bad Kreuznach zerstört, Telefonleitungen in Amorbach durchtrennt und den Bahnverkehr der Amerikaner in Borken und Trier erfolgreich sabotiert. Das Flugblatt behauptet, Werwölfe hätten US-Militärangehörige in Mainz, Köln und Brilon getötet. Besonders hob das Blatt den angeblichen Werwolf-Mord an »USA-Judengeneral Morris Rose« hervor: »Eine Warnung an alle Hebräer, die wie Morris Rose die Absicht haben sollten, deutschen Boden zu betreten.«[85] Tatsächlich starb General Rose in einem Gefecht mit einem deutschen Panzerverband am 30. März 1945 in der Nähe von Paderborn.[86]

Auch mit der von Goebbels initiierten Werwolf-Propaganda mittels Rundfunk und Flugblättern entfaltete der Werwolf im April 1945 kaum Wirkung, und auch an der Befehlsstruktur änderte sich bis zum Zusammenbruch nichts.

Fememorde

Wenige Mordanschläge des Werwolfs und des Freikorps Adolf Hitler sind dokumentiert. Diese ähneln in der Vorgehensweise mehr den von rechtsextremen Freikorps-Offizieren verübten Fememorden der Weimarer Republik als dem Guerilla-Konzept der NS-Partisanen.

So gelang es der zum Freikorps Adolf Hitler gehörenden Kampfgruppe Wichmann am 14. April 1945, den Dötlinger Bauern Willi Rogge in einen Hinterhalt zu locken und zu ermorden. Das Dorf in Niedersachsen war zu diesem Zeitpunkt noch nicht in britischer Hand, der Mord also keine typische Werwolf-Aktion hinter den gegnerischen Linien. Angeblich hatte Rogge aus einem Lager des Reichsarbeitsdienstes Kleidung und Schuhe entwendet. Rogge war den Nazis seit 1933 als »Querulant, Demokrat und Quertreiber« aufgefallen. Die Täter hängten dem Opfer ein Schild mit der Aufschrift »Wer sein Volk verrät, stirbt« um. Das Schild fand der Journalist Cordt Schnibben im Nachlass seines an dem Mord beteiligten Vaters.[87]

Das größte Massaker des Werwolfs war die so genannte »Penzberger Mordnacht« am 28. April 1945 – wie bei Rogge in einer noch nicht von den Alliierten kontrollierten Gegend. 14 Männer und zwei Frauen, die als »Hochverräter und Wehrkraftzersetzer« geschmäht wurden, hängte ein Werwolf-Kommando auf, weil sie als NS-Gegner denunziert worden waren oder sich an der Absetzung des NSDAP-Bürgermeisters von Penzberg beteiligt hatten.[88]

Den rund 100 Mann starken Werwolf-Trupp führte Hans Zöberlein an, ein fanatischer Nationalsozialist, der bereits 1923 beim Hitler-Putschversuch in München dabei gewesen war. Zöberlein und seine Gruppe Hans bezeichneten sich als Angehörige des Freikorps Adolf Hitler und zugleich als Werwolf Oberbayern. Nach der Mordaktion verteilte Zöberleins Trupp Flugblätter: »Warnung an alle Verräter und Liebesdiener des Feindes. Der oberbayerische Werwolf warnt vorsorglich alle diejenigen, die dem Feind Vorschub leisten wollen oder Deutsche und deren Angehörige bedrohen oder schikanieren, die Adolf Hitler die Treue hielten. Wir warnen: Verräter und Verbrecher am Volk büßen mit ihrem Leben und dem Leben ihrer ganzen Sippe. Dorfgemeinschaften, die sich versündigen am Leben der Unseren oder die weiße Fahne zeigen, werden ein vernichtendes Haberfeldtreiben erleben, früher oder später. Unsere Rache ist tödlich! ›Der Werwolf Oberbayern‹.«[89]

Im Südwesten Deutschlands kam es zu weiteren Fememorden. Am 22. April 1945 ließ der Werwolf-Führer für Südbaden, Heinrich Perner, den Pfarrer Willibald Strohmeyer erschießen, weil dieser die Bevölkerung aufgefordert hatte, weiße Fahnen zu hissen und die Dörfer und Städte im Münstertal den anrückenden französischen Truppen kampflos zu übergeben.

Am 25. April 1945 ließen HJ-Bannführer Kurz Rahäuser und SS-Unterscharführer Eugen Walz von ihnen unterstellten Werwölfen acht polnische und baltische Zwangsarbeiter ermorden. Die Gefangenen waren zuvor gezwungen worden, Erdbunker für Werwolf-Gruppen im Kreis Lörrach anzulegen.

Am 2. Mai erschossen der Werwolf-Beauftragte des Gaues Weser-Ems, Friedrich Wilhelm Lotto, und sein Adjutant Helmut Führ in Wilhelmshaven den Kriminaldirektor Konrad Nussbaum, den Friseur Göken und den Mitarbeiter eines Marinebetriebes, die sie für Verräter hielten. Die beiden überzeugten Nationalsozialisten hatten sich nach Hitlers Tod nach Flensburg, zum neuen Führer des Dritten Reiches, Großadmiral Dönitz, durchschlagen wollen. Nur weil ihr Wagen in ihrer Heimatstadt Wilhelmshaven liegen blieb, verübten sie hier ihre Mordtaten an Personen, die die Wilhelmshavener NS-Kreisleitung als »todeswürdig« befunden hatte.[90] All diese Werwolf-Morde geschahen in Gebieten, die noch nicht von den Alliierten besetzt waren und entsprachen somit nicht dem Stay-Behind-Auftrag des Werwolfs, hinter den feindlichen Linien tätig zu werden. Nur wenige Tage nach den Morden im Südwesten, in Bayern und Norddeutschland, am 5. Mai 1945, rief Großadmiral Dönitz, als Nachfolger Hitlers nun Staatsoberhaupt des Deutschen Reiches, in einer Rundfunkansprache zur Einstellung jeder Widerstands- oder Partisanentätigkeit auf.

Hans Zöberlein, der Leiter des Penzberger Mordkommandos, wurde 1948 zum Tode verurteilt, das Urteil wurde vom Münchner Oberlandesgericht aber in lebenslange Haft umgewandelt. 1958 erhielt Zöberlein Haftverschonung. Heinrich Perner wurde 1948 zum Tode verurteilt; Eugen Walz 1950 zu lebenslanger Haft. Kurt Rahäuser wurde 1950 zum Tode verurteilt, konnte sich durch Flucht der Festnahme entziehen. Erst 1985 musste er für drei Jahre wegen Beihilfe zum Totschlag ins Gefängnis.[91]

Ilse Hirsch wurde im Dezember 1945 von der britischen Besatzungsmacht festgenommen und saß bis Juni 1948 in Untersuchungshaft. Das Landgericht Aachen sprach sie im Oktober 1949 vom Vorwurf frei, »Verbrechen gegen die Menschlichkeit« begangen zu haben: »Sie befand sich in dem Glauben, dass es sich bei dem Unternehmen gegen Oppenhoff um eine rechtmäßige Vollstreckung eines Todesurteils handelte«, stellte das Gericht zu ihrer Entlastung fest. Ihre überlebenden Mittäter erhielten mehrjährige Haftstrafen wegen Beihilfe zum Totschlag.[92] Rückblickend sagte sie über ihre Rolle beim Mordkomplott gegen Franz Oppenhoff: »Ich habe mich gefühlt wie jeder andere Soldat, der an die Front gehen musste und für sein Vaterland kämpfen musste. […] Ich habe wirklich geglaubt, das Richtige zu tun.«[93]

In den Papieren der US-Vernehmer finden sich Hinweise auf weitere Werwolf-Gruppen, die allesamt ohne Wirkung blieben oder sich gar nicht erst organisieren konnten. Die Amerikaner erkannten schon im Sommer 1945, dass die aus Mitgliedern der Sicherheitspolizei gebildete Nachrichten- und Widerstandsgruppe Bundschuh, die regionalen Aktionsgruppen Sigrune, Leihschein, Rübezahl oder die Sonderkommandos Klara, Malow und Pannwitz bedeutungslos waren.

Vom britischen Nachrichtendienst im Juli 1945 vernommen, hatte der SS-Sturmbannführer beim Befehlshaber der Sicherheitspolizei und des SD in Den Haag, Joseph Schreieder, erklärt, es habe einen Befehl gegeben, selbst in Holland Freiwillige für den Bundschuh zu rekrutieren, seines Wissens hätten sich jedoch keine gemeldet. Durch einen gegenläufigen Befehl sei dann wenig später angeordnet worden, dass die Einsatzkommandos der SS statt als Werwölfe im aktiven Fronteinsatz kämpfen sollten – bis zum Ende.[94]

Auch Versuche, die Reste der SS-Jagdverbände in den Bergen in der so genannten »Alpenfestung« als Widerstandstruppe zusammenzuziehen, waren letztendlich wirkungslos gegen die alliierte Übermacht. Bereits am 27. Juli 1945 stellten die Analytiker des Counter Intelligence War Room in London fest, dass von den Werwölfen keine Gefahr mehr ausgehe: »Die Nazi-›Widerstandsbewegung‹ war ein Fehlschlag wie die Alpenfestung, die Berchtesgadener Götterdämmerung und die sonstigen grandios wagnerianischen Dramen, die angekündigt und nie präsentiert wurden […] Was das Reichssicherheitshauptamt angeht, so ist die Show vorbei.«[95]

Als wesentlich bedrohlicher schätzte der britische Generalmajor Sir Kenneth Strong, ab 1944 Leiter des Nachrichtendienstes des Alliierten Oberkommandos in Europa, in seinen Memoiren 1967 die Gefahr durch die Werwolf-Organisation in den letzten Kriegstagen ein: »Im Februar 1945 befahl die militärische Führung, daß die Gründung einer Widerstandsorganisation mit dieser Bezeichnung beschleunigt betrieben und daß Männer von großer Fähigkeit und Erfahrung und außergewöhnlichem Mut als ihre Führer ausgewählt werden sollten. Die spätere Einnahme eines ›Werwolf‹-Hauptquartiers überzeugte mich davon, daß nur der eilige Vormarsch der amerikanischen Truppen die Schaffung eines ausgedehnten Widerstandsnetzes, das sehr wohl unsere Operationen störend hätte beeinflussen können, verhindert hat.«[96]

In Einzelfällen trugen auch besonnene Wehrmachtsoffiziere dazu bei, dass durchaus kriegsverlängernde Anschläge von Werwölfen nicht zur Ausführung gelangten. Der im Widerstand gegen Hitler engagierte Abwehroffizier Waldemar F. Kehler hatte im Frühjahr 1945 mit seiner Abhör- und Funkdienststelle von Bayern nach Husum-Hockensbüll verlegt. Seinen Kriegserinnerungen zufolge konnte er in Schleswig-Holstein einen letzten Verzweiflungsakt zur Verzögerung des britischen Vormarsches verhindern: »Kurz nach Hitlers Geburtstag erschienen dort in einem Kübelwagen, gefolgt von einem Militärlaster, auf dem sich mehrere mit Panzerfäusten und Minen bewaffnete Jugendliche in Jungvolk-Uniform und drei Soldaten befanden, ein junger Leutnant. Mit gezogener Pistole forderte er uns auf, sich ihm und seinen ›Wehrwölfen‹ anzuschließen, um durch Sprengung der Brücken über den Nord-Ostsee-Kanal dessen Überquerung durch die britischen Verbände zu verhindern. Nachdem ich dem jungen Hitzkopf die realistische Situation klargemacht hatte, entschloß er sich, seinen Plan zu ändern und sich mit seinem Gefolge Großadmiral Dönitz, der jetzt in Flensburg residierte, zur Verfügung zu stellen.«[97]

Obwohl hunderte von Partisanen zwischen Ende 1944 und dem Frühjahr 1945 in den W-Schulen für den Untergrundkampf geschult wurden, gelang es der SS oder anderen Dienststellen des Dritten Reiches nicht, schlagkräftige Werwolf-Trupps aufzustellen, auszubilden und einzusetzen. Daran dürfte vor allem der Mangel an Kommunikationsmitteln schuld sein. Während die Stay-Behind-Organisationen der Nachkriegszeit Schritt für Schritt eine intakte Funkstruktur aufbauten, gelang es dem Werwolf in der Endphase des Krieges nicht, Aufklärung, Funkübermittlung und daraus folgende Sabotagehandlungen zu koordinieren.

Doch selbst wenn es zum Aufbau einer Partisanentruppe im Sinne der »Winke für Jagdeinheiten« gekommen wäre, hätten diese dennoch kaum andauernde Widerstandsleistungen zustande bringen können. In den »Winken für Jagdeinheiten« heißt es: »Aus der Bevölkerung heraus wird der Kleinkrieg durch bodenständige Widerstandsbewegungen geführt. Ohne Unterstützung der Bevölkerung oder eine bewaffnete Macht können sich Widerstandsgruppen auf die Dauer nicht halten.«[98]

Die kriegsmüde deutsche Bevölkerung hätte sich vor allem in den westlichen Teilen des Reiches kaum den NS-Partisanen angeschlossen oder diese logistisch unterstützt. Während die deutsche Bevölkerung im Westen die Alliierten als Befreier begrüßte und kaum Widerstand zu leisten bereit war, boten im Osten die übervollen Vertriebenenlager mit den vor den Sowjets Geflüchteten gewisse Rekrutierungsmöglichkeiten für die Werwolf-Werber. Der Aufbau der Widerstands-Aktion scheint in Nieder- und Oberschlesien sowie in Böhmen, Mähren und dem Sudetenland aufgrund der allgemein verbreiteten Furcht vor der anrückenden Sowjetarmee geordneter abgelaufen zu sein als im Westen, auch wegen des langsameren Vorrückens der Sowjets im Vergleich zu den US-Streitkräften.

Himmler und Goebbels mussten nach der Kapitulation der ersten Städte im Westen des Reiches erkennen, dass der Fanatismus der Bevölkerung dort nicht mehr zu mobilisieren war – höchstens ihre Angst. So konnten die Werwölfe und Freikorps-Kämpfer vor allem als Terrortrupps gegen die eigene Bevölkerung funktionieren.

Die Idee, die Arthur Ehrhardt und andere für eine asymmetrische Kriegführung entwickelt hatten, lebte jedoch in den Konzepten der Nachkriegs-Guerilla in Westeuropa fort. Mit Beginn des Kalten Krieges erinnerte sich der US-Geheimdienst an das Potential der zu Partisanen ausgebildeten Männer, die 1944/45 erfolglos versucht hatten, ein Stay-Behind-Netz im Rücken des Gegners aufzubauen. Die Amerikaner wollten kurz nach dem Krieg »in Deutschland Spezialeinheiten zur Sabotage der wichtigsten Kommunikationswege und deutsche Gruppen für den Guerillakrieg in den Bergregionen bilden, um den Vormarsch des Feindes möglichst weitgehend aufzuhalten«.[99] Gegen den Kommunismus, so die Einschätzung, würden sich diese Männer eher mobilisieren lassen als für Hitler und Himmler. Vergessene Werwolf-Depots sollten dabei eine Rolle spielen.

Das Scheitern von SS und Wehrmacht bei eigenen Partisanenplanungen

Den NS-Nachrichtendiensten selbst blieb in den letzten zwei Jahren des Zweiten Weltkriegs der Erfolg mit Überrollagenten versagt. In den besetzten Gebieten hatten Stay-Behind-Unternehmungen bereits früher begonnen. Unter der Überschrift »Stay-Behind – Italy« legte das Office of Strategic Services (OSS) seine Erkenntnisse über die Absichten von deutscher Abwehr und SS im Zeitraum von Oktober 1943 bis März 1944 nieder. Im Oktober 1943 registrierte der US-Dienst einen Besuch von Abwehrchef Admiral Wilhelm Canaris in Norditalien, bei dem es um die Übernahme des Funknetzes des italienischen Militärnachrichtendienstes SIM und den Aufbau einer Funkzentrale in Meran ging. Anfang Februar

1944 fing das OSS einen Befehl des Reichsführers SS Heinrich Himmler ab, demzufolge Schwimmbäder als Ausbildungseinrichtungen für Sabotagetrupps eingerichtet werden sollten. Am Ende des Monats liefen Berichte in Rom ein, nach denen der Gesamtbestand auf 1000 Untergrundkämpfer hochgefahren werden sollte.[100] Doch so geschickt Abwehr und SD ihre Überrollagenten an der Südfront auch tarnten, so wirkungslos blieb dies angesichts der erfolgreichen Abwehrarbeit des OSS.

An der Westfront bot sich das gleiche Bild. Unter dem SS-Sturmbannführer Otto Skorzeny waren ab Frühjahr 1944 Netze für den Einsatz hinter den gegnerischen Linien aufgebaut worden. Im Westen wollte der SD-Ausland sich auf französische Kollaborateure der Vichy-Regierung stützen, die im Oktober 1944 nach Sigmaringen geflohen waren. Zusammen mit vier- bis sechstausend Anhängern im befreiten Frankreich sollte – von Bad Ems aus – ein Heer von Agenten zum Einsatz kommen. Die Vichy-Partisanen kamen aber nicht mehr zum Einsatz hinter den alliierten Linien. Ebenso waren Einsätze in Flandern und Wallonien, in den Niederlanden und in Dänemark geplant.[101] Die Frontaufklärungstrupps der deutschen Korps führten an der Westfront monatlich 20 bis 25 Einsätze durch, wie die US-Nachrichtendienste im Juli 1945 festhielten.[102] »Das Ziel der Agenteneinsätze lag gewöhnlich darin, Versorgungslinien zu unterbrechen. Ziele wie Munitionsdepots und wichtige Fabriken wurden selten und nur mit guten Agenten angegriffen«,[103] hielt die U.S. Army deren Stay-Behind-Auftrag fest. Sie schätzte die generelle Rückkehrerquote für Agenten auf 30 bis 40 Prozent.

Bereits im Frühjahr 1940 hatte die deutsche Abwehr mit dem Aufbau von Rückzugsnetzen begonnen, in denen für den im Falle des Abzugs deutscher Truppen einheimische Agenten organisiert werden sollten. So umfasste das küstennahe Netz am Tag der alliierten Landung in der Normandie etwa 100 Agenten.[104] In Kopenhagen sollte der SS-Hauptsturmführer Horst Issel im Auftrag des SD-Ausland ein landesweites Netz von Überrollagenten aus dänischen Kollaborateuren aufbauen, das angelsächsischen Truppen beim weiteren Vordringen nach Deutschland das Leben schwer machen sollte. Ab Mai 1944 wurden zwischen 30 und 40 Dänen im Harz und in Fürstenwalde in Sabotage und nachrichtendienstlichem Meldewesen ausgebildet.[105] Auch dieses Unterfangen scheiterte. Issel floh Anfang Mai 1945, tauchte aber schon 1949 wieder auf, von den Briten als Agent der Organisation Gehlen (Org) in Berlin festgenommen und an Dänemark ausgeliefert.[106]

Die Organisation Gehlen wurde im Juni 1946 von US-amerikanischen

Besatzungsbehörden gegründet. Ihr Personal bestand größtenteils aus ehemaligen deutschen Nachrichtendienstlern – Abwehr, Reichssicherheitshauptamt, Abteilung Fremde Heere Ost – sowie aus Generalstabsoffizieren unter der Leitung des ehemaligen Generalmajors Reinhard Gehlen. Die Org war die Vorläuferorganisation des Bundesnachrichtendienstes (BND), dessen erster Präsident Gehlen im April 1956 werden sollte.

Die Zeitenwende nach 1945

Zwischen dem Verschwinden des nach Kriegsende als Kriegsverbrecher gesuchten Issel und seinem Auftauchen bei der Org hatte sich eine Zeitenwende vollzogen. Aus Kriegsverbündeten waren Feinde geworden. Am 22. Februar 1946 hatte der US-Botschaftsrat in Moskau, George F. Kennan, in einem Telegramm Washington gewarnt, dass es für die Sowjetunion keinen Modus Vivendi mit den USA gäbe, und einen dramatischen Kurswechsel der amerikanischen Strategie gegenüber Stalin gefordert. Vollzogen wurde dieser am 12. März 1947, als US-Präsident Harry S. Truman offiziell die Truman-Doktrin, eine Politik der Eindämmung der Sowjetunion, verkündete. Die noch im Besatzungsstatut der drei Westalliierten vom 1949 beschworenen Ziele einer Entnazifizierung und Entmilitarisierung in den Besatzungszonen wichen schleichend einer Indienstnahme von ehemaligen Angehörigen von Wehrmacht und SS gegen den neuen Feind im Osten.

Lange vor der Diskussion um einen westdeutschen Wehrbeitrag riefen die US-Geheimdienste Partisanengruppen aus Deutschen ins Leben. Zentraler Auslöser war die sowjetische Blockade West-Berlins 1948. Hemmungen, auf Kriegsverbrecher aus den Reihen der ehemaligen SS zurückzugreifen, gab es bei keiner der zahlreichen und parallel aufgebauten Stay-Behind-Gruppen, weder vor Ort in Westdeutschland, noch in der Zentrale der Central Intelligence Agency in Washington D.C. Dort wurden alle Kandidaten auf Herz und Nieren geprüft, ihre Laufbahn und Kriegsverwendung im Schwarzen Korps kam ebenso auf den Prüfstand wie ihre politische Gesinnung nach dem Krieg. Wie sich zeigen wird, waren selbst die Beteiligung am Holocaust und der Ruf, auch nach dem Untergang des Dritten Reichs noch überzeugter Nationalsozialist zu sein, kein Hinderungsgrund, um den Kandidaten die Clearance zu erteilen, die Unbedenklichkeitserklärung für den Einsatz als US-geführter Partisan. Für diesen Sicherheitsbescheid zählte einzig und allein ein glaubensfester Antikommunismus.

Die Central Intelligence Agency baute 1949 auf die Erfahrungen der Abwehr mit Stay-Behind-Einheiten. Sie fand mit Heinz Schmalschläger, der schon ab Sommer 1945 für den Bereich Gegenspionage des damaligen US-Nachrichtendienstes OSS tätig geworden war und ab 1947 in Oberursel vom US-Militärnachrichtendienst beschäftigt wurde, den idealen Fachmann. CANDIDA – so sein US-Deckname – war im Juni 1949 für den Leiter der CIA-Station Karlsruhe sehr interessant. Zum einen konnte der Ex-Oberst vielfältige Erfahrungen (vom Balkan bis zum baltischen Raum) zum Thema R-Netze (Rückzugsnetze) einbringen: u.a. bei der Personalauswahl aus kirchlichen und nationalistischen Gruppen, beim Eingliedern von existierenden Beschaffungs- und Gegenspionagekapazitäten in ein Stay-Behind-Netzwerk; in der Tarnung von Netzen und wie man mit ihnen kommuniziert. Zudem besaß er ein breites Wissen über die Ausbildungsmöglichkeiten, im Funken und letztlich über die Kontrollmethoden, nachdem das Netz einmal überrollt worden war. Zum anderen sollte Schmalschläger Vorschläge unterbreiten, welche Maßnahmen er für den (theoretischen) Fall träfe, dass die amerikanische Besatzungszone von sowjetischen Truppen angegriffen würde: Wie würde er beim Aufbau eines R-Netzes vorgehen? Dabei sollte sein Fokus auf möglichen Tarnkonstruktionen, auf der Auswahl geeigneter Kandidaten und deren Ausbildung sowie auf der Vorbereitung von Funkplänen liegen.[107] Die Kriegserfahrungen, die der bewährte Abwehrmann Schmalschläger[108] von April bis Juni 1949 in den Dienst der CIA stellen wollte, betrafen auch seine Kontakte zum ukrainischen Widerstand. Zwar war den Amerikanern bewusst, dass dieses Projekt gescheitert war, aber sie wollten aus den deutschen Fehlern bei dem Versuch lernen, separatistische Nationalisten gegen Moskau in Stellung zu bringen.[109]

Als die CIA in Karlsruhe Schmalschläger im Frühsommer 1949 als Berater hinzuzog, hatte die nach dem CIA-Hauptquartier in Frankfurt zweitwichtigste Station in Westdeutschland bereits eine ganze Reihe von Stay-Behind-Gruppen aufgebaut. PASTIME lautete der CIA-Oberbegriff für alle SBO-Programme, ausgenommen die der Organisation Gehlen. Unter diesem Kryptonym hatte die CIA bereits 1948 die Rekrutierung von Überrollagenten für den Fall des Abzugs der US-Streitkräfte aus Berlin oder für den Beginn von Feindseligkeiten in der geteilten Stadt und in der SBZ ins Auge gefasst. Bei ihren Kryptonymen, beispielsweise LCPROWL für den Technischen Dienst des Bundes Deutscher Jugend, setzte die CIA in der Regel auf willkürliche Buchstabenfolgen, mit Ausnahme von ZIPPER (Reißverschluss) für die Organisation Gehlen. Die Organisation Gehlen und der BND wählten dagegen mit MARS und SATURN, mit STORCH oder WIESEL sinnhafte Decknamen für ihre Stay-Behind-Operationen und Personen wie GLOBUS für Adenauers Geheimdienstkoordinator Hans Globke.

Die CIA stützte sich auf Vorgaben aus Washington. Dort war mit der Gründung einer Central Intelligence Agency, die die Übergangsstrukturen vom Office of Strategic Intelligence (OSS) zur Central Intelligence Group (CIG) ablöste, 1947 der erste Friedensauslandsnachrichtendienst der Vereinigten Staaten entstanden. Er stützte sich im geheimen operativen Direktorat auf zwei Säulen: auf das Office of Special Operations (OSO) zur Gewinnung nachrichtendienstlicher Erkenntnisse und auf das Office of Policy Coordination (OPC) für verdeckte Operationen und aktive politische Interventionen. Letzteres wurde geleitet von Frank Wisner, in Kriegszeiten OSS-Chef in Rumänien. Das OPC nahm einen schnellen Aufschwung. Von sieben Auslandsresidenturen mit 301 Mitarbeitern im Jahr 1949 wurde es auf 47 Stationen im Ausland mit 6000 Mitarbeitern im Jahr 1952 aufgestockt, bevor es im August 1952 mit dem OSO im neuen Planungsreferat der Agency vereinigt wurde.[110]

In Bonn befand sich ab Gründung der CIA das Office of the Coordinator and Special Advisor (OCA). Frankfurt a.M. war bis Anfang der 1950er Jahre Sitz des Residenten im ehemaligen IG-Farben-Gebäude (nunmehr Abrams Building), bis heute die wohl größte CIA-Station auf deutschem Boden, in West-Berlin bestand ab 1949 ein Stützpunkt unter Peter Sichel, in Karlsruhe der CIA Chief of Station und in Pullach die Pullach Operating Base zur Aufsicht über die Org.

Die CIA wiederum handelte bei der Planung aller verdeckten Maßnahmen nicht nach eigenem Ermessen, sondern war eingebettet in die Gesamtstrategie zur Eindämmung des sowjetischen Machtimperiums. Nachdem Frank Wisner am 1. September 1948 die Verantwortung für alle verdeckten Operationen der USA übernommen hatte, erstellte er innerhalb eines Monats die »Kriegspläne« für die nächsten fünf Jahre. Die Stay-Behind-Netzwerke darin waren nicht die Erfindung der CIA, sondern Wisner schuf sie auf Weisung von James V. Forrestal, der als Marineminister Henry Trumans Studiengruppe zur Zukunft der Nachrichtendienste geleitet hatte, die zum »National Security Act« vom 26. Juli 1947, der Geburtsurkunde der CIA, führte und zeitgleich Forrestal zum ersten Secretary of Defense machte.[111]

Bis mit Theodor Blank ein erster westdeutscher Verteidigungsminister am 7. Juni 1955 sein Amt antrat, sollten noch acht Jahre vergehen.

Zunächst wurde am 5. Mai 1950 die Zentrale für Heimatdienst unter Gerhard Graf Schwerin aufgebaut, die sich in aller Stille um die ersten Schritte zur Wiederbewaffnung bemühte. Doch Bundeskanzler Adenauer unterbreitete Anfang Juni, unter Bezugnahme auf eine Denkschrift Schwerins, den drei alliierten Hochkommissaren John J. McCloy, Brian H. Robertson und André François-Poncet ein Horrorszenario für den Fall einer sowjetischen Invasion: Das Schreckgespenst einer spontanen Massenflucht von acht bis zehn Millionen Menschen, die die Operationsfreiheit der alliierten Truppen massiv einschränken würde. Aus den Aufzeichnungen von Kanzlerberater Herbert Blankenhorn erschließt sich Adenauers Denken und Handeln: »Es sei dann wohl nach einiger Zeit mit einer zweiten Welle von Flüchtlingen zu rechnen, die sich aus ihren Gebieten nach Westen aufmachten, sobald die Russen beginnen würden, die arbeitsfähige Bevölkerung nach Sibirien in die Uranbergwerke abzutransportieren [...]. Zwischen Rhein und Elbe müßten nach den Berechnungen des Grafen Schwerin 10 bis 12 deutsche Panzerdivisionen aufgestellt sein, die den ersten Stoß der Russen auffangen könnten.«[112]

Einen zusätzlichen Schub erhielt der Aufbau US-amerikanisch geführter Partisanengruppen durch den Koreakrieg. Am 25. Juni 1950 hatten nordkoreanische Truppen die Demarkationslinie überschritten. Der Koreakrieg wirkte innen- wie außenpolitisch als Katalysator der Wiederbewaffnung. Adenauer entließ Schwerin im Oktober 1950 und berief Theodor Blank am 26. Oktober 1950 zum Beauftragten der Bundesregierung für die mit der Vermehrung der alliierten Truppen zusammenhängenden Fragen.

Am 9. August 1950 forderte der britische Premier Winston Churchill eine europäische Armee mit deutscher Beteiligung. Die beratende Versammlung des Europarates votierte am 11. August 1950 in Straßburg für die Bildung einer europäischen Streitmacht mit deutschen Kontingenten. 1951 setzten intensive Verhandlungen über die Bildung einer Europäischen Verteidigungsgemeinschaft (EVG) ein, bei denen die Bundesrepublik Deutschland als Gegenleistung für die Aufstellung deutscher Verbände eine Ablösung des Besatzungsstatuts und die Einrichtung eines Verteidigungsministeriums forderte. Ende Mai 1952 wurde der EVG-Vertrag schließlich unterzeichnet, im Mai 1953 durch die Bundesrepublik ratifiziert.

Nachdem in Frankreich jedoch eine gaullistische Regierung an die Macht gekommen war, lehnte die französische Nationalversammlung am 30. August 1954 die Ratifizierung des EVG-Vertrags ab.

Die Londoner Neunmächtekonferenz beschloss stattdessen Anfang Oktober 1954 die Souveränität der Bundesrepublik, den Beitritt der Bundesrepublik zur Westeuropäischen Union und zur im April 1949 gegründeten NATO. Mit den Pariser Verträgen vom 5. Mai 1955 erhielt die Bundesrepublik eine durch alliierte Vorbehalte eingeschränkte Souveränität und wurde in das Sicherheitssystem der Westeuropäischen Union einbezogen. Zementiert wurde die Westbindung durch den Beitritt der Bundesrepublik zur NATO am 9. Mai 1955, dem einen Monat später die Umwandlung des Amtes Blank in das Verteidigungsministerium folgte. Ein knappes Jahr später sollte Westdeutschland mit dem Bundesnachrichtendienst auch einen eigenen Auslandsnachrichtendienst bekommen, was wiederum nicht ohne Folgen für die Stay-Behind-Strukturen blieb.

Der Bund Deutscher Jugend (BDJ) und sein Technischer Dienst (TD)

Das ehrgeizige Stay-Behind-Netzwerk der CIA zu Anfang der 1950er Jahre

Der Skandal um den Technischen Dienst des Bundes Deutscher Jugend

Es war eine haarsträubende Geschichte, die ein Whistleblower vom Bund Deutscher Jugend (BDJ) am 9. September 1952 beim K 12, dem politischen Kommissariat der Frankfurter Kriminalpolizei, zu Protokoll gab. Im nüchternen Berichtsdeutsch liest sich der Sachverhalt so: »Am 9.9.1952 erschien der Kaufmann und frühere SS-Hauptsturmführer Hans Otto freiwillig bei der Kriminalpolizei in Frankfurt/Main. Er gab an, einer politischen Widerstandsbewegung anzugehören, die es sich zur Aufgabe gestellt habe, im Falle eines russischen Vormarsches Brücken zu sprengen und Sabotage-Aktionen durchzuführen. Leiter der Organisation, des sogenannten Technischen Dienstes (TD), sei der Kaufmann und frühere Oberleutnant Erhard Peters [...], [der vom] Sommer 1951 [bis zum März 1952] [...] [auch der] 2. Bundesvorsitzende des BDJ [war]. [...] Zur Ausbildung von Mitgliedern [...] sei eine Schule unterhalten worden, in der etwa 100 Personen politisch geschult, in der Bedienung von amerikanischen, russischen und deutschen Waffen und in der Anwendung militärischer Taktik unterwiesen worden seien. Die Mitglieder seien zum größten Teil ehemalige Offiziere der Luftwaffe, des Heeres und der Waffen-SS. Obgleich offiziell keine neofaschistischen Tendenzen gewünscht seien, seien diese aber in der Masse der Mitglieder häufig hervorgetreten. Die Mittel seien von einem amerikanischen Staatsangehörigen mit dem Namen Sterling Garwood zur Verfügung gestellt worden. Innerpolitisch seien die Ziele der Organisation gegen KPD und SPD gerichtet.«[113]

Über diese Untergrundtruppe ehemaliger NS-Offiziere erstattete der Polizeipräsident von Frankfurt a.M., Gerhard Littmann, dem hessischen Innenminister Heinrich Zinnkann unverzüglich Bericht. Am 11. September wurde auch der Ministerpräsident August Georg Zinn eingeweiht. Zwei Tage später – ab dem 13. September, 17 Uhr – rollte die Ermittlungsmaschinerie von Staatsanwaltschaft und Polizei in der Mainmetropole mit Durchsuchungen und ersten Festnahmen an. Dies war der

Startschuss für einen Ermittlungsmarathon, der seinen Niederschlag am Ende in zwei großen Dokumentationen des hessischen Innenministers finden sollte.[114]

Die Indianer gingen den Fahndern schnell ins Netz, gegen vier Mitglieder des TD ergingen am 14. und 18. September Haftbefehle, nicht jedoch gegen die beiden Häuptlinge. Der stellvertretende BDJ-Bundesvorsitzende Erhard Peters war zu den Amerikanern geflüchtet und wurde bis zum 3. Oktober in einem Schutzhaus vor deutschen Strafverfolgern abgeschirmt. Als er sich schließlich freiwillig stellte, gab er zu Protokoll, dass ihm eine Auswanderung in die USA vorgeschlagen worden sei, was er jedoch abgelehnt habe. Die CIA reagierte auf diese polizeilichen Zugriffe mit der Überwachung des Post- und Telefonverkehrs durch den Communication Intelligence Service (CIC), nicht nur bei Peters, sondern auch bei den Wohnungen und Büros aller Festgenommenen sowie aller BDJ-TD-Landesführer.[115]

Auch den BDJ-Vorsitzenden Paul Lüth konnten die Fahnder nicht festnehmen, da er sich in einem Schulungsheim des BDJ in Bayern aufhielt. Lüth teilte dem K 12 am 7. Oktober mit, dass er bereit sei, sich in Laufach richterlich vernehmen zu lassen, nachdem sich der erste Pulverdampf verzogen hatte.[116]

Die Ausbeute der Beschlagnahmungen war außerordentlich umfangreich. Allein in der Geschäftsstelle des Technischen Dienstes in Neu-Isenburg fielen den Fahndern 500 Schriftverkehre, massenhaft Propagandamaterial, zahlreiche Landkarten, verschiedene Karteien, 542 Blatt aus der Aktion »kommunistische Gegner«, 44 Blatt zur Freien Deutschen Jugend (FDJ) und als besonders brisante Beute 12 Blatt mit den Namen und Biografien bekannter Sozialdemokraten und Kommunisten in die Hände. Die wollte die rechte »Widerstandsbewegung« offenbar aus dem Weg schaffen oder gar töten.[117]

Dem hessischen Verfassungsschutz war der BDJ bereits wenige Monate nach seiner Gründung aufgefallen: aber nicht sein paramilitärischer Arm, der Technische Dienst, sondern seine ideologische Grundausrichtung. Mehrfach hatte der Chef des Landesamtes für Verfassungsschutz (LfV) Paul Schmidt Berichte an das Bundesamt für Verfassungsschutz (BfV) abgesetzt – den ersten, sehr vorsichtig formulierten, am 7. Dezember 1950. Sein Fazit: »Eine akute Gefahr ist bei dem BDJ nicht erkennbar, wenngleich Ton und Inhalt des Propaganda- und Schulungsmaterials ein Abschwenken nach einer rechtsradikalen Linie durchaus möglich scheinen lassen. Der BDJ wird deshalb weiter überwacht.«[118] Zwölf Tage später klang

Schmidts nächstes Schreiben schon deutlicher. Da sah er in dem Verein »eine stark rechts ausgerichtete Gruppe, die über qualifiziertes Menschenmaterial verfügt, sie kann zu einer Gefahr werden, wenn sie durch Hintermänner, die vorläufig noch undurchsichtig sind, politisch missbraucht wird.«[119] Mehrfach hatte Schmidt beim Bundesamt in Köln nach einer möglichen amerikanischen Finanzierung gefragt, für die seine Leute aber keinen Beweis gefunden hatten, ebenso nach einer Verstrickung mit Bundesbehörden. Vom Regierungsdirektor im BfV Merz erbat er bereits am 6. Januar 1951 eine Unterrichtung »über die angeblichen Verbindungsmänner in den Bundesministerien«, namentlich über Heinrich Lades im Bundesinnenministerium, über Herrn Salat im Bundeskanzleramt und über Herrn Köpp im Ministerium für Gesamtdeutsche Fragen.[120] Eine aussagekräftige Antwort bekam er nie.

So haarsträubend Hans Ottos Geschichte auch war, ganz neu war sie den Kriminalisten in der Mainmetropole nicht. Dass das »K 12, also das politische Kommissariat, uns belauert hat«, wusste Paul Lüth, der Vorsitzende des BDJ, schon vor den Verhaftungen. Das offenbarte er Jahre später 1968 in einem Hintergrundgespräch mit dem *Spiegel*.[121]

Die Entstehung des Bundes Deutscher Jugend (BDJ)

Der Bund Deutscher Jugend (BDJ) ist untrennbar mit dem Namen Paul Egon Lüth verbunden. Wenige Monate nach seinem Abitur wurde er gleich zu Beginn des Zweiten Weltkriegs zur Sanitätstruppe eingezogen, 1940 allerdings für ein Medizinstudium an der Universität Rostock freigestellt. Nach achtsemestrigem Studium, unterbrochen von Fronteinsätzen in den Semesterferien, legte er am 9. November 1943 das Physikum ab und war – auch ohne medizinisches Examen – als Feldunterarzt in den letzten Kriegsmonaten im Lazarett Perleberg tätig. Der Regierungspräsident von Posen habe ihm eine Notapprobation verliehen, behauptete Lüth später, ohne das Dokument je vorlegen zu können. 1945 ließ er sich als Arzt in Groß-Gerau nieder und wurde vom dortigen Landrat am 1. Dezember 1945 als Flüchtlingsarzt eingestellt, aber bereits am 31. August 1946 wegen der Zweifel an seiner medizinischen Qualifikation wieder entlassen. Anfang 1946 trat er in Walldorf in die Kommunistische Partei (KPD) ein und hielt Vorträge über Marxismus-Leninismus. Abgemeldet hat er sich bei der KPD nie. Der KPD-Abgeordnete Max Renner lag sicher nicht falsch, als er Lüth später in einer Bundestagsdebatte, von der noch die Rede sein wird, als »Spion und Provokateur«[122] bezeichnete.

Viel war es nicht, was die hessischen Ermittler über die Umstände der Gründung des BDJ und zur Rolle Lüths in Erfahrung bringen konnten. Dem Eintrag ins Frankfurter Vereinsregister vom 5. September 1950 entnahmen sie das Gründungsdatum, den 23. Juni 1950, und die Namen der Vereinsführung: als Bundesführer der Kaufmann und Ex-Offizier Heinz Schipplack, als sein Stellvertreter Erhard Peters, als Schriftführer Gerhard Bischoff und als Kassenwart Hubert von Waldow, ein ehemaliger Angestellter von HICOG (High Commissioner of Germany). Obwohl Lüth zunächst kein Amt im ersten BDJ-Vorstand übernahm – er ließ sich erst im Mai 1952 im Frankfurter Siechen-Keller zum Ersten Vorsitzenden wählen –, galt er als der Spiritus Rector des Vereins. In der Gründungsversammlung hatte er angekündigt, seinen Freund Philipp F. Reemtsma um finanzielle Unterstützung zu bitten, und zudem betont, dass sich in seinem Besitz noch ein Kilo Morphium befände, das man zugunsten des BDJ verkaufen könne.[123]

Die Vorgeschichte der Vereinsgründung blieb im Dunkeln. Obwohl man die Wahrheitsliebe Lüths in Zweifel ziehen muss – 1951 lag z.B. eine später zurückgezogene Anzeige wegen Heiratsschwindels gegen ihn vor[124] –, ist die folgende Geschichte, die er dem *Spiegel*-Reporter Peter-Ferdinand Koch 1968 erzählte, plausibel. Zudem wird sie durch Aussagen von Hans Otto und amerikanische Geheimdienstquellen bestätigt.[125]

Lüths Version der Vorgeschichte hört sich so an: Gerhard Bischoff und er, damals beide Mitarbeiter der *Frankfurter Allgemeinen Zeitung* – auch hier stapelt er hoch: Lüth war nur Volontär –, waren im Frankfurter Hauptquartier der amerikanischen Besatzungsmacht vorstellig geworden, um die Lizenz und finanzielle Unterstützung für eine Zeitschrift zu erbitten. Im IG-Farben-Haus kamen sie in Kontakt mit Henry Selby, bei dem es sich um den gebürtigen Österreicher Henry S. Sutton handelte, der in Geheimdienstkreisen als wandelndes Lexikon für alle deutschen und österreichischen politischen Belange galt.[126] Selby zeigte sich aufgeschlossen für ihr Projekt und fuhr mit Lüth nach Köln-Lindenthal ins Verlagshaus Kiepenheuer & Witsch, in dessen Kellerräumen das SBZ-Archiv untergebracht war. Er wollte Lüth demonstrieren, was er alles finanzierte. Was die Zeitschrift betraf, vertröstete er die beiden *FAZ*-Mitarbeiter, schlug jedoch vor, eine Organisation zur politischen Bildungsarbeit aufzuziehen, für die ein Startkapital von 40000 DM bereitstünde. Der erste Auftrag Selbys für den neugegründeten Verein lautete, ein Flugblatt gegen die kommunistische Jugendorganisation FDJ zu produzieren. Volles Vertrauen genoss Lüth bei seinem neuen Brotherrn aber nicht. Durch Überwachungsmaßnahmen der Censorship Division prüfte sie, ob die öffentlich geäußerten antikommunistischen Positionen von Lüth auch einer wirklichen Haltung entsprachen, und fand dies bestätigt. Zugleich erhielt Lüth auch einen amerikanischen Decknamen: KENETH P. HOLLOCKS.[127]

Etwa zeitgleich mit der Gründung des BDJ erhielt der Leiter des Office of Policy Coordination der CIA aus Frankfurt detaillierte Pläne für das Start-up. Auch in der DDR sollten neun Repräsentanten rekrutiert werden, in Westberlin sollte ein Büro für die DDR-Arbeit mit drei, in Frankfurt a.M. der Hauptsitz mit zehn Vollzeitbeschäftigten zu einem Monatslohn von je 500 DM finanziert werden. Zunächst sollten in westdeutschen Großstädten zehn Massenveranstaltungen organisiert und 100 000 Werbebriefe verschickt werden. In Ausbildungskursen sollten DDR-Aktivisten im Umfang von 800 Mann-Tagen geschult werden. Erster Schwerpunkt der Arbeit in der DDR sollte in der Beeinflussung der Wahlen zur Volkskammer liegen. Was die Kontrolle des BDJ (CIA-Kryptonym KMPRUDE) betraf, so sah sie der CIA-Stationschef in der Mainmetropole nicht nur durch die verschleierte Finanzierung gesichert, sondern auch durch die amerikanische Telefon-, Telegramm- und Postüberwachung der Frankfurter Zentrale.[128]

Der in Frankfurt ansässige Verein blühte schnell auf, expandierte ins ganze Bundesgebiet und hatte nach eigenen Angaben bereits am 1. August 1952 18 630 Mitglieder, von denen 85,2 Prozent unter 25 Jahren waren, wie der BDJ betonte.[129] Nach den Ergebnissen der Durchsuchungen – der Auswertung der Mitgliederkarteien und der gezahlten Monatsbeiträge von mindestens 50 Pfennig – hielten die hessischen Ermittler diese Zahl für pure Hochstapelei. Realistisch schienen ihnen die Ergebnisse, die der Bremer Verfassungsschutz für den Dezember 1952 vorgelegt hatte: Der BDJ hatte bundesweit 5981 Mitglieder. Das war zweieinhalb Jahre nach Gründung immer noch eine beachtliche Anzahl, zieht man in Betracht, dass es in der frühen Bundesrepublik eine Vielzahl konkurrierender antikommunistischer Organisationen gab.

Der Haushalt des BDJ betrug monatlich zwischen 40 000 und 50 000 DM, etwa 10 000 davon für die üppigen Gehälter. Leitende Mitarbeiter bezogen ansehnliche 500 DM. Zum Vergleich: Ende 1954 wurde die Rente einer Kriegerwitwe mit zwei Kindern, von denen es in der Bundesrepublik noch 1,2 Millionen gab, um zwölf Mark auf 72 DM im Monat angehoben.[130] 1952 betrugen die Gesamteinnahmen des BDJ 510 705,82 DM, die Ausgaben 509 518,30 DM. Auffällig war, dass bei den Ausgaben 228 559,46 DM schlicht unter »Verschiedenes« gebucht waren.

Für Gehälter, Honorare und Sozialabgaben waren 73 303,79 DM angefallen. »Hierbei ist festzustellen, dass bezüglich der Sozialabgaben und Steuern anscheinend viele tausend Mark dem Staate hinterzogen worden sind«,[131] konstatierte das hessische Innenministerium.

An Druckkosten waren 141 834,00 DM entstanden, überwiegend für die Schriftenreihe »Beiträge zum Kampf für eine Wiedervereinigung Deutschlands in Freiheit«. In ihr waren sechs Broschüren im Umfang von 16 bis 90 Seiten erschienen, u.a. »Die Wahrheit über die kommunistischen Weltjugendfestspiele«, »Bürgerkrieg wird vorbereitet« sowie »... und morgen die ganze Welt!«, Letztere eine von der antikommunistischen Generallinie abweichende Absage an den Neofaschismus. Nicht mehr realisiert wurde Lüths Plan, ein weiteres Periodikum herauszugeben, das »Der deutsche Beobachter« heißen sollte, sprachlich nah am *Völkischen Beobachter* des Dritten Reichs.

Bereits bei der Anmeldung im Frankfurter Vereinsregister verwies der BDJ auf ein Vereinsvermögen von 1,7 Millionen DM, das angeblich aus Spendengeldern stammte. Die Übersicht über die Einnahmen weist auch für 1952 regelmäßige Einnahmen im fünfstelligen Bereich aus, ohne jedoch die Spender zu nennen. Nach Erkenntnissen der hessischen Ermittler finanzierten den rechten Verein etwa 60 Firmen, darunter auch Unternehmen wie Coca-Cola, Erdal, Salamander, Reemtsma und Bosch.

Sosehr das hessische Innenministerium auf die Einheit des BDJ und seines Technischen Dienstes pochte, die Mehrheit der Bundestagsabgeordneten war selbst nach dem Auffliegen der Partisanentruppe davon überzeugt, dass es einerseits eine öffentliche und gute Seite und andererseits eine verborgene und dunkle Seite des Vereins gab: »Wir haben keinerlei Anlass [...], den BDJ in seiner Gesamtheit mit dem Technischen Dienst zu identifizieren«, betonte der FDP-Abgeordnete und hessische Landesvorsitzende August-Martin Euler in der Bundestagsdebatte am 23. Oktober 1952. In dieselbe Kerbe schlugen auch Hans Ewers, Abgeordneter der Deutschen Partei, und Gerhard Schröder (CDU), nachdem ihnen Bundesinnenminister Robert Lehr (CDU) folgende Steilvorlage geliefert hatte: »Der BDJ habe zwar Zuschüsse aus Bundesmitteln von 20 000 DM erhalten – die Hälfte davon aus ›Abwehrmitteln‹ –, der Technische Dienst allerdings nicht.«[132]

Aber die Ansicht, der BDJ habe aus einem überwiegend guten Teil und einem weit kleineren bösen Partisanenteil bestanden, war grundlegend falsch. Beides gehörte zu derselben amerikanischen Strategie, den Kommunismus in Ost und West durch Einmischung in die inneren Angelegenheiten der Bundesrepublik zu bekämpfen: einerseits durch Propaganda, andererseits durch paramilitärische Aktionen – beides jedoch unter dem Dach derselben CIA-Abteilung. Dies belegt auch die Aussage von Hans Otto, sowohl Lüth als auch Peters hätten getrennt voneinander von demselben Henry Selby – respektvoll auch der Große Siegfried genannt – Geld bekommen. »Die Unterhaltungen von Peters und Lüth bezogen sich vielfach auf die Finanzierungsfragen, bei denen sie sich gegenseitig erkundigt haben, welche Mittel von amerikanischer Seite ihnen zugeflossen sind«,[133] legte Otto in einer Vernehmung dar.

Den letzten Beweis dafür, dass die bundesweite antikommunistische Propagandaarbeit des BDJ ein CIA-Projekt war, liefert eine Personalakte des US-Auslandsnachrichtendienstes aus den 1950er Jahren. In der BDJ-Hochburg Hessen war Willi Weinsberg den Ermittlungsbehörden als Leiter der Hauptabteilung IV Jugendfragen der BDJ-Bundesführung aufgefallen, der auf einer Arbeitstagung der Landesführer in Frankfurt a.M. am 21. Januar 1951 die Schaffung eines »politischen Einzelkämpfers«[134] postuliert hatte. Wie eng der Frankfurter Rechtsanwalt, der von 1946 bis 1950 aus politischen Gründen an einer juristischen Berufsausübung gehindert war, mit der CIA verbunden war, blieb seinerzeit im Dunkeln. Weinsberg war über die Mitgliedschaft in SA und NSDAP in der SS gelandet und hatte zwischen den Fronteinsätzen 1943 auch als SS-Weltanschauungsdozent gearbeitet. Diese Erfahrung war es, die die CIA bewog, ihn am 26. Februar 1952 für eine ähnliche Aufgabe im BDJ-TD vorzuschlagen. Sie beantragte in Washington eine Unbedenklichkeitserklärung für seinen Einsatz in politischen Schulungen und als Herausgeber von BDJ-Schriften. Genau drei Monate später erteilte das Office of Policy Coordination (OPC) die Erlaubnis für eine getarnte Anstellung. Ein Widerruf der Clearance findet sich in der CIA-Akte nicht.[135]

Doch ganz überließ auch der TD dem BDJ die Propagandaarbeit nicht. Unter der Tarnung der Gesellschaft zur Erforschung und Abwehr slawischer Expansionsgelüste e.V. gab der Technische Dienst die für seine Mitglieder bestimmten hektografierten Hefte *Der Wegweiser* heraus und als Gesellschaft zum Studium totalitärer Systeme einen Informationsdienst.[136]

Wie die vom bürgerlichen Lager ständig hoch gelobte »normale« Arbeit des BDJ aussah, hat der »Patriot und Partisan« Dieter von Glahn 1994 in seinen Memoiren treffend geschildert. Die Männer des Landesleiters Bremen/Oldenburg des BDJ klebten eigene Plakate (»Verteidigt Eure Freiheit! Kämpft mit im Bund Deutscher Jugend«), überklebten KPD-

Werbung, markierten Häuser und Geschäfte von bekannten Kommunisten und vermeintlichen Kollaborateuren in SA-Manier mit Banderolen (»Ich bin ein Landesverräter. Ich unterstütze die Kommunisten.«), starteten Wandmalaktionen (»Wehrt euch gegen die rote Pest«) und nahmen Einfluss auf Betriebsratswahlen, beispielsweise im Ausbesserungswerk der Bundesbahn in Oldenburg. Glahn rühmt sich, »Gegnerveranstaltungen« mit Tränengas, Stinkbomben und anderen Mitteln gesprengt zu haben. Als im Herbst 1951 in Stuttgart eine überregionale Filmtagung der Gesellschaft für Deutsch-Sowjetische Freundschaft stattfand, strömten BDJ-Aktivisten aus dem ganzen Bundesgebiet dorthin, verschafften sich mit gefälschten Eintrittskarten Zugang zum Kino und überfluteten den Saal mit Hunderten von mitgeführten weißen Mäusen.[137]

Bereits ein halbes Jahr nach dem Beginn der Aktionen hatte der BDJ im Januar 1951 2,25 Millionen Stück Propaganda-Artikel in Ost und West verteilt.[138] Im Juli 1952 bezifferte die CIA die Monatsproduktion an Plakaten, Flugblättern, Broschüren und Ansteckern auf 250 000 Exemplare.[139]

Erste Reaktionen auf die Entdeckung: Betroffenheit der bundesdeutschen Politik

Konrad Adenauer weilte am 3. Oktober 1952 in der Mainmetropole, und Zinn nutzte die Möglichkeit, um den Bundeskanzler offiziell von den Enthüllungen Ottos und den ersten Ermittlungsergebnissen in Kenntnis zu setzen. Eine unbekannte Größe war der BDJ für Adenauer aber nicht. Lüth hatte sich am 23. Januar 1952 bereits an seinen persönlichen Referenten Mai gewandt, um finanzielle Unterstützung für das Pfingsttreffen 1952 des BDJ in Frankfurt zu erhalten – mit Erfolg: Adenauers Referent Hans Kilb teilte Lüth am 25. März 1952 mit, dass er nach einer Befürwortung durch Staatssekretär Otto Lenz eine Zusage von der Arbeitsgemeinschaft demokratischer Kreise eingeholt habe, das Treffen finanziell zu unterstützen. Und die Unterstützung des BDJ durch die schwarz-gelbe Koalition ging noch weiter: Als Redner traten die Bundestagsabgeordneten Kurt-Georg Kiesinger (CDU) und August-Martin Euler (FDP) auf – eben genau jener Liberale, der den BDJ später im Bundestag vehement verteidigte.[140]

Die Betroffenheit, die Adenauer nach der Unterrichtung durch Zinn zeigte, darf man ihm abnehmen. Er mochte die BDJler für verlässliche Straßenkämpfer in den hitzigen Auseinandersetzungen mit den kommunistischen Organisationen halten, hatte vermutlich auch von ihren Saalschlachten gehört, aber von ihrer Rolle als Geheimwaffe gegen eine sowjetische Invasion wusste er mit großer Wahrscheinlichkeit im Herbst 1952 noch nichts.

Adenauer wandte sich an den US-Hochkommissar Walter J. Donnelly, der seit dem 1. August im Amt war. Er gab nur ein kurzes Gastspiel in der Bundesrepublik und wurde schon im Dezember 1952, vermutlich aufgrund des BDJ-Skandals, wieder abgezogen.[141] Donnelly bat den SPD-Vorsitzenden Erich Ollenhauer daraufhin am 7. Oktober zu sich. Nachdem Ollenhauer ihm klargemacht hatte, dass Presseveröffentlichungen unmittelbar bevorstanden und sein Parteifreund Zinn deshalb nicht länger mit einer Erklärung hinter dem Berg halten könne, schickte der US-Hochkommissar seinen mit CIA-Chef Allen Dulles und Frank G. Wisner persönlich eng befreundeten Stellvertreter Samuel Reber am nächsten Tag nach Wiesbaden.[142] Reber, der Vertreter der U.S. Army Fred Staldner, BfV-Präsident Otto John, Zinn und fünf weitere hessische Vertreter konferierten ab neun Uhr morgens, wobei der Verfassungsschutzchef ebenso wenig zur Erhellung der Affäre beizutragen wusste wie in einer früheren Besprechung am Abend des 13. September. Im Anschluss an diese Sitzung entwarf Zinn seine Regierungserklärung, die er vertrauensvoll dem Vertreter der U.S. Army vorlegte.[143] Der Leiter der CIA-Mission Germany, General Lucian K. Truscott, versuchte vergeblich, Zinn von dem Gang in die Öffentlichkeit abzuhalten.[144]

Am Nachmittag des 8. Oktober 1952 trat schließlich der hessische Ministerpräsident Zinn vor den Hessischen Landtag. Seine Regierungserklärung war ein Paukenschlag. Er enthüllte die Existenz des TD und seiner Partisanenschule in Wald-Michelbach. Dort seien ehemalige NS-Offiziere unter konspirativen Bedingungen an leichten Maschinenwaffen, Granatwerfern und Sprengmitteln geschult worden. Zinn berichtete über den amerikanisch gelenkten Stay-Behind-Auftrag des TD, über die Umstände der Entdeckung, die Ermittlungsmaßnahmen in Land und Bund, die Kommunikation mit dem Bundeskanzler, der »betroffen und entsetzt« war, sowie die Gespräche mit dem US-Hochkommissar und seinem Stellvertreter, die von alledem nichts gewusst und ihre volle Unterstützung bei der Aufklärung zugesagt hätten. Zinn beklagte, dass ein großer Teil des Geheimmaterials – darunter auch Ergebnisse der Ausspähung der SPD – vernichtet, ein anderer Teil an einen US-Verbindungsmann übergeben und damit den Ermittlungsbehörden entzogen worden war. Ausführlich widmete sich der Wiesbadener Regierungschef an diesem Nachmittag der innenpolitischen Seite: »Das Referat If, der sogenannte Abwehrdienst, sollte in der Bundesrepublik diejenigen Personen ermitteln, die nach Auffassung des BDJ im Falle einer militärischen Auseinandersetzung mit der Sowjetunion als politisch unzuverlässig gelten […] oder die nach Ansicht des Technischen Dienstes des BDJ Gegner eines deutschen Verteidigungsbeitrages oder aber Gegner des Generalvertrages und des EVG-Vertrages waren. Nach dem Geständnis des leitenden Mannes des Abwehrdienstes sollten diese Personen im Falle X ›kaltgestellt‹ werden.«[145]

Nach dem Zwischenruf des SPD-Abgeordneten Hans Nitsche »Abgemurkst werden!« blätterte Zinn aus dem beschlagnahmten Material die Karteiblätter auf, 15 über Kommunisten, 80 über führende Sozialdemokraten. Beispielhaft führte er eine Auswahl aus diesen Karteiblättern vor, darunter die des SPD-Ministerpräsidenten Hinrich Kopf in Hannover und des Ersten Bürgermeisters von Hamburg Max Brauer, sechs amtierende oder ehemalige sozialdemokratische Bundes- oder Landesminister, darunter den hessischen Innenminister Heinrich Zinnkann und den Niedersachsen Heinrich Albers, führende Gewerkschaftler wie Hans Jahn (MdB), den Chef der Deutschen Presseagentur Fritz Sänger sowie sieben Bundestagsabgeordnete von Waldemar von Knöringen bis zu Herbert Wehner.

Ein Eigentor schoss sich Zinn mit dem Hinweis auf eine mögliche Involvierung der KGB-Zentrale in Karlshorst oder der SED-Führung in Pankow, die nie bestätigt werden konnte: »Daß nur wenige Kommunisten in der Kartei erfasst sind, lässt sich vielleicht daraus erklären, daß einer der führenden Leute der Organisation auch im Verdacht steht, Fühlung nach Karlshorst und Pankow zu haben.«[146] Seine Anspielung galt der KPD-Mitgliedschaft des US-Agenten Paul Lüth und seinen Besuchen in der DDR.

Weit übers Ziel hinausgeschossen war Zinn mit der Andeutung, die erwähnten 15 Kommunisten und 80 Sozialdemokraten stünden auf der Proskriptionsliste des TD. Zwei Tage nach dem Auftritt des Ministerpräsidenten konkretisierte Hans Otto, der Leiter der für »Gegner« zuständigen BDJ-TD-Abteilung If, in einer weiteren Vernehmung, dass fast nur Kommunisten auf weitgehend verschwundenen Listen gestanden hätten, um »kaltgestellt« zu werden, »über die [jetzt vorliegenden] 95 mit genauer Personal- und Werdegangsbeschreibung erfaßten Personen sollte noch entschieden werden, inwieweit sie auf die ›Proskriptionsliste‹ zu setzen wären.«[147] Auf diese Proskriptionslisten angesprochen, erklärte Lüth Jahre später, am 2. Dezember 1968, dem *Spiegel* kurz und bündig: »Es war ein amerikanischer Auftrag.« Schon beim ersten Gespräch mit Henry Selby sei es um die Erarbeitung dieser Listen gegangen.

Zinns Enthüllungen fanden auch in der US-Presse umgehend ihren Niederschlag. Schon im Oktober 1952 berichteten das Nachrichtenmagazin *Newsweek* und die *New York Times*, dass die CIA in Deutschland eine Gruppe von Stay Behinds aufgebaut hatte, die im Falle eines sowjetischen Einmarsches sozialdemokratische Abgeordnete liquidieren sollten. Die US-Behörden reagierten nervös auf die Berichte. In einem Vermerk des Psychological Strategy Board heißt es, die Enthüllung werfe »bedeutende und verwirrende Fragen« auf: »Wessen Idee war es, eine Liste mit Personen anzulegen, die liquidiert werden sollen? Wie konnte solch eine Liste aus dem innersten Kreis der Organisation nach draußen gelangen? [...] Wer gab der hessischen Polizei den Tipp, dass es diese Liste gibt?« Empörung über die illegale Partisanentätigkeit würde anders klingen. Das US-Papier lässt die Vermutung zu, dass Peters' Proskriptionslisten möglicherweise allein die Idee der BDJ-Partisanen waren. Die Ausbildung von alten Kameraden zu bewaffneten Untergrundkämpfern war hingegen das Konzept des US-Geheimdienstes, in das deutsche Behörden sich nicht einmischen sollten. Aufklärer Zinn sollte das noch zu spüren bekommen.[148] Gegen diese Interpretation des Psychological Strategy Board sprechen jedoch Lüths spätere Aussagen, die Amerikaner hätten von vornherein Proskriptionslisten gewollt, ebenso wie es eintreffende Beiträge zu diesen Listen der amerikanischen Postkontrolle der BDJ-Büros nicht verborgen geblieben sein konnten.

Die Bundesführung des Technischen Dienstes (TD): Generalstab und Geheimdienstzentrale

Lüth blieb auch noch im Dezember 1968 im *Spiegel*-Gespräch undeutlich darüber, welche Rolle er im Technischen Dienst gespielt hatte. Selby habe ihn nach dem Ausbruch des Koreakrieges im Juni 1950 gefragt, wer bereit sei, aktiv gegen den Kommunismus zu kämpfen. Da habe er dem Amerikaner seinen alten Schulfreund Erhard Peters empfohlen. Dann habe er festgestellt, dass sechs von zehn BDJlern in Hessen für »G-2« arbeiteten, »irgendeine amerikanische Abwehrorganisation.«[149]

Der ehemalige Staffelführer eines Nachtjagdgeschwaders Erhard Peters war nach Kriegsende zunächst für eine US-Dienststelle tätig, bevor er als kaufmännischer Angestellter in verschiedenen Unternehmen arbeitete. Im Juni 1950 traf er mit Lüth zusammen, wurde mit Gründung des BDJ dessen zweiter Vorsitzender und im Sommer oder Herbst 1951 erster Bundesführer des TD, der gleich vier Decknamen (Paulsen, Walter, Pask,

Bochin) führte.[150] Das CIA-Projekt zur antikommunistischen psychologischen Kriegsführung und zur Schaffung einer Stay-Behind-Organisation in Westdeutschland war damit aus der Taufe gehoben. Es firmierte unter dem Kryptonym Lcprowl.

Peters schuf sich in Frankfurt a.M. einen kleinen Stab. Seine Mitarbeiter wurden – wie alle Partisanen – intern einer ausführlichen Sicherheitsüberprüfung unterzogen, bekamen Decknamen und wurden vom CIC mit gefälschten Personalpapieren, den Kennkarten und dazu passenden Führerscheinen ausgestattet. Hans Otto wurde für 500 DM Monatslohn Peters' Stabschef und leitete das Referat If (Gegner), das zum einen die Karteien und Personalakten der Partisanen verwaltete, zum anderen die Proskriptionslisten führte.[151] Insofern war Hans Otto, der Gewissensbisse bekommen hatte, ein formidabler Kronzeuge.

Die Biografie des am 7. Februar 1911 als Sohn eines mittleren Beamten in Hamburg geborenen Otto, der durch seine Aussage bei der Frankfurter Polizei den Stein ins Rollen gebracht hatte, hat Leo A. Müller 1991 in seinem Buch über die Stay-Behind-Organisation Gladio ausführlich dokumentiert, besonders seine nach dem Abbruch des Zahnmedizinstudiums einsetzende SS-Karriere. Otto trat Ende 1934 in die SS-Verfügungstruppe SS-Standarte Germania ein, wurde schnell Untersturmführer, besuchte im Mai 1938 die SS-Junkerschule in Braunschweig und stieg langsam auf, bis er schließlich im Juli 1942 zum Hauptsturmführer befördert wurde. Peters diente als Adjutant beim Höheren SS- und Polizeiführer Mitte in Braunschweig und im Zweiten Weltkrieg an nahezu allen Fronten.[152] Ebenso gründlich hatte damals auch die Central Intelligence Agency ihrem Kandidaten auf den Zahn gefühlt. Hans Otto war im Sommer 1951 ins Blickfeld der CIA geraten, nachdem der BDJ ihn nach Frankfurt geholt hatte. Der Antrag auf eine Unbedenklichkeitsbescheinigung für eine Verwendung im US-Geheimdienst, auf eine Clearance, ging am 17. September 1951 im CIA-Hauptquartier in Washington ein. Was folgte, war die übliche gründliche Sicherheitsüberprüfung, die jeden Kandidaten in den Karteien der CIA und des Counter Intelligence Corps (CIC) abklopfte. Dies schloss Nachfragen bei der örtlichen Polizei sowie die Befragung von Nachbarn ein. Am 6. November 1951 hakte eine CIA-Dienststelle in der Bundesrepublik noch einmal bei Zacactus, dem Office of Policy Coordination (OPC), nach. Die Überprüfung zog sich zunächst hin, weil Otto mit einem ehemaligen Wachmann des Konzentrationslagers Mauthausen verwechselt worden war. Am Ende verfügte die CIA jedoch über ein ausführliches Lebensbild ihres Kandidaten. Sie wusste um den frühen Eintritt in die NSDAP am 1. Februar 1929, seine Funktion als Ortskassenleiter 1937/38 und um seine Verwendung in der Waffen-SS ab 1934, die ihn im Zweiten Weltkrieg in einem SS-Panzergrenadierbataillon an die West- und Ostfront, auf den Balkan und zuletzt nach Italien brachte, wo er am 1. Mai 1945 bei Brescia in amerikanische Kriegsgefangenschaft geraten war. Lückenlos war auch der Überblick über seine bis Februar 1949 währende Kriegsgefangenschaft, zunächst in amerikanischen Lagern, dann in französischem Gewahrsam. Wie engmaschig die Kontrolle des politischen Lebens in der frühen Bundesrepublik durch die US-Nachrichtendienste war, zeigt der letzte Eintrag in seinem Personalbogen: Otto hatte im April 1950 in Frankfurt bei einem Treffen der Deutschen Union eine Rede vor 15 Männern gehalten.

Im Nebel stocherte die CIA lediglich, was Ottos Zeit in Hamburg betraf, weil er dort polizeilich nicht gemeldet war. Die hessischen Ermittler wussten 1952 allerdings, dass er 1949 dort für den britischen Geheimdienst gearbeitet hatte und – vermutlich in dessen Auftrag – in die Bruderschaft, eine Geheimgesellschaft von Offizieren, eingetreten war, die aus der DDR unterwandert wurde. Otto kam 1950 in Hamburg mit dem BDJ in Kontakt auf Anraten von Thilo von Werthern, einem ehemaligen Oberstleutnant der Abwehr.[153] Der Gegenspionage-Spezialist der Bremer Generalvertretung B der Organisation Gehlen – ein Vetter des Hamburger BDJ-Landesführers Walter Thielbeer – wollte ihm nicht nur einen Gefallen erweisen, sondern schickte Otto zu den BDJlern, »um sie mit unseren Ideen zu unterwandern«,[154] also sie zugunsten der von der Organisation Gehlen favorisierten Westorientierung und Wiederbewaffnung von ihrem neutralistischen Kurs abzubringen.

Am 21. Mai 1952 erteilte Washington ihm die Clearance für die Position eines stellvertretenden Leiters des BDJ-TD für paramilitärische Aktivitäten. Hans Otto (Agentennummer JG-6734) war nach der Enttarnung einer der letzten LCPROWL-Agenten, dem der Sicherheitsbescheid entzogen wurde. Das CIA-Hauptquartier in den USA hob ihn erst am 11. Januar 1955 auf, 40 Monate nachdem Otto den TD auffliegen ließ.[155]

Die CIA-Akte von Otto macht deutlich, dass es die CIA-Zentrale war, sowohl das OPC als auch die Osteuropaabteilung (EE) unter Frank Lindsay,[156] die ihre Hand selbst über den kleinsten Stay-Behind-Krieger hielt.

Ein wichtiger Grund für die Gewissensbisse von Otto dürfte sein Zerwürfnis mit Peters gewesen sein. Im Sommer 1952 entwickelte sich in der TD-Führung eine heftige Auseinandersetzung, weil ruchbar geworden war, dass neben dem Mietvertrag für die Partisanenschule in Wald-Michelbach ein Kaufvertrag existierte für den Zeitpunkt nach Ablauf des Mietverhältnisses, der Peters begünstigte. Die Palastrevolution, die Peters auch wegen weiterer finanzieller Unregelmäßigkeiten vor ein Ehrengericht stellen wollte, scheiterte jedoch. Peters konnte seine Kontrahenten durch Versprechungen auf Positionen im neu aufzubauenden TD besänftigen, nicht jedoch Otto, der an seiner Kritik festhielt.[157] Dass der Whistleblower sich angesichts des rauen Klimas im TD bedroht fühlte, ist nicht verwunderlich. Wie rigoros der TD gewillt war zu reagieren, geht aus einem Brief des Landesführers Franken Kurt Baumann vom 23. September hervor, also nach dem Geständnis von Otto: »Über Knatter (Anm.: KNATTERTON – Otto) bin ich entsetzt, es ist eine unerhörte Schweinerei und ich bin der Ansicht, daß dieser Bursche schwer am Hosenboden zu nehmen ist. Auf mich könnt ihr euch fest verlassen. [...] Mein Apparat steht, es braucht nur ein Zeichen zu kommen, dann sind wir auf dem Plan.«[158]

Lüth, der seine entscheidende Rolle im TD lebenslang bestritt, obwohl er nachweislich an Landes- und Regionaltreffen der Partisanenführer zu operativen Planungen teilgenommen hatte, kann aber als Chefdenker der Untergrundtruppe dingfest gemacht werden, zunächst als Verfasser des 1951 erschienenen 78-seitigen Pamphlets »Bürger und Partisan«, untertitelt mit: »Über den Widerstand gestern, heute und morgen«. Dort stellt Lüth fest: »Seit 1939 steht die Welt ohne Unterbrechung im Abwehrkampf gegen den Totalitarismus.« Mit der Jahreszahl 1939 spielt Lüth jedoch keineswegs auf Hitlers Eroberungskrieg an, sondern meint »die Macht, [...] die seit 1939 unablässig ihr Reich vergrößert hat, durch ständig neue Annexionen: die Sowjetunion!«[159]

Lüth beschwört hier die Unausweichlichkeit eines dritten, von der machthungrigen Sowjetunion ausgelösten Weltkriegs, vorbereitet durch ein Heer von Agenten, durch kommunistische Infiltration und durch Panikmache, an der sich auch bürgerliche »Kryptokommunisten« als Helfer des »Umsturzes« beteiligten. Aus diesem Bedrohungsszenario entwickelt Lüth das Recht des Bürgers, als Partisan gegen die Sowjets tätig zu werden: »Der Partisan ist der Bürger, der sagt: Ihr nehmt mir mein Hab und Gut, nun wohl, jetzt bin ich beweglicher!«[160] Der antikommunistische Partisan solle sich in die kommunistischen Parteien und ihre Organisationen einschleichen, was ihm eine gute Tarnung ermögliche und zugleich ihrer Infiltration durch Widerstandskräfte diene. Die Partisanen sollten sich allerdings so organisieren, dass sich ihre Befehlszentrale außerhalb des besetzten Gebietes befindet.[161]

Er skizziert den Koreakrieg mit dem »Verschmieren« der Fronten und dem Auftreten des Partisanen, »der mit herkömmlichen Mitteln nicht mehr greifbar ist, weil er durch alle Fronten ›durchsickert‹, sich im Hinterland überraschend zu größeren Verbänden formiert und ebenso schnell wieder völlig verschwinden und untertauchen kann.«[162] Den nordkoreanischen Partisanen – »gepreßte Kulis« – stellt er das Modell eines durch einen sowjetischen Überfall entwurzelten deutschen Partisanen gegenüber: Den vogelfreien absoluten Kämpfer, der aus der Katastrophe einen Vorteil macht und »direkt zu Gott« steht.[163] Abschließend entwirft Lüth Handlungsoptionen für den Partisanenkampf, »wenn die Bolschewiken kommen«. Wer nicht dasselbe Schicksal erdulden wolle, das die Brüder und Schwestern jenseits des Eisernen Vorhangs seit sechs Jahren erleiden, dürfe sich nicht mit passivem Widerstand begnügen, sondern müsse aktiv werden: »Offener Widerstand ist dann gegeben, wenn geschossen und gesprengt wird. Der Partisan tritt auf.«[164]

Noch konkreter und eindeutiger war die Lüth zugerechnete Denkschrift 110[165], die für den Fall eines sowjetischen Großangriffs Überlegungen anstellte, wie die Befreiung von Moskauer Fremdherrschaft erreicht werden könnte und die dabei nach »Möglichkeiten der Rettung eines möglichst hohen Prozentsatzes deutscher biologischer Substanz« suchte.

Was das Kriegsszenario betraf, so war diese Denkschrift noch pessimistischer als die Annahmen der U.S. Army. In einem Blitzkrieg würden gepanzerte sowjetische Verbände nicht nur schnell bis an den Rhein vorstoßen, sondern auch die westlichen Armeen in einer ersten Phase auf drei Achsen weit vor sich hertreiben: im Norden durch die norddeutsche Tiefebene bis in die Bretagne, in der Mitte durch Süddeutschland bis an die burgundische Pforte und im Süden entlang der Alpen »mit dem Blick auf das stets rote Marseille und das noch immer rote Barcelona«. Dabei würden im überrollten Rumpfeuropa unbesetzte Inseln entstehen, Inseln, in der sich in der zweiten Phase Brückenköpfe eines Stay-Behind-Widerstands bilden und halten ließen, die in der Phase drei der Rückeroberung ihren militärischen Wert in immer aktiveren Widerstandsmaßnahmen unter Beweis stellen würden. Düster war das Szenario, das die Denkschrift für die Phase der Besetzung, der sowjetischen »Ordnung des Friedhofs«, glaubte vorhersehen zu können: »Im Lande selbst wird folgendes geschehen: a. Das Besitzbürgertum wird versuchen, zu einem modus vivendi mit den neuen Herren zu kommen, wird also auf der ganzen Linie kapitulieren und sich nicht rühren, Widerstandsakte sind nicht zu erwarten. b. Die bis dahin bestehenden Parteien werden von ihren antibolschewistisch festgelegten Spitzenfunktionären verlassen, neue Kräfte rücken nach und konstituieren eine neue SED und neue Blockparteien, was auch für die Gewerkschaften gelten dürfte. c. Aktiver Widerstand steht zu erwarten bei den Einzelkämpfern, den Partisanen von Natur, und offener Widerstand von den abgeschnittenen Fluchtgruppen, die schon aus Nahrungssorge von der Waffe Gebrauch machen müssen.«

Wie sich der TD seine endgültige Gefechtsgliederung vorstellte, beschrieb das Dokument »Aufgaben des Apparats« vom 4. April 1951: »Der Apparat ist in zwei Hauptteile aufgeteilt, die kämpfende Truppe und die Sabotagetruppe. Diese zwei Teile werden vom Chef des Apparats und vom stellvertretenden Chef geleitet. [...] Die Kampftruppe ist in Landesdivisionen aufgeteilt. In der Westzone gibt es neun Landesführer. Jeder Landesführer wird einen Unterführer in den Kreisbezirken seines Landes haben. Jeder Kreisführer wird bis höchstens zehn Männer als seine Kampftruppe ernennen. Die Sabotagetruppe wird sich höchstens aus 50 ausgebildeten Personen zusammensetzen.«[166]

Ziel für 1952 war eine Truppenstärke von 7000 ausgebildeten Männern in Form von halb unabhängigen Einheiten für Angriffe auf kleinere militärische Einrichtungen und Nachschubwege mit Sammelpunkten in den Alpen. Am 1. August 1951 war in Westdeutschland eine Kopfstärke von 2800 Mann erreicht worden. Von der Ostseeküste bis zum Alpenrand hatten die Planungen konkrete Formen angenommen: ein Sprengkommando für den Kaiser-Wilhelm-Kanal und Schlauchbootgruppen an der Küste Schleswig-Holsteins, ein Vorratslager in Kempten im Allgäu sowie Versorgungs- und Evakuierungsrouten in die Schweiz und nach Österreich.[167]

Zum TD-Bundesstab zählte der ehemalige Major Hans Breitkopf. Er war nach fünfeinhalb Jahren in sowjetischer Gefangenschaft zunächst als Handelsvertreter in Bremen tätig, bevor er unter dem Decknamen BRETTER in der Sicherheitsabteilung des TD die Auswertung einlaufender Informationen übernahm, Karteien führte und die Proskriptionslisten erstellte. Als Ordonnanz diente dem Stab der kaufmännische Angestellte Hans Klotz unter den Decknamen HERMANN ORTH und KORTEN, als Kraftfahrer arbeitete Hans Weissbach, ein ehemaliger Leutnant der Panzertruppe, der mit seinem VW-Bus Fahrten unternahm, u.a. den Transport von 20 Kisten mit Waffen aus dem Haus des CIA-Projektleiters Garwood.[168]

Für besondere Aufgaben in der Gruppe If (Gegner) war der Frankfurter Lothar Cziharz eingestellt worden. Dazu zählte seit Mitte Januar 1951 die »Aktion Außenbezirke«, der Einsatz von 15 ausgewählten Instrukteuren zur Ausbildung des Nachwuchses. Dafür ins Auge gefasst hatte Cziharz in

Hamburg den ehemaligen Infanteriehauptmann Friedrich Kleff, in Bremen den ehemaligen Hauptsturmführer der Waffen-SS Helmut Matz, den dortigen Landesleiter Ex-SS-Obersturmbannführer Walter Schmidt und den ehemaligen SS-Hauptsturmführer Bernhard Legenhausen, der ein Spezialist für Untergrundtätigkeit während des Krieges in Serbien war; in Gießen den Infanteriemajor Ludwig Kaufeld, in Düsseldorf den »Elektrospezialisten« Fritz Jeschke und in Stuttgart den SS-Obersturmführer Helmut Voigt.

Weit ambitionierter war die »Aktion Innenbezirke«, bei der es um den Aufbau eines flächendeckenden Funknetzes mit – zunächst – 25 Funkern ging. Bis zum 15. Februar 1951 sollten die Landesführer Cziharz zuverlässige Funker melden. Aber zunächst konnte er in Bremen nur den ehemaligen Funker einer Fallschirmjägereinheit Gerhard Eidam und Herbert Mattausch in Schwäbisch Gmünd gewinnen.[169]

In regelmäßigen Rundschreiben und Arbeitsheften für den inneren Zirkel informierte die TD-Bundesführung über interne Vorgänge Am 23. Oktober 1951 beispielsweise aber auch über die künftige Struktur und personelle Besetzung der westdeutschen Nachrichtendienste – mit erstaunlich gutem Hintergrundwissen: »Als Canaris II. hat General a.D. Gehlen die einzig ernsthafte Chance, die künftige deutsche Abwehr zu leiten, wobei seine ausgezeichnete Qualifizierung aus dem letzten Krieg (Chef der Abteilung ›Fremde Heere Ost‹) und seine jetzige Zusammenarbeit mit den Amerikanern ausschlaggebend sein dürften. Noch vor kurzem galt als aussichtsreicher Konkurrent Gehlens der Generalstabsoberst a.D. Lutz, der, wie eine zuverlässige Information besagt, ›nach 1945 im amerikanischen Nachrichtendienst wertvolle Erfahrungen sammeln konnte‹ und dem Gehlen-Dienst angehört. Unter Gehlen soll die rein militärische Abwehr Oberst a.D. Friedrich Wilhelm Heinz übernehmen – er leitet gegenwärtig ein Büro in Frankfurt a.M. bzw. in Wiesbaden für Sonderbeauftragte der Dienststelle Blank, sein Vorgesetzter ist Major a.D. Oster, der Sohn des nach dem 20.7.1944 gehängten Canaris-Freundes Oster – nach dem Ersten Weltkrieg Berufsputschist. Als kommenden Leiter der politischen Abwehr nennt man allgemein Dr. O. John, den Chef des Amtes für Verfassungsschutz. Eine gewisse Chance, wieder zum Zuge zu kommen, hat ferner der erste Chef der Gestapo, Dr. Diels. – Er ist augenblicklich in Bonn geheimnisvoll tätig.«[170]

Jede klandestine Organisation braucht neben der Nachrichtenbeschaffung auch eine nachrichtendienstliche Komponente, die Spionageabwehr und Gegenspionage betreibt, so auch der TD. Am 24. Februar 1951 erhielten die Landesführer in Frankfurt den Auftrag, Informationen über ihre jeweiligen Landesämter für Verfassungsschutz und deren personelle Besetzung einzuholen und die Ergebnisse schnellstens per Kurier an Peters zu schicken.[171]

Mitte März 1951 hatte Hans Otto gleich zwei Abwehraufträge zu erfüllen. Zum einen sollte er aufklären, wer die Hintermänner eines bei der Staatsanwaltschaft Frankfurt laufenden Ermittlungsverfahrens gegen BDJ-Führer wegen der vermuteten Veruntreuung von Geldmitteln seien. Otto vermutete, dass hinter der Anzeige Kräfte aus der Deutschen Union stünden. Peters und Lüth konnten noch vor der Hausdurchsuchung am 8. März Unterlagen beiseiteschaffen, das Verfahren wegen Untreue und Betrug wurde am 3. Dezember 1951 eingestellt.

In dem zweiten Fall ging es um den Vorwurf gegen den früheren BDJ-Landesführer Hessen und ehemaligen HJ-Bannführer Bodo Reinhardt. Ihn verdächtigte Peters, einer »Counter Cominform Organisation«, einer Schutzorganisation gegen Werksspionage in mit amerikanischem Kapital arbeitenden Unternehmen, Berichte über den BDJ verkauft zu haben. Die hatte wegen des Missverhältnisses zwischen den realen Mitgliederzahlen und den Ausgaben des BDJ daraufhin Anzeige erstattet.[172]

Zu Ottos Aufgaben zählte die Sammlung von Informationen über Gegner des BDJ. Dabei stützte er sich auf Bekannte aus Hamburger Tagen, darunter den ehemaligen SS-Hauptsturmführer und späteren BND-Agenten Fritz Zietlow. Zugute kam ihm seine ehemalige Mitgliedschaft in der »Bruderschaft«, namentlich zu deren Abwehrbeauftragten Uwe Wehlen, der monatlich vom BDJ 260 DM erhielt, aber als Nachrichtenhändler zugleich die Organisation Gehlen, das Bundesamt für Verfassungsschutz und den britischen Dienst belieferte. Wehlen wurde 1954 in einem Landesverratsprozess vom BGH als Ostagent zu dreieinhalb Jahren Haft verurteilt.[173]

Zum Netzwerk von Zietlow und Wehlen zählten auch der Friedrichshafener Roman Osten, der Hamburger Eckart Elbertzhagen und August Moritz, als Leiter der Untervertretung Hannover der Bezirksvertretung Nord (Hamburg) der Org zugleich Doppelagent des MfS-Vorläufers Außenpolitischer Nachrichtendienst. Er wurde im Mai 1952 verhaftet und vom BGH zu vier Jahren Haft verurteilt.[174]

In München saß mit Dr. Rudolf Wagner der wichtigste »Nachrichtenhändler des BDJ«, der aus Frankfurt monatlich 1000 DM für seine Tätigkeiten erhielt. Der »Volksdeutsche« aus Ostgalizien hatte 1932/33 in der rumänischen Armee gedient und es bis zum Leutnant gebracht, bevor er

1934 sein Studium der Theologie in Marburg fortsetzte. Dem NS-Studentenbund war er 1934 beigetreten, der NSDAP aber erst am 1. Januar 1942. Als Mitarbeiter des Osteuropa-Instituts in Berlin kam er 1939 zum SD-Ausland im Reichssicherheitshauptamt, das ihn 1940 zum Befehlshaber der Sicherheitspolizei und des SD (BdS) nach Paris und anschließend zum Befehlshaber der Sicherheitspolizei nach Belgrad schickte. Von 1941 bis 1944 in der Wehrmacht, kehrte er als SS-Obersturmführer ins Reichssicherheitshauptamt (RSHA) zurück. Gleich nach Kriegsende widmete er sich dem »Nachrichtendienst über politische Persönlichkeiten«.[175]

Aus Wagners Feder dürfte der Bericht über den Münchener SPD-Bundestagsabgeordneten Franz Marx stammen. Dem Widerstandskämpfer galt der Vorwurf, er habe sich 1945 aus rein materiellen Überlegungen nicht der KPD, sondern der SPD angeschlossen, weil die ihn mit dem Posten eines Parteisekretärs geködert habe. Seine BDJ-Personalakte trieft vor Polemik: »Seine geistigen Qualitäten sind als typischer Durchschnitt anzusprechen, während er selbst von ihnen außerordentlich überzeugt ist, wie denn überhaupt Arroganz und Einbildung die wesentlichsten Züge seines Wesens ausmachen. [...] Im übrigen aber ist er ein typischer Vertreter des Proletariats im negativen Sinne. Daß er dabei der Todfeind aller bürgerlichen und vor allem aller rechtsorientierten politischen Verbände und Gruppen ist, versteht sich von selbst.«[176]

Die bei der TD-Bundesführung einlaufenden Berichte waren von unterschiedlicher Natur. Was die Landesführung in Hannover im März 1951 über den Journalisten und SPD-Bundestagsabgeordneten Herbert Wehner vorlegte, war ein durchgängig sachlicher Lebenslauf, der die politischen Stationen vom engagierten Dresdener Industriekaufmann über die Funktion als Abgeordneter im Sächsischen Landtag, das sowjetische und schwedische Exil bis zur Rückkehr nach Hamburg 1946 ohne jede Wertung darstellte.[177] Ganz anders sah dagegen die Darstellung des Chefredakteurs des SPD-Zentralorgans Gerhard Gleisberg aus, »ein Pferd aus Schuhmachers ›Pressestall‹ und nicht das schlechteste [...]. Privat ein umgänglicher Mensch, in politischen Diskussionen eine intolerante Bestie.«[178] Ähnlich schlecht kam der Vorsitzende der Gewerkschaft der Eisenbahner, der Abgeordnete Hans Jahn, davon, der ab 1935 illegal tätig und in gleich sieben Staaten auf der Flucht vor den Nationalsozialisten war. Ihm bescheinigt das hessische Dossier »In summa: Ein alter, intoleranter Sozi, dem die Vernichtung des Kapitals zum Evangelium wurde.«[179]

Die Kontakte zum Bundesamt für Verfassungsschutz (BfV) in Köln pflegten Hammacher und Peters. Ihr Ansprechpartner war der Ex-Oberst

Albert Radke, der ab 1946 unter dem Decknamen RÜDIGER in der Organisation Gehlen in der Gegenspionage tätig war, bevor er 1951 ins BfV wechselte. Die hessischen Verfassungsschützer konstatierten nicht nur einen »regen Gedankenaustausch« des BDJ mit ihm, sondern weit mehr: »Anscheinend wird die BDJ-Führung vom Bundesamt für Verfassungsschutz als organisierte Nachrichtenquelle mit einem eigenen Netz unterhalten.«[180] Dazu passt, was der Ministerialdirektor Hans Egidi, Leiter der Hauptabteilung VI (Öffentliche Sicherheit) im Bundesinnenministerium, Mitte Oktober 1952 im Bundestag eingeräumt hatte: Dem BDJ waren 6000 DM aus dem Verfassungsschutzfonds zugeflossen.[181]

Zum Geben und Nehmen zählte auch die Einflussnahme des BfV, als es um die Anerkennung des BDJ als gemeinnütziger Verein bei den hessischen Finanzbehörden ging, d.h. um die steuerliche Absetzbarkeit von Spenden. Hammacher hatte Radke um eine entsprechende Einflussnahme gebeten und konnte sich am 9. August 1951 bereits für die Intervention bedanken. Verbunden war der briefliche Dank mit der Zugabe, »einige Unterlagen zugänglich zu machen, auf die Sie sicherlich Wert legen«.[182]

Die Partisanenschule des Technischen Dienstes: Werwolf-Romantik und ein Mord

Abgelegener hätte der Standort der Partisanenschule kaum liegen können als in der 3000-Seelengemeinde Wald-Michelbach im Odenwald. Die zweigeschossige Villa stand am Ende der Hammergasse im Wald versteckt.

Gemietet hatte das Objekt der Vater von Erhard Peters, von dem Kammersänger Wagner. Peters trat als Vertreter der CIA-Tarnfirma Saxon & Co in Neu-Isenburg auf, einem Ableger der gleichnamigen Lorcher Muttergesellschaft, an der die konspirativen Pläne offensichtlich vorbeigingen. Im Ort wurde die Legende verbreitet, es handle sich um ein Erholungsheim dieser Sperrholzhandlung. CIA-Projektchef war Sterling Garwood, der im Zweiten Weltkrieg US-Soldat bei der 106. Infanteriedivision gewesen war und an der Ardennenschlacht im Winter 1944/45 teilgenommen hatte. Er war in Belgien in deutsche Gefangenschaft geraten, konnte fliehen und sich zu den amerikanischen Linien durchschlagen.[183] Garwood war zunächst mit Frau und zwei Söhnen in das Anwesen eingezogen, bevor er ins Nachbardorf Steinbach umsiedelte, von wo aus er die Dienstaufsicht ausübte. Der Tarnname der TD-Schule lautete WAMIBA, die militärisch knappe Abkürzung des Ortsnamens.

Jede Woche zählten die Nachbarn im Dorf zehn bis 14 Mann, die sonntags anreisten und am darauffolgenden Samstag Platz für eine neue Gruppe machten. Kontakt zur Dorfbevölkerung bestand kaum. Die Männer gingen allein spazieren, nur der Wirt des Gasthofs Röth am Kirchplatz schätzte die zahlungsfreudigen Gäste. Den Gendarmeriebeamten waren die Herren in den Knobelbechern durchaus suspekt, aber wenn sie nachts nach dem Rechten sehen wollten, sprang eine Alarmbeleuchtung an, und ein Schäferhund kläffte. Als Reporter des *Spiegels* in Wald-Michelbach recherchierten, stießen sie auf eine Dorfbevölkerung, von der niemand auch nur das Geringste von der Partisanenausbildung und dem Schießtraining bemerkt haben wollte.[184]

Der Bundestagsabgeordnete der Bayernpartei Anton Freiherr von Aretin sah sich bei den Vorgängen in Wald-Michelbach an die »Werwolfromantik aus der Götterdämmerungszeit der SS«[185] erinnert. Während die Lehrgangsteilnehmer vielfach aus dem »Orden unter dem Totenkopf« kamen, bildeten vier Wehrmachtsangehörige die Stammbesatzung der Partisanenschule. Ausbildungsleiter war Friedrich Kleff, im Zweiten Weltkrieg Hauptmann in einem Infanterieregiment. Nachdem er im Dezember 1945 aus polnischer Kriegsgefangenschaft zurückgekehrt war, arbeitete er zunächst als Maurer und Vertreter, bevor er im Frühjahr 1949 als LANDGRAF zum TD stieß. Als Schul- und Heimleiter fungierte der Gießener Ludwig Kaufeld, der 1925 in die Reichswehr eingetreten war. 1934 wechselte er in die Offizierslaufbahn und brachte es im Zweiten Weltkrieg bis zum Major. Peters setzte ihn im Herbst 1951 als Schulungsleiter des TD ein. LUTZ BERG – so sein Deckname – war es auch, der im Auftrag von Peters die Mobilmachungspläne ausgearbeitet hatte. Als Hausverwalter fungierte Heinrich Kuhn. Der ehemalige Stabsgefreite war arbeitslos, bevor er für untergeordnete Büroarbeiten beim BDJ angestellt wurde. Vor seinem Einsatz in Wald-Michelbach, wo seine Frau die Lehrgangsteilnehmer bekochte, hatte das CIC ein polizeiliches Leumundszeugnis über ihn eingeholt.[186] Als Ausbilder wurde der Stabsmitarbeiter Otto Rietdorf eingesetzt, ein Veteran des Deutschen Afrikakorps. Durchgeführt wurden insgesamt zehn Lehrgänge, auf denen etwa 130 Partisanen, zumeist aus den unteren Offiziersrängen von Wehrmacht und SS, geschult wurden. Der letzte Lehrgang fand vom 27. April bis zum 3. Mai 1952 statt.

Die Lehrgangsteilnehmer wurden von LUTZ, also von Ludwig Kaufeld, beurteilt. So wurde der 38-jährige ehemalige SS-Hauptscharführer Heinz Wurm (ADLER) nach seinem Lehrgang vom 20. bis 26. April 1952 als »guter Einzelkämpfer« bewertet: »Draufgänger. Nur bei militärischen Themen voller Interesse. Gute Waffenkenntnisse. Guter Kamerad.«[187] Damit war Wurm als Truppführer für den Einsatz in Hessen bestens geeignet.

Als weniger guter Kamerad galt offensichtlich ein ehemaliger Oberst, dem die übrigen Lehrgangsteilnehmer Anfang 1951 den Vorwurf gemacht hatten, er sei ein »Ost-West-Brückenbauer«. Welche tragischen Folgen dies hatte, erfuhr später ein Bundestagsabgeordneter der Unionsparteien: Der Oberst fiel auf dem Gelände der Partisanenschule einem Fememord zum Opfer. Als der bis heute anonym gebliebene Abgeordnete sich an das Bundesamt für Verfassungsschutz wandte, erhielt er nur die Auskunft, dass zwar seinerzeit Untersuchungen eingeleitet worden waren, sie aber auf Befehl der US-Amerikaner eingestellt werden mussten.[188]

In WAMIBA war nur ein Schießtraining mit schallgedämpften Pistolen möglich. Zu Spreng- und Schießübungen an schwereren Waffen wurden die Partisanen im Sommer 1951, insgesamt drei Mal, zum US-Truppenübungsplatz Grafenwöhr gebracht. Sie wurden mit LKWs vom Nürnberger Hauptbahnhof abgeholt und dann in einem Wäldchen in der Nähe der Oberpfälzer Training Area in amerikanische Drillichanzüge gesteckt und mit falschen Papieren ausgestattet. Die Ausbildung übernahm Garwood in Majorsuniform, assistiert von den beiden Lieutenants AL und WALT. Den Lehrgangsteilnehmern war es streng verboten, Kontakt zu den Bewohnern der Baracken im Camp aufzunehmen. Nachdem ein deutscher Zivilbeschäftigter dennoch auf den bunten Haufen aufmerksam geworden war, stellte Garwood dieses Training ein.

Nach Ende des Ausbildungsbetriebs Anfang Mai 1952 in Wald-Michelbach und nach dem Auffliegen des BDJ wurden die Hypothekenzinsen für das Anwesen in der Hammergasse 47 von einem Mann namens Horst Haberecht weiter bezahlt, der – so die hessischen Ermittler – früher in einer US-Dienststelle im Frankfurter IG-Farben-Haus gearbeitet hatte. Er war ein Strohmann der CIA. Haberecht hatte zugleich als Schriftführer der hessischen BDJ-Landesführung im August 1951 die Jungdeutsche Freischar gegründet, mit der der BDJ die Zehn- bis Sechzehnjährigen an sich binden wollte.[189]

Die Donelly-Zinn-Erklärung: Das Scheitern der deutsch-amerikanischen Untersuchungskommission

Hessens Ministerpräsident Zinn und der Stellvertreter des US-amerikanischen Hochkommissars, Samuel Reber, hatten eine gemeinsame deutsch-amerikanische Untersuchungskommission vereinbart und eingesetzt. Die

USA setzten S.H. Gaines, der früher in der Rechtspflegeabteilung des hessischen Landeskommissariats gearbeitet hatte, aus Washington in Marsch. Hessen war in diesem Gremium durch den Landgerichtsrat Arno Maneck vertreten, das Bundesamt für Verfassungsschutz durch seinen Mitarbeiter Brandt.

Schnell – schon Mitte November 1952 – scheiterte die Arbeit der Kommission an der Blockade der Amerikaner. Diese hatten auf dem Standpunkt beharrt, die militärische Seite falle allein in die Zuständigkeit der amerikanischen Besatzungsmacht. Die US-Seite, namentlich General Truscott, sperrte sich auch gegen den deutschen Wunsch, die in die Affäre verwickelten US-Bürger wie den TD-Ausbilder Garwood anzuhören.[190] Streit gab es auch über den Zugriff auf die Dokumente: Was beiseitegeschafft worden war, wollten die US-Amerikaner nicht wieder herausrücken, dafür jedoch alle hessischen Unterlagen bekommen.

Doch auch direkt aus den USA wurde in die Aufklärung eingegriffen: Shepard Stone, unter US-Hochkommissar John McCloy Chef des Amtes für öffentliche Angelegenheiten und neben Börner – 1950 Lüths Erstkontakt im IG-Farbenhaus – politischer Berater McCloys, verwahrte sich gegen einen Bericht der *Süddeutschen Zeitung*, er und sein Chef hätten um den BDJ-TD gewusst. Er sei immer gegen diese Organisation gewesen.[191] Stone war ein Wolf im Schafspelz. Offiziell stets in zivilen Funktionen, 1952 in der Rockefeller Foundation, war er de facto CIA-Offizier und bis 1973 verantwortlicher Geheimdienstmann für den Congress of Cultural Freedom[192], eine Propagandaorganisation der CIA, die sich weltweit auf Linksintellektuelle stützte, in der Bundesrepublik z.B. auf den Verlag Kiepenheuer & Witsch und seine Autoren. Ein geheimes Memorandum für den stellvertretenden CIA-Planungschef entlarvte im Jahr 1952 Stones Aussage von der Ahnungslosigkeit des US-Hochkommissars als Notlüge. McCloy war schon im späten Frühjahr 1951 von OPC-Chef Frank Wisner über den BDJ-TD in Kenntnis gesetzt worden. Eigentlich, so McCloy zu Wisner, müsse die Bundesregierung über die Existenz des paramilitärischen Apparats in Kenntnis gesetzt werden, die Zeit dafür sei aber dafür noch nicht reif.[193]

Am Abend des 16. November 1952 empfing der amerikanische Hochkommissar Walter J. Donnelly Ministerpräsident Zinn und den SPD-Vorsitzenden Erich Ollenhauer in seinem Amtssitz in Mehlem zu einer Aussprache.[194] Am nächsten Tag gaben Donnelly und Zinn eine bemerkenswerte gemeinsame Erklärung ab, die in langwierigen Gesprächen im Beisein des zuständigen US-Generals ausgehandelt worden war: »Im gegenseitigen Einvernehmen hat die deutsch-amerikanische Kommission ihre Untersuchung von Berichten und Dokumenten über die mögliche illegale innerdeutsche politische Aktivität einer dem BDJ verbundenen technischen Gruppe suspendiert. Von der Kommission wurden Dokumente untersucht und Beteiligte vernommen. Der amerikanische Hochkommissar stellt fest, und der hessische Ministerpräsident akzeptiert es, dass keine illegale innerdeutsche Tätigkeit des Technischen Dienstes irgendwelcher Art den amerikanischen Behörden bekannt war oder von ihnen unterstützt worden ist. Der Hochkommissar bestätigt erneut die Auffassung seiner Regierung, nicht in innerdeutschen politischen Angelegenheiten zu intervenieren.«[195]

Zinn musste sich dem Diktat der Besatzungsmacht beugen. Ganz geschlagen gab er sich jedoch nicht und betonte, das Kommuniqué schlösse selbst nach US-Quellen nicht aus, dass die Zentralstelle der amerikanischen Nachrichtendienste doch etwas gewusst hätte. Schließlich habe der BDJ-TD monatlich etwa 12 000 $ vom US-Geheimdienst bezogen und die involvierten US-Nachrichtendienstler seien gleich nach dem Bekanntwerden der Affäre aus der Bundesrepublik versetzt worden.[196] Indirekt griff er Donnelly im *Bayerischen Rundfunk* sogar an, als er beklagte, Deutschland sei ein Dschungel von Agenten und Gegenagenten, und daran trage »manche Besatzungsmacht ein gerüttelt Maß an Schuld«.[197]

Der amerikanische Fachjournalist und Buchautor Davon J. Dallin, als Korrespondent für *The New Leader* zum Zeitpunkt des BDJ-Skandals in Deutschland, ging mit der Strategie des Leugnens des amerikanischen Hochkommissars und seiner führenden Geheimdienstleute hart ins Gericht: »Zu einer Zeit, wo Moskau jede Anstrengung macht, die deutsch-amerikanischen Beziehungen zu sabotieren, hat eine amerikanische Stelle es auf sich genommen, so zu handeln, daß die deutsche öffentliche Meinung in sowjetfreundlicher Richtung beeinflusst wird. Wenn es so etwas wie unamerikanische Tätigkeit gibt, wird ein Beispiel hierfür von diesen Herren geliefert, die, ob aus Unwissenheit oder mit Absicht, geholfen haben, die Menschen einer großen europäischen Nation gegen die Vereinigten Staaten zu wenden.«[198]

Die *Frankfurter Rundschau* sah in der Mehlemer Erklärung bereits ein Präjudiz für das in Karlsruhe anhängige Verfahren, weil deutsche Gerichte nicht gegen den von amerikanischem Besatzungsrecht gedeckten BDJ-TD vorgehen könnten und sich dessen Mitglieder selbst dann auf guten Glauben berufen könnten, wenn sie auf eigene Faust über das Ziel hinausgeschossen wären.[199] Sie sollte recht behalten.

Leidenschaft für die Demokratie? Die problematische Rolle des Oberbundesanwalts Carl Wiechmann

Beweismaterial für eine bundesweite Serie von Strafverfahren hätte es während des Verfahrens in ausreichendem Umfang gegeben, obwohl Lüth 20 Aktenordner vernichtet und seinem amerikanischen Verbindungsoffizier weiteres Belastungsmaterial übergeben hatte,[200] denn die hessische Landesregierung hatte den Innenministern der übrigen Bundesländer ihr Weißbuch über den BDJ als »Dienstangelegenheit« zugeleitet.[201]

Unter der Überschrift »Eine Aufgabe für Herrn Dehler« kommentierte die *Stuttgarter Zeitung* am 13. Januar 1953, wie die Ermittlungen der Strafverfolgungsbehörden der Länder sabotiert wurden: »Der Oberbundesanwalt hat die hessischen, hamburgischen und bremischen Verfahren an sich gezogen, wodurch die Justizbehörden dieser Länder gehindert sind, auch die Verfahren wegen Geheimbündelei (§ 126 des Strafgesetzbuchs) und wegen Verbrechensverabredung (§ 49b) weiter zu betreiben, für die der Oberbundesanwalt an sich nicht zuständig ist. So ist leider der hoffentlich unbegründete Verdacht entstanden, daß aus irgendwelchen, nicht in der Sache selbst liegenden Gründen – sei es die Rücksicht auf die amerikanische Besatzungsmacht, sei es die Rücksicht auf geldgebende oder mitwissende oder sonst wie kompromittierte Bundesstellen oder auf private Geldgeber des BDJ und seiner Abkömmlinge – daß aus solcher Rücksicht Vorsicht, wenn nicht gar Nachsicht geübt werde.«[202]

Dem Oberbundesanwalt Dr. Carl Wiechmann hatte die Aussage von zwei Kölner Verfassungsschützern ausgereicht, dass die in Hessen Verhafteten nicht weiter festgehalten werden sollten, um sie am 1. Oktober auf freien Fuß zu setzen – ohne sich mit dem Oberstaatsanwalt in Frankfurt ins Benehmen zu setzen, ohne die TD-Männer auch nur zu vernehmen, ohne Einsicht in das beschlagnahmte Material zu nehmen und angeblich auch ohne den Bundesjustizminister zuvor unterrichtet oder ihm Akteneinsicht gewährt zu haben.[203]

Dehlers gegenteiliger Beteuerung, die Bundesanwaltschaft habe völlig korrekt gehandelt, setzte der SPD-Bundestagsabgeordnete Wilhelm Mellies am 23. Oktober 1952 entgegen: »Wir brauchen nicht bei der Bundesanwaltschaft Beamte, die rein verwaltungsmäßig die Dinge ansehen, sondern wir brauchen in dem Oberbundesanwalt einen Beamten, der von heißer Leidenschaft für die Demokratie und für die Bundesrepublik erfüllt ist.«[204]

Leidenschaft für die Demokratie darf man beim Oberbundesanwalt Dr. Carl Wiechmann und seiner rechten Hand in diesem Verfahren, Hubert Schrübbers, durchaus in Zweifel ziehen. Der oberste deutsche Ankläger

Dr. Wiechmann war in der Weimarer Republik ab 1930 Generalstaatsanwalt und im Dritten Reich von 1933 bis 1945 Senatspräsident des Kammergerichts Berlin, also kein unbescholtener Jurist. Bereits 1948 amtierte er schon wieder als Senatspräsident am Oberlandesgericht Celle, bevor er seinen Posten in Karlsruhe am 7. Oktober 1950 antrat. Sein Assistent Hubert Schrübbers war zwischen 1935 und 1941 Staatsanwalt am Oberlandesgericht Hamm und dort an Terrorurteilen gegen Kommunisten und Juden beteiligt. Nach britischer Kriegsgefangenschaft fungierte er schon von 1946 bis 1948 wieder als Staatsanwalt und Oberstaatsanwalt am Oberlandesgericht Hamm und stieg von 1948 bis 1950 zum Oberstaatsanwalt am Obersten Gerichtshof für die britische Besatzungszone in Köln auf. 1950 wurde der CDU-Mann und spätere Verfassungsschutzchef als Bundesanwalt an den Bundesgerichtshof in Karlsruhe versetzt.[205]

Mit Gerhard Sswat, Topp und Breitkopf wurden schon am 12. November 1952 die letzten drei inhaftierten Partisanen des TD aus der Untersuchungshaft entlassen, weil der Bundesgerichtshof bei keinem einen dringenden Tatverdacht für Geheimbündelei, die Bildung einer kriminellen Vereinigung oder für ein Mordkomplott sah. Die Begründung für die Haftentlassung kam einem Freispruch für den gesamten TD gleich, der nun nicht mehr verdächtigt wurde, Verbrechen gegen das Leben geplant zu haben.

Die Reaktion auf die Karlsruher Entscheidung war gespalten. Regierungskreise gaben sich befriedigt. Die *Kasseler Zeitung* warf dem hessischen Ministerpräsidenten vor, mit Kanonen auf Spatzen geschossen und dem Osten in die Hände gespielt zu haben: »Von der Sensation ist nur noch für die Uebelwollenden jenseits des Eisernen Vorhangs etwas übriggeblieben, wo man vom BDJ nur noch als von einer Verbrecher-Organisation spricht.«[206]

Zinn bezeichnete die Freilassung dagegen als eine »verlorene Schlacht der Demokratie«, und er kündigte die Veröffentlichung des BDJ-Weißbuchs an, um der Welt ihr eigenes Urteil über das »von den Bundesstellen geübte Verfahren« zu überlassen.[207] Die *Hessischen Nachrichten* kommentierten verbittert: »Wir sollen es uns nunmehr gefallen lassen, daß politische Abenteurer im Sold ausländischer Mächte über dunkle Quellen unkontrollierbare Nachrichten sammeln, um diese eines Tages nach ihrer Entscheidung einem zugedachten Schicksal zuzuführen.«[208]

Die CIA nahm Verbindung mit dem Bundesjustizministerium auf, um zu erfahren, wie es um die Gerichtsverfahren gegen die Angehörigen des TD stand. Ihr Gesprächspartner im Hause Dehler war der Ministerialrat Dr. Ernst Kanter, ein NS-Blutjurist, der als Chefrichter im besetzten Dänemark ab 1943 an mindestens 103 Todesurteilen mitgewirkt hatte.[209] Am 9. Februar 1953 unterrichtete Kanter den US-Dienst darüber, dass der hessische Innenminister sein Weißbuch zwar an alle Länderkollegen verschickt habe, nicht jedoch an das Bundesjustizministerium, das sich die Dokumentensammlung aus einem Bundesland besorgen musste. Dann berichtete er über ein Gespräch des Frankfurter Staatsanwalts mit seinem Hause, der sehr überrascht gewesen sei, dass der Oberbundesanwalt die Fälle an sich ziehen konnte. Kanter äußerte gegenüber der CIA die Hoffnung, dass alle Verfahren bereits vor niederen Gerichten sterben würden. Sollte jedoch irgendein Staatsanwalt ausreichende Beweise für eine Anklageerhebung finden, würde der Oberbundesanwalt die Verfahren an sich ziehen, und die Fälle würden dann eben dort sterben.[210]

Hinter den Kulissen gab es direkte, nie öffentlich gewordene Kontakte zwischen dem US-amerikanischen Auslandsnachrichtendienst und dem Oberbundesanwalt, die der Bundesanwalt am BGH Max Güde, als Nachfolger für den ab 1952 als Generalstaatsanwalt in Düsseldorf tätigen Schrübbers, wahrnahm. Die CIA schätzte ihn im BDJ-Fall als extrem kooperativ ein, weil er den Amerikanern alle Informationen zugänglich gemacht und dem US-Hochkommissar am 30. Oktober 1952 versichert hatte, er werde das Verfahren aus Mangel an Beweisen einstellen.[211]

Oberbundesanwalt Wiechmann versicherte der CIA im Februar 1953 dann schriftlich, dass er die hessischen Verfahren an sich ziehen würde. Er bat zugleich um eine Stellungnahme, die ihm gegen das Versprechen zugesagt wurde, sie nicht zu veröffentlichen.[212] Die zwischen dem CIA-Chef und dem höchsten CIA-Repräsentanten in Deutschland abgestimmte Stellungnahme war kurz und bündig. Sie besagte nur, dass der BDJ auf amerikanische Veranlassung zu militärischen Zwecken gegründet worden war und dass es legitim sei, für den Fall einer sowjetischen Aggression Informationen zu sammeln. Sie enthielt kein Wort über die Sabotageplanungen, keine Silbe zu den Proskriptionslisten.[213] Mehr als vier Jahre vor dem Abschluss des Verfahrens in Karlsruhe war sein Ausgang bereits zwischen dem Justizministerium und dem Oberbundesanwalt auf der einen und der CIA auf der anderen Seite ausgehandelt worden.

Den endgültigen juristischen Schlussstrich zog Karlsruhe im Sommer 1957. Der 6. Strafsenat des Bundesgerichtshofs folgte nach einer Anhörung am 6. Juni dem Antrag des Oberbundesanwalts und beschloss, die leitenden BDJ-Führer Lüth, Peters, Hammacher, Schlipplack und Bischoff außer Verfolgung zu setzen. In seiner Urteilsbegründung leugnete das oberste deutsche Gericht schlicht die Existenz einer Untergrundtruppe und adelte den BDJ nachträglich als Vorkämpfer der Demokratie: »Erklärtes Ziel des BDJ war es, für die freiheitliche demokratische Grundordnung und gegen totalitäre Bestrebungen jeder Art zu arbeiten, mochten diese von rechts- oder linksradikaler Seite ausgehen. Die Voruntersuchung hat nicht den mindesten Anhalt dafür ergeben, dass die Organisation in Wirklichkeit andere abweichende Zwecke verfolgt hätte«.[214]

»Fauler Zauber«: Die Bundestagsdebatte über den BDJ

Als die BDJ-Affäre auf Antrag der SPD am 23. Oktober 1952 im Deutschen Bundestag debattiert wurde,[215] hatte Zinn mit der erzwungenen amerikanisch-deutschen Erklärung und mit der Einstellung von Verfahren in Karlsruhe schon zwei Schlachten verloren. In diesen Punkten konnten die sozialdemokratischen Redner nur noch nachkarten, was der Eingangsredner Walter Menzel, Innenminister Nordrhein-Westfalens von 1946 bis April 1950, denn auch tat. Ihm entgegnete Konrad Adenauer, ganz besorgter Landesvater, der betonte, wie engagiert und schnell er mit dem US-Hochkommissar ein Einvernehmen hergestellt hatte, »dass etwas derartiges auf unserem Boden unter keinen Umständen vorkommen dürfe«. Der Bundeskanzler erklärte, er habe die Liste – ob es sich um die Proskriptionsliste handelte oder eine andere, ließ er offen – erst an diesem Tage gesehen und keine Sozialdemokraten darauf gefunden. »Es muss also ein vollständiger Irrtum des Herrn Ministerpräsidenten Zinn vorliegen.« Generös wandte er sich dann dem KPD-Abgeordneten Max Renner zu, weil er doch auch geprüft habe, ob »mein Freund Renner« da verzeichnet sei. »Aber ich habe zu meiner Genugtuung festgestellt, dass weder Herr Renner noch ein anderer kommunistischer Bundestagsabgeordneter auf der Liste steht«, nahm Adenauer auch der KPD den Wind aus den Segeln.

Den kämpferischen Part überließ Adenauer seinem Innenminister Robert Lehr, der den TD zunächst einmal kleinredete (»junge Deutsche in geringer Zahl«), um dann die Bundeszuwendungen von 10000 DM für das BDJ-Pfingsttreffen 1952 zu verteidigen. Dabei sang er das Hohelied auf den Verfassungsschutz, der den BDJ als Ganzes für unbedenklich erklärt habe. Der Bundesinnenminister bestritt schlicht, dass auf den »sogenannten« Liquidationslisten SPD-Mitglieder stünden, allenfalls »zahlreiche Namen von Angehörigen der extremen Rechten und der Linken«. Bei den Dossiers über Sozialdemokraten handele es sich um bloße Personenkarteien, in denen Annemarie Renger, die ehemalige Mitarbeiterin des verstorbenen Kurt Schumacher, durchaus anerkennend und positiv bewertet würde, zog Lehr die Ausspähung von Sozialdemokraten ins Lächerliche. Was den Fememord in Wald-Michelbach betraf, warf er Nebelkerzen, die den Fall mit einem Totschlag in einem Steinbruch in Nordrhein-Westfalen vermischten. Dem Lob auf die »antikommunistische Aufklärungsarbeit« des BDJ folgte der Hinweis auf 200 kommunistische Tarnorganisationen in der Bundesrepublik, davon 82 in Hessen, eine »ungeheure Gefahr« durch den Weltkommunismus. Zudem beschwor Lehr die guten Beziehungen zur amerikanischen Besatzungsmacht.

Von Adenauer angeschossen, verhedderte Zinn sich in der Debatte in Details zu Aktenübergaben, kritisierte den Oberbundesanwalt, ließ den Verlauf der Verhandlungen mit den US-Amerikanern Revue passieren und revidierte in einem Punkt seine Regierungserklärung im hessischen Landtag: Es gäbe eine neue Beweislage für »die organisatorische und persönliche Verbindung zwischen der Bundesführung des BDJ und der Leitung der Geheimorganisation«.

Schließlich zog Zinn seinen Trumpf aus dem Ärmel, das beschlagnahmte TD-Papier vom März 1951 »Maßnahmen zur Bekämpfung innerer Unruhen«, das eindeutig bewies, dass sich der Technische Dienst nicht nur als Partisanentruppe für den Tag X verstand, sondern auch als Bürgerkriegsverband in Friedenszeiten. Zinn zitierte zunächst aus den Anweisungen für die Vorbereitungen – Feststellung des Aufenthalts gefährlicher Elemente, Erkundung der politischen Lage und der Rädelsführer, Unterricht im Waffengebrauch, Sprengmittel zum Soforteinsatz – um dem Plenum dann in Ausschnitten die brutalen »Anweisungen für den Straßenkampf« vor Augen zu führen: »Sofortige Festnahme bekannter Gegner. Stoßen die Gruppen auf Menschenansammlungen, ist darauf zu achten, dass nötige Ellenbogenfreiheit gewahrt bleibt. Nimmt eine Menge eine feindselige Haltung ein, dann Handgranaten oder Leuchtpatronen auf die meist hinten stehenden Einpeitscher richten. Schreckschüsse unbedingt vermeiden. Zielen auf Beine hat größte moralische Wirkung. Alle Anfangsmaßnahmen hart und entschlossen durchführen. Frühes Blut vermeidet viel Blut.«[216]

Doch Zinns Trumpf stach überraschenderweise nicht, kein Debattenredner stieg auf das Thema ein. Der Bundesjustizminister, der ihn vor einem Auftritt vor dem Parlament hatte abhalten wollen, gab in seiner Antwort den abgeklärten Juristen, der nur ungern zu einem schwebenden Verfahren Stellung nehmen wolle. »Etwas peinlich«, so Thomas Dehler, sei ihm die Aufgabe, das Vorgehen des ihm unterstellten Oberbundesanwalts zu rechtfertigen, was er dann ausführlich unter Berufung auf das im

April 1949 von den drei Westalliierten verabschiedete Besatzungsstatut, das die Souveränität der Bundesrepublik in Fragen der Abrüstung, Entmilitarisierung, Außenpolitik und Devisenwirtschaft einschränkte, tat, das laut Expertise des Verfassungsschutzes ein deutsches Einschreiten unmöglich mache. Was die Proskriptionslisten betraf, verwies er auf voneinander abweichende Zeugenaussagen und verstieg sich zu der Behauptung, in der »Ostzone« würden »die Verdächtigen auf eine Proskriptionsliste gesetzt«. Der zweiten Liste »Personelles« konnte er auch nur Lächerliches abgewinnen: Über den SPD-Staatssekretär im bayerischen Landwirtschaftsministerium Johann Maag sage sie, »daß er ein sehr weinfroher Franke sei. Mir sehr sympathisch.« An den Abgeordneten Herbert Wehner gewandt, dementierte er halbherzig die scharfen öffentlichen Angriffe auf Zinn: »Es ist nicht wahr, daß ich die Dinge als ›faulen Zauber‹ bezeichnet habe. Irgendein junger Pressemann hat mich zwischen Tür und Angel am Rock gefaßt und irgend etwas aus meinen Äußerungen herausgenommen und in seinem Sinn verwertet.«

Was in der Debatte folgte, war weitestgehend ein Breittreten längst ausgetauschter Argumente, bevor der Antrag der SPD auf regelmäßige Unterrichtung im Ausschuss für Verfassungsschutz mehrheitlich angenommen wurde. Dann ging der Bundestag zur Tagesordnung über: Das Hohe Haus diskutierte einen Gesetzentwurf zur Einführung einer Steuer auf Schaumwein.[217]

Als Justizminister Thomas Dehler die Lanze für den Technischen Dienst brach, handelte er nicht etwa neutral, sondern war als Lobbyist schon seit Jahren Teil des Geheimdienstsystems. Er hatte 1948 zusammen mit den Gehlen-Mitarbeitern Dr. Otto Lenz und Dr. Wolfgang Menzel, der Sonderverbindung der Organisation Gehlen Heinrich Prittwitz-Gaffron und der CIA-Agentin Hilde Heilmann in München die Gesellschaft für Auslandskunde gegründet. Dehler selbst sei dabei eine enge Sonderverbindung der Org gewesen, hielt die CIA im November 1965 fest,[218] also »eine Person, die in einer gewissen Kenntnis der nachrichtendienstlichen Zusammenhänge zu deren Förderung zur Verfügung steht, ohne selbst planmäßige Aufklärung zu betreiben«.[219]

Die politische Kampagne gegen Zinn

Die vierstündige Bundestagsdebatte fand ein geteiltes Echo. Aus dem eigenen Lager bekam Zinn Zuspruch: von der Parteibasis, von Gewerkschaftlern und Jungsozialisten. Die Jusos verstiegen sich Ende Oktober 1952 zu der Idee, nach dem Modell des Weimarer Reichsbanners mit dem »Hessenbanner« eine antifaschistische Bürgerwehr ins Leben zu rufen, wenn die Landesregierung das für erforderlich halte.[220] Der SPD-Bezirk Kassel-Stadt Mitte verabschiedete im November 1952 eine Entschließung, die »das Treiben der rechtsradikalen Untergrundbewegung« auf das schärfste verurteilte.[221]

Aus dem gegnerischen Lager kamen vehemente Angriffe. »Die Zinn-Soldaten im Wiesbadener Staatstheater« überschrieb der *Deutsche Kurier* am 1. November eine Karikatur, die eine ganzseitige SPD-Schelte schmückte. Heftig kartete der Bundesjustizminister in einer Presseerklärung nach. Zinn habe, so Dehler, nicht nur in ungewöhnlicher Weise die Entscheidung des obersten deutschen Gerichts angezweifelt, sondern auch »irreführende Erklärungen« abgegeben und »ungerechtfertigte Wertungen« vorgenommen.[222] Der Pressedienst der CDU schoss Mitte November 1952 besonders scharf: Zinn habe seine Funktion als Ministerpräsident mit der eines Märchenerzählers verwechselt.[223]

Die Lage verschärfte sich, als der Frankfurter Polizeipräsident am 13. Dezember 1952 eine BDJ-Tagung in Frankfurt verbot, weil bei einer unangekündigten Durchsuchung von Tagungsteilnehmern durch die Polizei Schuss-, Schlag- und Stichwaffen gefunden wurden. Die Beamten nahmen fünf der 70 Delegierten fest und führten sie dem Haftrichter vor. BDJ-Vorstandsmitglied Bischoff erklärte der Presse daraufhin, dass die Waffen dem Kassierer und einem aus einer besonders einsamen Gegend stammendem Funktionär zum Eigenschutz gehört hätten.[224] Die Attacken gegen Zinn flauten auch nach der Weihnachtspause nicht ab. Die Aktionsgruppe Wiesbaden des Befreiungskomitees für die Opfer totalitärer Willkür verlangte von der Landesregierung Mitte Januar 1953 eine »Verlagerung ihrer Energien auf die Ebene der Bekämpfung der stalinistischen Wühlarbeit«,[225] und der Reichsvorsitzende der Deutschen Jungdemokraten A.F. Hoffmeister, legte am 15. Januar Protest gegen das inzwischen erlassene BDJ-Verbot ein.[226]

Die Gegenkräfte hatten es mit allen Mitteln verstanden, aus einer Staatsaffäre eine Privatfehde der hessischen SPD mit dem BDJ zu machen. Der *Informationsdienst Bund Deutscher Jugend* hatte mit der Sonderausgabe »Rechtsstaat oder Parteiwillkür« im November 1952 bereits die Lesart für die »Verleumdungskampagne« ausgegeben: »Eine komplette Parteimaschinerie hatte ihr ganzes Streben auf die Vernichtung einer Organisation gerichtet, die ihr nicht paßt.«[227] Und die Apologeten des BDJ waren dieser Marschrichtung gefolgt.

Zur Strategie gehörte auch ein Schleifenlassen der Ermittlungen in Karlsruhe, um sich stets auf laufende Verfahren zu berufen, in denen man keine vorschnellen Urteile fällen dürfe. Hinzu kam das Beschwören der kommunistischen Gefahr mit der unterschwelligen Rechtfertigung des BDJ-TD als legitimes Gegengewicht. Nicht zufällig erschien im *Wiesbadener Kurier* Anfang 1953 die auf einer *dpa*-Meldung basierende Behauptung, in fünf sowjetischen Garnisonen würden Angehörige der illegalen westdeutschen Freien Deutschen Jugend (FDJ) im Partisanenkampf ausgebildet.[228]

Georg August Zinn hatte sich mit seinem Vorgehen viele Feinde gemacht. Da brauchte er nicht auch noch den Feind im eigenen Haus. Doch er hatte ihn. Bei der Besprechung Zinns mit BfV-Präsident Otto John und Polizeipräsident Littmann am 13. September 1952 war auch Regierungsdirektor Karl A. Pforr vom Landeskriminalpolizeiamt zugegen[229] und mit ihm ein Spitzel der CIA-kontrollierten Organisation Gehlen. Pforr gestand später (Januar 1954), seit vier bis fünf Jahren sowohl an der Spitze des LKA wie auch als Präsident des LfV häufig im alleinigen Auftrag der Org gehandelt zu haben und dafür mit 500 DM im Monat entlohnt worden zu sein. Man legte ihm den sofortigen Rücktritt aus gesundheitlichen Gründen nahe, um einen Skandal zu vermeiden. Doch erst Zinnkanns Nachfolger Heinrich Schneider, hessischer Innenminister von 1955 bis 1969, schickte Pforr zum 29. Januar 1955 zwangsweise in Pension.[230]

Verbot hin, Verbot her: Das Gezerre der Innenminister

Am 30. November 1952 hatte Bayerns sozialdemokratischer Innenminister Wilhelm Hoegner angekündigt, die Innenminister der Länder würden bei ihrer Konferenz am 8. Dezember in München ein Verbot aller Geheimorganisationen beschließen.[231] Doch eine Einheitsfront gegen den BDJ kam nicht zustande. Vielmehr variierten die Reaktion und das Aufklärungsinteresse von Bundesland zu Bundesland.

Auf der nächsten routinemäßigen Sitzung der Landesinnenminister am 16. Januar 1953 mit Bundesinnenminister Robert Lehr in Bonn wurde ein generelles BDJ-Verbot erörtert. Beschlüsse gab es keine.[232] Und sie waren auch nicht zu erwarten, da Lehr sich wenige Tage zuvor gegen ein Verbot ausgesprochen hatte, weil dem BDJ eine staatsfeindliche Tätigkeit nicht nachzuweisen sei.[233] Wie unterschiedlich sich die BDJ-Affäre von Bundesland zu Bundesland auswirkte und wie der BDJ und seine Kampftruppe dort jeweils aufgestellt war, soll in den folgenden sieben Abschnitten dargestellt werden.

Der BDJ in Hessen

Am 9. Januar 1953 erließ Hessens Innenminister Heinrich Zinnkann ein Verbot des Bundes Deutscher Jugend. Zur Begründung führte das Innenministerium aus: »Eingehende Ermittlungen haben den Nachweis erbracht, dass der BDJ unter Führung des bisherigen zweiten Bundesvorsitzenden Erhard Peters eine Partisanenorganisation mit der Bezeichnung ›Technischer Dienst‹ aufgezogen hat. Der Einsatz von ›Partisanen‹ ist strafrechtswidrig. Da die allgemeinen Regeln des Strafrechts Bestandteil des Grundgesetzes sind, hat der BDJ gegen die verfassungsmäßige Ordnung verstoßen. Der BDJ und sein Technischer Dienst haben Listen angeblicher Kollaborateure angelegt und die Beseitigung der in den Listen erfaßten Persönlichkeiten für den Fall eines Krieges vorbereitet. BDJ und Technischer Dienst haben in getrennten Unternehmungen versucht, sich Waffen zu verschaffen und Pläne für Raub und Diebstahl ziviler Kraftfahrzeuge ausgearbeitet. Außerdem ist ein Entwurf einer Bürgerkriegsplanung vorgefunden worden. [...] Da der BDJ eine Vereinigung ist, die sich sowohl gegen die Strafgesetze als auch gegen die verfassungsmäßige Ordnung richtet, ist er heute als verbotene Vereinigung im Sinne von Artikel 9 Absatz 2 des Grundgesetzes aufgelöst worden.«[234] Nach Auffassung des US-Hochkommissars war das hessische BDJ-Verbot willkürlich, wenn nicht sogar illegal. Samuel Reber war sich jedoch mit der CIA-Führung in Deutschland einig, dass es politisch unklug wäre, Maßnahmen zur Aufhebung des Verbots in die Wege zu leiten.[235]

Infolge dieses Verbots durchsuchten Beamte des Frankfurter Polizeikommissariats K 12 die Geschäftsräume der Bundesführung in der Feldbergstraße und der Landesleitung des BDJ in der Speicherstraße, die 1952 nach Eigenangaben 2391, laut dem besonders erfolgreich gegen den BDJ arbeitenden bremischem Verfassungsschutz jedoch nur 622 Mitglieder betreute, transportierten alle Akten ab und versiegelten die Büros. Die Reaktion der Bundesregierung und der hessischen Oppositionsparteien war zunächst abwartend.[236] Wenige Tage nach dem Beschlagnahmen ging das Innenministerium mit ersten Ergebnissen an die Presse und verkündete, bis Oktober 1952 seien Erhard Peters, der Funktionär der Bundesführung Johannes Fuchs und der Hauptverwalter der Wald-Michelbacher Partisanenschule Kuhn vom BDJ fest besoldet worden. Der BDJ habe allein 1952 Industriespenden von über 500 000 DM erhalten.[237] Durchsuchungen in Friedberg bei BDJ-Funktionären förderten weitere Proskriptionslisten zutage.[238] Bei den folgenden Hausdurchsuchungen bei Vorstandsmitgliedern des erst im August 1952 gegründeten BDJ-Kreisverbandes in

Kassel fiel der Polizei nur gegen die KPD gerichtetes Propagandamaterial in die Hände.[239]

Als aber die Justiz in Bad Vilbel die Wohnung des TD-Mitglieds Hans Weissbach auf den Kopf stellte, fand sie neben zahlreichen Messtischblättern, Lehrgangsberichten und militärischer Fachliteratur auch 37 Packungen Ledercillin/Suspension/Penicillin, 21 Wanderkarten, 22 Marschkompasse, 16 Sprengtabletten und einen Blechkasten mit Paketen voll Motorenvernichter – offensichtlich die nicht in Depots eingelagerte Grundausstattung einer TD-Kreisgruppe. Und der CIA-Projektoffizier Sterling Garwood hatte wohl nicht mit einem Vorgehen der deutschen Behörden gegen ihn selbst gerechnet. In seinem Haus in Steinbach stellten die Polizisten eine große Holzkiste sicher, in der sich Futterale für Gewehr und Pistole, eine Kleinkaliberpistole, Gewehrmunition, Zündhütchen, Sprengkapseln und Druckzünder befanden.[240]

Am 13. Januar 1953 hatte der Untersuchungsrichter beim Landgericht Frankfurt die Voruntersuchung gegen die »Rädelsführer« Lüth, Peters, Hammacher, Schipplack und Bischoff eingeleitet,[241] und bald gerieten weitere hessische Partisanen ins Visier der Ermittler. TD-Landesleiter in Hessen war der ehemalige Oberleutnant Rudolf Rademacher. Als technischer Angestellter in Frankfurt hatte er Peters im Frühjahr 1951 kennengelernt. Am 1. August 1951 wurde er – Decknamen Rolf Hahn und Riedel – mit einem Monatsnetto von 450 DM in der CIA-Tarnfirma Saxer & Co in Neu-Isenburg eingestellt, nachdem er Ende Juni einen viertägigen Lehrgang in Grafenwöhr besucht hatte. Bei seiner Vernehmung durch den im November 1952 gescheiterten deutsch-amerikanischen Untersuchungsausschuss gab er später an, ihm seien sieben bis acht TD-Kreisführer unterstellt gewesen, deren Namen er jedoch nicht preisgeben wolle. Eine Ausnahme machte er nur bei Hans Klotz (Herman Orth und Korten), der neben seiner Tätigkeit in der Bundesführung zugleich Kreisführer in Frankfurt a.M. war.[242] Die Ermittlungsbehörden machten noch Hans Sachs als weiteren Kreisführer für Frankfurt aus[243] und fanden für den 44-jährigen Ex-Obersturmführer der Waffen-SS Georg Rüdiger (Robert) eine Lehrgangsbeurteilung (»Passionierter Einzelkämpfer mit Idealen«)[244] vor, die ihn zum Kreisführer in Waldeck befähigen sollte, so die Beurteilung von Lutz.

Unter Rademacher gab es zwei fehlgeschlagene Versuche, CIA-Depots in Oberhessen auszuheben, um das Wehrmaterial unter die Kontrolle des TD zu bringen, einer davon in Lich bei Gießen im April 1952. Das war auf Veranlassung von Garwood geschehen, der die Lagepläne aus einem

Panzerschrank seiner vorgesetzten Dienststelle entwendet hatte, weil ihm das Zurückhalten von Wehrmaterial durch seine Vorgesetzten nicht passte. Der CIA-Leitoffizier wurde daraufhin abgelöst, und ein gewisser Tom, dem Garwoods Assistent Al weiterhin beiseitestand, trat seine Nachfolge an. Wenig später löste Al Tom ab.[245]

Der Landesleiter des BDJ Hessens, Karl Heinz Bruhn, war in die paramilitärischen Aktivitäten nicht einbezogen worden. Durch seine Freundschaft zu Hans Otto könnte er jedoch manches mitbekommen haben, erklärte Paul Lüth der CIA im März 1953. Anlass dieser Aussage war der amerikanische Verdacht, Bruhn könnte ein sowjetischer Agent sein. Tatsächlich war er vom sowjetischen Nachrichtendienst zur Spionage in die britische Besatzungszone geschickt worden, offenbarte sich jedoch dort und arbeitete ab 1945/46 für den britischen Nachrichtendienst. Da die Abwicklung des BDJ und seines TD beim Aufkommen dieses Verdachts nahezu abgeschlossen war, ließ die CIA den Fall auf sich beruhen.[246]

Die Nordfront des BDJ: Alte Kameraden in Niedersachsen, Bremen und Hamburg

Im Vorfeld der Innenministerkonferenz am 16. Januar 1953 hatten drei Bundesländer Zeichen gesetzt: Niedersachsen, geführt von einer SPD-BHE-Zentrums-Koalition, Bremen mit einer Regierungskoalition aus SPD, FDP und CDU und das rein sozialdemokratisch geführte Hamburg erließen drei Tage vor Konferenzbeginn ein BDJ-Verbot und untersagten die Gründung von Nachfolgeorganisationen. Niedersachsen mit dem größten BDJ-Mitgliederbestand und Bremen – mit tatsächlich 628 (offiziell 1349) BDJlern – stützten das Verbot darauf, dass auch Einwohner ihrer Bundesländer an der paramilitärischen Ausbildung in Wald-Michelbach teilgenommen hatten. Der Hamburger Senat legte dem BDJ-TD verbotenen Waffenbesitz, Verbrechen und Vergehen gegen die öffentliche Ordnung sowie Straftaten gegen Leben und Eigentum zur Last.[247] In Hamburg beschlagnahmte BDJ-Karteien enthielten »zum großen Teil äußerst leichtfertige und gehässige Urteile über maßgebliche im politischen Leben stehende Persönlichkeiten«.[248] Die Hanseaten waren es auch, die in ihrer Verbotsverfügung ein handfestes Beispiel für die Gewaltbereitschaft des BDJ ins Feld führten. Landesführer Friedrich Strobell und zehn weitere Mitglieder des Hamburger BDJ waren am 9. Januar 1951 zu Gefängnisstrafen von zwei bis drei Monaten verurteilt worden, weil sie Anfang September 1950 in Bergedorf Angehörige der Freien Deutschen Jugend (FDJ) mit vorgebundenen Gesichtsmasken aus dem Hinterhalt überfallen und verprügelt hatten.

Der BDJ-Landesverband Niedersachsen mit seinen Büros in der Hannoveraner Große-Düwel-Straße 2a hatte 1952 offiziell 3017, tatsächlich aber nur 1268 Mitglieder. Landesleiter des TD in Niedersachsen war zunächst Gerhard Sswat (Schüssler), der zugleich im erweiterten Bundesvorstand saß und als Kurier für den TD arbeitete. Sein Nachfolger wurde Rudolf Pintscher (Petter) aus Hannover-Rickbrügen,[249] der sich Ende Januar 1952 gegenüber der Bundesführung als besonders rühriger Aktivist beweisen wollte: »In Hannover wurde eine Tarnorganisation der FDJ unter der Bezeichnung ›internationaler Juniorclub‹ gegründet. [...] Wir haben am 24.1.52 ein FDJ-Mitglied aus Hannover beauftragt, uns Berichte über die genannte Tarnorganisation sowie über alle uns interessierenden Dinge bei KP und FDJ zu geben. Der Mann handelt aus Rachsucht, weil er von seinem Schwiegervater (Mitglied der KP) aus dem Hause gewiesen wurde. [...] Am 26.1. sollen FDJ-Gruppen aus Niedersachsen über Lübeck in die Zone geschleust werden, um an Wintersportkämpfen in Oberhof, Thüringen, teilzunehmen. Wir wollen versuchen, die Transporte aufplatzen zu lassen.«[250]

Auf den personellen Umfang der Partisanentruppe im Nordwesten der Republik gab es einige Hinweise. Aus Niedersachsen hatten 25 Männer an den Partisanenlehrgängen in Wald-Michelbach teilgenommen. In Bremen umfasste der BDJ-TD 160 Stay-Behind-Krieger, von denen ebenfalls 25 trainiert worden waren, während es nur 80 normale BDJ-Angehörige gab.[251]

Der Bereich Bremen/Oldenburg bildete einen eigenen Landesverband mit Sitz in Oldenburg (Rembertistr. 28). Leiter des BDJ-TD in Oldenburg und damit für den Großraum Bremen, Oldenburg und Ostfriesland zuständig, war der ehemalige Wehrmachtsoffizier und FDP-Kommunalpolitiker Dieter von Glahn. Er war 1950 rekrutiert worden und hatte an mehreren vierwöchigen Partisanenlehrgängen teilgenommen. In seinen Memoiren rühmte er 1994 die enge Zusammenarbeit mit dem Volksbund für Frieden und Freiheit (VFF) in einer Bürogemeinschaft mit der CIA-gesteuerten Kampfgruppe gegen Unmenschlichkeit, mit der politischen Polizei und dem niedersächsischen Verfassungsschutz. Glahn hob hervor, dass er »Partisan im Interesse des Vaterlandes« mit »Wissen der deutschen Dienststellen des Innenministeriums und des damaligen Amtes Blank« war.[252] Die Liste von »Staatsfeinden« in Glahns Verantwortungsbereich umfasste etwa 200 Karteikarten. Seine Truppe wollte unter anderem den damaligen Bremer SPD-Bürgermeister Wilhelm Kaisen und den SPD-Bundestagsabgeordneten Herbert Wehner internieren.[253] »Die Leute, die hier lebten und unsichere Kantonisten waren, die haben wir erfasst«, bekannte Glahn in einem Interview 1995: »Natürlich gab es auch unter Sozialdemokraten faule Eier.«[254] »Halbjude, starker Edelbolschewist, vermutlich Freimauer, befreundet mit Herrn S., der SPD-Mitglied ist«, war in der Kartei beispielsweise über einen Oldenburger Arzt vermerkt. Nach der Auflösung des BDJ-TD – so Glahn im November 1990 im *Spiegel* – habe der niedersächsische Verfassungsschutz 1952 die komplette Sympathisantenkartei des BDJ übernommen.[255]

Das Landesamt für Verfassungsschutz Bremen hatte seit Anfang 1951 ein Auge auf den BDJ gehabt und seine Informationen an das BfV weitergeleitet.[256] Mit Gert Richtarsky hatte der Verfassungsschutz lange Zeit einen Informanten im BDJ, der ihm alle Korrespondenz besorgte.[257] Informationen über das Führungspersonal gab Innensenator Willy Dehnkamp (SPD) ebenso wenig preis wie die Tatsache, dass es einen LfV-Spitzel im BDJ gab, obwohl die hessischen Ermittler den Bremer Anführer der Stay-Behind-Agenten identifiziert hatten. Es handelte sich um Walter Schmidt. Er war im Mai 1935 in die SS eingetreten und schaffte es im Schwarzen Korps bis zum Obersturmbannführer. Bis 1948 lebte er in der Illegalität, aber nachdem er in Ludwigsburg im Spruchkammerverfahren als bloßer Mitläufer eingestuft worden war, kehrte er Anfang 1949 nach Bremen zurück und arbeitete als Handelsvertreter. Im Herbst 1951 begann Schmidt (Deckname SCHRÖDER) mit dem Aufbau des TD in der Hansestadt und wurde dort Landesführer.[258] Als Kreisführer in Bremen diente der ehemalige SS-Mann Bernhard Legenhausen (LENGEMANN).[259]

Aus den im Rahmen des 1998 von US-Präsident Bill Clinton erlassenen »Nazi War Crimes Disclosure Act« freigegebenen CIA-Akten lassen sich vier weitere regionale Spitzenfunktionäre des BDJ-TD ermitteln, die nicht oder nur rudimentär in den deutschen Ermittlungsakten aufscheinen. In Bremen stützte der TD sich auf den ehemaligen Major der Polizei, Christian Schwarting, der für seine Einsätze in Russland und auf dem Balkan mit dem Eisernen Kreuz 1. und 2. Klasse ausgezeichnet worden war. Als die CIA am 21. August 1951 in Washington eine Unbedenklichkeitserklärung für die Funktion eines Regionalleiters Bremen des sicherheitsempfindlichen Projekts TD-BDJ beantragte, also für einen Posten unter der direkten Aufsicht von Dieter von Glahn, war Schwarting Mitarbeiter der Spedition Kühne und Nagel. Die Operational Clearance für JG-6628 wurde am 26. November 1951 über den Leiter der Osteuropaabteilung der CIA in Washington erteilt. Schwarting sollte zur Tarnung weiter bei K & N arbeiten.[260]

Walter Menke diente vom Mai 1935 bis Kriegsende in der Waffen-SS, als Obersturmführer bis Juni 1944 an der Ostfront, anschließend in der Normandie, wo er schwer verwundet wurde. Am 18. Januar 1952 erreichte den Leiter des Office of Policy Coordination (OPC) in Washington (CIA-Kryptonym ZACACTUS) der Antrag, Menke als Kreisleiter Bremen des BDJ-TD einzusetzen. Seine Angst vor einer sowjetischen Invasion sei Motiv genug, er könne zur Tarnung weiter bei der Lloyd Dynamo AG beschäftigt sein. Am 23. Mai 1952 erhielt JG-4796 die Clearance, die im November 1954 rückgängig gemacht wurde.[261]

Der Schriftsetzer Heinz Debrassine diente vom April 1939 bis 1945 in der Waffen-SS, zuletzt als SS-Untersturmführer. Am 4. Oktober 1951 gelangte die CIA zu der Auffassung, er könne trotz seiner politischen Vergangenheit eine Aufgabe im BDJ-TD verlässlich erfüllen. Sie beantragte am 30. Oktober eine Unbedenklichkeitserklärung für die Funktion als Kreisleiter und für die paramilitärische Jugendarbeit in Bremen. Als Tarnung sollte er weiterhin bei der Wissenschaftlichen Betriebsführung GmbH in Bremen-Holzhafen tätig sein. Die Clearance für JG-7300 wurde am 19. Januar 1952 erteilt. Im vertraulich eingestuften Vierteljahresbericht 2/52 über seinen Mitarbeiter bescheinigte ihm sein Vorgesetzter (Deckname WALTER SCHRÖDER): »D. ist ein äußerst gewissenhafter und sehr gründlicher Mitarbeiter, der seine Aufgabe sehr ernst nimmt und seine Männer in echter Kameradschaft bemuttert. Als verschwiegen bekannt, ist er für seine Aufgabe gut geeignet.« Das Erlöschen der Unbedenklichkeitsbescheinigung, verfügt von einem Referat der Osteuropaabteilung der CIA in Washington (EE/PP/G), ist undatiert.[262]

Der Ostfriese Eberhard Tellkamp war 1933 in die SS und 1935 in die Waffen-SS eingetreten. Er diente in den SS-Divisionen Hohenstaufen und Das Reich, 1940 beim Angriff auf Frankreich, 1941/42 auf dem Balkan und 1944 erneut an der französischen Invasionsfront, an der seine Division zahlreiche Kriegsverbrechen, darunter das Massaker von Oradour, begangen hatte. Der CIA war die Involvierung des ehemaligen SS-Obersturmbannführers in Kriegsverbrechen bekannt, als sie ihn im Februar 1952 einer Sicherheitsüberprüfung bei der Polizei unterzog und Nachbarn des selbständigen Fliesenlegers befragte. Dennoch erhielt JG-7653 am 13. Februar 1952 die Freigabe, als BDJ-Kreisleiter für den Kreis Leer paramilitärische Aktivitäten zu entfalten. Widerrufen wurde diese Freigabe erst am 15. November 1954.[263]

Tellkamps Adresse, Breslauer Straße 10 am Kasernenplatz in Leer, stand im Mobilmachungsplan A für das Land Bremen als einer von neun Vorversammlungsräumen, deren Verteilung zugleich den Einzugsraum des Bremer TDs widerspiegelt. Die Sammelpunkte reichten von Bremen, Bremerhaven und Bremervörde über Rotenburg, Verden und Bassum bis nach Wilhelmshaven, Oldenburg und Leer. Noch nicht gänzlich geklärt war die Transportfrage. Die Bremer Speditionen Kühne und Nagel und BVG Bremen sollten Fahrzeuge bereitstellen: »Ostfriesland fährt mit Eigen-Kfz.«[264] Laut Dieter von Glahn verfügte der TD Bremen/Oldenburg über ein Waffendepot in einem Wäldchen zwischen Bremen und Delmenhorst, dessen Lage nur ihm und seinem Stellvertreter bekannt gewesen sei. Nach der Enttarnung des BDJ in Hessen hätten die Amerikaner das Erdversteck in Norddeutschland bei Nacht und Nebel geräumt.[265]

Parallel zum Mobilmachungsplan A, der bewaffnete Kämpfer zusammenführen sollte, gab es bundesweit den Mobilmachungsplan B für die TDler, die nicht in Verfügungsräumen zusammengezogen werden, sondern sich zu Hause überrollen lassen sollten, um Nachrichten zu sammeln und Verstecke für die Kampfgruppen anzulegen. »Bei diesen Kreisen handelt es sich um Leute, die physisch nicht mehr in der Lage sind (Krüppel, Schwerkriegsversehrte, alte Leute), Schwerarbeit zu leisten und andererseits solche, die als Fachleute in Berufen stehen, in denen sie nicht entbehrt werden können. Nach Anweisung durch die Führung ist es ihre Aufgabe, Sabotageaktionen im Rahmen der gegebenen Möglichkeiten und in Ausnahmefällen durchzuführen. Ihre wichtigste Aufgabe ist das ständige Fühlung-Halten mit dem Gegner, die Erkundung und Aufklärung im besetzten Gebiet, sowie die laufende Übermittlung aller Erkundungsergebnisse an die Führung«,[266] skizzierten die »Grundsätzlichen Anweisungen« für den Mobilmachungsplan B das letzte Aufgebot. Lüths Denkschrift Nr. 110 folgte bei den Verhaltensempfehlungen für seine Leute im B-Netz demselben Muster, das der sowjetische Nachrichtendienst NKWD schon in den 1920er Jahren für seine Überrollagenten entwickelt hatte: »Freiwillige Meldung zum Arbeitseinsatz in Fabriken und Installationen des Gegners ist hierbei wünschenswert. Ebenso die Unterwanderung sämtlicher neuer Behördenstellen, militärischer Stäbe und anderer Dienststellen durch Leute des Netzes B. […] Ein Nachtwächter oder eine Putzfrau bei einer entsprechenden Dienststelle kann mehr und wichtigere Nachrichten bringen, als es besonders dazu angesetzten Leuten von außen möglich ist.«[267]

Mit einem gewissen MÜLLER verfügte Glahn auch über einen Kreisführer in der niedersächsischen Kleinstadt Worpswede, der bekannten Künstlerkolonie im Süden Bremens. Müller hatte die Führung in Frankfurt 1952 auch über ein Konkurrenzunternehmen des BDJ in Kenntnis gesetzt, die Jungen Adler, die in den vier »Gauen« Niedersachsen, Weser-Ems, Rheinland-Westfalen und Rheinland-Pfalz organisiert seien: »Die Führerschaft dieses Bundes, augenblickliche Gesamtmitgliederzahl etwa 1200 Mitglieder, soll sich schon seit Jahren Gedanken gemacht haben, wie man im Falle einer kriegerischen Auseinandersetzung zwischen Ost und West bei einem eventuellen Rückzug der Westmächte dem Osten einen aktiven Widerstand entgegensetzen kann. [...] Mein Gewährsmann berichtet, dass im Gau Niedersachsen Waffen in einem gewissen Umfang vorhanden wären.« Die Jungen Adler würden sich überwiegend auf Mitglieder von CDU und SPD stützen, aber Müller sah auch eine Verbindung zur FDP. Der FDP-Bundestagsabgeordnete Erich Mende »soll die finanzielle Hilfe, die der Gau Rheinland-Westfalen erhalten hat, besorgt haben«.[268]

Bremen und das dazugehörige Bremerhaven waren der wichtigste logistische Stützpunkt der US-Besatzungsstreitkräfte und zugleich der Ort, an dem es eine einmalige Komponente der geheimen Kriegsplanungen gab. Der amerikanische Konsul in Bremen Philip F. Dur berichtete am 30. Januar 1953 an das US-Außenministerium, dass der frühere Konsulatsbeschäftigte Paul Schmalenbach, im Zweiten Weltkrieg als Kapitänleutnant auf dem Kreuzer »Prinz Eugen« eingesetzt, nach eigenen Angaben in einer maritimen Sektion des BDJ-TD eingesetzt war. Unter den 10000 Partisanen in der Hansestadt habe es ständig einsatzbereite Crews gegeben, die im Fall eines sowjetischen Einmarsches in den Häfen der Region Schiffe in ihre Gewalt bringen sollten, um zwei Personengruppen auf hohe See zu bringen: Zum einen Menschen, von denen zu erwarten stand, dass sie aktiv mit einer kommunistischen Besatzungsmacht zusammenarbeiten würden, ohne dass an ihre Exekution gedacht sei. Zum anderen Menschen, die für die Alliierten während des Krieges und danach nützlich wären. Diese Komponente, die er als der »Dienst« bezeichnete, sei immer noch als Widerstandsgruppe im Untergrund aktiv, allerdings nicht mehr in der Lage, Schiffe zu kapern, weil die U.S. Army ihr im Frühjahr 1952 die Waffen weggenommen habe. Schmalenbach war mit dem Landesleiter des BDJ-TD, Walter Schmidt, persönlich befreundet, die Beziehung zwischen der Marinegruppe und dem übrigen BDJ-TD sei jedoch eher lose gewesen. Der US-Diplomat schätzte die ihm vorgetragenen Informationen als zuverlässig ein, zweifelte jedoch an der hohen Zahl von 10000 Partisanen.[269]

Die Hamburger Dependance des BDJ-TD war besonders stark von ehemaligen SS-Männern durchsetzt – unter den im Jahr 1952 Verhafteten waren fünf Ex-SS-Angehörige, darunter ein Freund von Otto Skorzeny und ein ehemaliger HJ-Führer. Die beiden in Grafenwöhr ausgebildeten Hamburger Partisanen Rolf Kempcke und Günter Steinhoff waren wegen ihres Antisemitismus auffällig: Bei Kempcke wurde bei einer Hausdurchsuchung im Oktober 1952 neben Luftpistole und Gummiknüppel antisemitisches Propagandamaterial gefunden, Steinhoff unterhielt eine Vertriebsstelle für die rechtsradikale Zeitschrift *Nation Europa*.[270]

Als stellvertretender Landesleiter in Hamburg fungierte Hans-Jost Stirnemann, die Bundesgeschäftsstelle Bergedorf mit 40 Mitgliedern wurde von Herbert Meyer geleitet, die Bundesgeschäftsstelle Hamburg West (25 Mitglieder) von Kollwitz. Kreisleiter in der Hansestadt waren der erste BDJ-Landesführer Hans Walter Thielbeer und Walter Thiede.[271]

Zu den zuletzt vom BGH freigelassenen Partisanen zählte Richard Topp. Der Eisenbahner war 1940 zur Pioniertruppe einberufen und als Oberleutnant 1943 an der Ostfront schwer verwundet worden. Nach eigenen Angaben studierte er nach Kriegsende an der Universität Hamburg Jura und schloss das Studium mit seiner Dissertation »Über Wesen, Entstehung und Arbeitsweise jugendlicher Banden nach 1945« ab. Ende 1949 kam er mit dem BDJ in Berührung und fungierte ab 1951 als TD-Landesleiter für Hamburg und Schleswig-Holstein (Helge Stark und Richard Thiel). In dieser Eigenschaft verfasste er auch die BDJ-Broschüre »Maßnahmen zur Bekämpfung innerer Unruhen«. Der 1932 in die NSDAP eingetretene Otto Rietdorf diente in Hamburg als Nachfolger von Hans Otto, bevor er im Mai 1951 nach Frankfurt ging, wo er im Spätsommer 1951 zum Abteilungsleiter Sicherheit und stellvertretendem TD-Bundesführer aufstieg.[272]

Topp ließ seine Männer – seine Geschäftsstelle Hamburg Ost hatte im Februar 1951 etwa 30 Mitglieder – einen Eid auf die NS-Bibel »Mein Kampf« ablegen.[273] Paul Lüth bezeichnete dies im Hintergrundgespräch mit dem *Spiegel*-Reporter Peter-Ferdinand Koch 1968 als »eine einzelne Narretei« und amüsierte sich über »diese Geschichte von dem rechtsradikalen Herrn Topp, der also mit *Mein Kampf* ankam und mit einem rasenden Antiamerikanismus und [...] daß dieser Amerikanerpullover übergezogen bekam und eine Mütze aufgesetzt und dann zum Truppenübungsplatz fuhr, wo ihm das alles vergangen ist.«[274]

Von einer einzelnen Narretei konnte aber nicht die Rede sein, wenn man sich die CIA-Akte von Alarich Bross anschaut, die einen detaillierten Überblick über die BDJ-Strukturen in der Hansestadt gibt. Bross hatte sich in Danzig für das Deutschtum eingesetzt, gründete 20-jährig eine Pfadfinderorganisation und leitete von 1923 bis 1925 das Auslandsamt der deutschen Studentenschaft. Der gebürtige Bromberger diente anschließend in der polnischen Armee und brachte es dort bis zum Hauptmann. Am 10. September 1935 war er zugleich mit seinem Eintritt in den SS-Sicherheitsdienst (SD) der SS beigetreten, der NSDAP allerdings erst am 1. Juli 1940, vier Monate vor seiner Beförderung zum SS-Hauptsturmführer. Ab November 1944 war Bross als SS-Sturmbannführer und Leiter der Sicherheitspolizei in Finnland eingesetzt. Bis Weihnachten 1947 befand er sich in britischer Kriegsgefangenschaft. In den Augen der CIA qualifizierten ihn vor allem seine Erfahrungen im Partisanenkrieg der Finnen gegen die sowjetischen Streitkräfte. Eigentlich war Bross für das Agentenausbildungsprogramm Zrelope der CIA vorgesehen, aber der BDJ-TD genoss Priorität. Am 25. März 1951 erging der CIA-Antrag auf die Clearance, dem am 11. Juni 1951 entsprochen wurde. Bross (JG-3534) wurde für monatlich 1000 DM Instrukteur und Leiter der Funkgruppen des BDJ-TD in Rissen bei Hamburg. Im Jahr 1952 bildete er zwei Dutzend Funker aus – darunter mit JG-41 auch eine Frau. Doch nur bei vier Funkagenten war die Ausbildung abgeschlossen, als der BDJ-TD in Hessen aufflog. Im Januar 1953 wurde Bross dann abgeschaltet. Als Abschaltgeld erhielt er 5600 DM und den VW, den die CIA ihm zur Verfügung gestellt hatte. Noch bis Mai 1953 hielt die CIA losen Kontakt zu ihm, als er für die U.S. Air Force erfolglos versuchte, ein grenzüberschreitendes Agentennetz von Finnland in die UdSSR aufzubauen. Im August 1954 entließ ihn auch die US-Luftwaffe aus ihren Diensten.

Die CIA hatte sich gefragt, ob Bross auch an die Organisation Gehlen angebunden sei. Und in der Tat war er das, bevor er am 1. Mai 1948 wegen Unrentabilität abgeschaltet wurde. Noch am 28. September 1950 hatte ihn ein V-Mann der Org als »in politischer Hinsicht absolut zuverlässig«[275] eingeschätzt. In nachrichtendienstlicher Hinsicht galt das aber nicht. Das Bundesamt für Verfassungsschutz und das LfV Düsseldorf sahen in Bross 1953 einen sowjetischen Agenten. Die Org ihrerseits wusste, dass Bross für den US-Geheimdienst arbeitete. Im Januar 1952 schrieb ihre Bremer Generalvertretung B unter dem Betreff »Angebliche Verbindung Alarich Bross zu Mr. West: Er »hängt an einem gewissen Mr. West, der bereits im Komplex Felix als einer der Leiter in der Organisation des Kalten Krieges gegen den Osten auftritt (Einzelheiten hierüber sind 35 bekannt)«. Die Gruppe 35 (Sonderverbindungen) in Pullach hatte also über Felix, ihre Bezeichnung für den Ex-General der Waffen-SS Felix Steiner, Einblicke in das CIA-Projekt.[276]

Das Nordlicht des BDJ: Schleswig-Holstein

Schleswig-Holsteins christdemokratischer Innenminister Paul Pagel hatte schon am 29. Oktober 1952 im Kieler Landtag erklärt, er habe keine Anhaltspunkte für eine illegale oder getarnte Untergrundorganisation des BDJ oder seines TD in seinem Bundesland. Im Übrigen habe sich der BDJ schon vor dem Bekanntwerden der Vorgänge in Hessen von den Mitgliedern getrennt, die versucht hätten, die Organisation in die Richtung ebenso phantastischer wie bedenklicher Bestrebungen zu drängen.[277] Das war offensichtlich die Unwahrheit.

Dass Schleswig-Holstein eine sichere Heimstatt für den BDJ sei, erklärte der Hamburger BDJ-Vorsitzende Friedrich Strobell gegenüber der Presse bereits wenige Stunden nach dem Verbot in der Hansestadt. Die BDJ-Landesführung Hamburg würde ihren Sitz daher nach Pinneberg verlegen. In kleinem Kreis verbreitete er anschließend das Gerücht, auch die neue Bundesführung in Mainz unter Hauptmann a.D. Herbert Römer trage sich mit dem Gedanken, in das holsteinische Städtchen umzuziehen.[278]

Der BDJ-TD in Schleswig-Holstein war eng mit der Hamburger Dependance – im September 1952 offiziell gemeinsam 2564, de facto aber nur 990 Mitglieder – im Landesverband Hamburg/Schleswig-Holstein verbunden. Seine Kreisleiter tagten am 6. April 1952 in der Hamburger BDJ-Landesgeschäftsstelle in der Michaelisstraße 21 im Beisein von Paul Lüth, um Vorbereitungen für den Fall eines Angriffs sowjetischer Truppen zu erörtern. Die reichten von der handstreichartigen Beschaffung von Kraftfahrzeugen, die die BDJ-Mitglieder an einzelnen Orten aufpicken sollten, um die Partisanen zu einem Meldekopf in der Lüneburger Heide zu bringen, über die Möglichkeiten zur Beschaffung von Waffen bis zur Ausstattung der Kreisführungen mit Funkgeräten: »Eigenbau wurde angeregt«.[279]

Für die Rückzugsbastion des BDJ in Schleswig-Holstein, wo die hessischen Ermittler nur den Schwager von Topp, Hanson von Prince, als Kreisleiter von Ahrensburg ausmachen konnten, weist die CIA-Aktenlage ebenfalls nur einen Mann aus. Und über kaum einen anderen Kandidaten war die CIA dank eines Vernehmungsprotokolls des britischen Nachrichtendienstes vom 2. August 1945 so gut unterrichtet wie über Friedrich Carstenn. Der Kieler, NSDAP-Mitglied seit 1928, hatte im Sommer 1934 eine Stelle als Verwaltungsführer der SS in Berlin angenommen, wechselte jedoch schon Ende des Jahres zum Sicherheitsdienst der SS in Königsberg. Von 1938 bis 1939 arbeitete er dann als Versicherungskaufmann, kehrte jedoch bald in die SS zurück. Aufgrund einer Knieoperation nicht frontverwendungsfähig, arbeitete er bis zum Januar 1942 in der Aktenhaltung des Reichssicherheitshauptamtes, um anschließend als Referatsleiter USA ins RSHA-Amt VI (SD-Ausland) in die Gruppe D (englisch-amerikanisches Einflussgebiet) zu wechseln. Der SD-Ausland schickte ihn dann im November 1944 nach Kopenhagen, wo er am 6. Mai 1945 gefangen genommen wurde. Nach der britischen Internierung ging er im Mai 1948 nach Kiel und arbeitete als Buchhalter im Großhandelsbetrieb Vorbeck & Co. Die Sicherheitsüberprüfung der CIA ergab, dass Carstenn ein fanatischer Nazi war und auch noch 1951 dem Bild eines typischen SS-Führers entsprach – stolz auf seine SS-Vergangenheit und als arrogant verschrien. Die CIA fasste ihn dennoch am 28. August 1951 für eine führende Funktion im Funkwesen des BDJ-TD ins Auge. Am 28. Januar 1952 war er zunächst aus dem BDJ-TD in ein anderes Funkerprogramm versetzt worden, doch am 15. Februar 1952 erhielt Carstenn (JG-7091) aus Washington die Unbedenklichkeitserklärung für den Einsatz als regionaler Funker im BDJ-TD, die am 19. Februar 1953 dann widerrufen wurde.[280]

Einen Antrag der oppositionellen SPD-Fraktion auf Einsetzung eines Verfassungsschutz-Ausschusses, der alle verfassungsfeindlichen Bestrebungen beobachten und überprüfen sollte, lehnte die Landesregierung Ende Januar 1953 ab.[281] Drei Wochen nach Pagels Auftritt vor dem Landesparlament gab der vom Bundesministerium für gesamtdeutsche Fragen gesteuerte Landesverband Schleswig-Holstein des Volksbundes für Frieden und Freiheit (VFF) die Gründung der Jugendgruppe Heimräume bekannt, die unter Ausschluss der Öffentlichkeit in einem ehemaligen Luftschutzbunker im Kieler Schützenpark aus der Taufe gehoben wurde. Nach Informationen der *Frankfurter Rundschau* handelte es sich um ein Sammelbecken ehemaliger BDJler. Der VVF beabsichtigte, auch in Hessen, Niedersachsen, Bremen und Hamburg vom BDJ-Verbot Betroffene in seinen Jugendgruppen aufzufangen.[282]

BDJ Berlin: Der Nordosten tickt anders

Aus der Phalanx der sozialdemokratisch regierten Länder scherte Berlin aus, »wo der BDJ besonders aktiv gegen die Ostinfiltration kämpft!«.[283] Die Geschäftsstelle in der Dernburgstraße 11 in Charlottenburg wachte 1952 über offiziell 2002, in Wirklichkeit wohl nur über 163 Mitglieder in der geteilten Stadt. Indirekte Genossenschelte an die in Berlin regierenden Sozialdemokraten, die nicht gegen den BDJ einschritten, betrieb der *Sozialdemokratische Pressedienst*, als er am 24. Januar 1953 den BDJ in der Frontstadt scharf attackierte: »In Berlin, unmittelbar an der antikommunistischen Front, zeigten sich übrigens Unfähigkeit und Korrumpierung des BDJ am deutlichsten und zuerst. Dort wechselten die ›Landesführer‹ fast monatlich, und hartnäckig hielten sich Gerüchte über dunkle finanzielle Machenschaften und Cliquenwirtschaft. Um sich wenigstens den Schein der Existenzberechtigung zu verschaffen, organisierte der BDJ in Berlin dann das sogenannte ›Erste Jugendparlament der Sowjetzone‹. Dabei erwies sich, dass seine antikommunistische Wirksamkeit gleich Null ist. Aber etwas anderes ereignete sich: Im Juni 1951 gelangte durch Schlamperei eine Liste mit voller Namens- und Adreßangabe von Angehörigen des ›Jugendparlaments‹ in die Hände des sowjetzonalen Staatssicherheitsdienstes. 18 junge Menschen in der Ostzone wurden daraufhin sofort verhaftet! Die Folgen dieser Katastrophe für den BDJ in Berlin wieder auszubügeln, ist Lüth damals sehr schwer gefallen. Mehr als einmal mußte er die besatzungseigene Militärmaschine nach Berlin besteigen. Die 18 jungen Antibolschewisten aber sitzen noch immer in den Zellen des SSD.«[284]

Mit dem Widerstandskreis der Deutschen Jugend verfügte der BDJ in Berlin-Halensee in der Joachim-Friedrich-Straße 3 über einen Tarnverein, der in Richtung DDR arbeitete. Der CIA gegenüber hatte die BDJ-Führung damit geprahlt, in der DDR über 400 Aktivisten und 4000 Anhänger zu verfügen[285] – völlig aus der Luft gegriffene Zahlen, die mit den Abwehrerfolgen des MfS nicht in Einklang zu bringen sind. Die Kampfgruppe gegen Unmenschlichkeit (KgU) hatte alle politischen Verfahren in der DDR von 1945 bis 1957 im Jahr 1958 minutiös dokumentiert. Es findet sich hier nur ein Urteil des Stadtgerichts Berlin vom Januar 1953, das sechs Jugendliche wegen angeblicher Beteiligung an über 100 Terroraktionen des BDJ zu insgesamt 47 Jahren Zuchthaus verurteilte.[286] 1952 gab es nur einen Kurier namens Conrad für die »Ostzone«; als Landesführer hatte der TD zwei Personen in Mecklenburg und Brandenburg im Auge, aber die hatten noch nicht einmal ihren Sicherheitsfragebogen erhalten.[287] Als im August 1951 die Anzahl der Partisanen in Westdeutschland auf 2800 angestiegen war, verzeichnete der monatliche Statusbericht der CIA gerade einmal 41 in Ostdeutschland.[288]

Mit dem Project Lcstart, dem Stay-Behind-Programm des Bundes Freiheit und Recht (BFR), hatte die CIA ab dem 21. Februar 1952 ausschließlich in der DDR ein kleines Konkurrenzprogramm für Sabotagehandlungen und andere paramilitärische Aktivitäten laufen. Vorgesehen war ein weiteres DDR-Projekt namens Tpember, das in drei Phasen paramilitärische Aufgaben übernehmen sollte: den Aufbau von Flucht- und Evakuierungsrouten, anschließend die Verzögerung weiterer sowjetischer

Angriffe und letztlich die Bildung eines Kerns für langfristige Widerstandsaktivitäten. Zu beiden Projekten gibt es jedoch leider bisher noch keine vollständige Aktenfreigabe.[289]

Im Westen nichts Neues: Der BDJ in Nordrhein-Westfalen

In Nordrhein-Westfalen hatte die Zentrumsfraktion Ende Januar 1953 ein BDJ-Verbot gefordert.[290] Doch Innenminister Franz Meyers behauptete im Düsseldorfer Landtag, ein Technischer Dienst bestehe bei der 150-Mann-Truppe in NRW nicht und könne deshalb auch nicht verboten werden.[291] Die Geschäftsstelle des BDJ in NRW (1952 offiziell 2082, wohl eher nur 620 Mitglieder) befand sich in der Helenenstraße 6 in Essen.

Der BDJ in NRW war ein Jahr zuvor in die Schlagzeilen geraten, als dessen Landesvorsitzender Alfred Heise am 20. Dezember 1951 wegen zweifachen Mordes verhaftet worden war. Heise war 1943 als Oberleutnant zugunsten der Hitlerjugend aus der Wehrmacht entlassen worden. Als HJ-Bannführer in Quedlinburg wurde er Werwolf-Einsatzleiter. Angestiftet von dem ebenfalls festgesetzten ehemaligen NSDAP-Kreisleiter Georg Ay, hatte Heise einen von Krankenpflegerinnen denunzierten Wehrmachtsarzt wenige Stunden vor dem Einmarsch amerikanischer Truppen durch einen Genickschuss getötet und anschließend verscharrt. Im zweiten Fall hatte er einen polnischen Fremdarbeiter wegen Arbeitsverweigerung erschossen.[292] Offiziell ruhte Heises BDJ-Mitgliedschaft auf Beschluss des Vorstands bis zu einem rechtskräftigen Urteil, wobei die Ermittlungen der Frankfurter Polizei ergaben, dass er weiterhin voll besoldet wurde.[293] Den Wehrmachtsarzt nach einem »Verhör« wegen antinationalsozialistischer Äußerungen erschossen zu haben, gestand Heise, bei der Ermordung des polnischen Fremdarbeiters berief er sich auf Notwehr, was ihm die Frankfurter Polizei jedoch nicht abnahm – die Ermittlungen hatten ergeben, dass der Zwangsarbeiter unbewaffnet war.[294]

Und dennoch hatte Innenminister Meyers für Nordrhein-Westfalen kategorisch die Existenz eines BDJ-TD ausgeschlossen. Dabei lebte einer der wohl übelsten Kriegsverbrecher des BDJ-TD direkt vor seiner Haustür. Vor Kriegsbeginn Leiter der Gestapo in Danzig, im Zweiten Weltkrieg bei der Sicherheitspolizei im Sudetenland und in Polen in mörderischen Einsatzgruppen eingesetzt, schließlich im Referat 12 der Gruppe C (Russisch-japanisches Einflussgebiet) des Reichssicherheitshauptamtes – so jedenfalls summierte die CIA den Werdegang des ehemaligen SS-Obersturmführers Karl Otto Jobke, der 1933 aus der HJ kommend in die NSDAP eingetreten war, in ihrer Personalakte. Nach kurzer US-Kriegsgefangenschaft war Jobke ab 1946 Bereichsleiter der Aachen-Leipziger-Versicherung in Düsseldorf. Am 20. Juli 1951 erhielt der Leiter der OPC in Washington den Antrag auf Unbedenklichkeit für die Verwendung als Landesleiter des BDJ-TD und Hauptoperateur in Düsseldorf. Da die CIA nichts weiter Abträgliches über den Agenten JG-6024 in Erfahrung brachte, erhielt er die Clearance am 27. März 1952, die sich auch auf eine Verwendung als Hauptfunkleiter (CIA-Kyptonym JBRADDLE) bezog. Sie wurde am 19. Februar 1953 aus Washington widerrufen,[295] kaum drei Wochen nach Meyers Unbedenklichkeitserklärung für den BDJ in NRW.

Der BDJ-TD im Südwesten: Rheinland-Pfalz und Baden-Württemberg

Der BDJ-Landesverband Rheinland-Pfalz residierte in der Mainzer Hindenburgstraße 9 und umfasste im September 1952 nach BDJ-Angaben 1429 Mitglieder. Am 16. Dezember 1952 ließ das Mainzer Innenministerium verlauten, es habe keine Veranlassung, Veranstaltungen des BDJ zu verbieten, zumal das hessische Innenministerium seiner Bitte um die Überlassung des Belastungsmaterials gegen den BDJ nicht entsprochen habe.[296] So wurde in Mainz Mitte Dezember 1952 ein neuer BDJ-Bundesvorstand unter Herbert Römer gewählt, der in seinem Schlusswort erklärte, Partisanen seien in Deutschland ein witzloses Unternehmen, und er möchte nicht erleben, dass sich einer seiner Kameraden dafür einsetze.[297]

Im Vorfeld der Innenministerkonferenz vom 16. Januar 1953 hatte die SPD-Landtagsfraktion in Mainz versucht, der CDU/FDP-Landesregierung in einer großen Anfrage Untätigkeit gegenüber der Organisation vorzuwerfen, die ihren Bundessitz nach Mainz verlagert hatte.[298] Die SPD-Landespartei sah in der Untätigkeit der Landesregierung eine Bestätigung für deren seit längerer Zeit eingeschlagenen Rechtskurs. Der Landesausschuss der Jungsozialisten forderte, dem Beispiel Hessens zu folgen.[299] Ministerpräsident Peter Altmeier (CDU) betonte dagegen im Januar 1953, der BDJ werde in Rheinland-Pfalz genau überwacht, schließlich benötige man für ein Verbot konkrete Unterlagen über verfassungsfeindliche Bestrebungen.[300] Drei Tage später legte die CDU-geführte Landesregierung dann aber nach: Man werde eine Verlagerung des BDJ nach Rheinland-Pfalz nicht hinnehmen und nicht dulden, dass der BDJ »von hier aus erneut seine Tätigkeit aufnimmt«.[301] Dabei hatte sich schon am 19. November 1952 herausgestellt, dass der BDJ in Rheinland-Pfalz nicht etwa nur geduldet und überwacht worden war, sondern sogar finanziell gefördert. Der Kultusminister rechtfertigte seine Unterstützung mit den Worten, »man soll die Jugend nach ihrer Fasson selig werden lassen« und wies darauf hin, dass der Bundesgerichtshof doch die Haftbefehle gegen die BDJ-Angehörigen aufgehoben habe.[302] Ein BDJ-Verbot erließ Rheinland-Pfalz nicht.

In Baden-Württemberg, wo der BDJ am 14. Oktober 1950 vom Landesführer Gottfried Zeidler offiziell ins Leben gerufen worden war, gab es 1952 offiziell 1986, tatsächlich nur 541 BDJ-Mitglieder, verwaltet von der Landesgeschäftsstelle in der Stuttgarter Forststraße 74.[303]

Die Landesregierung hatte sich zunächst der Mainzer Haltung angeschlossen. Auch der sozialdemokratische Stuttgarter Innenminister Fritz Ulrich erließ zunächst kein Verbot. Er hatte dem Bundesinnenminister am 18. Februar 1953 mitgeteilt, dass auch Zeidlers Nachfolger (1951 oder 52) als Landesführer Baden-Württemberg – der baltischstämmige Stuttgarter Kaufmann Georg Dupré (Dettmer und Bade), selbst Lehrgangsteilnehmer in Grafenwöhr – dem TD wichtige Funktionäre zugeführt hatte. Er vertrat die Ansicht, die aus Wiesbaden übersandten Erkenntnisse reichten allein für ein BDJ-Verbot nicht aus.[304] Drei Tage später erfolgte ein plötzlicher Gesinnungswandel. Der BDJ und der BDJ-TD wurden verboten und die Behörden angewiesen, beide Organisationen aufzulösen.[305] Es war zwar zu erwarten, dass der vom NS-Regime verfolgte Ulrich, den die amerikanische Besatzungsmacht am 24. September 1945 zum Innenminister von Württemberg-Baden gemacht hatte, entschieden gegen rechtsgerichtete Organisationen vorgehen würde. Ein Prüfbericht der CIA über die Organisation Gehlen vom Dezember 1948 erklärt aber Ulrichs Zaudern: Die Dienststelle Nord-Württemberg der Karlsruher Spionageabwehrorganisation 114 der Org führte den Sozialdemokraten als Topagenten.[306] Die CIA-kontrollierte Organisation Gehlen hatte bereits ein eigenes, jedoch schwach finanziertes Stay-Behind-Netz, wie das übernächste Kapitel deutlich machen wird. Dies stand aber im Schatten des weit bedeutenderen Frankfurter CIA-Netzes. So war es Reinhard Gehlen, der die Zusage längst in der Tasche hatte, dass seine Org zum rein deutschen Bundesnachrichtendienst aufsteigen würde, durchaus recht, dass die übermächtige Konkurrenz im IG-Farbenhaus Federn lassen müsste.

Der BDJ-Kreisverband in Karlsruhe, dem Sitz der zweitwichtigsten CIA-Station in Westdeutschland, hatte seine Auflösung kurz nach dem BDJ-Verbot in Hessen bekannt gegeben.[307] Am 18. November 1952 war durchgesickert, wie umfangreich die Ermittlungen gegen BDJ-Angehörige im Südwest-Staat waren. Der Landesleiter des BDJ und neun weitere

Mitglieder waren verhaftet, aber inzwischen vom Bundesgerichtshof wieder entlassen worden.[308] Die hessischen Ermittler hatten nicht nur den Landesleiter Georg Dupré ausgemacht, sondern mit Nikolaus Lieventhal und Otto Tint auch zwei Kreisleiter in Stuttgart.[309] Entgangen war ihnen aber ein hauptamtlicher Regionalleiter der Stay-Behind-Truppe. Helmut Vogt diente – zuletzt als SS-Obersturmführer – in der Artillerie der Waffen-SS, 1940 in der Division Wiking beim Angriff auf die Niederlande und Frankreich, von 1941 bis 1943 in Russland, wo sein Großverband an der Erschießung von Juden beteiligt war. Nach der Kriegsgefangenschaft arbeitete er zunächst als Goldschmied in Schwäbisch Gmünd, bevor er am 15. Oktober 1950 für 300 DM im Monat vom BDJ als Regionalleiter angestellt wurde. Im Januar 1951 beantragte die CIA für ihn die Operational Clearance als Ausbilder für Sabotageeinsätze und Guerilla-Kriegsführung, die er am 14. April in voller Kenntnis seiner Kriegsverbrechen erhielt, nachdem sowohl der CIA-Stationsleiter in Karlsruhe als auch ein Referat der CIA-Europaabteilung in Washington (EE 3) in die Sicherheitsüberprüfung einbezogen worden waren. Die Freigabe wurde erst 1954 widerrufen.[310]

Im württembergischen Ebingen lebte der Agentenführer des BDJ-TD Gunnar Buxell, der überdies für Sabotageaktionen im Kriegsfall eingeplant gewesen sein muss, denn in einem Brief an Paul Lüth vom 28. August 1952 hatte er um die Übersendung von 500 deutschen Sprengkapseln gebeten.[311]

Als eine Art Freischärler ohne BDJ-Mitgliedschaft war der Bad Cannstädter Christian Waibel (Weber) verpflichtet worden, ein kommunistischer Rotspanienkämpfer, der 1943 von der Gestapo in der Haft umgedreht und deshalb im Spruchkammerverfahren als Hauptschuldiger eingestuft worden war. Einer solchen Überprüfung auf NS-Belastung mussten sich alle männlichen Erwachsenen aufgrund des Gesetzes zur Befreiung von Nationalsozialismus und Militarismus vom 5. März 1946 unterziehen: »Durch ein System abgestufter Strafen, die bei einer kleinen Minderheit in dauernden Disqualifizierungen und bei der großen Masse in schnell ableistbaren Sühnen bestehen sollten, wollte man die aktiven Nazis aus dem öffentlichen Leben dauernd ausschalten und die Mitläufer mit einem kleinen Denkzettel wieder in ihre Funktionen (außer in Führungspositionen) zurückbringen.«[312] Eigentlich war Waibel als Landesleiter Württemberg ins Auge gefasst worden, doch wegen seiner Vorbelastung wählte Peters ihn nur für besondere Aufgaben des TD aus – »evtl. Beschattung und Liquidierung von Personen«,[313] vermuteten die Ermittler.

Spagat im Freistaat: Bayern schlägt Krach und will seine Ruhe

Der sozialdemokratische bayerische Innenminister Wilhelm Hoegner fand zur Partisanenaffäre Ende Oktober 1952 im bayerischen Landtag außergewöhnlich deutliche Worte: »Die bayerische Staatsregierung bedauert, dass hinter ihrem Rücken von gewissen amerikanischen Dienststellen nicht nur militärisch, sondern auch in der Beseitigung von Mitbürgern ausgebildet und aus geheimer Waffenlagern ausgestattet wurde. Wir bedanken uns für Vaterlandsverteidiger mit dem Dolch des Fememörders im Gewande.« Hoegner verwahrte sich auch dagegen, dass Bundesbehörden solche Geheimorganisationen hinter dem Rücken der Landesregierungen dulden und fördern, und er drohte Richtung Bonn: »Die bayerische Regierung wird die Wiederkehr solcher Erscheinungen mit allen gesetzlichen Mitteln verhindern. Sie wird auch nicht warten, bis sie vom Bund die Erlaubnis zur Unterdrückung von Auswüchsen erhält, sondern kraft eigenen Rechts und nach eigenem pflichtgemäßen Ermessen die erforderlichen Maßnahmen treffen.«[314] Dabei war Hoegner kein eingefleischter Gegner der US-Nachrichtendienste, im Gegenteil. Frank G. Wisner, damals noch Commander des CIA-Vorgängers SSU, hatte am 6. Dezember 1945 einen Bericht über die Lage in München verfasst, wo Major John Caskey – zugleich der Leitende Geheimdienstoffizier für die Militärregierung in München und verantwortlich für die Öffentlichkeitsarbeit von OMGUS – mit einer Handvoll Mitarbeitern für die geheime Beschaffung zuständig war. Er habe zunächst nur zwei hochrangige Agenten, die ausreichten, um die Beschaffung geheimer Informationen auf hohem Niveau zu gewährleisten. Wisner hob Hoegner hervor, der ein enges Verhältnis zu Caskey pflege und nur ihm vertrauliche Informationen zukommen ließ.

Hoegners Verständnis für US-Geheimdienstaktivitäten hatte jedoch schwer gelitten. Am 17. Oktober 1952 hatte Reinhard Gehlen gegenüber der CIA zu Protokoll gegeben, die BDJ-Affäre habe allen amerikanischen Geheimdienstaktivitäten in Kreisen der SPD schweren Schaden zugefügt. Hoegner, dessen Zustimmung zur Org in den letzten Jahren ständig gewachsen sei, wirke erschüttert. Der Org-Chef überlegte, ihn zu einem Briefing nach Pullach einzuladen, und äußerte auch die Absicht, in naher Zukunft Ollenhauer zu besuchen.[315] Auf die Gäste in Pullach hatte der CIA-Aufseher James H. Critchfield ein waches Auge. Ein Besuch Hoegners ist allerdings in seinen Erinnerungen nicht verzeichnet, wohl jedoch die Tatsache, dass der hessische Innenminister Zinnkann und sein Amtskollege Meyers aus NRW Ende Februar 1953 einer Einladung Gehlens ins Camp Nikolaus gefolgt waren.[316]

Der christsoziale Ministerpräsident Hans Ehard war seinem Innenminister Anfang November 1952 auf einer Landestagung der Jungen Union in den Rücken gefallen, als er davor warnte, angesichts der BDJ-Affäre in eine Angstpsychose zu verfallen. Er münzte durch Verharmlosung der Stay-Behind-Organisation den Skandal in ein Votum für die Wiederbewaffnung um. »Durch die deutsch-alliierten Verträge mit ihrer Wiederherstellung der deutschen Wehrhoheit würden solche Verirrungen, die aus Gründen der militärischen Wehrlosigkeit heraus entstanden seien, am leichtesten ausgerottet. In militärischer Hinsicht seien solche paramilitärischen Organisationen wertlos, in politischer jedoch gefährlich«,[317] gab *Die Neue Zeitung* seine Position wieder. Vor dem Landesausschuss der CSU hatte Ehard bereits Ende Oktober keinen Anlass zur Beunruhigung gesehen, während Hoegner die Polizei und seinen Verfassungsschutz auf Hochtouren ermitteln ließ.[318] Doch Hoegner setzte sich innerhalb der Koalition durch: Am 20. Januar 1953 beschloss der bayerische Ministerrat ein Verbot des BDJ-TD.[319]

Zu kämpfen hatte Hoegner zeitgleich mit einigen dem BDJ mindestens geistesverwandten Organisationen, so dem in Erlangen ansässigen Deutschen Heimatschutz unter Leitung des Ex-Majors Hans Georg Fernau, dessen militärisch geprägte Satzung selbst dem Bundesministerium für gesamtdeutsche Fragen ein Dorn im Auge war. Dem Heimatschutz verbunden war wiederum der Stoßtrupp gegen kommunistische Zersetzung unter Oberstleutnant a. D. Erwin Dörr in Regensburg, dessen führende Persönlichkeiten – so der bayerische Innenminister – zugleich Funktionäre des BDJ waren.[320]

Der BDJ hatte den Freistaat in zwei Landesverbände aufgeteilt: in Bayern mit der Landesgeschäftsstelle in der Münchener Agnes-Bernauer-Straße 114a (1952 offiziell 2531, de facto 796 Mitglieder) unter Landesführer Helmut Winter (bis Dezember 1950 Ex-Oberst Kurt Deglmann). Und in Franken mit der Landesführung in Coburg am Kirchhof 2 (1952 offiziell 1524, tatsächlich 353 Mitglieder), wo Kurt Baumann (BENDER) als TD-Landesführer fungierte und Karl-Heinz Bollmann (HALDER) als Kreisführer in Hof. Mit seinem Lehrgang in Wald-Michelbach im April 1952 hatte sich Walter Schötendank (GORKE) als Gruppen- und Kreisführer in Coburg qualifiziert. Der 48-jährige ehemalige Oberst der Infanterie gleiche »leichte körperliche Unbeholfenheit leicht durch seine Persönlichkeit aus«, hatte ihm LUTZ bescheinigt.

Als Kreisführer in Ulm diente Dr. Georg Marx, in Sonthofen Helmut Sallaba, ein ehemaliger Abwehroffizier, der beinahe Opfer eines BDJ-

Fememordes geworden wäre. Er hatte einen Fragebogen bei einer anderen Widerstandsorganisation ausgefüllt, einer offensichtlich ebenfalls CIA-gesteuerten, denn BDJ-TD-Ausbildungsleiter Garwood hatte davon erfahren. Deshalb fuhren Hans Otto und Johannes Fuchs, der Schwager von Erhard Peters, mit dem Auto nach Bayern. Fuchs schlug vor, den Abtrünnigen in ein Auto zu locken und dann zu erwürgen, doch der bayerische Landesführer Eduard Hüttl konnte die Affäre gütlich beilegen. In diesem Zusammenhang erklärte Otto den hessischen Ermittlern, Garwood würde in solchen Fällen zur Vortäuschung eines natürlichen Todes raten, das Opfer zu chloroformieren, in einen Wagen zu setzen, um es mit Auspuffgasen zu vergiften. Der CIA-Offizier hätte auch Foltermethoden vorgeschlagen, die nicht nachweisbar wären, »wenn man dem zu Vernehmenden die Augen verbinde, ein Stück Fleisch auf eine glühende Herdplatte lege und an bestimmte Körperteile Eis halte: Die Kälte des Eises in Verbindung mit dem Brandgeruch vermittle dem Betreffenden den Eindruck, mit glühendem Metall behandelt zu werden.«[321]

Die NARA-Akten enthalten Dokumente über weitere führende BDJ-Partisanen im Freistaat: Franz Josef Krombholz war mit Kriegsbeginn in die Waffen-SS eingetreten. Als Kompaniechef und Bataillonskommandeur in der SS-Division Prinz Eugen war er ab Januar 1943 zur Partisanenbekämpfung an der Ostfront eingesetzt, bei der ganze Dörfer niedergebrannt und ihre Einwohner abgeschlachtet wurden, so seine CIA-Akte. Ende März 1952 fasste ihn die CIA als Sektionschef und Rekrutierungsbeauftragten des BDJ-TD im bayerischen Waldkraiburg ins Auge und beantragte am 7. April 1952 die entsprechende Freigabe beim zuständigen Chief of Station im Office of Special Operations in Washington (CIA-Kryptonym DUCLEMATIS), die am 2. Juli erteilt wurde. Am 6. Oktober stellte der US-Dienst dann fest, dass sie die polizeiliche Überprüfung und die Befragung von Nachbarn versehentlich unterlassen hatten. Als dies Versäumnis am 7. November 1952 nachgeholt wurde, lautete das Ergebnis: Krombholz sei auch weiterhin ein strammer Nazi, aber laut Auskunft der Polizei nicht in einer neofaschistischen Bewegung aktiv. Im Übrigen sei er intelligent, stolz, von gutem Charakter und ein echter Führertyp. Seine Clearance wurde am 24. Februar 1953 wieder aufgehoben.[322]

Dem Gemeinderat von Garmisch-Partenkirchen, »Professor« Eduard Hüttl (EWALD HERBER), rückte die bayerische Polizei Anfang November 1952 auf die Pelle, weil der Sudetendeutsche für ideologische Schulungskurse in Wald-Michelbach 70 000 DM aus amerikanischen Quellen erhalten haben sollte, nachdem er dem BDJ 1950 beigetreten war. Bei einer

Hausdurchsuchung wurden in einem Sesselversteck 29 100 DM gefunden, die angeblich zur Finanzierung der Wanderausstellung »Vom Besatzungsdiktat zum Deutschlandvertrag« dienen sollte. Unter Berufung auf sein Offiziersehrenwort verweigerte der oberbayerische Gemeinderat, Skilehrer und Kunstmaler jede Auskunft darüber, woher das Geld stammte. Während der Hausdurchsuchung war Hüttl im Ausland, hatte nach Fühlungnahme mit Frankfurter und Bonner Stellen, also der CIA und dem Bundesministerium für gesamtdeutsche Fragen, das den BDJ finanziell gefördert hatte, »Urlaub auf Befehl« angetreten.[323]

Wie sehr enttarnte Stay-Behind-Agenten auf amerikanische Rückendeckung vertrauten, macht eine *dpa*-Meldung vom 4. November 1952 über den Einsatz eines Werbeomnibusses des BDJ für den Deutschlandvertrag vor dem Rathaus in Garmisch-Partenkirchen deutlich: »Die Werbeleitung hat der kürzlich im Zusammenhang mit der Partisanenaffäre genannte ehem. Panzeroffizier Karl Schulze. Er gab zu verstehen, daß er sicher sei, ihm werde in der Partisanenangelegenheit nichts geschehen.«[324] Schulze hatte 1952 die Nachfolge von Hüttl als BDJ-TD-Landesvorsitzender im Freistaat angetreten.[325]

Waffen vom Werwolf für den BDJ: Felix Steiner und der Schutzbund Deutscher Soldaten

Der Kreisleiter des BDJ in Bayreuth, Hans Norbert Janovsky, wurde im November 1952 vom Ersten Strafsenat des Bezirksgerichts Chemnitz wegen »organisierter Provokationen und Terroraktionen gegen die KPD und andere demokratische Organisationen in Westdeutschland« zu fünf Jahren Haft verurteilt, nachdem er Mitte 1952 bei einem illegalen Grenzübertritt festgenommen worden war. Janovsky, zugleich Landespressereferent des BDJ in Bayern, habe bei seinen Vernehmungen auch eine enge Zusammenarbeit des BDJ mit »faschistischen Generalen bestätigt«, darunter dem SS-General Felix Steiner und Generalleutnant Kurt Dittmar, so die DDR-Nachrichtenagentur ADN.[326] Im Zusammenhang mit seiner Verurteilung wies der Landesverband Bayern des BDJ darauf hin, dass Janovsky »mit an Sicherheit grenzender Wahrscheinlichkeit« aus Bayreuth entführt worden sei, und er dementierte zugleich die Gerüchte, dass das Verschwinden seines Funktionärs im Zusammenhang mit Unterschlagungen stünde.[327]

War Janovskys Hinweis auf die Kooperation des BDJ mit ehemaligen Generalen der Waffen-SS und Wehrmacht Ostpropaganda? Hatten seine

Vernehmer ihm diese Aussagen in den Mund gelegt, weil sie gut in die andauernden Kampagnen passten, die die junge Bundesrepublik als NS-Nachfolgestaat hinstellen sollten?

Die CIA-Akte über Felix Steiner zeigt, dass der Vier-Sterne-General der Waffen-SS ab Anfang 1951 ein starkes Interesse hatte, sich und seinen als Lobby-Organisation für die Versorgung von Wehrmachtssoldaten und Angehörigen der Waffen-SS aufgezogenen Schutzbund Deutscher Soldaten (BdS) der CIA als Stay-Behind-Organisation anzudienen. Das Office of Policy Coordination (OPC) der CIA stand im April 1951 seit vier Monaten in geheimen Kontakten zu Steiner, der ihm darlegte, es gäbe die ernsthafte Notwendigkeit, sich auf einen sowjetischen Angriff einzustellen. Steiner entfaltete gegenüber der CIA zwei Szenarien: Zum einen könnten die Umstände eine hastige Mobilisierung deutscher Hilfstruppen erfordern, zum anderen könnte Westdeutschland so schnell überrannt werden, dass eine militärische Untergrundorganisation zurückgelassen werden sollte, die die sowjetischen Verbindungslinien schädige.

Stützen konnte sich Steiner dabei bereits auf 40 Kreisverbände in Bayern mit durchschnittlich 100 Mitgliedern, unter anderen auf die Generale Günther Blumentritt, August Krakau, Wilhelm Knüppel, Oskar Munzel, Dr. Bache und Max Sachsenheimer sowie auf eine Reihe von Obersten. Das OPC sah im als konservativ, aber nicht nationalsozialistisch eingeschätzten BdS nicht nur einen Rekrutierungspool, sondern auch ein Reservoir an ausgebildetem Personal. Der ehemalige SS-Obergruppenführer schlug der CIA zunächst eine Expansion seines Verbandes in andere Bundesländer und den Aufbau einer flächendeckenden Struktur vor. Der US-Dienst zog in Zweifel, ob die nächste Phase einer militärischen Ausbildung und Ausrüstung je erreicht würde, in der jedoch gegebenenfalls sein Depotprogramm und die Funkausbildung die Bedürfnisse des BdS befriedigen könnten. Direkte militärische Ausrüstungshilfe oder eine Ausbildung im Guerillakampf stünde jedoch zurzeit nicht zur Debatte und würden gewiss nicht ohne weitere Sicherheitsüberprüfungen erfolgen.

Als problematisch sah das OPC auch die Kontrolle über Steiners Organisation an, selbst wenn sie die Finanzen und Unterstützungsleistungen in der Hand habe. Der BdS könne sich zu einer Pressure-Group auf jede Bundesregierung für die Wiederbewaffnung entwickeln. Aber selbst da läge es in amerikanischem Interesse, Einfluss zu haben, statt abseits zu stehen. In der Güterabwägung zwischen dem Nachteil, Geburtshilfe für eine neue »Schwarze Reichswehr« zu leisten, und dem Vorteil, durch die Bildung eines ernsthaften paramilitärischen Apparats im Kriegsfall Unterstützung zu finden, empfahl das Papier der OPC-Führung das Projekt weiterzuführen und Steiners Möglichkeiten vollständig auszuschöpfen. Am 12. Dezember 1951 teilte das OPC dem CIA-Hauptquartier in Frankfurt allerdings mit, dass es nach reiflicher Überlegung keine Freigabe für diese nachrichtendienstliche Nutzung Steiners gäbe.[328] Im von 1951 bis 1953 laufenden Projekt KMMANLY, das eine Reihe militärischer Fachzeitschriften und die Gesellschaft für Wehrkunde unterstützte, um neutralistische und pazifistische Positionen zu bekämpfen, wurde Steiner dann allerdings doch von der CIA eingespannt.[329]

Während der Verhandlungen mit dem OPC hatte Steiner parallel versucht, über den BDJ-TD zum obersten Partisanenführer aufzusteigen. Paul Lüth und Lothar Cziharz vom TD-Bundesstab hatten am 13. Februar 1951 eine vertrauliche Unterredung mit Steiner, der – so der hessische Ermittlungsbericht – »wahrscheinlich die gesamte militärische Führung übernehmen werde.«[330]

Doch auch nach der Absage aus Washington hatten Steiner und sein BdS ihre paramilitärischen Optionen nicht aufgegeben. Als der Rekrutierungsfachmann des Hamburg BDJ-TD Ende Juni 1952 seinen CIA-Führungsoffizier traf, berichtete RNHOOSEY ihm, er habe das Angebot erhalten, als Berater für eine nationale Widerstandsorganisation unter dem früheren Kommandeur der 7. SS-Freiwilligen-Gebirgsdivision Prinz Eugen Otto Kumm (1909–2004), die 1944 in Jugoslawien zahlreiche Kriegsverbrechen begangen hatte, zu arbeiten. Geplant sei der Aufbau von drei Sektionen in Westdeutschland und einer in Berlin, unterfüttert durch Regionalabteilungen, die dann Ortsgruppen bilden würden. Das Vorhaben sei zwar finanziell nicht gut ausgestattet, aber man könne auf Werwolf-Depots aus dem Jahr 1945 zurückgreifen. In Berlin gäbe es z.B. ein zwei Monate vor der Kapitulation angelegtes Kellerversteck mit Waffen und Lebensmitteln, die Munition sei gewiss schon überlagert, aber die Schusswaffen noch einsatzbereit. Auf die Frage des CIA-Mannes, was er mit dem Statthalter des Friedrich-Wilhelm-Heinz-Dienstes des Amtes Blank in München, Gerhard Schacht, besprochen habe, teilte der Agentensucher mit, er habe ihm weder eine Arbeit mit US-Diensten offenbart noch seine Beziehungen zum Schutzbund Deutscher Soldaten.[331]

»Nadelstiche in den Rüssel eines Elefanten«: Die Diskussion über den militärischen Nutzen des Partisanenkampfes

Die »Partisanenaffäre« leitete natürlich Wasser auf die Mühlen der DDR-Propaganda und lieferte der kommunistischen Presse in Westdeutschland Munition. *Die Tat* sah nach der Bundestagsdebatte im BDJ nicht nur einen »Ku-Klux-Klan-ähnlichen Unterweltclub«, sondern ihr Hauptvorwurf lautete, dass »sich die Vernichter Europas, die SS-Generale und Kriegsverbrecher, in provokatorischen Reden als die geeignetsten Führer und Organisatoren der von Adenauer erstrebten Europa-Armee anpreisen«.[332] Die kommunistische Kampfrhetorik einmal ausgeklammert, traf der Vorwurf im Kern absolut zu. Der TD sah sich als Speerspitze der Wiederbewaffnung.

Der BDJ-Arbeitsplan für 1952 sah seine Mitglieder nicht nur als künftige Waffenträger in einer neuen deutschen Streitmacht, sondern auch in der Rolle von »Politkommissaren« eines militärischen Abschirmdienstes: »Die Mitglieder des BDJ, die zum Wehrdienst einberufen werden, müssten das politische Rückgrat der neuen Truppe werden. Da nach den Meldungen kein Freiwilligenheer aufgestellt wird, sondern eine Art allgemeine Wehrpflicht zustande kommt […], ist es klar, dass sehr viele Kommunisten, FDJler und andere Stalin-Agenten in dieses deutsche Kontingent einströmen werden. Deshalb haben die BDJler die doppelte Aufgabe, ihre Kameraden mit unserem Gedankengut vertraut zu machen, sie über die Notwendigkeit der europäischen Verteidigung aufzuklären, sie also ständig in unserem Sinne zu beeinflussen; wachsam zu sein und eingedrungene Bolschewiken zu erkennen und zu entlarven.«[333]

Über alle politischen Lager hinweg hatte es in der hitzigen Bundestagsdebatte aber in einem Punkt Einigkeit gegeben, nämlich dass der dem TD zugrunde liegende Plan »unter militärischen Gesichtspunkten nutzlos und dilettantisch« sei.[334] Der sozialdemokratische Eingangsredner der Bundestagsdebatte Gerhard Menzel nahm dieses Argument vehement wieder auf: »Glaubt man wirklich, dass man mit 1000 bis 2000 Partisanen in Deutschland den russischen Vormarsch aufhalten oder nachher die gesamte russische Besetzung so sabotieren könnte, dass die Russen das Land wieder räumen würden? Wie naiv und dilettantisch ist das alles, ja geradezu verbrecherisch, wenn man in besetzten Gebieten Versorgungslager zerstört, Brücken sprengt oder Unterkünfte der etwaigen sowjetischen Besatzungsmacht überfällt.« In dieses Horn stießen im Bonner Plenarsaal unisono auch CDU und FDP. Gerhard Schröder (CDU) sah in der Affäre »eine Mischung aus politischem Unverstand und militärischem Dilettantismus«. FDP-Mann August-Martin Euler sprach von einer »abwegigen Partisanenspielerei« und sein Parteifreund Dr. Hermann Schäfer meinte, »Spielereien mit Geheimbünden« hätten »praktisch politisch, ja nicht einmal militärisch den geringsten Wert«.[335] Die Motive waren dabei ganz und gar unterschiedlich, im rechten Lager, um die Partisanenorganisation kleinzureden, im linken, um den Irrwitz und die Bedrohung für die eigene Zivilbevölkerung herauszustellen. In die linke Kerbe schlug am 23. Oktober 1952 auch das von der CIA gesponserte Fachblatt *Deutsche Soldatenzeitung*: »Erfolgreicher Einsatz von Gruppen gegen den Feind wirkt wie Nadelstiche in den Rüssel eines Elefanten. [...] Wie wir sehen, wäre es ein unverantwortliches Verbrechen gegen das deutsche Volk, im Kriegsfall einen Kleinkrieg hinter der feindlichen Front durchführen zu wollen. Im günstigsten Fall würde man nur ganz vorübergehend kleine Wirkungen erzielen; des Feindes rückwärtige Verbindungen können sie nur anärgern und reizen, nicht unterbinden.«[336] Militärfachlich betrachtet war dieses Urteil falsch. Die militärischen Erfahrungen aus dem Zweiten Weltkrieg lehrten: Operationen mit freundlicher oder wenigstens neutraler Bevölkerung erfordern einen weit geringeren Kräfteeinsatz hinter der Front, Operationen in einem von Partisanen hinter den eigenen Linien bedrohten Gebiet binden eigene Truppen, gefährden den Nachschub und können die Truppe dezimieren und demoralisieren: so erwiesen bei den sowjetisch gelenkten Partisanen hinter der Ostfront, bei den britisch unterstützten Partisanen in Griechenland und in Frankreich oder beim dänischen und norwegischen Widerstand gegen Wehrmacht und SS.

Einen untrüglichen Beweis für den militärischen Nutzen des TD lieferte auch das Amt Blank, der Vorläufer des Verteidigungsministeriums. Peters hatte dem Bremer TD-Landesführer Schmidt auf die Frage, ob es nach der Auflösung des TD eine Chance auf eine Legalisierung unter der Bundesregierung gäbe, geantwortet, entsprechende Gespräche würden geführt. Später ließ er ihm über einen Mittelsmann die Botschaft zukommen, die Sache sei »vollkommen klar«.[337] Ende September 1952 gab Hans Otto zu Protokoll, Peters sei vor zwei bis drei Monaten zu Gesprächen mit einem ehemaligen General im Amt Blank in die Bundeshauptstadt gereist und habe im Vorfeld die Sorge geäußert, er stünde mit einem Bein im Gefängnis, wenn der Mann nicht in Ordnung sei. »Die Besprechung in Bonn hatte zum Ziele, die Organisation bei einem Ausbleiben amerikanischer Finanzmittel in deutsche Hände zu geben«,[338] führte Otto aus und kannte auch ein Ergebnis der Verhandlungen. Peters gab einigen TDlern die Anschrift des »Beauftragten der Bundesregierung für die mit der Vermehrung der alliierten Truppen zusammenhängenden Fragen« – wie die Dienststelle Blank zunächst hieß –, um sich dort für eine Verwendung in den neuen deutschen Streitkräften zu bewerben.

Auf dieser Schiene war auch Lüth unterwegs, der sich nicht nur brieflich, sondern auch mündlich mehrfach mit dem Ministerialdirigenten im Amt Blank Ernst Wirmer über die Form der künftigen westdeutschen Streitkräfte austauschte und dabei keine kommissartige Armee, sondern eine bewaffnete politische Widerstandsbewegung favorisierte.[339]

Die Auflösung des BDJ-TD

Als der Technische Dienst des BDJ in Hessen aufflog, befand er sich in der Aufbauphase zu einer flächendeckenden Stay-Behind-Organisation in der amerikanischen und britischen Besatzungszone. Ausweislich der NARA-Akten waren die meisten erkannten Paramilitärs im Jahr 1952 vom amerikanischen Office of Policy Coordination (OPC) in Dienst genommen worden. Mit dem Niedergang des BDJ und der stillen Abwicklung seiner Agenten im Technischen Dienst bis 1954 war das ehrgeizigste Stay-Behind-Netzwerk der CIA gescheitert. Der TD war die größte Einzelgruppe, deren Kopfstärke keine andere Stay-Behind-Organisation auch nur annähernd je wieder erreichen sollte. Der monatliche CIA-Statusbericht zum Projekt LCPROWL vom Mai 1952 sah bei insgesamt 7000 Partisanen 4000 im Netz A und 3000 im Netz B.[340]

Eine undatierte Bedarfsaufstellung für 7000 Angehörige des BDJ-TD zeigt, wie intensiv und wie schwer die Truppe bewaffnet werden sollte. Neben persönlichen militärischen Ausrüstungsgegenständen, Sanitätsmaterial, 140 Funkgeräten und 840 Zielfernrohren sah sie an Bewaffnung vor: 4630 Karabiner M 1 mit je 400 Schuss Munition, 350 Pistolen (Colt) mit je 480 Patronen, 560 leichte Maschinengewehre vom britischen Typ Bren und 980 schwere MG (M3 SMG) mit je 1200 Schuss Munition, 35 Panzerabwehrwaffen (Rifle 57 mm) mit je 1050 Schuss Munition, 210 Mörser vom Kaliber 60 mm mit 31 500 Granaten, 35 Mörser vom Kaliber 81 mm mit 1050 Granaten, 12 600 Panzerabwehrraketen 2.36 (Bazooka), je 1750 Phosphor- und Splitterhandgranaten, 700 Werkzeugsätze zur Vorbereitung von Sprengungen und etwa 32 000 Kilogramm Plastiksprengstoff.[341]

Der ehrgeizige Erhard Peters hatte dem US-Partner in seinem letzten Jahresbericht die Existenz von neun- bis zehntausend Partisanen vorgetäuscht und Namen geliefert, die seine Landesgeschäftsführer aus den Mitgliederlisten von Soldatenbünden zusammengeklaubt hatten. Selbst der CIA mit nur einer Handvoll von Führungsoffizieren im Raum Frankfurt war dieses Schattenregiment letztlich zu groß geworden. Kurz vor dem Auffliegen des TD zog sie in Erwägung, das ganze Projekt auf einen harten Kern von 300 Untergrundkämpfern zu reduzieren.

Mit dem BDJ-TD war durch die Enthüllungen eines Whistleblowers eher zufällig eine rechtsterroristische Vereinigung gescheitert, die in ihrer Brutalität vor tätlichen Angriffen auf politische Gegner bis zum Fememord in den eigenen Reihen in die Fußstapfen der antikommunistischen und antisozialistischen Kampforganisationen getreten war. Die korrupten Partisanen genossen dabei die verdeckte und offene Unterstützung der US-amerikanischen Besatzungsmacht als auch einer konservativen Bundesregierung und des bundesdeutschen Inlandsgeheimdienstes. So zeigen sich für die Frühgeschichte der Bundesrepublik Parallelen zu Italien, wo Politiker wie Giulio Andreotti und die Geheimdienste eine kriminelle Allianz mit den Faschisten eingegangen waren, die bedenkenlos als Bollwerk gegen den Kommunismus im Innern und Äußeren unterstützt worden waren und – staatlich gefördert – sich den politischen Mord auf die Fahnen geschrieben hatten.[342]

Kurz nach dem Skandal gab es im BDJ bereits die ersten Auflösungserscheinungen. Sein dritter Bundesvorsitzender Detlev Schott distanzierte sich Ende Januar von der Bundesleitung und legte seine Ämter nieder.[343] Der Kreisverband Straubing gab Anfang 1953 seine Auflösung bekannt, nachdem er bei der Landesdelegiertenkonferenz in München mit dem Antrag gescheitert war, alle ehemaligen Offiziere aus dem Verein auszuschließen und für die Mitgliedschaft eine Altersgrenze von 35 Jahren festzusetzen.[344] Anfang Februar löste sich der BDJ Bayern von dem neuen Mainzer Bundesvorstand, weil der immer noch Querverbindungen zu Lüth habe. Drei Tage später folgte der Landesverband Rheinland-Pfalz diesem Schritt.[345] Am 13. Februar gründeten die verbliebenen BDJ-Landesverbände eine Arbeitsgemeinschaft, um die Voraussetzungen zu einer Neukonstituierung als Bundesverband zu schaffen.[346]

Den Todesstoß versetzte dem BDJ dann sein Geburtshelfer. Im Februar 1953 ließ Lüth der sich in Bonn konstituierenden Arbeitsgemeinschaft ehemaliger Landesverbände des BDJ durch seinen Anwalt die Führung des Namens Bund Deutscher Jugend ebenso untersagen wie den Gebrauch der von ihm stammenden BDJ-Parolen, des BDJ-Programms und der BDJ-Satzung.[347] Die ehemaligen Landesverbände Bayern und Franken konstituierten sich deshalb mit neuer Satzung und verändertem Programm Ende Februar unter dem Namen Bund Demokratischer Jugend Bayern neu.[348]

Aufgrund einer Verfügung des BGH wurde eine Anklage gegen Lüth niedergeschlagen. Er zog sich aus dem politischen Leben zurück, nahm im Wintersemester 1953 sein abgebrochenes Medizinstudium an der Universität Mainz wieder auf und wurde 1958 in Frankfurt zum Dr. med. promoviert. Er erhielt eine Honorarprofessur für Sozialmedizin in Kassel und Mainz und arbeitete bis zu seinem Tod 1986 als Landarzt und freier Schriftsteller in Rengshausen bei Kassel.[349]

Doch so schnell gab die CIA nach dem Auffliegen des BDJ nicht auf. Am 22. Dezember 1952 schrieb das Frankfurter CIA-Hauptquartier an den Leiter der Osteuropaabteilung in Washington, nach der BDJ-Panne habe sich der Rauch verzogen und es sei an der Zeit, ein neues Stay-Behind-Projekt in Westdeutschland aufzulegen, in dem das Nachfolge- und Unterprojekt TRAPLUCK eine zentrale Rolle spiele. Das gesamte Hamburger Funknetz habe zwar aus Sicherheitsgründen aufgelöst werden müssen, aber für TRAPLUCK seien als Startkapital fünf unabhängige Operateure, zwei Instruktoren, potentiell ein Hamburger Rekrutierungsexperte und die Funkgruppe der CIA geblieben. Für 1953 würde das CIA-Hauptquartier Frankfurt anstreben, 24 Operateure auszubilden und auszustatten. Das Budget für Personal- und Reisekosten sowie sichere Häuser erfordere in der ersten Jahreshälfte 9500 $, in der zweiten 15 000 $, wobei 0,22 $ einer DM entsprächen. Was die Tarnung ihrer Paramilitärs betraf, wollte die CIA aus der BDJ-Panne lernen. Die neuen Partisanen sollten ordnungsgemäß bei der Polizei und dem Finanzamt angemeldet sein und die Safe-Houses ein kommerzielles Cover erhalten.[350]

Der Rekrutierungsfachmann des Hamburger BDJ-TD war nicht abgeschaltet worden. Vielmehr traf RNHOOSEY am 30. Juni 1952 mit seinem CIA-Führungsoffizier zusammen, der ihm 3500 DM an Honorar und Reisekosten auszahlte und ihm neue Aufträge erteilte. Er sollte im Folgeprojekt TRAPLUCK vorrangig in Berlin Funker für den Einsatz in der Ostzone werben und Überlegungen anstellen, wie man sie zur Ausbildung nach Westdeutschland schleusen könne, anschließend in den Städten Kassel, Gießen, Fulda, Bad Soden, Würzburg, Bad Kissingen, Bamberg, Hof, Bayreuth und Nürnberg sowie entlang der Grenze zwischen der amerikanischen und sowjetischen Zone neue Partisanen anwerben. Letztlich wurde RNHOOSEY jedoch mit 5000 DM Abschaltgeld im Dezember 1952 auch entlassen.[351]

In diesem Projekt waren bis zum Oktober 1952 zwar nur der Operateur JB-1 gewonnen, aber drei von 25 geplanten Erdverstecken mit Funkausrüstungen angelegt worden, bevor auch dieses SBO-Unterprojekt starb.[352]

Denn aus Sicht der CIA war der Wiederaufbau von SBO-Strukturen in Hessen und Nordbayern besonders wichtig, da sie im Süden ihrer Besatzungszone bereits seit 1948 ein weiteres Eisen im Feuer hatte: die KIBITZE der Karlsruher CIA-Station.

Vom BDJ zum KDJ? Die Schmonzette als nachrichtendienstliches Kampfinstrument

Für 50 Pfennig (Ost) war sie 1954 zu haben, die DDR-Kampfbroschüre mit dem fast alles erklärenden Titel »MR. LAWRENCE MERITT CONNEL representative for Germany. Federation for a democratic Germany in free Europe, Königswinter/Rhld. wollte mich zum Mörder machen. ENTHÜLLUNGEN VON KARL SENNST. Ehemaliger Chef des KDJ, der Nachfolgeorganisation des BDJ in der Bonner Bundesrepublik«.[353] Sennst, der angeblich antibolschewistische Propaganda in der DDR betrieb und im Begriff war, in Westdeutschland Aktionsgruppen zu bilden, besuchte den US-Geheimdienstoffizier Connel.

Schon der Bericht über das Treffen mit dem »geheimnisvollen Manne vom Drachenfels« in Königswinter war beste Jerry-Cotton-Parodie. Folgendes angebliches Gespräch zwischen Sennst und Connel wird zitiert: »›Um die Bundesrepublik brauchen Sie sich überhaupt nicht zu kümmern. Die Angelegenheiten, die früher der BDJ erledigt hat, bewältigen jetzt andere. Dazu brauchen wir Sie nicht. Ihr Aktionsgebiet muß der Osten sein. Die Arbeit der ganzen Organisation muß darauf konzentriert werden. Wir sind bereit, Ihnen als erstes monatlich dreißigtausend Mark zur Verfügung zu stellen. Zwei Drittel für die Arbeit in der Sowjetzone nach unseren Anweisungen, der Rest zu Ihrer freien Verfügung.‹ Sennst überlegte: ›Und welcher Art sollte die Ostarbeit sein?‹ fragte er interessiert. ›Ich denke vor allem an zwei Dinge: einmal einen gut funktionierenden Nachrichtendienst zu schaffen und zum anderen eine genügende Anzahl von Gruppen, die Wirtschaft und Verkehr stören, einzelne Kommunisten ausschalten‹«.[354] So sollte sich Lieschen Müller, sofern sie im Arbeiter- und Bauernstaat lebte, vorstellen, was »im Schatten des matten Lichts, das die Stehlampe abgab«, vereinbart wurde.

Im Anschluss an den Auftakt dieser Räuberpistole befindet sich eine Kurzbeschreibung des Lebenswegs des »Bekehrten«: Geboren am 18. Februar 1923 in Luckenwalde, nach kaufmännischer Ausbildung 1941 im Reichsarbeitsdienst und ab 1942 in einer SS-Polizeidivision, die in den Niederlanden, in Südosteuropa und in der Sowjetunion eingesetzt war.

Ende 1945 wurde er aus französischer Kriegsgefangenschaft in seine Geburtsstadt entlassen, flüchtete Ende Oktober 1946 jedoch in den Westen und kam über das Lager Uelzen nach Hannover. Es folgen im Bericht seitenlange Tiraden über das Elend in den von korrupten Faschisten beherrschten Aufnahmelagern für DDR-Flüchtlinge. Fehlen durfte bei dem Rundumschlag auch nicht die Behauptung, Paul Lüth, der Vorsitzende des BDJ, sei mit 20 Mitstreitern in einer US-Militärmaschine nach Berlin geflogen, um bei den »faschistischen Provokationen« im Ostteil der Stadt mitzumischen. Gemeint war der Volksaufstand vom 17. Juni 1953.

Sennst beschreibt sein Scheitern als kleiner Selbstständiger im »gnadenlosen Kapitalismus«. Schließlich landete er als Arbeitsloser im Lager Hof-Moschendorf, wo eine Keimzelle des BDJ mit 180 Mitgliedern entstand. Angeblich trat er dem Verein im Oktober 1951 bei und war bereits nach kurzer Zeit dessen Geschäftsführer. Sennst resümiert die sattsam bekannten Tatsachen über die Partisanenausbildung in Wald-Michelbach und Grafenwöhr, nennt Dutzende Namen von BDJlern aus Hof und vergisst auch nicht, den US-Geheimdienstoffizier Captain Sterling Garwood als Leihgeber von Militärausrüstung vom Granatwerfer bis zur sowjetischen Uniform zu erwähnen.

Die Broschüre zitiert eine Weisung der Frankfurter BDJ-Zentrale von Januar 1952, die u.a. eine Aufstellung bewaffneter Zehnergruppen (»Gruppenführer müssen Osterfahrung haben und im Nahkampf geübt sein«) und ab dem Tag X Sabotage (»Sprengung von Brücken, Eisenbahnlinien, Unterkünften, Verpflegungs- und Munitionslagern usw.«) forderte. Vorgeführt wird ein Oberst H. Griesbach, »Führer der gesamten bewaffneten Banden in Franken«, der illegale Waffenlager an der innerdeutschen Grenze angelegt habe. Natürlich darf auch eine Verbindung zur »CIC-Unterorganisation des Nazigenerals von Gehlen« nicht fehlen, eingebracht durch die Behauptung, der BDJler Erich Keltsch alias Erich von Bergen sei ein V-Mann der Org im BDJ. Sennst erinnerte sich auch an »Schwarze Listen«, die ein Werner Zimmermann – einer von acht in Grafenwöhr trainierten Hofer Partisanen – aufgestellt hatte, auf ihnen je drei SPD- und KPD-Mitglieder sowie der FDJler Wolf. »Aber auch Frauen waren zur ›Liquidierung vorgesehen‹ und parteilose Bürger wie der Rechtsanwalt Dr. Weinauer aus der Bismarckstraße und Juwelier Frisch aus der Altstadt«, legt die Broschüre noch eins drauf.

Die hessische Landesregierung hatte sich immer gescheut, zu enthüllen, wer hinter den hohen Industriespenden für den BDJ stand. Sennst offenbart es und nennt die Summen: die Coca-Cola GmbH in Essen 500000

DM, die Reemtsma-Zigarettenfabriken in Hannover, im Dritten Reich wichtiger Sponsor der NS-Elite, 500 000 DM und die Salamander-AG in Kornwestheim mit 200 000 DM. Auch wenn der angebliche Alleinautor behauptet, er habe den BDJ-Vorsitzenden Lüth bei einem »tollen Saufgelage« persönlich getroffen, dürfte dieser ihm kaum solche Vereinsgeheimnisse anvertraut haben. Hier hat ihm offensichtlich die Staatssicherheit die Feder geführt, in rührseliger Verpackung eine Mischung aus hervorragenden Aufklärungsergebnissen und plausibler Desinformation unter das Volk zu bringen.

Sennst ist auf den ersten Blick kein Phantom. Fotos zeigen ihn auf einer Tagung des Bundesverbandes ehemaliger Angehöriger der Waffen-SS HIAG (Hilfsgemeinschaft auf Gegenseitigkeit) im Oktober 1952 in Flossenbürg. Die Broschüre ist mit zweifelsfrei authentischen faksimilierten Dokumenten geschmückt, darunter antikommunistisches Propagandamaterial des KDJ. Der am 25. Februar 1953 in Hof gegründete Kameradschaftsbund Deutscher Jugend konnte – nach Aussage seines Vorsitzenden Sennst – gestützt auf Industrie- und Parteispenden sein Netz antikommunistischer Propagandagruppen, als englischer Nachfolger des BDJ, über ganz Westdeutschland ausbreiten, in das Hunderte ehemaliger BDJ-Angehöriger strömten.

Neben der für den Gegner schmerzlichen Enthüllung von Geheimwissen verfolgten die DDR-Kampfbroschüren der 1950er Jahre zumeist den weiteren Zweck, Misstrauen im feindlichen Lager zu säen. Die Stoßrichtung bestand darin, einen Konflikt zwischen Briten und Amerikanern zu schüren, die sich – so die Broschüre – um das Erbe des BDJ rauften, wobei sich die US-Seite dank besserer Finanzausstattung durchsetzen konnte. In diesen Zusammenhang passt auch die haarsträubende Version auf Seite 24 der Sennst-»Enthüllungen«, dass das Auffliegen des BDJ in Hessen ein Angriff der englischen Fraktion, darunter BfV-Präsident Otto John, auf die US-Dienste gewesen sei, bei dem die Bonner Verfassungsschützer Straßner und Welter »dem SPD-Ministerpräsidenten Zinn das vorbereitete Enthüllungsmaterial« übergeben hätten. Unschwer zu erraten, wie diese Schmonzette in der Propagandabroschüre endete: Sennst bekommt wegen der Mordaufträge, die ihm der US-Geheimdienstoffizier Connel erteilt hatte, Gewissensbisse, geht bei Lichtenberg über die Grenze, offenbart sich und seine Akten reumütig der Volkspolizei und bittet die Volkskammer am 14. November 1953 um Aufnahme in die DDR, die ihn und seine Familie mit offenen Armen aufnimmt und ihm ein neues Leben eröffnet – »Ohne Amis und Mord, ein Leben friedlicher Arbeit.«

In der zweiten Dokumentensammlung des Hessischen Innenministers zum BDJ taucht Sennst ebenfalls auf, allerdings nicht in Hof, sondern Anfang 1952 als Kreisleiter des BDJ in Braunschweig, der am 7. Februar nach Frankfurt meldete, er werde bei den Mitgliedern mit der Besprechung der Broschüre »Bürger und Partisan« von Lüth beginnen.[355] Zwei von den Autoren der DDR-Kampfschrift als Hofer TDler namhaft gemachte Männer kommen auch in den hessischen Ermittlungsakten vor. Die in der TD-Zentrale gefundene Abschrift eines handschriftlichen Vermerks über die Überwachung eines Verdächtigen in einer Lagerbaracke förderte im Mai 1952 zutage, dass dieser einem bekannten Kommunisten mitgeteilt hatte: »Fischer ist Kreisleiter und Jessat sein Stellvertreter«.[356] Bei Sennst, der angeblich Kreisleiter war, waren Fischer und Jessat »abserviert«, aber dennoch zu einer Spezialausbildung nach Grafenwöhr geschickt worden. Bei dem vom Hofer TD-Ausgespähten handelte es sich um Gerhard Schlegel, einen sächsischen Webmeister aus dem Lager Moschendorf, der vom TD bereits unter der Tarnung der Rekrutierung für die neuen deutschen Streitkräfte angesprochen worden war.

Schon im April 1952 hatten in Hof die Alarmglocken geklingelt: Erhard Peters (PAULSEN) hielt unter der Überschrift »Kommunistischer Untergrund in West-Deutschland« fest, dass Schlegel heimlich Kontakte zu KP-Mitgliedern pflegte, und schlimmer: »Schlegel war Ende März illegal in der Ostzone. Er soll von den Russen verhaftet gewesen sein.« Seine Frau hätte sogar angedeutet, er wolle möglicherweise in die DDR zurückkehren. Der TD in Hof hatte empfohlen, Schlegel verhaften zu lassen, auch um die Bekämpfung von Kommunisten im Lager zu stärken.[357] Zwei Tage zuvor klang ein Brief aus Hof an die Frankfurter Zentrale, in dem der Landesführer Franken Baumann (BENDER) Hans Otto die Überwachung des Verdächtigen berichtet hatte, noch dramatischer: »Ich bitte Dich *schleunigst* [Hervorhebung im Original; die Verf.], hier etwas unternehmen zu wollen, damit der Schl. unschädlich gemacht wird.«[358]

Die These, dass Schlegel vom sowjetischen Nachrichtendienst als Agent in die Flüchtlingsströme eingeschleust worden war, um mit dem BDJ ein wichtiges Aufklärungsziel zu infiltrieren, ist sicher nicht ganz falsch. Dass bei Schlegel und Sennst Wahrheit und Dichtung vermischt wurden, muss dabei als hohe Schule der Geheimdienstarbeit gelten. Und auch das Timing war perfekt: Schlegel wurde zu einem Zeitpunkt zurückgezogen, als sich – wie sich im Buch zeigt – amerikanische Alleingänge im Stay-Behind-Bereich genauso erledigt hatten wie der BDJ.

Das Stay-Behind-Netzwerk der Karlsruher CIA-Station

Das kurze Leben der Kibitze

Die Karlsruher CIA-Station war die erste Residentur des US-Auslandsnachrichtendienstes, die ab 1949 ein Stay-Behind-Netz auf deutschem Boden aufzog. Als englischen Decknamen für ihr Programm wählte sie den Namen des Vogels aus der Familie der Regenpfeifer, der seine Eier vergräbt: Kibitz.

Bei der Gewinnung von Stay-Behind-Agenten ließ sie sich viel Zeit und ging sehr vorsichtig vor. Am 10. Dezember 1949 besuchte ein CIA-Offizier aus Karlsruhe Hans Hornauer in Hochberg bei Traunstein, inoffiziell und als interessierter Jagdfreund vorgestellt, um zu prüfen, ob sich auf seinem Jagdgrund ein Schutzhaus und ein Standort für einen Funktrupp einrichten ließe. Das Winterwetter erlaubte jedoch keine Inspektion des Geländes. So begnügte sich der CIA-Mann damit, eine Flasche Whiskey und eine Stange Zigaretten als Weihnachtsgeschenk zu hinterlassen und eine Ansprache für eine Untergrundtätigkeit auf den nächsten Jagdbesuch zu verschieben.[359] Eine Sicherheitsüberprüfung wurde erst zwei Jahre später eingeleitet, nachdem Hornauer Kibitz 12 geworden war.

Auf Kurt Lederer, einen ehemaligen Hauptmann der Fernmeldetruppe der Wehrmacht, war die CIA aufmerksam geworden, weil er auf einer Liste mit gut 1000 Amateurfunkern stand, die im Dritten Reich eine Funklizenz besessen hatten. 1949 betrieb er in Stuttgart ein Radiofachgeschäft. Als »Mister Donn« brachte ein CIA-Offizier zunächst sein Radio, dann die Geräte seiner Freunde bei Lederer zur Reparatur. Scheinbar beiläufig diskutierte er dabei die politische Lage. Schon bald folgten Einladungen zum Kaffee in Lederers Privatwohnung, wo der CIA-Offizier auch dessen Mutter, seine Frau und den vierjährigen Sohn kennenlernte. Im März 1950 erfolgte schließlich nach viermonatiger Beobachtung eine Klaransprache, nach der sich Lederer bereit erklärte, als Rekruteur mit dem Decknamen Kibitz 14 neue Agenten zu werben und als deren Funkausbilder für die CIA zu arbeiten – nicht jedoch als Partisan in einem »Witwenmacher-Verein«.[360] Den labilen Paul Maier (Kibitz 3) bildete er sporadisch als Amateurfunker aus, weil dessen Beruf es nicht zuließ, sich sechs Wochen lang schulen zu lassen. Im Projekt

MISSOURI sollte dieser dann einen kurzen Feinschliff für verdeckte Operationen bekommen.[361]

Der in Eßlingen ansässige Hans Rues war im Frühjahr 1949 als Student in einer schlagenden Verbindung ins Blickfeld der CIA geraten. Den US-Geheimdienst beeindruckte, dass er sich bereits 14 Mal auf dem Paukboden geschlagen hatte, davon 13 Mal siegreich. Der Mann war kein jugendlicher Student, sondern konnte als »glühender Verehrer von Führer, Volk und Vaterland« und NSDAP-Mitglied seit dem 1. Mai 1937 auf eine Karriere in SA und SS zurückblicken, zuerst als Hauptsturmführer, später Obersturmbannführer in einem Infanterieregiment der Waffen-SS. Nach seiner Entlassung aus der Kriegsgefangenschaft im Sommer 1947 wurde er als Sühnemaßnahme vom Arbeitsamt zu sechsmonatigen Reinigungsarbeiten verpflichtet. Rues frischte anschließend sein Jurastudium auf und gründete 1950 seine eigene florierende Kanzlei. Der Anbahner der CIA suchte das Gespräch beim Kaffee mit dem Kandidaten KIBITZ 16 und stellte erfreut fest, dass er proamerikanisch eingestellt war. Im November 1949 brachte er das Gespräch auf die Frage, wie die Reaktion in Westdeutschland auf eine Besatzung wie in Ostdeutschland aussehen würde. Rues' Antwort war wenig ermutigend: Die Deutschen würden sich nicht wehren, und diejenigen, die es täten, würden unter dem Polizeistaat leiden. Die CIA schmeichelte ihm, dass diese Haltung nicht mit dem Charakter eines Mannes vereinbar ist, wie er es sei. Schließlich wurde ihm eröffnet, dass in der US-Zone eine Organisation aufgebaut würde, die Widerstand gegen jede Art kommunistischer Herrschaft leisten solle. Die CIA wäre um Hilfe bei der Organisation gebeten worden und man suche Führungspersönlichkeiten wie ihn. Rues hatte bereits überlegt, was seine Aufgabe im Fall einer sowjetischen Besetzung sei, gab er nach kurzem Bedenken zur Antwort. Er habe die Entscheidung getroffen, nicht noch einmal eine Führungsrolle zu übernehmen Er habe seine Lektion gelernt und sei allenfalls bereit, eine kleinere Rolle zu spielen. Der CIA-Mann begrub seine Hoffnung aber nicht und hielt weiter Kontakt mit konspirativen Treffen.

Da trat eine Fügung ein, die Rues' Überleben unter sowjetischer Besatzung garantieren würde. Die Justizabteilung des Landratsamtes bat ihn, die anwaltliche Vertretung von drei jugendlichen KPD-Mitgliedern zu übernehmen, die antiamerikanische Propagandaplakate in und um Eßlingen hatten kleben wollen. So kam er als Pflichtverteidiger mit kommunistischen Kreisen in Kontakt, und die CIA frohlockte, dass einige KPD-Mitglieder bereits ihre üble Nachrede gegenüber dem ehemaligen SS-Offizier eingestellt hatten. Unter diesen neuen Umständen erklärte sich Rues bereit zur Zusammenarbeit, und die CIA fasste ihn als selbständigen Operateur ins Auge, der sich seinen eigenen Funker suchen durfte. Rues schlug daraufhin seinen Schwager vor, der im Zweiten Weltkrieg als Funker eingesetzt war, und pries ihn als vertrauenswürdigen »Tölpel« an. Bei einem Familientreffen wurde er überprüft und für gut befunden. Rues selbst hatte sich in den Bergen inzwischen nach einer Jagdhütte umgesehen, als sicherem Versteck für sich und seine Familie und als möglichem Funkstandort. Ohne es geplant zu haben, resümierte die CIA, habe man eine kleine Stay-Behind-Einheit unter einem Mann gefunden, der weiß, was er tut, und bei dem es der US-Dienst mag, wie er es tut. Am 10. Januar 1952 erhielt Rues so seinen Sicherheitsbescheid aus Washington.[362]

Ungewöhnlich schnell vollzog sich die Anwerbung von Eduard Wöllner als Kibitz 17. Der Tipp, den ehemaligen Leutnant der Wehrmacht anzusprechen, kam von einem Heidelberger Studenten, der selbst in Friedenszeiten nicht in Geheimdienstaktivitäten eingebunden werden wollte. Diese anonyme Quelle der CIA war aber von seinem Kommilitonen gebeten worden, ihn mit Amerikanern in Kontakt zu bringen, weil er den Kommunismus bekämpfen wolle. Vorab klärte die CIA den familiären Hintergrund und stellte fest, dass Wöllners Vater eine Seifen- und Chemiefabrik mit 400 Beschäftigten an einem Brennpunkt kommunistischer Aktivitäten in Ludwigshafen besaß. Das Anbahnungsgespräch fand im Haus seiner Großmutter Babette May in der Kleinschmidstraße 17 in Heidelberg statt, wo er während seines Chemiestudiums wohnte. Was Wöllner in der mehrstündigen Unterredung auf die Frage antwortete, wie er sich seinen Beitrag vorstelle, passte eher ins Profil des Bundes Deutscher Jugend: Man solle eine Alarmorganisation bilden, die die kommunistischen Aktivisten unterwandern und ihre Schlüsselfiguren in den ersten Minuten eines Krieges liquidieren, bevor sie als fünfte Kolonne tätig würden. Er wäre jedoch auch bereit, sich jeder anderen Aktivität unterzuordnen. Da sein Vater ihm gerade einen Mercedes geschenkt habe, sei er mobil. Der CIA-Mann verschwieg ihm vorsichtshalber, dass er sich bereits über die Kriegserfahrung Wöllners im Horchdienst kundig gemacht hatte, und weihte ihn auch nicht in die Existenz des Stay-Behind-Programms ein. Insgeheim hatte er die Hoffnung, über Wöllner dessen Vater zu gewinnen, der über ein großes Filialnetz verfügte, und sah den neuen Kibitz 17 auch als potentiellen Werber unter Studenten.[363]

Die CIA hatte Wöllners militärischen Werdegang genau abgeklärt. Er war ab 1940 als Funker im Frankreichfeldzug und 1941 vor Leningrad eingesetzt und besuchte 1942 die Frankfurter Fernmeldeschule, um bis Kriegsende im Abhördienst in der Tschechoslowakei gegen die Rote Armee zu arbeiten.[364] Den Sicherheitsbescheid der CIA erhielt er am 23. Januar 1952.[365]

Der Sachstandsbericht der Karlsruher CIA-Station vom 22. November 1950 wies Anfangserfolge aus. Je ein Aufklärer und ein Funker waren zu sechs Teams (2/4, 6/6x, 8/8x, 9/9a, 10/10a, 11/11a) geformt worden. Zunächst als Einzelkämpfer waren die Kibitze 3 (Paul Maier), 5 (Gotthard Neubauer), 7, 12 (Hans Harnauer), 13 (H. Gehringer), 14 (Herbert Lambrecht) und 17 (Eduard Wöllner) vorgesehen. Zudem waren Depots für die Kibitze 2 und 3 angelegt worden. Problematisch war nicht die Rekrutierung von Agenten, sondern ihre taktische und fernmeldetechnische Schulung. Die mehrmonatige Ausbildung zum Morsefunker durch die CIA war nur bei den beiden Studenten Kibitz 6 und 7 und bei zwei Selbständigen möglich gewesen. Von den 23 Agenten waren elf als Funkagenten eingeplant (die Kibitze 3, 5, 6, 7, 8x, 9a, 10, 13, 14, 16x, 17), aber nur Kibitz 6 und 11 (Alfred Maenner) waren ausgebildet, die Kibitze 3 (Paul Maier), 9a (Robert Seidler) und 13 (Walter Benze) befanden sich in der Ausbildung. Die Kibitze 5 (Gotthard Neubauer), 8x (Jakob Kaiser), 14 (Kurt Lederer), 16x und 17 (Dr. Toni Eisele) verfügten über Vorwissen und waren damit schnell auszubilden, nur Kibitz 7 bedurfte einer mehrmonatigen Schulung. Zwölf Agenten – die Kibitze 1 (Otto Merker), 2 (Hans W. Felber), 4 (Karl Zaiser), 6x, 8 (Jakob Kaiser), 9 (Kurt Raschendorfer), 10a, 11, 11a (Heinrich Hoffmann), 12 (Hans Hornauer), 15 (Helmut Schade) und 16 (Wilhelm Schleif) – waren für Unterstützungsaufgaben rekrutiert worden. Mit der Rekrutin Kibitz 16x wagte die CIA erstmals, eine Frau zur Funkerin auszubilden, weil sie im Zweiten Weltkrieg bei einer Flak-Scheinwerfer-Batterie eingesetzt und bereit war, die paramilitärische Disziplin in einer Stay-Behind-Funktion zu akzeptieren. In Nordrhein-Westfalen sollte ein Team an der westlichen Nordgrenze zu Niedersachsen stationiert werden, in Hessen ein Team südlich Kassel, in Rheinland-Pfalz ein Team südlich von Mainz, in Bayern zwei Teams nördlich von Regensburg und bei Augsburg sowie zwei Einzelfunker im Raum Hof und bei Traunstein, in Württemberg ein Team im Raum Tübingen und ein Einzelagent bei Ulm sowie in Württemberg-Baden zwei Teams östlich von Stuttgart, eines südlich Karlsruhe, drei Einzelagenten im Raum Stuttgart und zwei um Heidelberg.[366]

Vom 1. Januar bis zum 31. Dezember 1951 waren 9445 $ in das gesamte Projekt Kibitz geflossen, davon 4185 $ für Agentenlöhne, 3580 $ an Operativ- und 1680 $ an Reisekosten. Für das Unterprojekt Missouri, ein

Schutzhaus der Karlsruher CIA-Station zur Funkausbildung, waren vom 1. Juli 1950 bis zum Jahresende zudem 390 $ und 400 DM angefallen.[367] Für den Morsefunk bekamen die W/T Operaters die modernste Ausrüstung, die die CIA aufbieten konnte. 1948 hatte sie begonnen, das Agentenfunkgerät RS-1 – bestehend aus dem Empfangsteil RP-2, dem Sender RT-3 und dem Stromversorgungsteil RP-1 – zu entwickeln. Das robuste, für das Absetzen aus der Luft und das Vergraben in Erdverstecken konzipierte Gerät wurde 1951 eingeführt. Noch in demselben Jahr kam das miniaturisierte Nachfolgemodell RS-6-X hinzu, das für den Einsatz durch Agenten deshalb tauglicher war, weil der gesamte Funkgerätesatz nicht mehr wie beim RS-1 gut 20 Kilo, sondern nur mehr etwa 5 Kilo wog. Dafür betrug die Sendeleistung nicht mehr 10 bis 15, sondern nur noch 6 bis 10 Watt. Als Empfangsstation für die Meldungen der Überrollagenten im Kriegsfall war das Objekt JACKET in Großbritannien vorgesehen.[368]

Die »KIBITZ-15-Show«: Das Netz des Walter Kopp

Neben dem nur langsam wachsenden US-Basisnetz hatte der CIA-Chief of Station in Karlsruhe ein weiteres Pfund, mit dem er wuchern wollte: das eigenständige Netz KIBITZ 15, geführt von Oberst a.D. Walter Kopp. Kopp hatte im Laufe seiner Arbeit für die Agency ungefähr 500 Menschen in Westdeutschland kontaktiert und 125 von ihnen erfolgreich angeworben, in einem amerikanisch organisierten und von Deutschen geführten Netz im Kriegsfall als Überrollagent aktiv zu werden.[369]

Kopp war im Zweiten Weltkrieg zunächst Major-Kommandeur des Pionierbataillons 5 und führte anschließend ein Volksgrenadierregiment. Am 2. Mai 1945 wurde er Kommandeur der Region Karwendel und obere Isar in der Alpenfestung, löste seinen Verband am 17. Mai auf und stellte sich den Amerikanern zehn Tage später. Der hochdekorierte Offizier – am 11. Mai 1944 mit dem Deutschen Kreuz in Gold und am 9. Februar 1945 mit dem Ritterkreuz ausgezeichnet – wurde bereits am 29. Juni 1945 in Neu-Ulm aus der Gefangenschaft entlassen.

Am 1. Mai 1950 hatte er sich brieflich an keinen Geringeren als den US-Hochkommissar John McCloy gewandt und ihm mitgeteilt, dass er und seine Freunde in Sorge seien, was im Fall eines sowjetischen Angriffs geschehen würde, und dass er sich und seinen Kreis den Amerikanern zur Verfügung stelle. Wirtschaftliche Not stand nicht dahinter. Er bezifferte sein Monatseinkommen im August 1950 auf 1600 bis 6000 DM, sein Privatvermögen auf 75 000 DM.[370] Daraufhin wurde er am 1. September in

Stuttgart von der CIA aufgesucht und nach den konkreten Plänen seines Kreises befragt. Kopp benannte sieben Mitglieder seines Freundeskreises und legte zwei alternative Konzepte für eine verdeckte Remilitarisierung vor: entweder die Schaffung eines Elitepolizeiverbandes als Keimzelle neuen Militärs oder alternativ die Rekrutierung früherer Stabsoffiziere in einem neutralen Land, wo sie Offiziere ausbilden und ausgebildete Soldaten nach Deutschland zurückschicken sollten, um hier Einheiten aufzubauen. Angesprochen auf eine Untergrundarmee, erteilte er dieser Option allerdings eine Absage. Die Deutschen würden sich auf so ein Abenteuer nicht einlassen, es werde nie eine organisierte oder effektive Widerstandsbewegung geben. Zur Bekräftigung führte er das Beispiel der Werwölfe an, deren einzige bedeutende Aktion die Ermordung des Bürgermeisters von Aachen gewesen sei. Der von den Amerikanern am 31. Oktober 1944 als Oberbürgermeister von Aachen eingesetzte Franz Oppenhof war am 25. März 1945 von einem sechsköpfigen Mordkommando der Werwolf-Organisation erschossen worden.[371] Seine Vorstellungen seien ein Einstieg in das moderate KIBITZ-Programm, urteilte die CIA und vereinbarte ein Treffen um den 1. September.[372]

Nach mehreren Anläufen nahm Kopp das CIA-Angebot an, verlangte jedoch, dass es ihm freistehen sollte, im ersten Kontingent einer europäischen Armee seinen Platz zu finden. Die CIA war guter Dinge, dass er eine arbeitsfähige Organisation aufbauen würde, auch wenn es Auffassungsunterschiede über die taktische Verteilung von Agenten gäbe. Sie wollte ihm Zeit bis Ende Oktober einräumen, um eigene Vorstellungen zu entwickeln. Über Art und Höhe einer Vergütung wurde nicht einmal verhandelt.[373]

Der US-Dienst schätzte Kopp als dynamischen Arbeiter ein, der starken Einfluss auf seine Männer habe. Er verfüge zwar nicht über nachrichtendienstliche Erfahrung, aber seine Haltung als Antikommunist und seine Erfahrung als Taktiker waren Qualifikation genug, um ihm die Eignung als Netzführer einer Partisanengruppe zuzutrauen.[374] Was er dann bis zum Jahresende 1950 auf die Beine stellte, rechtfertigte dieses Urteil. Am 22. November 1950 umfasste Kopps Netz schon mehr als 20 Unteragenten von KIBITZ 15a bis 15r, überwiegend Ex-Offiziere, teils Kriegskameraden, darunter KIBITZ 15f Otto Buchhorn, sein früherer Adjutant (verfügte über einen Funker), sowie 15a Funkspezialist Will Schleif, 15b Ruppert Reuter (verfügte über einen Funker), 15c Otto Daut, ein ehemaliger Stabsoffizier, 15d Joseph Straub (verfügte über einen Funker), 15e Walter Steiner, ein kriegsverwundeter Funker, 15g Karl Roessler, ehemaliger Fernmeldeoffizier, 15h Willi Geissert, Ex-Offizier und Handelsvertreter, 15i Karl Reiss,

Bauer und Jäger, 15j Werner Reich, Ex-Offizier und Richter, 15k Pfitzner, ehemaliger Stabsoffizier, 151 Schmidt, ehemaliger Funker und Katasterangestellter, 15m Werner Esterriedt, Ex-Offizier und Inhaber eines Porzellangeschäfts, 15n Helmut Stierle, Ex-Offizier und Bankangestellter, 15o Adolph Trunk, Bauarbeiter und früherer Adjutant von Kopp, 15p Werner Würfel, Ex-Offizier und Allgemeinmediziner, 15q Harry Adler Ex-Offizier und Polizist und 15r Otto Obenauer, Ex-Offizier und Kamerad Kopps.[375]

Damit Kopp bei der Anwerbung weiterer Agenten unter falscher Identität reisen konnte, beantragte die Karlsruher CIA am 2. August 1951 für ihn eine Kennkarte auf den Namen Karl Walter Müller, die Kopp als Elektroschweißer und Kraftfahrer aus Frankfurt auswies.[376] Seine Reisetätigkeit hatte da bereits große Ausmaße angenommen. Sein Benzinverbrauch betrug 250 Liter im Monat, und an Kosten waren für ihn im Kalenderjahr 1951 10 800 DM angefallen, ab August erhielt er zudem ein festes Monatsgehalt von 900 DM. Das sei nicht zu viel für einen wertvollen Agenten, der fast ein Jahr kostenlos gearbeitet hatte und nun 90 Prozent seiner Zeit für den US-Dienst tätig war, befand sein Chef. Ab Januar 1952 sollte er monatlich 1000 DM erhalten, einen Tagesspesensatz von 20 DM und 18,5 Pfennig pro gefahrenem Kilometer.[377] Seinen endgültigen Sicherheitsbescheid aus Washington erhielt er erst am 3. Januar 1952.[378] 1951 wurde für ihn eine Tarnfirma in Heidelberg eingerichtet, die Nachrichtenagentur Cosmopress in der Rohrbacher Straße 56, die auch über ein operatives Postfach in Stuttgart verfügte.[379]

Im Sachstandsbericht vom 17. September 1951 war die CIA des Lobes voll. Es war Kopp gelungen, ohne Wissen des Basisnetzes in elf Monaten eine eigene Stay-Behind-Organisation mit inzwischen 45 Agenten aufzuziehen. Die Zunahme an Agenten war damit so groß, dass die bisherige Zählweise der Mitglieder, die einen Kleinbuchstaben hinter Kibitz 15 setzte, zugunsten einer neuen Nummerierung aufgegeben werden musste. Befriedigt registrierte die CIA, dass Kopp ihrem Vorschlag folgend einen Geschäftsführer für sein eigentliches Unternehmen einstellen und sich damit langfristig an sie binden wollte. Insgesamt konnte Kopp im September 1951 nicht nur 45 einsatzbereite Agenten aufweisen, 26 weitere waren *under developement*,[380] bis auf die Krankenschwester Monika im Kinderheim in Bad Tölz und die Familie Sissmaier in München waren es alles Männer.[381]

Am 10. Dezember 1951 legte der Karlsruher CIA-Chef ein 23-seitiges Papier zu allen operativen Fragen des Kibitz-15-Netzes vor. Als geografischen Dreh- und Angelpunkt schätzte die CIA den Großraum Augsburg auf der schwäbischen Hochebene ein. Daraus resultierten die Beobachtungs- und Meldeschwerpunkte: die drei Eisenbahnlinien München–Augsburg–Ulm, Ingolstadt–Gundelfingen–Ulm und Augsburg–Donauwörth–Nürnberg, bei den Straßenverbindungen die Autobahnabschnitte München–Ulm und München–Ingolstadt–Nürnberg sowie die Straßen München–Landsberg–Memmingen, München–Augsburg–Ulm, Ingolstadt–Donauwörth–Ulm und Augsburg–Donauwörth–Nürnberg. Bei der Industrie standen die Firmen Keller & Knappisch, Osram, Messerschmidt, die Textilindustrie und MAN in Augsburg selbst, der Waggonbau in Donauwörth, die Firmen Bechtreiter-Bäumenheim und Ködel & Böhm in Lauingen, Siemens in Meitingen, die Lech-Chemie in Gersthofen etc. im Zielkatalog.

Am Ende durfte auch die Motivationsspritze des CIA-Offiziers für seine Partisanen nicht fehlen: »Ihr Gebiet ist wichtig! Was hier geschieht, muß berichtet werden. Das dient der endgültigen Befreiung Ihres Volks und Ihrer Heimat!« Am Ende stand der gute Rat: Sie und Ihr Funker müssen ein Herz und eine Seele werden … Good luck. Tallyho. The military friend of your house.«[382] Am 19. Februar 1952 wurde in Washington der Bedarf an zu vergrabenden Containern für alle Kibitz-Netze auf 50 vom Typ EC-2 und 50 weitere, von dem auf die Organisation Gehlen zugeschnittenen größeren Typ mit zusätzlichem Sanitäts- und Verpackungsmaterial festgelegt. Der bis zum 1. Juli angesetzte Sofortbedarf umfasste acht Container beider Typen.[383]

Mitte Mai 1952 erhielt die Begeisterung der CIA in Deutschland für Kopp aus Washington einen Dämpfer. Der Leiter der Europaabteilung fragte seinen Deutschlandchef, wie aus einem unverbesserlichen Nazi mit Wehrmachtshintergrund plötzlich ein glühend proamerikanischer und gesamteuropäisch denkender Gentleman werden könne. Vor allem hoffte er, dass sein gegenwärtiger Wert für die CIA und die Ergebenheit seines Apparats gegenüber dem Kibitz-Programm ihn davon abhalten würden, eine kleine eigene Organisation Gehlen aufzuziehen, wenn die Zeit für Deutschlands Souveränität und die Gründung einer deutschen Armee käme.[384]

Und tatsächlich, Anfang August 1952 musste die CIA in Frankfurt gegenüber der Zentrale einige Probleme in der »Kibitz-15-Show« einräumen. Acht Funker waren fallengelassen worden, nur 21 Unteragenten seien als Funker vorgesehen, von denen drei unsicher seien. Kopp sei zur Reorganisation seiner Teamleiter gezwungen worden, da einige abgeschaltet wurden, andere den Wohnort gewechselt oder schlicht keine Zeit hatten. Kopp war aber bemüht, ständig neue Mitglieder für sein Netz zu gewinnen. Er musste über die Grundregel belehrt werden, dass Kandidaten keinen Zugang zu Schutzhäusern haben dürften und kein Einstieg in die Funkausbildung erlaubt sei, bevor nicht wenigstens ein provisorischer Sicherheitsbescheid vorliege. Der Bericht nahm auch zu 51 aktuellen oder potentiellen Mitgliedern des Netzes Stellung, das auf dem Papier auf die stolze Zahl von 237 Agenten angewachsen war. Von den 51 waren aber bereits acht Agenten wieder fallengelassen worden und 27 befanden sich *under developement* – d.h. es war noch keine Klaransprache erfolgt.[385] Am 26. August spezifizierte Frankfurt in dem Luftpostbrief »Dropping of some Agents in KIBITZ-15 Show« den Verlust von sieben Funkanwärtern. Das waren zumeist Unteroffiziere und Offiziere der Wehrmacht, die für die weitere Fernmeldeausbildung keine Zeit aufbringen konnten, nachdem sie einige wenige Ausbildungsstunden bei KIBITZ 171 (Horst Ims) erhalten hatten.[386]

Knapp zwei Wochen später gab sich der neue Fallführer für Stay Behind der CIA-Residentur in Deutschland gegenüber der Zentrale deutlich zufriedener. Im eigenen US-Basisnetz waren die KIBITZE 3, 6 und 10 einsatzbereite Schläfer, KIBITZ 7 stand kurz davor, KIBITZ 13 war zum Werber umgeschult worden, die KIBITZE 16, 11 und 11a machten langsame Fortschritte, nur KIBITZ 9a hatte kalte Füße bekommen. Die »große Show« von Kopp umfasste jetzt 150 Agenten in verschiedensten Stufen der Entwicklung und Ausbildung, und es sei gelungen, ihn besser unter Kontrolle zu bringen. Auf die Frage, wie viele Agenten im Fall eines sowjetischen Angriffs im Augenblick in der Lage wären, die westlichen Streitkräfte per Funkmeldungen zu unterstützen, musste er Anfang Mai eingestehen, dass »gar nichts« fertig sei. So bekam Kopp die Zielvorgabe, bis zum Jahresende zwölf Teams oder Einzelfunker in Stellung zu bringen, bevor man über den weiteren Ausbau seines Netzes nachdenken könne. Im September hatte Kopp immerhin die Hälfte dieser Vorgabe erfüllt.

Der CIA-Offizier hatte aber den Eindruck, dass Kopp auf dem Absprung in die neue deutsche Armee sei. Kopp betonte wiederholt seine guten Verbindungen ins Amt Blank und ins Innenministerium und rechnete sich angesichts seiner vielfältigen Kriegserfahrungen gute Chancen aus, für den Fall der Wiederbewaffnung als Oberst eingestellt zu werden. Als er um Unterstützung dafür bat, unterbreitete ihm der US-Geheimdienstmann schließlich den Vorschlag, beim NATO-Oberbefehlshaber Europa (SHAPE) deutlich zu machen, was er für die Sache des Westens tue. Erschreckt lehnte Kopp ab, weil dann doch die französischen Kommunisten im NATO-Hauptquartier von seinen Aktivitäten erfahren würden. Hingegen war er angetan von der Idee, dass er gemeinsam mit seiner Familie im Fall eines Kriegsausbruchs, den er für unvermeidlich hielt, in die USA evakuiert werden sollte.

Lang und breit erörterte die CIA-Meldung die Sicherheitslage. Die Organisation Gehlen, fürchtete sie, sei über das Programm durch ihre Sonderverbindungen unterrichtet, da sowohl in Gehlens Mannschaft als auch im Kibitz-Netz Angehörige von Veteranenverbänden säßen, und nicht zuletzt auch wegen Kopp und seines Mangels an Sicherheitsbewusstsein. Obwohl man bisher keine Unterwanderung des Netzes durch die Org bemerkt habe, müsse diese Gefahr auf jeden Fall im Auge behalten werden.[387] Die Gefahr einer kommunistischen Unterwanderung von Kopps Netz stufte die CIA dagegen als eher gering ein, weil er seine Truppe aus Menschen rekrutiere, die eher zur Linie der NSDAP tendierten. Über Kreuz geriet die CIA mit Kopp in der Frage, was der bundesdeutsche Verfassungsschutz wissen dürfe. Einige Schutzhäuser hatten nämlich die Aufmerksamkeit deutscher Polizeidienststellen erregt, und auf diesem Wege seien auch die Landesämter für Verfassungsschutz an Informationen gekommen, mutmaßte die CIA. Kopp tröstete sie, dass dies keine Gefahr bedeute, da diese Dienststellen doch prowestlich und nicht kommunistisch seien. Die CIA machte ihm klar, dass im Stay-Behind-Bereich jeder ihr Feind sei und keiner wissen dürfe, was vorgehe. Da prallten die geheimdienstliche Naivität eines Wehrmachtsoffiziers und die auf totale Abschottung ausgerichtete Praxis professioneller Nachrichtendienstler aufeinander, die aus gutem Grunde davon ausgingen, dass die östlichen Dienste auch im Polizei- und Verfassungsschutzbereich ihre Quellen hatten.

Ausführlich beschäftigte sich die Meldung auch noch einmal mit der Persönlichkeit Kopps: Er sei ein Mann der Tat; einer, der glücklich wäre, wenn er den Auftrag erhielte, am Tag des Kriegsausbruchs alle Rheinbrücken zu sprengen. Er würde diesen Job allerdings mit zehnmal so viel Sprengstoff wie erforderlich erledigen. Politisch sei er wenig interessiert, sein Lebenselixier sei, den kommenden Krieg gegen die Sowjets zu gewinnen. Zu sagen, er sei konservativ, sei zu milde, im Herzen sei er immer noch ein »verdammt guter« Nazi, der selbst im US-Schutzhaus rechtsextreme und neofaschistische Periodika lese. Er sei weiterhin gegen alle Nichtarier eingestellt, antibritisch und mehr noch gegen die Franzosen, die er für alles Leid in Europa verantwortlich mache.

Das Gesamturteil der CIA lautete, dass die »Kibitz-15-Show« zwar nicht perfekt, aber reichlich mit Personal ausgestattet sei und sich bei strenger Kontrolle zu einer guten Sache entwickeln könne. Schließlich erörterte der CIA-Offizier in seinen Empfehlungen eine Option, die Kopp wenig begeistert hätte. Man solle auf die US-Basisteams setzen, aber man könne das KIBITZ-15-Netz zur Tarnung operativ aufrechterhalten als Köder oder Attrappenziel für die Sowjets, während man bei Stay Behind auf die deutsche Regierung und die Organisation Gehlen setze.[388]

Die Antwort aus Washington war kurz und bündig: Ein Glückwunsch, dass es gelungen sei, Kopp unter Kontrolle zu kriegen, verbunden mit der Einschätzung, dass dieses Netz nun an der Grenze einer noch zu verantwortbaren Größe stehe und der Maßgabe, es nicht weiter auszubauen, sondern es vielmehr zu konsolidieren.[389] Am 7. Oktober wies der CIA-Chef seinen Residenten in Deutschland an, alle Rekrutierungsmaßnahmen im KIBITZ-Programm zu stoppen.[390] Das VULTURE-Programm zur Anlage und Befüllung von Erdverstecken lief allerdings weiter. Insgesamt waren dafür im Jahr 1952 29 350 $ bewilligt worden.[391]

Für den 16. Oktober 1952 war ein Treffen im Schutzhaus Ulm vereinbart worden, das jedoch wegen der Aufgabe dieses Verstecks nach Unterschondorf in das Schutzhaus in der Bahnhofstraße 10 verlegt wurde. Da Kopp in Ulm eine Autopanne hatte, fand die Besprechung im Hotel Augusta in Augsburg statt. Er trug der CIA dabei drei Anliegen vor, verbunden mit Kosten von 14 000 DM: 8000 DM sollten an Georg Adam Schweizer (KIBITZ 177) fließen, der damit einen Gasthof in der Nähe von Hof erwerben wollte, den der Alteigentümer aus gesundheitlichen Gründen aufgeben musste. Bemühungen um einen Bankkredit waren gescheitert, und der Verkäufer des Anwesens hatte eine letzte Frist bis zum 1. November gesetzt. 3000 DM sollte der Teamleiter Karl Reiss (KIBITZ 137) als Zuschuss zu den Gesamtkosten von 15 000 DM zur Renovierung eines Schlosses bei Kaiserslautern mit zwölf Appartements erhalten, das dann als Operationsbasis für KIBITZ 137 und seinen Funker Hans Miethig (KIBITZ 161) dienen könne. Für KIBITZ 182, Marta Deutsch in Wiesbaden, bat KIBITZ 15 um zwei- bis dreitausend DM zur Anmietung und Möblierung einer Wohnung in der hessischen Landeshauptstadt. Ihren weiteren Unterhalt würde Deutsch, die ihren Sicherheitsbescheid erst am 5. Mai 1952 erhalten hatte, nach einer Ausbildung zur Sekretärin selbst bestreiten. Zusagen für den Aufbau dieser drei Stützpunkte erhielt Kopp aber nicht. Ihm wurde mangelndes Sicherheitsbewusstsein durch den CIA-Offizier vorgeworfen, nachdem Kopp bekannt hatte, dass er nicht nur für seinen Stellvertreter, sondern auch für die KIBITZE 171 (Horst Ims), 182 (Marta Deutsch), 137 (Karl Reiss) und 156 (Alfred Goertz) grafologische Gutachten bei einem

Heidelberger Institut hatte anfertigen lassen. Wie fahrlässig Kopp bei sich und seinen Netz-Angehörigen mit schriftlichen Aufzeichnungen zuvor umgegangen war, erfuhr der CIA-Mann durch dessen Information, er habe erst nach der BDJ-Panne Papiere vernichten und seine Unterlagen in den Safe des Heidelberger Schutzhauses deponieren lassen.

Dieses Treffen im Hotel Augusta war die erste Begegnung des CIA-Fallführers mit Kopp nach der BDJ-Panne, und so wurde Kopp nach zwei Einschätzungen gefragt: Was er von der schwarzen Liste halte und wie man in Bonn auf eine Unterrichtung über sein Netz reagieren würde. Die schwarze Liste sei SPD-Propaganda, lautete Kopps Antwort, die Sozialdemokraten würden versuchen, politisches Kapital aus dem Fall zu schlagen, und die Bonner Reaktion auf eine offizielle Information über sein Netz schätzte er ganz lakonisch ein: Sie werden es dulden. Verwundert war der CIA-Mann über Kopps Aussage, dass er bereits zwei Wochen vor Zinns Auftritt im Hessischen Landtag von der BDJ-Panne erfahren habe. Erst auf massives Drängen hin gab er seine Quelle und zugleich ein weiteres paramilitärisches deutsches Netzwerk preis: Die Soldatenselbsthilfe in Süddeutschland, die Pläne für schlafende Gruppen von Soldaten habe, die im Falle eines sowjetischen Angriffs an die Seite der Alliierten treten sollten. Geplant seien militärische Operationen in vier Phasen. In der Phase 1 sollten alle früheren Soldaten östlich der Donau die alliierten Streitkräfte in der Verteidigung unterstützen, um sich dann mit ihnen in der Phase 2 auf der Linie nördlich und südlich von Stuttgart zur Verteidigung einzurichten. In der Phase 3 würde die Verteidigungslinie hinter den Rhein verlegt, um in einer vierten Phase über das Rhonetal nach Spanien auszuweichen. Einem Stuttgarter Mitglied dieser Organisation verdanke er die Frühwarnung vor dem BDJ-Skandal.

Der CIA-Offizier stellte daraufhin Ermittlungen im CIA-Hauptquartier in Frankfurt a.M. und bei der Organisation Gehlen über die Soldatenselbsthilfe in Süddeutschland – auch bekannt als Südwürttembergische Offiziersgruppe – an, die von dem ehemaligen General der Infanterie Rudolf von Bünau geführt und von dem ehemaligen Oberstleutnant Albert Paul Schnez in Stuttgart gemanagt wurde. Schnez – so das Ergebnis der Nachforschungen – hatte Verbindungen zu Otto Skorzeny und zur Organisation Gehlen, der er im Herbst 1951 die Aufstellung von vier Divisionen innerhalb der ersten vier Wochen nach Angriffsbeginn vorgeschlagen hatte. Zum Aufbau dieser Streitmacht sollten zudem 100 bis 200 ehemalige Offiziere evakuiert werden, die aus dem Flüchtlingsstrom wehrfähige Männer für die alliierten Truppen fischen könnten. Von der CIA in Pullach sollten dafür monatlich 9000 DM für einen entsprechenden Planungsstab aufgebracht werden. Der Vorschlag, der einem ähnlichen Vorstoß von Skorzeny bei CIA und Org entsprach, wurde ernsthaft beraten, aber vom Hauptquartier der US-Streitkräfte in Europa (EUCOM) und dem CIA Office of Special Operations (Dyclamatis) im April 1952 verworfen. Einem unbestätigten Bericht im Frankfurter CIA-Hauptquartier zufolge soll Schnez 1950/51 auch in die Rekrutierung von Stay-Behind-Kräften in Österreich eingebunden gewesen sein. Der Pullacher CIA-Stab zeigte sich bei der Besprechung am 20. Oktober sehr interessiert an dem Verhältnis der Org zur Selbsthilfe, zumal er bereits vom Bundesamt für Verfassungsschutz, das gegen die Organisation ermittelt habe, kontaktiert worden sei. Das BfV sei der Gruppe wohl deshalb auf den Fersen, weil es plane, Otto Skorzeny bei seinem nächsten Besuch in Deutschland zu verhaften.[392]

Dass Kopp bei dem Treffen keine Zusage zur Finanzierung der drei vorgeschlagenen Stützpunkte erhielt, hatte seinen Grund in einer Entscheidung, die bereits am 5. September 1952 in Washington gefallen, ihm jedoch verschwiegen worden war. Der Leiter der Europaabteilung hatte verfügt, dass der Schwerpunkt des Stay-Behind-Programms auf die Rekrutierung und Ausbildung für das US-geführte Netz gelegt werden sollte, während Kopps Netz wegen des Ausbleibens eines hinreichenden operativen Standards nicht ausgeweitet, sondern nur als sekundäre Operation gefahren werden sollte. Sein Wert in Zeiten von Feindseligkeiten sei ohnehin fraglich. Es wurden sogar Überlegungen angestellt, Kopps Truppe an die deutsche Regierung oder die Organisation Gehlen abzugeben.[393] Bei den folgenden Treffen muss Kopp gespürt haben, dass er seine führende Stellung im Stay-Behind-Netz langsam verlieren würde. Am 14. November 1952 eröffnete ihm sein CIA-Fallführer, dass es keine neuen Rekrutierungen mehr geben dürfe, nicht einmal mehr Funkausbildung für irgendeinen Partisanen aus dem Bestand seiner aktiven Agenten. Fünf seiner Karteileichen wurden abgeschaltet. Kopp zeigte sich wenig begeistert, verstand aber, dass die Straffung des Netzes geboten sei.[394] In das US-Basisnetz investierte die CIA jedoch weiterhin und etablierte im oberbayerischen Weßling ein neues Schutzhaus.[395]

Anfang Januar 1953 trat eine gravierende politische Änderung ein. Der Deutschlandchef der CIA in Frankfurt, Gordon Stewart, teilte dem CIA-Chef in Washington mit, dass Adenauers rechte Hand Hans Globke nun über die Existenz und den Zweck des Kibitz-15-Netzes informiert werde. Er werde gebeten, die Angelegenheit mit Konrad Adenauer zu besprechen. Für den Fall, dass keine Vereinbarung mit dem Bundeskanzler zustande käme, würde das gesamte Netz aufgelöst. Im Falle einer Bonner Zustimmung würde dann das Bundesamt für Verfassungsschutz über sein Bestehen unterrichtet.[396] Dabei war der CIA längst klar, dass das BfV um die Stay-Behind-Aktivitäten wusste. BfV-Vizepräsident Albert Radke hatte einen hochrangigen CIA-Offizier schon im September 1952 auf die Tatsache angesprochen, dass der US-Dienst ehemalige deutsche Wehrmachtsfunker als Überrollagenten anwerbe. Der spielte den Überraschten und stellte die Gegenfrage an den eng mit Pullach verbundenen Vize des Verfassungsschutzes, ob die Org dahinterstehe. Der Gehlen-Apparat sei zweifellos in dieses Geschäft involviert, gab Radke zurück, doch er habe gehört, dass es direkte amerikanische Rekrutierungsversuche gäbe.[397] Alarmiert von Radkes provokativen Fragen, untersuchte die Bonner CIA-Station, woher das Wissen des Verfassungsschutzes stammen könnte. Mit Hans von Gadow, den das BfV gerade zum Leiter der Bundesnachrichtenstelle in Kassel gemacht hatte, glaubte sie den Urheber ausgemacht zu haben. Der nämlich war von ihr zuvor im Programm WRINKLE, dem Stay-Behind-Programm für Berlin und Umgebung, beschäftigt worden und habe den Verfassungsschutz bei seiner Einstellung vollständig darüber unterrichtet.[398] Am 15. Januar 1953 kabelte der CIA-Chef nach Frankfurt zurück. Vom Einholen einer Zustimmung der Bundesregierung war nicht mehr die Rede. Globke sollte nun nur noch ganz allgemein unterrichtet werden, weder Namen noch die Anzahl der Einsatzorte erfahren, da über die Zukunft des Netzes noch nicht endgültig entschieden sei.[399]

Kopp hatte den Braten gerochen. Bei einem weiteren Treffen der CIA mit ihm und seinem Stellvertreter im Schutzhaus in Heidelberg bemerkte er: »Vielleicht glauben Sie und Ihre Vorgesetzten in Washington ja, daß diese Art von Operationen in Zukunft von der Bundesregierung durchgeführt werden sollten.«[400] Der CIA-Offizier gab ihm die ausweichende Antwort, dass diese Operation von einer westlichen Organisation geführt werden sollte. Konkret arbeitete er mit Kopp weiter an der Konsolidierung des im Kern immer noch rudimentären Netzes. Bei nur zwei Funkern war die Ausbildung vollständig abgeschlossen, bei einem weiteren zu drei Vierteln, bei vier zur Hälfte, bei einem zu einem Viertel und bei einem weiteren gar nicht. Die Zahl der verfügbaren Agenten betrug 63, von denen keiner zur Funkausbildung zugelassen war. Kopp war irritiert, dass den beiden fertigen Funkern 156 und 180 kein Funkgerät zur Verfügung gestellt wurde. Der CIA-Offizier schwindelte, dass dafür Prioritäten in Korea verantwortlich seien.

Beim Anlegen von Stützpunkten hingegen gab es Fortschritte. Für KIBITZ 180 aus Backnang (Untere Au 24) war ein Bunker in einem Wald zu 80 Prozent fertiggestellt. In einem alten Tunnelsystem war für das Team 198, 199, 200 und 120 im Raum Würzburg ein Lager für Funkgerät und eine Operationsbasis im Bau, das jedoch insgesamt die Finanzmittel überstieg. Für KIBITZ 156 aus Albisheim (Alleestr. 1) und 191 aus Kaiserslautern (Donnerbergstr. 2) waren zwei Sofas mit Fächern für eine komplette Funkausrüstung beschafft und für Kopp selbst auf dem Speicher seines Hauses ein verstecktes Schubfach besorgt worden. Inzwischen hatte die CIA eine vollständige Liste aller KIBITZ-15-Angehörigen zur Personenüberprüfung an die Organisation Gehlen geschickt.[401]

Die CIA-Europaabteilung schlug am 23. Dezember 1952 vor, das KIBITZ-15-Netz in die Organisation Gehlen zu überführen, weil es ein Sicherheitsrisiko darstelle und sein Leiter nicht hinreichend loyal sei.[402] Widerspruch erntete er in einem an den CIA-Chef gerichteten Brief bereits am nächsten Tag, hauptsächlich damit begründet, dass Kopp auch von der Org nur schwer zu kontrollieren sei, und dass dies in der Phase der Legalisierung der Org wegen der politischen Orientierung der Truppe nicht opportun sei. Zudem könne die Org durch die Übernahme des unorganisierten Netzes unerwünschte Einblicke in die Doktrin, die Technik und das Personal der CIA bekommen. Die Stay-Behind-Konzepte von KIBITZ 15 und der Org seien sehr unterschiedlich und das Stay-Behind-Programm Pullachs namens SATURN sei dafür zu begrenzt.[403] In einem undatierten Folgedokument wurden weitere Möglichkeiten diskutiert: Kopp könne sein Netz über Adolf Heusinger selbst der Org andienen, das Netz nach einer Säuberung und Regruppierung an die Org selbst abgeben.[404]

KIBITZ 15 im Rassenkrieg

Am 19. Januar 1953 erhielt der CIA-Stationschef in Frankfurt aus Washington die Generalabrechnung mit Kopp und seinem Netz.[405] Das Papier hielt fest, dass Kopp ein extremer deutscher Nationalist und gewiss nicht amerikafreundlich sei. Er sei der Auffassung, dass »der Kampf der weißen Rasse gegen die farbigen Rassen« nur mit amerikanischer Hilfe zu gewinnen sei, weil er glaube, dass der Kampf gegen den Kommunismus hauptsächlich ein Rassenkrieg sei. Kopp habe sich zudem immer geweigert, einen Vertrag zu unterzeichnen, der die Beziehung zur CIA auf eine reguläre Grundlage gestellt hätte. Vielmehr hätte er selbst einen unannehmbaren Vertrag entworfen, der ihm zusichern sollte, im Fall der Gründung einer deutschen Armee einen Lohn in Höhe des Gehalts eines Obersten zu erhalten. Kopp formulierte die Schutzklausel, dass er nie deutsche Gesetze verletzen dürfe, und stellte die Forderung, dass die CIA ihm einen angemessenen Posten in den Streitkräften verschaffen bzw. ihm beim Scheitern der Wiederbewaffnung nach dem Auslaufen seines CIA-Engagements eine adäquate private oder öffentliche Anstellung besorgen müsse.

Nun kamen auch bisher geduldete Fehler Kopps auf den Tisch wie sein illegaler Waffenbesitz und der der meisten seiner Agenten. Kopp selbst besitze fünf oder sechs Pistolen und eine Maschinenpistole. Für die Agentin Marta Deutsch habe er deshalb 3000 DM lockermachen wollen, weil sie seine Freundin sei. In Zweifel zog die CIA auch die Überlebensfähigkeit einiger Agenten unter sowjetischer Besatzung, da sie zu jung seien. Als Beispiel wurde der Ex-Feldwebel KIBITZ 177 aus Mühlacker angeführt, der als ehemaliges Mitglied der Kampfgruppe gegen Unmenschlichkeit (KgU) aus der DDR geflohen war[406] und damit von einer östlichen Besatzungsmacht sofort verhaftet werden würde.

Kopps Schicksal als CIA-Agent war besiegelt. Am 26. Februar 1953 traf der CIA-Chef Kopps Stellvertreter und designierten Nachfolger Otto Buchhorn (KIBITZ 150) im Heidelberger Hotel Schwarzes Schiff, um die Zukunft des Netzes zu erörtern. Als KIBITZ 150 eröffnet wurde, dass er in Zukunft die Schlüsselrolle im Netz übernehmen solle, machte er deutlich, dass das nur als Vollzeitberuf unter Aufgabe seiner derzeitigen Beschäftigung als Bauarbeiter möglich sei. Zudem verlangte er vor Abschluss eines entsprechenden Vertrags eine Freigabe aus Bonn, um nicht mit Gesetzen in Konflikt zu geraten. Als die CIA ihm vorschlug, nach Aufstellung des Netzes mit seiner Familie in die USA auszuwandern, bat er um Bedenkzeit. Ihm sei klar, dass er im Kriegsfall in die Vereinigten Staaten gehen sollte, aber an eine dauerhafte Auswanderung hatte er bisher nicht gedacht. KIBITZ 150 schlug die Bildung von 25 Teams vor, die ausreichten, um die amerikanische Besatzungszone abzudecken. Er bat die CIA um eine enge Abstimmung mit den Kriegsplanungen der U.S. Army, um seine Trupps entlang der vermuteten Invasionsrouten der sowjetischen Streitkräfte einsetzen zu können.[407]

Doch schon am 5. März 1953 schlug der CIA-Stationschef in Heidelberg dem Leiter der Osteuropaabteilung in Washington eine drastische Reorganisation des KIBITZ-15-Netzes vor. Mit Ausnahme der vollständig oder teilweise ausgebildeten Stay-Behind-Agenten und den Mitgliedern ihres Teams sollten alle übrigen Agenten (etwa 40) abgeschaltet werden.

Da die Mehrzahl von ihnen von Kopp rekrutiert worden war, bestünde kein Risiko für das Restnetz unter Kopps Stellvertreter Otto Buchhorn, der für zunächst 18 Monate als Vertragsrekruteur für neue Agenten beschäftigt werden solle, bevor er mit seiner Familie in die USA auswandern könne. Kopp sollte nunmehr im Bereich Gegenspionage eingesetzt werden. Für die taktische Phase von sechs Wochen nach Ausbruch der Feindseligkeiten könnten in kürzester Zeit fünf zweiköpfige Teams einsatzbereit sein.[408]

Doch die CIA-Spitze zog die völlige Auflösung des Kibitz-15-Netzes vor. Mitte April 1953 begann der US-Geheimdienst mit der Stilllegung der Truppe, nachdem Kopp bereits am 6. März der Sicherheitsbescheid entzogen worden war.[409] Am 14. Mai 1953 wurde Walter Kopp bei einem Treff in Mannheim endgültig abgeschaltet. Er erhielt ein Abschaltgeld von 3000 DM und durfte den VW Käfer behalten. Kopp hatte seine Abschaltung erwartet, nahm sie gelassen auf und unterzeichnete eine Verschwiegenheitserklärung.

Zugleich beteuerte er seine Bereitschaft, der CIA für zukünftige antisowjetische Aktivitäten zur Verfügung zu stehen. Beim Abschaltgespräch erklärte er zugleich, dass er in den nächsten zwei bis drei Monaten die Übernahme einer verantwortlichen Position im Amt Blank erwarte, da er von dort gebeten worden sei, seine geschäftlichen Angelegenheiten zu ordnen, dass sie einem Eintritt ins Amt nicht im Wege stünden.[410] Walter Kopp wurde am 13. Dezember 1955 als Oberstleutnant in die Bundeswehr übernommen, bereits am 16. April 1959 zum Oberst befördert und mit diesem Dienstgrad am 31. März 1971 pensioniert.[411]

Mit der Liquidation der Kibitz-Netze und der Abschaltung von Einzelagenten war die CIA intensiv bemüht, alle Spuren zu verwischen. Sie prüfte in jedem Einzelfall, wie gefährlich ihr die Enthüllungen von Agenten sein könnten, die sie abgeschaltet hatten. Als großes Sicherheitsrisiko wurde Kibitz 171 betrachtet. Kopps abgesprungener Funkausbilder weigerte sich, dem CIA-Angebot zu folgen und in die USA zu emigrieren. Da er schon vorher Kopp mit seinem Wissen erpresst hatte, zahlte die CIA Horst Otto Herbert Ims ein monatliches Schweigegeld von 475 DM.[412] Schließlich versuchte sie, ihn zur Auswanderung nach Australien zu überreden und vereinbarte am 13. Oktober 1952 einen Termin im australischen Generalkonsulat. Doch Australien weigerte sich, den Mann aufzunehmen. Bei einer Besprechung eines kanadischen Ministers mit CIA-Chef Allen Dulles am 13. Oktober 1954 ging es um 35 ehemalige CIA-Agenten, die Aufnahme in Kanada gefunden hatten. Nur ein einziger von ihnen wurde im Protokoll der Unterredung namentlich genannt: Horst Ims.[413] Mit der Auflösung der Kibitz-Netze, die erst 1955 endgültig abgeschlossen war, schlug die Stunde der Organisation Gehlen.

Stay-Behind-Krieger jenseits der innerdeutschen Grenze

Die Kriegsplanungen amerikanischer, britischer und deutscher Nachrichtendienste für West-Berlin und die DDR

Die Berlin Operating Base: Hochfliegende Pläne und frühe Bruchlandung

Im Rahmen des Projekts PASTIME[414] hatte die CIA bereits 1948 die Rekrutierung von Überrollagenten für den Fall des Abzugs der US-Streitkräfte aus Berlin oder für den Beginn von Feindseligkeiten in der geteilten Stadt und in der SBZ ins Auge gefasst. Dabei wurden mehr als 40 ohnehin bereits aktive Agenten auf ihre Verwendungsfähigkeit im Krieg geprüft. Bei allen standen auf der Basis einer im Juni erarbeiteten Liste die Zugangsmöglichkeiten, die Bereitschaft, die Art der Verbindungsaufnahme und die Eignung als Netzführer, Unteragent, Funker, Kurier oder Schleuser auf dem Prüfstand. Einige Agenten kamen für eine SBO-Verwendung nicht in Frage, zumeist in West-Berlin politisch zu exponierte Menschen, die zusammen mit dem hauptamtlichen CIA-Personal im Krisenfall evakuiert werden sollten. Mit CALESA 8e jedoch hatte die CIA beispielsweise eine Quelle im Ministerium für Industrie und Transport Sachsen-Anhalts, die in Halle arbeitete und in einem Vorort von Leipzig wohnte. Er hatte schon zahlreiche aussagekräftige Statistiken über Produktion und Personal, über die Industrieplanung, Rohstoffe und Reparationen geliefert. CALESA 8e, der bereits eine Ausbildung in Spionage absolviert hatte, war bereit, im Kriegsfall als Stay-Behind-Agent zu arbeiten, und er wurde dafür ins Auge gefasst.[415]

Im Ergebnis hielt der Sachstandsbericht vom 8. Dezember 1948 fest, dass neben ihm weitere 22 US-Quellen sofort als Stay-Behind-Agenten brauchbar wären.[416] An erster Stelle stand CAHIER, ein hochgestellter Funktionär der West-Berliner CDU, dessen nachrichtendienstlicher Wert auch in seiner Bekanntschaft mit ehemaligen Diplomaten des Dritten Reichs und einer engen Verbindung zur Pfadfinderbewegung gesehen wurde. Vor allem setzte die Berlin Operating Base der US-Nachrichtendienste auf die Erfahrungen, die er in der NS-Zeit in subversiven Aktionen gesammelt hatte. Der US-Dienst war sich bewusst, dass sich CAHIER unter sowjetischer Besatzung aus dem öffentlichen Leben zurückziehen müsste, vertraute jedoch darauf, dass er im Untergrund arbeiten könne.[417]

Anfang September 1949 gab es sechs solcher SBO-Projekte östlich der innerdeutschen Grenze. Drei bezogen sich auf kleine Netze, die sofort beim Beginn bewaffneter Auseinandersetzungen aktiv werden sollten: VICTOR mit zwei Agenten in Berlin, UNIT mit zwei Agenten in der SBZ, die von Berlin aus eingesetzt wurden, und TARE mit zwei Agenten in der SBZ, die von der amerikanischen Besatzungszone in Westdeutschland implementiert worden waren. Drei weitere Unterprogramme setzten auf Langzeitnetze, die ihre Arbeit erst auf ausdrückliche Weisung aufnehmen sollten: WRINKLE mit fünf Agenten in Berlin, ZEBRA mit drei von Berlin aus rekrutierten Agenten in der SBZ und YOKE mit zwei aus der US-Besatzungszone gesteuerten. In dem alle SBO-Aktivitäten versorgenden Depot-Programm VULTURE zum Anlegen von Erdverstecken waren sechs Funkausstattungen in Berlin und zehn in der SBZ vergraben worden.[418]

Anfang September 1949 hatte die CIA auch zwei Schutzhäuser für die drei SBO-Agenten CALAMUS 2, 3 und 4 eingerichtet, in Rostock (Dr. Horst Dettborn, Parkstr. 1) und in Jena (Dr. Johannes Voegt, Tulpenweg 14).[419]

Die Agenten der CIA informierten fast ausnahmslos über Briefe mit Geheimtinten, selten über Mikroverfilmungen. Nach Ausbruch des Koreakriegs und nachdem die CIA annahm, West-Berlin könne von sowjetischen Truppen aus dem Stand eingenommen werden, klingelten am 10. Juli 1950 die Alarmglocken, weil die Evakuierungsplanungen für US-Geheimdienstler und ihre Familien aus West-Berlin nach Frankreich, Nordafrika und England zwar abgeschlossen, und auch einige SBO-Agenten in Berlin und der SBZ rekrutiert worden waren, aber ein krisenfestes Kommunikationssystem völlig fehlte. Wenn der Krieg überraschend ausbräche, so klagte die CIA, dann habe man trotz aller Anstrengungen, Funker zu gewinnen, nur einen einzigen einsatzbereit.[420] Neun Tage später forderte die CIA deshalb eine politische Entscheidung, nämlich ob freiwillige US-amerikanische Geheimdienstmitarbeiter, die bei einer Besatzungsmacht als Deutsche oder andere Europäer durchgehen könnten, sich überrollen lassen dürften.[421] Mitte November 1950 entschied Richard Helms, Leiter des Office of Special Operations in Washington, dass neben dem WRINKLE-SBO-Programm für West-Berlin und die DDR mit dem Programm CABINDA eine Keimzelle aus US-Geheimdienstoffizieren geformt werden sollte, die im Kriegsfall einheimische Agenten und Widerstandsgruppen führen sollten. Für diese Parallelstruktur mit 15 CIA-Offizieren wurde zugleich ein eigenes Programm namens Cadeau zur Bunkerung von Waffen, Funkgeräten und dem übrigen Überlebensbedarf aus der Taufe gehoben.[422]

Die versteckte Einlagerung von Funkgeräten war kein Problem. Im April 1952 waren für die Berlin Operating Base fünf vom Typ RS-1 und 25 RS-6 sowie 60 Waffencontainer vom Typ EC-2 deponiert worden.[423] Gravierend blieb jedoch der Mangel an einsatzfähigen Funkern, obwohl das Programm Cajun zur Funkergewinnung und -ausbildung in Berlin aufgelegt worden war, das von Juli 1951 bis Ende Juni 1952 1000 $ und 10 000 DM verschlang.[424] Am 1. Februar leistete die CIA einen Offenbarungseid: Zwar seien acht Funker rekrutiert, aber nur zwei voll ausgebildet worden. Keinem der zusammen mit Waffen und Munition vergrabenen Funkgeräte in Berlin und der DDR konnte ein Operateur oder ein Leitagent, der mehrere Trupps führen könnte, zugeordnet werden.[425]

Das CIA-Programm Pastime in Berlin wurde bereits Anfang der 1950er Jahre wieder eingestellt.[426] Wrinkle wurde 1952 durch andere Programme ersetzt, bereits im Mai 1952 waren fünf von sieben Calamus-Agenten auf inaktiv gesetzt worden.[427] Ob die CIA nach dem kläglichen Scheitern einer ganzen Reihe von SBO-Programmen für Berlin und die DDR später neue Anläufe unternahm, in West-Berlin oder sogar in der DDR Stay-Behind-Strukturen aufzubauen, muss offenbleiben. Akten, die darüber Auskunft geben könnten, sind bisher nicht freigegeben. Es ist jedoch eher unwahrscheinlich. In der Geschichte über den »Krieg der Geheimdienste im geteilten Berlin« von 1946 bis zum Mauerbau 1961, die mit George Bailey, Sergej A. Kondraschow und David E. Murphy drei führende Nachrichtendienstler aus West und Ost 1997 gemeinsam vorgelegt haben, wird nur für die Periode 1948 bis 1950 von der »Schaffung verdeckter Operationen im ›Hinterland‹, die im Fall einer sowjetischen Invasion Westeuropas Sabotageakte ausführen und Informationen sammeln sollten«,[428] berichtet, in der Folgezeit jedoch nicht mehr.

Britische Stay-Behind-Planungen für Berlin: Ein Waffenfund im Wald

Im Sommer 1996 durchstreiften Beamte des Berliner Landeskriminalamtes den Grunewald. Die Polizisten hatten Lagepläne von mehreren Erddepots dabei, angelegt vom britischen Geheimdienst in den 1950er Jahren. Die örtlichen Förster waren in die Aktion nicht eingeweiht, der Einsatz der Berliner Polizisten streng geheim. Das sollte bis zum Frühjahr 2014 auch so bleiben. Im Waldstück Jagen 133, rund einen Kilometer westlich der US-amerikanischen Abhörstation auf dem Teufelsberg, wurden die Beamten fündig: Sie gruben zwei rechteckige Kisten aus. Im ersten Container, einem schwarzen Kunststoffbehälter, entdeckten sie unter anderem zwei Pistolen samt Munition im Kaliber 9 mm, drei Handgranaten, einen Kompass, militärische Karten, Verbandszeug und das Buch »Der totale Widerstand« – eine Anleitung zum Partisanenkrieg aus der Schweiz. Außerdem befand sich im Depot Literatur zur Identifizierung von Flugzeug- und Panzertypen. Der zweite Behälter aus Stahl enthielt neben einer weiteren Pistole mit Munition eine komplette Funkanlage samt Chiffrierunterlagen.[429]

Im Frühjahr 1996 hatte der britische Geheimdienst dem Bundeskanzleramt geheim eingestufte Unterlagen übergeben. Sie enthüllten erstmals Standorte von Ausrüstungsdepots der Stay-Behind-Truppe in West-Berlin. Denn auch die Briten hatten in den 1950er Jahren nicht nur in der Bundesrepublik, sondern auch in ihrer Berliner Besatzungszone Ausrüstungslager für Partisanen angelegt. Die Untergrundkämpfer dieses Afu-Programms (Außenfunker) sind bis heute nicht enttarnt. Die Bergung der beiden Depots im Juli und August 1996 wurde der Öffentlichkeit erst Anfang 2014 durch hartnäckige Fragen der Bundestagsabgeordneten Ulla Jelpke (Die Linke) bekannt. Nachfragen von Journalisten beim Berliner LKA nach den Asservaten blieben ergebnislos. Erst verweigerte die Polizei die Auskunft zu den Depots mit der Begründung, der Vorgang sei für geheim erklärt worden. Nach der Bekanntgabe des Depotinhalts in der Antwort der Bundesregierung teilte das LKA dann schließlich mit, sämtliche Asservate, also Waffen, Funkgeräte, Ausrüstungsgegenstände und Fotos von den Lagern seien bereits im Jahr 2012 vernichtet worden. Dabei hatte die Bundesregierung im März 2014 erklärt: »Es existieren Fotos und Berichte zum Auffinden der Depots, die durch das LKA Berlin angefertigt wurden. [...] Auf den Fotos sind die in den Depots enthaltenen Gegenstände zu sehen.« Die Bundesregierung, die Fotos und Berichte offenbar im Jahr 2014 noch auswerten konnte, verwies auf Nachfrage zu den Fotos an das LKA. Und das wiederum will die Aufnahmen schon zuvor vernichtet haben.

Das im Depot 1 gefundene Buch »Der totale Widerstand« gibt interessante Einblicke in die Gedankenwelt der West-Berliner Stay-Behind-Organisation. Zwar sollten die Afu-Männer im Kriegsfall vor allem die sowjetische oder ostdeutsche Besatzungsmacht beobachten. Das aus der Schweiz stammende Buch gibt jedoch detaillierte Handlungsanleitungen für den Partisanenkrieg. Das Buch informiert über taktische Grundlagen des »Kleinkrieges« und lehrt Sabotageakte wie das Anlegen von Sprengfallen und Straßensperren sowie den Umgang mit Waffen, Kampf- und Sprengstoffen.[430] Es ging den Briten darum, die Moral ihrer deutschen Partisanen im Kriegsfall hochzuhalten. Das Motto des Buches »Totaler Widerstand« lautet: »Es ist besser, stehend zu sterben, als kniend zu leben.«

Im Februar 2014 bestätigte die Bundesregierung, dass mehrere der in den britischen Unterlagen genannten Depots »trotz mehrfacher und intensiver Absuche« nicht gefunden wurden, »so dass bereits damals davon ausgegangen wurde, dass sie nicht mehr existierten«.[431] Eine beunruhigende Auskunft. Sind mehrere Waffenlager einfach verloren gegangen oder war ihr Inhalt gar in die falschen Hände geraten? Da die Bundesregierung nicht einmal die genaue Anzahl der von London preisgegebenen Erdverstecke in Berlin angab, bleibt auch der genaue Umfang der britischen Stay-Behind-Aktivitäten in den 1950er Jahren im Dunkeln.

Ernstfallplanungen der Organisation Gehlen für Berlin und die SBZ/DDR

In Pullach sahen erste Planungen für den Kriegsfall 1948 vor, unter der Führung der Untergruppe 17 der Beschaffungsabteilung 7 der Organisation Gehlen in der sowjetisch besetzten Zone ein System von Schläferagenten mit 45 Außenfunkern zu betreiben, das zu diesem Zeitpunkt allerdings nur zum geringen Teil aufgebaut war.[432] Als Engpass erwiesen sich die Sicherheitsmaßnahme, die Funker an sieben Standorten in Westdeutschland jeweils einzeln auszubilden, und die Schwierigkeit, die Auszubildenden unbemerkt aus der SBZ und wieder zurück zu schleusen.[433] Bis zum Juni 1950 hatte die Org 22 Außenfunker (Afu) geschult, ein weiterer befand sich in der Ausbildung: neun in der DDR, einer in Polen, drei in West-Berlin sowie neun in anderen Ländern. Noch schlechter liest sich die Bilanz bei genauerer Betrachtung. Tatsächlich im Einsatz waren nur drei Afus in der DDR, zwei in der ČSSR, einer in Polen sowie im Schweigeeinsatz zwei in West-Berlin und einer in Österreich. Abmarschbereit war je ein Afu in die DDR, nach Polen und nach Rumänien. Ausgefallen waren 1950 bereits zehn der 22: fünf in der DDR, zwei in Jugoslawien sowie je einer in West-Berlin, der ČSSR und Polen.[434] Am 6. Juni 1951 teilte der CIA-Stationschef in Karlsruhe der CIA-Zentrale mit, dass die Außenfunker in den Satellitenstaaten und der DDR schrittweise in das Stay-Behind-Programm SATURN integriert werden sollten. Er war sich bewusst, dass eine ganze Reihe dieser Afus nicht überleben würde und meinte, mit einer Basisstation und zehn operativen Positionen planen zu können.[435]

In den frühen 1950er Jahren unternahm Gehlens Technikchef Leo Hepp (Höbel), Leiter der Abteilung 36, dann intensive Anstrengungen, um das Potential an Afus aufzustocken. Drei Jahre später, im Sommer 1953, besaß die Org allein in der DDR 37 Außenfunker, deren Decknamen zur Gänze und deren Unterstellung unter die General- und Bezirksvertretungen und deren Einsatzraum zum Teil bekannt sind.[436] Das Netz stand mit 29 in Ausbildung befindlichen Außenfunkern fast vor seiner Verdoppelung.[437]

Die Organisation Gehlen hatte den Ausbau ihres Agentenfunknetzes überwiegend im Rahmen des Programms Juno vollzogen, das für einen drohenden Ernstfall und den zu erwartenden Rückzug westlicher Truppen für Org-Quellen in der DDR forderte, »eine Agentenfunkstelle, die über Briefkasten und Kurier zu erreichen ist, […] ein Agentenfunker, der schnellstens zur Ausbildung kommen kann, […] der Transport eines Agentenfunkgeräts nach der SBZD oder Ost-Berlin«.[438]

Nachdem James H. Critchfield in einem *war plans memo* auf die Fortführung der Org-Aufklärung im Kriegsfall Bezug genommen hatte, wurde das Programm, soweit es die Geheimdienstarbeit auf dem Boden der DDR betraf, auf den Namen Juno getauft.[439]

Am 15. Juli 1952 hatte die Beschaffungsführung, die Abteilung 50, dazu eine elfseitige Eingangsstudie vorgelegt, der ein Anhang von neun Seiten mit einer nach den alten Ländern der DDR gegliederten Objektliste von 240 Zielobjekten beigefügt war, denen je nach dem Grad der unmittelbaren Gefährdung in drei Phasen Aufklärungsvorrang zugewiesen wurde, z.B. in der Phase I Standorte von Bombern. Priorität genoss jedoch weiterhin die Friedensaufgabe: »Die Forderungen, die *jetzt* und *im Kriegsfall* an unsere Organisation gestellt werden, unterscheiden sich in vielerlei Hinsicht. Dennoch darf die gegebene Marschrichtung für unsere *jetzige* Arbeit nicht zu Gunsten eines zukünftigen E-Falles aufgegeben werden. Vielmehr müssen wir uns in unserem Programm *so* beschränken, dass die zu stellenden Forderungen in die augenblickliche Zielsetzung (sprich Objektauswahl) einmünden und damit auch im Rahmen unserer finanziellen Möglichkeiten bleiben. […] Die jetzige Aufgabe – Aufklärung des gegnerischen Potentials und frühzeitiges Erkennen von Mob-Vorbereitungen – bleibt Schwerpunkt.«[440]

Unter den militärischen Objekten im auf den Kriegsfall bezogenen Juno-Programm dominierten 40 Flugplätze von Buchholz bis Altenburg, davon 14 in der ersten und 26 in der zweiten Phase, die auf ihre Belegungsdichte mit Kampfflugzeugen, auf Betriebsstoff- und Munitionsdepots sowie auf Flugabwehrstellungen hin ausgespäht werden sollten. Es gab im Zielkatalog weiterhin 23 Standorte, bis auf den hervorgehobenen Standort Frankfurt (Oder) alle in Phase II, sieben Unterbringungsräume von Templin bis Ohrdruf (Phase II) sowie in der Phase III 15 Militärdepots vom Waffenlager Fürstenwalde bis zum Treibstofflager Straßgräbchen. Unmittelbar militärischen Charakter hatten damit 85 Objekte (35,4 Prozent).

In der Phase II des JUNO-Programms richtete sich das Interesse der Org auf die fünf Bauunionen in Berlin, Brandenburg, Dresden, Leipzig und Jena. Der »Erkenntnisstand reicht für eine klare Auftragserteilung noch nicht aus«,[441] hatte General Konrad Kühlein (KÜHNE) im Juni 1951 noch dargelegt und neue Aufklärungsprioritäten auf diesem Sektor angekündigt. Im Bereich Transport setzte die Org im JUNO-Programm sowohl auf die Infiltration von Verkehrsleitstellen wie auf ein Netz von Außenbeobachtern. Innenquellen sollten im Norden in drei Einrichtungen des See- und Binnenschiffsverkehrs (Priorität I), flächendeckend in 20 Reichsbahndirektionen und -ämtern gewonnen werden (5 in Phase I, 14 in II, 1 in III) und in der Berliner Generaldirektion der Reichsbahn an gleich sieben prioritären Stellen. Außenbeobachter sollten angesetzt werden auf sechs Eisenbahnbrücken über Oder und Elbe (Phase I), auf sechs Grenzübergänge zu Polen (vier in Phase I, zwei in II) von Stettin bis Horka-Wehrkirch und auf drei Streckenabschnitte (Phase II) wie die Bahnstrecke Erfurt–Arnstadt. Auf die Aufklärung militärischer Bewegungen und Transporte zielten damit 45 Objekte, also 18,8 Prozent aller Aufklärungsziele für den Nachrichtendienst im Kriegsfall.

Auf dem ökonomischen Sektor zielte das JUNO-Programm auf drei regionale Wirtschaftsverwaltungszentralen sowie 29 Regierungsstellen, davon 17 in der Phase I, um »das notwendige statistische Material über die einzelnen Industriezweige und die wichtigsten Anordnungen und Planungen zu erfassen«. Mit Ausnahme einiger frühzeitig relevanter Unternehmen waren 42 Industriebetriebe, vorrangig aus der metallverarbeitenden und chemischen Industrie, in der Phase III von besonderem Interesse. Inhaltlich lag der Schwerpunkt der Aufklärung bei rüstungstechnischen Entwicklungen auf dem Gebiet der Hochfrequenz- und Kampfstofftechnik sowie auf kriegswichtigen Produktionsstätten u.a. für Treibstoffe, so das Benzinwerk Böhlen und das Hydrierwerk Zeitz.

Beim Partei- und Staatsapparat der DDR zielte die Org im JUNO-Programm auf das SED-Zentralkomitee, die Büros des Ministerpräsidenten und seiner Stellvertreter, das Außen- und das Innenministerium sowie das Amt für Information: »Erfahrungsgemäß lassen die Direktiven dieser Stellen gerade in totalitär gelenkten Systemen unmittelbare Rückschlüsse auf militär-politische und operative Absichten zu.«[442] Die Org nahm an, sie könne aus diesem Bereich auch »Maßnahmen zur Übernahme der Verwaltung in den westlichen Gebieten« und »Ansatzpunkte zur Bildung und Verstärkung von Widerstandszentren« in Erfahrung bringen.

Auf dem Feld der Spionageabwehr war das Ziel ebenso hoch gesteckt: Aufzuklären waren nicht nur entscheidende Beschlüsse des ZK der SED und die Steuerung der kommunistischen Parteien, sondern auch der Ansatz der sowjetischen und ostdeutschen Nachrichtendienste gegen bestimmte Gruppen der Bevölkerung, ihr Einsatz zur Frontaufklärung und die Frage, ob das MfS Sondereinsatzkommandos nach sowjetischem Vorbild aufstellen würde.

Die großen Führungsaußenstellen, die Generalvertretungen (GV), erhielten im Zuge des Programms einen JUNO-Bearbeiter zur Führung der Mobilmachungsquellen mit einem umfänglichen Aufgabenbereich. Hauptsächlich wurden ihm neben der Beratung des GV-Leiters und seiner untergeordneten Dienststellen folgende Aufgaben übertragen: »Bearbeitung der Nachrichtenübermittlung im Zusammenhang mit JUNO aus dem Feindgebiet und umgekehrt (Afu, UKW, Rundfunk usw.), [...] Steuerung der Ausbildung in der Funkdurchgabe von Meldungen, der Erprobung der Schaltungen und des Wegebaus. Neutrale und individuelle Bevorratung in der SBZD. Dazu Anlage der entsprechenden Mob-Akten, [...] Bearbeitung, Steuerung und spätere Betreuung der von der zentralen Führung angeordneten Einsätze auf den Sektoren des ›Nestbaus‹ (Nestleiter-Schweige-VM-Führer), der FS [Fallschirm; die Verf.] -Abwurf oder FS-Landeplätze (Empfangskomitee) und Tandem.«[443]

Um zu verhindern, dass ein Ernstfallfunker im Krisen- oder Kriegsfall zu den bewaffneten Organen der DDR eingezogen oder anderweitig dienstverpflichtet würde, bevorzugte die Org bei ihrer Rekrutierung behinderte Menschen. Die DDR-Propaganda schlachtete dies als besonders perfide aus und führte dazu im September 1954 den zu 100 Prozent schwerbeschädigten Franz Böttger aus Rudolstadt ins Feld. Den hatte die Org bei einem Besuch in West-Berlin als Funker anzubahnen versucht, aber der Rentner offenbarte sich dem MfS.[444]

Die erste große Bewährungsprobe für die Außenfunker begann mit den Unruhen in der DDR am 17. Juni 1953. Aufgrund der dürftigen Meldungslage entschloss sich die Org-Führung am Mittag des 19. Juni, die Außenfunker zum Einsatz zu bringen. »Einsatzbereit waren 23 Afus in der SBZD, davon 4 in Dauerüberwachung (Planzeiten und QRX-Vereinbarungen – [QRX meint eine von der Sendestation vorgenommene kurzzeitige, geplante Unterbrechung des Funkverkehrs; die Verf.]), 19 auf Programmzeiten. Ferner waren in West-Berlin 4 Afus einsatzbereit. [...] 5 fertige Afus waren aus verschiedensten Gründen stillgelegt (Gerätedefekte/Sicherheitsbelange)«.[445] Zwischen dem 17. Juni und dem 5. Juli setzten 17 Funker 41 Meldungen aus der DDR ab, im Tastfunkverkehr wurden auf der Führungsfunklinie von Berlin nach Westdeutschland 100 Stunden Sende- und Empfangszeit verzeichnet. Spontan nahmen drei durch das Ausbleiben auszubildender Agenten brotlos gewordene Funkausbilder der Darmstädter Generalvertretung H die Überwachung des UKW-Verkehrs der Volkspolizei auf, der jedoch nur Hinweise auf ordnungspolizeiliche Aktivitäten erbrachte.[446]

Im unmittelbaren Zusammenhang mit den MfS-Aktivitäten zur Aufklärung der Unruhen im Juni 1953 verzeichnete die Org den Verlust von 15 Agenten. Bei der GV B (Bremen) waren es sieben V-Leute, darunter der Afu Pelikan und Frau in Stralsund, an Quellen der GV G (Frankfurt) wurden drei verhaftet, und drei waren nach West-Berlin ausgewichen, die GV H (Darmstadt) verbuchte zwei Verluste, darunter den Afu Xerxes, der nach West-Berlin floh, nachdem seine Frau wegen ihrer Beteiligung am Aufstand festgenommen worden war.[447] Doch dies war erst der Auftakt für eine beginnende Serie von Verlusten bei den Afus. Im August 1953 wurde Generalleutnant Jewgenij Petrowitsch Pitowranow, getarnt als leitender Mitarbeiter der sowjetischen Botschaft, zum neuen Leiter der KGB-Residentur in Berlin-Karlshorst ernannt. Eine seiner Hauptaufgaben bestand im Wiederaufbau des MfS, das nach Moskauer Ansicht in der Vorfeldaufklärung der Unruhen gescheitert war.[448] Weil die offizielle politische Lesart in Moskau und Ost-Berlin die Auslösung der Unruhen auf das Einwirken westlicher Nachrichtendienste schob, ging das MfS, entgegen seiner vorherigen Praxis der vorsichtigen operativen Bearbeitung von Spionageverdachtsfällen, 1953 und 1954 mit Verhaftungen in die Offensive. »Im Jahre 1953 waren durch Fehler, die nicht auf ihren Funkverkehr zurückzuführen sind, mehrere V-Leute in der SBZD verloren gegangen«,[449] konstatierte Jahre später (Anfang 1960) der streng geheime Erfahrungsbericht des Leiters der Nachrichtentechnik des BND Albert Praun (Schwarz).

Dabei handelte es sich zunächst um den Fall des Drehers Karl-Heinz Schmidt aus Luckenwalde, dem mit fünf weiteren V-Leuten im Dezember 1953 in Ost-Berlin der Prozess gemacht wurde. Wegen des Bereithaltens eines Funkgeräts, mit dem er im Kriegsfall Informationen an seine Meldestelle in West-Berlin senden sollte, wurde Schmidt zu lebenslangem Zuchthaus verurteilt.[450] Der ehemalige U-Boot-Fahrer war einer der ersten Org-Funker in der DDR, und seine Station trug den Decknamen SIRENE.[451] Im Urteil des 1. Strafsenats des Obersten Gerichts der DDR vom 21. Dezember 1953 wird deutlich, dass das MfS die Werbemaßnahmen der Org infiltriert hatte: »Schmidt als Netzführer der in seiner Wohnung befindlichen Funkgeräte wurde beauftragt, da im Kriegsfall mit seiner Einberufung als Soldat zu rechnen sei, Vorschläge für einen stellvertretenden Netzführer zu unterbreiten, der nach Möglichkeit körperbehindert sein sollte. […] Aus dem gleichen Grunde wurde auch der wegen seiner Kriegsversehrtheit als Soldat nicht verwendungsfähige Zeuge Grabe von der Spionageorganisation als Funker angeworben und ausgebildet.«[452] Schmidt hatte weitere Funker rekrutiert, die mit dem 12-Watt-Gerät amerikanischer Bauart ausgestattet waren, das ihnen die Übermittlung von Meldungen und das Abhören des Rundspruchdienstes (RSD)[453] der Org ermöglichen sollte.

»Aus Sicherheitsgründen waren derartige ›Schweigefunker‹ von ihren Zentralen aufgefordert, sich in Friedenszeiten – außer periodisch an Deckadressen abzusendende Lebenszeichen – jeder anderen geheimdienstlichen oder anderweitig auffälligen feindlichen Tätigkeit zu enthalten«, erläuterte MfS-General Horst Männchen, der langjährige Leiter der Hauptabteilung III (Technik) des Ministeriums für Staatssicherheit, die bei der Org vorgesehene Trennung von V-Leuten und Ernstfallfunkern.[454] Doch Engpässe bei Quellen oder Beschaffungshelfern führten dazu, dass die Führungsaußenstellen diese Trennung durchbrachen. »Die Org glaubte es sich allerdings nicht leisten zu können, ihre Schweigefunker stillliegen zu lassen; sie wurden zu Kurierdiensten, manchmal auch zur Ausspähung herangezogen. So erging es dem ehemaligen Marinefunker Frank Pankraz, der in der Abteilung Sendermontage des VEB Funkwerk Berlin-Köpenick untergekommen war. Ihn hatte die Org zum Schweigefunker für den E-Fall bestimmt, dennoch empfing er ständig in dreiwöchigen Abständen Funksprüche aus West-Berlin, die ihn hießen, tote Briefkästen zu leeren und das Material auf den Kurierweg zu geben«, schilderten Hermann Zolling und Heinz Höhne den Fall eines 1954 aufgeflogenen Schweigefunkers.[455]

Die Org spürte schon bald einen deutlichen Aderlass an Funkern, denn in der DDR, in Polen und der ČSSR waren den Abwehrdiensten außer

Koch und Schmidt auch Manfred Naumann aus Blankenburg, Helmut Schwenk aus Burgstädt, Ernst Preuß aus Frankfurt (Oder), Günter Vogt und der ehemalige Bordfunker der Luftwaffe Max Werner Laux aus Leipzig ins Netz gegangen.[456] Laux war offensichtlich Opfer einer erfolgreichen Einschleusungsoperation des MfS in den Kreis der Afus, denn vor Gericht sagte ein anderer ehemaliger Org-Funker namens Naumann als Zeuge gegen ihn aus.[457]

Laux, der bereits am 29. April 1954 festgenommen worden war, wurde mit sieben weiteren Org-Agenten, die im Zuge der MfS-Operation PFEIL am 3. und 4. August 1954 verhaftet worden waren, in einem Schauprozess im Oktober 1954 vor Gericht gestellt. Als Kopf der Gruppe wurde der Hauptreferent im DDR-Staatssekretariat für Kraftverkehr und Straßenwesen Karli Bandelow (PAETZIG) vorgestellt. Mitangeklagt waren die Sekretärin im VEB Projektierung Kraftverkehr und Straßenwesen Käthe Dorn, die tote Briefkästen auf dem Friedhof Wilhelmshagen bei Berlin angelegt hatte, der Disponent in der Reichsbahndirektion Ewald Misera, der Vertriebskaufmann im VEB Elektro-Apparate-Werke »J.W. Stalin« Vitalis Dalchau, der Buchhalter in der Finanzabteilung der Werkzeugfabrik Altenburg Gottfried Schröer und der Wirtschaftsleiter im VEB Binnenfischerei Wesenberg Christoph Komorek. Wegen ausführlich dargelegter Spionage in der Wirtschaft und im Transportwesen erhielten sie am 9. November die längst vom Politbüro festgesetzten drakonischen Strafen. Bandelow und der von der Org vergeblich gewarnte Misera wurden zum Tode, Schröer, Komorek und Laux zu lebenslangem Zuchthaus, Dalchau zu 15 und Dorn zu zwölf Jahren Zuchthaus verurteilt.[458]

»Mit Ausnahme von Karli Bandelow und Käthe Dorn, die befreundet gewesen waren, hatten die Angeklagten einander nicht gekannt. Allein politische Zweckmäßigkeit und agitatorische Nutzanwendung hatte die personelle Auswahl für den Strafprozess bestimmt«, glaubten Karl Wilhelm Fricke und Roger Engelmann 1998. Hermann Zolling und Heinz Höhne waren 1971 dagegen noch davon ausgegangen, es habe sich um die »bis dahin wichtigste Agentengruppe«[459] der Org gehandelt. Gemeinsam war der zusammengewürfelten Schar der Angeklagten, dass sie der Org zugleich als Quelle und als Schweigefunker dienten. Fricke und Engelmann unterlagen der irrigen Annahme, dass sich Angehörige eines Agentenverbundes trotz der Abschottung gekannt haben müssten und nicht nur über tote Briefkästen und Kuriere in Verbindung standen, um von einem V-Mann-Führer als Funknetz für den Kriegsfall aufgebaut worden zu sein. Demgegenüber hielt eine Ausarbeitung der operativen Untergruppe der

DDR-Aufklärung der Org 50 D im Januar 1951 fest, dass ein vorgebildeter Funker »krisenfest an V-Leute (die er nicht kennt) geschaltet«[460] wurde.

Erst im Jahr 2002 hat eine Publikation von Günter Möller und Wolfgang Stuchly, der eine als Generalleutnant 1990 Leiter der MfS-Hauptabteilung Kader und Schulung, der andere 1990 als Oberstleutnant Leiter der HA II/5, deutlich gemacht, dass mit sieben der acht Angeklagten – darunter ein ehemaliger Angehöriger der SS-Division Prinz Eugen – tatsächlich ein Funknetz mit drei kompletten Sende- und Empfangsanlagen aus amerikanischer Produktion und dem dazugehörigen Meldekopf Nord-Ost in Mecklenburg zerschlagen worden war. Für den Spannungs- und Kriegsfall war die Führung dieses Stay-Behind-Netzes mit abgelegenen Verstecken für die Funkausrüstung sogar aus Kopenhagen geplant.[461]

Allein in der MfS-Operation Pfeil gerieten im Sommer 1954 insgesamt 29 Funkgeräte amerikanischer Bauart in die Hände des Ost-Berliner Nachrichtendienstes.[462] Ins Netz ging dem MfS dabei auch der ehemalige Stabswachtmeister der Wehrmacht Heinz Boullion, der am Standort Petershagen als Schweigefunker diente.[463] Mit den zuvor verhafteten Afus war damit ein erheblicher Anteil der etwa 70 in der DDR eingesetzten Außenfunker in die Hände des Gegners gefallen, und auch 1955 gab es weitere Ausfälle, die kaum mehr kompensiert werden konnten.

Das Feld der Außenfunker blieb von weiteren Penetrationserfolgen der östlichen Dienste nicht verschont. Der Geschäftsführer der Dresdener Philharmonie Oskar Sick, seit 1952 Mitarbeiter der Organisation Gehlen, erhielt ab September 1953 eine Ausbildung zum Außenfunker. Der Afu Sozius (V-Nr. 2665.4) wurde jedoch bereits im November 1955 wegen des Verdachts auf Feindsteuerung abgeschaltet. Da er eng mit dem KGB-Agenten Hans Clemens liiert war, war der Verdacht wohl nicht unbegründet.[464]

1954 hatte die Org Teile ihres Netzes wegen der steigenden Aufdeckungsgefahr stillgelegt.[465] Die zahlreichen Festnahmen und die anschließend medienwirksam organisierten Prozesse mit ihren drastischen Strafzumessungen führten auch bei den nicht enttarnten Agenten zu dauernden Einbrüchen. »Dieser Schock hatte zur Folge, dass die verbleibenden wenigen Außenfunker ihren Verkehr fast vollkommen einstellten. Dazu kam die Schwierigkeit, neue Afus auszubilden. Ihr Übertritt nach West-Berlin oder nach der Bundesrepublik wurde immer schärfer überwacht. Dabei beanspruchte die Morseausbildung in Anbetracht der sich zwangsweise ergebenden Pausen eine Zeit von 9 bis 12 Monaten. Auch schien der klassische Funkwechselverkehr, der jedes Mal viele Minuten Sendezeit ausfüllte, durch die gegnerische Funkabwehr gefährdet«,[466] hielt der neue Technikchef Gehlens Schwarz, d.h. General Albert Praun, 1960 als Folge der Verhaftungen in der DDR fest. Die Org konnte bis zu ihrer Umwandlung in den BND im Jahr 1956 hier keine Abhilfe mehr schaffen, leitete jedoch die Entwicklung von zweiseitigem Sprechfunk als Alternative zum komplizierten Morseverfahren noch ein.

Bevor Gerhard Wessel zum 1. Mai 1968 die Nachfolge von Reinhard Gehlen als BND-Präsident antrat, durchlief er im April eine dreiwöchige Einweisungszeit in Pullach. Seine Bestandsaufnahme des Dienstes legte er in einer »Notiz über die Lage Bundesnachrichtendienst bei Übernahme am 1. Mai 1968« nieder. Was die Quellenlage jenseits des Eisernen Vorhangs betraf, kam er zu der niederschmetternden Einsicht, der BND verfüge nur über »eine verschwindend kleine Anzahl von Mitarbeitern, die in Ostblockländern wohnen.«[467] Für die DDR waren es gerade einmal drei ortsansässige Agenten, darunter mit einem Angestellten der Filmfabrik Orwo in Wolfen ein Doppelagent, sowie mit dem Leiter eines Textilkombinats in Cottbus – Deckname Blaukraut – eine wenig ergiebige Wirtschaftsquelle.[468]

Nicht in den laufenden Beschaffungsauftrag eingebundene Schläfer für den Ernstfall konnte sich der Dienst allenfalls da leisten, wo eine Quelle im Frieden nichts Meldewürdiges zu bieten hatte, aber geografisch für die Übermittlung von Truppenbewegungen im Kriegsfall passend angesiedelt war. Fritz Hübner aus Cummersdorf im Kreis Pirna wurde 1954 als Schläferagent abgeschaltet, später jedoch wieder aktiviert.[469] Er wurde am 3. Dezember 1971 erneut vom BND fallengelassen, weil er zwei operative Anweisungen für den Krisenfall bereits in Friedenszeiten unerlaubt geöffnet hatte.

Mythos AsA: Die in die DDR eingeschleuste BND-Geheimarmee

Das Ministerium für Staatssicherheit vermutete, dass der BND nicht nur in der Bundesrepublik eine SBO-Struktur für »verdeckte Kriegführung« unterhielt, sondern auch ein Netz von Schläfern in der DDR. Die Hauptabteilung IX/5 stellte im Herbst 1967 fest, dass es BND-»Agenten mit spezieller Auftragsstruktur« (AsA) gäbe, »die, als Rückkehrer und Zuziehende getarnt, in die Deutsche Demokratische Republik eingeschleust werden.«[470]

Die Agenten sollen demnach als Bundeswehrdeserteure oder »reumütige Rückkehrer« in die DDR über die Aufnahmeheime eingeschleust worden sein. Das MfS inhaftierte Hunderte junger Männer und unterzog sie monatelangen Verhören, bis sich das Bild einer in die DDR eingeschleusten BND-Geheimarmee zusammensetzen ließ. 1978 hatte die DDR-Justiz bereits 144 Personen wegen angeblicher AsA-Tätigkeit verurteilt.[471]

Die AsA sollten, so das MfS, DDR-Einrichtungen ausspähen und weiteren Agenten ermöglichen, mit dem Fallschirm über den Luftraum oder mit Hilfe von Kleinst-U-Booten über die Ostsee in die DDR einzusickern.[472] In einer Dissertation der Juristischen Hochschule des MfS in Potsdam-Eiche wurden diese Erkenntnisse ausgewertet. Danach hatten die AsA die Aufgabe, getarnte Raketenstellungen der NVA auszuspähen und dort elektronische Aufklärungs- und Störanlagen zu installieren. Sie sollten in Grenznähe Ablagestellen für Container (Waffen- und Materialverstecke) schaffen und im Grenzgebiet Schleusungspunkte sowie Unterschlüpfe für Agenten, zum Beispiel in Kleingartenkolonien, festlegen. Zudem sollten die AsA die Stimmung in der DDR-Bevölkerung analysieren und melden.[473]

Die MfS-Hauptabteilung IX nahm an, dass die AsA Kommandounternehmen des US-Geheimdienstes und der Bundesmarine vorbereiteten. Das MfS hatte in den frühen 1970er Jahren Militärübungen festgestellt, bei denen die heimliche Anlandung von Kampfschwimmern und Agenten an der DDR-Küste mit Hilfe von Kleinst-U-Booten trainiert wurde. Ausgangspunkte dieser Kommandounternehmen sollen Standorte der Bundesmarine und des Bundesgrenzschutzes in Neustadt, Kiel, Flensburg und auf Sylt gewesen sein.[474]

Im Juli 1978 musste das MfS jedoch feststellen, dass die vermutete AsA-Struktur überhaupt nicht existierte und die falschen Geständnisse der »Agenten« erpresst worden waren. Kleinlaut stellte die HA IX fest: »Die von der Leitung der HA IX in den letzten Jahren der Untersuchungsarbeit gegebenen Orientierungen waren – mit Ausnahme der die AsA betreffenden – richtig.«[475] Eine MfS-Kommission, die die Ergebnisse der HA IX überprüfte, stellte fest, dass »einseitige, voreingenommene Untersuchungsführung« sowie »fanatisches Wunschdenken und übersteigerter Ehrgeiz« der MfS-Vernehmer zu den falschen Aussagen der angeblichen AsAs geführt hatten.[476]

Der BND besaß in den 1980er Jahren tatsächlich nur sehr wenige Außenfunker in der DDR: Fogger (V-Nr. 11880) in Rostock und je einen Afu in Wismar und Cottbus.[477] Die in den 1950er Jahren in Pullach gehegte Illusion, der BND könne in der DDR ein Netz von Schweigefunkern an Aufklärungsbrennpunkte für die Vorwarnung vor Mobilmachungsmaßnahmen und die Meldung von Truppenbewegungen etc. im Kriegsfall aufziehen, hatte sich schon Anfang der 1960er Jahre erledigt.

Mit der Aufgabe der Sabotageplanungen und dem im Kapitel über die neue Ostpolitik dargestellten Aushungern des BND-Potentials durch die Bundeswehrführung in den frühen 1980er Jahren war das Stay-Behind-Potential deutlich defensiver geworden. Das änderte sich erst wieder für den Raum östlich des Eisernen Vorhangs 1984, nachdem die US-Streitkräfte 1982 ihre neue aggressive AirLand-Battle-Doktrin für das Schlachtfeld Europa in Kraft gesetzt hatten, die auch auf den massiven Einsatz von Spezialkräften im Rücken des Gegners setzte.[478]

In der NARA-Akte über den BND-Beamten Ebrulf Zuber (Ackermann) findet sich das Protokoll der Besprechung zwischen der CIA und dem neuen Abteilungsleiter 1 des Bundesnachrichtendienstes Rudolf Werner (Kempe) anlässlich dessen Antrittsbesuchs in Washington Ende August 1984. Werner hatte von sich aus Reformvorstellungen für die SBO seines Dienstes auf die Tagesordnung gesetzt. Die CIA packte die Gelegenheit beim Schopf, den BND um eine neue Art der Unterstützung für den Kriegsfall zu bitten. Diese war bisher nicht auf NATO-Ebene behandelt, sondern nur in informellen Kontakten angedacht worden. Konkret ging es der CIA darum, Partisanengruppen zur Unterstützung bei Operationen von US-Spezialkräften in der Tiefe der Staaten des Warschauer Vertrags zu organisieren. Dem frischgebackenen Beschaffungsleiter in Pullach wurden die sprachlichen und andere Anforderungen an solche »Pfadfinder« dargelegt. Werner stand dem Konzept positiv gegenüber – so die CIA – und versprach, dass der BND willens sei, Überlegungen anzustellen, wie er bei der Suche und Rekrutierung von solchem Personal in der Bundesrepublik hilfreich sein kann.[479]

Panik nach der Berlin-Blockade

Die Stay-Behind-Anfänge in der Organisation Gehlen ab 1949

Am 28. Oktober 1949 erhielt Richard Helms, der Leiter der Osteuropaabteilung im CIA-Hauptquartier in Washington, eine Nachricht von der CIA in Westdeutschland, die das »Odeum WT Sleeping Net«, das Schläfernetz von Funkern der Organisation Gehlen, betraf und in der leise Kritik geübt wurde. Sein Memo vom 7. Oktober gäbe zwar einen Hinweis auf die außergewöhnliche Tragweite seines Plans, aber das Fehlen der 88 Anlagen mache es den betroffenen Personen sehr schwer, nützliche Kommentare abzugeben. Helms – so der geschwärzte Absender – wolle wohl die weitere Verbreitung des Memorandums verhindern, um zunächst einmal Basisinformationen zu liefern.[480]

Das nicht freigegebene oder verschollene Memorandum MGKA-11378 vom 7. Oktober 1949 war die Geburtsurkunde des Stay-Behind-Programms der Organisation Gehlen. Zwar hatte die Org ab 1948 bereits E(rnst)-Fallfunker ausgebildet, die jedoch für den plötzlichen Notfall konzipiert waren. Erst ein Memorandum der Pullach Operating Base (POB) vom 20. Oktober 1949 erhob das Projekt 145 zu einem Dauerprogramm, verlieh ihm den *permanent status*. Es löste zugleich eine Reihe von Klärungsprozessen zu operativen Einzelfragen zwischen den amerikanischen und den deutschen Vorstellungen aus. So kritisierte die CIA, dass nach den Vorstellungen der Org nur der regionale Operateur darüber unterrichtet sein solle, wo Erdverstecke angelegt werden, selbst bei neutralen, keinem Team unmittelbar zugeordneten *blind caches*. So könnten durch dieses Konzept manche Depots im Kriegsfall verloren gehen. Erforderlich sei ein exakter Lageplan für jedes Depot in der Zentrale. Für fraglich hielt die CIA unter anderen auch die Pullacher Regelung, dass die Forscher, die nach geeigneten Kandidaten für eine SBO-Aufgabe Ausschau halten sollten, *blind bird-dogs* blieben, also nicht eingeweiht wurden, für welche Aufgabe sie Kandidaten aussuchen sollten.

Das größte Problem sah der US-Dienst in der Überlebensfähigkeit der V-Leute im Fall einer sowjetischen Besatzung. Bei der Rekrutierung der SBO-Agenten hatte die Org stets Wert darauf gelegt, stramme Antikommunisten für sich zu gewinnen. Schließlich sei aber die minimale

Voraussetzung, einer Deportation zu entgehen, eine prosowjetische Reputation. Das Problem, wie der Spagat zwischen einer antikommunistischen Gesinnung und einem sowjetfreundlichen Ansehen in der Öffentlichkeit bewerkstelligt werden könnte, war ungelöst. Es wurde auch dadurch nicht geringer, dass die Org im Kriegsfall zusätzlich ein kleines Netz zur politischen Aufklärung aus Agenten vorsah, mit denen sie die KPD bereits im Frieden infiltriert hatte, zumal die CIA eine Trennung zwischen politischer und militärischer Aufklärung ohnehin nicht für sinnvoll hielt.[481]

Der CIA-Stationschef in Karlsruhe wies Critchfield im April 1950 auf die Entwicklung der Pullacher Ambitionen hin. Die Org habe in der ersten Panik nach der Berlin-Blockade die Gelegenheit beim Schopf ergriffen, offensichtlich von der U.S. Army angestiftet, in das Stay-Behind-Feld vorzustoßen. Sie habe Schützengräben für den Notfall ausheben lassen und mit Schanzarbeiten begonnen sowie eine SBO-Keimzelle von 54 Agenten und 20 Funkern gebildet. Damals sei Westdeutschland in 75 Sektoren aufgeteilt worden, von denen in dieser ersten Phase zwölf abgedeckt wurden. In einer zweiten Phase wollte die Org in 37 der 75 Sektoren Teams aus je einem Agenten und einem Funker aufstellen, 15 davon in Süddeutschland, drei im Rheinland und 19 im Norden. In der dritten Phase wolle sie das Netz aus 75 Teams komplettieren.

In seinem Schreiben vom 18. April 1950 nahm der CIA-Stationschef in Karlsruhe gegenüber James H. Critchfield, dem CIA-Leiter der Pullach Operating Base, auch Stellung zum Projekt 145 (F-Netz) und schickte voraus, dass man in Zeiten der Haushaltsberatungen über etwas rede, dass finanziell zu ambitioniert und operativ nicht machbar sei. Zugleich legte er den Sachstand vor: In der DDR saßen im Afu-Projekt 127 sieben Funker an Schlüsselpositionen an der Oder-Neiße-Linie. Die Außenfunker sollten im Kriegsfall nur führungstechnisch umgestellt werden. Echte Schläferagenten gab es nur drei in Berlin und Potsdam. Um das bestehende Rumpfnetz im Westen aufrechtzuerhalten, verlangte die Org 15 000 DM pro Monat, die Aufstockung auf 37 Teams erforderte etwa 30 000 DM und das komplette Netz monatlich 50 000 DM. Von den zur Zeit bewilligten Mitteln gab es jedoch nur 9000 DM aus dem Sonderprojekt SBO, 6000 DM musste die Org aus ihrem normalen Etat bestreiten, überwiegend die Personalkosten für den Leitungsstab.

Der CIA-Stationsleiter Karlsruhe war insgesamt sehr skeptisch gegenüber den ambitionierten Planungen der Org und votierte dafür, zunächst einmal nur ein oder zwei Teams aufzubauen, um dann später zu entscheiden, ob und wie die Vorstellungen Gehlens umgesetzt werden sollten.[482]

Die Skepsis in Karlsruhe beruhte natürlich zum großen Teil auf Konkurrenzdenken gegenüber der Pullach Operating Base, da der Chief of Station mit den KIBITZ-Netzen eigene Eisen im Feuer hatte und zudem über das BDJ-TD-Projekt der Frankfurter CIA-Deutschlandführung unterrichtet war.

In drei Tagen am Rhein? Die amerikanische Lagebeurteilung der sowjetischen Streitkräfte

Alle Stay-Behind-Planungen sind nur vor dem Hintergrund des Kriegsbildes verständlich, das die Westalliierten und die Vordenker der Wiederbewaffnung in Westdeutschland hatten. Im Nachlass von William R. Philp findet sich die Lagebeurteilung über einen möglichen Plan der sowjetischen Streitkräfte für eine Konzentration der Kräfte und einen darauf folgenden Angriff in Zentraleuropa vom April 1949, also zu einem Zeitpunkt, als Oberst Philp in Pullach für die U.S. Army die Aufsicht über die Organisation Gehlen führte. Die achtseitige Studie[483] gliederte diesen Angriff in drei Phasen: Vom Beginn der Konzentration der taktischen, in der SBZ stationierten Streitkräfte über die strategische Konzentration der Kräfte in Polen und der westlichen UdSSR bis zum *x-day*, dem Tag, an dem sowjetische Truppen die Zonengrenze überschritten hätten.

Als erste Welle sah die Bedrohungsanalyse eine Nordgruppe aus der 3. Sturm-Armee und der 2. mechanisierten Garde-Armee, eine Zentralgruppe aus den 3. und 4. mechanisierten Garde-Armeen und eine Südgruppe aus der 8. Garde-Armee und der mechanisierten 1. Garde-Armee. In der zweiten Welle wurden sechs Divisionen aus Pommern und Schlesien sowie sieben Divisionen aus der westlichen Sowjetunion vermutet, in der dritten weitere sieben Divisionen aus den westlichen Militärbezirken. Bereits die 22 Divisionen der ersten Welle würden nach drei Tagen den Rhein erreichen, während die zweite Welle zeitgleich mit 13 Divisionen die Zonengrenze und die dritte Welle mit sieben Divisionen die Elbe überschreite. Von da an sei nur alle drei Tage mit dem Nachführen weiterer sechs Divisionen zu rechnen, weil die Verkehrslinien in erster Linie für den Nachschub gebraucht würden. Nähme man die drei Divisionen hinzu, die über Österreich angreifen, sähe man sich nach drei Kriegstagen insgesamt 45 Divisionen gegenüber, die keineswegs am Rhein haltmachen würden, wenn ihnen nicht starker Widerstand begegne. Als effektive westliche Gegenmaßnahmen sah das Papier die Bombardierung der Eisenbahnlinien durch Polen, vorrangig die Zerstörung der Brücken über Oder und Neiße, anhaltende Luftangriffe auf die Aufmarschräume in Polen, Gegenangriffe gegen die erste sowjetische Staffel östlich des Rheins und schließlich den Aufbau einer verlässlichen Verteidigungslinie entlang des Rheins vor.[484] Die oft bespöttelte Furcht Konrad Adenauers, die Russen ständen im Fall eines Angriffs in drei Tagen am Rhein, seine Sorge um ein völlig verwüstetes Europa, die ihn bis auf das Totenbett begleitete,[485] entsprach diesem Worst-Case-Szenario der US-amerikanischen Militärführung in Europa.

Adenauers erster militärischer Ratgeber Graf Schwerin ging in seinem Aide-Mémoire für die Westalliierten vom 15. Juli 1950 von einem ähnlichen Kriegsbild aus und formulierte als mögliche westdeutsche Abwehrmaßnahmen bereits wesentliche Elemente der späteren Stay-Behind-Programmatik: »Verbarrikadierung unzugänglicher Wald-, Sumpf- und Gebirgsgegenden, an denen die Invasion voraussichtlich zunächst vorbeistoßen wird. – In diesen ›Fluchtburgen‹ könne sich der kampf- und widerstandswillige Teil der Bevölkerung sammeln, bewaffnen und entweder die rückwärtigen Verbindungen der sowjetischen Panzerspitzen angreifen oder sich in Ordnung gesammelt nach Westen durchschlagen … Es wäre erwünscht, in diesen Fluchtburgen geheime und gesicherte Waffendepots (leichte und panzerbrechende Waffen) vorzubereiten, die unter Aufsicht zuverlässiger und den Alliierten bekannter deutscher Elemente stehen. Es wäre weiter erwünscht, den erforderlichen Nachschub durch nächtliche Luftversorgung und Verbindungsflugzeuge mit behelfsmäßigen Landebahnen vorzubereiten.«[486]

Erste Schritte zur Gründung der Stay-Behind-Organisation: Das F-Netz

Im Tagebuch von Heinz Danko Herre, dem zentralen Ansprechpartner der CIA in Pullach, findet sich für 1949 kein einziger Eintrag zur Stay-Behind-Organisation (SBO). Entsprechende Notizen beginnen erst im Januar 1950, und sie beginnen mit personellen Fragen. Am 7. Januar 1950 wandte sich Gehlens persönlicher Referent Walter Lobedanz (Löwe) gegen die Verwendung von Oberst i. G. a. D. Johannes Härtel (Heller) im *sleeping net*.[487] Am 13. Januar 1950 lud Gehlen die Generale August Winter (Wollmann) und Wolfgang Langkau (Langendorf) sowie Oberst Heinz Danko Herre (Herdahl) zu einer ausführlichen Besprechung über das Schläfernetz ein und »schielt dabei auf Herrn Wollmann, der aber nichts zu merken scheint«.[488] Eine Woche später hatte Gehlen Winter eröffnet, dass der die Leitung des Schläfernetzes übernehmen soll. Wollmann nahm diese Entscheidung nicht begeistert auf.[489]

Am 9. Februar 1950 ließ James H. Critchfield gegenüber Herre erkennen, dass er »den energischen Aufbau des F-net für besonders wichtig« halte und war angetan, dass Gehlen es General Winter anvertrauen wollte.[490] Auch Beschaffungsleiter Walter Schenk (SCHACK) begrüßte die Entscheidung für Winter am darauffolgenden Tag.[491] Am 15. Februar deutete sich aber bei Gehlen ein Sinneswandel an. Anstelle von Winter plante er nun, seinen seit drei Jahren in der Org beschäftigten Schwager Brinkhard von Seydlitz-Kurzbach (SEIDEL)[492] an die Spitze des Stay-Behind-Programms zu setzen. Herre riet ihm ab, weil dies eine Unterbewertung von »Winnetou« – so dessen Spitzname – sei.[493] Am 2. März wartete der Org-Chef mit einem neuen Personalvorschlag auf: Horst Wendland (WENDT), der Leiter der Zentralabteilung, könne das F-Netz übernehmen.[494]

Am 6. März 1950 lehnte Critchfield die von der Org erbetenen Mittel für das Netz zunächst ab, weil sie es versäumt hatte, die nötigen Unterlagen beizubringen.[495] Am 6. April 1950 machte Herre noch einmal Druck bei dem CIA-Chef in Pullach, das F-Netz-Programm so schnell wie möglich zu genehmigen.[496] Nachdem der Frankfurter CIA-Chef Gordon M. Stewart bei Critchfield war, wurden die Gelder am 21. April in bisheriger Höhe genehmigt und eine Aufstockung aus Washington in Aussicht gestellt.[497] Drei Tage später betonten Stewart und Critchfield bei einer Besprechung mit Gehlen in Pullach, wie wichtig ihnen das F-Netz-Programm sei.[498]

Am 26. April schlug Critchfield Herre vor, ganz im Sinne der Ratschläge, die er aus Karlsruhe erhalten hatte, erst einmal mit kleinen Versuchsteams zu starten. Herre empfahl daraufhin am nächsten Tag dem Beschaffungsleiter Schenk, mit solchen Teams energisch einzusteigen, damit die Amerikaner nicht sagen könnten, »die wollen ja gar nicht«. Und er setzte mit Critchfield für die kommende Woche eine Debatte zu diesem Thema an.[499] Am 3. Mai eröffnete Gehlen Winter in der Stabsbesprechung, dass er das F-Netz übernehmen solle, doch der sträubte sich mit Händen und Füßen, er wolle liebe 30,0 (nomineller Stellvertreter Gehlens bleiben), »schon der Tarnung wegen«. Die nachmittägliche Besprechung von Herre, Winter und Schenk mit Critchfield und dessen Experten für Fernmeldeangelegenheiten STIMPSON nahm dennoch einen günstigen Verlauf.[500]

Am 18. Mai unterbreitete Herre Peer de Silva, einem der drei stellvertretenden CIA-Chefs in Pullach, den Finanzierungsvorschlag der Org für das F-Netz.[501] Fünf Tage später brachte eine große deutsch-amerikanische Konferenz in Pullach den Durchbruch. »Sehr vernünftige Haltung der amerikanischen Herren, Einigung in allen Punkten. Endgültige Entscheidung soll in 2 Tagen fallen«,[502] notierte Herre befriedigt. Die Detailentscheidung über das Stay-Behind-Programm ließ jedoch noch auf sich warten, weil sich hoher Besuch aus Washington ankündigte. Der Leiter der Osteuropaabteilung der CIA, Richard Helms, kam am 27. Mai nach Pullach und versicherte Gehlen: »Ihre Zukunft ist gesichert.«[503]

Am 26. Juli 1950 genehmigten die Amerikaner dann die Erweiterung des F-Netzes.[504] Und fünf Tage später erhielt Herre von Critchfield eine schriftliche Bestätigung zum Ausbau dieses Netzes.[505] Am 22. August »heizt« Herre den CIA-Offizier STIMPSON wegen der vier Kfz für das F-Netz an.[506]

Das Jahr 1951 begann am 2. Januar mit gemeinsamen Überlegungen von General Winter und Herre, wie das F-Netz weiter zu betreiben sei.[507] Zwei Tage später unterbreitete Winter Gehlen ein Konzept zur Vorlage bei der CIA, das Anton Halter (HAMMER) verlas, seit 1949 in der Org Leiter Beschaffung in Satellitenstaaten. Bei Herre stieß das »Pamphlet« auf wenig Gegenliebe, zumal Winter ihm die Unterlagen über die hauptamtlichen Mitarbeiter vorenthielt.[508] Am nächsten Tag versuchte Herre in Halters Memorandum konstruktive Vorschläge einzubauen.[509] Am 5. Januar 1951 war Peer de Silva, der Critchfield urlaubsbedingt als Chef der Pullach Operating Base vertrat, sehr ungehalten, weil auch ihm die Klarnamen der Org-Leute im F-Netz verschwiegen werden sollten. Er verlangte die Personenangaben und drohte unverhohlen mit dem »Geldbeutel«.[510] Drei Tage später setzte auch Herre Halter die Pistole auf die Brust: Wenn er nicht eine schärfere Form des Memorandums vorlege, würde er die Förderung der Angelegenheit einstellen. Die Drohung zeigte Wirkung. Am 11. Januar konnte Herre de Silva die Budgetplanung für das Netz vorlegen, der Critchfield noch am Nachmittag voll zustimmte.[511]

Im Januar 1951 erhielt das Stay-Behind-Programm einen neuen Decknamen, anstelle von MARS firmierte es nunmehr unter SATURN, und Peer de Silva teilte Gehlen mit, dass der CIA-Stab einen eigenen SATURN-Bearbeiter bekäme.[512] Von da an firmierte das Stay-Behind-Programm der Org – geführt von ihrer Gruppe 34 – unter der Deckbezeichnung SATURN. Die Unterprogramme waren zunächst:

- FOX für die Versorgung aus der Luft mit erkundeten Absetz- und Landezonen,
- WIESEL für das Anlegen von (Erd-)Depots mit Funk- und Waffenvorräten sowie Überlebensrationen und Sanitätsmaterial,
- STORCH als Außenfunker- und Lagebeobachterprogramm in West-, Ostdeutschland und Berlin (zuvor F-net bzw. Projekt 145, bzw. KRANICH).

Das geheime Inlandsfunknetz, »das erst im Falle der Besetzung des Bundesgebiets durch feindliche Streitkräfte aktiviert werden sollte, [...] erreichte mit den Jahren einen recht erheblichen Umfang«,[513] verriet 1984 Leo Hepp (Höbl) – Gehlens Technikchef (Gruppe 36) ab 1948 – in seinem Rückblick auf die geheimen Funkverbindungen des BND. Für das F-Netz wurde – so eine Org-Studie vom Juni 1950 – eine eigene Funkgruppe zur Werbung und Ausbildung von Funkagenten gebildet, die in einer eigens geschaffenen Außenstelle untergebracht wurde. Im Zusammenwirken mit der taktischen Auswertung in Pullach – Deckziffer 45 – wurden in den Westzonen 75 Punkte – vornehmlich Bahnknotenpunkte und Flugplätze – festgelegt, in deren Nähe je ein F-Agent und ein F-Funker im Ernstfall Position beziehen sollten. Im Juni 1950 waren aus Mangel an Geldmitteln aber erst 23 F-Funker in Einzelausbildung geschult worden. Die Agententeams sollten nach dem Überrollen durch feindliche Verbände dann über Funk Lageinformationen an die Org senden. Ihr weiterer Auftrag bestand im Ausschleusen wichtiger Persönlichkeiten aus besetzten Gebieten. Die Inlandsfunker erhielten nach Abschluss ihrer Ausbildung ihr Funkgerät und die benötigten Funkunterlagen. Ihre Einsatzfähigkeit wurde von Zeit zu Zeit durch einen speziellen Übungsfunkverkehr überprüft.[514]

Bei einer deutsch-amerikanischen Stabsbesprechung am 2. März 1951 kündigte Critchfield als monatliches Fixum für Saturn 10 960 DM an, zuzüglich weiterer Mittel von Fall zu Fall.[515] Doch am 25. Januar 1951 nahm die Pullach Operating Base die Org an die kurze Leine. Die Planung für das F-Netz gehe an die Amerikaner über, erklärte de Silva gegenüber Herre, alle Meldungen und Anfragen an die Org müssten künftig über ihn als dem Operativchef der CIA in Pullach laufen.[516]

Die Org würde hoffen, sich schon zu Propagandazwecken mit einer irgendwie gearteten deutschen Exilregierung zu verbünden, betonte der Karlsruher CIA-Chef gegenüber der CIA-Zentrale im Juni 1951, aber es sei kristallklar, dass der Gehlen-Apparat komplett dem amerikanischen oder alliierten Geheimdienstapparat unterstellt sei. Einig sei man sich mit Gehlen, dass es besser sei, mit den Planungen nicht auf SHAPE zu warten, sondern sie eigenständig voranzutreiben, auch wenn Vorgaben dieses NATO-Hauptquartiers für Europa später radikale Änderungen erfordern würden.[517]

Vor der Wiederbewaffnung war die Org auf zwei Typen von Tarnungen angewiesen: Entweder sie nutzte eine von den US-Streitkräften via CIA geliehene militärische Abdeckung als Einrichtung der Stationierungsstreitkräfte, oder sie gründete eine Tarnfirma. Zunächst hatte die CIA Anfang 1951 beim European Command drei fiktive Einheitsbezeichnungen angefordert und erhalten: Eine 6211 Engineer Service Company als Cover für den SATURN-Führungsstab in München, eine ebenso fiktive 6434 Signal Operations Company für die Rekruteure und Reiseagenten mit Sitz in einem Frankfurter Haus und die 6440 Engineer Topographical Unit als Scheineinheit für das Personal, das die Erddepots anlegte. Aus Sicht der CIA hatte dieses Verfahren den Vorteil, dass der US-Dienst Identitätskarten für alle Org-Mitarbeiter in diesem Programm ausstellen musste und so an die Klarnamen aller Beteiligten kam. Am 2. April 1951 waren der Org diese Identitätskarten ausgehändigt worden.[518]

Im Januar 1952 favorisierte die Org das Modell, das SATURN-Projekt nicht mehr durch eine fiktive Army-Einheit, sondern durch die Tarnfirma Südtechnik abzudecken und traf entsprechende Vorbereitungen.[519] Die Führungsaußenstelle wurde in München als Firma Südtechnik (Schmidt & Co.) in der Böcklinstraße 55 untergebracht, dem sogenannten WAGNER-Haus.[520] Am 18. Dezember 1952 wandte sich der Leiter des SATURN-Programms General August Winter schriftlich an seinen Pullacher CIA-Partner, indem er auf die Unzulänglichkeit des WAGNER-Hauses hinwies. Es sei schlichtweg zu klein. Für ein Hauptquartier in München seien zwölf Räume einschließlich einer Hausmeisterwohnung erforderlich. Vor dem Hintergrund eines glaubwürdigen Außenbildes der Tarnfirma seien zwei Objekte erforderlich, eines in einem Geschäftshaus in der Münchener City, während die Besatzung des Hauses WAGNER in der Umgebung angesiedelt sein könnte. Die Verlagerung des Führungsstabes aus dem Pullacher Compound in die bayerische Landeshauptstadt – argumentierte Winter – spare Telefon- und Kraftfahrzeugkosten sowie Reisekosten für das Personal. Doch alle bisherigen Bemühungen zwischen April und September 1952, ein passendes Objekt anzumieten, seien gescheitert.[521]

Der Überblick der CIA über die Tarneinrichtungen der Org vom Frühjahr 1955 zeigt, wie Winters Wünsche mit dem weiteren Ausbau des Stay-Behind-Programms umgesetzt wurden. Die Firma Südtechnik erhielt ein weiteres Gebäude in der Landwehrstraße 35 unweit des Stachus in München, das als Schulungs- und Fernmeldestelle ausgewiesen war, und Teile des Fernmeldebereichs (Deckziffer 900) erhielten ein Objekt in Oberpfaffenhofen. Das Technisch-wissenschaftliche Büro des Spezialarchivs für Wirtschaft und Technik in der Münchener Residenzstraße 25 nahe der Feldherrnhalle war Anfang der 1950er Jahre eine weitere Deckadresse für 900. 1955 sah die CIA hier eine Vollzeitschule der Org, die auch als Treffpunkt fungierte. An weiteren Außenstellen von 900 lokalisierte die CIA das Objekt SERIOSA (Firma Schultz & Co.) in München (Stöberlstraße 2), das Privathaus von Carl Heinz Nette in München-Riem (Graf-Lehndorff-Straße 49) als Safe House und Treffort sowie in derselben Eigenschaft ein Gebäude in Starnberg (Max-Emmanuel-Straße – Site Nr. 729).[522]

Am 27. September 1950 teilte der Chef der CIA-Osteuropaabteilung – nunmehr Foreign Division M – dem CIA-Stationsleiter Karlsruhe mit, dass die Vorbereitungen, um die ersten fünf Pilot-Teams der Org im Project 145 zur Einsatzreife zu bringen, zufriedenstellend vorangekommen waren.[523] Am 10. November 1950 erhielt Richard Helms einen Überblick über den Ausbaustand des F-Netzes der Org, der zunächst dessen Funktion zusammenfasste: In der kurzen Kampfphase sollten die Außenfunker sich auf die Aufklärung militärischer Bewegungen und Absichten konzentrieren, während der langen Besatzungszeit Militär, Wirtschaft, Politik und Spionageabwehr abdecken. Der Pullacher Leitungsstab bestand da bereits aus acht Mitarbeitern, die im Feld acht Fallführer, Fernmeldeführer und Funkausbilder führten. Für die fünf Regionen, in die Westdeutschland aufgeteilt worden war, sollten je 15 zweiköpfige Teams aus einem Außenfunker und einem Agenten aufgestellt werden. Tatsächlich standen fünf fertig ausgebildete Operateure in München, Frankfurt, Bremen und Hannover zur Verfügung, drei weitere Agenten saßen in München und Frankfurt. Im September/Oktober hatten erfolgreiche Funkübungen mit der Funkstation der Org und Blindfunktests mit dem Außenposten in Frankfurt stattgefunden, die das Office of Special Operations von drei seiner Stationen überwacht hatte. Im Krisenfall konnten zehn operativ tätige Außenfunker in der DDR, der Tschechoslowakei und Österreich in das Stay-Behind-System integriert werden.

Die Ausbauphase sah vor, den Stab von acht auf 14 Köpfe aufzustocken und ihm ein Hauptquartier zu schaffen. Von den 75 vorgesehenen Agenten waren aber nur drei voll ausgebildet, sechs wurden aktuell geschult, und 19 waren zwar rekrutiert, aber noch nicht ausgebildet. Von den 75 projektierten Funkern waren fünf einsatzfähig, sechs in Ausbildung und elf nur rekrutiert. Das Ausbildungsprogramm für die Außenfunker im Morsen und Verschlüsseln bis hin zu einer Grundausbildung im geheimdienstlichen Handeln fand in einem dreiwöchigen Basiskurs statt, während die Agenten in 50 Stunden innerhalb von drei Monaten in Meldewesen, Sicherheitsfragen und Zielbeschreibungen geschult wurden. Von den 100 benötigten RS-1-Funkgeräten waren im Haushaltsjahr 1951 50 verfügbar gemacht worden, ebenso sechs von den zehn SSP-11 und zehn SSTR-1 befanden sich in Funkstationen. Die monatlichen Kosten für das F-Netz betrugen ohne Versorgungsgüter 20000 D-Mark, etwa 4000 US-Dollar, und sollten nach dem 1. Januar 1951 auf monatlich 5000 US-Dollar zuzüglich einmaliger Kosten für die Versorgungsgüter in Höhe von 3000 US-Dollar ansteigen.[524]

Mit dem Projekt ICEBERG unterhielt die CIA-Station in Wien von 1948 bis 1953 ein eigenes umfangreiches SBO-Programm.[525] Dennoch gab es bis 1955, als Österreich als neutraler Staat souverän wurde, Pullacher Parallelstrukturen. Am Nachmittag des 5. Januar 1951, als Herre mit dem Sicherheitschef der Org Kurt Kohler (KLAUSNER) über die Entwicklung der Spionageabwehraufgaben in Österreich sprach, schlug er ihm vor, »A« – vermutlich Kurt Auner (MALLNER) von der Außenstelle Salzburg – könne doch das F-Netz in Österreich übernehmen.[526] Am 15. März 1951 erfolgte dann die Freigabe von Verhandlungen mit der Projektführungsgruppe 39 für SATURN Österreich.[527] Als die Washingtoner Europaabteilung der CIA im Februar 1952 den Bedarf an Containern für Erdverstecke festlegte, waren für Österreich 20 Container – je zehn vom Typ EC-2 und vom Organisation-Gehlen-Typ – vorgesehen, bei einem Sofortbedarf von je dreien bis zum 1. Juli. Ihr Inhalt bestand aus Kleinwaffen, Munition, Sanitätsmaterial, Goldmünzen, Uhren und Juwelen. Selbst für die Schweiz wurde ein Bedarf an drei Containern ermittelt, die jedoch nur je einen Funkgerätesatz RS-6 enthalten sollten.[528]

Den Anfang November 1952 erreichten Sachstand des Stay-Behind-Programms der Org spiegelt ein Statusbericht der CIA. Der Leitungsstab umfasste mittlerweile 20 Personen, davon vier in der Administration, fünf im Funkwesen, sieben Personen im Bereich Operationen und Ausbildung sowie vier in der Kriegsplanung. Das Stabspersonal im Feld umfasste 20 Org-Mitarbeiter: in jedem der fünf Regionalbereiche einen Fallführer, seinen Stellvertreter, einen Fernmeldeführer und einen Funkausbilder. Bei den Einsatzteams gab es zwölf einsatzbereite Zwei-Mann-Gruppen mit je einem Agenten und einem Funker, vier aus einem in Doppelfunktion agierenden Einzelkämpfer, sieben Operateure und neun Agenten. In Ausbildung befanden sich je sieben Zwei-Mann-Trupps und Einzelkämpfer, elf Operateure und zehn Agenten. Bis Ende Juni 1953 – so die Planung – sollten 60 vollständige Teams aufgestellt sein. Erdverstecke waren bis November 1952 von einem fünfköpfigen Trupp an 65 Standorten angelegt worden: 14 enthielten Vorräte, 18 Funkausrüstung sowie Goldmünzen, 28 Erste-Hilfe-Ausstattungen und fünf Handgeneratoren. Bis zum 30. Juni 1953 sollten zwei Depots für jedes Team mit Funk- und

Erste-Hilfe-Ausrüstungen sowie zehn Erste-Hilfe-Lager in Berlin angelegt sein. Zweiköpfige Empfangskomitees, bestehend aus einem Fallführer und einem Funkausbilder für die Versorgung aus der Luft sowie dem Ein- und Ausfliegen von Personal, gab es in den zwei Sektoren, in die Westdeutschland eingeteilt war. An unterstützenden Agenten fehlte es noch völlig, sechs achtköpfige Teams lautete die Zielvorgabe. Die abgesetzte Funkstation bestand aus einem Verbindungsoffizier, seinem Stellvertreter, einem Fernmeldetechniker und zwei Funkern. Die Station war aufgrund von politischen Überlegungen nur partiell einsatzbereit, weil ausschließlich Blindfunk genutzt wurde.[529] Die Europaabteilung der CIA legte am 19. Februar 1952 den Bedarf an zu vergrabenden Containern fest und setzte für die Org 100 Stück vom Typ EC-2 an. Ein Standardcontainer enthielt drei belgische Pistolen, Munition, zwei Handgranaten und 100 Goldmünzen. Im Falle der Org kam ausgewähltes Sanitäts- und Verpackungsmaterial hinzu.[530]

Die CIA-Station Pullach berichtete am 22. Oktober 1952 nach Washington über eine Besprechung mit den ranghohen Fallführern des STORCH-Programms, die sich mit der Panne beim Bund Deutscher Jugend beschäftigte. Wo nötig, sollten die Fallführer ihre Agenten darüber informieren, dass sie nicht mit dem BDJ verbunden seien, dass sie im Gegenteil sogar die Unterstützung des Bundeskanzlers hätten, betonte der anwesende Gehlen. Die Fallführer berichteten, dass es in ihrem Bereich bisher keine ernsthaften Reaktionen gegeben habe und bisher auch kein Agent von der Fahne gegangen sei. Was die Rückendeckung durch Konrad Adenauer betraf, hatte Gehlen seine Männer aber getäuscht. Er hatte noch kein Gespräch mit dem Kanzler über das Stay-Behind-Programm geführt. Es stand zwar auf der Agenda, und der US-Dienst im Isartal versprach der Zentrale, die Ergebnisse zu melden.[531]

Von der Auflösung des Technischen Dienstes des BDJ sollte die Org personell profitieren. »Wir wurden nämlich später im Auftrag der Amerikaner mit der damaligen ›Organisation Gehlen‹ nachrichtendienstlich vereinigt«,[532] behauptete der BDJ-Landesleiter für Oldenburg und Bremen Dieter von Glahn in seinen Memoiren. Diese pauschale Behauptung ist aber definitiv unwahr, denn keine der CIA-Personalakten über die Partisanentruppe des BDJ weist eine Anschlussverwendung bei der Org aus. Insbesondere die ehemaligen SS-Offiziere waren nicht in die Org übernommen worden, schon deshalb nicht, weil ihre Namen durch die polizeilichen und staatsanwaltlichen Ermittlungen öffentlich geworden waren. BDJler sind allenfalls zum kleinen Teil bei der Organisation Gehlen gelandet, ebenso wie nur wenige Angehörige der aufgelösten KIBITZ-Netze zur Org kamen, wie Otto Daur, 1953 Kurier in der Generalvertretung G und vormals der KIBITZ 122,[533] oder Eduard Wöllner, der spätestens 1956 beim Bundesnachrichtendienst gelandet war. Er trug die Decknamen GÜNTER WOEST und HAENDLER und hatte die V-Nr. 215111.[534]

Die im Rahmen des »Nazi War Crimes Disclosure Act« freigegebenen CIA-Akten machen an drei prominenten Beispielen deutlich, dass auch in der Stay-Behind-Organisation der Org NS-belastetes Personal tätig war. Leiter der Area B der Org-Gruppe 34 Rhein-Main (STORCH) – einer Zweigstelle von 900 – war der ehemalige Leiter der Stapoleitstelle Düsseldorf, Dr. Hans Schmitz (DR. SCHNEIDERHAHN). Der ehemalige Kriminaldirektor war vor 1952 in die Org eingetreten und arbeitete unter dem Cover der 6434. Signal Operations Company.[535] Der ehemalige SS-Hauptsturmführer Adolf Supper, den die CIA als fanatischen Nazi und als Sicherheitsrisiko einschätzte, wurde erst im Oktober 1954 für die Org rekrutiert (HOLZER – V-Nr. 20798) und als Funkoperateur 9 bei der Dienststelle 900/STORCH eingesetzt.[536] Was den 55-Jährigen für die Organisation Gehlen interessant machte, war seine Erfahrung als Amateurfunker, denn er zählte im August 1944 zu den nur 151 Inhabern einer Kriegsfunklizenz – Rufzeichen D4nob.[537] Der ehemalige Feldpolizeichef Wilhelm Krichbaum (WALTER KRUG – V-NR. 8838) fungierte bis zu seinem Tod im April 1957 als Leiter des Referates III im SBO-Stab 900 und wurde dann durch den BND-Mitarbeiter GENSKE ersetzt.[538] Von Anfang 1951 bis zu seinem Tod im April 1957 saß er als kaufmännischer Angestellter in der Scheinfirma Siegert & Co. GmbH (Objekt BADENSIA) in der Münchener Augustenstraße 78.[539]

Auch die Pflöcke für eine angelsächsische Zusammenarbeit für Stay-Behind-Operationen in Westdeutschland waren bereits Anfang Januar 1953 eingeschlagen worden. Bei einem Treffen der CIA mit dem britischen Dienst am 16. Januar 1953 in Bonn war ein Koordinationstreffen vereinbart worden. Der britische Vertreter war sich wohl bewusst, dass das Clandestine Planning Committee bei SHAPE die Richtlinien für die Zusammenarbeit bestimme, hielt jedoch eine Abstimmung im Feld für erforderlich, auch um eine realistische gemeinsame Sicht bei der Umsetzung der Vorgaben vorzubringen. Er kündigte der CIA dazu die baldige Ankunft eines Vertreters aus London an, der seinen SBO-Stab treffe.[540]

1953 wurde der Pullacher CIA-Stab um einen Stay-Behind-Spezialisten im Rang eines Obersten erweitert.[541] Ende November 1954 erhielt die CIA in Pullach für den gemeinsamen Notbetrieb mit der Org vom

EUCOM eine transportable Fernmeldestelle, weil die Befürchtung bestand, die ortsfeste Einrichtung könne im Kriegsfall durch Sabotage ausfallen. Die Antennen der Stand-by-Anlage waren aufgebaut und ein Probefunkbetrieb aufgenommen worden.[542]

Ende Dezember 1953 gab Critchfield seinem Vorgesetzten in Washington erneut einen Sachstandsbericht über das Projekt SATURN. Eingangs hielt er fest, dass wegen des allgemeinen Einsparungsdrucks die monatlichen Zuwendungen für die Gruppe 34 von 105 000 auf 90 000 DM im Monat gekürzt worden waren. Diesen Einsparungen war auch der Plan zum Opfer gefallen, in Berlin einen weiteren STORCH-Abschnitt aufzuziehen. Neben den finanziellen Problemen, berichtete der Chief of Base, seien aber auch einzelne Verbindungsführer an ihre Grenzen gestoßen. Beim Bemühen, neue Teams aufzubauen, habe es Einbußen bei der Qualität und in Sicherheitsfragen gegeben. V-Leute, die aus Sicherheitsgründen längst hätten ausgesondert werden müssen, wurden immer noch beschäftigt. Ältere Agenten, die schon drei oder mehr Jahre aktiv seien, müssten abgeschaltet werden. Andere hätten schon seit langer Zeit an keiner Ausbildung mehr teilgenommen. Defizite gab es auch bei den Instruktionen, der Vorbereitung neuer Funkpläne und bei der Anlage der Erdverstecke. Neben besserer Finanzausstattung hielt Critchfield es für geboten, die V-Leute bei Stay Behind ebenso regelmäßig zu überprüfen und gegebenenfalls auszumustern, wie es bei den Agenten der operativen Beschaffung in der Gruppe 50 geschähe. Um der Gefahr vorzubeugen, dass der Feind überhaupt von der Existenz der Stay-Behind-Gruppe erfahren könnte, forderte Critchfield für die SBO des kommenden BND eine scharfe Trennung zwischen der SBO und allen übrigen Operationen sowie eine spezielle Tarnung für den Stab und die V-Leute von 34, um einem Eindringen des Feindes schon vor Kriegsbeginn vorzubeugen.[543]

Neu war an Critchfields Idee, zwei Arten geheimer Zellen zu schaffen: Erstens sich selbst rekrutierende Zellen oder Residenten, die erst im Kriegsfall neue Agenten heranziehen sollten, deren Überlebensfähigkeit in Friedenszeiten gar nicht beurteilt werden könne. Zweitens sollten neue Unterstützungszellen aufgebaut werden, die Material für von außen zugeführte V-Leute bereithalten sollten.

Der Hoffnung, dass Stay-Behind-Agenten bereits in den ersten Tagen nach Ausbruch eines Krieges einen befriedigenden Meldefluss garantieren könnten, erteilte er eine Absage. Es komme auf die langfristige Aufklärung strategischer Ziele an. Das auf Funk abgestützte Meldewesen erlaube keine endlos lange Durchgabe statistischer Daten. Vielmehr müssten Verbindungsführer und V-Männer darin ausgebildet werden, wichtige Informationen zu erkennen und sie kurz und präzise zu übermitteln. Die Hauptforderung an die Gruppe 34 lautete: Qualität statt Quantität.[544]

Auf Freunde angewiesen: Die Evakuierungsplanungen der Organisation Gehlen

Alle Kriegspläne der Org sahen vor, den gesamten Apparat sowie einen Großteil der Familienangehörigen mit Ausnahme der Überrollagenten vor einem sowjetischen Angriff weit westlich des Rheins in Sicherheit zu bringen. Dafür benötigte die Org die Unterstützung der Partnerdienste, die sie unter amerikanischer Treuhänderschaft jedoch nicht selbständig arrangieren durfte. Die Grundsatzweisung der Geheimdienstabteilung des European Command (EUCOM) hatte am 13. Oktober 1948 festgeschrieben, dass kein Angehöriger der Organisation Gehlen Kontakt zu ausländischen Nachrichtendiensten oder Regierungen aufnehmen durfte, ohne zuvor die Zustimmung des EUCOM eingeholt zu haben.[545] In Bezug auf Geheimdienstkontakte schrieb auch die CIA diese Regelung der U.S. Army fort. Das »Grundlegende Übereinkommen« zwischen James H. Critchfield und Reinhard Gehlen legte unter dem Punkt 6. f für Partnerdienstbeziehungen fest: »Alle Verbindungen mit Nachrichtendiensten befreundeter Staaten müssen vorher genehmigt werden.«[546]

Als diese Vereinbarung Ende Januar 1949 verhandelt wurde und kurz darauf leicht verändert in Kraft trat, hatten sich allerdings mit und ohne amerikanisches Zutun bereits Partnerdienstbeziehungen entwickelt. Die Org verfügte zunächst nur über feste Residenten in Rom und Madrid. Die Beziehungspflege zu anderen Nachrichtendiensten erfolgte bis 1956 hingegen durch gegenseitige Besuche der Geheimdienstchefs oder ihrer Abgesandten. Die Org-Abteilung 36 (Nachrichtenwesen) baute Funkverbindungen zum schweizerischen, zum französischen, zum spanischen und zum dänischen Nachrichtendienst auf, zu den vier Partnerdiensten, die für die Kriegsplanungen von besonderer Bedeutung waren.[547]

Bern war vor allem eine Drehscheibe für die Org-Verbindungen nach Frankreich und Spanien, die als Schnittmenge die Ernstfallplanungen für die Evakuierung der Org über Frankreich nach Spanien hatte.

Am 1. August 1950 trug Gehlen im Beisein von Herre, Critchfield und de Silva seine Abmachungen mit schweizerischen, französischen und spanischen Partnerdiensten vor, die Critchfield billigte, obwohl sie nach Ansicht von Herre reichlich weit gegangen waren. Critchfield legte bei dieser Besprechung großen Wert auf den baldigen Aufbau einer Funkstelle der Org in Spanien.[548] Am 15. August 1950 besprach Herre mit Critchfield erneut die Vereinbarungen, die Gehlen mit Marcel Mercier, dem Statthalter des französischen Auslandsnachrichtendienstes SDECE (Service de Documentation Extérieure et de Contre-Espionnage) in Bern, für den Ernstfall getroffen hatte.[549]

Bereits 1948 hatte der frühere deutsche Militärattaché in Madrid, Hans Doerr (Dreher), Verbindungen zum spanischen Dienst hergestellt. Dass der bei Kriegsende in Spanien gebliebene ehemalige General erster Resident der Org, d.h. ein mit Führungsaufgaben im Ausland betrauter Nachrichtenmann, in Madrid wurde, war auch dem CIA-Kontrolleur der Org, James H. Critchfield, von vornherein bekannt. Er erkannte den Nutzen des spanischen Stützpunktes bereits 1948 darin, dem »illegalen deutschen Dienst« im Kriegsfall einen Zufluchtsort außerhalb der strategischen Reichweite sowjetischer Truppen zu verschaffen.[550] Am 30. Juni 1950 debattierte Herre das F-Netz mit General Winter im Licht der Evakuierungsplanungen für die Org-Angehörigen und ihrer Familien. Er warf die Frage auf: »Wen nehmen wir mit, und welche müssen im Sinne des F-net zurückbleiben?«[551]

In einer Notiz, mit der Adenauers Geheimdienstaufseher Hans Globke (Globus) am 20. Oktober 1952 mit dem Stay-Behind-Programm der Gruppe 34 vertraut gemacht wurde, hielt die Org fest, dass »eine ungeheure Gefährdung der V-Leute« bestünde, wenn nicht alle für die Werbung, Ausbildung und Betreuung der Agenten im Storch-Netz zuständigen hauptamtlichen Mitarbeiter evakuiert würden.[552]

Anfang Juni 1951 berichtete der CIA-Stationschef Karlsruhe den Sachstand aller Kriegsvorbereitungen der Org nach Washington. Dabei bezifferte er die Anzahl der zu evakuierenden Org-Mitarbeiter und ihrer Angehörigen auf 1500 bis 2000 Personen, für die bereits Sammelräume westlich des Rheins bestimmt worden waren. Er beklagte sich bitter über die mangelnde Unterstützung durch die U.S. Army, die weder Lastkraftwagen zur Verfügung stellen, noch Prioritäten bei der Nutzung der Straßen einräumen wollte. Mit der Org gab es zudem eine andere Konfliktlinie. Nach amerikanischer Auffassung sollten die deutschen Überrollagenten von US-Offizieren aus US-Basen mit US-Funkplänen und US-Schlüsselunterlagen geführt werden. Doch die Funkstation in Spanien entsprach nicht diesem Modell. Es dauerte sechs Monate, bis die US-Seite schließlich nachgab, zumal Gehlens Technikchef Hepp versichert hatte, die Anlage könne schon im August bedingt betriebsbereit sein. So fasste die CIA den Seetransport der technischen Ausrüstung ins Auge.[553]

Am 9. März 1951 informierte Critchfield Gehlen darüber, dass seine für April geplante Reise nach Spanien von Washington als deutsch-spanische Familienangelegenheit betrachtet würde.[554] Um Familienangelegenheiten handelte es sich bei den Zielvorgaben für den Trip auf die Iberische Halbinsel auch im weitesten Sinne. Bereits Mitte September 1950 war Gehlen in der Schweiz, um mit dem spanischen Geheimdienstoffizier Vilalobar über Ernstfallplanungen zu sprechen.[555] Nun sollte er dem spanischen Dienst – nach dessen grundsätzlichem Einverständnis – reinen Wein einschenken, wie viele Angehörige der Org und der CIA (zusammen mit ihren Familienangehörigen) im Ernstfall in Spanien Zuflucht finden sollten. »Wenn die Spanier so viele Leute nicht nehmen wollen, muss ein ganz anderer Plan gemacht werden, vielleicht Nordafrika«,[556] hielt Herre im März 1951 dazu fest. Allerdings fühlte sich der spanische Militärnachrichtendienst wenig später mit einem anderen Anliegen der Org überfordert: dem Ausbau der Fernmeldestation auf spanischem Boden. Gehlens Resident Doerr schrieb Mitte März 1951 nach Pullach, dass »unsere Forderung in der Funksache zu groß ist«.[557]

Die Evakuierungsfrage wurde noch in den 1950er Jahren geregelt, aber es sollte noch fast 20 Jahre dauern, bis es für die »Funksache« eine große Lösung gab. Noch unter Gehlen 1968 eingeleitet, wurde der Bau einer Funkstation 200 Kilometer südlich von Madrid zwischen den Orten Manzanares und Daimiel jedoch erst unter seinem Nachfolger Gerhard Wessel Anfang der 1970er Jahre vollendet.[558]

Ein neuer Auftrag für die Org

Der Aufbau von Flucht- und Evakuierungsrouten 1954 bis 1968

General Curtis LeMay, der Chef des Strategischen Luftkommandos der U.S. Air Force, war Ende der 1940er Jahre zu der Erkenntnis gekommen, dass seinen Bombern der Treibstoff nach dem Atombombenabwurf auf Moskau für den Rückflug nicht reichen würde. Die Piloten müssten auf dem Rückflug irgendwo östlich des Eisernen Vorhangs aus ihren Maschinen aussteigen. So bat er Frank Lindsay, der rechten Hand von OPC-Chef Frank Wisner, eine Rettungslinie bis weit in die Sowjetunion hinein aufzubauen, über die gestrandete Flugzeugbesatzungen aus feindlichem ins eigene Gebiet gelotst werden sollten.[559] Bereits am 30. Juni 1950 fand eine Besprechung von Gehlens rechter Hand Heinz Danko Herre mit dem CIA-Offizier in Pullach Thomas Lucid (Lucas) – dem Stellvertreter des CIA-Leiters in Pullach James H. Critchfield – über das Herausholen eines Jet-Piloten statt.[560] Doch erst 1953 hatte sich SACEUR (Supreme Allied Commander Europe) des Problems angenommen, wie im Hinterland des Gegners ausgestiegene oder abgeschossene Kampfflugzeugbesatzungen gerettet werden könnten. Der CINCEUR (Commander in Chief Europe) legte der Europaabteilung der CIA im Juni seine Anforderungen vor, in denen Deutschland die höchste Priorität für den Aufbau von Flucht- und Evakuierungsrouten (Evasion & Escape), also den Rettungslinien, hatte.

Systematisch wurde die Organisation Gehlen auf diesem Gebiet aber erst in der Phase ihrer Übernahme als Bundesnachrichtendienst tätig. Am 20. Dezember 1954 beantragte die CIA in Pullach beim Operationschef in Washington die Zustimmung für das von der Org entworfene Evasion & Escape-Programm (E&E). Sie wies darauf hin, dass es seit Herbst 1952 ihre Politik sei, keine SBO-Aktivitäten ohne das Einverständnis der Bundesregierung zu entfalten, und dass es nur im gerade gestarteten Projekt Cacinnabar begrenzte E&E-Kapazitäten gäbe. Der Gehlen-Apparat ging davon aus, dass das generelle Einverständnis der Bundesregierung, Stay-Behind-Aktivitäten zu entfalten, den neuen Ergänzungsauftrag abdecken würde und es daher keiner gesonderten Unterrichtung des Bundeskanzleramts bedürfe. Die Org hatte vorgeschlagen, die E&E-Kapazitäten ab 1955 schrittweise aufzubauen. Bis Ende 1956 sollten in diesem

Aufgabenbereich mit dem Decknamen NADELWALD (CIA-Kryptonym UJKEVEL, ab 1955 auch CASNIDE) 16 Stabsmitarbeiter und 48 Agenten in acht Gruppen zu sechs zur Verfügung stehen, die dann in verschiedenen Phasen weiter ausgebildet würden. Aber auch, wenn der künftige BND mit Zustimmung der Bundesregierung der Hauptverantwortliche für diese Aufgabe sei, könnten die NATO-Forderungen nur teilweise erfüllt werden, urteilte der Leiter der Osteuropaabteilung der CIA.[561] Über die Einzelheiten der Pullacher Planungen wurden das European Command der NATO (EUCOM), die U.S. Air Force und das US-Außenministerium (ODACID) in Friedenszeiten nur grob unterrichtet. Für das zweite Halbjahr 1955 stellte die CIA 17000 $ an Vorlaufkosten bereit, für das erste Quartal 1956 weitere 8500.[562] Insgesamt bezifferte sie die Gesamtkosten für das Haushaltsjahr 1956 auf 65000 $ aus US-Haushaltsmitteln.[563]

Britische Ressentiments: Stolpersteine auf dem Weg der Org zum BND

Im Januar 1955 berichtete Gordon M. Stewart – inzwischen Chief Foreign Intelligence (FI) in Washington – in einem Memorandum für den Leiter der Osteuropaabteilung der CIA, Richard Helms, dass Flucht- und Evakuierungsaktivitäten zur Zeit das Einzige seien, was die Org auf dem Gebiet der unkonventionellen Kriegsführung zu leisten gedenke. Allerdings plane sie solche Operationen auch in der britischen und französischen Zone. Das stände – so Stewart – im Widerspruch zu den Festlegungen vom 29. März 1954, denen zufolge in der britischen Zone eine Verbindungsaufnahme vor Ort erforderlich sei, um alle Planungen mit analogen Bemühungen der Briten zu koordinieren. Ein ähnliches Vorgehen sei auch für die französische Zone in Betracht zu ziehen. Auf jeden Fall müsse die weitere Entwicklung des E&E-Programms der Org auf den Anforderungen des European Command (EUCOM) basieren.[564]

Das grundsätzliche Verhältnis der Briten zur Org war von Anfang an von beiderseitigem Misstrauen bestimmt. Am 21. Juli 1950 erhielt Gerhard Graf Schwerin vom britischen Hochkommissariat die Mitteilung, »daß die geheimsten und vertraulichsten Informationen der Bundesregierung schon öfter, wenn sie der Organisation ›G‹ zur Kenntnis gekommen seien, binnen 24 Stunden in Berlin und binnen 48 Stunden in Moskau bekannt geworden seien«.[565]

Als Herre am 25. Januar 1950 bei Critchfield war, »meditierte« der am Ende des Gesprächs noch über die bevorstehenden Verhandlungen der

CIA mit den Briten über die Org: »Diese würden schwierig werden. Wir müssen durch gute ND-Ergebnisse helfen.«[566]

Am 3. August 1950 diskutierte Herre mit Gehlen die Frage, ob die Org ihre Higlights an die Briten weitergeben sollte und äußerte dabei Bedenken.[567] Die Frage der Weitergabe von Org-Erkenntnissen erledigte sich aber schon zwei Monate später. Gordon Stewart, der Frankfurter Vorgesetzte von Critchfield, eröffnete Gehlen und Herre, dass die Amerikaner die Sache in die Hand nehmen würden. Nachdem es nicht nur mit den Franzosen, sondern auch mit den Briten eine Annäherung in der Frage gegeben hätte, dass die Org der künftige deutsche Nachrichtendienst sein werde, beabsichtige die CIA, »die Briten und Franzosen über die Resultate der Org in gleicher Weise zu informieren wie Adenauer«.[568] Am 27. Juli 1950 hatte Critchfield in Pullach die Marschrichtung ausgegeben, Gehlen solle sich nicht selbst an die Briten wenden, die würden von selbst kommen, sobald er mit der Bundesregierung klargekommen sei.[569] Doch auch nachdem Globke Gehlen im Herbst 1950 zugesagt hatte, dass die Org zum deutschen Bundesnachrichtendienst würde, tat sich zunächst nichts. Im Januar 1951 trug Gehlen seinem Stellvertreter Herre einen Brief des Org-Mitarbeiters John von Freyend vor, der ihm ein Treffen mit dem britischen Nachrichtendienst vermitteln wollte. Herre verlangte jedoch, dass »eine richtige Einladung von den Engländern kommt, so daß die Initiative klarliegt«. Am 14. Januar zeichnete sich ab, dass die Verbindungsaufnahme zu den Briten in Ordnung ging und Herre bestand noch einmal auf einem »Alibi« für Gehlen.[570]

Nach Ausbruch des Koreakrieges und nachdem die Briten erfolgreich die Kandidatur Gehlens für das Amt des BfV-Präsidenten sabotiert hatten, ihr eigener Kandidat für den Posten, Otto John, in den Osten übergetreten war, wurde das Kriegsbeil zwischen dem MI6 und der Org am 25. März 1953 bei einem Mittagessen im Godesberger Hof begraben. Gehlen reagierte auf die britischen Ressentiments gegen ehemalige Angehörige der NS-Elite in seinem Dienst. Er betraute namhafte Angehörige des militärischen Widerstands im Dritten Reich mit der Kontaktpflege zu den Briten: zunächst Rudolph von Gersdorff (GERSON) aus dem Widerstandskreis um Henning von Tresckow, der als Sonderverbindung S-1948 von einer Tarnfirma in Düsseldorf aus operierte.[571] Damit endeten fast acht Jahre gegenseitiger Verdächtigungen und Feindseligkeiten, notierte Critchfield befriedigt. Im Oktober 1953 ließ der MI6-Repräsentant Bill Steedman Gehlen wissen, dass die Briten die Übernahme der Org als BND unterstützen würden.[572] Später kam als zweiter Verbindungsmann der

Hitler-Gegner Hans Christoph Freiherr Schenk von Stauffenberg (SCHEFFEL) hinzu und auch Werner Reppening (REINER) pflegte Verbindungen zum MI6. Zudem gab es einen ständigen Verbindungsmann der Org zum britischen Nachrichtendienst. Zunächst nahm Eberhard Zimmermann (V-Nr. 1090) diese Aufgabe wahr, der aber im April 1956 zur Bundeswehr überwechselte,[573] dann übernahm ab 1955 der ehemalige SS-Offizier Hans-Joachim Hinsch.[574]

Bis zur im Deutschlandvertrag 1955 gewährten (Teil-)Souveränität der Bundesrepublik gab es zwischen der CIA und dem MI6 die informelle Übereinkunft, dass jede Besatzungsmacht in ihrer Besatzungszone für die E&E-Aktivitäten zuständig war. Im Januar 1955 sah der Leiter des CIA-Stabs für psychologische und paramilitärische Operationen diese Regelung erst für den Zeitpunkt als obsolet an, an dem Westdeutschland ein gleichberechtigter Partner in der NATO und damit hauptverantwortlich für alle multinationalen Aktivitäten der unkonventionellen Kriegsführung auf seinem Hoheitsgebiet sein würde. Sollten die britischen oder französischen Nachrichtendienste sich bereits vorher nach den E&E-Programmen für die US-Zone erkundigen, wollte die CIA ihnen reinen Wein einschenken und erklären, dass die Org solche Kapazitäten im Interesse der CIA aufbaue.[575] Inwieweit die britische Seite parallel zu den bündnisgemeinsamen Strukturen wenigstens für abgeschossene Piloten der Royal Air Force auch noch nach 1956 nationale Rettungsteams unterhielt, muss offen bleiben, da Großbritannien weder die Akten öffnet noch Auskünfte erteilt. Die gleichen Restriktionen gelten auch für Frankreich.

Der Aufbau des Rettungsprogramms

Ihr Hauptquartier bezog die für die Rettungslinien zuständige NADELWALD-Truppe der Org in einer Tarnfirma in einem zum 1. Februar 1955 in München angemieteten Haus. Im Kriegsfall aber sollten die E&E-Operateure von einer Sende- und Empfangsanlage außerhalb Deutschlands geführt werden, in die auch das Führungspersonal in Sicherheit gebracht werden sollte. Das Projekt wurde zwar General August Winter, dem SBO-Gesamtverantwortlichen, unterstellt, aber getrennt vom übrigen Stay-Behind-Apparat aufgebaut. Den Aufstellungsstab leiteten Seelig, ein 1948 in die Org eingetretener Hauptmann der Wehrmacht, der seit 1953 Verwaltungschef des gesamten SBO-Bereichs war, und Baader, ein ehemaliger Hauptmann bei den Horchfunkern, als Funkleiter des Projekts. Als Operationschef war Dr. Werner mit einem Monatsgehalt von 1360 DM eingeplant, als dessen Stellvertreter Stadler (monatlich 1080 DM). Das übrige Stabspersonal bestand aus zwei Organisationsleitern (jeweils 1080 DM), zwei Ausbildern (750 DM), sechs Fallführern à 750 DM Monatslohn, einem Verwaltungsassistenten (750 DM), zwei Funkern (jeweils 750 DM), zwei Kurieren à 450 DM, einer Stenotypistin (450 DM) und einem Hausmeister für 300 DM. Die Netzführer, ihre Regionalleiter und Funker sollten während der dreimonatigen Ausbildung 500 DM pro Monat erhalten, anschließend als Netzführer und Funker 100 DM, als Unteragenten 50 DM.

Damit gab es zwei Organisationsleiter, denen sechs bzw. sieben E-Netzführer unterstellt waren, die sich in Friedenszeiten mit dem Gelände, Transport- und Verbindungslinien, alternativen Rettungslinien und Anlaufstellen für abgesprungene Luftwaffensoldaten vertraut machen sollten. Sie sollten sichere Häuser, versteckte Lagerorte für Gerät und Versorgungsgüter sowie Absetzpunkte für die Versorgung aus der Luft und Funkplätze erkunden und nach Kandidaten für die Funktionen als Kuriere, Hausmeister der Safe Houses und andere Hilfstätigkeiten Ausschau halten, ohne sie bereits zu rekrutieren. Die operative Priorität legte die CIA darauf, die Angehörigen der abgeschossenen Flugzeugbesatzungen zunächst in 24 Räumen sicher unterzubringen, bevor sie ausgeschleust werden konnten. Was die materielle Ausstattung betraf, so sollte für jeden der 13 Netzführer ein Erdversteck im Wert von 2076,75 $ angelegt werden, das neben Kompass, Fernglas und Leuchtmitteln auch eine Pistole europäischer Bauart mit 150 Schuss Munition enthielt. Die 26 Funker erhielten RS-6-Funkgeräte (Stückpreis 1000 $) sowie ein Erddepot mit einer Waffe, Leuchtmittel und einer Uhr (zusammen 2086 $). Zudem wurden 13 Reservefunksätze vergraben. Die Verstecke für die als Obergrenze geplanten 47 Unteragenten enthielten eine Waffe, eine Uhr, einen Kompass und Leuchtmittel im Gesamtwert von 3983 $. Für die vier Kuriere und Führer je Netz sollten 188 Depots angelegt werden, die ähnlich wie bei den Unteragenten befüllt waren (zusammen 3760 $) und letztlich war für jedes der 13 Netze ein Lager mit Zelten, Kleidung, Lebensmitteln und Hygieneartikeln (zusammen 32 714,50 $) vorgesehen, insgesamt also etwa 300 Depots.

Bis 1956 sollte der im Ernstfall zu evakuierende Stab stehen und die 13 Netzführer und 13 Funker einsatzbereit sein, bis Ende 1957 der 20-köpfige Stab komplett aufgestellt, weitere 13 Funker und 24 Unteragenten gewonnen und ausgebildet sein. Für die Phase ab 1958 war an weitere 23 Unteragenten gedacht.[576] 1957 ging ein Teil der Dienststelle Nadelwald mit den Teilen Fox und Storch zum BND. Der Restbestand blieb unter dem alten Projektnamen selbständig bei den US-Streitkräften.[577]

Die E&E-Teams wurden 1958 planmäßig verstärkt. Der Bericht der CIA über die in diesem Jahr erzielten Fortschritte erwähnt die Rekrutierung eines Funkers, der in seinem Urlaub nahezu fertig ausgebildet worden war, die Anwerbung eines Forschers/Anbahners für das E-Netz 23 und die Anlage eines Erdverstecks für den neu gewonnenen Leiter des E-Netzes 2. Dabei handelte es sich um Josef Stigler, ein ehemaliges NSDAP-Mitglied der ersten Stunde (NSDAP-Mitgliedsnummer 104 884), dem auch der Blutorden der NSDAP verliehen worden war. Stigler war bereits im November 1934 zum SS-Untersturmführer befördert worden und diente im Zweiten Weltkrieg zuletzt im November 1944 als Gaustabsführer des Volkssturms in Bayreuth. Er hatte bereits am 18. Juni 1953 einen Sicherheitsbescheid der CIA als Agent A-287 erhalten, der BND machte ihn jedoch erst im April 1958 zum Führer des E-Netzes 2 in der Kontaktregion Vogelsberg im osthessischen Bergland am Rand der Fuldaer Senke. Er trug den Decknamen Eder.[578] Der zweite im April 1958 als stellvertretender Operationschef im Projekt Nadelwald eingestellte Mann war ein militärisches Schwergewicht: Hanns-Horst von Necker diente im Zweiten Weltkrieg als Generalmajor und Kommandeur der Fallschirm-Panzer-Division 1 Hermann Göring, die bis Juli 1944 an der Italien-Front eingesetzt war und im Oktober zur Niederschlagung des Aufstands im Ghetto nach Warschau verlegt worden war.[579]

Bei der Aufstellung des Netzes gab es zwei Sektoren: Tal für Nord- und Berg für Süddeutschland mit zusammen 17 Basen. Im Sommer 1959 wurden weitere Basen in der Pfalz und im Hunsrück eingerichtet und einem Mittelabschnitt Garten unterstellt.[580] Die Neigung Gehlens, die Dienststellen des BND ständig umzugliedern und neue Deckbezeichnungen einzuführen, schlug sich in seinen letzten sieben Amtsjahren auch im E&E-Programm nieder. 1961 kam die vier Jahre zuvor ausgeschiedene Dienstelle Fox als Nashorn wieder zu Nadelwald, das inzwischen in Elefant umgetauft worden war. Elefant wurde mit den drei »Prüfstellen« (Abschnitte) Berg, Garten und Tal für die Schleusung von Militärpersonen zuständig, Nashorn – gegliedert in Nashorn Oben, Mitte und Unten – trug die Verantwortung für Zivilisten, Grenz- und Seeschleusungen sowie für die Versorgung. Zwei Jahre später wurden Nashorn und Elefant wieder zusammengelegt und in die fünf Abschnitte Bach, Tal, Garten, Berg und Land mit insgesamt 19 Basen gegliedert. 1966 erfolgte eine erneute Umverteilung der Basen auf die fünf Abschnitte.

Die Führungsrichtlinien des Programms mussten 1964/65 der neuen NATO-Doktrin der Vorwärtsverteidigung angepasst werden, die die ersten 30 Tage als entscheidend für den Erfolg der Vorneverteidigung ansah. Alle Chefs sollten unmittelbar nach dem Überrollen einsatzbereit sein, sofort selbständig mit dem Aufbau ihrer Schleusen und Schleusungsrouten beginnen und zugleich laufend taktische Meldungen über die Widerstandslage absetzen. Alle V-Leute sollten so ausgebildet werden, dass sie auch in der Lage waren, einen atomaren Einsatz zu überleben. 1962 war die Anzahl der V-Leute von 53 auf 142 angewachsen. Die BND-Führung ließ 1963 jedoch aus Sparzwängen 42 NASHORN-V-Männer abschalten. 1966 betrug ihre Anzahl 116. Sorge bereitete der Bestand an Verbindungsführern, 1961 noch 26, aber 1966 durch Arbeitsunfähigkeit, Überalterung oder Ausscheiden aus der Bundeswehr mit 13 nur mehr die Hälfte. Durch die Ergänzung des SBO-Aufgabenspektrums um Sabotage änderte sich auch das Aufgabenprofil der Schleuser. Von V-Leuten, die bisher für einen »friedlichen Samariterdienst« geworben worden waren, wurde nunmehr »eine aktive nachrichtendienstliche Tätigkeit verlangt, in der Praxis Beihilfe zu Sabotageakten wie Transport von Sprengmaterial und ähnlichem«.[581]

1966: Die Stunde der Wahrheit

Der BND-Mann ANGER, der 1966 eine große Studie über das E&E-Programm vorlegte, beschäftigte sich mit den vier Stoßrichtungen eines atomar geführten sowjetischen Angriffskriegs. Erstens von Mecklenburg-Vorpommern nach Norden bis in den dänischen Raum, um die Ostsee für die Sowjetmarine zu öffnen, zweitens aus dem Thüringer Balkon über Frankfurt a.M. bis nach Frankreich, um das Land zu teilen, drittens von Thüringen bis zum Bodensee einschließlich der Luftlandungen zur Einnahme der Rheinübergänge und viertens ein Vorstoß aus der Tschechoslowakei, um die Raffinerien in Ingolstadt zu besetzen. Seitenweise zitierte er aus der Kampfschrift der Schweizer Unteroffiziersvereinigung »Der totale Widerstand«.[582]

Doch zuvor skizzierte er ein völlig krudes Kriegsbild, das mit den militärischen Bedrohungsanalysen dieser Zeit nicht das Geringste zu tun hatte, aber einen tiefen Einblick in die antikommunistischen Angstvorstellungen im westdeutschen Auslandsnachrichtendienst erlaubt. Die 24 nach 1945 geführten Kriege seien »revolutionäre Kriege«, die der Westen meist verliert, analysierte der BND-Mann ANGER. Die Achillesferse der Bundesrepublik sah er in den linken Kräften der Großstädte, die »schon heute tausenden von Kriminellen Unterschlupf« böten. »Als Staat, der in den Betriebsräten 8–12 Prozent Kommunisten aufweist und der darüber hinaus an ein kommunistisch beherrschtes Hinterland grenzt, ist die BRD geradezu ein klassisches Angriffsobjekt für solche ›Feindverbände‹. Unbemerkt werden diese trüppchenweise über die Schweiz und Österreich eingeschleust. Sie verüben Anschläge auf Fernmeldeämter, Bahnhöfe, Flugplätze, Energiezentren, E-Werke, Wasserkraftwerke, Verwaltungsgebäude und Hafenanlagen. Sobald die dadurch ausgelösten Unruhen ihren Siedepunkt erreicht haben, sickern Betriebskampfgruppen über die Grenze und richten in grenznahen Städten zusammen mit hiesigen Gesinnungsgenossen und bereits vor Jahren eingeschleusten Fremdarbeitern *eigene* Verwaltungen ein. Diese Revolutionsverwaltungen rufen dann nach dem ›Schutz‹ der SBZ-Armee, die dann unter ähnlichen Bedingungen einmarschiert wie die deutsche Wehrmacht 1938 in Österreich.«[583]

Den verdeckten Kampf sah ANGER durch die Partisanenausbildung in der DDR und bereits eingeschleuste Schweigefunker im Westen vorbereitet, begünstigt durch eine »großzügige Gewährung des Asylrechts von Seiten der BRD«. In der Abwehr des verdeckten Kampfes müsse die SBO daher auf das flache Land ausweichen und dort im Kriegsfall in den Gebieten zwischen den Hauptangriffsachsen agieren, jedenfalls dann, wenn nicht gerade Winter ist. Im Winter nämlich sei das Überleben in Verstecken wie unbeheizten Jagdhäusern kaum möglich, und Spuren im Schnee könnten jede Schleusung verraten.

Auf dem Gebiet der Bundesrepublik gab es eine erste Aufnahmelinie, die der Kontaktaufnahme mit angekündigten und nichtangekündigten Personen diente, die als abgesprungene Flugzeugbesatzungen, versprengte Kämpfer oder wichtige Persönlichkeiten aus dem feindbesetztem Gebiet kamen. Die Ankömmlinge würden während ihrer Beherbergung und Betreuung überprüft, bevor sie von Station zu Station auf sogenannten Weiterleitungslinien begleitet würden. Westlich davon lagen die Versorgungslinien, die Personal und Material wenn möglich luftgestützt über vorerkundete Landeplätze ein- und ausschleusen sollten. 1965 hakte die Umsetzung der Führungsvorgaben an allen Ecken und Kanten. Nur 20 V-Leute waren im ZR-Funk fertig ausgebildet, vier am Kleinsignalgerät (KSG), und nur 47 konnten den Rundspruchdienst empfangen. Von 21 Aufnahmelinien waren nur sechs einsatzfähig, von weiteren 12 A-Linien nur vier. Und auf 20 Versorgungslinien waren nur drei Stützpunkte einsatzfähig.

Für das Netz mit fünf Prüfstellen und 21 Bezirken bestand die Forderung, auf jeder Linie – den Aufnahme- und den Versorgungslinien – einen Chef, einen Kurier als dessen Stellvertreter, die Gruppenführer und die »Gastwirte« bereits im Frieden auszubilden. Dafür wären 744 V-Leute erforderlich gewesen, über die der Dienst nicht verfügte, so dass ANGER den Auftrag als undurchführbar einstufte. Er verwies darauf, dass schon während der Kuba-Krise 1962 ein Notnetz gebildet werden musste, bei dem jeder V-Mann in die Schleusung und Weiterleitung eingebunden war. Anstelle der Weiterleitungslinien nah und fern schlug der BND-Mann 74 Weiterleitungsstützpunkte mit einer Funkausstattung möglichst mit einem Ersatzgerät vor, so dass nicht mehr 28 V-Leute auf 120 Kilometern Länge, sondern nur noch vier bis sechs – vor allem abgestützt auf entlegene Einzelhöfe – nötig wären. Dann könne man mit 307 V-Leuten als Anlaufstellen auskommen, auch wenn im Krieg zusätzliche benötigt würden. Die 40 bis 50 Kilometer voneinander entfernten Weiterleitungsstützpunkte sollten wegen Personalmangels auf den V-Mann und seine in den meisten Fällen eingebundene Ehefrau beschränkt werden, die sogenannten »Gastwirte« auf Fernlinien entfallen, die Grenzschleusen Völklingen (NARZISSE II) und Oberrhein (NARZISSE IV) aufgegeben und eine V-Linie im Bezirk 20 eingespart werden.

Besonders düster sah es 1965 noch bei den Seeschleusen aus. Es gab keine einzige, und nur ein V-Mann befand sich für diese Aufgabe in Ausbildung. Bis zur Entwicklung brauchbarer Flugzeuge sollte jede Luftschleusung gänzlich zurückgestellt werden. Für die nähere Zukunft waren eine See- und acht Grenzschleusen geplant, so dass 300 V-Leute in Anlaufstellen und 30 V-Mann-Führer unter der Führung von fünf Prüfstellenleitern erforderlich wären. Geografisch lagen die Prioritäten bei den Grenzschleusen Richtung Frankreich, d.h. bei den Rheinübergängen Weisweil–Schönau, Wyhl, Sasbach–Marckolsheim, Breisach–Vogelgrün, Bremgarten–Hartheim, Grißheim, Neuenburg–Banzenheim, Steinenstadt, Kehl–Straßburg, Ottenheim, Rheinau und Schönau–Weisweil.

Ein massives Problem sah ANGER zudem in der Überalterung des Bestands an V-Leuten. »Die Anbahnung schafft es kaum, Stand zu halten!«, klagte er, zumal von der Einstellung bis zur Einsatzreife eines neuen V-Manns drei bis vier Jahre vergingen. Auch das Durchschnittsalter der 15 Verbindungsführer betrug 54 Jahre. Ein V-Mann kostete nach der Aufstockung der Bezüge 1965 1000 DM im Jahr, ein Verbindungsführer oder Prüfstellenleiter 10 000 DM. Bei 300 V-Männern, 30 Verbindungsführern und fünf Prüfstellenleitern entstanden so jährliche Personalkosten von 650 000 DM. Der Ergänzungsbedarf für alle Funkgeräte schlug mit 795 000 DM zu Buche. Insgesamt würde das E&E-Programm in den nächsten zehn Jahren so knapp fünf Millionen DM kosten, resümierte die BND-Studie.[584]

In einer Beilage entwickelte ANGER einen detaillierten Vorschlag zum Aufbau von selbständigen Weiterleitungsstützpunkten, die personell mit einem Gespann bzw. Ehepaar, materiell mit einem Funkgerät und einer Campingplatz-Ausstattung besetzt sein sollten.

Grundsätzlich unterschied der BND bei dem überwiegend westlich des Rheins eingelagertem Ib-Gerät (Wert 1965 267 000 DM) zwischen einer Herbergsausstattung auf der Aufnahmelinie (Wäsche, Schlafsäcke, Kocher, Fahrrad etc.), einer ähnlichen Gasthausausstattung auf der Versorgungslinie und einer Campingplatzausstattung vom Zelt über Strümpfe und den Esbit-Kocher bis zum Fahrrad. In der neuen Planung wurde ein Gesamtbestand von 128 Herbergen, 132 Campingplätzen in der Voll- und 26 in der Kleinausstattung angestrebt.[585]

Im Gegensatz zu den Erkundungs-, Schleusungs- und Luftverlastungsmanövern ist die Aktenlage zu Übungen im E&E-Bereich spärlich. Mitte August 1961 hatte der BND alle Fallführer des NADELWALD-Projekts aus dem Raum Nürnberg zu einer Übung bei Schwabach eingeladen, bei der die Nachtlandung eines Kleinflugzeuges in einer Landezone trainiert werden sollte. Am 9. August war jedoch kein Flugzeug verfügbar und am 10. und 11. erlaubten die Wetterbedingungen keinen Flug. Im Mittelabschnitt GARTEN sollte im Herbst 1961 ein deutsch-französisches Manöver zur Grenzschleusung stattfinden, bei der die E&E-Teams einen zu Evakuierenden in die Nähe der französischen Grenze schleusen sollten.[586]

1965 gab es 29 Einsatzübungen im Fernmeldebetrieb, 31 Urlaubsschulungen mit V-Leuten bzw. VM-Ehepaaren sowie die drei Übungen BAUMBLÜTE, PINGUIN, und WALDLAUF.[587]

Eine binationale Zusammenarbeit im E&E-Programm gab es mit Großbritannien. Joachim Bahr (BACH) war nach Ermittlungen der CIA seit mindestens Mai 1960 als Oberstleutnant BND-Operationsoffizier im Stay-Behind-Programm. Auch nach seiner Pensionierung nahm er 1964 unter dem neuen Decknamen BARKOWSKI als einer von mehreren BNDlern an einem Evasion & Escape-Lehrgang in Smetric in Großbritannien teil.[588] Dass die Briten auf diesem Gebiet Lehrgänge für NATO-Partner abhielten, unterstreicht den Verdacht, dass sie dem BND diese Aufgabe nicht allein überließen, sondern wenigstens für die Flugzeugbesatzungen der Royal Air Force eigene Kapazitäten vorhielten.

Reinhard Gehlens Schattentruppe

Die Stay-Behind-Organisation des BND 1956 bis 1968

Im Frühjahr 1956 verfasste die CIA ein Grundsatzpapier über die Stay-Behind-Organisation des zum 1. April 1956 als deutschem Auslandsnachrichtendienst selbständig gewordenen BND. Eingangs hielt das Dokument fest, dass der US-Dienst trotz der Haushaltsverantwortung der Bundesregierung weiterhin finanzielle Unterstützung für bestimmte Operationen des deutschen Geheimdienstes gewähre, insbesondere bei den Vorbereitungen für den Kriegsfall. Für das Haushaltsjahr 1957 bezifferte sie ihren Beitrag zum BND-Haushalt auf 750 000 $ (etwa 3,15 Millionen DM), der in den kommenden Jahren allerdings geringer ausfallen würde.

Die Beziehungen zwischen dem BND und der CIA sollten in einer mündlichen informellen Übereinkunft geregelt werden, die Gehlen bei seinem USA-Besuch Ende des Jahres mit dem stellvertretenden CIA-Chef treffen sollte. Fortgeschrieben wurde die Unterstützung der U.S. Army bei der Evakuierung der BND-Mitarbeiter und ihrer Angehörigen, die über Sammelräume in die Vereinigten Staaten gebracht werden sollten. Mit der Selbständigkeit des Bundesnachrichtendienstes war es daher nach dem Ausbruch von Feindseligkeiten nicht weit her. Der BND hatte zwar ein Kriegshauptquartier in Spanien oder Frankreich geplant, aber das sollte nicht nur US-amerikanisch unterstützt werden, sondern auch unter der Aufsicht der CIA stehen. Als vorläufige bewegliche Funkleitstelle für die SBO-Agenten hatte die CIA das Objekt Circus II auf dem Truppenübungsplatz Baumholder, dem westlichsten in der Bundesrepublik, eingerichtet, wo auch alle Akten über die geplanten Kriegsanstrengungen eingelagert wurden.

Die SBO-Operationen des BND im Frieden umfassten weiterhin fünf Programme: Storch als taktische Aufklärung in Westdeutschland mit Ein- und Zwei-Mann-Teams, Fox als vier- bis fünfköpfige Aufnahmeteams für aus der Luft abgesetztes Material und Personal an vorerkundeten Absetzplätzen, das Afu-Programm für Beobachter in West-Berlin und der DDR, Wiesel als Programm zum Anlegen der Erdverstecke und Nadelwald als Projekt zum Aufbau von Evasion & Escape-Teams. Auch diese Friedensprogramme liefen mit finanzieller und logistischer Unterstützung und unter Leitung der CIA.

Konflikte gab es zwischen Gehlen und der CIA da, wo es um die Funkunterlagen, von denen der US-Dienst nur die Hälfte bekommen hatte, und wo es um die Klarnamen der taktischen Aufklärer in West- und Ostdeutschland ging, deren vollständige Preisgabe der BND verweigerte. Das Zurückhalten dieser Informationen führte die CIA darauf zurück, dass Gehlen auf die Fragen der Bundesregierung, in welchem Maß die Amerikaner in seine Operationen einbezogen seien, glaubhaft versichern wollte, die US-Seite besitze keine operativen Daten. Der BND habe jedoch zugestimmt, der CIA diese Informationen im Kriegsfall zu liefern und dann auch CIA-Direktiven zuzulassen. Sie war auch zuversichtlich, dass diese Unterlagen, die sie zum Teil in der Münchener McGraw-Kaserne, in der CIA-Station Frankfurt a.M. und in der CIA-Zentrale in Washington aufbewahrte, vollständig in das Kriegshauptquartier des BND kommen würden, sobald es einsatzbereit sei.[589]

Am 16. Juli 1957 hielt die CIA noch einmal fest, dass es darum ginge, die Akzeptanz des BND für die Leitung seiner SBO-Aktivitäten auf Dauer aufrechtzuerhalten. Sie wollte die Ausbildung der V-Leute des BND durch Ausbildungsmaterial und -gerät sowie Luftfahrzeugeinsätze unterstützen, wo er es aus eigenen Quellen nicht beschaffen konnte. Dafür sollten sämtliche Informationen über Personal und Material an einem sicheren Ort in den USA aufbewahrt werden.[590]

Nach der Wiederbewaffnung konnte sich die SBO des BND jedoch auf die deutsche Luftwaffe stützen und war nicht mehr allein auf die Unterstützung durch die U.S. Air Force angewiesen. Anfang April 1958 erbat sie die Luftaufklärung von Absetzzonen im Raum Husum und im Raum Uelzen.[591] Ende Juli formulierte der BND dann seine Forderungen an die Luftwaffe für die Unterstützung im Kriegsfall. Sie bestanden aus dem Absetzen von Material und Personal hinter den feindlichen Linien an festgelegten Punkten mit Aufnahmetrupps oder als Blindabsetzungen, aus Landungen eigener Luftfahrzeuge im Feindgebiet zum Absetzen oder Aufnehmen von Personal und Material, aus der Aufnahme von Personal oder Material ohne Landung im Pick-up-Verfahren und aus der Erfassung elektronischer Signale im Überflug.[592]

Die Übernahme von ausländisch geführten Netzen

Ende der 1950er Jahre verfügte die Stay-Behind-Organisation des BND nach Auskunft des Kanzleramtes vom Mai 2013 über bis zu 500 »nachrichtendienstliche Verbindungen«, also V-Männer im Einsatzgebiet, doch lediglich über 75 hauptamtliche Mitarbeiter.[593] Der hohe Bestand an V-Leuten erklärt sich aus der Tatsache, dass der BND 1956 die Quellen von vier Vorläufer-Netzwerken übernommen hatte, die französische, dänische, niederländische und US-amerikanische Geheimdienste vor der Gründung des BND in Westdeutschland betrieben hatten.[594]

Bemerkenswert an diesem Vermerk, der sich in kürzlich freigegebenen Akten befindet, ist die Information, dass neben den US-Geheimdiensten nicht nur eine weitere Besatzungsmacht, nämlich Frankreich, Deutsche als Partisanen rekrutiert hatte, sondern dass auch Niederländer und Dänen vor 1956 derartige Stay-Behind-Netze in der Bundesrepublik geführt hatten. Die Briten, die wie die Amerikaner nach 1945 in Westdeutschland Waffen- und Ausrüstungslager für Stay-Behind-Kräfte angelegt hatten, übergaben offenbar keine Quellen an den BND. Es steht daher zu vermuten, dass britische Stay-Behind-Partisanennetze nach 1956 in der Bundesrepublik weiterhin bestanden und auch nicht von der Bundesregierung – wie das BND-SBO-Netz – 1991 aufgelöst wurden.[595]

Erstaunlicherweise war es der Militärnachrichtendienst Dänemarks, der den Marineoffizier Johannsen (Thomsen) bereits 1946 mit der Suche nach der Organisation Gehlen und einer Kontaktaufnahme beauftragte. Im Oktober kam es in Hamburg zu einem ersten Informationsaustausch, ohne dass die dänische Seite unterrichtet wurde, dass sie tatsächlich mit der Org in Verbindung gekommen war. Erst 1947 lüftete Gehlen das Geheimnis und etablierte die Kooperation. Dass Kopenhagen trotz der brutalen deutschen Besatzung so früh alle Ressentiments über Bord geworfen hatte, führte die Organisation Gehlen auf die zeitweise sowjetische Besetzung der Insel Bornholm zurück, die in Dänemark ein Gefühl für die Bedrohung aus Moskau geweckt habe.[596]

Die 1947 geknüpfte Verbindung zum dänischen Dienst wurde nach dem Mai 1948 nachhaltig.[597] Johannsen fungierte auch weiterhin als Sonderverbindung der Org zum Leiter des dänischen Nachrichtendienstes. Er unterstützte die Org überdies bei der Anlandung von Agenten über die Ostsee und bei der Beschickung toter Briefkästen in Polen mit Geld.[598]

Die Begonie-Aktennotizen des BND von 1956 bis 1962 – die BND-Akte 01292 – geben ein Bild von der Zusammenarbeit des dänischen und deutschen Nachrichtendienstes bei der SBO sowie über den intensiven Nachrichtenaustausch aus der operativen Beschaffung.

Bei einer Besprechung in Hamburg am 8. März 1956 schuf der dänische Dienst (Begonie) zunächst einmal Klarheit über die bestehenden

SBO-Strukturen in Schleswig-Holstein, die Gegenstand einer Besprechung zwischen Gehlens Auswertechef Adolf Heusinger (Horn) und dem dänischen Geheimdienstchef Hans Lunding gewesen waren. Kopenhagens Nachrichtenchef hatte Heusinger um den Aufbau eines Thor-Netzes nördlich der Linie Hamburg–Lübeck gebeten und ihn zugleich darüber informiert, dass er entlang der Grenze zur DDR südlich Lübeck bereits über ein Netz unter Führung des ehemaligen Oberstleutnants der Wehrmacht Günther Töpke verfüge, das auf ein Husarenregiment in Itzehoe geschaltet war. Dieses Netz drohte 1956 illegal zu werden. Der Verfassungsschutz hatte Töpke bereits ins Visier genommen und nur durch das Eingreifen Pullachs konnte die Angelegenheit bereinigt werden. Lunding hatte Heusinger angeboten, das Töpke-Netz einer deutschen Kommandobehörde in Schleswig-Holstein zu unterstellen und sich zugleich für eine Übernahme des ehemaligen Wehrmachtsoffiziers in die Bundeswehr starkgemacht. Der dänische Vertreter Johannsen verwies darauf, dass Lunding vom Thor-Netz seit Jahr und Tag nichts mehr wisse, weil es Commodore P. A. Mörch übernommen hatte.[599]

Anfang Februar 1959 wurde Johannsen als Verbindungsoffizier des dänischen Militärgeheimdienst Forsvarets Efterretningstjenste (FE) zum BND durch Dr. Adamson ersetzt. Der deutsche Dienst nahm seinen neuen Ansprechpartner, der eine ganze Woche im Pullacher Hauptquartier verbringen wollte, genau unter die Lupe, lobte seine Sprachkenntnisse, tadelte sein ungepflegtes Äußeres und meinte festhalten zu müssen: »Dr. A. hat leicht jüdische Züge (Augen, Ohren, Nase)«.[600]

Anfang Januar 1962 erhielt Gehlen von seinem Auslandsverbindungsdienst 424 eine Aktennotiz zum bevorstehenden Besuch des dänischen Geheimdienstchefs Oberst Lunding. Zunächst hob er die reibungslose Zusammenarbeit und den Wert der Ergebnisse der dänischen Funkaufklärung hervor. Der BND-Präsident wurde über das Leitungspersonal des Partnerdienstes unterrichtet, darunter über den Beschaffungsleiter Major Jensen, mit dem der BND seit 1956 in Fragen der Funkaufklärung und des E-Netzes zusammenarbeitete, und über den als Verbindungsoffizier zum BND fungierenden Korvettenkapitän Thomsen. Es ging vor allem um zwei dänische Wünsche: Zum einen wollte Begonie für den Fall des Ausweichens aus Kopenhagen eine direkte Funkverbindung zum BND-Präsidenten, die bereits für den Alarmfall zur Verfügung stand, zum anderen sollten dem dänischen Techniker Kaj Nilsen Mitte April in Pullach die Funkgeräte FSS 7 und FE 8 sowie das Kurzsignalgerät vorgeführt werden.[601]

Gehlens Gegenbesuch erfolgte am 15. und 16. Januar. Dabei wurde in Kopenhagen die drohende Bildung einer Volksfrontregierung in Helsinki erörtert, bevor es um militärische Fragen wie die Aufstellung polnischer Verbände in Mecklenburg-Vorpommern gegen Dänemark ging. Ausführlich trug der für das Stay-Behind-Netz zuständige Johannsen den Sachstand beim Auf- und Ausbau von fünf Netzen vor: Nachrichtendienst, Sabotage, psychologische Kriegsführung, die Bergung und Rettung von Flugzeugbesatzungen sowie meteorologische Beobachtung. Er verwies darauf, dass die Planer das Land in Zirkel aufgeteilt hatten. In jedem Zirkel war nur ein V-Mann eingesetzt, der erst im Kriegsfall weiteres Personal anwerben sollte. Mit amerikanischer und britischer Hilfe waren in Fünen und Jütland bereits 30 Funkposten aufgebaut und mit Sende- und Empfangsgeräten sowie Chiffrierunterlagen ausgestattet worden. Die Gegenstelle des Funknetzes lag in London, ihre Verlegung nach Spanien, in die USA oder an andere Orte war für den Ernstfall vorbereitet.

Der dänische Dienst beklagte sich darüber, dass das Clandestine Committee der NATO viel zu langsam arbeite. »Von dort erhielt BEGONIE die Weisung, sich auf Sabotagemaßnahmen in der BRD und in Polen vorzubereiten. BEGONIE hat dies abgelehnt und beschränkt sich auf das eigene Territorium«, hielt das BND-Protokoll fest. Im Kriegsfall jedoch wollte der dänische Nachrichtendienst sein Netz mit dem des BND vereinen. Gehlen bot den Dänen Hilfe bei der Ausbildung von Sabotagepersonal an.[602]

Für das dänische Personal im Stay-Behind-Programm ABSALON muss die Kooperation mit den Deutschen eine bittere Pille gewesen sein, denn es rekrutierte sich zum großen Teil aus ehemaligen Widerstandskämpfern, ehemaligen deutschen Gefangenen aus Tysk Vestre Fængsel, Froslevlejren oder dem KZ Neuengamme.[603]

Zu französischen Stay-Behind-Programmen im Nachkriegsdeutschland sind weder deutsche noch französische Akten verfügbar, es finden sich aber Spuren in einem CIA-Dokument. Im März 1953 war in Braunschweig ein Ermittlungsverfahren gegen den ehemaligen SS-Sturmbannführer und Major der Polizei Heinz Anders wegen der Mitgliedschaft im BDJ-TD eingeleitet worden. Auslöser war ein Artikel in der *Neuen Revue*. Da die Besatzungsbehörden die staatsanwaltlichen Ermittlungen behinderten, konnte Anders im Sommer 1954 in die DDR abtauchen.[604] Zuvor war er von der Braunschweiger Kriminalpolizei vernommen worden und hatte dabei überraschenderweise ein Arrangement mit dem französischen Nachrichtendienst offenbart. Der Verbindungsoffizier des französischen Inlandsnachrichtendienstes Sûreté zum Bundesamt für Verfassungsschutz,

Leon Pohl, sah sich Ende März 1953 zu einer Erklärung gegenüber dem Leiter der Bonner CIA-Repräsentanz genötigt. Er führte aus, dass ein Oberst Mueller vom SDECE Anfang 1951 auf die Idee verfallen sei, eine Untergrundbewegung in Westdeutschland zu gründen. Dazu habe er in dem beschlagnahmten Rheinhotel in Remagen die Tarnorganisation Gesellschaft zum Studium sozialer Beziehungen (GSSB) gegründet. Die Idee einer Partisanentruppe auf deutschem Boden sei – so Pohl –bereits Ende 1951 aus zwei Gründen wieder fallengelassen worden: Zum einen sei es schwierig gewesen, Männer zu rekrutieren, zum anderen seien bereits Rekrutierte schwer zu kontrollieren gewesen. Gleichwohl existiere die GSSB weiterhin. Sie solle unter der Schirmherrschaft der NATO gute Beziehungen zum Bund Deutscher Jugend aufbauen.

Die detaillierten Aussagen von Heinz Anders bei der Kriminalpolizei, die der Bonner CIA-Führung vorlagen, standen aber in deutlichem Widerspruch zu Pohls Erklärung, wo es um die angebliche Einstellung der Operation ging. Nach Anders' Aussage war er am 18. März 1951 von Guido Bayer, einem Drogisten aus Marburg, rekrutiert worden, der einen zweiten Wohnsitz in Bonn und einen dritten in dem französischen Geheimdiensthotel in Remagen habe. Ein ihm unbekannter französischer Geheimdienstoffizier hatte ihm am 10. Oktober 1951 angekündigt, er würde ab dem 1. Februar 1952 einen vierwöchigen Lehrgang in Baden-Baden besuchen, gefolgt von einem einmonatigen Kurs an einer Partisanenschule in Frankreich. Anschließend sollte er von Wiesbaden aus alle Partisanenaktivitäten in Westdeutschland leiten. Anders erklärte, er habe den BfV-Vizepräsidenten Radke und den BfV-Mann Strauss darüber telefonisch unterrichtet. Radke erklärte später dazu, das sei eine reine Erfindung, er habe nie mit ihm gesprochen.

Der Beschuldigte machte als Leiter der Gesellschaft zum Studium sozialer Beziehungen Arnold Schmidt-Tragzenberg namhaft. Er kannte auch Muellers Geheimdiensthauptquartier in Baden-Baden, eine Villa neben der Pension Höhenblick. Vom 1. bis zum 12. April 1952 habe er in Baden-Baden und Rastatt tatsächlich einen Kurs über den Umgang mit Sprengstoffen besucht. Monatlich hätte die SDECE ihm 600 DM gezahlt, zuzüglich einer Aufwandsentschädigung von 400 bis 500 DM. Zuletzt habe er im März 1953 900 DM erhalten. Mueller hätte ihm stets zu verstehen gegeben, dass er in einem europäischen Partisanenkontingent dienen solle. Und ab hier deckt sich seine Aussage mit der des Sûreté-Repräsentanten in Köln, dass es der SDECE um eine Vernetzung mit dem Technischen Dienst des BDJ gegangen sei. Fast wäre Anders nämlich auf französische Vermittlung dort gelandet. Man hatte ihm am 15. Juni 1951 ein Treffen mit Erhard Peters angekündigt, der ihn zum Ausbilder in der BDJ-Schule im bayerischen Laufach machen würde, aber der Leiter des BDJ-TD war nicht erschienen.[605]

Wie das französische Netz in den BND eingegliedert wurde, bevor es in deutsche Hände überging, muss mangels Akten offen bleiben. Wie das niederländische bereits 1947 als SEKTION G 7 – ALGEMENE ZAKEN aufgezogene Stay-Behind-Netz aussah und wie viele seiner 1950 etwa 100 Agenten[606] vom BND übernommen wurden, ist leider noch weniger nachvollziehbar.

Die Einbindung in die NATO

Der Bundesnachrichtendienst war mit seiner Stay-Behind-Organisation von Anfang an international vernetzt. Ab 1957 war der BND Mitglied der nachrichtendienstlichen Planungsgruppe, des Coordinating and Planning Committee (CPC) für das Military Committee des NATO-Rats[607] sowie der Executive Group (EG) des CPC, außerdem im Kriegsfall in der Allied Coordinating and Consultive Group (ACCG) vertreten. Ab 1959 saßen BND-Vertreter im Allied Clandestine (bzw. Coordination) Committee (ACC), dem der belgische Dienst SGR (Service Général de Renseignement et de Sécurité), der französische SDECE (Service de Documentation Extérieure et de Contre-Espionnage), der italienische Militärnachrichtendienst SISMI (Servizio per le Informazioni e la Sicurezza Militare), der luxemburgische SREL (Service de Renseignements Luxembourg), der niederländische IDB (Inlichtingendienst Buitenland), der britische MI6 (Military Intelligence 6) und der US-Dienst CIA angehörten. Die US-amerikanische Stay-Behind-Organisation wurde vom CIA Director Europe vom Stuttgarter EUCOM (European Command) aus geleitet. In den 1980er Jahren nahm das ACC noch die dänischen und norwegischen Partnerdienste auf.[608]

Der größte Teil der Bundeswehr, u.a. elf von zwölf Kampfdivisionen, gehörte zum NATO-Kommandobereich AFCENT (Allied Forces Central Europe). Hamburg und Schleswig-Holstein gehörten jedoch mit der verstärkten 6. Panzergrenadierdivision in Neumünster und dem deutsch-dänischen Kommando COMLANDJUT in Rendsburg wie Dänemark und Norwegen zu AFNORTH (Allied Forces Northern Europe) mit dem Hauptquartier im norwegischen Kolsas. Für die übergreifende Kooperation dieser beiden Kommandobereiche bei Stay-Behind-Aufgaben nahm die BND-Residentur in Oslo die Aufgabe eines Verbindungskommandos wahr, während die BND-Vertretung in Rom den Kontakt zu den GLADIO-Strukturen bei AFSOUTH (Allied Forces Southern Europe) hielt.[609]

Im Winter 1961 plante der BND sein Pariser Büro um einen Verbindungsmann zum ACCG für Ernstfallangelegenheiten zu verstärken. Ins Auge gefasst worden war dafür der aktive Major DRUXA (Helmut Druschkowitsch) aus der BND-Verwaltung. Der kehrte allerdings zum 1. November 1963 als G-3-Offizier bei CENTAG in Heidelberg zur Bundeswehr zurück. Geboten war die Präsenz in Frankreich, weil es zwar für den Zwischenstopp der zweiten Staffel, die der BND im Krisenfall nach Westen verlegen wollte, im Raum Clermont-Ferrand militärische Planungen, aber noch keinen passenden Zielraum gab.[610]

Gehlens »staatsstreichähnliche Pläne«

Im Mai 2002 veröffentlichte *Spiegel Online* aus freigegebenen US-Akten eine kurze Notiz, Gehlen habe am 15. März 1956 in einem Vieraugengespräch mit einem ungenannten hochrangigen CIA-Vertreter staatsstreichähnliche Pläne gehegt. An den ranghöchsten Vertreter des US-Auslandsnachrichtendienstes in Pullach hatte er sich nicht gewandt, da er mit seinem CIA-Aufseher über Kreuz lag. Gehlen habe erschöpft gewirkt – so das Memo – und auf die drohenden Volksfrontregierungen in Frankreich und Italien verwiesen. UTILITY – so Gehlens CIA-Deckname – trug der CIA seine Sorge vor, die SPD könne sich mit der nationalistischen Rechten gegen Adenauer zu einer Koalition verbünden. Die zwangsläufige Folge sei, dass diese neue Regierung dem Einfluss des Ostens erliege. Er fühle sich daher »moralisch berechtigt«, alle nur denkbaren Gegenmaßnahmen zu ergreifen, »einschließlich der Bildung eines illegalen Apparats in der Bundesrepublik zur Bekämpfung der deutschen Anhänger einer prosowjetischen Politik«. Das Hamburger Nachrichtenmagazin schloss die Kurzmeldung: »Einen entsprechenden Plan wollte Gehlen in Washington im kleinsten Kreis konspirativ erörtern. Ob es dazu kam, ist ungeklärt«.[611]

Der *Spiegel* hatte die Aussagen in der von ihm zitierten Akte des Berichts von James Critchfield an den Chef der CIA um zwei entscheidende Punkte verkürzt: Erstens hatte Gehlen betont, unter einer neutralistischen Regierung, bei der Herbert Wehner, Otto Lenz und Josef Müller an der Macht seien, würde er selbst kaum als Leiter der Org überleben. Zweitens sprach er die Hoffnung aus, dass es nie die Notwendigkeit für eine solche Aktion [gemeint sind seine staatstreichähnlichen Pläne; die

Verf.] gäbe, sondern, dass er in weiteren acht Jahren unter einer prowestlichen Regierung seine Organisation auf einer vom Parlament geregelten gesetzlichen Grundlage systematisch ausbauen könne.[612]

Im Nachlass eines Org-Angehörigen findet sich ein weit aussagekräftigeres Gegenstück, die deutschsprachige Vorlage eines Schreibens von Gehlen an Allan Dulles. Empfänger und Zeitpunkt erschließen sich aus der Formulierung, »dass gerade im jetzigen Zeitpunkt die Ablösung des Leiters Ihres [sic!] hiesigen clandestinen Stabes, Mr. Lucid, durch einen Herrn, der mit den schwierigen Problemen der hiesigen Situation nicht so vertraut sein kann, notwendig wird.«

Als Nachfolger von Critchfield war Tom Lucid im Frühjahr 1956 mit einem nur unwesentlich verkleinerten Stab ranghöchster Vertreter der CIA beim BND geworden, im Urteil seines Vorgängers »ein engagierter und berufserfahrener Mitarbeiter des Nachrichtendienstes«.[613]

Abgelöst wurde Lucid von seinem Posten in Pullach im August 1959. In einem Brief an CIA-Chef Allan Dulles bescheinigte Gehlen ihm »ein hohes Maß an jenen Qualitäten, die essentiell für den Führer einer delikaten Mission im Ausland sind, persönliche Integrität, Hingabe an sein Land und seine Aufgabe und warmherziges Interesse an den Personen und Problemen, denen er begegnet. Seine Loyalität, seine lebhafte Intelligenz, Diskretion und nicht zuletzt sein Sinn für Humor haben es mir zum Vergnügen gemacht, unsere wechselseitigen Pläne und viele delikate Angelegenheiten zu diskutieren«.[614] In seiner undatierten Antwort auf den Gehlen-Brief vom August 1959 kündigte Dulles Donald G. Huefner als Nachfolger von Lucid an. Gehlens Skepsis gegenüber dem Nachfolger sollte sich bestätigen. Die amerikanische Journalistin Mary Ellen Resse zitiert Lucid mit der Einschätzung: »Critchfield hatte die stürmische Zeit der ersten Liebe, ich hatte die glückliche Ehe, Don Huefner die Scheidung.«[615]

Der undatierte Briefentwurf für den BND-Präsidenten aus dem Bereich D 11 (Wiedervorlage im Dezember) stammt aus dem Spätherbst 1959 und nimmt unmittelbaren Bezug auf »die weltpolitische Situation durch die Notenoffensive des Kreml nach einer längeren Zeit der Stagnation und Konsolidierung im Sowjetmachtbereich«. Gemeint war ein letzter Anlauf der UdSSR, die auch militärisch fundierte Westintegration der Bundesrepublik zu verhindern. »Stalins Neutralisierungsofferten an Deutschland musste man zu Recht misstrauen, denn der rote Zar hätte eine neutrale Position aus taktischen Gründen höchstens als Übergangserscheinung akzeptiert. Chruschtschow war dagegen bereit, in neutralen

Staaten nicht bloß westliche Mitläufer zu sehen«, beurteilte später der Historiker Waldemar Besson den neuen Moskauer Kurs und führte weiter aus: »Die neue Politik des Kreml wurde mit dem Paukenschlag des österreichischen Staatsvertrags eröffnet. Jahrealte sowjetische Forderungen wurden plötzlich revidiert und für eine ewigwährende Neutralität Österreichs der Rückzug aus der eigenen Besatzungszone vereinbart [...] sowie ferner dem Erbfeind Bundesrepublik durch eine am 7. Juni ausgesprochene Einladung an den Bundeskanzler«[616] ein Gesprächsangebot unterbreitet.

In seinem Schreiben an Dulles unterbreitet Gehlen drei mögliche politische Szenarien für die Entwicklung in Mitteleuropa: »1. Beibehaltung des status quo und der derzeitigen Positionen; 2. eine politische und militärische Auflockerung des mitteleuropäischen Raumes; 3. die große militärische Auseinandersetzung«. Was der Präsident des BND unter der mittleren Lösung einer »Auflockerung« verstand, erläuterte er dem CIA-Chef genauer: »Wenn ich einmal von den Entwicklungsmöglichkeiten zu 1) u. 3) absehe, so konzentrieren sich meine Überlegungen auf eine Lageentwicklung im Sinne des 2. Punktes. Da eine Regelung im Sinne des letzten sog. sowj. Friedensvorschlages, sprich Neutralisierung Gesamtdeutschlands, welche zu einem Herauslösen aus dem westlichen Bündnissystem führen würde, so indiskutabel ist, dass der Versuch der Sowjets, sie zu erzwingen, zwangsläufig zu großen militärischen Auseinandersetzungen führen müsste, denke ich in diesem Rahmen eher an die Möglichkeit einer Entwicklung, in der die Bundesrepublik ein Bestandteil der NATO bleibt, aber doch in einem der Ostzone im militärischen Sinn adäquaten Situation, d.h. z.B. ohne die jeweiligen alliierten Truppen und möglicherweise aufgrund einer politischen Vereinbarung in irgendeiner Weise gewissen Kontrolle unterworfen. In einem solchen Fall würde zwangsläufig die politische Lage der Bundesrepublik einer zunehmenden Belastung und Bewährungsprobe unterworfen sein und die Aufgabe des BND vermutlich über den bisherigen Rahmen hinaus als, wenn ich so sagen darf, Stabilisierungsfaktor vermehrt zum Zuge kommen.«

Unverblümt schlug der BND-Präsident dem Direktor der CIA ein Bündnis an Regierung und Parlament in Bonn vorbei vor. »Wenn die Zusammenarbeit zwischen den Vereinigten Staaten und Deutschland auf unserer Ebene bisher schon von großer Bedeutung war, so wird in einer solchen Lage der Wert dieser Verbindung gar nicht abzuschätzen sein. Es wird sich in einer solchen Situation jedoch möglicherweise die Notwendigkeit ergeben, diese in eine vollkommen andere Form zu kleiden, d.h. Wege zu finden, die so sorgfältig konstruiert und abgeschirmt sind, dass sie in jedem Fall nur einem begrenzten Personenkreis auf beiden Seiten, insbesondere aber hier in der Bundesrepublik, bekannt sind.«

Im Schlussabsatz seines Schreibens schlug Gehlen vor, diese und andere Fragen, »die ich in der BRD keiner anderen Stelle gegenüber zu äußern in der Lage bin, nur in einem außerordentlich begrenzten Kreis besprechen kann«, mit Dulles im kommenden Frühjahr zu erörtern. Zuvor hatte Gehlen in seinem Brief angedeutet, dass im BND bereits Vorbereitungen für den Fall eines Abdriftens der Bundesrepublik auf einen Neutralitätskurs hin getroffen seien, und die Erwartung geäußert, dass die USA nun ins Boot steigen sollten: »Ich bin der Auffassung, dass – ähnlich wie ich bestrebt bin, im eigenen Bereich in dieser Richtung eine gewisse Vorsorge zu treffen – baldmöglich die für einen solchen Fall notwendigen Überlegungen zu einem Abschluss gebracht werden sollten, damit die vorsorglich vorzubereitenden Maßnahmen noch im Laufe dieses Jahres eingeleitet werden können.«

Die Entwicklung des SBO-Programms ab Ende der 1950er Jahre

Als Sollstärke für das taktische SBO-Netz waren Ende April 1959 in Absprache mit der G-2-Abteilung von USAREUR (United States Army Europe) ein 15-köpfiger Stab, 18 Verbindungsführer und 120 Agenten festgelegt worden, von denen gerade einmal drei Stabsangehörige einsatzbereit waren. Die Zielstellung bis Dezember 1959 lautete 13 Stabsmitarbeiter, 15 Verbindungsführer und 42 Agenten.[617] Anfang Januar 1960 legte der Leiter der Münchener CIA-Station in Washington einen Sachstandsbericht zu den Kriegsplanungen des BND vor. Zunächst beklagte er, dass die Veteranen Frost (Spionageabwehr) und Dollmann (Sicherheit und Personal) wegen mangelnden Aktivitäten zum 1. Juli fallengelassen werden müssten. Gerechtfertigt wurde diese Maßnahme durch den Verweis auf die reduzierte finanzielle Unterstützung durch die CIA. Als Nachfolger von Frost wurde Neubauer – bisher stellvertretender Operationschef – ins Auge gefasst, die Personalführung sollte Aust übernehmen.

Der gesamte Bereich taktische SBO unter Kilian wurde von Sneder, dem Stellvertreter des Verwaltungschefs Wendland (Wendt), an der Spitze eines vierköpfigen Stabes überwacht und umfasste das Aufklärungsnetz, für das weiter rekrutiert wurde, sowie die zum 1. April 1960 geplante Aufstellung des Sabotagebereichs. Übergangsweise sollten die Sprengmittel bis zum 1. Juli im US-Munitionsdepot Hohenbrunn gelagert werden, bis der BND eigene von der U.S. Army unabhängige Lagerungsmöglichkeiten geschaffen hätte.[618] Die NARA-Akten geben vier Hinweise auf die personelle Besetzung der Sabotagetruppe: Wolfgang Ulrich Lehnert (Harer) diente von Ende 1959 bis April 1962 als Ausbilder an der Sabotage-Schule des BND, bevor er als Major ins militärische Auswertereferat für nichtkonventionelle Waffen wechselte.[619] Der Major der Pioniertruppe Hans-Georg Matterhaupt war von 1962 bis zum Mai 1964 Leiter der Special Forces Schule des BND in Bad Aibling, bevor auch er ins militärische Auswertereferat für nichtkonventionelle Waffen wechselte. Der Major der Panzerartillerietruppe Karl Kalische diente 1962 an der Special Forces Schule des BND in Neufeld (Schleswig-Holstein) und der Bundeswehroffizier Dietrich Peemüller (Panitz) als Einsatzoffizier.[620]

1960, wenige Jahre nach der Übernahme der von ausländischen Nachrichtendiensten geführten Schattenkrieger durch den BND, hatte das Netz nur noch 53 V-Männer und 17 Verbindungsführer (VF).[621] Danach erreichte die SBO zwar eine relativ stabile Zahl bei ihren Mitarbeitern im potentiellen Besatzungsgebiet, doch viele V-Männer und V-Führer waren für die Aufgaben eigentlich zu alt. Ihre Anzahl reichte für die geplanten Einsätze zu keinem Zeitpunkt aus. So gab es von 1961 bis 1968 eine stetig abnehmende Zahl von Verbindungsführern (VF) von 26 auf 14 und zugleich eine zwischen 105 und 160 stark schwankende Anzahl von V-Männern (VM), die mit 160 1968 ihren Höchststand erreichte.[622]

Im Sommer 1965 legte der BND-Mitarbeiter Ammon eine achtseitige Studie über die Anbahnung von SBO-Agenten im Krieg vor, die der erweiterten Kampfbereitschaft Rechnung trug. Nur durch Gewinnung von zusätzlichen V-Leuten im besetzten Gebiet würden Hilfs- und Sonderoperationen in Schwerpunkträumen möglich, konstatierte der BND-Mann, und dazu müsste im Frieden eine Vorklärung der Kandidaten erfolgen, die der Teamführer dann wirbt und ausbildet. Bei der »Anbahnung im Kriege« sollten die Anbahner echte Persönlichkeiten sein: »Sie sollen normalerweise nicht verlocken, erpressen, drohen oder überreden, sondern mit zuversichtlicher Siegesgewissheit überzeugen.« Erforderlich sei ein Abbau des Selbsterhaltungstriebes, der Werber müsse die Hoffnung vermitteln, dass ein Angeworbener nicht verheizt wird, sondern dass »seine Familie und sein Volk auf seinen Einsatz warten, damit sie wieder einmal die Luft der Freiheit atmen können«.[623]

Bei der Anbahnung völlig fremder Personen bestand die Gefahr, in die Falle eines totalen Spitzelsystems zu laufen. Daher sollte der Anbahner vorab kompromittierendes Material in der Hand haben, um sich gegen Verrat abzusichern. Empfohlen wurde die Gewinnung von krisenfesten

V-Leuten im Kreis von Familie und Freunden. AMMON unterschied zwei Zielgruppen: »Die Hilfsoperationen erfordern einen Typ, dem das soziale Empfinden eingeschrieben ist. Er muss ein Herz für die Nöte der Menschen haben, die zu ihren Familien bzw. in die Freiheit wollen. Die Sonderoperationen verlangen einen kämpferischen Typ, der mit dem Sprengstoff, mit der Waffe, dem Brandmittel oder mit dem ›Schwert des Geistes‹ (im politischen Widerstand) die Freiheit seines Volkes erringen will.«

Nachdrücklich warnte die Studie: Anbahnungen in größerem Rahmen seien erst möglich, wenn die militärische Lage sich durch Erfolge der NATO-Streitkräfte verbessere und die psychologische Kriegsführung den Widerstandswillen belebt habe. Der Geheime Widerstand (GW) müsse durch taktische Maßnahmen (Plakate, Zinken, Flugblätter) zur psychologischen Kriegsführung beitragen. »Der *GW* muss zunächst Erfolge erringen, damit die Bevölkerung das Gefühl erhält: Hier handelt es sich um eine starke Bewegung«, schloss die BND-Studie hoffnungsfroh.

Die Stay-Behind-Manöver des BND

Da die nationalen oder mit Partnerdiensten durchgeführten Stay-Behind-Übungen des BND bis in die frühen 1960er Jahre – so lange, wie die US-Seite zur Finanzierung beitrug – von CIA-Beobachtern begleitet wurden, ist die Manövertätigkeit in amerikanischen Akten gut dokumentiert. Vom 9. bis 11. September 1958 fand eine amphibische Übung auf dem Flugabwehrschießplatz Todendorf an der Ostseeküste Schleswig-Holsteins statt. Neben einem CIA-Offizier nahmen von Seiten der Org der Fernmeldeoffizier der Area E des STORCH-Programms GRIMM als Vertreter von LAUBMANN, der Entwicklungsingenieur im UJLENTIL-Stab BETZEL, der für das Anlegen von Depots zuständige Stabsangehörige NUSSER, der Fernmeldeoffizier von Fox-Nord WOERMANN und sein Stellvertreter HORN teil, die alle im Gasthof Ole Liese im Gut Panker untergebracht waren. Die Übungszwecke bestanden in der Erprobung des Funkfeuers und des Empfängers, die BETZEL für die Lenkung kleinere Boote zu Treffen auf See oder am Strand entwickelt hatte, und in der Prüfung der Tauglichkeit der Bootsmotoren für den Einsatz auf hoher See und bei Landemanövern bei Tag und bei Nacht. Das eingesetzte RB-12-Boot funktionierte gut, der 35-PS-Motor erwies sich jedoch als zu leistungsstark, zu schwer und zu laut. Das Funkfeuer und der auf dem Boot montierte Empfänger seiner Signale erlaubten präzise Landungen.

1959 sollten zwei weitere Übungen mit Schleusungsteams stattfinden, die der in Bayern gebliebene BND-Mann Münz inzwischen theoretisch ausbilden wollte.[624] In dem bis zum 1. März 1959 angemieteten Appartement in der Herzberger Straße 32 in Bremen hatte die CIA 1957 den Sitz des Fernmeldeoffiziers (990) Woermann aus dem Fox-Programm erkannt.[625]

Vom 4. bis zum 15. Juli 1960 fand auf dem amerikanischen Truppenübungsplatz Grafenwöhr ein Manöver für Stabsangehörige, Verbindungsführer und V-Leute aus den Untergruppen 5 (Kaufbeuren), 7 und 1 statt, bei dem in acht Anflügen die Aufnahme, die Bergung und das Vergraben abgesetzten Materials geübt wurde. Das Manöver war ausgesprochen kopflastig. Es waren zehn Stabsangehörige vertreten, fünf V-Mann-Führer, aber nur sechs V-Leute. So kam der Bericht des CIA-Stationschefs München nach Washington zu dem Ergebnis, dass es angesichts von nur drei Rekruten im Vorjahr bei Fox-Süd immer noch ernsthafte Rekrutierungsprobleme gab. Überlastung und Mangel an Interesse machte er allerdings auch bei den V-Mann-Führern und dem Stab aus. Für acht Übungsteilnehmer lieferte er zudem Personenbeschreibungen, die vom 55-jährigen Neuling Felix über den Senior der Gruppe – den Teamleiter U 1 Römer, Jahrgang 1897 – bis zu dem 48-jährigen Neuzugang im Stab Tellheim – der ehemalige Zivilpilot Tellermann – reichten.[626] Vom 19. bis zum 22. und vom 23. bis zum 27. September folgte eine ähnliche Übung für Fox-Nord auf dem Standortübungsplatz der 24. US-Infanteriedivision in Oberschleißheim am Ortsrand Münchens.[627]

Mit einem größeren Manöver begann am 5. Juli 1961 auf dem US-Übungsplatz Hohenfels die Übungsperiode des Folgejahres, bei dem die Tarnbezeichnung von Fox auf Nashorn wechselte. Die beiden CIA-Offiziere waren zufrieden mit dem Leistungsstand der engagierten V-Leute, die es selbst bei Nachtübungen in 20 bis 30 Minuten schafften, die abgesetzten Lasten in vorbereitete Verstecke zu bringen. Wie üblich hatte die CIA ihrem Bericht nach Washington Personenbeschreibungen beigefügt, die neben den körperlichen Merkmalen auch abgeschöpfte Informationen über die V-Leute enthielten. So schienen der 40-jährige List und der erst 35-jährige Sandner der CIA zu jung für die SBO-Aufgabe, aber der BND-Gesamtleiter des Nashorn-Programms erklärte, der BND ginge das Risiko, dass sie im Kriegsfall nicht verfügbar seien, bewusst ein, weil in jedem Team wenigstens ein Mann sein sollte, der körperlich fit genug für alle Aufgaben sei. Zudem gäbe es für seine Truppe den neuen Auftrag, Schleusungen von VIPs einschließlich Agenten von einem Team zum anderen ähnlich den Flucht- und Evakuierungsrouten durchzuführen.[628]

Zwei Monate später fand wiederum in Hohenfels vom 10. bis 16. September eine ähnliche Ausbildung für drei Teams – zwei aus dem Süden und eines von NASHORN-Nord – statt.

Wiederum konstatierte die CIA, dass die Teamhelfer ZACH und ZEISS zu jung waren, um den Durchhaltebestimmungen zu entsprechen. Sie schloss daraus, dass diese Bestimmungen, die einen Einsatz von jungen Menschen ausgeschlossen hatten, in Pullach gelockert worden waren. Ende September 1961 fand auf der ostfriesischen Insel Borkum, dem Standort der Amphibischen Gruppe der Bundesmarine, eine Schleusungsübung statt, die auch das Zusammentreffen mit einem Schnellboot der Bundesmarine einschloss. Mit grenzüberschreitenden Schleusungsoperationen war der BND für Österreich, die Tschechoslowakei und Frankreich beauftragt worden. An der Ostgrenze der Bundesrepublik stand dafür aber nur ein Team in der Nähe von Passau zur Verfügung. Zudem übte der BND im Oktober 1961 mit dem französischen Nachrichtendienst im Raum Pirmasens–Zweibrücken das Ein- und Ausschleusen von Personen mit deutschen und französischen Kurieren.[629]

1961 fanden auch einige Ausbildungsvorhaben der Sabotagetruppe statt. Drei Verbindungsführer und zwei Agenten hatten im August und September einen Einweisungslehrgang erhalten, der mit viertägigen Sprengübungen auf dem Sprengplatz der 10th Special Forces in Bad Tölz vom 26. bis zum 30. September abgeschlossen worden war. Drei weitere Verbindungsführer hatten einen einmonatigen Orientierungskurs abgeschlossen und nahmen nun ihre Aufgabe entlang der Grenze zur DDR und Tschechoslowakei auf, Personal für vierköpfige Teams zu rekrutieren, die im Ernstfall Widerstandsaktivitäten entfalten sollten. Der BND-Mitarbeiter RETZLAFF war Mitte September von einem Kurs zur Aufstandsbekämpfung (Counter Guerilla) an der Special Forces Warfare School in Fort Bragg nach München zurückgekehrt. Andere Angehörige des Sabotagestabs planten – so die CIA – an den Lagebesprechungen der anstehenden Übung DEVIL SPREAD im französischen Evreux teilzunehmen.[630]

Wie bei den Streitkräften, so gehörte auch beim militärisch geprägten BND zu jedem Manöver eine Lage, die die Übung in ein politisches und militärisches Szenario einbettete. Von welchen Annahmen man in Pullach unter Gehlen ausging, wird in der 17-seitigen »Sicherheitsstudie« aus dem Jahr 1965 am deutlichsten.[631] Was die Besatzungsmacht tun würde, um ein »Gefühl völliger Unsicherheit und Ohnmacht« zu erzeugen, wird nach einleitenden Sätzen über die drohende »Bolschewisierung« der Welt über Seiten hinweg an die Wand gemalt: Die Sicherungsmaßnahmen nach einer

Besetzung der Bundesrepublik würden sich nicht auf die Grenzsicherung beschränken, zahlreiche Gebäude würden bewacht und die Gefängnisse übernommen. Es müssten nicht nur alle Waffen abgegeben werden, sondern auch alle Foto-, Film- und Rundfunkgeräte. Alle Gegner aus Politik und Gesellschaft – Wissenschaftler, Experten, Emigranten – würden als Terrormaßnahme verhaftet, zum Teil hingerichtet. Der Verhängung von Nachrichtensperren folgten die Einführung von Zensur und der Aufbau eines Spitzelnetzes.

Auf wirtschaftlichem Gebiet würde die Besatzungsmacht die Ostmark einführen, alle Pensionszahlungen stoppen und für alle niedrige Löhne einführen, um die »Bevölkerung schlagartig zu proletarisieren«. Auf die Beschlagnahme aller Vermögen und Wohnungen von Feinden würde eine sofortige Bodenreform wie in der SBZ folgen. Die als Präventivkrieg getarnte Besetzung der BRD würde »zu Beginn des Winters« stattfinden, weil Partisanen es dann im Freien schwer haben. Die kalte Jahreszeit würde die Herbeiführung eines Notstands begünstigen: niedrige Essensrationen, Zermürbung der Bevölkerung »durch Schlangestehen« und »Hungerrationen für alle Klassenfeinde«.

Dieses Horrorszenario malte nicht nur »Enteignung« und die »Vernichtung jeder Freiheit« an die Wand, sondern auch ein »geräuschloses Zugrundegehen aller unerwünschten Elemente« und die »Liquidierung der unbrauchbaren Teile der Einwohner«. Es gipfelte in dem Satz: »Etwa ein Viertel der Bevölkerung würde nach Auffassung des Bearbeiters etwa 6000 km von der Heimat entfernt – von dieser vergessen, wie heute die 18 Millionen in der ›Ostzone‹ – als Bollwerk gegen China in sowjetrussischer Fronarbeit dahinvegetieren.«

Dem Durcheinander der Befehlsstrukturen in den ersten Monaten – so die BND-Studie – würde eine Phase der Militärdiktatur folgen mit einer anschließenden Scheindemokratisierung, »Säuberungen« der Verwaltung und letztlich eine Wiedervereinigung als »zentralistischer Einheitsstaat auf dem Wege zum Kommunismus«. Es käme zum Aufbau einer »blind gehorsamen saturierten Führungsschicht« und der Umwandlung der Massen in »ergebene Untertanen«. Auch auf die Frage, wer die Quislinge sein würden, fand die Sicherheitsstudie eine Antwort: Eine wieder zugelassene KPD und eine gleichgeschaltete SPD, geführt von Max Reimann, Vorsitzender der KPD von 1948 bis 1956, und von Herbert Wehner, stellvertretender SPD-Vorsitzender seit 1958.[632]

Der Mann, der Dieter Gerlach wurde

Im Sommer 1965 fuhr ein unauffälliger VW Käfer durch die Münchner Innenstadt Richtung Süden. Bundeswehr-Panzerspähtrupp-Führer H. B. wunderte sich, dass der Wagen kurz hinter dem Harras nicht auf die Bundesstraße 11 nach Pullach abbog, sondern nach Südosten auf die Autobahn A 8 in Richtung Holzkirchen fuhr. Die beiden Männer, die B. im VW Käfer transportierten, schwiegen während der Fahrt.[633]

»Worauf hast du dich da eingelassen?«, ging es B. durch den Kopf, der angespannt im Fond des VWs saß und damit rechnete, eine neue Verwendung als Soldat beim Bundesnachrichtendienst in Pullach angeboten zu bekommen. Sein Dienststellenleiter hatte ihm lediglich mitgeteilt, er werde am neuen Dienstort auf einen Kreis gleichaltriger Kameraden aus Heer, Marine und Luftwaffe treffen.

Einige Wochen zuvor war B. zu seinem Vorgesetzen gerufen worden, der ihm dann die Möglichkeit eines lang ersehnten Fallschirmjägerlehrgangs in Altenstadt eröffnet hatte. Nach einer Eignungsuntersuchung war B. in die Heeresoffiziersschule nach München zum Personalgespräch beordert worden. Dort empfingen ihn mehrere Zivilisten, die dem erstaunten Spähtruppführer eröffneten, er könne nach einer Sicherheitsüberprüfung zu einer »kleinen Versuchsgruppe« stoßen, die dem Bundesnachrichtendienst unterstellt sei. B. vermutete, er gehöre künftig einer Spezialeinheit an, die im Kriegsfall hinter den feindlichen Linien operieren sollte. Seit seiner Kindheit bewunderte B. die Spezialeinheit der Abwehr Sonderverband Brandenburg, die während des 2. Weltkrieges Kommandounternehmen hinter der Front, oft in Uniformen der Alliierten, durchgeführt hatten. Doch B. bekam auch von den Herren in der Heeresoffiziersschule keine genaue Antwort auf die Frage nach seiner künftigen Verwendung. Stattdessen forderten die geheimnisvollen Männer ein klares Ja oder Nein von B., ob er für einen Spezialauftrag zur Verfügung stünde. B. sagte zu.

Nach kurzer Fahrt bog der VW Käfer an der Ausfahrt Hofoldinger Forst von der Autobahn ab und erreichte die Gemeinde Heufeld bei Bad Aibling. Der Wagen hielt vor einer zweigeschossigen Luftwaffenkaserne aus der Kriegszeit in der Bruckmüller-straße 41. »Wallmeistertruppe, Wehrbereichskommando VI« stand auf einem Schild – die Bundeswehr-Tarnung für den in Heufeld angesiedelten Teil der BND-Stay-Behind-Organisation, wie B. später erfahren sollte.

In einem Schulungsraum traf er auf seine künftige Einheit: ein gutes Dutzend Feldwebel und mehrere Offiziere, von denen einige das von B. begehrte Fallschirmjägerabzeichen trugen, den stürzenden Adler vor dem

Eichenlaubkranz. B. erkannte rasch, dass die Truppe in Heufeld nicht groß genug für Kommandounternehmen war. Tatsächlich bestand B.s künftige Einheit nur aus 25 Mitarbeitern.[634] Sein neuer Vorgesetzter erklärte ihm, dass er künftig unter dem Decknamen DIETER GERLACH einen NATO-Sonderauftrag in einer »Lehr- und Erprobungsgruppe« erfüllen solle. Seine Einheit trug rote Barette wie die Bundeswehr-Fernspäher und nannte sich Lehr- und Ausbildungsgruppe für das Fernspähwesen der Bundeswehr (LAFBw) – die Tarnbezeichnung für die am 23. Dezember 1964 gegründete BND-Einheit 404/III.[635]

Deren Aufgaben waren die »praktische Erprobung der Grundsätze und Einzelmaßnahmen zur Vorbereitung des geheimen Widerstandes, Durchführung von geheimdienstlichen Land-, Luft- und Seeoperationen zum Schleusen bzw. Absetzen und Anlanden von Personen und Material [...], Vorbereitung und Durchführung von Übungen, Lehrgänge und Schulungen mit FLEUROP-Partnern [...], Durchführung von Observationen im Rahmen geheimdienstlicher Operationen, Schulung und Weiterbildung des eigenen Personals zum Führer von militärischen Kommandotrupps und geheimdienstlichen Spezial-Trupps, die im Verteidigungsfall unter Ausnutzung modernster Ausstattung durch Einschleusung in den feindlichen Machtbereich zu Land, zu Wasser oder durch die Luft zum geheimdienstlichen Einsatz gebracht werden können.«[636] GERLACHS Lehr- und Erprobungsgruppe war also die Kerntruppe, aus der im Verteidigungsfall eine deutlich größere militärische Einheit werden sollte – die Clandestine Action Group (geheimdienstliche Aktionsgruppen), gegen die die Bundeswehrführung in den 1970er Jahren zunehmend Bedenken hatte.[637]

GERLACH lernte die Organisation nicht unter dem Begriff Stay Behind kennen. In Heufeld sprach man von der »Rücklassorganisation« oder dem »Geheimen Widerstand«. Ihr Vorbild sei die britische Special Operations Executive gewesen, die während des Zweiten Weltkrieges mehrere hundert Agenten mit Fallschirmen in von Deutschland besetzten Gebieten abgesetzt hatte, die dann erfolgreich Sabotageakte verübten. GERLACH und seinen Kameraden war klar, dass sie im Kriegsfall nicht auf den Schutz der Haager Landkriegsordnung hoffen konnten. »Der Widerstands-kämpfer, der Partisan, hat, wenn er erwischt wird, rabenschwarze Karten«, sagte er, als er die LAFBw-Zentrale in Heufeld Jahrzehnte nach seiner aktiven Zeit besuchte: »Entweder kommt er in lange Haft oder man dreht ihn um. Und wenn er nicht mehr gebraucht wird, erschießt man ihn.«[638]

Unter der LAFBw-Legende absolvierte DIETER GERLACH 1965 einen dreiwöchigen Fallschirmlehrgang mit vier Sprüngen in der Luftlandeschule der Bundeswehr in Altenstadt. Es folgte ein Training der Heufelder Truppe bei den US-amerikanischen Special Forces in Bad Tölz. Die nannten die als Bundeswehrangehörige getarnten Schattenkrieger respektlos »the clandestine boys«. GERLACH nahm zudem an einem Einzelkämpfer-Lehrgang in Schongau teil, gemeinsam mit Bundeswehrsoldaten, Männern vom Bundesgrenzschutz und von den amerikanischen Special Forces. Zusätzlich durchlief er eine geheimdienstliche Ausbildung in der BND-Schule in der Münchner Orleansstraße. Geheime Treffen wurden geübt, aber auch der Umgang mit dem Kurzsignalgeber, dem Agentenfunkgerät FSS-20. GERLACH lernte den Umgang mit Sprengmaterialien in einer Bundeswehr-Pionierschule, um kleinere Sabotageaktionen wie die Zerstörung von Strommasten durchführen zu können. Sprengstoff und Munition für Übungszwecke bezog die LAFBw aus einem gemeinsam von Bundeswehr, US-Kräften und Briten genutzten Erdbunker in Hohenbrunn bei München. Ab 1967 konnte die LAFBw mit einer eigenen zweimotorigen Propellermaschine Fallschirmeinsätze unter Kriegsbedingungen trainieren. GERLACH übte nächtliche Absprünge aus niedriger Höhe unter 400 Metern und trainierte das Durchschlagen und Schleusen im besetzten Gebiet sowie die Bergung von vergrabenen Ausrüstungscontainern, in denen sich Verpflegung, Zivilkleidung und Tauschmittel wie Uhren und Schmuck befanden.[639]

Nach der »Konzeption für die geheimdienstlichen Operationen der SBO« gehörten zu einer Schleusungsaktion eine Grenz-, See- oder Luftoperation, bei der Personen oder Ausrüstung über eine Grenze ein- oder ausgeschleust wurden sowie Weiterleitungsoperationen, bei denen örtliche V-Leute am Landepunkt Material einsammelten oder Personen aufnahmen und versorgten, um sie über Weiterleitungspunkte und mit Hilfe anderer Quellen zu einem Zielpunkt zu schleusen. Das Gebiet der Bundesrepublik war hierfür in 15 Operationsräume aufgeteilt, in denen jeweils eine funkgeführte Quelle für Versorgungs-, Weiterleitungs- und Luftoperationen bereitstehen musste.[640]

Bei einer solchen Weiterleitungsübung im Jahr 1970 bedienten sich Stay-Behind-Männer aus einem Bekleidungsdepot, das schon Ende der 1940er Jahre im Wald angelegt worden war. Nachdem die Schattenkrieger ihre Overalls, die sie während der Luftlandung nutzten, gegen die Kleidung aus dem Depot getauscht hatten, versuchten sie erfolglos, sich als unauffällige Zivilisten zu geben. Am Bahnhof Traunstein fielen die BND-Männer in ihren gestreiften Zellstoff-Anzügen im Schnitt der 1940er Jahre den übrigen Reisenden auf, erinnerte sich GERLACH.

Seine Einheit hatte die Aufgabe, im besetzten Gebiet mit zurückgebliebenen V-Leuten Kontakt aufzunehmen und nachrichtendienstliche Operationen durchzuführen oder Widerstandsgruppen gegen die sowjetischen Besatzer aufzubauen. »Da sind 20 Mann im Wald, Widerständler, da springen wir mit drei Mann runter und bauen einen Widerstandskern auf«, schilderte er die Aufgabenstellung. Die Kontaktaufnahme geschah mit denkbar unauffälligen Mitteln. Die Gelandeten legten nachts einen Kieselstein an einem verabredeten Treffort wie z.B. einem Kilometerstein ab und versteckten sich am darauf folgenden Tag. Eine SBO-Quelle, getarnt als Spaziergänger oder Radfahrer, kontrollierte den Kilometerstein und nahm den Kiesel weg. Damit war der Treff in der kommenden Nacht an einem anderen Ort und zu einer bestimmten Zeit vereinbart. »Und dann Flucht und Durchkommen«, berichtete GERLACH, »tagsüber verstecken, nachts marschieren, bis man das Übungsziel erreicht hat. Manche Übungen haben 14 Tage gedauert.«[641]

Im September 1968 wurde der Standort Heufeld aufgegeben und die LAFBw nach München in die Dachauer Straße 128 verlegt.[642] Ende der 1960er bis Anfang der 1970er Jahre sei, so GERLACH, die Sabotageausbildung dann zurückgefahren worden. Die deutsche SBO habe keine eigenen Waffenlager gehabt, sondern bis 1972 auf die Depots der Alliierten zurückgreifen können. Die Bergung von abgeschossenen Piloten (Evasion & Escape), die die Stay-Behind-Organisation bis in die 1970er Jahre trainiert hatte, wurde – so GERLACH – von den SAR-Einheiten der Bundesluftwaffe übernommen. Sie sollten später in den 1980er Jahren erneut zu einer Aufgabe der SBO werden, als die Anschaffung eines neuen Funkgerätes im Allied Clandestine Comitee beschlossen wurde.

GERLACH schied 1971 aus der SBO aus und erlebte die Auflösung seiner LAFBw-Truppe Ende Oktober 1979 nur noch aus der Ferne, als BND-Mitarbeiter in einer deutschen Botschaft. Die Krise, in die Stay Behind unter der sozial-liberalen Koalition geriet, bekam er nur noch in ihren Anfängen mit.

Neue Ostpolitik und Kalte Krieger

Die Stay-Behind-Organisation des BND 1968 bis 1990

Am Abend der Bundestagwahl des am 28. Septembers 1969 fühlte sich Bundeskanzler Kurt Georg Kiesinger noch als Wahlsieger. Die NPD war mit 4,3 Prozent an der Fünf-Prozent-Hürde gescheitert, die Union hatte trotz der Konkurrenz von rechts nur unwesentlich an Stimmen eingebüßt und lag mit 46,1 Prozent vor dem bisherigen Koalitionspartner SPD. Doch noch in der Wahlnacht leiteten FDP-Chef Walter Scheel und SPD-Kanzlerkandidat Willy Brandt einen Epochenwandel ein. Sie verabredeten die Aufnahme von Koalitionsverhandlungen. Willy Brandt sollte nun im dritten Anlauf den Sprung ins Kanzleramt schaffen.

Die konservativen BND-Mitarbeiter ahnten, dass das Ende der Regierungsbeteiligung von CDU und CSU nach 20 Jahren für den Dienst und seine Stay-Behind-Organisation nichts Gutes bedeutete. Die neue sozialliberale Koalition wollte »mehr Demokratie wagen« und strebte ein »geregeltes Miteinander« mit der DDR an. Schlechte Aussichten für die Kalten Krieger in Pullach, die unermüdlich vor der kommunistischen Gefahr gewarnt hatten.

Schon im Juli 1969, wenige Monate vor Brandts Wahlsieg, hatte eine von Kanzleramtschef Karl Carstens (CDU) eingesetzte Untersuchungskommission dem Bundesnachrichtendienst ein vernichtendes Zeugnis ausgestellt. Die Kommission unter Leitung des pensionierten Staatssekretärs Reinhold Mercker hatte festgestellt, dass der 6000 Mitarbeiter starke Auslandsnachrichtendienst in der Ära Gehlen ein korruptes Unternehmen gewesen sei, in dem Vetternwirtschaft und Unterschlagungen in größerem Ausmaß üblich waren. Gehlen hatte allein 16 Verwandte auf Posten in Pullach gehievt.[643] Es seien außerdem beträchtliche Anstrengungen unternommen worden, um westdeutsche Politiker auszuspähen und einflussreiche westdeutsche Bürger zu rekrutieren – eine dem Auslandsnachrichtendienst untersagte Inlandsaufklärung, vor allem gegen die »verhaßten Sozialdemokraten«.

Die Mercker-Kommission hatte zudem große Defizite bei der operativen Beschaffung und eine völlig darniederliegende Gegenspionage festgestellt, sich aber interessanterweise in ihrem 249 Seiten umfassenden Bericht überhaupt nicht mit der Stay-Behind-Organisation befasst.[644]

Am 1. Mai 1968 wurde Gerhard Wessel Nachfolger Gehlens als BND-Präsident und legte schon vor Amtsantritt am 22. April eine elfseitige »Notiz über Lage Bundesnachrichtendienst bei Übernahme am 1. Mai 1968« vor. Wessel sah die augenfälligsten Defizite in der Gliederung und Organisation des Dienstes und scheute sich nicht, Gehlen auch persönlich dafür verantwortlich zu machen. »Die Gliederung der Zentrale in sechs Abteilungen und eine Zahl mehr oder weniger selbständig am PrBND [Präsidenten des Bundesnachrichtendiensts; die Verf.] hängender Einzelstellen ist aus der Entwicklung zu erklären. Der persönliche Führungsstil des PrBND und eine vor allem in den Anfangsjahren lebensnotwendige, sehr weitgehende Sicherheitsabschottung innerhalb des Dienstes spielten hierbei eine bestimmende Rolle. Die Gliederung wurde bewusst unübersichtlich gehalten, Überschneidungen und Doppelarbeit wurden ebenso in Kauf genommen wie die unmittelbare Schaltung zahlreicher Einzelstellen und Führungsaufgaben an den PrBND.«[645] Mit den Stay-Behind-Aktivitäten, die dem Generalleutnant aus seiner Vorverwendung als Ständiger Vertreter im Militärausschuss der NATO in Brüssel seit November 1963 wenigstens mindestens in groben Zügen bekannt waren, beschäftigte sich sein Arbeitspapier jedoch nicht.

Um die unhaltbaren Zustände in Pullach zu verbessern, setzte der neue Präsident am 20. Mai 1968 eine 13-köpfige Reformkommission unter Eberhard Blum (Hartwig) ein,[646] die zunächst eine Bestandsaufnahme vornahm und dann am 24. Juli einen umfangreichen Vorschlag zur Neugliederung des Dienstes vorlegte. Die bisher für SBO-Aufgaben zuständige Gruppe 404 und das Referat 52 (Sonderaufgaben im Kriegsfall) gingen aus dem Vorschlag aber nahezu unbeschadet hervor, obwohl in den Außenstellen der operativen Beschaffung insgesamt 267 von 2277 Stellen eingespart werden sollten. In der Zentrale sollten die Gruppe und das Referat unverändert 15 Planstellen bekommen, in den Außenstellen – eingebunden in die operative Beschaffung Sowjetblock der Abteilung I – 100 anstelle von 104.[647]

Im Frühjahr 1970 stellte Kanzleramtschef Horst Ehmke dem BND-Präsidenten den SPD-Innenpolitiker Dieter Blötz als Aufseher zur Seite. Als Vorsitzender des Hamburger Innenausschusses hatte Blötz das Landesamt für Verfassungsschutz kontrolliert, war aber in Geheimdienstdingen ansonsten wenig erfahren. Der von Ehmke als Notlösung angesehene Blötz wurde argwöhnisch von den Pullacher Seilschaften beäugt. Doch der neue Vizepräsident griff durch. So verhinderte er 1973 die Ernennung von Oberst Joachim Philipp (Panten) zum BND-Verbindungsreferenten zur bayerischen Staatsregierung.[648] 1979 räumte Blötz schließlich den Sessel des BND-Vizepräsidenten. Seine Gegner im BND hatten über eine Münchener Anwaltskanzlei die Informationen an die Öffentlichkeit lanciert, der BND-Vize habe »etwas über zwei Jahre lang ein ehebrecherisches Verhältnis mit seiner Sekretärin« unterhalten.[649]

Pullach gegen die Hardthöhe: BND und Bundeswehr in einem spannungsreichen Verhältnis

Der Bundesnachrichtendienst bekam in der sozialliberalen Ära aber auch Ärger wegen seiner Stay-Behind-Organisation. Die 1960er Jahre hatten unter dem Eindruck einer unaufhaltsam wachsenden Bedrohung durch die Sowjetunion gestanden. Die Führung der Stay-Behind-Organisation ging in der zuvor schon erwähnten Sicherheitsstudie davon aus, dass schon vor dem Beginn von Kampfhandlungen kommunistische Funktionäre in den Westen geschleust würden, um die Bundesrepublik Deutschland zu destabilisieren. Nach der Besetzung durch Truppen des Warschauer Paktes rechnete man mit einer Marionettenregierung der Sowjets unter Mitwirkung von Sozialdemokraten wie Herbert Wehner.[650] Den Widerstand gegen das Sowjetregime sollten zum einem SBO-V-Leute leisten, die schon im Land waren oder eingeschleust wurden, sowie in das besetzte Gebiet eingeschleuste hauptamtliche BND-Mitarbeiter, die zusammen mit vor Ort bereitstehenden oder neu geworbenen Kräften gegen die Besatzungsmacht als Partisanen kämpfen sollten: »Die Sonderoperationen verlangen einen kämpferischen Typ, der mit dem Sprengstoff, mit der Waffe, dem Brandmittel oder mit dem ›Schwert des Geistes‹ (im politischen Widerstand) die Freiheit seines Volkes erringen will.«[651]

BND-Präsident Gehlen verstand die Stay-Behind-Organisation offenbar in Teilen als militärische Struktur. So forderte er schon 1964 vom Generalinspekteur der Bundeswehr ein eigenes, ihm unterstelltes Fallschirmjägerbataillon, das im Kriegsfall in Eigenregie Luftlandeoperationen durchführen sollte. Es ist naheliegend, dass dieses Ansinnen des Auslandsnachrichtendienstes mit den Planungen der Bundeswehr im Bereich des Fernspähwesens kollidierte. Das Projekt einer BND-eigenen Luftlande-, Lehr- und Versuchsgruppe wurde schließlich abgelehnt.[652]

Im Bereich der militärischen Nachrichtengewinnung arbeitete der BND aber mit dem Bundesministerium der Verteidigung zusammen. Seit 1966 bestanden vier Feldnachrichtenkommandos des BND, die von einem Höheren Feldnachrichtenkommando (HFNKdo) befehligt wurden. Das

HFNKdo wiederum bekam Weisungen von der Bundeswehrführung, vom Kommando deutscher Streitkräfte (KDS), so dass die Unterordnung der BND-Kämpfer unter die Kommandostrukturen der Bundeswehr und der NATO gegeben schien. Doch der BND ging davon aus, dass militärische Nachrichten im Verteidigungsfall ausschließlich vom Geheimdienst und nicht von der Bundeswehr gewonnen wurden, obwohl die Truppe seit 1962 über eigene Fernspähkompanien verfügte, die ebenfalls hinter den feindlichen Linien abspringen und Nachrichten gewinnen sollten.[653] Die Bundeswehr baute außerdem ab 1978 in Ahrweiler das Amt für das Nachrichtenwesen der Bundeswehr (ANBw) auf und zog, begleitet von Protesten aus den Reihen der CSU, 150 Bundeswehrspezialisten aus Pullach zum neuen Bundeswehr-Amt ab, das sich mit nachrichtendienstlicher Informationsgewinnung beschäftigte – ähnlich wie der BND. Hieraus entstanden in den 1970er Jahren Konflikte zwischen BND und Bundeswehr.[654]

Und dennoch: Seit Anfang 1965 hatte das Verteidigungsministerium dem BND gestattet, die Bundeswehr als Legende für einen Teil seiner SBO-Aktivitäten zu nutzen. Unter der Deckbezeichnung »Lehr- und Ausbildungsgruppe für das Fernspähwesen der Bundeswehr« (LAFBw) nutzten die BND-Partisanen erst eine als Wallmeistertruppe getarnte Bundeswehrliegenschaft im bayerischen Heufeld, Bruckmüllerstraße 41[655], ab den 1970er Jahren die Bundeswehrkaserne in der Münchener Dachauer Straße 128 als Tarnung, ebenso weitere Bundeswehrobjekte wie die Funkkaserne in Euskirchen, das Camp B in Düren und ein Gebäude neben dem Standortübungsplatz beim oberbayerischen Hohenpeißenberg.[656]

Mit der Neugliederung des Dienstes nach der Ära Gehlen fielen die militärisch beschaffenden Dienststellen weg: 1971 wurden die vier Feldnachrichtenkommandos der SBO aufgelöst. »Die Sonderaufgaben im Kriegsfall (404 und 52) werden von einer Führungsstelle geführt«,[657] hatte Blum mit der Reformkommission im Juli 1968 vorgeschlagen. Daraus resultierte das neue BND-Referat I G 3 (Sonderaufgaben Vg-Fall) unter FREIHARDT und in der Zentralabteilung das Referat IV A 5 (Vorbereitungen für den Verteidigungsfall) unter EGER. 50 militärische SBO-Quellen an der Grenze zur DDR sollten Nachrichten über Truppenbewegungen des Warschauer Paktes besorgen. Der BND interpretierte das als eine »Bestätigung, dass die geheime Beschaffung militärischer Nachrichten auch im Verteidigungsfall ausschließlich Aufgabe des BND bleibt«.[658]

Seit 1971 wirkte der Dienst außerdem gemeinsam mit dem Verteidigungsministerium und dem Allied Coordination Committee (ACC) bei »unkonventionellen Operationen durch Streitkräfte und Operationen durch Geheimdienste mit«. Militärs und SBO betrieben gemeinsam »Aufstellen und Ausbildung« einer »Kommandotruppe zur Vorbereitung geheimdienstlicher Operationen«.[659] Ein ehemaliger Mitarbeiter der SBO argumentierte, hinter den Linien kämpfende Stay-Behind-Männer seien schon deshalb notwendig, da die Bundeswehr nur über Fernspäher ohne Kampfauftrag verfügte, während die Partnerländer USA, Frankreich und Großbritannien Spezialkräfte mit Kampf-, Sabotage- und Attentatsauftrag hätten. So habe der französische Auslandsgeheimdienst SDECE eine eigene Luftstaffel für geheime Militäroperationen unterhalten, den Service Action bzw. ab 1971 die Division Action.[660] Der US-Dienst und die britische Stay-Behind-Organisation arbeiteten ohnehin mit militärischen Spezialkräften wie den 10th Special Forces in Bad Tölz bzw. dem Special Air Service (SAS) zusammen.

Der Auftrag bleibt: Widerstand und Sabotage

Die SBO ging auch nach dem Regierungswechsel in ihrem Kriegsszenario von einer weitgehenden Besetzung der Bundesrepublik durch Warschauer-Pakt-Truppen nach einem konventionellen Überraschungsangriff aus. Allerdings wurde bei diesem Szenario die Sowjetarmee nicht am Rhein gestoppt, wie es das NATO-Kriegsbild vorsah. Eine See-Schleusungsübung der deutschen SBO mit dem französischen Partnerdienst (Narzisse) im Herbst 1973 an der Nordseeküste gibt Aufschluss über das damalige Kriegsszenario des BND: Laut Lagebild der Planübung Wassermann war es dem Warschauer Pakt gelungen, 1971 fast ganz Europa bis auf Großbritannien, Spanien und Portugal zu besetzen. Die SED hatte der Bundesrepublik eine Verwaltung wie in der DDR übergestülpt, die sich nur »durch Terrormaßnahmen Autorität verschaffen kann«. Norddeutschland wurde, so das Lagebild der Übung, von polnischen Besatzungstruppen kontrolliert.

Die westdeutsche Exilregierung in London genoss, so die Übungsvorgabe, breite Unterstützung in der Bevölkerung der besetzten Bundesrepublik. Führung und Funkleitstelle der SBO waren nach Großbritannien ausgewichen. Seit Sommer 1973 sammelte die NATO Truppen in Nordafrika, Portugal und Großbritannien, um das restliche Europa zurückzuerobern. In dieser »Erstarkungs- und Rückgewinnungsphase« sollten Aktionsgruppen der Stay-Behind-Organisationen eingeschleust werden, um den Widerstand gegen die Besatzer anzufachen.[661]

Damit trainierte die SBO noch 1973 eine Kriegslage, wie sie in den NATO-Konzepten der 1950er Jahre beschrieben worden war, und hielt an einer ins Extreme gesteigerten Variante ihres Lagebildes von 1965 fest.[662] 1961 hatte US-Präsident John F. Kennedy das Konzept der Flexible Response anstelle der Massive Retaliation auf den Weg gebracht, das 1967 die offizielle und bis zum Ende des Kalten Krieges gültige Militärdoktrin wurde. Es wurde nicht mehr angenommen, dass die konventionell überlegene Sowjetarmee und ihre Bündnispartner »in drei Tagen am Rhein« wären und Westeuropa überrennen könnten, sondern dass die NATO sie wesentlich früher aufhalten könne, nachdem lediglich die östlichen Teile der Bundesrepublik Deutschland in einer Tiefe von bis zu 200 Kilometern überrollt worden waren.[663] Auch spätere Konzepte wie »AirLand Battle« in den 1980er Jahren gingen davon aus, dass der Westen einen siegreichen Krieg in Europa gegen die angreifenden Sowjets führen könnte, ohne zunächst die Bundesrepublik oder halb Europa räumen zu müssen. Würde die NATO den Vormarsch des Warschauer Paktes nicht an der westlichen Grenze der Bundesrepublik, sondern schon 100 bis 200 Kilometer westlich der deutsch-deutschen Grenze stoppen, verringerten sich Aktionsraum, Aufgabenspektrum und Personalbedarf für Stay-Behind-Widerstandsgruppen im besetzten Gebiet, sowohl für zivile V-Leute und deren Verbindungsführer als auch für militärisch ausgebildete Stay-Behind-Kräfte, die eingeschleust werden sollten. Die Schreckensszenarien der Stay-Behind-Organisation müssen wahrscheinlich deshalb auch unter dem Aspekt der Besitzstandswahrung des BND verstanden werden.

Die als LAFBw getarnte SBO-Truppe, die im überholten Kriegsszenario in das besetzte Gebiet für Aufklärungs- und Sabotagezwecke einsickern sollte, firmierte im Dienst als Gruppe 404/III. In Friedenszeiten bildete die LAFBw Reservisten im Fallschirmspringen aus, die im Krieg als »Mob-V-Männer« im okkupierten Gebiet aus niedriger Höhe abspringen sollten. Die Lehr- und Ausbildungsgruppe bestand in Friedenszeiten aus 81 Männern und sollte im Verteidigungsfall durch Bundeswehrreservisten auf bis zu 387 Mann anwachsen – vorwiegend im Bereich Fernmeldebetrieb, Sicherungs-, Versorgungs- und Verbindungsaufgaben.[664]

Noch 1984 war von einer Ausbildung der Stay-Behind-Mitarbeiter in der »unorthodoxen Kriegführung« die Rede. Geplant waren »Kommandounternehmen« und »Aktionen mit Spreng-, Brand- und sonstigen Kampfmitteln« sowie die aktive Organisation des Widerstandes gegen eine Besatzungsmacht, auch in Zusammenarbeit mit den Partnerdiensten. Der Leiter von 404/III musste das Ausbildungsniveau des Kommandeurs eines

Pionier- oder Fallschirmjägerbataillons haben.[665] Diese »geheimdienstliche Aktionsgruppe« bestand nach den BND-Papieren aus 20 Einsatzgruppen für Sabotageoperationen: »Die aktive Sabotage [...] kann nur durch die Trupps der geheimdienstlichen Aktionsgruppe erfolgen, die vom unbesetzten ins besetzte Gebiet eingeschleust werden. Die Trupps können massive Sabotageaktionen durchführen und/oder Widerstandsgruppen durch Führungs-, Organisations- und Ausbildungshilfen verstärken.«[666]

Im Auftrag des NATO-Oberbefehlshabers für Europa (SACEUR) sollte die »geheimdienstliche Aktionsgruppe« der Stay-Behind-Organisation laut einem Konzept für nachrichtendienstliche Operationen vom Januar 1973 Sabotagemöglichkeiten erkunden, Verstecke für Sprengstoff vorbereiten und an Operations by Clandestine Actions (OCA) mitwirken. Mit OCA sind laut eigener Definition des BND Sabotage im Feindgebiet, Widerstand und psychologische Kriegsführung gemeint. In einer Beschreibung der Aufgaben der LAFBw vom Dezember 1978 wird zwar die Möglichkeit angesprochen, dass die »für Stör- und Sabotageaktionen« in der LAFBw vorgesehenen Planstellen entfallen können, aber die Sabotageaufgaben der BND-Kräfte werden dennoch erläutert: »Sabotage soll dann angewandt werden, wenn die gewünschte Wirkung durch militärische Mittel, einschließlich Luftangriff, nicht erreicht werden kann.«[667]

SBO-Quellen waren auch als Sabotagehelfer vorgesehen, während die ins besetzte Gebiet eingeflogenen LAFBw-Kräfte aktive Sabotage betreiben sollten. Noch im Januar 1979 wurden solche Operations by Clandestine Actions neben Schleusungen und der Nachrichtenbeschaffung als Aufgabe der SBO definiert. Nicht nur die NATO-Führung, befand die zuständige BND-Abteilung, sondern auch die Bundesregierung fordere von der SBO »die Durchführung von Aktionen zur Unterstützung von Widerstandsbewegungen, zur psychologischen Kampfführung und von Sabotageaktionen«.[668]

Trotz dieser Aufgabenbeschreibung für Quellen und SBO-Kommandos behauptete die Bundesregierung noch im November 1990, kurz nach der Enttarnung der Stay-Behind-Strukturen in Europa, der BND habe bereits 1973 die Widerstandskomponente seiner Partisanentruppe aufgegeben. Diesen Eindruck erweckte auch der Leiter der Abteilung VI im Kanzleramt, Hermann Jung, indem er in einem geheimen Vermerk »Betr. Meldungen über eine angebliche Geheimorganisation der Nato« vom 14. November 1990 behauptete: »Bis etwa 1973 [spielte] der Gedanke eine Rolle, Widerstandskräfte hinter den feindlichen Linien zu bilden.«[669] Nach der gewonnenen Bundestagswahl räumte die Bundesregierung im

Dezember 1990 ein, die »Komponente zur Ausbildung von Personen, die in dem besetzten Gebiet Sabotagehandlungen gegen die Besatzungsmacht durchführen«, habe es bis 1983 in der SBO gegeben.[670]

Die 52-seitige »Vorläufige Konzeption für die Planung, Führung und Durchführung geheimdienstlicher Operationen durch die Stay-Behind-Organisation des BND« vom 26. Januar 1973 ist ein für den Präsidenten des BND, Gerhard Wessel, ausgearbeitetes Papier, das deutlich machen soll, dass der Sabotage- und Widerstandsauftrag für die SBO direkt aus einer Weisung des Alliierten Oberbefehlshabers für Europa (SACEUR) abzuleiten sei. Darin wird die SACEUR-Richtlinie zur Sabotage zitiert: »Lohnende Sabotageziele sind Fernmeldeeinrichtungen, Betriebsstoff- und Munitionslager, Stäbe, kleine Fahrzeugkolonnen, abgestellte Flugzeuge und Flugplatzeinrichtungen, Überlandleitungen und Transformatoren, wichtige Anlagen der Rüstungsindustrie, Radaranlagen und Frühwarneinrichtungen und Hafenanlagen und Schiffe.«[671] Das BND-Papier definiert vier Kriegsphasen. Erst in der letzten Phase sollten die eingeschleusten SBO-Aktionsgruppen als Sabotagetrupps aktiv werden. Phase I wird als Kampf- und Überrollphase, als sogenannter »Schießkrieg«, beschrieben. Die im umkämpften oder besetzten Gebiet befindlichen SBO-V-Männer sollten versuchen, in Verstecken wie Kellern zu überleben, sollten Nachrichten beschaffen, nicht aber weitergeben, und Kontakt zur Führung aufnehmen. Funkaktivitäten sollten noch nicht stattfinden, auch keine Einschleusung weiterer SBO-Kräfte. In der folgenden Besetzungs- und Kontrollphase sollten die BND-Partisanen dann im besetzten Gebiet versuchen, »Säuberungen« zu überstehen, also nicht als NATO-Kämpfer aufzufliegen.

Erst in Phase III, der Zeit des Besatzungsalltags, sollten Nachrichten beschafft und gemeldet sowie Unterquellen angeworben werden. In dieser Phase sollten die Schleusungsquellen Aktionstrupps über Landgrenzen und über See ins besetzte Gebiet lotsen. Die vierte und letzte Kriegsphase, vom BND als »Erstarkungs- und Rückgewinnungsphase« bezeichnet, sei dann die Zeit der BND-Aktionstrupps. Jetzt gelte »Wirkung vor Deckung«, jetzt könne man riskieren, weitere Aktionstrupps aus der Luft ins Einsatzgebiet zu bringen. Die V-Leute, die in den ersten beiden Kriegsphasen stillgehalten hatten, sollten sich nun aktiv an Widerstands- und Sabotageaktionen beteiligen; dies sei allerdings nur ihr Nebenauftrag.[672]

Nur einen Monat nach der Ausarbeitung dieser martialischen Einsatzkonzeption der SBO, am 13. Februar 1973, hatten BND und das Bundesministerium der Verteidigung sich in der nach dem stellvertretenden Generalinspekteur benannten Loringhoven-Vereinbarung zur Zusammenarbeit bei der Beschaffung militärischer Nachrichten im Krieg verpflichtet. In der Vereinbarung zwischen BND-Vize Blötz und der Bundeswehrführung heißt es: »Die Beschaffung militärischer Nachrichten durch nachrichtendienstliche Quellen bleibt auch im Verteidigungsfall ausschließlich Aufgabe des BND.« Zugleich verpflichtete sich der BND, im Verteidigungsfall eine Dienststelle für nachrichtendienstliche Operation westlich des Rheins aufzubauen. Zudem sollte der Dienst jeweils ein Verbindungskommando bei den Bundeswehr-Territorialkommandos bereitstellen, um sich mit den Streitkräften über Aufklärungswünsche abzustimmen.[673]

In den folgenden Jahren berief sich der BND immer wieder auf die Aufklärungsaufgabe der SBO im Kriegsfall, während die Bundesregierung die Rolle der SBO zu reduzieren trachtete und sich weigerte, dem BND im Verteidigungsfall streitkräfteähnliche Einheiten für Kampf- und Sabotageeinsätze hinter den Linien zuzugestehen.[674] Nach der viel zu späten Enttarnung des DDR-Spions Günter Guillaume im April 1974 war das Verhältnis zwischen der sozialliberalen Bundesregierung und dem mit der CSU eng verbundenen Dienst extrem angespannt. Die Regierung Schmidt zeigte wenig Neigung, den Pullachern den Aufbau neuer militärähnlicher Strukturen zu gestatten.

Doch genau darauf beharrte der BND auch Jahre später. Die Stay-Behind-Kräfte der Partnerländer seien »völlig autarke Elemente der Streitkräfte«, die SBO des BND liege jedoch »an der Fessel einer zivilen Behörde«, gab ein kritischer BND-Mitarbeiter 1986 die im Dienst weit verbreitete Haltung wieder. Außerdem habe sich die US-geführte Organisation Gehlen schon vor der Gründung der Bundeswehr zu militärischen Kommandoaktionen verpflichtet und könne diese nicht sang- und klanglos einstellen, ohne vor den Partnern das Gesicht zu verlieren. Man sei deshalb gegenüber den Partner-SBOs darauf angewiesen, zu »improvisieren« und zu »türken«, um mit ihnen auf Augenhöhe zusammenarbeiten zu können.[675]

Seit Gründung der Stay-Behind-Organisation gab es die Notwendigkeit, im Verteidigungsfall die Überrollagenten im besetzten Gebiet von außen zu versorgen sowie Personen- und Materialschleusungen mit Booten oder Flugzeugen vornehmen zu können. Dafür brauchte der BND entweder befreundete, mit Booten und Flugzeugen ausgerüstete Partnerdienste oder die Bundeswehr. Die SBO verfügte ab 1967 über eine alte amerikanische Propellermaschine Douglas C 47, die sie für ihre Fallschirmsprungschulung umgebaut hatte. 1971 aber musste der Nachrichtendienst die Maschine überraschend an die Bundeswehr abgeben. Ein Mitarbeiter von Stay Behind berichtete, Grund für diese Abgabe sei die Forderung des BND nach einer eigenen Luftflotte gewesen, die Luftwaffeninspekteur Günther Rall entschieden abgelehnt hatte.[676] Ab 1971 konnten die BND-Krieger nur dann noch Luftlandeoperationen trainieren, wenn ihnen die Bundeswehr Fluggerät mitsamt Besatzung zur Verfügung stellte. Diese Lufttransporthilfe war in einer Vereinbarung zwischen BND und BMVg geregelt und trug den Decknamen Bunter Ziegel.[677]

1976 kam es zu einem weiteren Konflikt zwischen Verteidigungsministerium und Bundesnachrichtendienst. Der BND wollte einen Mitarbeiter unter Bundeswehrtarnung im europäischen NATO-Hauptquartier SHAPE platzieren. Der BND-Mann sollte für die »unorthodoxe Kriegführung« zuständig sein, also für die Geheimoperationen, die die Stay-Behind-Männer der LAFBw und militärische Spezialkräfte der Bundeswehr und der Verbündeten hinter den Linien durchführen sollten. Doch die Bundeswehrführung lehnte eine derartige Trickserei gegenüber den NATO-Partnern entrüstet ab. BND und Verteidigungsministerium einigten sich schließlich darauf, den Agenten nicht im Hauptquartier des Verteidigungsbündnisses, sondern im NATO-Militärausschuss als »nicht konspirativen BND-Residenten« im Stab des Deutschen Militärischen Vertreters anzusiedeln. Die Ausarbeitung der entsprechenden Dienstanweisung wurde daraufhin offenbar monatelang vom Verteidigungsministerium verschleppt.[678]

Der Streit zwischen BND und BMVg eskalierte, als die LAFBw im Dezember 1977 – wie seit 1971 gewohnt – bei der Bundeswehr Flugzeuge samt Besatzung für gemeinsame Übungen mit dem britischen Partnerdienst (MI6/Aster) anforderte. Seit mehreren Jahren hatte die Bundeswehr der SBO Truppentransportmaschinen der Baureihe Noratlas, später vom Typ C 160 Transall, für ihre Luftschleusungsübungen zur Verfügung gestellt, seit Herbst 1976 sogar Hubschrauber vom Typ Bell UH 1-D.[679]

Doch am 20. Januar 1978 bekam die SBO überraschend eine knappe telefonische Absage. Das Lufttransportgeschwader 61 und das Hubschraubertransportgeschwader 64 teilten dem BND mit, der Führungsstab der Luftwaffe habe sie angewiesen, diesmal keine Luftfahrzeuge zur Verfügung zu stellen. Erst nach wochenlangen Briefwechseln stellte sich heraus, dass der Staatssekretär im BMVg, Joachim Hiehle, das Ansinnen der SBO mit der Begründung abgelehnt hatte, die Luftwaffe habe sich »am Verteidigungsauftrag zu orientieren«, und das fliegende Material sei mit dem von 1971, als man der SBO die Unterstützung zugesagt hatte, nicht vergleichbar. Auch die Marine, erfuhr der BND, wolle bei künftigen Seeschleusungsübungen der Stay-Behind-Organisation nicht mehr helfen.[680] Tatsächlich ging es Hiehle wohl um die Auflösung der als Bundeswehreinheit getarnten Stay-Behind-Truppe LAFBw.

Hiehle störte sich daran, dass die Bundeswehr einer außerhalb der Truppe operierenden militärischen Einheit zuarbeiten sollte. Er machte die Unterstützung der Militärs für die BND-Partisanen davon abhängig, ob der BND bereit sei, seine militärischen Einsatzkonzepte entsprechend einem ausschließlich vom Verteidigungsministerium formulierten Kriegsbild auszugestalten. Dieses Kriegsbild ging allerdings von deutlich geringeren Geländeverlusten der NATO im Verteidigungsfall aus, da durch die Strategie der »Vorneverteidigung« der Vormarsch des Warschauer Paktes früher gestoppt werden sollte als in früheren NATO-Konzepten. Das bedeutete einen geringeren Bedarf an Stay-Behind-Quellen im Bundesgebiet, da nun von einem lediglich bis zu 150 Kilometer tiefen Besatzungsgebiet im Osten der Bundesrepublik ausgegangen wurde. Der BND widersprach dem vehement. Zur »nachrichtendienstlichen Fürsorge« gehöre auch, ein ungünstigeres Kriegsbild in Erwägung zu ziehen – darum seien Stay-Behind-Quellen auch in der westlichen Bundesrepublik sinnvoll.[681]

Nach den BND-Akten hatte Staatssekretär Hiehle im April 1978 angeordnet, dass die Bundeswehr kein Geld mehr für die BND-Einheit LAFBw auszugeben hatte, solange nicht geklärt war, wer für die »unorthodoxe Kriegführung« verantwortlich war. Der BND, so Hiehle, habe trotz gegenteiliger Praxis »keine Zuständigkeit« bei der unorthodoxen Kriegsführung, deshalb seien »Mittel und Kräfte in den Bereich der Bw zu verlagern«.[682] Der BND beharrte seinerseits darauf, dass die Amerikaner den Stay-Behind-Organisationen auch in anderen Ländern Westeuropas von Anfang an die Aufgabe des Unorthodox Warfare zugewiesen hatten. Außerdem unterstehe »die Bw im Verteidigungsfall nicht dem Bundesminister für Verteidigung, sondern dem Bundeskanzler«, der dann also »gemeinsames Oberhaupt für BND/Bw« sei. Weder BND noch BMVg hätten also im Verteidigungsfall bei der unorthodoxen Kriegsführung das Sagen.[683]

Zeitgleich mit Hiehles Anordnung informierte das Kanzleramt BND-Vizepräsident Blötz im April 1978 über die Ablehnung der geheimdienstlichen Aktionsgruppe der SBO durch das Verteidigungsministerium. Wenn die LAFBw im Kriegsfall mit Bundeswehrreservisten eine »Kommandogruppe« aufstellte, würden Bundeswehrangehörige in völkerrechtswidrige Aktionen hineingezogen.[684] Ein Gutachten bestätigte die Vorbehalte des

BMVg: Da der BND im Kriegsfall nicht zu den Streitkräften gehöre, wären Soldaten, die unter Weisungsgewalt des BND-Präsidenten stünden, nicht Kombattanten im kriegsvölkerrechtlichen Sinne und bei einer Gefangennahme rechtlos.[685]

Im Juli 1978 trafen sich die Nachrichtendienstler und die Vertreter der Bundeswehr im abhörsicheren Konferenzraum des Kanzleramtes, um den Konflikt beizulegen. Ministerialdirektor Franz Schlichter, Mitarbeiter von Kanzleramtsminister Manfred Lahnstein, äußerte sich nach den Aufzeichnungen der BND-Delegation positiv über den Kriegsauftrag des BND: »Keinen Zweifel gäbe es über die Aufgaben des BND und deren Wert im Krieg wie im Frieden, auch bzw. insbesondere auch für die MIL-Aufklärung. Auf Vorbereitungen des BND für den Kriegsfall könne man nicht verzichten, auch nicht das Thema Sabotage betreffend.« Der stellvertretende Generalinspekteur der Bundeswehr Johannes Poeppel erneuerte die Zweifel der Bundeswehr an der »Rechtmäßigkeit des Einsatzes von Soldaten in geheimdienstlichen Aufgaben«, also an der Beteiligung von zum BND abgestellten Bundeswehrreservisten in Kommandoaktivitäten der LAFBw. Kryptisch warnte der Generalleutnant vor der »Möglichkeit der Bildung von MIL-Reg. auf deutschem Boden«.[686]

Fürchtete das BMVg ein Militärregime der BND-Truppe LAFBw in wiedererobertem Gebiet? Tatsächlich hatte die LAFBw seit Mitte der 1960er Jahre ein beträchtliches Waffen- und Ausrüstungsarsenal für ihre Kommandoeinsätze angesammelt: Die BND-Kommandoeinheit verfügte nach einer Materialliste aus dem Jahr 1979 über 59 Pistolen, 208 Sturmgewehre, 4 Scharfschützengewehre, 47 Maschinenpistolen und 8 Maschinengewehre sowie 520 000 Schuss Munition, außerdem über 13 Panzerfäuste. Sie war mit Taucheranzügen und Schlauchbooten für Seelandungen sowie mit fast 200 Fallschirmen ausgerüstet. Die LAFBw besaß zwei Feldküchen, mit denen bis zu 345 Mann verpflegt werden konnten. 39 Lastkraftwagen, zum Teil mit Anhängern, ermöglichten Truppen- und Materialtransporte in beträchtlichem Umfang; außerdem standen 18 PKW zur Verfügung.[687]

Der BND erneuerte in der Besprechung im Kanzleramt seine Bitte um weitere Unterstützung der SBO durch die Bundeswehr, und die versprach, Vorschläge für die Beförderung von BND-Quellen in das im Kriegsfall besetzte Gebiet zu unterbreiten. Verteidigungs-Staatssekretär Hiehle sprach sich unter dem Eindruck der beachtlichen Militärausrüstung der SBO im Sommer 1979 endgültig für die Auflösung der LAFBw und die »Reduzierung der Planung auf die eigentlichen Aufgaben des BND« aus.

Hiehle kündigte die vollständige »Zurückziehung des darin enthaltenen Personals und Materials« an. Diese rigide Haltung führte zur Aufhebung der Stärke- und Ausrüstungsnachweisung (StAN) für die als Bundeswehreinheit getarnte Stay-Behind-Truppe. Damit fehlte der LAFBw das Grundlagendokument, das Personalstärke und Ausrüstung festlegte. Zusammen mit der Weigerung des BMVg, dem BND für SBO-Übungen Lufttransportunterstützung zu gewähren, war der LAFBw also die Grundlage entzogen. Sie wurde zum 31. Oktober 1979 aufgelöst. Die Ausrüstung sollte an die Bundeswehr abgegeben werden. 1990 berichtete die Bundesregierung erstmals der Öffentlichkeit über das Ende der Zusammenarbeit zwischen SBO und Bundeswehr, ohne das militärische Potential der LAFBw auch nur zu erwähnen: »Seit Ende der 70er Jahre wurde diese Unterstützung nur noch in der Form zugelassen, dass der BND vorhandene Ausbildungseinrichtungen der Bundeswehr mitnutzen durfte; hiervon hat der BND einmal Gebrauch gemacht, bevor kürzlich auch diese Genehmigung aufgehoben wurde.«[688]

Flucht- und Evakuierungsrouten: Evasion and Escape

Dem BND war klar, dass er neue Argumente brauchte, um seine Stay-Behind-Aktivitäten zu rechtfertigen. Im Herbst 1979 wies BND-Mitarbeiter Hoeck darauf hin, dass die NATO-Führung »die in Frage kommenden Regierungen in Kürze dazu anregen wird, sich stärker als bisher materiell und personell an den Vorbereitungen für die Ausschleusung abgeschossener Flugzeugbesatzungen aller Streitkräfte und wichtigen Personen (Evasion & Escape) aus vorübergehend besetzten NATO-Territorien zu beteiligen.«[689] Ein Jahr später kam Bewegung in den Konflikt um die Luftunterstützung der SBO durch die Bundesluftwaffe. Der NATO-Oberbefehlshaber für Europa (Supreme Allied Commander Europe/SACEUR), US-General Bernard W. Rogers, forderte vom Generalinspekteur der Bundeswehr, General Jürgen Brandt, ein Konzept für die Bergung abgeschossener NATO-Piloten im Kriegsfall.

Die seit den 1970er Jahren favorisierte Vorneverteidigung sah vor, dass die NATO in einer frühen Kriegsphase massive Luftangriffe gegen die Truppen des Warschauer Paktes fliegen würde. Man ging davon aus, dass 2500 taktische Kampfflugzeuge mit 4000 Mann Besatzung täglich jeweils drei Einsätze über dem Feindgebiet fliegen würden. Von den 12000 Mann in den Flugzeugbesatzungen, so die NATO-Schätzung, würden zehn Prozent abgeschossen. Zwei Drittel der abgeschossenen Besatzungen würden sterben oder in Gefangenschaft geraten, während 400 Piloten und Richtschützen, die mit Fallschirmen im Feindgebiet abgesprungen oder notgelandet wären, geborgen werden müssten. Auch auf dem von den Sowjets und ihren Verbündeten besetzten Teilen der Bundesrepublik Deutschland müsste man Besatzungsmitglieder in großer Zahl »bergen, verstecken, versorgen, rückführen«.[690] Eine ungeheure Aufgabe, die der Bundesluftwaffe da zugemutet wurde: Täglich sollte sie, unterstützt von weiteren Search-and-Rescue-Teams (SAR) der NATO-Partner, 400 Besatzungsmitglieder aus dem Kampfgebiet herausholen. Schnell war klar, dass die SAR-Einheiten der Bundeswehr das nicht leisten konnten. Deren Stärke, bemerkte das für Stay Behind zuständige BND-Referat nicht ohne Häme, war die Bergung von Verletzten in Friedenszeiten, während die britische und die amerikanische Luftwaffe und deren Spezialkräfte zu Bergungseinsätzen im Krieg in der Lage waren.[691] Der für die SBO verantwortliche Unterabteilungsleiter des BND, Wolbert Smid (SANDMANN) nutzte eine Besprechung mit Vertretern des Verteidigungsministeriums im November 1982, um die ungeliebte Stay-Behind-Organisation wieder ins Spiel zu bringen. Die SBO, so Smid, könne nur in den besetzten Teilen der Bundesrepublik mit seinem dort vorhandenen Quellennetz mithelfen, abgeschossene Piloten zu bergen, zu verstecken und weiterzuleiten. Der BND biete darüber hinaus an, Ausbilder für zu bildende Evasion & Escape-Einheiten zu stellen. Diese Bundeswehreinheiten könnten dann Bergungsoperationen auch auf dem Gebiet der Sowjetunion durchführen. Bedingung für eine Steigerung der Einsatzfähigkeit der SBO-Quellen für E&E-Einsätze sei die Unterstützung des BND durch Luftwaffe und Marine, namentlich durch die Bereitstellung von Flugzeugen und Schiffen, um mit den BND-Kräften Schleusungen üben zu können.[692]

Was folgte, war das übliche Hickhack zwischen BND und BMVg, das sich über Jahre hinzog. Auch nach dem Regierungswechsel von der sozialliberalen Koalition zu Schwarz-Gelb im Oktober 1982 hatte sich das Verhältnis zwischen BND und dem Verteidigungsministerium nicht wesentlich gebessert. Und das, obwohl ab Ende 1982 ein Mann der alten Gehlentruppe, Eberhard Blum, als Nachfolger des Liberalen Klaus Kinkel den Dienst leitete und mit Manfred Wörner ein Unionsfreund an der Spitze des Verteidigungsministeriums stand. Das BMVg forderte vom BND, nachdem dieser seine Stay-Behind-Organisation für Dienstleistungen bei Evasion & Escape angeboten hatte, erst einmal eine neue Aufstellung über die vom BND benötigte Unterstützung. Der BND forderte seinerseits die Zusage, dass die seit mehreren Jahren verweigerte Luftunterstützung der Bundeswehr wieder gewährt würde. Der BND meldete dem BMVg – zweieinhalb Jahre nach Rogers' Forderung! – den gewünschten Bedarf, der geringer ausfiel als in den Zeiten der ungetrübten Zusammenarbeit: Jährlich sollte die Luftwaffe der SBO für 75 Flugstunden pro Jahr eine Transall-Maschine samt Besatzung bereitstellen, außerdem bat der Dienst um 25 Flugstunden jährlich mit einem Bell-UH-1D-Hubschrauber oder dem größeren Transporthubschrauber CH 53. Von der Bundesmarine wurde erwartet, dass sie ein Schnell- oder Minenräumboot und auch ein U-Boot zur Verfügung stellen würde, um »Aufnahme und Ausbooten« von Zodiak-Schlauchbooten üben zu können.[693]

Die Reaktion des Kanzleramtes auf den Anforderungskatalog des BND für die SBO-Unterstützung waren Gegenfragen: Welche konkreten Tätigkeiten übt die SBO gegenwärtig aus? Über wie viel Personal verfügt sie? Handelt Stay Behind im Einklang mit den verteidigungspolitischen Konzepten der NATO? Gibt es eine Stärke- und Ausrüstungsnachweisung (StAN)?[694] BND-Vizepräsident Norbert Klusak musste erneut die Aufgabenstellung der SBO darlegen und berichten, dass die Bundeswehr die StAN für die LAFBw 1979 zwar gekündigt habe, dass die Kooperation zwischen Bundeswehr und BND aber nie formal aufgekündigt worden sei. Klusak beschrieb die Aufgabenstellung von Stay Behind erneut: Die SBO führe Quellen, die im Kriegsfall im besetzten Gebiet der Bundesrepublik Nachrichten beschaffen und per Funk weiterleiten und die bei Schleusungsoperationen mitwirken sollten. Zur Führung dieser Quellen verfüge der BND über 76 Planstellen. Klusak wiederholte ein bereits vorgebrachtes Argument zur Rechtfertigung der SBO: Der BND müsse auch entgegen dem Konzept der Vorneverteidigung Quellen der Stay-Behind-Organisation im Westen der Bundesrepublik bereithalten, um auch auf einen ungünstigeren Kriegsverlauf reagieren zu können. Der BND-Vize führte ein neues stichhaltiges Argument an. Andere NATO-Partner unterhielten schließlich auch eine Stay-Behind-Truppe mit Überrollquellen, obwohl deren Territorium nach dem Konzept der Vorneverteidigung im Verteidigungsfall weitaus weniger von sowjetischer Besetzung betroffen sein dürfte als der Frontstaat Bundesrepublik.[695]

Um die Bedenken des Kanzleramtes zu zerstreuen, dass der BND um neue Stellen für seine SBO angesichts der E&E-Forderung der NATO feilschen könnte, versprach Klusak, dass man keine neuen Quellen benötige, sondern die, die bislang Nachrichten beschafften, zusätzlich in Schleusungstätigkeiten schulen wolle. Diese Zusage weicht allerdings von früheren Kriegsszenarien der Stay-Behind-Organisation ab, wonach V-Leute/

Quellen, die Spähaufträge im Krieg ausgeführt hätten, sich danach unauffällig verhalten müssten, um nicht weitere Meldungstätigkeiten zu gefährden. Eine zusätzliche Schleusungstätigkeit würde das Entdeckungsrisiko für die Nachrichtenquellen drastisch steigern. Darum hatte der BND stets auf eine hohe Zahl von Quellen gedrungen.[696]

Wenige Tage später erfuhr BND-Präsident Eberhard Blum, dass das Kanzleramt offenbar die Hinhaltetaktik des BMVg gegenüber dem BND unterstützte. Der von BND-Vize Klusak im Oktober 1983 beantwortete Fragenkatalog zu den Aufgaben der SBO sei vom Kanzleramt nicht an das Verteidigungsministerium weitergeleitet worden. Vielmehr würden der für die Geheimdienste im Kanzleramt zuständige Abteilungsleiter Hermann Jung und der Stay-Behind-Gegner im Verteidigungsministerium, Staatssekretär Joachim Hiehle, direkt miteinander über die SBO beraten, ohne dass die Argumente des BND eine Rolle spielten.[697]

1984 schließlich verabschiedete sich Korvettenkapitän der Reserve Joachim Hiehle in den Ruhestand. Die Probleme des BND, seine Partisanentruppe aufrechtzuerhalten, verringerten sich bis zur Auflösung der SBO jedoch nicht. Denn seit der Schaffung des Amtes für Nachrichtenwesen der Bundeswehr (ANBw) 1980 und der Gründung der Fernspähschule Weingarten 1979 wurde der Spielraum für kommandoähnliche Einsätze der Stay-Behind-Truppe immer enger.

Kampf der Schattenkrieger gegen den Bedeutungsverlust

Der BND trug seine Bedenken gegen die Auflösung der LAFBw und die damit verbundene Entmilitarisierung seiner Partisanentruppe immer wieder bei der Bundesregierung vor. Er nutzte jede Chance, um die Stay-Behind-Organisation ins Gespräch zu bringen, so bei der zuvor geschilderten NATO-Diskussion um die Aufstellung von Evasion & Escape-Kräften für den Verteidigungsfall. Der Dienst trickste aber auch, um die von der Bundesregierung und maßgeblich vom BMVg betriebene Schwächung der SBO nach Auflösung der Kommandotruppe LAFBw zu unterlaufen. Die fällige Abgabe der LAFBw-Ausrüstung an die Bundeswehr hintertrieben BND-Mitarbeiter unter Mitwirkung von Helfern im Verteidigungsministerium ab 1979 systematisch. So plante der BND, einen Teil des LAFBw-Materials in der Versorgungsaußenstelle des Wehrbereichskommandos VI zu lagern, »um dort 57 C jederzeit zur Verfügung zu stehen«.[698] In den BND-Papieren ist für die Zeit ab Oktober 1981, also zwei Jahre nach der Auflösung der LAFBw, von einem BND-Mitarbeiter die Rede, der bei der

Lehr- und Ausbildungsgruppe für das Fernspähwesen weiterhin tätig war, nämlich im Bereich der »Zielplanung von Aktionen«.[699]

Die für Finanzen und das Personal zuständige Zentralabteilung (ZY) kam 1983 Tricksereien der BND-Führung bei der Auflösung ihrer militärisch getarnten Einheit LAFBw auf die Schliche: »Der Dienst gab die Parole aus, zu retten, was zu retten sei. So wurden Liegenschaften pro forma anderen Teilen des Dienstes zugewiesen.« Die Stay-Behind-Organisation, so die BND-Finanzkontrolleure, habe den Führungsstab der Streitkräfte gebeten, ihr trotz des Übergabebefehls Gerät und Material zu lassen: »Das daraus letztlich entstandene ›Rettungspaket‹ hat einen Wert von mehreren Mio. DM und ist ohne Wissen der Leitung des BMVg [...] durch einen Referatsleiter und einen Referenten des BMVg zugestanden worden.«[700] Die Sache kam heraus, weil einer dieser beiden BMVg-Mitarbeiter, zugleich BND-Helfer, gegenüber dem stellvertretenden Generalinspekteur von der LAFBw gesprochen hatte, die zu diesem Zeitpunkt seit Jahren offiziell nicht mehr existierte. Im Geheimen aber offenbar weiterhin. Die »Rettung bestimmten Gerätes auf persönlicher Basis«, wie sie ein BND-Mitarbeiter der Zentralabteilung schildert, bedeutete nichts anderes als das private Beiseiteschaffen von militärischer Ausrüstung für Zwecke, die dem BND seit 1979 nicht mehr zustanden. »Lobbyisten«, die der BND auf der Hardthöhe platziert hatte, so der Vorwurf, hätten die Anweisungen ihrer Bundeswehrvorgesetzten schlicht ignoriert: »Nicht die Bundeswehr unterstützt weiterhin, die Mitarbeiter des BND im BMVg haben [...] Rettungsmaßnahmen durchgeführt.«[701] Im Führungsstab II der Bundeswehr (FüS II, Militärisches Nachrichtenwesen) fand Stay-Behind-Organisator Wolbert Smid Mitstreiter im Widerstand gegen die von Staatsekretär Hiehle vorgegebene Linie. Ein Admiral kam nach einer Besprechung im Kanzleramt im Spätsommer 1979 auf Smid zu, um ihm mitzuteilen, dass er die Haltung der Ministeriumsspitze nicht teile, dass ein Einsatz von Soldaten für die unorthodoxe Kriegsführung der SBO völkerrechtswidrig sei. Der Offizier vertrat die Auffassung, »dass der BND als Nachrichtendienst eine Stay-Behind-Organisation aufbauen müsse«.[702] FüS II-Mitarbeiter unterstützten den BND dabei, auch nach der Auflösung der LAFBw nicht ohne Hilfe der Bundeswehr dazustehen. Das Objekt Reitstall, ein Gutshaus neben dem Bundeswehrübungsgelände in Guselried/Kreis Weilheim–Schongau, wurde im Oktober 1979 zwar an die Versorgungsaußenstelle des Bundeswehrstandortes Neubiberg abgegeben, aber dennoch weiter vom BND genutzt. Der BND-Mitarbeiter Norbert Juretzko berichtet in seinem Buch »Bedingt dienstbereit« von seiner Ausbildung am Agentenfunkgerät und der Schulung als SBO-Verbindungsführer im Peißenberger Objekt REITSTALL im Jahr 1987.[703]

Als die SBO im Herbst 1990 der Öffentlichkeit bekannt wurde, teilte ein Offizier der *Deutschen Presseagentur* (*dpa*) mit, dass die Stay-Behind-Organisation bis zuletzt eng mit der Bundeswehr kooperiert habe: »Speziell in der Nachrichtenübermittlung ausgebildete Reservisten hielten sich für den Ernstfall bereit. Sie wären bei Ausbruch eines Krieges nicht eingezogen worden, sondern wären ›ganz zivil‹ im Untergrund geblieben und hätten sich von den gegnerischen Kräften überrollen lassen.«[704] Gab es also über das Ende der LAFBw im Jahr 1979 hinaus eine weitere Zuführung von Bundeswehrreservisten zur SBO, die nicht nur ins Kriegsgebiet eingeflogen werden sollten, sondern als SBO-Schläfer, getarnt als Zivilisten, neben den V-Leuten bereits im künftigen Einsatzgebiet waren? Die Bundeswehrführung war leider nicht bereit, Akten zur Zusammenarbeit mit der SBO zur Einsicht freizugeben.

Die BND-Führung versuchte zudem weiterhin, eigene militärische Einheiten aufzubauen, was mit den Interessen der Bundeswehrführung kollidieren musste. Am Ende stand Stay Behind ohne eigene Luftflotte und ohne Luftlandetruppen in der gewünschten Größenordnung da. Unterhalb der Führungsebene des Verteidigungsministeriums verfügte der Bundesnachrichtendienst jedoch über Ansprechpartner, mit deren Hilfe er die Trennung von Militär und Partisanentruppe zu unterlaufen versuchte. Man habe sich mit dem Führungsstab der Marine (FüM) auf eine heimliche Kooperation verständigt, so eine BND-Notiz vom Juli 1985. Gemeint ist die Kampfschwimmerkompanie der Bundesmarine in Eckernförde: »Mit dem KpChef dieser Einheit besteht in Einvernehmen mit FüM (Führungsstab der Marine) und der Amphibischen Gruppe eine enge, aber unauffällige Zusammenarbeit.«[705] Beim Luft- und Seetransport musste sich die Stay-Behind-Truppe des BND nach dem Ende der Bundeswehrunterstützung jedoch vor allem an ihre Partnerdienste halten.

Ein U-Boot für Stay-Behind-Aktionen

Die Zusammenarbeit zwischen Stay Behind und den Kampfschwimmern in Eckernförde bestand bereits seit den frühen 1970er Jahren, als die Bundeswehrführung noch nicht ihre Besatzungen und ihr Material für geheimdienstliche Operationen zurückhielt. Im September 1973 hatte die SBO Besuch von sieben Kampfschwimmern aus Frankreich. Die Männer vom Centre d'Instruction des Nageurs de Combat aus Ajaccio auf Korsika waren im SBO-Objekt BAUMSCHULE in München zu Gast, um das deutsche Fallschirmspringerabzeichen zu erlangen und anschließend an einer gemeinsamen Kampfschwimmerübung teilzunehmen. Nach dem Flug von Fürstenfeldbruck nach Eckernförde präsentierte die Kampfschwimmerkompanie der Marine den französischen Kameraden neueste Militärtechnik wie eine seewasserfeste Pistole mit Schalldämpfer. Höhepunkt war eine Sabotageübung, bei der die Schwimmer Sprengladungen an Schiffen anbrachten. Das Wasserfahrzeug, von dem aus die Kampfschwimmer operierten, war ein älteres U-Boot. Die Wilhelm Bauer war Ende des Zweiten Weltkrieges gebaut und von der Bundesmarine 1960 endgültig außer Dienst gestellt worden. Jetzt hatte das U-Boot eine zivile Besatzung von 40 ehemaligen Marineangehörigen und fuhr »offiziell [...] für die Marineerprobungsstelle« des Bundesamtes für Wehrtechnik und Beschaffung.

Stay-Behind-Mitarbeiter WEGHORN wusste jedoch zu berichten, dass es neben der offiziellen Aufgabe geheime Aufträge gab, die Boot und Besatzung schon bis nach Norwegen geführt hatten. Die Besatzung »versteht sich als deutsche ›Pueblo‹«, so WEGHORN in seinem Bericht. Die USS »Pueblo« war ein als Frachtschiff getarntes Spionageschiff des US-Geheimdienstes NSA, das im Januar 1968 vor der nordkoreanischen Küste aufgebracht wurde. Als die Wilhelm Bauer 1984 Museumsboot in Bremerhaven wurde, fehlte in der Beschreibung des Werdegangs jeder Hinweis auf die Spionagetätigkeiten für die Marine und die Stay-Behind-Organisation. Aufgrund der diskreten Kontakte zur Kampfschwimmerkompanie hatte Stay Behind offenbar Zugriff auf das U-Boot, das zwar offiziell nur der Erprobungsstelle zur Verfügung stand, so aber auch für geheimdienstliche Seeoperationen genutzt werden konnte.[706]

Waffen und Sprengstoff für die BND-Partisanen

Mit dem Wegfall der Widerstandskomponente erübrigte sich spätestens ab 1983 auch die Notwendigkeit, Waffen- und Sprengstofflager für die BND-Partisanen bereitzuhalten. Staatsminister Lutz Stavenhagen erweckte gegenüber der Parlamentarischen Kontrollkommission (PKK) kurz nach der Aufdeckung der SBO im Dezember 1990 den Eindruck, die SBO-Quellen seien seit Jahrzehnten unbewaffnet: »Zur Unterstützung von Widerstandsgruppen im besetzten Gebiet hatten alliierte Partnerdienste in der Frühphase der Stay-Behind-Organisation versteckte Depots angelegt, die u.a. Ausrüstungsgegenstände wie z.B. Ersatzteile für Funkgeräte, Medikamente, Schwarzmarktgegenstände (Gold und Schmuck) und vereinzelt Pistolen enthielten. Diese Depots wurden durch die Stay-Behind-Organisation des Bundesnachrichtendienstes bis 1972 aufgelöst. Die darin enthaltenen Pistolen wurden vernichtet.«[707]

Auch zwei hauptamtliche Mitarbeiter der SBO folgten genau dieser Darstellung, als sie gegenüber den Autoren dieses Buches darstellten, es habe nur bis 1972 Waffendepots der Alliierten gegeben; in den Depots der SBO-V-Leute hätten sich keine Waffen befunden.[708] Die Antwort der Bundesregierung lässt einige Fragen offen. Wenn mit der »Frühphase der Stay-Behind-Organisation« die Anfangsphase der alliierten SBO ab 1949 gemeint ist, kann die Aussage nicht stimmen. Die Alliierten hatten vor Gründung des BND keineswegs Ausrüstungslager angelegt, die »vereinzelt Pistolen« enthielten, sondern Waffenarsenale für ganze Kampftrupps vergraben. 1951 sahen die USA für eine hundertköpfige Stay-Behind-Einsatzgruppe Depots vor, die 22 Pistolen, 28 Maschinenpistolen und 54 Gewehre samt 13000 Schuss Munition enthalten sollten.[709] Das 1951 im fränkischen Marktschorgast entdeckte US-Depot, das in der Einleitung dieses Buches erwähnt wird, wies immerhin 10 Pistolen und 5 Maschinenpistolen sowie Handgranaten und Sprengstoff auf. Die im benachbarten Österreich in den 1950er Jahren von Briten und Amerikanern angelegten Stay-Behind-Waffenlager, die zum Teil zwischen 1959 und 1996 entdeckt wurden, sahen auch für jeden Partisanen mindestens eine Handfeuerwaffe vor. Österreichische Militärhistoriker berechneten anhand der Funde, dass die dortige Stay-Behind-Organisation in 5- bis 25-Mann-Einheiten im besetzten Gebiet operieren sollte. Aus 68 Depots wurden 1996 rund 300 Pistolen, 250 Gewehre und 170 Maschinenpistolen geborgen. Sogar 3,4 Tonnen Sprengstoff, 50 Bazookas und 65 Maschinengewehre waren in den Erddepots der früheren US-Besatzungzone in Salzburg, in Oberösterreich und der Obersteiermark versteckt.[710] Militärhistoriker errechneten, dass ein fünfköpfiger Stay-Behind-Trupp über 32 kg Plastiksprengstoff, zwei Gewehre, zwei Maschinenpistolen und zwei Pistolen verfügte. Diese Ausrüstung entspreche der Ausstattung der damals im bayerischen Bad Tölz stationierten 10th Special Forces, die damals deutsche wie österreichische SBO-Männer im Partisanenkampf trainiert haben sollen.[711]

Warum sollten die Amerikaner in den 1950er Jahren im damals neutralen Österreich Lager mit automatischen Waffen und Sprengstoff füllen und gleichzeitig im NATO-Frontstaat Bundesrepublik nur »vereinzelt Pistolen« in den SBO-Depots vergraben? Dutzende Waffenlager wurden in der Alpenrepublik erst 1996 entdeckt. Im selben Jahr wurde in Berlin ein Stay-Behind-Waffenlager ausgegraben, das die Aussage der Bundesregierung, man habe alle alliierten Waffenlager bis 1972 aufgelöst, zumindest fragwürdig erscheinen lässt.[712] De facto hätten die BND-Partisanen im Kriegsfall jederzeit Zugriff auf Waffen- und Sprengstoffdepots gehabt – wie auch andere europäische Stay-Behind-Organisationen. 1978 entdeckte ein norwegischer Polizist ein großes Stay-Behind-Waffenlager, in dem sich 60 Pistolen und 120 000 Schuss Munition befanden; in den 1980er Jahren wurden Granaten, Sprengstoff, halbautomatische Gewehre und Pistolen in niederländischen Stay-Behind-Depots gefunden. Die italienische Gladio-Truppe verfügte 1990 über 139 Waffenlager.[713] Es ist kaum vorstellbar, dass ausgerechnet die Schattenkrieger im Frontstaat Bundesrepublik seit den frühen 1970er Jahren so gut wie keine Möglichkeit zur Selbstverteidigung, zum bewaffneten Kampf oder zur Sabotage gehabt haben sollen, während ihre Partner weiter westlich bis zuletzt Zugriff auf Waffen und Sprengstoff hatten.

Freundschaftsdienste für die niederländische Stay-Behind-Organisation

BND-Vizepräsident Dieter Blötz und der stellvertretende Generalinspekteur der Bundeswehr, Generalleutnant Rüdiger von Reichert, kamen 1976 zu einer ungewöhnlichen Übereinkunft: Nachrichtendienst und Truppe wollten dem niederländischen Partnerdienst (Deckname Peter Stuyvesant II/Kornrade) helfen, klammheimlich große Mengen an Munition für seine Stay-Behind-Organisation I&O zu beschaffen. Verteidigungs-Staatssekretär Helmut Fingerhut und der Parlamentarische Staatssekretär Andreas von Bülow gaben ebenfalls ihren Segen. Der Plan: Das Bundesamt für Wehrtechnik und Beschaffung (BWB) sollte bei Firmen Munition kaufen und zum NATO-Depot im holländischen Den Helder nördlich von Amsterdam bringen lassen. Das BWB richtete für die Bezahlung ein eigenes Konto ein, so dass der Eindruck einer Beschaffung durch die Bundeswehr entstand.[714] Das Konto wurde vom Bundesnachrichtendienst nach Rechnungsvorlage unter der Legende einer »Einziehungsstelle für Ausgleichsforderungen« aufgefüllt.[715] Zur Vervollkommnung der Tarnung lieferten Bundeswehr-LKW die Ware an den deutschen Teil des NATO-Depots. Dort holte I&O die Munition ab: über 500 000 Schuss Munition, 15 600 Sprengkapseln und 2400 Handgranaten. Die Munitionsmenge entsprach ungefähr dem Bestand, den die LAFBw der deutschen Stay-Behind-Organisation zur selben Zeit angesammelt hatte. Die Erstattung der vom BND ausgelegten Summe von 450 000 DM durch den niederländischen Dienst regelte dessen Residentur in Deutschland mit der zuständigen BND-Abteilung.[716] Die komplizierte Abwicklung diente dazu, die Ausrüstungsstärke der Stay-Behind-Organisation gegenüber möglichen Spionen zu verheimlichen. Dies bedeutete aber vor allem, dass die Geheimdienstkontrolleure des niederländischen Parlaments über die Munitionsausstattung des Geheimdienstes hinters Licht geführt wurden – mit Unterstützung der BND- und der Bundeswehrspitze.

Personalprobleme im HOP-Netz

Die US-Amerikaner hatten für ihre frühen Partisanentruppen wie den BDJ-TD oder die Kibitz-Gruppe Hunderte von Schattenkriegern rekrutiert. Nachdem der BND eine eigene SBO – auch als Hop-Netz bezeichnet – aufgebaut hatte, nahm die Organisation weit bescheidenere Ausmaße an. SBO-Mitarbeiter Anger stellte am Ende der Ära Gehlen eine düstere Prognose für das HOP-Netz: Sollten fünf Prozent der V-Männer jährlich ausscheiden und nur zehn V-Leute pro Jahr geworben werden, würden sich die Mitarbeiterzahlen vom Anfangsbestand 1968 von 160 V-Männern und 14 Verbindungsführern bis zum Jahr 1980 zum Bestand von 160 V-Männern und zwei Verbindungsführern entwickeln.[717] Die SBO reagierte auf den Personalmangel mit der Schließung von zwei Grenzschleusen nach Frankreich und dünnte das für die Weiterleitung zu schleusender Personen nötige Begleitpersonal aus.[718]

Es sei zudem ein neuer V-Mann-Typ nötig, konstatierte SBO-Mitarbeiter Anger in dem ausführlichen Papier über das Hop-Netz. Während die bisherigen Spähaufträge von »national eingestellten und entsprechend rüstigen V-Leuten« erfüllt werden konnten, sei für Aktionen, wie sie mit der damals neu aufgestellten LAFBw durchgeführt werden sollten, ein neuer und jüngerer V-Mann-Typ nötig, der »Beihilfe zu Sabotageakten wie Transport von Sprengmaterial« leisten müsste.[719] Dafür, so die damalige Forderung, benötige man 744 V-Leute – eine Anzahl an V-Leuten, die der SBO zu keinem Zeitpunkt genehmigt wurde und die sie auch nicht werben konnte.[720] Aus Sicherheitsgründen sollten SBO-Quellen nicht länger als zehn bis zwölf Jahre der Organisation angehören. Danach konnten sie noch drei Jahre lang als Hilfskräfte genutzt werden. Bei einer Ausbildungsdauer von fünf Jahren bis zur vollen Einsatzbereitschaft, stand eine Quelle dem BND also nur fünf bis sieben Jahre zur Verfügung und musste dann von einem ausgebildeten Nachfolger abgelöst werden.[721] Jedes Jahr hätten so mindestens 40 neue V-Leute und drei Verbindungsführer verpflichtet werden müssen. Das gelang nicht, und die Zahl der Verbindungsführer schrumpfte, weil immer wieder SBO-Agenten aus Altersgründen ausschieden oder nach über zehnjähriger Tätigkeit wegen der steigenden Enttarnungsgefahr abgeschaltet werden mussten: »Bereits ab 1970 wird eine ordnungsgemäße Führung der VM durch den Mangel an VF in Frage gestellt«, stellte die SBO-Führung Mitte der 1960er Jahre resigniert fest.[722] Aufgrund fehlender Akten kann der tatsächliche Personalbestand der SBO in den Folgejahren nach 1966 nicht ermittelt werden. Geplant waren aufgrund der zu erwartenden Zahl von altersbedingt Ausscheidenden und den zu werbenden V-Leuten, dass die SBO 1969 über einen Bestand von 175 V-Leuten verfügen sollte, der bis 1975 auf 300 Mann anwachsen würde.[723] Erst ab 1978 sind konkrete Zahlen verfügbar, die diese Pläne als zu ehrgeizig erscheinen lassen: In diesem und den folgenden Jahren musste Stay Behind weiterhin mit rund 100 V-Männern auskommen, strebte aber nun eine nach unten korrigierte Sollzahl von mindestens 200 Quellen an. Neben 25 Schleusungsquellen, die im Nebenauftrag auch Nachrichten beschaffen sollten, waren 175 Nachrichtenbeschaffer vorgesehen. 50 von ihnen sollten als Militärquellen (MIL-Quellen) im Kriegsfall tätig werden, also militärische Nachrichten beschaffen und zur Leitstelle funken, während die restlichen 125 (ALL-Quellen) Informationen über Politik, Wirtschaft, Technik, Wissenschaft und die Stimmungslage einholen und weitermelden sollten.[724] Die Organisation verfügte Ende 1978 über 102 V-Leute, also noch weit weniger Quellen, als 1966 in der Negativprognose vorhergesagt worden waren. Dafür gab es zwölf Verbindungsführer, also mehr als zuvor befürchtet. Zusätzlich standen 92 Helfer bereit, sogenannte »Nahsicherer«, die die V-Leute bei Aktionen wie Schleusungen unterstützten. Diese Helfer konnten Ehefrauen der V-Leute oder ehemalige V-Leute sein, die aus Altersgründen ausgeschieden waren.

Für das Jahr 1978 fertigte der BND eine Übersicht an, die das Auseinanderklaffen zwischen Soll- und Ist-Stärke der SBO verdeutlicht. So gab es im Juli 1978 21 MIL-Quellen (Soll: 50), 65 vor allem für Nachrichtenbeschaffung und -weiterleitung geeignete ALL-Quellen (Soll: 125) und 17 Schleusungsquellen im Norden, Westen und Süden (Soll: 25).[725] Ende 1979 bestand das Netz aus 85 V-Männern, von denen gerade einmal 46 Mann moderne Agentenfunkgeräte hatten. Es gab zehn Verbindungsführer und 78 Helfer und wie im Vorjahr keine Unterstützung der Bundeswehr bei Luftschleusungsübungen. Wegen der geringen Zahl von ausgebildeten und ausgerüsteten Funkern wurde überlegt, hauptamtliche SBO-Mitarbeiter in Funktechnik zu unterweisen, damit sie im Kriegsfall in das besetzte Gebiet geflogen und als Funkquellen genutzt werden konnten.

Die »Erhöhung der Einsatzfähigkeit« sei dringend erforderlich, klagte SBO-Mitarbeiter ORFF damals.[726] Altersbedingt schieden immer wieder Quellen und Verbindungsführer aus, die nicht so schnell ersetzt werden konnten. Eine Schleusungsquelle, so ORFF, benötigte zweieinhalb Jahre Ausbildung bis zur »bedingten Einsatzfähigkeit« und volle fünf Jahre bis zur vollen Einsatzbereitschaft.

In einem Vermerk vom Juni 1980 war wiederum von 97 V-Leuten (Quellen) die Rede, von denen sich 54 im östlichen Teil der Bundesrepublik befanden, in einem Streifen von bis zu 100 Kilometern von der Grenze zu DDR und Tschechoslowakei entfernt. 16 dieser Quellen waren Schleusungsquellen, die vorwiegend an der westlichen und südwestlichen Grenze zu befreundeten Staaten lebten; zwei der Quellen waren Seeschleusungsquellen mit einem Wohnort an der Nordsee. Ende 1980 konnten jedoch nur noch 84 verfügbare Quellen gezählt werden, von denen 68 beschaffende Quellen und 16 die schon genannten Schleusungsquellen waren. Bei den Beschaffern waren von 68 nur 19, bei den Schleusern von 16 nur fünf Männer »voll einsatzfähig«. Die Zahl der Helfer war leicht auf 86 Personen gestiegen.[727]

Wegen dieser unbefriedigenden Entwicklung schlug SBO-Mitarbeiter ORFF erneut, wie schon im Vorjahr, Alarm: »Das vorgegebene Ziel, die Schaffung von Voraussetzungen für die Durchführung von Operationen im Vg-Fall«, werde auch »1980 nicht erreicht«. Bei den hauptamtlichen Stabsmitarbeitern und Verbindungsführern mehrten sich »die Anzeichen für Zweifel am Wollen und Können des BND im Hinblick auf die Vorbereitungen für den Vg-Fall«.[728] Auch die Zahl der hauptamtlichen SBO-Mitarbeiter hatte sich seit den 1950er Jahren kaum verändert: Der Stellenplan für 1980 zeigte 77 feste Stay-Behind-Mitarbeiter in der Zentrale.[729] Nachdem das ehrgeizige Ziel, jährlich 40 Verbindungsleute zu werben, nicht zu erreichen war, versuchte die SBO, wenigstes 20 Männer pro Jahr zur Zusammenarbeit mit dem BND zu bewegen, um die Organisation aufrechterhalten zu können. Doch es war nicht einfach, Willige zu finden: Die Berufsgruppen, aus denen die SBO bei der Anwerbung von Quellen schöpfen konnte, waren sehr eingeschränkt. Zum einen mussten die V-Leute physisch und geistig in der Lage sein, sich über weite Wege zu Fuß durch ein besetztes Land zu bewegen, andererseits mussten die rüstigen Männer glaubhaft machen, warum sie von der Bundeswehr nicht als potentielle Soldaten gebraucht wurden. Darum konzentrierten sich die SBO-Werber auf Beschäftigte aus dem Bereich Krankenpflege oder setzten auf Schleusenwärter, Mitarbeiter von Strom- und Wasserbetrieben, also Angestellte lebensnotwendiger Versorgungseinrichtungen. Ferner kamen Wald- und Forstarbeiter als SBO-Quellen in Frage.[730] Die bis Ende der 1980er Jahre angestrebte Zahl von mindestens 200 Quellen, die dann von 20 Verbindungsführern angeleitet werden sollten, wurde indes nie erreicht.[731]

1981 musste SBO-Mann Orff erneut feststellen, dass die Einsatzfähigkeit im Kriegsfall weiterhin nicht gegeben war. Die Übung Widerhaken II hatte wenige Monate zuvor offenbart, dass die im Kriegsfall nötige Verlegung der Funkleitstelle zwar klappen würde, aber der Betrieb nach vier Tagen aus Mangel an Kfz-, Strom- und Funktechnikern nicht weiter aufrechterhalten werden könnte.[732] Ende 1981 führte Stay Behind 91 Quellen, von denen 53 Prozent bedingt oder voll einsatzbereit waren. 51 Verbindungsmänner verfügten über das damals noch zeitgemäße Morsefunkgerät FSS 20; außerdem gab es 91 Helfer.[733] Die Zahl der hauptamtlichen SBO-Mitarbeiter in der Münchener Zentrale sank im Jahr 1986 auf nur noch 26 Planstellen.[734] Zu dieser Zeit gestaltete die SBO aufgrund des Personalmangels die Anbahnungsausbildung variabler, so dass Anbahner, also hauptamtliche SBO-Männer, die neue Quellen werben sollten, auch als quellenführende Verbindungsführer (VF) eingesetzt wurden.[735] Während die – allerdings unvollständigen – Papiere und die Aussagen von Zeitzeugen das Bild einer personell notorisch unterbesetzten Stay-Behind-Organisation zeichnen, ist die Zahl der sogenannten »Helfer«, die die Verbindungsleute beim Ausspähen von Objekten, beim Anlegen von Depots und beim Schleusen unterstützten, weitgehend ungeklärt.

Verschwiegene Freundschaften: Die Zusammenarbeit mit den ausländischen Partnerdiensten

Eng war die Zusammenarbeit der deutschen Partisanen auch mit den Partnerdiensten, auf die man nach dem Streit mit dem BMVg umso mehr angewiesen war. 1956/57 hatte der Bundesnachrichtendienst, wie bereits im Kapitel über die SBO in der Ära Gehlen geschildert wurde, Stay-Behind-Quellennetze von vier Partnerdiensten übernommen.[736] Die so in den Bundesnachrichtendienst ab 1. März 1956 übernommenen Strukturen finanzierte der US-Geheimdienst (Deckname Hortensie) zunächst weiter, obwohl Stay Behind nun Teil einer deutschen Behörde war. Damit entzog man die geheime Organisation jahrelang der parlamentarischen

Kontrolle durch das für die Geheimdienste zuständige Vertrauensmännergremium des Bundestags-Haushaltsausschusses.[737]

Die LAFBw, also die für »Aktionen« wie Schleusungen, Sabotage und Widerstand zuständige Gruppe 404 der Stay-Behind-Organisation, war in das NATO-Netz gut integriert: Die BND-Kommantotrupps lernten ihr Handwerk in den 1970er Jahren in Fort Monkton, der Training Base des britischen Auslandsgeheimdienstes in Gosport/Hants. Sie trainierten in der Special Warfare School der U.S. Army in Fort Bragg und in der Fallschirmschule des französischen Geheimdienstes in Cercottes. Auch in einer Geheimdienstschule in Merdal beim belgischen Partnerdienst (Yukka) sollen die BND-Partisanen geübt haben, ebenso bei den mit der amerikanischen Stay-Behind-Organisation verbundenen 10th Special Forces der U.S. Army in Bad Tölz und in Fort Bragg. Im Gegenzug fungierte die SBO immer wieder als Gastgeber der Partnerdienste. Besonders eng arbeitete die SBO des BND mit dem französischen (Narzisse) und dem belgischen (Pfingstrose) Geheimdienst auf dem Gebiet des Untergrundkampfes zusammen.[738]

Als die NATO-Geheimarmeen 1990 enttarnt wurden, war der Bundesregierung ein Partner des deutschen Auslandsgeheimdienstes ganz besonders peinlich: Gladio, die italienische Stay-Behind-Organisation. Sie steht im Verdacht, in mehrere Mordanschläge gegen die eigene Zivilbevölkerung verstrickt zu sein. Der brutalste Anschlag war das Bombenattentat auf den Bahnhof von Bologna im August 1980 mit 85 Toten und über 200 Verletzten. Seither blieb der BND bei der Linie, mit Gladio kaum Berührungspunkte gehabt zu haben, obwohl der italienische Nachrichtendienst (Brunella) in Alghero an der Westküste Sardiniens die zentrale Ausbildungsstätte für die verbündeten Schattenarmeen betrieben hatte. Noch im Oktober 2013 erklärte die Bundesregierung auf Anfrage der Linken im Bundestag, die BND-SBO habe zwischen 1973 und 1986 an lediglich sechs Übungen mit Partnerorganisationen teilgenommen; demnach wäre kein Gladio-Vertreter bei SBO-Übungen dabei gewesen.[739]

Die Bundesregierung bestätigte folgende sechs Übungen:

- Oktober 1973: Personenschleusung auf dem Seeweg bei Norderney, Wilhelmshaven und Oldenburg mit französischem Partnerdienst (gemeint ist die Operation Wassermann).
- Oktober 1982: Geländeübung, Anlegen von Verstecken mit US-Nachrichtendienst.
- Mai/Juni 1983: Grenzschleusung mit belgischen, niederländischen und französischen Diensten.

- November 1983: Grenzschleusungsübung in Bayern mit britischem Partnerdienst.
- Mai/Juni/September 1985: Luft- und Grenzschleusungsübungen mit französischen Partnern.
- Mai/Juni 1986: Luft- und Grenzschleusungsübung in Oberbayern und im Ausland mit französischen Partnern.[740]

Zahlreiche Luft- und Seeoperationen mit dem französischen SBO-Partnerdienst SDECE (Narzisse)[741] wurden ebenso verschwiegen wie zwei Übungen im Zeitraum von 1973 bis 1986 mit dem italienischen Militärgeheimdienst SISMI (Servizio per le Informazioni e la Sicurezza Militare). Der von 1971 bis 1974 als Gladio-Chef fungierende Geheimdienstgeneral Gerardo Seravalle bestätigte das internationale Stay-Behind-Manöver Alpine Friendship im März 1973 in Oberbayern.[742] Der luxemburgische Geheimdienst übte mit deutschen und italienischen Partisanen vom 1. bis 8. Juni 1980 »Ex- und Infiltration« auf dem Luftweg, also die Schleusung von Geheimdienstmaterial mit Flugzeugen über die deutsch-luxemburgische Grenze – zwei Monate vor dem Attentat von Bologna, bei dem eine von Neofaschisten gelegte Bombe 85 Menschen tötete.[743]

Die Luxemburger hatten 1977 bei einer ähnlichen Luftschleusungsübung deutsche und US-amerikanische Stay-Behind-Kämpfer zu Gast.[744] Von Juni bis November 1977 sind allein fünf weitere Partnerübungen der deutschen SBO, unter anderem mit Franzosen und Briten, dokumentiert.[745] Weitere fünf Manöver waren mit den Franzosen von März bis Oktober 1978 geplant: die Übungen Uhu, Drossel, Dompfaff, Eule und Fink. Im März 1978 sollte die deutsche SBO Luftabsetzoperationen auf dem englischen Fliegerhorst Bournemouth trainieren; für Mai 1978 war die deutsch-britische Übung Wolke vorgesehen.[746] Vier Schleusungs- und drei Fernmeldeübungen mit Partnerdiensten listet die SBO allein für das Jahr 1979 auf, für 1980 weitere fünf Fernmeldeübungen mit Partnern und eine deutsch-französische Absetzübung sowie eine bilaterale Fernmeldeübung im Jahr 1981.[747]

Auch wenn einige dieser über 30 Übungen möglicherweise wegen der Verweigerung von deutschem Fluggerät nicht stattfanden – keiner der Termine deckt sich mit den lediglich sechs Partnerübungen, die die deutsche SBO nach Auskunft der Bundesregierung in diesem Zeitraum durchführte, ganz abgesehen von den Aufenthalten deutscher SBO-Kämpfer in den Trainingslagern der Partner. Aus den BND-Akten ergeben sich zwölf sogenannte »Partnerschleusungsquellen«, also Verbindungsmänner der

SBO, die auch für Partnerdienste tätig waren: zwei niederländische Quellen, zwei in Belgien, eine in Dänemark, eine in Luxemburg, vier in Frankreich und je eine Schleusungsquelle in den neutralen Staaten Schweiz und Österreich.[748]

Verschwieg die Bundesregierung dem Parlament über Jahrzehnte diese Partnerübungen, die in den Akten der luxemburgischen Regierung und des Bundesnachrichtendienstes belegt sind, weil sie die Kooperation mit Schleusungsquellen in damals neutralen Ländern und die Zusammenarbeit mit GLADIO sowie der türkischen Contra-Guerilla vertuschen will, die in Anschläge und Staatsstreiche verstrickt waren?[749] Die seit 2012 vom BND schrittweise freigegebenen SBO-Aktenbestände beginnen im Jahr 1965. Es wäre höchst verwunderlich, wenn der BND Ende 1990 dem mit der Aufklärung der NATO-Schattenarmeen beauftragten Staatsminister Lutz Stavenhagen seinen Aktenbestand verheimlicht hätte. Wahrscheinlicher ist vielmehr, dass Regierung und Geheimdienst bei der Vertuschung der GLADIO-Affäre Hand in Hand arbeiteten.

Aus den vom BND bislang freigegebenen Akten wurden nahezu alle Dokumente entfernt, die Hinweise auf Partnerdienste des BND enthalten. So verwundert es nicht, dass die Bundesregierung auch auf parlamentarische Anfragen sehr knapp oder gar nicht antwortete, wenn es um die Einbindung der deutschen SBO in das internationale Stay-Behind-Netzwerk ging. Gefragt, ob der Bundesnachrichtendienst Mitglied im obersten Koordinierungsgremium der Stay-Behind-Truppen war, dem Allied Clandestine Comittee (ACC), antwortete die Bundesregierung 2013: »Über das Allied Clandestine Committee (ACC) ist den vorhandenen Akten zu Stay Behind kaum etwas zu entnehmen […] Besser bekannt ist die Rolle des – in den Unterlagen als Allied Coordinating Committee (ebenfalls ACC abgekürzt) bezeichneten – Gremiums, das der Abstimmung der nachrichtendienstlichen Zusammenarbeit ihrer Mitglieder diente […]. Der BND trat diesem ACC 1959 bei und war Mitglied bis zur Auflösung seiner Stay-Behind-Organisation. […] Die Klärung der Frage, inwieweit die beiden als ACC bezeichneten Gremien identisch waren, bleibt der historischen Forschung vorbehalten.«[750] Diese Darstellung kann als Verschleierungsmanöver der Bundesregierung gewertet werden. Denn in Dokumenten der luxemburgischen Stay-Behind-Organisation PLAN ist eindeutig vom Comité Clandestin Allié (CCA) die Rede, also vom Alliierten Geheimkomitee (nicht Alliiertes Koordinierungskomitee), in dem Belgien, die Niederlande, die USA, Großbritannien, Frankreich, Italien, Norwegen und Dänemark seit den späten 1950er Jahren vertreten waren sowie Deutschland ab 1959.[751]

1978 stellte Deutschland mit dem BND-Mitarbeiter Meissner den Vorsitzenden des ACC. Im Mai des Jahres fand in Großbritannien eine Stabsübung aller beteiligten Dienste statt. An der einwöchigen Übung Origan waren britische Spezialkräfte von Luftwaffe und Marine beteiligt – der Special Air Service (SAS) und der Special Boat Service (SBS). Überprüft wurde unter anderem, inwieweit Stay Behind fähig war, Sabotageaktionen im Rücken des Gegners durchzuführen (Operations by Clandestine Actions, OCA).[752] Aus luxemburgischen Stay-Behind-Akten geht zudem hervor, dass dieses Gremium seit den 1970er Jahren mehrfach im Château Senningen mit ein bis zwei Dutzend Teilnehmern tagte – darunter auch jeweils ein oder zwei deutsche Geheimdienstmitarbeiter. Alle zwei Jahre wechselte der Vorsitz zwischen den zehn gleichberechtigten Partnerdiensten. Das ACC tagte einmal jährlich an wechselnden Orten; das Unter-Komitee zwei- bis dreimal pro Jahr.[753] Beim letzten dokumentierten Treffen in Senningen, am 2. und 3. Juni 1987, bei dem der US-Geheimdienst den Vorsitz hatte, sammelte sich die Gruppe nach bester Schlapphutmanier mittags um ein Uhr an einer unauffälligen Straßenkreuzung im Zentrum der Stadt Luxemburg, um dann gemeinsam zum Tagungsort zu fahren. Der Luxemburger SBO-Repräsentant Pierre lud die Vertreter der Partnerdienste nach der ersten Arbeitssitzung zu einem »formlosen« Abendessen im Schloss, am zweiten Abend dann zum festlichen Diner im luxemburgischen Weinmuseum in Ehnen.[754] Der deutsche ACC-Delegierte Ernst saß bei den Arbeitsbesprechungen und bei den Essen fast immer neben dem italienischen Gladio-Repräsentanten Giancarlo.[755] Das Treffen stand im Zeichen der gemeinsamen Beschaffung des modernen Agentenfunksystems Harpoon, die sich wegen Streitigkeiten zwischen deutschem Kanzleramt und dem Bundesnachrichtendienst um Jahre verzögert hatte.[756] 2013 wurde in Schloss Senningen ein der luxemburgischen Regierung bis dahin unbekanntes Archiv des luxemburgischen Geheimdienstes Service de Renseignements (SREL) entdeckt – des Partnerdienstes des BND und damit der deutschen Stay-Behind-Organisation.[757] Wie der BND hatte auch der luxemburgische Stay-Behind-Partner nicht vor, die ganze Wahrheit über die SBO bekannt zu machen. SREL-Chef Charles Hoffmann erklärte noch im März 2013, er habe »nie innerhalb des Stay-Behind-Netzwerkes mit einem BND-Agenten oder Bundeswehrsoldaten kollaboriert«.[758]

Das ACC entwickelte auf seinen Sitzungen Pläne für das koordinierte Vorgehen der Schattentruppen im Verteidigungsfall. Für die Abläufe aller Stay-Behind-Operationen wie Luft- und Seeschleusungen entwickelte das ACC Handbücher, die für alle Partnerdienste galten und die reibungslose

Zusammenarbeit im Ernstfall sicherstellen sollten. »Das ACC war hauptsächlich ein technisches Komitee, ein Forum, in dem Erfahrungen ausgetauscht wurden«, erläuterte der frühere GLADIO-Leiter Paolo Inzerilli in seinen Erinnerungen: »Jeder wusste, dass, wenn für eine Operation ein Experte für Sprengstoff, Telekommunikation oder Repression fehlte, man ohne Probleme ein anderes Land ansprechen konnte, weil die Agenten gleich ausgebildet waren und die gleichen Materialien benutzten.«[759] In Erwartung eines konventionellen Angriffs oder eines nuklearen Erstschlages der Sowjets sollte die Führung der nationalen Stay-Behind-Organisationen sich jeweils aus ihren Dienststellen in einen Safe Haven, einen sicheren Ausweichort, zurückziehen und sich dann in der gemeinsamen Stay-Behind-Operationszentrale in Großbritannien treffen: »Im Spannungsfall wird der SB-Bereich in vorbereitete Stellungen (BASE) verlegt, um im Besatzungsfall vom feindfreien Gebiet der NATO aus die Quellen über Funk zu führen. Die Quellen verbleiben in ihren Wohnorten und nehmen nach der Überrollung ihre nachrichtendienstliche Arbeit auf.«[760] Sollte die Allied Clandestine Base (ACB) ausgeschaltet worden sein, hätte ein weiteres Ausweichquartier in Spanien bestanden, das auf dem Seeweg von England aus angesteuert werden konnte und von dem aus die afrikanische Küste leicht erreichbar gewesen wäre.[761]

Projekt »Brückenschlag«: Das Stay-Behind-Ausweichquartier

Im Oktober 1977 führten Mitarbeiter des britischen Nachrichtendienstes (Deckname ASTER) vier BND-Mitarbeiter über das Gelände rund um den Truppenübungsplatz Sennybridge nahe der Ortschaft Powys in Wales. Die Geheimen aus Deutschland wollten herausfinden, ob die Liegenschaften der britischen Armee geeignet waren, im Kriegsfall die Stay-Behind-Funkleitstelle ELSTER und die Stabsstelle der damals noch bestehenden Lehr- und Ausbildungsgruppe für das Fernspähwesen der Bundeswehr (LAFBw) aufzunehmen. Im Verteidigungsfall, so der Plan, sollte die LAFBw-Leitung aus München abgezogen werden und im sicheren Wales die Arbeit aufnehmen. Verstärkt um Reservisten der Bundeswehr, sollte die Stabsstelle 180 Mitarbeitern Arbeitsplatz und Unterkunft bieten. In unmittelbarer Nähe war das Ausweichquartier der Funkleitstelle der Stay-Behind-Organisation geplant, von wo aus die chiffrierten Meldungen an die im besetzten Gebiet eingesetzten SBO-Quellen und die sie unterstützenden Stay-Behind-Kommandos gesendet und die Funksprüche der V-Leute aufgenommen und ausgewertet werden sollten. Ein britisches

Truppenkino und ein Kasernengebäude wurden als mögliche Unterkünfte, Stabsgebäude und Materiallager besichtigt. Die hügelige Umgebung des Militärcamps kam als Standort für die Antennen der Sende- und Empfangsstelle in Frage.[762]

Die Planungen schienen aber zu stagnieren. Denn erst im Herbst 1983 erfolgte eine erneute Besichtigung der britischen Liegenschaften durch eine BND-Delegation unter Leitung von Wolbert Smid (SANDMANN), der als Unterabteilungsleiter 12 zugleich Stay-Behind-Chef war. Trotz der Auflösung der LAFBw im Jahr 1979 war nun wieder von der Unterbringung von ähnlich vielen Stay-Behind-Mitarbeitern wie 1977 die Rede. 186 Mitarbeiter der SBO sollten in der ausgelagerten Funkleitstelle arbeiten können.[763] Der BND witterte offenbar die Chance, nach der Aufgabe der SBO-Kommandoeinheiten wenigstens bei der Nachrichtenbeschaffung im Kriegsfall einen wichtigen Beitrag leisten und entsprechende Personalforderungen durchsetzen zu können. Dazu brauchten die BND-Partisanen nicht nur ausreichend Personal, sondern auch ein neues Agentenfunkgerät.

Ein neues Agentenfunksystem: Kampf um HARPOON

Im November 1980 hatte das Allied Coordination Committee auf seinem Jahrestreffen in Rom nach achtjähriger Vorbereitungszeit die Beschaffung eines neuen Funksystems für neun im ACC zusammengeschlossene Stay-Behind-Organisationen beschlossen. Die ACC-Communications-Working-Group hatte im Lauf des Jahres 1980 Pflichtenheft und Vertragstext fertiggestellt – »teilweise in Nacht-, Wochenend- und Feiertagssitzungen«, betonte der technische Projektleiter des BND.[764] Die Firma AEG-Telefunken wartete im Dezember des Jahres auf die zum Jahresende versprochene Unterzeichnung des 150-seitigen Entwicklungsvertrags über das System HARPOON durch den BND. HARPOON sollte die auf Morsecode-Basis arbeitenden Funkgeräte vom Typ FSS-20 ablösen und verfügte über eine Reichweite von bis zu 6000 Kilometern. Dadurch wäre es sogar möglich, im Kriegsfall verschlüsselte Textmeldungen mit einer Übertragungsrate von 60 Zeichen pro Sekunde aus dem besetzten Europa bis an die amerikanische Ostküste zu senden. Zu den Hunderten von den ACC-Partnern anzuschaffenden HARPOON-Geräten gehörten passende Empfangsstationen und Funkleitstellen (in Deutschland im Frieden im Inland, im Krieg im Ausland). Stay Behind sollte ein modernes Kommunikationssystem erhalten, das auch der SBO des BND neuen Schwung verleihen würde, zumindest im Bereich der Nachrichtenbeschaffung und -übermittlung.

Der Dienst in Pullach hatte die Hoffnung, so seinen Stellenplan halten oder sogar ausbauen zu können. Bei dem multinationalen Projekt, das über 100 Millionen DM kosten sollte, waren allein die Entwicklungskosten mit 22 Millionen DM angesetzt. Auch die Fernspäher der Bundeswehr sollten einen Teil der Funkgeräte erhalten. Der BND plante die Beschaffung von 250 Funkgeräten zum Preis von 12,2 Millionen DM. Hinzu sollten zwei Leitstellenergänzungssysteme für 1,46 Millionen DM kommen. Die Kosten für die neue Funkleitstelle SPECHT für die HARPOON-Funker schätzte der BND auf 8 Millionen DM, die Unterkünfte für die Mitarbeiter der Führungsstelle sollten weitere 5 Millionen kosten.[765] Das alles konnte nur gelingen, wenn die BND-Partnerdienste und die Bundeswehr sich im geplanten Rahmen an den Kosten beteiligen würden. Es sollte wieder Ärger geben.

BND-Chef Klaus Kinkel ließ das Jahr 1980 verstreichen, ohne gegenüber AEG-Telefunken die im Dezember fällige Unterschrift unter den Entwicklungsvertrag für HARPOON zu leisten. Der BND-Präsident war zu diesem Zeitpunkt mit anderen Problemen beschäftigt. Kinkel stand wegen des dilettantischen Verhaltens des Dienstes gegenüber einem Agenten gewaltig unter Druck. Der BND hatte bei der Ausschleusung eines Zuträgers aus der DDR, des aus dem Militärischen Geheimdienst wegen Alkoholismus entlassenen Winfried Baumann, versagt. Ein Brief des BND an eine Deckadresse in der DDR war von der Staatssicherheit abgefangen worden, Baumann wurde enttarnt und wegen Landesverrats zum Tode verurteilt. Im Sommer 1980 wurde der »rote Admiral« durch Genickschuss hingerichtet. Kinkel ließ erklären, der BND habe erst viel später von der Verurteilung Baumanns erfahren und daher seinem Agenten nicht helfen können.[766]

Am 10. Februar 1981 teilte Verteidigungs-Staatssekretär Hiehle schließlich dem BND-Präsidenten bei einer Besprechung im Kanzleramt mit, »daß die Bundeswehr die Stay-Behind-Organisation nicht mehr benötige«. Es müsse daher geprüft werden, »ob insbesondere die Ausgaben für ein neues Funkgerät vertretbar sind«.[767] Kinkels Mitarbeiter schlugen Alarm: »Wir können nicht mehr zurück«, schrieb der HARPOON-Projektleiter und verwies darauf, dass durch eine Verzögerung ein Schaden in Millionenhöhe entstünde, den die Partnerdienste nicht mittragen würden. Die Absage des Kanzleramtes habe bei den Beteiligten eine »tiefgreifende Demotivation« ausgelöst, es drohen der Austritt des BND aus dem ACC und die Auflösung der SBO, falls das Funksystem nicht unverzüglich angeschafft würde.[768] Doch der angeschlagene BND-Präsident ergriff nicht den von Hiehle hingeworfenen Fehdehandschuh, sondern notierte handschriftlich auf den Rand des Vermerks des Funktechnikexperten: »Daß ich diesem Projekt gegenüber ›lange Zähne‹ hatte, ist wohl bekannt [...]. Und dass das BMVg – offensichtlich unter ›Tornado-Erfahrungen‹ – plötzlich so hart ausstieg, ist von hier aus ja wohl auch nicht zu vertreten.«[769] Dennoch setzte sich Kinkel ab dem Frühjahr gegenüber dem Kanzleramt für das HARPOON-Projekt ein und gab die Sorge des ACC-Sekretärs weiter, dass Stay Behind im Fall einer Nichtunterzeichnung des Vertrages auf eine veraltete Funktechnik angewiesen sei und die Schattenkrieger Gefahr liefen, »von den Besatzungskräften [...] neutralisiert (zu) werden«.[770]

Die verlängerte Angebotsfrist von AEG-Telefunken verstrich im Februar. Schließlich unterzeichnete Kinkel den Entwicklungsvertrag im Juni 1981. Doch nun teilte Staatssekretär Manfred Lahnstein dem BND-Präsidenten mit, eine Zustimmung zur Entwicklung von HARPOON bedeute noch lange nicht, dass das Kanzleramt eine Serienfertigung oder die Anschaffung von HARPOON gutheiße. Kinkel solle eruieren, ob auch die US-Streitkräfte HARPOON mittragen würden – erneut ein zermürbender Auftrag, der weitere Zeitverzögerungen nach sich ziehen sollte.[771] Schließlich hatte der US-Nachrichtendienst bereits 350 000 US-Dollar bar an die BND-Abteilung für die Entwicklung von HARPOON übergeben und stand wie die meisten anderen Geheimdienste offensichtlich zum Projekt.[772] SBO-Mitarbeiter WÜLLER, der aus der Funkaufklärung kommende WALTER, fragte zunächst erfolglos beim amerikanischen Stay-Behind-Partner im ACC an: »Ob das US-Verteidigungsministerium an der Entwicklung des Agentenfunksystems Interesse zeigt, ist dem US-Delegierten im ACC nicht bekannt.« Zudem drohte die Gefahr, dass einer der neun HARPOON-Partner, der belgische Geheimdienst, aus dem Projekt aussteigen würde.[773] Erst im Folgejahr konnte der BND-Präsident Kanzleramtschef Lahnstein melden, dass zumindest der US-Geheimdienst CIA die Bedeutung von HARPOON anerkenne.

Durch die Verzögerung der Unterschriften unter den HARPOON-Entwicklungsvertrag war die AEG-Telefunken AG zunehmend in Zahlungsschwierigkeiten geraten und musste im August 1982 ein Erlassvergleichsverfahren beantragen, also Gläubiger um den Erlass fälliger Zahlungen bitten. AEG-Telefunken sagte den Geheimdiensten dennoch die Fertigstellung und Wartung des HARPOON-Systems zu und warb um das Vertrauen der Kunden. Der BND leitete den Partnerdiensten die Nachricht des HARPOON-Herstellers über die für das Funksystem zuständige Bundesstelle für Fernmeldestatistik in Gauting weiter. Die BND-Bundesstelle und die Geheimdienste der USA (Hortensie), Großbritanniens (MI5/Farn) und der Niederlande (Koriander) koordinierten in einer Arbeitsgruppe des ACC die Entwicklung und Anschaffung des Harpoon-Systems und bemühten sich, dass AEG-Telefunken das Projekt doch noch auf den Weg bringen konnte.[774] Denn im Jahr 1985 stand Harpoon unter dem Namen FS-5000 bereits kurz vor der Einsatzreife. Nachdem die NATO-Führung ab Ende 1980 mehr Evasion & Escape-Kapazitäten zur Rettung abgeschossener Piloten gefordert hatte, konnten die Angriffe des Wehrressorts gegen Stay Behind offenbar weniger Wirkung entfalten. Die Bundesregierung sah es schließlich als notwendig an, die BND-Schattenkrieger mit moderner Funktechnik auszustatten, damit diese an der Bergung von Flugzeugbesatzungen im Kriegsfall mitwirken konnten. Durch die Verzögerungen hatte sich das Harpoon-System aber um 30 Prozent verteuert: Für 130 Millionen DM bestellten die ACC-Partner schließlich 854 Funkgeräte. Der BND sagte die Abnahme von 138 Stück statt der geplanten 250 Geräte zu – Kostenpunkt: 25 Millionen DM.[775] Erst ab dem Jahr 1990, nach dem Ende des Kalten Krieges, erhielten die Stay-Behind-Organisationen das neue Agentenfunksystem – eine teure Fehlanschaffung, weil die Gefahr einer Einnahme Westeuropas durch die Sowjetarmee gebannt war. Die Bundeswehr wurde schließlich doch noch Abnehmerin des Agentenfunkgerätes. Zwar erhielten die Fernspäheinheiten das FS-5000, doch bereits 1998 wurde Harpoon durch eine modernere Funkausstattung ersetzt.

Die letzten Jahre: 1987–1990

Im Frühjahr 1987 brachte ein Dienstwagen den BND-Mitarbeiter Norbert Juretzko vom Camp Nikolaus, der BND-Zentrale in Pullach, zu seinem neuen Arbeitsplatz nach Schwabing. Am Bonner Platz hatte das für die operative Aufklärung der DDR zuständige Referat 12 C (DDR-Süd Streitkräfte) zwei Etagen gemietet. Das graue Bürogebäude in der Karl-Theodor-Straße 55 trug den Decknamen Sattelhof und beherbergte auch die Führungsstelle der Stay-Behind-Organisation, die nun Referat 12 CC hieß.[776] Davor war die Führungsstelle der SBO in zwei Bürogebäuden im Münchener Stadtteil Sendling am Harras untergebracht.[777]

Der BND hatte es geschafft, seine Stay-Behind-Organisation, die seit 1969 immer wieder auf der Kippe gestanden hatte, über die Regierungswechsel von Schwarz-Gelb zu Rot-Gelb und zurück zu Schwarz-Gelb hinweg zu erhalten, allerdings auf niedrigem Niveau. Die von der NATO geforderten Evasion & Escape-Fähigkeiten, zu denen die Stay-Behind-Hauptamtlichen und ihre Quellen beitragen konnten, hatten den Erhalt der Schattentruppe sicher begünstigt. Die SBO war Ende der 1980er Jahre mit 26 hauptamtlichen Mitarbeitern und 104 V-Leuten kleiner als vergleichbare Organisationen in den westlicher gelegenen NATO-Partnerländern.[778] Also musste improvisiert werden. Anbahner wie Juretzko, die unter der Legende des Meinungsforschungsinstituts Avacon potentielle SBO-Quellen ausforschen und dann anwerben sollten, fungierten ab 1986 auch als Verbindungsführer – eine Konstruktion, die der BND in früheren Jahren wegen der als hoch einzuschätzenden Gefahr der Enttarnung nicht eingegangen wäre.[779] Juretzko schildert in seinem Buch »Bedingt dienstbereit« das mühsame Geschäft der Quellenwerbung. Die Kandidaten mussten in Berufen tätig sein, die sie als unabkömmlich an ihrem Dienstort auch in Kriegszeiten erscheinen ließen: »Männer, die im Verteidigungsfall nicht eingezogen worden sind, erregen zunächst den Verdacht des Besatzers.« Gewünscht waren Beschäftigte von lebenswichtigen Versorgungseinrichtungen, die auch für die Besatzer als Mitarbeiter interessant waren und z. B. in Elektrizitätswerken »Sabotagemöglichkeiten erkunden« konnten. Ferner mussten die SBO-Kandidaten nicht nur staatsloyal sein, sondern sie sollten sich auch im Besatzungsfall, also »unter Belastung unserem Staat gegenüber loyal verhalten«. Die in der Regel über 40-Jährigen sollten ortskundig und gesundheitlich so robust sein, »dass sie noch für 10 bis 15 Jahre, trotz Mehrbelastungen, körperlich und seelisch im normalen Umfang leistungsfähig und widerstandsfähig« blieben. Außerdem sollte ihr Bildungsstand ihnen erlauben, »den Inhalt und den Sinn des an sie herangetragenen Auftrages zu erfassen, eine Schulung erfolgreich zu durchlaufen, bewusst zu sehen, Aufklärungsgespräche zu führen und im gesteckten Rahmen selbständig zu handeln«.[780]

Potentielle V-Leute wurden von der SBO lokalisiert und dann in mehreren legendierten Kontaktgesprächen auf ihre Haltung zum Staat sowie ihre psychische und physische Belastbarkeit geprüft. Bedingung für eine Tätigkeit als Funkquelle war ein freistehendes Wohnhaus, von dem aus ein weitgehend störungsfreier Funkverkehr möglich sein sollte. Es durften also keine größeren Gebäude in der Nähe sein, die den Funk beeinträchtigen konnten. Dazu nahm der BND heimlich Messungen in der Nähe des Wohnhauses vor, bevor der Kandidat überhaupt angesprochen wurde. War der Anwärter geworben, musste eine als Wäscheleine getarnte Funkantenne auf dem Dachboden installiert und ein Versteck für die Funkausrüstung im Haus eingerichtet werden. Neben diesem »Nahversteck« gab es ein weiteres »Fernversteck« für Funkgerät und Funkschlüssel im Wald. Die Quellen mussten den Umgang mit dem Agentenfunk lernen und wurden im Anlegen von Arbeits- und Dauerverstecken (AV und DV) für Ausrüstungsgegenstände geschult. Sie bekamen Treff- und Ablageorte für Nachrichten (NTR und AO) zugewiesen und lernten, bei Nacht Flugzeuge zu Absetzzonen (ASZ) zu dirigieren, wo SBO-Mitarbeiter oder Ausrüstungsgegenstände abgesetzt wurden.[781]

Die BND-Akten zeigen, wie die Ausbildung frisch geworbener Schattenkrieger ablief. So wurde bei der Übung FUCHS UND IGEL der Ausfall des Agentenfunkgerätes unter Besatzungsbedingungen geübt. Die Agenten mussten über tote Briefkästen (SBO-Jargon: »Ablageorte«, AO) unauffällig mit ihrem Verbindungsführer (VF) Kontakt aufnehmen und ihre Meldungen hinterlegen, die der VF dann per Funk zur SBO-Zentrale im nichtbesetzten Ausland weitergab. Bei der Schulungsübung AU BACKE übte ein auf einem Bauernhof lebendes Ehepaar, mittels einer vereinbarten Markierung (»Zinken«), Kontaktbereitschaft mit dem Verbindungsführer zu signalisieren, um dann mit verschlüsselter Kommunikation eine Luftlandeoperation vorzubereiten. Die Eheleute S. mussten zuvor ihre Verschlüsselungsunterlagen aus einem Dauerversteck (DV) bergen. Doch schon das Treffen mit Verbindungsführer GEIGY bereitete den Agenten Schwierigkeiten. Während der Ehemann das »nachrichtendienstliche Gut«, eine Essensmarke, unauffällig nach der Beschreibung des Verstecks durch GEIGY aus dem Versteck holte, »indem S. sich dort einen Schuh zubindet«, erschien die Ehefrau zu früh am Treffort und stand obendrein noch auf der falschen Straßenseite, wie GEIGY kritisch notierte. Frau S. war nach der Übung über ihren Fehler fassungslos, doch »während des Abendessens entkrampfte sie sich erst langsam«, stellte der Verbindungsführer fest. Beiden Eheleuten habe die Übung Spaß gemacht; der Übungszweck sei erreicht worden.[782]

Juretzko ist überzeugt, dass die Stay-Behind-Organisation im Verteidigungsfall nicht einsatzbereit gewesen wäre, weil die Staatssicherheit der DDR die meisten Hauptamtlichen und ihre Quellen gekannt habe. Er beklagt, dass die SBO, trotz der vermuteten Enttarnung, nach Ende des Kalten Krieges die acht von ihm geworbenen V-Leute als »Beschaffungshelfer« für den BND erneut aktivierte und damit in Gefahr brachte, von östlichen Geheimdiensten ins Visier genommen zu werden.[783]

Stay Behind im Visier östlicher Geheimdienste
Identifizierung von SBO-Agenten durch das MfS

Am 3. August 1984 meldete Generalmajor Horst Männchen, Leiter der Hauptabteilung III/Funkaufklärung und Funkabwehr, der Spitze des Ministeriums für Staatssicherheit (MfS) eine spektakuläre Entdeckung. Der Bundesnachrichtendienst verfüge auf dem Gebiet der Bundesrepublik über zahlreiche »Überrollquellen«, die der BND selbst als »Stay Behind« bezeichne. Die Agenten seien mit modernster Agentenfunktechnik ausgestattete Zivilisten, an ihren Wohnorten »langjährig ansässig und detailliert ortskundig«, und würden im Umkreis von ca. 40 Kilometern um ihren Wohnsitz herum Geheimdienstaufträge ausführen.[784] Im Falle der Besetzung Westdeutschlands würden diese Agenten Informationen über die Besatzungstruppen sammeln und weiterleiten sowie Luftlandeoperationen der westlichen Streitkräfte hinter den feindlichen Linien unterstützen: »Aufgabenstruktur der Überrollagenten des BND: [...] Feststellen aller Truppenbewegungen im Verantwortungsbereich [...], Registrierung und Weitermeldung von Stimmungen und Meinungen unter der Bevölkerung [...], Realisierung von Vorbereitungshandlungen für Luftlandeoperationen von Einzelpersonen und kleineren Gruppen hinter den feindlichen Linien [...], Realisierung von Sabotagehandlungen im feindlichen Hinterland [...], Sicherstellung der Verbindungen, im wesentlichen der Funkverbindungen, zum BND.«[785] Es gäbe »eine Konzentration der Einsatzräume dieser feindlichen Kräfte in doppelter Staffelung auf ein ca. 150 km breites Territorium entlang der Staatsgrenzen der BRD zur DDR und der ČSSR.«[786] Ohne dass der BND es ahnte, war der potentielle Kriegsgegner der geheimsten NATO-Truppe auf der Spur.[787]

Erste Hinweise auf Stay-Behind-Funker erhielt das MfS bereits einige Jahre zuvor, als es im Oktober 1979 Informationen über die jährliche NATO-Alarmübung Active Edge und die Bundeswehr-Alarmübung Bunter Faden sammelte, die am 22. bzw. 24. Oktober 1979 begonnen hatten. Die Münchener Funkzentrale des BND hatte, so bemerkten die Stasilauscher, am 14. Oktober 1979 ihre Aktivität plötzlich eingestellt. Fünf Tage später wurde der Agentenfunk vom linksrheinischen Monschau aus wieder aufgenommen. Zehn Agenten hätten daraufhin »mit vollautomatischen Schnellgebern« verschlüsselte Sprüche nach Monschau gesandt.[788]

»Wir haben 1979 gemerkt, dass beim BND ein neues Funknetz in Betrieb ging«, bestätigte Horst Männchen später in einem Interview: »Dass man das sogenannten Überrollagenten, wie wir sie genannt haben, zuordnen muss, haben wir zu dem Zeitpunkt natürlich noch nicht gewusst.«[789] Die DDR-Funkabwehr war unverhofft auf das Manöver WIDERHAKEN I der Stay-Behind-Organisation gestoßen, das vom 19. bis 22. Oktober 1979 stattfand und in den BND-Akten dokumentiert ist. Das BND-Szenario ging von einer fast vollständigen Besetzung der Bundesrepublik durch die Warschauer-Pakt-Truppen aus. Die Stay-Behind-Funkzentrale (FüSt 57 C) wurde unter Kriegsbedingungen von München aus ins linksrheinische Monschau verlegt. Dabei stellte die SBO-Führung fest, dass mit dem vorhandenen Personal der Agentenfunkbetrieb nur vier Tage lang aufrechterhalten werde konnte; es fehlte an Kfz-, Fernmelde- und Stromerzeugungsmechanikern.[790] In Monschau – dem BND-Objekt TALSPERRE, nach außen als Bundesstelle für Fernmeldestatistik, Prüfstelle getarnt – befand sich die Abhörstation für den ausländischen Botschaftsfunk in Bonn.[791] Noch kannte das MfS die BND-Partisanentruppe nicht. Die Stasiauswerter notierten: »Es wurde deutlich, dass Kräfte des BND-Anteils im militärischen Bereich sowie für besondere militärische Aktionen verantwortliche Bereiche des Bundesnachrichtendienstes in die Manöverhandlungen einbezogen waren.«

Auch zwei Jahre später, vom 23. bis 25. Oktober 1981, registrierte die HA III erneut am Rande der NATO-Herbstmanöver eine mehrtägige Übung des BND unter Kriegsbedingungen, bei der es wieder um die »Verlagerung der Sendestelle nach Monschau« ging.[792] Die MfS-Lauscher horchten den Funkverkehr während der SBO-Übung WIDERHAKEN II ab, die erneut als erfolgreiches Manöver gewertet wurde. Stabsangehörige, Verbindungsführer und Quellen der SBO-Abteilung 17 CC hätten bei der raschen Verlegung der Funkleitstelle über mehrere hundert Kilometer »Einsatzwillen« gezeigt.[793] Das MfS vermerkte, dass die BND-Quellen im »besetzten Gebiet« auch bei Ausfall der Funkleitstelle ihre Meldungen absetzen konnten. Die DDR-Staatssicherheit kannte auch das BND-Ausweichquartier EC 11 in Manzanares/Spanien und wusste um die hohe Reichweite der Agentenfunkgeräte von 1500 Kilometer.[794]

Laut der »geheimen Verschluß-Sache« Männchens von 1984 hatte die MfS-Funkaufklärung 1979 ein separates Kurzwellenfunknetz des BND identifiziert, das offenbar bereits seit 1966 bestand.[795] In diesem Jahr waren die vier Feldnachrichtenkommandos der Stay-Behind-Organisation aufgestellt worden, was vom MfS damals wohl aufgrund eines veränderten Funkverhaltens registriert worden war, aber noch nicht der SBO zugeordnet werden konnte. 1966 verfügte die SBO außerdem über 116 V-Männer (Quellen) und 17 Verbindungsführer auf dem Gebiet der Bundesrepublik. Es dauerte weitere Jahre, bis das MfS die chiffrierten einseitigen Funksprüche der SBO-Zentrale an ihre Verbindungsleute entschlüsseln konnte und Einblicke in Aufbau und Aktivitäten von Stay Behind bekam.[796]

Lauscher und Spione

1971 hatte das neu gegründete BND-Referat I G 3 die Aufgaben der aufgelösten Feldnachrichtenkommandos übernommen, also die militärische Komponente der Stay-Behind-Organisation. I G 3 war für Maßnahmen für den Krisen- und Verteidigungsfall zuständig. Ab dem 30.6.1975 war der Abteilung außerdem die Lehr- und Ausbildungsgruppe für das Fernspähwesen (LAFBw) unterstellt, die 1979 schließlich nach einem Streit zwischen Bundeswehrführung und BND aufgelöst wurde. Im Referat I G 3 war seit 1974 Heidrun Hofer als Büroangestellte bei Kapitän zur See Meißner tätig. Die BND-Außenstelle in der Elsenheimer Straße in München firmierte als Zentralstelle für Verkehrsgeografie der Bundeswehr und trug den BND-Decknamen Forum.[797] Hofer war seit ihrem 23. Lebensjahr BND-Mitarbeiterin und 1969 als 36-jährige Sekretärin in der BND-Außenstelle in Paris/St. Cloud vom sowjetischen Geheimdienst KGB unter falscher Legende als Agentin (Deckname Rosie) angeworben worden. Andere Quellen nennen die Jahre 1971 oder 1973 als Anwerbedaten.[798] Die vom Elternhaus her deutschnational bis rechtsradikal geprägte Hofer hatte geglaubt, sie arbeite für die Altnazi-Organisation Überlebensträger und verriet ihrem Liebhaber Hans Puschke und weiteren Angehörigen des vermeintlich neonazistischen Netzwerkes BND-Interna. Die Sowjets mussten also seit 1974 über »Verteidigungsvorbereitungen« des BND, also auch über die Struktur und Legendierung der BND-Partisanen informiert gewesen sein. Im Dezember 1976 wurde Heidrun Hofer auf dem Weg zu ihrem Führungsoffizier an der deutsch-österreichischen Grenze verhaftet. Nach einem Selbstmordversuch der Gefangenen kam es aufgrund ihrer lang dauernden Erkrankung nie zu einer Anklage.[799]

1976 wurde der philippinischen Botschaft in Thailand ein Dokument zugespielt, das zwei Jahre später, 1978, in verschiedenen Medien wie der spanischen Zeitung *El País* zitiert wurde. Das U.S. Army Field Manual

30-31B legte nahe, dass der US-Geheimdienst kommunistische Gruppen unterwandern und zu Attentaten verleiten würde, um der Bevölkerung staatsgefährdende kommunistische Gefahr zu suggerieren, die bekämpft werden müsse.[800]

Das Dokument wurde von den US-Behörden unverzüglich als Fälschung des KGB bezeichnet. Interessant ist der Zeitpunkt, zu dem es von den Sowjets lanciert wurde. Damals waren der Öffentlichkeit Begriffe wie Stay Behind und GLADIO noch nicht geläufig, doch es gab bereits Hinweise auf neofaschistische Hintermänner des Bombenanschlags auf die Landwirtschaftsbank in Florenz vom November 1969. Die MfS-Hauptabteilung XXII/Terrorabwehr verdächtigte die neofaschistische Organisation Ordine Nuovo schon im April 1979 terroristischer Aktionen unter falscher Flagge: »So ist im wesentlichen ein Anstieg terroristischer Handlungen dann zu verzeichnen, wenn die IKP [Kommunistische Partei Italiens] politisch an Boden gewinnt und bei bevorstehenden Wahlen ihre Beteiligung an einer neuen italienischen Regierung möglich werden könnte. […] In vielen Fällen versuchen diese Terrororganisationen ihre eigene politische Stellung […] gezielt zu verschleiern, so daß eine eindeutige Zuordnung zum Links- bzw. Rechtsextremismus nicht in jedem Fall möglich ist.«[801]

Hatten MfS und KGB also Hinweise auf eine »Strategie der Spannung«, die sich erst Jahre später als das Konzept von GLADIO zum Anheizen innenpolitischer Konflikte in Italien erweisen sollte? Sie ließen sich aber nicht eindeutig beweisen.

Ein US-Dokument aus dem Jahr 1962 gibt Hinweise darauf, dass tödliche Operationen unter falscher Flagge auch von amerikanischen Militärs angedacht worden waren. Das Memorandum des Vereinigten Generalstabs des Pentagon (Joint Chiefs of Staff) vom 13. März 1962 trägt den Titel »Justification for U.S. Military Intervention in Cuba«. Darin wird dem damaligen US-Verteidigungsminister Robert McNamara vorgeschlagen, Anschläge auf die US-Basis Guantanamo Bay auf Kuba vorzutäuschen, vermeintliche Todesopfer zu beerdigen, um den Anschlag Fidel Castro in die Schuhe schieben zu können und einen Grund für einen Angriff auf das kommunistische Kuba zu haben. Das Dokument zur Operation NORTHWOODS wurde allerdings erst 1997 freigegeben.[802]

Diese Strategie der Spannung bildete das Muster, nach dem in Italien später Rechtsextreme im Auftrag des Geheimdienstes Mordanschläge verübten, die den Roten Brigaden in die Schuhe geschoben wurden.

Geknackte Chiffriercodes

Dem MfS gelang es 1976, im Jahr der Veröffentlichung des »Field Manual«, in das Chiffresystem der Stay-Behind-Organisation einzudringen. Der westdeutsche Nachrichtendienst habe, so MfS-General Männchen, zwei Agenten dieselben Chiffreunterlagen zur Verfügung gestellt. Dadurch sei das MfS in der Lage gewesen, die von der Stay-Behind-Führung an ihre Verbindungsmänner abgesetzten Funksprüche abzugleichen und zu entschlüsseln. »Dort wurde klar: Es muss sich um aktive Kriegsvorbereitungen handeln, um menschliche Positionen innerhalb der BRD, die die Aufgabe hatten, sich in einem Kriegsfall überrollen zu lassen«, erläuterte der mittlerweile verstorbene Horst Männchen in einem Interview 2002.[803]

Bis zur Änderung des Chiffriersystems im August 1987 konnte die Stasi also mitlauschen, wenn Pullach Anweisungen an seine Agenten schickte.[804] Die HA III stellte fest, dass der BND wöchentlich rund 30 Funksprüche an seine SBO-Agenten schickte. Das MfS dechiffrierte im Zeitraum von elf Jahren 730 der 4000 nachrichtendienstlich relevanten Funksprüche des »internen Blindfunkdienstes« aus der SBO-Zentrale.[805] So konnte das MfS 29 SBO-Gruppen als Empfänger der BND-Funksprüche identifizieren; danach setzte der BND offenbar neue Chiffreunterlagen ein.[806]

Die Entschlüsselung der Antwortsprüche der Agenten gelang dem MfS aber offenbar nicht. Die DDR-Funkaufklärung wusste, dass die Stay-Behind-Quellen mit einem vom BND als IDA-Speichergerät bezeichneten Kurzsignalgeber (KSG) antwortete – einem speziell für den Geheimdienst in den 1970er Jahren entwickelten Funkgerät, das die verschlüsselte Funkmeldung des Agenten komprimiert in weniger als 2,5 Sekunden nach Pullach schicken konnte und das SBO-intern FSS 20 genannt wurde. Dadurch wurden die Ortung des Funkgeräts und die des Agenten erschwert.

Da jedoch in den verschlüsselten Funksprüchen aus Pullach Einsatzräume der Agentengruppen genannt wurden, kreiste das MfS neun Stay-Behind-Teams mit besonders großen Funkaktivitäten näher ein. Es gab demnach SBO-Übungen vorwiegend in Bayern und Baden-Württemberg; so im Raum zwischen Würzburg und Crailsheim, im Raum Kirchheim, Wertheim, Regensburg, Burghausen, Mosbach/Heilbronn, außerdem in Niedersachsen in der Gegend um Sulingen und Lüneburg sowie in der Nähe von Königstein in Hessen.[807] Insgesamt konnte das MfS im Jahr 1984 54 Orte feststellen, von denen aus Überrollagenten gefunkt hatten, von Emden in Ostfriesland bis Mittenwald an der deutsch-österreichischen Grenze.[808] Das MfS ging 1984 aufgrund von »BND-internen

Unterlagen« von rund 80 Überrollagenten aus, die regelmäßigen Kontakt mit der SBO-Führung hatten. Damit kamen die Funkaufklärer der Staatssicherheit der tatsächlichen Zahl der Verbindungsleute recht nahe: 1980 verfügte die SBO über 84, Ende 1981 über 91 und Ende 1990 über 104 Überrollagenten.[809]

Durch die Funksprüche wusste das MfS, dass die Agenten häufig von ihren Verbindungsführern besucht wurden, die die Agenten vor Ort ausbildeten. Die Agententeams waren nach MfS-Erkenntnissen oft Ehepaare, die »im Einsatzraum langjährig ansässig und detailliert ortskundig« waren, sich »auch unter Besatzung frei bewegen« konnten und zusammen mit ein oder mehreren Helfern Agentengruppen bildeten.[810] Sie übten das Bergen von versteckten Funkgeräten, den Umgang mit toten Briefkästen und das Schleusen von Personen durch feindbesetztes Gebiet. Das MfS wusste, dass Stay Behind auch die Beobachtung strategisch wichtiger Einrichtungen trainierte.[811]

1988 erfuhr die Staatssicherheit, dass der BND im Kriegsfall im Einsatzgebiet »Aktionstrupps« einsetzen würde, die von den Verbindungsleuten unterstützt wurden. Hierbei handelt es sich um die hauptamtlichen SBO-Mitarbeiter, die mit Fallschirmen im besetzten Gebiet abgesetzt werden sollten, um gemeinsam mit den Quellen Sabotageakte oder Schleusungen im Feindgebiet durchzuführen.[812] Die MfS-Erkenntnis verwundert, war doch die SBO-Kommandotruppe LAFBw bereits 1979 offiziell aufgelöst worden.

Die SBO-Kandidaten »waren Leute mit einer sehr sauberen Einstellung zur BRD«, hatte Generalmajor Männchen erfahren: »Patrioten, die bereit waren, sich für ihr Vaterland BRD aufzuopfern, denn sie mussten ja mit Entdeckung rechnen, und da gibt es nach der Militärgesetzgebung nur eins: erschießen.«[813] 1984 hatte das MfS aufgrund der besonders hohen Funkaktivitäten bereits vier SBO-Verbindungsleute eingekreist: einen Funker im Raum Uchte (Niedersachsen) und drei in Baden-Württemberg: in Altheim, Merklingen–Scharenstetten und im Raum Fahrenbach–Mudau–Limbach.[814]

»Danke für die gute Schmetterlingsaufnahme«: Identifizierte SBO-Agenten

Vier Jahre später konnte MfS-Auswerter Frohnert (Hauptabteilung III/12) SBO-Agenten an neun Standorten lokalisieren und teilweise identifizieren.[815] So hatte die SBO-Führung dem Agentenpaar, das die Stasi als

»Gruppe 1« bezeichnete und das im Raum zwischen Würzburg und Crailsheim operierte, in den Jahren 1982 bis 1987 immer wieder Geburtstagsglückwünsche geschickt: dem Ehemann im Zeitraum 12. bis 14. Dezember und der Ehefrau im Zeitraum 26. bis 29. September.[816]

Das MfS hatte Zugang zu den westdeutschen Einwohnermelderegistern und konnte so die Geburtsdaten des Agentenpaares mit den Meldedaten abgleichen.[817] Da die Akten der Stasi-Unterlagenbehörde teilweise geschwärzt sind, kann die Identität der vom MfS erkannten Personen nicht überprüft werden. Als Wohnort des Agentenpaares stellte das MfS die Umgebung der Stadt Crailsheim fest, »in der Nähe eines Wildparks«. Die Agenten übten fleißig für den Ernstfall: Im Juni 1984 mussten die Eheleute Daten zur Beschaffenheit eines Wasserturms in Herbsthausen über einen toten Briefkasten übermitteln und Material in ein Versteck bringen; im Juni sollten sie die Schleusung von Personen vorbereiten. Im Dezember 1985 erhielten sie einen neuen Sender, der in einem Depot im Dorf Herrentierbach versteckt war. Im Januar/Februar 1986 übte das Ehepaar schließlich das »Weiterhelfen«, also die Schleusung von Personen durch feindbesetztes Gebiet entlang der Straße nach Eiersheim.[818]

Ein Agentenpaar, das das MfS als »Gruppe 2« erfasst hatte, fiel durch einen einmaligen Funkspruch der SBO-Zentrale auf. Die Ehefrau dieses Verbindungsmannes im Raum Kirchheim/Schwäbisch Gmünd/Laichlingen wurde von der SBO-Führung im März 1977 versehentlich mit Klarnamen angesprochen: »Liebe Frau [Schwärzung]! Dank für die gute Schmetterlingsaufnahme. Hoffe, auch Sie bald zu sehen. Freundlichen Gruß.« Die entschlüsselte Nachricht, notierte MfS-Oberstleutnant Stock von der Abteilung F/2, sei von 800 abgefangenen Funksprüchen der Zentrale die einzige mit Namensansprache. Mit der »Schmetterlingsaufnahme«, so Stock, sei eine Postkarte gemeint, die das Agentenpaar postlagernd an das Postamt München 21/Laim geschickt hatte, eine Deckanschrift der Stay-Behind-Organisation.

Dem MfS gelang es, den Wohnort der Stay-Behind-Verbindungsleute festzustellen: Sie lebten an der Bundesstraße 297, zwischen Kirchheim und Lorch; ihr Funkversteck war ganz in der Nähe. Das hatte das MfS durch einen Funkspruch vom 26. Juni 1980 erfahren: »Bergen Sie Sender Wohnort B 297 Nordost bis Wegabzweig bei km 1,6 Waldpfad bergauf. Etwa 70 Meter bis links Fichte mit 2 Kerben, 2 Meter dahinter.«[819] Ferner wusste die MfS-Funkaufklärung über den SBO-Agenten der »Gruppe 2«, dass er Ende November, Anfang Dezember geboren war (seine Ehefrau zwischen 6. und 13. Oktober) und dass er in einer Zahnradfabrik in

Schwäbisch Gmünd arbeitete, in der ein Kollege mit Decknamen ZAHN tätig war, offenbar auch ein Stay-Behind-Helfer. Beide sollten im Rahmen einer SBO-Übung den Umfang der Zahnrad-Produktion und die Stärke der Belegschaft ermitteln und an den BND melden. Im Mai 1983, wusste die Stasi, musste der V-Mann im Rahmen einer Übung ein im Wald verstecktes Funkgerät bergen, 1984 ein Umspannwerk ausspähen (»beste Annäherungs- und Eindringmöglichkeit«) und sogar einen Staatsanwalt überwachen. Der Jurist, der möglicherweise in Tübingen wohnte, genoss Personenschutz und sollte unbemerkt zu Hause und auf dem Weg zur Arbeit beobachtet werden. Es sollten die »beste Annäherungsmöglichkeit« an die Privatwohnung des Staatsanwalts und die Bewachung durch den Personenschutz ausgekundschaftet werden.[820]

Eine dreiköpfige Stay-Behind-»Gruppe 4« im Raum Altheim, ein Ehepaar mitsamt Helfer, übte 1976 die Bergung eines Senders und eines Kunststoffcontainers, führte im Mai 1978 eine Luftlandeoperation durch und schleuste im Juli 1978 vier Behälter unter Kriegsbedingungen von Zellingen nach Wertheim. Im Mai 1982 waren die Altheimer SBO-Agenten erneut an einer Luftoperation beteiligt, bei der zwei Franzosen und Material abgesetzt wurden. Im Juni 1982 schleusten sie eine Person weiter, um in einer Nachtübung im Juni 1983 schließlich erneut einen »Klienten« samt Fracht aus der Luft zu übernehmen.[821]

Allein für den Zeitraum von 1987 bis 1989 bekam die HA III so dreizehn Übungen der Stay-Behind-Organisation mit und konnte entsprechende Schlüsse zu den Stay-Behind-Operationen im Kriegsfall ziehen.[822] Die MfS-Lauscher trugen Details wie die Lampenschemata bei Luftschleusungen und die genauen Formulierungen für Meldungen über die Anflugwinkel der Flugzeuge zusammen. Am Ende waren ihre Erkenntnisse fast so präzise wie die in den geheimen Dienstanweisungen der SBO beschriebenen Abläufe und Sprachregelungen.[823]

Nachdem die Funkaufklärung ein genaues Bild von den Agentengruppen der SBO gewonnen hatte, wurden MfS-Mitarbeiter in der Bundesrepublik aktiv, um die Stay-Behind-V-Leute näher auszukundschaften. In den »operativen Personenkontrollen« mit den Decknamen KOLONNE und JAGD sammelte die Hauptabteilung II mit Hilfe von inoffiziellen Mitarbeitern in der Bundesrepublik Erkenntnisse zu 46 Personen, die die Staatssicherheit als Überrollagenten verdächtigte. Sogar Fotos der Häuser der mutmaßlichen SBO-Männer finden sich in den MfS-Akten. In keinem der Fälle gelang allerdings eine eindeutige Identifizierung als Stay-Behind-Quelle.[824]

Das MfS protokollierte die Umstellung der SBO auf eine »schnellautomatische Geberapparatur« bei den Funkmeldungen ab 1984 und registrierte im April 1989 die Vorbereitungen für die Einführung des neuen Funkgerätes vom Typ HARPOON.[825]

Enttarnte Partisanen: Lebensgefahr im Falle eines sowjetischen Einmarschs

Bis zum Ende der DDR wurden die Stay-Behind-V-Männer nicht deaktiviert, obwohl der BND nach dem Verratsfall Heidrun Hofer von ihrer möglichen Entdeckung ausgehen musste.[826] Was den Agenten im Falle eines sowjetischen Einmarsches drohte, hatte Männchen am 3. August 1984 dem stellvertretenden Minister für Staatssicherheit, Gerhard Neiber, unmissverständlich mitgeteilt: »Die Identifizierung der Überrollagenten bzw. die weitestgehende Eingrenzung ihres territorialen Wirkungsbereiches bereits in Friedenszeiten stellt die Voraussetzung für die schnelle und erfolgreiche Vernichtung dieser gefährlichen gegnerischen Potenzen in einem möglichen militärischen Konflikt dar.«[827]

Es ist anzunehmen, dass die DDR-Staatssicherheit mit ihrer Ankündigung ernst gemacht hätte, im Falle der Besetzung der Bundesrepublik die SBO-Überrollagenten aufzuspüren und auszuschalten, also als Nicht-Kombattanten zu töten. Ob und wie der BND nach der Wende seine V-Männer über die mögliche Entdeckung durch die DDR-Funkaufklärung unterrichtete, kann anhand der vorliegenden Akten nicht geklärt werden. Die wenigen ehemaligen SBO-Mitarbeiter, die die Autoren dieses Buches sprechen konnten, äußerten die wenig glaubhafte Überzeugung, dass die Stay-Behind-Mitarbeiter nicht von der Gegenseite identifiziert wurden – trotz der heute bekannten MfS-Akten und trotz der Schilderung Norbert Juretzkos in seinem Buch »Bedingt dienstbereit«. Juretzko schildert dort die Entdeckung der getarnten SBO-Dienststelle am Bonner Platz in München durch den ostdeutschen Nachrichtendienst, dem es offenbar gelang, die Stay-Behind-Mitarbeiter in ihren Büros zu fotografieren.[828] Die Akten des MfS sind als Quelle deshalb so interessant, weil sie ein anderes Bild von der SBO zeichnen, als es sich aus den BND-Papieren ergibt. Der DDR-Geheimdienst füllte zudem mehrere Aktenbände zu einem weiteren Themenkomplex, der in den bisher freigegebenen BND- und Verfassungsschutzakten fast völlig fehlt. Das MfS untersuchte die Rolle der Wehrsportgruppe Hoffmann sowie anderer, rechtsextremer Gruppen im Zusammenhang mit dem Oktoberfestattentat und stellte sich die Frage, inwieweit rechter Terror in Westeuropa staatlich geduldet oder gelenkt gewesen sein könnte. Die Frage nach einer möglichen Verbindung zwischen westeuropäischen Stay-Behind-Organisationen und von Links- oder Rechtsextremisten verübten Terrorakten in mehreren NATO-Staaten tauchte in den Medien erst Jahre später auf – nach der Enttarnung von Gladio im Spätherbst 1990.

Stay-Behind-Kampf im Innern?

Das Rätsel der Oktoberfestbombe

Die Bombe, die am Freitag, dem 26. September 1980 13 Menschen in den Tod riss und über 200 Personen teilweise schwer verletzte, explodierte in einem zylinderförmigen Abfalldrahtkorb am Haupteingang des Münchener Oktoberfestes um 22:19 Uhr. Der Zeitpunkt kurz vor der Sperrstunde war geeignet, möglichst viele Menschen zu töten. Ab 22:00 Uhr wurde auf der Wiesn kein Bier mehr ausgeschenkt, und um 23:00 Uhr schlossen die Festzelte. Es war das letzte Oktoberfestwochenende, an dem traditionsgemäß die meisten Besucher zu verzeichnen waren.

Der Anschlag war zweifelsfrei das Werk eines oder mehrerer Rechtsextremisten. Während in den Jahren nach dem Oktoberfestattentat die Spekulationen um die Frage kreisten, ob der Attentäter Gundolf Köhler allein oder im Verbund mit Helfern gehandelt hatte, veränderte sich die Debatte um den bis dahin größten Bombenanschlag in der bundesdeutschen Geschichte schlagartig im Herbst 1990. Die Entdeckung der Gladio-Organisation in Italien machte deutlich, dass Personen innerhalb des Staatsapparates dort willens waren, mit Mordanschlägen gegen unschuldige Bürger ein Klima der Angst zu schaffen, das einen Rechtsruck der Gesellschaft bewirken sollte. Nachdem die vom Europaparlament geforderte Aufklärung der Stay-Behind-Strukturen in Deutschland ausgeblieben war, rückte das noch immer nicht zufriedenstellend aufgeklärte Oktoberfestattentat in den Fokus der Spekulationen: Was, wenn es auch in Deutschland eine Gruppe von Verschwörern im Staatsapparat gäbe, die vor Morden zu politischen Zwecken nicht zurückschreckten? Hauptargumente für diese Vermutungen waren die zeitliche Nähe der beiden Anschläge von Bologna und München im Sommer und Herbst 1980 und die wahrscheinliche Zusammenarbeit italienischer und deutscher Rechtsextremisten. Das Schweigen der Bundesregierung tat ein Übriges.

Doch es gibt bis heute keine belastbaren Belege für eine Verbindung zwischen der Stay-Behind-Organisation und den Attentätern von München. Der BND schweigt bis heute zur Zusammenarbeit mit Gladio, seiner italienischen Partnerorganisation für die verdeckte Kriegsführung, die mit den Mordanschlägen in Italien in Zusammenhang gebracht werden kann. Werner Dietrich, der Anwalt mehrerer Opfer des Oktoberfestattentats, musste über 30 Jahre um die Herausgabe der polizeilichen Spurenakten zum Anschlag kämpfen. Dort fand er Hinweise auf rechtsextreme Gruppen, die in der öffentlichen Debatte über das Wiesnattentat bislang kaum beachtet worden waren. Wie 1990 wird nun wieder intensiv über mögliche Hintermänner des Mordanschlags von München diskutiert. Der Generalbundesanwalt hat die Ermittlungen nach drei Jahrzehnten wieder aufgenommen. Auch wenn dieses Buch das Rätsel des Oktoberfestattentats nicht lösen kann, so sollen doch die Sachverhalte und strukturellen Zusammenhänge dargestellt werden, die punktuell an Strukturen und Vorgehensweisen erinnern, die wir in den vorhergehenden Kapiteln dargestellt haben.

Zurück zum 26. September 1980: Zeugen berichteten, dass kurz vor der Explosion eine mehrere Meter hohe Stichflamme aus dem Mülleimer schoss. Als die Bombe explodierte, riss eine gewaltige Druckwelle Passanten in einem weiten Umkreis zu Boden. Die von den Bombensplittern tödlich getroffenen Opfer wurden bis zu 23 Meter vom Explosionsort entfernt gefunden. Von den 68 Schwerverletzten mussten elf Opfern zertrümmerte Gliedmaßen amputiert werden, drei Verletzten mussten innere Organe entfernt werden.[829] Das Explosivmaterial, nach Ermittlungen der Soko Theresienwiese »wahrscheinlich« 1,4 Kilogramm TNT, befand sich zusammen mit einer Treibladung aus Nitrozellulosepulver in einer britischen Mörsergranatenhülle des Kalibers 4,2 Inch aus dem Jahr 1954, die wiederum in einem leeren Feuerlöscher steckte.[830]

Gundolf Köhler, der Attentäter, der bei der Explosion der Bombe starb, hatte sich seit seinem 15. Lebensjahr, so stellte Generalbundesanwalt Kurt Rebmann fest, »mit dem Ideengut des Nationalsozialismus« identifiziert und unterhielt seit 1975 Verbindungen zum Umfeld Karl-Heinz Hoffmanns. 1975 und 1976 habe er an zwei paramilitärischen Übungen der Wehrsportgruppe Hoffmann (WSG) teilgenommen. Er plante den Aufbau einer Donaueschinger Wehrsportgruppe und hatte zum Hoffmann-Kreis mindestens bis Mai 1977 Kontakt. Im Sommer 1978 war Köhler Bundeswehrsoldat geworden und krankheitsbedingt Ende März 1980 aus der Armee wieder ausgeschieden. Schon als Soldat hatte er sich an der Universität Tübingen für das Fach Geologie eingeschrieben. Als Student hatte er im Jahr 1979 Kontakt zum rechtsextremen Hochschulring Tübinger und Reutlinger Studenten und sei seinen Kommilitonen noch im Sommer 1980 durch Ablehnung der staatlichen Ordnung und durch antisemitische Äußerungen aufgefallen. Im August und Anfang September 1980 soll Köhler in Diskussionen mit seinen Bekannten Bernd K. und Erich L. gesagt haben, »dass man in Bonn, Hamburg oder München oder anderen Großstädten Sprengstoffanschläge verüben könne [...] Wenn z.B. einmal was losginge, dann könnte man es den Linken in die Schuhe schieben.«[831]

Kurz nach dem Anschlag, am 27. September, übernahm Generalbundesanwalt Kurt Rebmann die Ermittlungen und erklärte einen Tag später: »Wir nehmen nicht an beim gegenwärtigen Stand der Ermittlungen, dass Köhler als Alleintäter gehandelt hat. Die Ermittlungen haben ergeben, dass Köhler Mitglied der Wehrsportgruppe Hoffmann war.«[832]

In den folgenden Tagen standen Karl-Heinz Hoffmann und seine Wehrsportgruppe, die am 31. Januar 1980 von Bundesinnenminister Gerhard Baum (FDP) verboten worden war, im Mittelpunkt der Ermittlungen. Das konnte der in Bayern regierenden CSU und ihrem Kanzlerkandidaten Franz Josef Strauß nicht gefallen. Denn Strauß hatte sich nach dem Verbot über den Innenminister lustig gemacht: » Dann [...] schickt man fünfhundert Polizisten los, um zwanzig Verrückte auszufragen. Diesen Hoffmann, der wie ein Kasper aussieht! [...] Wenn niemand von diesem Schwachkopf reden würde, wer würde seine Existenz bemerken? Gut. Warum hat man niemanden verhaftet? Weil es keinen Beweis gibt, dass sie ein Delikt begangen hätten.«[833]

Strauß hatte die WSG verharmlost, und Baum konnte ihm das nun genüsslich vorwerfen. Ein Attentäter Köhler, der angeblich zu der von Strauß unterschätzten Hoffmann-Truppe gehörte, konnte den Wahlkämpfer Strauß in der Endphase seines Kampfes um das Kanzleramt politisch schwer beschädigen. Schließlich wollte Strauß sich als Law-and-Order-Mann gegenüber dem liberalen Innenminister profilieren. Bayerns oberster Staatsschützer Hans Langemann ging zum Gegenangriff über. Er hatte nichts Besseres zu tun, als befreundete Journalisten der Illustrierten *Quick* noch am 27. September über die Identität und den Hintergrund des Bombenlegers zu informieren, kurz nachdem er selbst am Morgen des 27. Septembers die Auskunft zu Gundolf Köhler und seiner Nähe zur WSG Hoffmann aus dem Fahndungssystem NADIS erfahren hatte. Durch die nun ausschwärmenden Journalisten wurde die rechte Szene aufgescheucht und konnte nicht mehr mit Hausdurchsuchungen überrascht werden. Dankbar schrieb die *Quick* wenige Tage später: »Bayerns Verfassungsschützer hatten die Rechtsextremisten unter Kontrolle – besonders die Wehrsportgruppe Hoffmann (WSG). Der jüngste Stand zeigt, dass der Bonner Vorwurf der Verharmlosung neonazistischer Umtriebe in Bayern nicht zutrifft.«[834]

Doch es gab mehrere Zeugen, die Köhler in Begleitung weiterer Personen vor dem Anschlag in München und direkt am Tatort gesehen hatten – Hinweise auf ein rechtes Netzwerk. Die Zeugenaussagen wurden von der Polizei als unglaubwürdig abgetan oder gar nicht erst aufgenommen.[835] 36 Zigarettenkippen verschiedener Marken, die in Köhlers Auto nach der Tat gefunden wurden, stammten nach den damals üblichen Speicheluntersuchungen nicht von Köhler. Die Beweismittel wurden aber bereits im Februar 1981 vernichtet, lange bevor es die Möglichkeit von DNA-Analysen gab.[836] Mehrere Oktoberfestbesucher konnten übereinstimmend beschreiben, wie Köhler etwas »weiß Verpacktes in der Größe einer Kleidertüte«, eine »Art Plastik- oder Stofftasche« zum Tatort getragen habe, dann »sei der weiße Gegenstand in die Höhe geflogen«.[837]

Der gegenüber vom Tatort auf der sogenannten Brausebadinsel stehende 36-jährige Frank Lauterjung war zeitweise der wichtigste Zeuge für den Ablauf der Ereignisse. Er hatte Gundolf Köhler kurz vor der Tat am Oktoberfesteingang gesehen und als »Wuschelkopf« wahrgenommen. Lauterjung bestätigte anhand von Lichtbildvorlagen, dass der »Wuschelkopf« Köhler war. Der sei im Gespräch mit »zwei jungen Burschen« gewesen und habe eine Plastiktasche getragen. Die Männer hätten olivgrüne Parkas getragen und Kurzhaarfrisuren – »Stiftenköpfe« – gehabt. »In der Plastiktasche habe sich ein erkennbar ›schwerer runder Gegenstand‹ befunden.« Kurz darauf sah Lauterjung, wie Köhler am Papierkorb »etwas absetzte«. Dann sah der Zeuge »die helle Plastiktüte hochgehen«.[838]

Doch ab November 1980 nahmen die Ermittlungen eine erstaunliche Wendung. Nachdem Hauptzeuge Lauterjung in wiederholten Vernehmungen seine Beobachtungen präzisiert hatte, war der Tonfall des letzten Verhörs am 6. November »eisig und von Misstrauen geprägt«, wie Ulrich Chaussy vermerkt. Unter den vermutlich suggestiven Fragen einer Vernehmerin änderte Lauterjung plötzlich seine Meinung, dass die drei von ihm beobachteten Männer sich gekannt haben müssten: »Es kann durchaus möglich sein, dass sie mit Herrn Köhler in keiner Weise etwas gemeinsam hatten«, sagte er nun. Lauterjung spekulierte, »dass Köhler sich fragend an die beiden Unbekannten wandte, zumal ich von mir aus vermute, dass Köhler eine Übernachtungsmöglichkeit suchte«.[839]

Keine Mitverschwörer, sondern unbekannte »Stiftenköpfe«: Ab jetzt gingen die Soko Theresienwiese und der Generalbundesanwalt von einem Einzeltäter Gundolf Köhler aus. Opferanwalt Werner Dietrich wunderte sich: »Jedenfalls fallen diese Zeugenaussagen im Laufe der Ermittlungen unter den Tisch, ebenso der rechtsradikale Hintergrund, und es bleibt

Köhler als Einzeltäter, der aus privaten Motiven, Frust mit Mädchen, fehlgeleitetes Studium und so weiter, aus Weltschmerz alleine nach München reist und die Bombe dort legt.«[840]

Die Sonderkommission Theresienwiese stellte in ihrem Schlussvermerk schon im Mai 1981 fest: »Nach dem jetzt vorliegenden abschließenden Ermittlungsergebnis ist festzustellen, dass Gundolf Köhler als Alleintäter gehandelt hat.«[841]

Am 6. August 1982 fand man den Hauptzeugen Frank Lauterjung tot in seiner Wohnung. Er hatte Ende 1981 einen schweren Herzinfarkt erlitten und eine Bypassoperation im Frühjahr 1982 nicht gut überstanden. Herzversagen wurde als Todesursache diagnostiziert, eine Obduktion nicht vorgenommen. Kurz darauf, Ende 1982, waren die Ermittlungen des Generalbundesanwaltes zum Oktoberfestattentat abgeschlossen. Zentraler Zeuge war jetzt der Bekannte Köhlers, Erich L., der bestritt, an den Gesprächen im August und September 1980 teilgenommen zu haben, bei denen Köhler gegenüber seinem Freund Bernd K. von seiner rechtsextremen Gesinnung gesprochen und Attentatspläne erwähnt hatte. Aus L.s Vernehmung hob der Generalbundesanwalt Aussagen hervor, die Köhler als seelisch instabil erscheinen ließen: »Gundolf war menschlich, seelisch [...] kurz vor dem Ende. [...] Ich habe von Gundolf den Eindruck gewonnen, dass er insgesamt mit Mädchen Schwierigkeiten hat. [...] Ich bin der Meinung, dass Gundolf mit Sicherheit kein politisches Motiv für die Tat hatte.«[842]

Dieser Aussage widersprechen Köhlers Brüder, die die letzten Lebenswochen Gundolfs akribisch rekonstruierten. Gundolf Köhler hatte von Mitte Juli bis Anfang August eine Interrail-Reise nach Nordgriechenland unternommen, Ende August 1980 einen Fulltime-Ferienjob angenommen und war ab September Mitglied einer neuen Band, mit der er regelmäßig übte, zuletzt zwei Tage vor dem Attentat. Wann sollte der unternehmungslustige Geologiestudent die Zeit finden, die Bombe zu bauen?[843] Der Generalbundesanwalt zitierte in seinem 96-seitigen Einstellungsvermerk allein zehn Seiten aus der Vernehmung Erich L.s. Der Bombenanschlag von München wurde nun endgültig als das Werk des unpolitischen Einzeltäters Köhler gewertet, der aus rein persönlichen Motiven gehandelt hatte.

Erst 1990, nach der Enttarnung der Stay-Behind-Geheimarmee in Deutschland und anderen Ländern, änderte sich – zumindest in den Medien – die Sicht auf das Oktoberfestattentat. Wenn der Mordanschlag auf den Bahnhof von Bologna im August 1980 das Werk einer rechten Verschwörerclique war, hinter der das GLADIO-Netzwerk stand, könnte dann das Attentat von München kurz darauf nicht auch die Tat einer ominösen Geheimarmee gewesen sein? Diese Frage bleibt weiter bestehen, denn die Bundesanwaltschaft hatte sich bereits 1982 festgelegt und wollte von diesen neuen Spekulationen nichts wissen. Karlsruhe blieb bis ins Jahr 2014 dabei: Das Verbrechen sei ausermittelt, Gundolf Köhler als Einzeltäter zweifelsfrei festgestellt.

Die Gruppe Hepp

Am 22. September 1980, vier Tage vor dem Oktoberfestattentat, tauchten die Rechtsextremisten Kay Uwe Bergmann, Peter Hamberger, Odfried Hepp und Steffen Dupper in der Deutschen Botschaft in Beirut auf. Sie seien zwei Tage zuvor ausgeraubt worden und benötigten neue Pässe und Flugtickets. Die Botschaft stellte ihnen, nachdem die vier ihre Personalausweise vorgewiesen hatten, unverzüglich Ersatzpässe aus.[844] Sie waren im Juli 1980 in den Untergrund gegangen und am 27. Juli 1980 wohl bereits zum zweiten Mal in den Nahen Osten gereist, um Militärfahrzeuge der Wehrsportgruppe zur PLO in den Libanon zu bringen. Außerdem standen sie in Deutschland unter Anklage durch die Stuttgarter Staatsanwaltschaft wegen Mitgliedschaft in der Wehrsportgruppe Schlageter, die Geiselnahmen geplant und Anschläge durchgeführt hatte.[845]

Zudem hatte ihr Vorbild Karl-Heinz Hoffmann seine Wehrsportgruppe nach dem Verbot in den Libanon verlagert. Seit März 1980 bemühte sich Hoffmann dort um eine militärische Ausbildung seiner Kader. Im Mai des Jahres sollen, so das Bundesamt für Verfassungsschutz (BfV), die ersten WSG-Aktivisten in einem PLO-Lager militärisch gedrillt worden sein. Hepp und seine Begleiter gaben an, vom Juli bis September 1980 im Südlibanon in einem PLO-Lager in der Nähe von Saida gewesen zu sein.[846]

Odfried Hepp hatte sich 1970 als Zwölfjähriger dem Bund Heimattreuer Jugend (BHJ) angeschlossen. Zu dieser Zeit leitete Heinz Lembke, von dem später noch die Rede sein wird, Waldjugendlager der rechtsextremen Organisation. Hepp und Lembke könnten sich seit damals gekannt haben. Nach Abitur und Wehrdienst gründete Hepp 1978 die Wehrsportgruppe Schlageter nach dem Vorbild der seit 1973 bestehenden Wehrsportgruppe Hoffmann. Nach Anschlägen auf Fahrzeuge von US-Soldaten wurde Hepp festgenommen und saß von September 1979 bis Februar 1980 in Untersuchungshaft. Nachdem zunächst kein Verfahren eröffnet wurde, kam er frei und schloss sich der mittlerweile verbotenen Hoffmann-Truppe im Libanon an.

Der vierte Mann des Quartetts in der Beiruter Botschaft, Kay Uwe Bergmann, war den Behörden als Mitglied der rechtsextremen Jungen Front bekannt: Auch er wurde mit Haftbefehl gesucht.[847] Die vier Männer ließen sich am 24. September, nachdem sie in einem von den christlichen Milizen kontrollierten Teil Beiruts übernachtet hatten, von der Botschaft Tickets für die Heimreise ausstellen. Da sie dort ein Strafprozess erwartete, dem sie sich durch die Flucht in den Libanon entzogen hatten, wäre es erstaunlich gewesen, dass sie mit den neuen Papieren offiziell nach Deutschland einreisen wollten. Doch die Botschaft stellte die Papiere offenbar ohne Nachfragen aus.

Am 24. September 1980 brachte Taxifahrer Joseph Shanine die vier vom Hotel zum Flughafen Beirut, um einen für 12:10 Uhr geplanten Flug nach Athen anzutreten. Sie hatten Tickets für den Weiterflug nach München. Doch im muslimisch kontrollierten West-Beirut, kurz vor dem Terminal, wurde das Taxi nach Aussage des Fahrers gestoppt und die vier Deutschen wurden von Unbekannten entführt. Shanine brachte ihr Gepäck zum Büro der christlichen Falange. PLO und Falange beschuldigten sich gegenseitig, die jungen Männer gekidnappt zu haben. Die besaßen nun ein Alibi für die Tatzeit des Oktoberfestattentats am 26. September 1980.[848] Am 27. September erhielt Bergmanns Vater jedoch einen handschriftlichen Brief seines Sohnes Kay Uwe, in dem dieser mitteilte, er habe »von einer Stunde zur anderen verschwinden« müssen: »Wir werden uns voraussichtlich die nächsten Jahre nicht sehen.«[849] Der Vater hatte auf der Briefrückseite notiert: »Aufgegeben 25.9.80 Ffm 24:00« – er hatte aufgrund des Poststempels offenbar Nachforschungen zum Aufenthaltsort seines Sohnes angestellt. Zwischen der angeblichen Entführung in Beirut und dem Frankfurter Poststempel-Datum lagen über 36 Stunden, in denen Bergmann vom Libanon nach Frankfurt hätte gelangen können. Danach hätte Kay Uwe Bergmann zur Tatzeit des Oktoberfestattentats am Abend des 26. September doch in München gewesen sein können.

Deutsche Ermittler vermuteten damals, dass die gesamte Hepp-Gruppe zur Tatzeit in Deutschland war. Der angebliche Raubüberfall und die Entführung wären somit Inszenierungen, die den Tatverdacht von Hepp und seinen Begleitern ablenken sollten. Durch die von der Botschaft ausgestellten Tickets war die Aufmerksamkeit deutscher Fahnder, sollten sie Ausschau nach der Hepp-Gruppe halten, auf Flüge von Athen nach München gerichtet gewesen. Laut den Spurenakten des bayerischen LKA, die Rechtsanwalt Dietrich einsehen konnte, sei im bayerischen Kabinett am 8. Oktober 1980 diskutiert worden, ob die geplante Abreise der

Gruppe Hepp aus dem Libanon allein der Alibi-Bildung diente. Doch am 15. Oktober 1980 habe ein Polizeibeamter den Politikern vorgetragen, die Hepp-Gruppe habe nichts mit dem Oktoberfestattentat zu tun, Köhler sei Alleintäter.[850] Als Hepp und seine Begleiter im Juni 1981 schließlich nach Deutschland kamen und am Flughafen Frankfurt verhaftet wurden, sagten sie aus, sie hätten am 27. Juli 1980 ausgemusterte Militärfahrzeuge zu den Palästinensern in den Libanon gebracht und seien – ohne Zwischenaufenthalt in Deutschland – bis zum 22. September im Südlibanon in einem Lager der PLO gewesen. Dass sie aufgrund der sadistischen Ausbildung bei der PLO zur christlichen Falange geflüchtet waren, teilten die vier nicht mit. Noch am selben Tag seien sie zur deutschen Botschaft gegangen, um mit der Behauptung des vermeintlichen Raubüberfalls an neue Pässe zu kommen. Dann, am 24. September, habe die Entführung im palästinensisch kontrollierten West-Beirut stattgefunden.[851]

Diese Darstellung widerspricht Erkenntnissen des bayerischen Landeskriminalamtes und des BKA. Bereits am 19. September 1979 hatte die Polizei in Hepps Wohnung in Karlsruhe-Durlach eine EDV-Liste mit ca. 200 Namen sichergestellt. Auf der Liste fanden sich auch Name und Adresse von Gundolf Köhler mit dem Vermerk: »WSG (testen) […] Mitgl., an 2 Übg. teilg. Letzter Kont. 19.5.77«.[852] Fahndern und Hepp war Köhler also seit damals als Mitglied der Wehrsportgruppe bekannt. Am 7. und 8. Juni 1980 wiederum soll Hepp nach BKA-Erkenntnissen auf einem Treffen mit rund 30 Neonazis bei Manfred Roeder in Hannoversch Münden gewesen sein und nicht, wie er angegeben hatte, im Libanon. Für einen der Teilnehmer, Ollmann, war offenbar ein Brief bestimmt, der wie der Hinweis auf das Treffen im Rahmen einer Hausdurchsuchung bei Roeder drei Wochen vor dem Oktoberfestattentat gefunden wurde: »Kann Odfried Hepp sich nicht mal mit einem Freund in Süddeutschland in Verbindung setzen und mit ihm die Sache besprechen?«[853] Wollte Rechtsterrorist Roeder Odfried Hepp instruieren, mit Gundolf Köhler in Kontakt zu treten, um das Attentat auf das Oktoberfest vorzubereiten?

Und wie kam Köhler an die britische Granate? Die Restbestände der Werfergranaten der britischen Armee wurden ab 1970 »wahrscheinlich auch in Länder des Vorderen Orients veräußert«, schrieb der Generalbundesanwalt in seiner Einstellungsverfügung.[854] Dort hätten Hoffmann, Hepp und andere WSG-Mitglieder in den Besitz solcher Granaten gelangen und sie per Schiff und Auto nach Deutschland bringen können. Der Generalbundesanwalt schloss jedoch einen Kontakt Köhlers zu Hepp aus: »Zu einer Kontaktaufnahme zwischen Gundolf Köhler und der Gruppe Hepp ist es jedoch nicht gekommen.«[855] Damit war für den Generalbundesanwalt unerheblich, wo Hepp sich zu welchem Zeitpunkt aufgehalten hatte, denn wenn er Köhler nie getroffen hatte, konnte er auch nicht in das Attentat verstrickt sein. Hepps fragwürdiges Alibi, er sei ununterbrochen bis zum Oktoberfestattentat im Libanon gewesen, war damit nicht mehr zu hinterfragen, auch wenn er in den Akten als Teilnehmer des Strategietreffens im Juni 1980 bei Manfred Roeder aufgeführt wird. Und auch eine mögliche Anwesenheit des Hepp-Begleiters Bergmann in Frankfurt a.M. vor dem Attentat war damit nicht mehr relevant für die Ermittlungen zur Oktoberfestbombe.

Operation Wandervogel

In der Nacht vom 25. zum 26. September 1980 begannen Beamte des bayerischen, des baden-württembergischen und des nordrhein-westfälischen Verfassungsschutzes ab 0:15 Uhr »mit umfangreichen Observations- und Ermittlungshandlungen« im fränkischen Ermreuth. Unter dem Decknamen Operation Wandervogel, so stellte die DDR-Staatssicherheit später fest, spähten die Verfassungsschützer den Wohnsitz von Karl-Heinz Hoffmann und die Werkstatt der Wehrsportgruppe aus. Zur Jahreswende 1979/80 hatte der Dortmunder Rechtsextremist Udo Albrecht (Wehrsportgruppe Ruhrgebiet) die Geschäftsidee entwickelt, ausgemusterte Bundeswehrfahrzeuge in den Libanon zu verkaufen. Albrecht wurde von dem Privatdetektiv Werner Mauss als V-Mann für den Bundesnachrichtendienst angeworben. Als Albrecht dann im Frühjahr bei Karl-Heinz Hoffmann nach Transporteuren für die Fahrzeuge fragte, bot der ihm Mitglieder der verbotenen Wehrsportgruppe an, die dann im Libanon bleiben sollten, um die Wehrsportgruppe Ausland zu bilden. Der BND dürfte somit von Anfang an gut über die Libanon-Aktivitäten und die Reisebewegungen der Hoffmann-Truppe informiert gewesen sein.[856]

Wenige Stunden vor dem Münchener Oktoberfestattentat observierten die Beamten der Verfassungsschutzämter ein Mitglied der verbotenen Hoffmann-Truppe und eine Frau, die in einem roten Mercedes von Düsseldorf nach Ermreuth zu Hoffmanns Schloss fuhren. Die Frau setzte den Mann ab und fuhr zurück ins Rheinland.[857] Ein Mitglied der Wehrsportgruppe Hoffmann, das an diesem Tag von Düsseldorf nach Ermreuth fuhr, war Walter Ulrich Behle, der damals vermutlich V-Mann des nordrhein-westfälischen Verfassungsschutzes war. Möglicherweise fuhr auch Behle im roten Mercedes mit dem Düsseldorfer WSG-Unterführer Karl-Heinz Dissberger mit dessen Lebensgefährtin nach Ermreuth. Nach Erkenntnissen der DDR-Staatsicherheit war auch noch ein V-Mann des hessischen Verfassungsschutzes in die illegale Wehrsportgruppe eingeschleust worden, um deren Aktivitäten zu überwachen.

Stunden vor dem größten Bombenanschlag in der Geschichte der Bundesrepublik wurden also ausgerechnet die Männer observiert, die ab dem nächsten Tag zu den Hauptverdächtigen des Münchener Oktoberfestattentats werden sollten.

Die Beamten beobachteten, dass am Abend des 26. September 1980 ausgemusterte Bundeswehr-Unimogs der Wehrsportgruppe in einer Werkstatt der WSG bei Ingolstadt aufgetankt und für eine Reise vorbereitet wurden. Tatsächlich bewegte sich in der Nacht zum Samstag, dem 27. September 1980, ein Konvoi mit drei Unimog-LKWs, die mit drei VW-Kübelwagen beladen waren, von Ermreuth aus über Nürnberg in Richtung Österreich. Das Ziel war der Libanon. Die Fahrzeuge sollten an die Palästinensische Befreiungsorganisation (PLO) verkauft werden.[858] Doch die Mitfahrer, die WSG-Mitglieder Walter Ulrich Behle, Rudolf Klinger, Rudolf Funk und Stefan Faber, wurden um 13:50 Uhr am Grenzübergang Schwarzbach von österreichischen Grenzbeamten gestoppt und zurückgeschickt. Gemeinsam mit Hans-Peter Fraas versuchten Behle, Klinger und Faber am 1. Oktober erneut erfolglos, an derselben Stelle mit zwei Unimogs und drei VW-Kübelwagen über die Grenze zu gelangen.[859] Wenn der Versuch, Militärlaster nach Österreich einzuführen, von vornherein aussichtslos war, so hatte er doch den Vorteil, dass alle an der Aktion Beteiligten für den 26. und 27. September 1980 Alibis hatten und nicht als unmittelbar am Oktoberfestattentat Beteiligte in Frage kamen. Ende November 1980 wurden die drei Unimogs und die Kübelwagen schließlich von Bayern nach Hamburg gebracht, um per Schiff in den Libanon transportiert zu werden.[860]

Generalbundesanwalt Kurt Rebmann ordnete am Tag nach dem Münchener Bombenanschlag Durchsuchungen bei Karl-Heinz Hoffmann und weiteren WSG-Mitgliedern in Bayern, Hessen und Baden-Württemberg an, also genau in den Bundesländern, in denen bereits vor dem Anschlag die WSG von den Landesämtern für Verfassungsschutz observiert worden war. 16 Personen wurden vorläufig festgenommen. WSG-Chef Hoffmann und Gruppenmitglied Michael Ruttor wurden in Ermreuth verhaftet. Hoffmann konnte Alibizeugen auch für den Vortag und den Tag des Attentats vorweisen. In der Wohnung von Rudolf Funk, der am 27. September an der Grenze zu Österreich zur Umkehr gezwungen worden war, fand die Polizei ein Kilo militärischen Sprengstoff, eine Tellermine und drei 10,5-cm-Granaten, also Munition für schwere Panzerabwehrgeschütze.[861] Zur selben

Zeit, wenige Stunden nach dem Anschlag, lagen Kräfte des LfV Hessen in Frankfurt a.M. und Friedberg auf der Lauer, um Autokennzeichen weiterer WSG-Mitglieder zu notieren. Die Lauscher des MfS notierten verwundert: »Bemerkenswert erscheint, dass der Einsatz der gegnerischen Kräfte bereits mehrere Stunden vor dem Sprengstoffanschlag begann und bis zum gegenwärtigen Zeitpunkt in verschiedenen Räumen der BRD fortgesetzt wird.«[862]

Hatte ein V-Mann einer Verfassungsschutzbehörde vor dem 26. September Hinweise auf eine bevorstehende Aktion der WSG gegeben? Die koordinierte Aktion Wandervogel der drei Landesämter für Verfassungsschutz wird jedenfalls in der den Autoren vorliegenden BND-Akte zum Oktoberfestattentat nicht erwähnt, auch nicht auf den durch unsere Nachfrage vom BfV herausgegebenen Seiten, die der BND zuvor aus der Akte entfernt hatte. Auch bei den Ermittlungen der bayerischen Polizei zum Oktoberfestattentat spielte die Aktion Wandervogel keine Rolle. Es ist zu vermuten, dass die Nachrichtendienste wie in späteren Jahren auch, zum Beispiel bei der Aufklärung des Nationalsozialistischen Untergrundes, die Polizei an ihren Erkenntnissen nicht teilhaben ließen.[863]

Bereits am Montag, dem 29. September 1980, waren Hoffmann, Funk und die restlichen Konvoibegleiter wieder auf freiem Fuß. »Konkrete Erkenntnisse für eine Tatbeteiligung der WSG Hoffmann als Organisation bestehen bislang nicht«, stellte das bayerische Landeskriminalamt am selben Tag fest.[864] Allerdings wurde die Polizei am 7. Oktober beim Neonazi Karl-Heinz Dissberger fündig, der 1977 an einer Wehrsportübung Hoffmanns teilgenommen hatte – dem Jahr, in dem Gundolf Köhler Kontakt zur WSG hatte. Der 26-jährige Düsseldorfer hatte bei einem Bekannten 1500 Schuss Munition versteckt. In Dissbergers Appartement und in der elterlichen Wohnung fanden sich weitere Tausende Schuss Munition, eine Pistole, Schalldämpfer und Zielfernrohre und 730 Gramm Treibladungspulver.[865] Im Umfeld Karl-Heinz Hoffmanns herrschte kein Mangel an Waffen und Sprengstoff. Dissberger hatte allerdings ein Alibi für den 26. September 1980. Er war vom Verfassungsschutz auf der Fahrt nach Ermreuth beobachtet worden.

Geständnis oder Angeberei: »Das waren wir!«

Kurz nach seiner Freilassung am 29. September 1980 war Karl-Heinz Hoffmann erneut auf dem Weg in den Nahen Osten. Seinen Pass hatte er nicht abgeben müssen; die bayerischen Ermittler und der Generalbundesanwalt hatten nach nur zwei Tagen Ermittlungen offenbar keine weiteren

Fragen an ihn. Und das, obwohl der BND Hoffmann verdächtigte, vor dem Oktoberfestattentat mehrfach im Libanon bei der radikalen Palästinenserorganisation Fatah gewesen zu sein. Dort habe Hoffmann sich gemeinsam mit dem Fatah-Hauptmann Salah Ladawi »mit dem Einbau von Sprengsätzen in Autos, die durch Fernzündung zur Explosion gebracht werden können, befasst«.[866] Jemand wie Hoffmann würde heute wahrscheinlich als sogenannter »Gefährder« erfasst werden, den Polizei und Nachrichtendienste sicher nicht einfach zu befreundeten Terroristen reisen ließen.

Hoffmann soll nach Erkenntnissen des BND am 6. Oktober 1980 mit seinem Fahrer Klinger in die Schweiz gefahren sein. Sein Reisepass weist für Anfang Oktober (Tag unleserlich) einen Einreisestempel nach Griechenland auf. Am 7. Oktober 1980 flog Hoffmann mit einem frisch ausgestellten Visum der Syrischen Botschaft in Athen nach Damaskus.[867] Offenbar nicht allein: WSG-Mitglied Ulrich Behle erhielt in Athen am selben Tag das Visum, so dass von einer gemeinsamen Reise auszugehen ist.[868] Behle war einer der vier Männer, die am Folgetag des Attentats den Unimog-Konvoi an die deutsch-österreichische Grenze gefahren hatten und dasselbe am 1. Oktober erneut versucht hatten.

Im Hotel Byblos in Damaskus fielen dem Barkeeper Hamsi Mohamed Salah zwei Deutsche auf, die dort abgestiegen waren. Während Karl-Heinz Hoffmann unterwegs war, saß Behle an der Bar und erzählte dem Algerier Ungeheuerliches. »Das waren wir selbst«, soll der angetrunkene Behle dem Barkeeper über das gerade zwei Wochen zurückliegende Oktoberfestattentat verraten haben. Salah kopierte geistesgegenwärtig die Aus- und Einreisekarte (Visa-Nr. 1/1900 vom 7. Oktober 1980) für Syrien, die Behle ihm zur Bekräftigung seiner Erzählung vorgezeigt hatte.

Monate später berichtete Salah, der sich inzwischen in Paris aufhielt, dem Sicherheitsbeauftragten der dortigen deutschen Botschaft von der denkwürdigen Begegnung mit dem deutschen Neonazi: »Er habe kürzlich in Syrien 2 Deutsche getroffen, die regelmäßig zwischen dem Libanon und Syrien hin- und herreisen. Sie seien gezwungen (warum?) dort zu bleiben. Der eine der beiden habe ihm, angetrunken, an einer Bar mitgeteilt, dass sie an dem Münchener Attentat beteiligt gewesen seien.«[869] Behle gab im Hotel Byblos auch einen Liebesbrief an eine Frau in Deutschland auf. Der Brief enthält die Aussage, dass er, Behle, nicht nach Deutschland zurückkommen könne – ein weiteres indirektes Bekenntnis zum Oktoberfestattentat? Behle dementierte seine Aussagen jedoch, als er im Juli 1981 in die Bundesrepublik zurückkehrte: »Es ist möglich, dass ich in betrunkenem

Zustand in einer Bar einmal gesagt habe, dass wir an dem Anschlag in München beteiligt waren. Das entspricht aber nicht der Wahrheit.«[870] Der Generalbundesanwalt gab sich später damit zufrieden, ging auf den Brief mit dem zweiten Geständnis nicht ein und wertete Behles Aussagen in Damaskus als »alkoholbedingte Aufschneidereien«.[871]

Wo war Hoffmann vor dem Anschlag?

Karl-Heinz Hoffmanns Reisepass zeigt, dass er in der Vorbereitungsphase des Oktoberfestattentats vorwiegend im Nahen Osten war. Am 21. März 1980 reiste er mit dem PKW nach Jugoslawien und von dort mit dem Flugzeug in den Libanon. Dort blieb er über mehrere Monate und pendelte von Anfang Mai bis Ende Juli 1980 zwischen dem Libanon und Syrien häufig hin und her – wohl um die militärische Ausbildung seiner WSG Ausland umsetzen zu können. Eine zuverlässige Quelle eines Landesamtes für Verfassungsschutz erfuhr am 1. September 1980 von einem WSG-Mitglied, »Hoffmann habe die Absicht, eine ›rechtsradikale‹ Kader-Truppe aufzustellen und auszubilden. Diese Kader-Truppe soll nach ihrer Ausbildung im Libanon in der Bundesrepublik Deutschland als Nachfolgeorganisation der ehemaligen WSG eingesetzt werden.«[872] Den Aufbau seiner WSG Ausland hatte Hoffmann kurz nach dem WSG-Verbot angekündigt: »Wir werden weiterhin wirksam sein«, hatte Hoffmann im Fernsehen gedroht, »wahrscheinlich in einer wesentlich unangenehmeren Weise«, zwar nicht in der Bundesrepublik, sicherlich aber »sonst irgendwo«.[873] Nun, so die Verfassungsschützer, drohte Hoffmann sogar mit Aktionen im Inland.

Eine andere Quelle des BfV wiederum behauptete, Hoffmann habe sich mit 37 WSG-Anhängern seit Anfang Juni 1980 bei der Falangisten-Miliz (Kataeb) von Bashir Gemayel aufgehalten. Die Zusammenarbeit der Hoffmann-Truppe mit der rechten Falange bestätigte auch der Sicherheitschef der Fatah, Abu Ijad: »Abi Ijad behauptete, von der Existenz eines Ausbildungslagers der Kataeb-Partei in Aqura […] zu wissen. In diesem Lager sollen verschiedene Gruppen, insgesamt 30 bis 35 Personen, darunter Italiener, Spanier und Westdeutsche, ausgebildet worden sein.«[874]

Auch eine Quelle des Bundesnachrichtendienstes bestätigte die Kooperation zwischen der Hoffmann-Truppe und den Falangisten: »Hoffmann und einige seiner Leute, ca. 13–15, waren im Lager *Aqura* (vermutlich *Libanon*). Zum gleichen Zeitpunkt waren im gleichen Lager italienische Rechtsextremisten. Es sei über mögliche Anschläge in der *Bundesrepublik Deutschland* und in *Italien* gesprochen worden.«[875]

Ende Juli wiederum soll Hoffmann von Syrien nach Österreich geflogen und von dort mit dem Auto nach Jugoslawien gefahren sein, um nach nur einem Tag Aufenthalt in Ljubljana am 28. Juli mit dem Auto wieder nach Athen zu reisen, wo er zwei Tage später ein Visum für Syrien beantragte. Dorthin reiste er mit dem Schiff. Im August pendelte Hoffmann erneut zwischen Syrien und dem Libanon, bis er am 11. August aus dem Libanon abflog. Am 20. August tauchte Hoffmann in der libanesischen Botschaft in Rom auf, wo er sich ein neues Einreisevisum für den Libanon ausstellen ließ. All das erweckt den Eindruck eines Mannes, der seine Spuren verwischen wollte. Ob aber Hoffmann tatsächlich seit dem 11. August in Rom Kontakt mit italienischen Rechtsextremisten aufgenommen hatte, muss offenbleiben. Möglich wäre es, aber es existieren hierfür keinerlei Belege.[876]

Die DDR-Staatssicherheit hatte 1982 in Erfahrung gebracht, dass die italienische Justiz eine Verbindung zwischen deutschen Neonazis und italienischen Neofaschisten vermutete. Demnach soll sich Karl-Heinz Hoffmann am 13. Juli 1980 unter anderem mit dem nach Bolivien ausgewanderten Rechtsterroristen Joachim Fiebelkorn sowie mit den italienischen Neofaschisten Elio Ciolini, Maurizio Giorgi und Pierluigi Pagliai getroffen haben, die damals (1982) verdächtigt wurden, am Bombenattentat von Bologna am 2. August 1980 beteiligt gewesen zu sein.[877] Als Drahtzieher hinter den italienischen Neofaschisten wurde Stefano Delle Chiaie, Mitglied in Licio Gellis Loge Propaganda Due, vermutet. Delle Chiaie wurde zwar wegen der Anschläge auf die Landwirtschaftsbank in Mailand 1969 und den Bahnhof in Bologna 1980 in Italien angeklagt, aber letztlich freigesprochen.

Mitte Juli 1980 war Hoffmann allerdings nach seinen Reisepasseintragungen aus Syrien in den Libanon und am Folgetag zurück gefahren. Seine Ausreise aus Syrien mit unbekanntem Ziel wurde von den Ermittlern für den 15. Juli vermutet – der Visumsstempel war wohl verwischt –, so dass sich die genauen Aufenthaltsorte Hoffmanns im Juli und August 1980 nicht eindeutig belegen lassen. Nur die Anwesenheit in Athen am 30. Juli und in Rom am 20. August scheint aufgrund der Botschaftsbesuche sicher – vorausgesetzt, Hoffmann habe die Einträge in seinem Pass nicht manipuliert.

V-Mann Udo Albrecht, der die Reisen der WSG-Mitglieder in den Libanon und zurück organisiert hatte, schrieb nach seiner Verhaftung im März 1981 an Bundesinnenminister Gerhard Baum: »Ich habe vier Deutsche mit falschen Pässen, teils mit eigenem Fahrgeld und unter erheblichem Druck mit Hilfe der PLO aus dem Libanon gebracht.«[878] Wenn ein

V-Mann deutscher Geheimdienste den WSG-Mitgliedern falsche Pässe besorgen konnte, dürfte es für Polizei und Generalbundesanwalt nicht leicht gewesen sein, ihre Reisebewegungen und damit ihre Alibis zu überprüfen.

Verfassungsschutz und BND hatten bemerkt, dass Hoffmann im Libanon sowohl mit der linken Palästinenserorganisation Fatah wie mit der rechtsgerichteten christlichen Falange-Miliz in Kontakt stand. Beide Nachrichtendienste verfügten über Quellen, die die Ausbildung der Hoffmann-Leute in einem Lager der Falange bestätigten. Und mehr noch: Einige Quellen wiesen auf Verbindungen zwischen WSG und italienischen Neonazis hin, gaben sogar Hinweise, dass die Anschläge von Bologna und München miteinander zu tun haben könnten. Sowohl Fatah wie Falange bestritten den Vorwurf, sie hätten die deutschen Neonazis zu Terroristen ausgebildet.

Und auch Karl-Heinz Hoffmann wies den Vorwurf der Zusammenarbeit mit der Falange zurück: »Die Angaben des BND, ich selbst und Teile der Wehrsportgruppe bzw. der Wehrsportgruppe Ausland hätten zusammen mit italienischen Rechtsextremisten in einem Lager im Süd-Libanon trainiert, sind frei erfunden, sie entbehren jeglicher Grundlage. Weder ich noch Teile der späteren Wehrsportgruppe Ausland waren 1979 im Südlibanon.«[879]

Hoffmanns Feststellung hat den Makel, dass der Ort Aqura nicht im Süden, sondern im Norden des Libanon liegt, südöstlich der zweitgrößten Stadt Tripoli. Hoffmann legt sich sogar noch weitgehender fest: »Ich habe niemals von den Falange-Milizen (Kataeb) kontrolliertes Gebiet betreten. […] Ich habe weder im Libanon noch anderswo mit Italienern Kontakt gehabt. Ich war auch nicht in Italien.«[880] Dabei war der von Hoffmann genutzte PKW, ein Leyland Combi mit dem Kennzeichen FO-RU 71, in der Tiefgarage des Falangisten-Hauptquartiers in Beirut von Quellen des Bundesamtes für Verfassungsschutz gesichtet worden.[881] Und Hoffmanns Anwesenheit in Rom ist durch den Stempel in seinem Reisepass belegt.

Der BND stellte dennoch abschließend fest, Hoffmann habe »keinen Kontakt zu einer der christlichen Milizen im Libanon aufgenommen«, und es gäbe kein Falange-Lager in Aqura. Dabei berief sich der Dienst jedoch auf eine Quelle, die nicht gerade objektiv war – auf den Falange-Kommandeur Bashir Gemayel: »Wir würden unsere ausgezeichneten Beziehungen zu Israel doch nicht wegen einer solch umstrittenen Organisation aufs Spiel setzen«, zitiert der BND den Kataeb-Führer und erklärt seine Ausführungen für zutreffend.[882]

War Heinz Lembke ein Schattenkrieger?

Am 27. September 1980 saßen die beiden Mitglieder der rechten Terrororganisation Deutsche Aktionsgruppen (DA), Sibylle Vorderbrügge und Raymund Hörnle, in einem Vernehmungszimmer der Karlsruher Bundesanwaltschaft – an dem Tag, an dem Generalbundesanwalt Kurt Rebmann die Ermittlungen zum Oktoberfestattentat übernahm.

Damals vermuteten die Ermittler, dass eine rechtsterroristische Vereinigung, nämlich die Wehrsportgruppe Hoffmann, hinter dem Mordanschlag steckte.

Die von dem seit 1978 im Untergrund agierenden Rechtsanwalt Manfred Roeder gegründete Terrorzelle Deutsche Aktionsgruppen hatte im Jahr 1980 fünf Sprengstoff- und zwei Brandanschläge, unter anderem gegen Asylbewerberheime verübt. Bei einem Brandanschlag auf ein Übergangsheim für Flüchtlinge in Hamburg am 22. August 1980 waren zwei Vietnamesen getötet worden.[883] Der 50-jährige schwäbische Werkarbeiter Raymund Hörnle berichtete, er habe mit Vorderbrügge und Roeder wenige Tage zuvor einen Gleichgesinnten besucht, den Oechtringer Forstwirtschaftsmeister Heinz Lembke, um ihn für die Deutschen Aktionsgruppen zu werben und zu Sprengstoffanschlägen anzustiften: »Herr Lembke zeigte uns verschiedene Sprengstoffarten, Zünder, Lunten, Plastiksprengstoff und militärischen Sprengstoff.« Vorderbrügge, die 24-jährige Radiologieassistentin und Geliebte des 53-jährigen DA-Führers Roeder, ergänzte zur Begegnung mit Lembke: »Er sagte uns, dass er mehrere Waffenverstecke im Wald habe.«[884]

Am 29. September durchsuchte die niedersächsische Polizei daraufhin das Wohnhaus Lembkes. Sie fanden lediglich »ein leeres Magazin zu einem Gewehr des Typs G 3 sowie zwei Zündkabelrollen«. Die Beamten kamen nicht auf die Idee, im Wald um das Forsthaus herum zu suchen – trotz Vorderbrügges Hinweis. Sie suchten lediglich »in den Wohnräumen und Nebengelassen sowie auf dem Grundstück der Eheleute Lembke einschließlich dessen näherer Umgebung nach Waffen und Sprengmitteln«.[885]

Der 1937 in Stralsund geborene Heinz Lembke erlernte nach dem Besuch der Volksschule in der DDR den Beruf des Forstarbeiters. 1959 floh er über West-Berlin in die Bundesrepublik und betätigte sich dort von Anfang an in rechtsextremen Organisationen. Im Alter von 24 Jahren trat er dem Bund Vaterländischer Jugend (BVJ) bei und wurde im Jahr 1962 dessen hauptamtlicher Funktionär in Hannover. Die DDR-Staatssicherheit stieß bei der Analyse rechtsextremer Organisationen auf Lembke als ehemaligen Geschäftsführer des BVJ und zitierte Schulungsunterlagen, die er für Jugendlager des BVJ erarbeitet haben soll: »Jude ist Jude, man kann ihn lehren, er folgt seinem Blut, folgt seinen Lehren. Aber ein Kerl, wert, dass man ihn henkt, ist ein Deutscher, der wie ein Jude denkt.«[886]

Nach dem Verbot des rechtsextremen BVJ zog Lembke erst in den Taunus, dann in die Lüneburger Heide, wo er trotz seiner rechtsextremen Gesinnung im staatlichen Forstdienst tätig werden konnte. Lembke leitete »fahrtentechnische Lehrgänge«, also Zeltlager zur Wehrertüchtigung für den rechtsradikalen Bund Heimattreuer Jugend (BHJ), der 1962 nach dem BVJ-Verbot gegründet worden. 1968 kandidierte Heinz Lembke für die NPD bei der niedersächsischen Kommunalwahl.[887]

Lembke hatte weitreichende Verbindungen im Neonazi-Milieu: von Roeders terroristischen Deutschen Aktionsgruppen bis zum Umfeld der ab Januar 1980 verbotenen Wehrsportgruppe Hoffmann. So kannte Lembke den Funktionär der Jungen Nationaldemokraten (JN) und des Nationaldemokratischen Hochschulbundes (NHB) Peter Naumann, der schon 1974 durch den Bau von Sprengkörpern aufgefallen war. Beim Hantieren mit einer selbstgebastelten Bombe hatte Naumann bei der unerwarteten Explosion Teile seiner rechten Hand verloren. Gemeinsam verübten Lembke und Naumann 1978 einen Bombenanschlag auf ein Denkmal für NS-Opfer in Italien. Die Gedenkstätte, die die beiden sprengten, erinnerte an die Erschießung von 335 italienischen Geiseln durch die SS im März 1944.

Ein weiterer enger Freund Lembkes war das NPD-Mitglied Hellmut Meyer aus Honsdorf. Der gelernte Biologe Meyer war zusammen mit seinem Bruder Götz-Dietrich 1978 zu einer Geldstrafe verurteilt worden, weil die Brüder versucht hatten, die Befreiungshalle in Kelheim zu besetzen. Lembke kannte die Meyers aus dem Bund Heimattreuer Jugend und der Reservistenkameradschaft Bremen. Die drei nahmen im November 1977 an einer Veranstaltung Manfred Roeders in Uelzen teil. Im März 1980 wollte Raymund Hörnle, Mitglied in Roeders Terrororganisation Deutsche Aktionsgruppen, Hellmut Meyer einen Sprengsatz übergeben, damit der einen Anschlag in Norddeutschland durchführen konnte. Meyer lehnte jedoch die Annahme des Sprengstoffes ab und stellte stattdessen im Sommer den Kontakt zwischen Roeders Terrorgruppe und Lembke her.

Am 14. April 1981 bereitete sich Heinz Lembke auf eine zu erwartende Haftstrafe vor. Er war für den kommenden Tag zur Vernehmung über die Deutschen Aktionsgruppen nach Karlsruhe vorgeladen und rechnete damit, in Beugehaft genommen zu werden. Mit seiner Frau S. saß er abends noch zusammen und hörte mit ihr eine Schallplatte des Liedermachers Klaus Schulze. Dann fuhr er zum Bahnhof. Am Mittwochmorgen, dem 15. April 1981, stellte ihm die Bundesanwaltschaft Fragen zu den verhafteten Mitgliedern der Deutschen Aktionsgruppen Manfred Roeder, Heinz Colditz, Sibylle Vorderbrügge und Raymund Hörnle, sowie zu Hellmut Meyer, der den Kontakt Lembkes mit der Terrorgruppe hergestellt hatte. Lembke notierte akribisch die Fragen der Bundesanwälte in seinem Tagebuch:

»1. Ob ich mit Meyer und Colditz am 5.8.80 im Wald zusammengekommen wäre?
2. Was hat Colditz dabei über von ihm vorgenommene Sprengstoffanschläge erzählt?
3. Habe ich dem Colditz Sprengstoff angeboten dabei/zugesagt?
4. Waren Meyer, Vorderbrügge und Hörnle am 23.8.80 bei mir?
5. Haben die dabei von Anschlägen erzählt?
6. Haben beide gefragt, ob ich künftig mitmache?
7. Habe ich denen Sprengstoff angeboten?
8. Waren am ... Meyer, Roeder, Vorderbrügge, Hörnle bei mir?
9./10. Hat Roeder dabei von neuen/gewesenen Anschlägen erzählt?
11. Hat Roeder mich aufgefordert, künftig daran teilzunehmen?
12. Welche Anschlagplanungen gegen welche Personen?
13. Welche Begründungen von mir für Ab- od. Zusagen gegenüber Roeders Planungen?«[888]

Lembke verweigerte zu allen Fragen die Antwort, auch als Bundesanwalt Kube ihn umzustimmen versuchte: »Ich entgegnete [...], dass Roeder für mich ein politischer Kämpfer sei, mit dessen politischen Vorstellungen ich zwar nicht völlig übereinstimme, der aber als solcher zu achten sei.«[889]

Auffällig ist, dass die Bundesanwälte kein Interesse zeigten, Lembke zu anderen Themen als zu den Deutschen Aktionsgruppen zu befragen. Als er die Beantwortung der 13 Fragen verweigert hatte, wurde er zum Haftantritt in die JVA Karlsruhe gebracht, einen alten Bau, »abgerissen, schmuddelig und eng«.[890] Lembke machte in seinem Hafttagebuch aus seiner Gesinnung kein Hehl. Er komme sich vor »wie ein Affe im Käfig, nur schlimmer. Jedes ursprüngliche Vorkriegs-KZ im 3. Reich war menschlicher mit den großen Gemeinschaftsbauten, dem Himmel und der Erde. Diese Käfigbauten muss man kennengelernt haben am eigenen Leib.«[891] Ostern 1981 wurde Lembke nach Karlsruhe-Durlach verlegt. Der Inhaftierte blieb unbeugsam, sah sich als politischer Gefangener und Märtyrer der Neonazi-Bewegung: »Kein Kampf ohne Vorbilder/Helden. Auch unser Kampf braucht Vorbilder, und wenn keine da wären, müssten wir die ersten sein wollen, denn auch im Kampf sind nicht alle gleich, die Besten stehen dem Strebenden vor Augen, nicht die Mittelmäßigen.«[892]

Nach sechs Monaten, am 14. Oktober 1981, wurde Lembke aus der Beugehaft entlassen. Er konnte die Freiheit nur wenige Tage genießen. Am 26. Oktober 1981, über ein Jahr nach dem Oktoberfestattentat und der erfolglosen Hausdurchsuchung bei ihm, war der Waldarbeiter Fritz Arndt in der Nähe der Gemeinde Eimke, wenige Kilometer südlich von Lembkes Wohnhaus, damit beschäftigt, einen Zaun um eine Sandgrube zu ziehen. Als Arndt einen Zaunpfahl in den Boden trieb, stieß er in 40 Zentimeter Tiefe auf wasserdicht in Folie verpackte Kisten, in denen sich Gewehrmunition, Sprengstoff und Sprengmittel befanden. Arndt meldete den Fund unverzüglich, was zur erneuten Verhaftung Lembkes führte. Als die Beamten ihn vor dem Försterhaus in Oechtringen zum Einsatzfahrzeug bringen wollten, drehte Heinz Lembke sich zu seiner Frau um und bat sie, ihm das Verlängerungskabel seines Kofferradios mitzugeben.

Am Folgetag entdeckte die Polizei zwei weitere Behälter in der Nähe des ersten Depots. Die nun gefundenen Kisten enthielten ein Verzeichnis von Waffen, die in über 30 Erddepots versteckt worden waren: 159,5 Kilogramm Sprengstoff, drei Pistolen, darunter eine speziell für Sabotagetrupps hergestellte tschechische Schalldämpferwaffe, neun Gewehre mit über 13 000 Schuss Munition und sogar eine Wehrmachtsmaschinenpistole. Lembke hatte nicht nur 258 Handgranaten in seinen Besitz bringen können, sondern auch 50 Panzerfaustgranaten samt Treibladungen. Tatsächlich stimmte die Inventarliste weitgehend mit dem Inhalt von 88 Kisten in 31 Erdverstecken überein, die die Polizei auch dank einer Ortsbegehung mit dem verhafteten Lembke im Wald nahe dem Försterhaus bis Mitte November 1981 finden konnte. Ein letztes, von Lembke als »Depot 82« bezeichnetes Waffenversteck gab er indes nicht preis, weil – so Lembke – dessen Inhalt auf weitere Helfer hinweisen würde. Die wollte der Forstwirtschaftsmeister bis zuletzt nicht verraten.[893]

Der Anwalt der Oktoberfestattentats-Opfer, Werner Dietrich, fand bei der Sichtung der »Spurenerfassungsbelege« im Jahr 2014 den Hinweis, dass die Soko Theresienwiese über die Entdeckung von Lembkes Waffenlagern im Wald informiert wurde. Dietrich stellte in einem Interview fest: »Diese Ergebnisse werden nach München gegeben, die Münchener machen aber nichts damit, lassen das liegen. Die Spur Lembke ist damit zunächst einmal beendet, ohne dass es von den Münchenern einen Ermittlungsauftrag gibt. Die Soko Theresienwiese fordert nichts an und bekommt natürlich auch nichts.«[894]

Dabei hätte der Fund zahlreiche Ermittlungsansätze geboten, die für die Aufklärung des Oktoberfestattentats interessant gewesen wären. Vieles spricht dafür, dass Lembke Unterstützer beim Anlegen der Sprengstoffdepots hatte. Sein Freund Hellmut Meyer könnte zumindest Mitwisser der Depots gewesen sein. Meyers Fingerabdruck fand sich auf dem Buch »Improvised Munitions Handbook«, das in einer der vergrabenen Kisten lag.[895] Auch ein Fingerabdruck des später wegen mehrerer Sprengstoffanschläge verurteilten Rechtsterroristen Peter Naumann fand sich auf einem Buch in Lembkes Depot – auf der britischen Sabotagefibel »OSS Sabotage & Demolition Manual«. Er war wenige Wochen vor den Anschlägen von Bologna und München, im Mai oder Juni 1980, zwei Jahre nach dem gemeinsamen Bombenanschlag in Italien, zu Gast in Lembkes Försterei in Oechtringen.[896]

Der Generalbundesanwalt kam auch einem 21-jährigen angehenden Grafiker auf die Spur, der möglicherweise der Beschaffer einiger Feuerwerkskörper aus Lembkes Depot war. Der junge Mann, Andreas H. aus Berlin, hatte die sogenannten Darstellungsfeuerwerkskörper vermutlich aus einem Bundeswehrbunker gestohlen. H. war Vorstandsmitglied der Jungen Nationaldemokraten und war mit Lembkes Mittäter beim Anschlag auf das Denkmal in Italien, Peter Naumann, sowie mit Odfried Hepp von der verbotenen Wehrsportgruppe Hoffmann bekannt, die sich Anfang 1980 in den Libanon abgesetzt hatte.[897]

Auch Heinz Lembke hatte Kontakt mit Odfried Hepp, möglicherweise seit der gemeinsamen Zeit beim Bund Heimattreuer Jugend. Während seiner Beugehaft in Karlsruhe vom April bis Oktober 1981 schrieb Lembke dreimal an den Wehrsportler Hepp, der damals in der JVA Karlsruhe einsaß. Hepp antwortete mit fünf Briefen. Nur mit Hellmut Meyer, der Lembke mit Roeder, Vorderbrügge und Hörnle von den Deutschen Aktionsgruppen zusammengebracht hatte, hatte Heinz Lembke noch intensiveren Briefkontakt in der Haft: 27 Briefe gingen zwischen der JVA Lüneburg und Honsdorf hin und her.[898]

Am Morgen des 1. November 1981 gegen 7 Uhr fanden Justizbeamte der JVA Lüneburg den Untersuchungshäftling Heinz Lembke erhängt in seiner Zelle. Er hatte das Verlängerungskabel seines Kofferradios als Schlinge genutzt, das seine Frau ihm am Tag der Verhaftung mitgeben konnte. Lembkes Abschiedsbrief endete mit den Worten: »Genossen! Ihr wisst, weshalb ich nicht mehr leben darf. Wolfszeit! Heil Euch Heinz Hermann Ernst Lembke.«[899]

Ob Lembke sich tötete, um nicht weitere Mitwisser der Waffendepots zu verraten? Diese Frage kann gestellt werden, die Antwort muss aber offenbleiben. Die Beugehaft von März bis September 1981 hatte Lembke geduldig ertragen, ohne Manfred Roeder oder andere zu belasten. Vielleicht war aber auch die weitere Haft einfach zu viel für ihn. Sicher ist, dass Lembkes Loyalität gegenüber dem rechtsterroristischen Bekanntenkreis groß war. Das wussten auch die Ermittler. Doch da der Generalbundesanwalt ausschloss, dass Lembke mit seinem Sprengstoff Terrorakte verüben wollte und angeblich auch niemanden kannte, der das vorhatte, war die Formulierung des Abschiedsbriefes für Rebmann bedeutungslos.

Dabei war Generalbundesanwalt Kurt Rebmann unmittelbar nach dem Oktoberfestattentat davon ausgegangen, dass Gundolf Köhler als Teil einer rechtsterroristischen Vereinigung gehandelt hatte. Denn am Tag nach dem Anschlag erfuhr Rebmann von Raymund Hörnle und Sibylle Vorderbrügge, dass Roeders Terrorgruppe unmittelbar vor der Tat Kontakt zu Heinz Lembke hatte, der ihnen gegenüber von Sprengstofflagern im Wald gesprochen hatte und als Terrorist aktenkundig war – hatte er doch mit Peter Naumann zwei Jahre zuvor einen politisch motivierten Bombenanschlag in Italien verübt. Außerdem hatten Bekannte von Lembke Kontakt zur Wehrsportgruppe Hoffmann, gegen die Rebmann im Zusammenhang mit dem Oktoberfestattentat ermittelte. Trotz dieser Ansätze dehnte Rebmann seine Ermittlungen zum Oktoberfestattentat nicht auf Lembke und sein Umfeld aus. Die Ermittlungen zu Lembke und den Deutschen Aktionsgruppen blieben säuberlich getrennt vom Verfahren gegen Gundolf Köhler und die anfangs verdächtige Wehrsportgruppe um Karl-Heinz Hoffmann.

Das Verfahren zur Oktoberfestbombe mündete in der Einzeltäterthese und wurde eingestellt – der »Einzeltäter« Gundolf Köhler war schließlich tot. Und auch das Verfahren zu Lembke ging nach dessen Tod schnell zu Ende. Alle Spuren zu etwaigen Mittätern bei der Anlage der Waffendepots hielt Rebmann für nicht tragfähig. Die Fingerabdrücke von Meyer und Naumann reichten juristisch zum Beweis einer Mitwisserschaft nicht aus, so der Generalbundesanwalt in seinem Einstellungsbeschluss zu Lembke im Dezember 1982. Auch Lembkes seit 1977 bestehende Kontakte zu Manfred Roeder und seiner Terrororganisation Deutsche Aktionsgruppen boten für den Generalbundesanwalt keine ausreichenden Ermittlungsansätze.

So kam Rebmann zu dem Schluss, dass Lembke die 33 Waffen- und Sprengstoffdepots allein und ohne Auftrag von anderen angelegt hatte – nicht etwa, um »die verfassungsmäßige Ordnung der Bundesrepublik Deutschland durch Sprengstoffanschläge [zu] erschüttern«, wie es von einem Rechtsextremisten erwartet werden kann, sondern um sich »gegen eine Intervention aus dem Osten zu schützen«. Die Persönlichkeit Lembkes, schloss Rebmann, lasse es »möglich erscheinen, dass er von einer verstandesmäßig nicht völlig faßbaren Furcht vor einem russischen Überfall durchdrungen und entschlossen war, den erwarteten Eindringlingen als Einzelkämpfer oder *als Führer von Partisanen* [Hervorhebung durch die Verf.] Widerstand entgegen zu setzen«.[900]

Als der Generalbundesanwalt Rebmann dies schrieb, wusste die Öffentlichkeit in Deutschland noch nichts von Stay-Behind-Organisationen. Rebmann porträtierte Lembke als verschlossenen Einzelgänger ganz im Gegensatz zu dessen Familie, die den Forstwirtschaftsmeister als geselligen und charismatischen »Womanizer« kannte.

Woher stammten Lembkes Waffen?

Dem Generalbundesanwalt gelang es nicht, die Herkunft der meisten Waffen aus Lembkes Depots zu klären. Die zweijährige Ermittlungsarbeit habe »nicht zur Ermittlung derjenigen Personen geführt, die Lembke in größerem Umfang beliefert haben und von denen deshalb anzunehmen ist, dass sie von der Anlage der Depots wussten«.[901] Ein Bundeswehr-Sturmgewehr vom Typ G 3, das in einem Lembke-Depot lag, hatte zwar eine Nummer, jedoch war nicht zu klären, wie die Waffe 1972 aus den Beständen des Lüneburger Feldartilleriebataillons 31 einfach verschwunden war. Auch bei einer Bundeswehrpistole Walther P1 war nicht herauszubekommen, wie sie dem Panzerartilleriebataillon 75 abhandengekommen war.[902]

Bei zehn Schusswaffen aus den Oechtringer Depots konnte nicht ermittelt werden, wie sie zu Lembke gelangten – lediglich ein Kleinkalibergewehr konnten die Ermittler einem NPD-Freund Lembkes zuordnen. Die bei Lembke gefundenen Sprengkapseln und ein Teil der Munition stammten vermutlich aus dem Delaborierungswerk Dragahn der Firma Dr. Berckenhoff & Co., wo sie als vernichtet vermerkt waren. Wie 12 Panzerfaustgranaten aus Dragahn zu Lembke kamen, blieb ungelöst. Zwar war der Feuerwerker Günter P. Mitglied einer Skatrunde von Heinz Lembke und Hellmut Meyer gewesen, doch er bestritt die Weitergabe der Munition – das Verfahren wurde eingestellt.[903]

Auch die 159,54 Kilogramm Sprengstoff bereiteten den Ermittlern Kopfzerbrechen. Ein 10-Kilo-Sprengkörper konnte weder der Bundeswehr noch einer anderen NATO-Armee zugeordnet werden. 35 Kilo loses TNT, vermutete man, war aus »Granaten entnommen, die auch bei der Bundeswehr eingesetzt werden«. Die Quelle, aus der Lembke rund 100 Kilo Nitropenta-Hochleistungssprengstoff bekommen hatte, konnte ebenfalls nicht geklärt werden.[904]

Heinz Magenheimer war Chefredakteur der von der Österreichischen Verteidigungsakademie herausgegebenen *Österreichischen Militärischen Zeitschrift* – ein Militärfachmann und gewiss kein versponnener Verschwörungstheoretiker. Er untersuchte 1991 die bis dahin bekannt gewordenen Stay-Behind-Strukturen in NATO-Mitgliedsländern. Er vermutete, dass Lembke seine Depots im Auftrag Dritter angelegt hatte. Magenheimer stellte über die Menge der von Lembke gehorteten Kriegsausrüstung fest: »Es ist bemerkenswert, dass in einem Staat mit umfangreichen Sicherheitsmaßnahmen gegen Terroristen ein Diebstahl oder die Abzweigung einer derartigen Menge an Kampfmitteln unbemerkt geblieben wäre.«[905] Der Militärhistoriker bemerkte zudem, dass die Stadt Uelzen ein strategisch wichtiger Verkehrsknotenpunkt nahe der Zonengrenze war und dass der Fluss Ilmenau eine Sperrmöglichkeit gegen einen Angriff aus dem Osten darstelle, wo sich der Einsatz von Partisanen lohne. Magenheimer legte die Anzahl der gefundenen Waffen und die Munition auf die bei Stay Behind üblichen kleinen Kommandotrupps von drei bis vier Mann um. Die 14000 Schuss Munition, 50 Panzerabwehrrohre, 230 Sprengkörper und 258 Handgranaten hätten für eine 66-köpfige Einsatztruppe ausgereicht.[906] Ob es sich bei diesen Waffendepots, trotz aller augenfälligen strukturellen Ähnlichkeit, tatsächlich um Erddepots einer Stay-Behind-Truppe gehandelt hat, kann dennoch nicht eindeutig belegt werden.

War Lembke Überrollagent 27?

Vom 25. Mai 1977 bis zum April 1978 hatte die Funkaufklärung des MfS chiffrierte Funksprüche eines Agentenpaares der Stay-Behind-Organisation im Raum Lüneburg abgefangen. Das Agentenpaar sollte ein Materialversteck bei Böhmsholz anlegen und dort im Oktober 1977 elektronische Bauteile für ein Funkgerät, einen sogenannten Quarzsatz, verstecken, leerte nach Funkanweisung einen toten Briefkasten und traf sich – so die Erkenntnisse der MfS-Lauscher – mehrfach mit dem SBO-Verbindungsführer. Das Lüneburger Ehepaar empfing oder sendete mehrfach Funkmeldungen, möglicherweise von Bad Bevensen aus, südlich von Lüneburg. Das MfS führte Buch über die Aktivitäten des Ehepaares unter dem Namen AGENTENGRUPPE 27.[907]

Waren die Lembkes das Lüneburger Ehepaar? Manches spricht dafür: Die Revierförsterei, in der Heinz und S. Lembke mit ihren Kindern lebten, befindet sich nur wenige Kilometer westlich von Bad Bevensen, während Böhmsholz rund 60 Kilometer nordwestlich von Lembkes Wohnhaus liegt. Die Orte, an denen das MfS Stay-Behind-Aktivitäten festgestellt hatte, lagen also durchaus im Einsatzradius eines SBO-V-Mannes aus der Region.

Heinz Lembke hatte seine 33 Waffen- und Ausrüstungsdepots zwischen Herbst 1977 und Juni 1978 angelegt, also fast genau in dem Zeitraum, in dem das MfS Aktivitäten der SBO-Agentengruppe 27 in der Lüneburger Heide feststellen konnte, nämlich von Mai 1977 bis April 1978.[908]

Ein Indiz könnte gegen die These des Buchautors Tobias von Heymann sprechen, Lembke sei der Überrollagent 27 gewesen: Am 14. November 1977 übermittelte die SBO-Zentrale Geburtstagsgrüße an die Ehefrau des Überrollagenten, der nahe Lüneburg wohnte. Hielt die Stay-Behind-Organisation ihren verschlüsselten Agentenfunk für so sicher, dass sie die wirklichen Geburtstage ihrer Agenten auf diesem Weg preisgab? Sollte die Agentin 27 tatsächlich im November Geburtstag haben, könnte Heinz Lembkes nicht der vom MfS lokalisierte Schweigefunker in der Lüneburger Heide sein, denn seine Ehefrau S. wurde im Juli 1935 geboren.

Ob Lembke also der Agent 27 war oder nicht, es bleibt doch bemerkenswert, wie eine Einzelperson fast drei Dutzend Waffendepots anlegen konnte. Auch diese Frage bleibt bis heute offen, und es kann auch nur spekuliert werden, denn die Herkunft der meisten Waffen und der Munition aus Lembkes Lagern ist bis heute nicht geklärt. Lüneburg lag in der ehemaligen britischen Besatzungszone: Insofern könnte die Frage gestellt werden, ob Heinz Lembke Zugriff auf Waffendepots einer etwaigen britischen Stay-Behind-Organisation hatte. Zwar lässt sich deren Existenz vermuten, aber ohne Zugang zu britischen Akten ist das zum heutigen Stand nicht zu beweisen.

Ende der Ermittlungen?

Im Jahr 2015 befanden sich laut Auskunft der Bundesregierung lediglich sieben Aktenordner zum »Sprengstoffanschlag (Oktoberfestattentat)« im Bundesamt für Verfassungsschutz. Da die Bundesregierung eine Aktenlöschung beim BfV bestreitet, erscheint die siebenbändige Sachakte des Verfassungsschutzes erstaunlich dürftig. Zur Wehrsportgruppe Hoffmann hat das BfV offenbar mehrere Bände angelegt, in denen sich 197 Meldungen von Quellen finden. Ende 2014 erklärte die Bundesregierung, dass diese Akten keine neuen Erkenntnisse zutage fördern könnten: »Dem BfV liegen weiterhin geheimhaltungsbedürftige Dokumente zum Oktoberfestattentat vor. Diese enthalten jedoch keine Hinweise auf mögliche ›Hintermänner‹ des Bombenanschlags.«[909]

Der Bundesnachrichtendienst verfügte zu diesem Zeitpunkt laut eigener Auskunft nur über einen einzigen Aktenband zum Wiesnattentat. Die Bundesregierung räumt allerdings ein, dass im BND »keine Erkenntnisse über Tatsache und Zeitpunkt einer Vernichtung von Quellenmeldungen oder Ordnern zum Oktoberfest recherchierbar« sind. Mit anderen Worten: Es wurden vermutlich zehn Jahre nach Anlegen der Akten Papiere vernichtet. Die Aktenführung im BND endete laut Bundesregierung im Jahr 1983. In der verbliebenen Akte findet sich zum Komplex Oktoberfestbombe lediglich eine Quellenmeldung. Im gerade einmal 45 Blatt umfassenden neu zusammengestellten offenen Teil der BND-Akte zum Oktoberfestattentat, dem zuvor zahlreiche Blätter entnommen worden waren, ist von einem Informanten in Karl-Marx-Stadt die Rede, der einer nachrichtendienstlichen Verbindung des BND anvertraute, es gebe in der DDR eine Wehrsportgruppe mit Verbindungen zu Karl-Heinz Hoffmanns Truppe.[910] Es ist kaum vorstellbar, dass dies die einzige Meldung war, die der BND von seinen Informanten zum Oktoberfestattentat erhielt.

Der Militärische Abschirmdienst soll fünf Quellenmeldungen zum Attentat erhalten haben. Die Akten des MAD wurden jedoch gelöscht.[911] Erst durch hartnäckige Nachfragen konnte erreicht werden, dass das bayerische LKA Opferanwalt Werner Dietrich ab Januar 2014 Einsicht in die Spurenakten zum Attentat gestattete. Auf 9000 Seiten sind 887 ermittelte Spuren des Attentats dokumentiert.

Noch im Februar 2014 blieb die Bundesanwaltschaft auf Nachfrage bei ihrer seit 1982 vertretenen Linie, das Ermittlungsverfahren habe »am 23. November 1982 nach § 170 Abs. 2 StPO eingestellt werden müssen, weil sich der ursprünglich gehegte Anfangsverdacht, an dem Attentat seien neben dem bei der Begehung der Tat tödlich verletzten Studenten Gundolf Köhler weitere Personen beteiligt gewesen, nicht hinreichend erhärten ließ. [...] Das Umfeld des Attentäters und seine Verbindungen zu rechtsextremistischen Kreisen war Gegenstand der umfangreichen Ermittlungen. Sie betrafen insbesondere die Wehrsportgruppe Hoffmann. Hinreichende Feststellungen zu eventuellen weiteren Tatbeteiligten ergaben die Ermittlungen allerdings nicht.«[912]

In den Einstellungsverfügungen des Generalbundesanwalts ist nicht erkennbar, ob der Versuch unternommen wurde, über Rechtshilfeersuchen etwaige Verbindungen zwischen der Hoffmann-Truppe und italienischen Rechtsterroristen zu recherchieren. Auch Untersuchungen über mögliche Ähnlichkeiten der Attentate von Bologna und München sind nicht erkennbar. Man ging davon aus, dass der einzige Täter des Oktoberfestanschlags Gundolf Köhler war, der keine internationalen Kontakte hatte und weder der Hoffmann- noch der Hepp-Gruppe nahestand.

Erst am 11. Dezember 2014, 34 Jahre nach der Einstellung des Verfahrens und nach dem dritten Wiederaufnahmeantrag von Rechtsanwalt Werner Dietrich, nahm Generalbundesanwalt Harald Range die Ermittlungen zum Oktoberfestattentat wieder auf. Ursache hierfür ist die Aussage einer Theologin, die sich 2014 bei Oktoberfestopfer-Anwalt Dietrich gemeldet hatte. Die Zeugin gab 1980 Deutschunterricht in einer Unterkunft für Aussiedler am Münchener Petuelring. Einer ihrer Schüler war der rechtsextreme Schlesier Andreas W. Als W. vor Beginn der Unterrichtsstunde um die Mittagszeit des 27. Septembers 1980 Tee kochte, begab sich die Theologin zum Garderobenschrank in W.s Zimmer, um ihre Jacke aufzuhängen. Im Schrank fand sie zwei Pistolen und zahlreiche Flugblätter: »Die Flugblätter, ein ganzer Stapel im DIN-A5-Format und von etwa 20 Zentimeter Höhe, enthielten einen lobenden Nachruf auf Gundolf Köhler. Die Rede war von einem ›ehrenwerten Heldentod‹, ›Oktoberfest‹ mit einer anschließenden ›Würdigung‹.« Nach der Unterrichtsstunde habe Andreas W. ihr erklärt, den Unterricht zu beenden, da er zu Freunden nach Argentinien reisen wolle – ein ungewöhnliches Vorhaben für einen Aussiedler ohne Pass. Tatsächlich war W. ab dem nächsten Tag nicht mehr in der Unterkunft anzutreffen. Die Theologin will nach dem Vorfall zum Polizeipräsidium in der Ettstraße gegangen sein, wo ein Polizist sie abwimmelte. Da der Schlesier sie weder bedroht noch misshandelt habe, habe der Beamte sie weggeschickt.[913]

Es ist schon rätselhaft, wie der Schlesier »um die Mittagszeit« des 27. Septembers 1980 Flugblätter über den Attentäter Gundolf Köhler fertig gedruckt haben konnte, als der Name des mutmaßlichen Täters noch nicht in der Öffentlichkeit bekannt war. Nach dem Einsatztagebuch des Lagezentrums verlangte der bayerische Staatsschutzchef Hans Langemann am 27. September 1980 um 9:25 Uhr vom Verfassungsschutz eine Überprüfung des beim Anschlag getöteten Köhler im Fahndungssystem NADIS. Um 11:50 Uhr, also um die Mittagszeit, gab Langemann die LfV-Erkenntnisse über Köhler an Innenminister Gerold Tandler weiter.[914]

Frühestens zu dem Zeitpunkt, als der WSG-Hintergrund Köhlers und seine Täterschaft innerhalb der bayerischen Behörden verbreitet wurden, hätten also Außenstehende davon erfahren können. Doch zu diesem Zeitpunkt waren – laut Aussage der Theologin – die Flugblätter bereits gedruckt. Die Öffentlichkeit erfuhr erstmals an diesem Samstagabend um 22:00 Uhr in den Nachrichten von Köhler.

Seit November 1980 waren die Soko Theresienwiese und der Generalbundesanwalt der Einzeltäterthese »wie auf Schienen« gefolgt (Ulrich Chaussy). Hinweise auf Köhlers rechtsextrem-terroristisches Umfeld wurden ignoriert, und der Bombenleger wurde als ein verwirrter junger Mann dargestellt, der nicht aus politischen Motiven, sondern aus persönlichem Frust gehandelt hatte. Der Generalbundesanwalt kam zu dem Schluss, »Schwierigkeiten im sexuellen Bereich und bei der Begründung echter partnerschaftlicher Beziehungen zu Frauen, Mißerfolge beim Studium, enttäuschte Wünsche nach Anerkennung und fehlgeschlagene, negativ beurteilte Zukunftschancen und wirtschaftliche Sorgen«[915] hätten Köhler dazu gebracht, ohne Helfer das Bombenmaterial zu besorgen, den Sprengkörper alleine zu bauen, ohne Begleiter mit seinem Ford von Donaueschingen nach München zu transportieren und die Bombe dort am Eingang zur Theresienwiese ohne Mithelfer zur Explosion zu bringen.

Die Erkenntnisse zu Köhlers Kontakten zur WSG Hoffmann und zur Untergruppe um Odfried Hepp sowie die genauen Aufenthaltsorte der rechten Wehrsportler wurden nie abschließend geklärt, ebenso wenig die Herkunft des Sprengstoffs und die Funktion der Oktoberfestbombe.

Fast gleichzeitig mit der Einstellung der Ermittlungen zum Oktoberfestattentat wurden die Nachforschungen zum Fall Lembke beendet. Im Einstellungsbeschluss zu den Ermittlungen gegen den Forstwirtschaftsmeister schrieb der Generalbundesanwalt: »Die über Lembke gewonnenen Erkenntnisse deuten nicht darauf hin, dass Lembke Anschläge geplant oder auch nur ins Auge gefasst hätte oder Beziehungen zu Personen unterhalten hat, die Anschläge ausführen wollten.«[916]

Zur Erinnerung: Lembke hatte 1978 mit Peter Naumann einen Bombenanschlag in Italien verübt. Naumanns Fingerabdrücke waren in Lembkes Waffendepot gefunden worden. Naumann hatte weitere Anschläge verübt. So hatte er 1979 einen Sendemast gesprengt, um die Ausstrahlung der TV-Serie »Holocaust« zu verhindern. 1995 schließlich präsentierte Naumann nach einer Hausdurchsuchung dem Bundeskriminalamt und einem Fernsehteam des *ARD*-Magazins »Panorama« 13 Waffen- und Sprengstoffdepots in Hessen und Niedersachsen, die er nach eigenen

Angaben schon Anfang der 1980er Jahre angelegt hatte. Gefunden wurden Handgranaten, Munition, eine Pistole, ein Revolver und eine Kalaschnikow sowie 27 Kilogramm TNT – ein ähnliches Waffenspektrum wie in den Lembke-Depots. Doch es wurde nicht weiter ermittelt.[917]

Wie kamen die Bundesanwälte zu der Einschätzung der Persönlichkeit und der Motive Lembkes?[918] Was bewegte sie zur Wandlung in der Beurteilung des Attentäters Gundolf Köhler während der Ermittlungen – vom rechtsextremen Hoffmann-Anhänger zum frustrierten Einzeltäter? Leider hinterließ Kurt Rebmann, wie seine Tochter Regine Rebmann mitteilte, keine Tagebuchaufzeichnungen. Auch sein damaliger persönlicher Referent, der spätere Generalbundesanwalt Kay Nehm, wollte sich zu dem Komplex Oktoberfestattentat nicht äußern, da er in die Ermittlungen nicht involviert gewesen sei. Beide, Regine Rebmann und Kay Nehm, schließen eine politische Einflussnahme auf die Ermittlungen aus.[919]

Wie Gundolf Köhler wurde der seit seiner Jugend im Neonazimilieu vernetzte Lembke vom Generalbundesanwalt als verwirrter Einzeltäter dargestellt. Die Feststellung des Generalbundesanwalts, Lembke habe sich als »Einzelkämpfer oder als Führer von Partisanen« gesehen, der im Kriegsfall Widerstand gegen die vorrückenden Russen leisten wollte, führte aber auch nach Bekanntwerden des Stay-Behind-Netzwerkes nicht zu erneuten Ermittlungen.[920]

Zuletzt erklärte die Bundesregierung im November 2014 »zu der Frage, welche Beziehungen Lembke zu SBO und LAFBw unterhielt«, dass ihr »keine Erkenntnisse vorlägen«.[921]

Auch als in West-Berlin 1996 zwei von den Briten angelegte Lager mit Waffen und Funkausrüstung gefunden und auch in Österreich britische Waffenlager aus der Nachkriegszeit entdeckt worden waren, wurden keine Ermittlungen in Richtung auf eine etwaige britische Stay-Behind-Organisation aufgenommen. Niedersachsen war nach dem Zweiten Weltkrieg Teil der britischen Besatzungszone.

Das Tabu: V-Leute

Die Bundesregierung hat mehrfach klargestellt, dass sie Informationen zum Oktoberfestattentat dann zurückhalten wird, wenn diese Erkenntnisse über mutmaßliche V-Leute im Umfeld des Bombenlegers Gundolf Köhler bringen könnten. Udo Albrecht soll als V-Mann für den BND gearbeitet haben, Ulrich Behle wird in Medienberichten verdächtigt, zum Zeitpunkt des Anschlags für das nordrhein-westfälische Landesamt für

Verfassungsschutz tätig gewesen zu sein.[922] Odfried Hepp stand im Verdacht, neben dem MfS auch westdeutschen Behörden gedient zu haben.[923] Die DDR-Staatssicherheit hatte bereits im Februar 1980 vor, Hepp, den Gründer der WSG Schlageter, bei seiner nächsten Einreise in die DDR »für eine inoffizielle Zusammenarbeit mit dem MfS zu bewegen«.[924] Hepp war seit 1972 mehrfach pro Jahr zu Verwandten in die DDR gereist. Das MfS war über Hepps Kontakte zur Wehrsportgruppe Hoffmann im Libanon ab Frühjahr 1980 informiert und verdächtigte ihn der Zusammenarbeit mit westlichen Geheimdiensten. Nach seiner Rückkehr aus dem Libanon verbüßte Hepp 1981 eine knapp einjährige Haftstrafe. Im Januar 1982, kurz nach seiner Haftentlassung, reiste Hepp nach Ost-Berlin und bot sich dem MfS als Spitzel an. Die DDR-Staatssicherheit nutzte den Neonazi schließlich als Inoffiziellen Mitarbeiter (IM Friedrich/ IM Adler II) und ließ ihn mit gefälschten Papieren in den Nahen Osten reisen, um internationale rechtsextreme Organisationen auszuspähen.[925] Ob der Bundesnachrichtendienst, das Bundesamt für Verfassungsschutz oder der Militärische Abschirmdienst diese Reisetätigkeit bemerkten und ihrerseits Hepp als Informanten zu gewinnen versuchten, kann allerdings nicht geklärt werden: »Hinsichtlich einer möglichen V-Mann-Tätigkeit für das BfV, den MAD oder den BND kann aus Gründen des Staatswohls keine Auskunft erteilt werden«, erklärte die Bundesregierung noch 2014.[926] Auch Fragen nach einer V-Mann-Tätigkeit Heinz Lembkes wies die Bundesregierung mit dem Hinweis zurück, der Informationsanspruch des Parlaments finde »eine Grenze bei geheimhaltungsbedürftigen Informationen, deren Bekanntwerden das Wohl des Bundes oder eines Landes gefährden kann«.[927]

Im Januar 2015 stellte die Bundestagsfraktion Die Linke eine Kleine Anfrage über mögliche V-Leute des BND, des MAD oder des BfV in der Wehrsportgruppe Hoffmann vor oder nach dem Oktoberfestattentat. Die Bundesregierung verweigerte auch diesmal die Auskunft: »Aus der Abwägung der verfassungsrechtlich garantierten Informationsrechte des Deutschen Bundestages und seiner Abgeordneten mit den negativen Folgen für die künftige Arbeitsfähigkeit und Aufgabenerfüllung der Nachrichtendienste sowie den daraus resultierenden Beeinträchtigungen der Sicherheit der Bundesrepublik Deutschland und der Gefährdung für die Mitarbeiterinnen und Mitarbeiter der Nachrichtendienste sowie der Quellen folgt, dass auch eine Beantwortung unter VS-Einstufung ausscheidet.«[928] Somit wird selbst den Abgeordneten in der Geheimschutzstelle des Bundestages keine Auskunft über die V-Leute im Umfeld des Oktoberfestattentats hinterlegt. Im April 2015 teilte das Bundesministerium der Justiz der Fraktion Bündnis 90/Die Grünen mit, die Regierung sei »nach wie vor der Auffassung, dass Fragen zu Art und Weise der Quellenführung sowie zur V-Leute-Eigenschaft von Personen – auch wenn es sich um zeitlich weit zurückliegende Vorgänge handelt – zum Schutz der Funktionsfähigkeit der Nachrichtendienste nicht beantwortet werden können«.[929]

Grüne und Linke im Bundestag reichten daraufhin im Mai 2015 Organklage beim Bundesverfassungsgericht ein, um die Herausgabe von Informationen zu V-Leuten im Umfeld des Oktoberfestattentats zu erzwingen. Aber selbst die im Dezember 2014 wieder aufgenommenen Ermittlungen durch den damaligen Generalbundesanwalt Harald Range dürften angesichts der Verweigerung der Bundesregierung immer dann an Grenzen stoßen, wenn die Enttarnung von V-Leuten der Bundes- oder Landesbehörden im rechtsextremen Milieu droht. Die Weigerung der Bundesregierung, den Abgeordneten und dem Generalbundesanwalt den Zugang zu den Verfassungsschutzakten zum Umfeld des Oktoberfestattentats zu ermöglichen, zeugt einmal mehr vom fehlenden Willen zur Aufklärung wie beim gesamten Stay-Behind-Komplex.

Tarnen und Täuschen

Die stille Abwicklung von Stay Behind ab 1990

Am 18. Oktober 1990 eilte ein Bote vom Palazzo Chigi, dem Regierungssitz des italienischen Premiers Giulio Andreotti, zur Piazza San Macuto, dem Sitz einer parlamentarischen Kommission, die Andreotti gewaltig unter Druck gesetzt hatte. Er übergab ein Dokument, das den Regierungen und Geheimdiensten Westeuropas schwer zu schaffen machen sollte.

Andreottis Bericht »Der sogenannte parallele SID – der Fall GLADIO« war das Eingeständnis, dass nicht nur in ferner Vergangenheit, zum Zeitpunkt der Morde von Peteano, eine illegale Schattenarmee in Italien bestanden hatte, sondern dass sie noch immer aktiv war. Andreotti beschrieb GLADIO als den italienischen Bestandteil eines Widerstandsnetzes innerhalb der NATO-Staaten, das im Fall einer sowjetischen Besetzung Westeuropas im Rücken des Feindes kämpfen sollte. GLADIO verfüge über 622 hauptamtliche Mitglieder und habe 139 Waffenlager angelegt, so Andreotti. Briefe des von den Roten Brigaden entführten und ermordeten Christdemokraten Aldo Moro waren kurz zuvor entdeckt worden und hatten Andreotti gezwungen, seine bisher verharmlosenden Erklärungen zu der von Untersuchungsrichtern wie Felice Casson entdeckten Staatsguerilla zu präzisieren.[930] In den anderen NATO-Partnerländern und im Europa-Parlament fragten Abgeordnete nach, ob die Regierungen auch dort jahrzehntelang eine Geheimmiliz aufgerüstet hatten, wie sie in Italien nun erkennbar wurde.

Am 7. November erklärte ein Sprecher des westlichen Militärbündnisses, dass »die NATO niemals einen Guerillakrieg oder Geheimaktionen in Betracht gezogen hat«.[931] Das als Dementi gedachte Statement wurde tags darauf zurückgezogen, und nun bekannten sich weitere Regierungschefs zur Existenz von Geheimarmeen. Mehrere Regierungen von NATO-Staaten betonten aber, die jeweiligen Stay-Behind-Netzwerke hätten nichts mit den Strukturen des westlichen Verteidigungsbündnisses zu tun. Auch nach dem Bekanntwerden des Allied Clandestine/Coordinating Comittee (ACC) und des Clandestine Planning Comittee (CPC) und deren Anbindung an das europäische NATO-Hauptquartier SHAPE im belgischen Mons behauptete die NATO noch Jahre später, ACC und

CPC hätten »innerhalb der NATO niemals existiert«; Stay Behind sei »nie Teil der militärischen Struktur der NATO« gewesen.[932] In Deutschland ging das Bundesministerium der Verteidigung kurz nach Andreottis Enthüllungen erst einmal in Deckung: Weder der von 1972 bis 1978 amtierende Sozialdemokrat Georg Leber noch die ab 1982 auf der Hardthöhe amtierenden CDU-Politiker Manfred Wörner und dessen Nachfolger Gerhard Stoltenberg wollten Kenntnis von Stay Behind gehabt haben. Auch im Kanzleramt herrschte Gedächtnisverlust: »Weder der frühere SPD-Kanzleramtsminister Horst Ehmke noch Helmut Kohls späterer Koordinator Waldemar Schreckenberger, weder der einstige BND-Chef Klaus Kinkel noch der Ex-Präsident des Kölner Bundesamtes für Verfassungsschutz, Heribert Hellenbroich, waren eingeweiht«, wusste der *Spiegel* im November 1990 zu berichten. Quer durch die Parteienlandschaft wurde dementiert und wahrscheinlich gelogen. Kanzleramtschef Lutz Stavenhagen geriet unter Druck. Die Journalisten fragten immer drängender, was es mit der Geheimarmee in Deutschland auf sich hätte.

Der Abteilungsleiter VI im Kanzleramt, der für die Geheimdienste zuständige Kohl-Vertraute Hermann Jung, verfasste einen Geheimvermerk, in dem er die Existenz der deutschen Stay-Behind-Organisation einräumte, die Truppe aber zugleich kleinredete: Es »spielte bis etwa 1973 der Gedanke eine Rolle, Widerstandskräfte hinter den feindlichen Linien zu bilden«. Mitte der 1970er Jahre seien elf SBO-Mitarbeiter für den Widerstand gegen eine sowjetische Besatzungsmacht zuständig gewesen. Damit war der Ball ins Feld der von 1969 bis 1982 regierenden Sozialdemokraten geschoben. Aktuell, so Jung, bestehe Stay Behind aus 35 hauptamtlichen Mitarbeitern, die Quellen führten, die im Kriegsfall Funkmeldungen aus dem okkupierten Gebiet absetzen und gefährdete Personen herausschleusen sollten. Vorgesehen war ein Netz aus 50 militärischen, 125 allgemeinen und 25 Schleusungsquellen.[933]

Am gleichen Tag trat Regierungssprecher Hans Klein in Bonn vor die Bundespressekonferenz, um auf der Grundlage des Jung-Vermerks eine erste beschwichtigende und – zum Teil auch – falsche Auskunft zur BND-Geheimtruppe zu verbreiten: »Im Rahmen der Vorbereitungen für den Verteidigungsfall wurden in der Bundesrepublik Deutschland – wie in anderen Mitgliedsstaaten des Nordatlantischen Bündnisses – seit etwa Ende der fünfziger Jahre Vorkehrungen getroffen, um die nachrichtendienstliche Informationsbeschaffung auch im mutmaßlichen Konfliktgebiet sicherzustellen.«[934] Klein erwähnte also weder die Schleusungsaufgaben der SBO noch die Widerstandskomponente. Außerdem verlegte er die Gründung der deutschen SBO auf die Zeit, in der der BND dem ACC beigetreten war. Damit war die Frühphase, also die Übernahme der alliierten Quellen vor 1956, unter denen zahlreiche Altnazis waren, ausgeklammert.

Eine Woche später musste dann Kanzleramtsminister Lutz Stavenhagen Rede und Antwort stehen. Der Liberale Burkhard Hirsch war als Mitglied der Parlamentarischen Kontrollkommission (PKK) Aufseher über die Geheimdienste und offenbar nie über die BND-Schattentruppe informiert worden – eine grobe Missachtung des Parlaments. Hirsch hatte schriftlich gefragt, seit wann die Bundesregierung über die Geheimorganisation GLADIO Bescheid wusste und wie sie »im Haushalt etatisiert« war. Stavenhagen antwortete am 20. November ebenso knapp wie falsch: »Eine geheime NATO-Truppe GLADIO gibt es nicht.« Die frühere sozialdemokratisch geführte Bundesregierung habe Ende November 1977 erfahren, dass der BND »Vorkehrungen getroffen hat, im Verteidigungsfall die geheime Informationsbeschaffung auch in solchen Gebieten zu ermöglichen, die im Kriegsverlauf durch gegnerische Kräfte besetzt werden würden«. Das Geld dafür sei vom Bundestag genehmigt worden.[935] Erst 2013 sollte die Regierung bestätigen, dass »eine Unterrichtung des Bundeskanzleramtes über die Stay-Behind-Organisation des BND [...] aus den Akten zwar erst seit 1974« hervorgehe: »Von einer früheren mündlichen Unterrichtung über deren Grundzüge kann aber ausgegangen werden.«[936]

Bis heute bleiben Auskünfte der Bundesregierung in dem Punkt unklar, ab wann und in welchem Umfang die Tätigkeit der SBO im Kabinett bekannt war. Auf die Fragen des SPD-Abgeordneten Hermann Scheer zur Einbindung deutscher Vertreter in die NATO-weite GLADIO-Struktur antwortete Stavenhagen damals mit dem identischen Textbaustein wie gegenüber Hirsch: »Eine geheime NATO-Truppe GLADIO gibt es nicht.« Auf Scheers Frage und die des grünen Abgeordneten Manfred Such nach Verwicklungen der deutschen SBO-Männer in terroristische Aktivitäten reagierte der Kanzleramtsminister empört: »Es entbehrte jeder tatsächlichen Grundlage, wollte man diese Vorkehrungen in einen Zusammenhang mit rechtsextremen Betätigungen bringen.«[937] Zuvor hatte Stavenhagen die Öffentlichkeit mit der Nachricht zu beruhigen versucht, ein 30-köpfiges Spezialistenteam des BND arbeite bereits an der Auflösung der Geheimtruppe, die im kommenden Frühjahr abgeschlossen sei.[938] Am 21. November 1990 meldete die *Deutsche Presseagentur* (*dpa*), es habe 1968 lediglich eine mündliche Weisung des BND zum Aufbau einer Stay-Behind-Organisation im Einvernehmen mit dem Kanzleramt gegeben. 300 Mann seien als Überrollagenten vorgesehen gewesen, nur 200 seien rekrutiert worden.

Die *dpa* erwähnte einen Rechnungshofbericht vom 2.10.1987, durch den einige Parlamentarier Kenntnis vom SBO-Haushalt bekommen haben sollen. Zudem wusste die Presseagentur von Bundeswehrreservisten, die sich im Kriegsfall im Untergrund bereithalten sollten und nicht eingezogen worden wären. Offenbar hatten Bonner Insider des Regierungsapparates der Agentur ungenaue und zum Teil falsche Informationen über die SBO gesteckt.[939]

Zur selben Zeit forderten 50 000 Demonstranten in Rom eine Aufklärung über Gladio und die Bombenanschläge und Morde der vergangenen Jahrzehnte.[940] Die ersten italienischen »Gladiatoren« gaben Fernsehinterviews, und Journalisten durften die geheime Stay-Behind-Ausbildungsbasis auf Sardinien besichtigen. In Deutschland blieb es ruhig, in den hiesigen Medien zeigte sich nicht ein einziger Stay-Behind-Insider.

In Brüssel verabschiedete das Europa-Parlament nur zwei Tage nach Stavenhagens schmallippigen Ausführungen eine Resolution, in der die illegal operierenden Stay-Behind-Organisationen scharf verurteilt wurden. Die Schattentruppe habe sich »seit mehr als vierzig Jahren jeglicher demokratischer Kontrolle entziehen« können und stehe im Verdacht, für »illegale Eingriffe in das innenpolitische Leben der betroffenen Länder« bis hin zur »Terroraktivität« missbraucht worden zu sein. Das EU-Parlament forderte die Mitgliedsstaaten auf, »die erforderlichen Maßnahmen zu ergreifen, gegebenenfalls im Rahmen eines parlamentarischen Untersuchungsausschusses«. Hinsichtlich der Geheimarmeen müsse untersucht werden, »welche Rolle sie gegebenenfalls bei der Destabilisierung der demokratischen Strukturen der Mitgliedsstaaten gespielt haben«.[941]

Die an Deutlichkeit nicht zu überbietende Brüsseler Resolution blieb in Bonn folgenlos. Die oppositionellen Sozialdemokraten hielten sich mit der Forderung nach weiterer Aufklärung zurück, waren ihre früheren Minister doch bereits in Deckung gegangen. Die Bundesregierung hatte lediglich noch eine frühere schriftliche Anfrage der Grünen vom 6. November 1990 abzuarbeiten. Manfred Such hatte kurz nach den ersten Meldungen aus Italien wissen wollen, ob es eine deutsche Gladio-Organisation gäbe und aufgrund welcher Vereinbarung mit der NATO eine derartige Truppe tätig geworden war. Die Antwort fiel sogar noch hinter Stavenhagens und Kleins Ausführungen zurück. Die Bundesregierung erklärte am 29. November, sie und die Vorgängerregierungen hätten keine Vereinbarungen abgeschlossen, Gladio existiere nicht in Deutschland.[942] Im Bundestagswahlkampf spielte Stay Behind keine weitere Rolle.

Am Sonntag, dem 3. Dezember 1990, feierte Helmut Kohl seinen ersten gesamtdeutschen Wahlsieg. Mit 43,8 Prozent der Stimmen hatte die Union ihr Ergebnis von 1987 (44,3 Prozent) fast halten können. Während Parteien und Medien mit der Analyse des Wahlergebnisses beschäftigt waren, legte Lutz Stavenhagen noch am Wahltag einen vierseitigen »Bericht der Bundesregierung über die Stay-Behind-Organisation des Bundesnachrichtendienstes« vor.[943] Das Dokument, das zunächst nur für die PKK-Mitglieder bestimmt war, wurde in den folgenden Tagen öffentlich gemacht und blieb bis heute die einzige zusammenfassende Stellungnahme einer Bundesregierung über die SBO.

Stavenhagen skizzierte Stay Behind zunächst als Nachfolgeorganisation alliierter Widerstandsgruppen im Zweiten Weltkrieg wie der britischen Special Operations Executive (SOE), die »maßgeblich zum Sieg der alliierten Streitkräfte beigetragen hatten«. Damit verschwieg er den wahren Charakter der mit Altnazis durchsetzten Stay-Behind-Organisationen wie SATURN, KIBITZ und BDJ-TD, die nach dem Krieg nicht nur als Partisanenverbände, sondern auch als antikommunistische Stör- und Terrortruppen vom US-Geheimdienst konzipiert worden waren. Sodann definierte der Kanzleramtsminister die Vorläuferorganisationen als reine Späh-, Funk- und Schleusungstrupps: »Die Elemente der von alliierten Diensten auf deutschem Territorium bis 1955 aufgebauten Nachrichtenbeschaffungs- und Schleusungsorganisationen wurden vom Bundesnachrichtendienst ab 1956 übernommen.«[944] Dass die CIA die BND-Stay-Behind-Organisation weiterhin finanzierte und neben US-geführten Trupps auch französische, dänische und niederländische SBO-Netzwerke in den BND übergingen, wurde verschwiegen. Stavenhagen gab damals die Stärke der SBO mit 26 hauptamtlichen Mitarbeitern für das Jahr 1986 an und sprach von 104 Überrollquellen. Die von den Alliierten angelegten Waffen- und Ausrüstungslager seien bis 1972 vom BND geräumt worden, so dass die BND-SBO seither als unbewaffnete Funktruppe anzusehen sei.

Er räumte ein, dass lediglich das dreiköpfige Vertrauensmännergremium des Bundestagshaushaltsausschusses über Stay Behind indirekt informiert worden war, und zwar im Zusammenhang mit der geplanten Anschaffung des HARPOON-Funksystems. Das Parlamentarische Kontrollgremium, so das Papier der Bundesregierung, sei erstmals am 22. November 1990 in die SBO-Strukturen eingeweiht worden.[945] »Es hat keinen Anlass zu einer früheren Unterrichtung der Parlamentarischen Kontrollkommission gegeben«, ergänzte die Bundesregierung 1992.[946] Stavenhagen berichtete weiter, dass der BND seit Sommer 1990 an der

Auflösung der SBO arbeite, die bis April 1991 vollzogen sein werde. Im Mai 1991 musste er seine Aussagen korrigieren. Zwar sei die Auflösung von Stay Behind verfügt, doch »die dadurch bedingten Einzelmaßnahmen werden noch vor Ende des laufenden Jahres abgeschlossen sein«.[947] Wenige Monate zuvor, im Januar 1991, hatte der Bundesnachrichtendienst seinen ACC-Partnerdiensten noch etwas anderes berichtet: Die deutsche SBO sei bereits am 27. Dezember 1990 aufgelöst worden.[948]

Stavenhagen blieb im Mai 1991 bei der Aussage, die Bundesregierung wisse nichts über bestehende oder aufgelöste Parallelorganisationen in anderen NATO-Ländern und bestritt die Existenz einer »GLADIO koordinierende(n) Institution der NATO«. Er wollte auch keine »überstaatliche nachrichtendienstliche Organisation GLADIO« kennen. Durch die spitzfindige Verwendung des Begriffs GLADIO konnte Stavenhagen so alle Fragen zu Partnerdiensten der SBO des BND weiterhin abwehren. Und er bezeichnete die kritischen Aussagen des EU-Parlaments über die ohne parlamentarische Kontrolle operierende Schattenarmee als »überwiegend nicht zutreffend«.[949]

Im Mai 1992 fragte die PDS-Abgeordnete Ulla Jelpke unter anderem nach, ob die Auflösung der SBO mittlerweile vollzogen sei. Das sei geschehen, teilte die Bundesregierung mit und ergänzte, ein Abschlussbericht sei aber nicht geplant. Und sie machte klar, dass keine staatliche Institution die bisherigen oder ähnlichen Aufgaben der SBO übernommen habe. Auch Fragen nach einer Beziehung zwischen SBO und dem BDJ-TD sowie Heinz Lembke verneinte die Bundesregierung.[950]

17 Jahre lang, bis zum Juni 2009, musste sich die Bundesregierung keinen Fragen zur deutschen Stay-Behind-Organisation mehr stellen. Als 1996 britische und US-amerikanische Stay-Behind-Waffenlager in Österreich durch die US-Botschafterin Swanee Hunt in Wien öffentlich gemacht wurden, schwieg die Bundesregierung zu den im selben Zeitraum in West-Berlin geborgenen britischen Stay-Behind-Depots im Grunewald.[951] Erst Buchveröffentlichungen und Filmbeiträge, die mögliche Bezüge zwischen der SBO und dem Oktoberfestattentat sowie internationale Verwicklungen der deutschen NATO-Geheimtruppe hinterfragten, sorgten ab 2009 wieder für eine Beschäftigung mit Stay Behind. Es dauerte aber weitere Jahre, bis der BND sich entschloss, sein Archiv teilweise zu öffnen und einige Aktenbände freizugeben. Der Informationsstand zur SBO habe sich dadurch aber kaum verändert, erklärte die Bundesregierung zuletzt im Mai 2013: »Wesentliche neue Erkenntnisse hat die Bundesregierung von 1990 bis heute dazu nicht gewonnen. Vor diesem Hintergrund

und nach vollzogener Auflösung der Stay-Behind-Organisation zum dritten Quartal 1991 sah die Bundesregierung auch keine Notwendigkeit, sich mit diesem Problemkomplex weiter zu befassen. Die historische Erforschung und Bewertung bleibt der Wissenschaft vorbehalten.«[952]

Allein die bislang rund 20 freigegebenen Aktenbände des BND offenbaren zahlreiche Widersprüche in den bisherigen Darstellungen der SBO durch die Bundesregierungen von 1990 bis heute. Und sie haben erste Einblicke in Strukturen der SBO wie deren militärische Komponente, die Lehr- und Ausbildungsgruppe für das Fernspähwesen der Bundeswehr (LAFBw), ermöglicht – trotz der Weigerung der Bundeswehr, ihrerseits Akten für die historische Forschung zur SBO freizugeben. Bis Ende 2017 soll die Erschließung der Aktenbestände des Bundesnachrichtendienstes auch zur Stay-Behind-Organisation abgeschlossen sein.[953]

Der damalige Verzicht der Oppositionsparteien im Bundestag auf einen parlamentarischen Untersuchungsausschuss, wie es ihn in Italien, Belgien und der Schweiz zu den Stay-Behind-Organisationen Gladio, Glaive und P 26 gab, war sicher ein schwerer Fehler. Die Bundesregierung wäre 1990 gezwungen gewesen, gezielt nach sämtlichen Akten zur SBO zu suchen, wichtige Zeugen hätten unter Wahrheitspflicht gehört werden können. Außerdem bestand 1990 erstmals die Möglichkeit, die Unterlagen eines untergegangenen gegnerischen Nachrichtendienstes, des Ministeriums für Staatssicherheit, auszuwerten, das sich intensiv mit dem Thema befasst hatte. Eine parlamentarische Untersuchung hätte möglicherweise viel früher Belege für damals noch unentdeckte Waffen- und Ausrüstungslager und für weitere, bislang verborgene Stay-Behind-Strukturen erbringen können. So war es den Medien vorbehalten, Informanten zu finden und einzelne Spuren zu erforschen, die die zeitweilige Existenz weiterer Partisanengruppen vermuten lassen.

Schlussbetrachung

Unentdeckte Schattenarmeen in Deutschland?

Warum ließ die Regierung Adenauer in den frühen 1950er Jahren zu, dass die US-Nachrichtendienste Deutsche mit NS-Vergangenheit rekrutierten, um unberechenbare bewaffnete Stay-Behind-Trupps aufzustellen? Im Mai 1949 war mit dem Inkrafttreten des Grundgesetzes die vierjährige Militärregierung der drei Westalliierten beendet. Doch in der frühen Bundesrepublik galten nun bis zum Mai 1955 alliierte Vorbehaltsrechte in Form des Besatzungsstatuts, das es den Militärgouverneuren erlaubte, »die Ausübung der vollen Gewalt ganz oder teilweise wieder zu übernehmen, wenn sie dies für unerläßlich erachten für die Sicherheit oder zur Aufrechterhaltung der demokratischen Ordnung in Deutschland«.[954]

Damit schwebte über der deutschen Regierung bis zum Abschluss der Pariser Verträge im Mai 1955 die latente Drohung, dass die Alliierten die gewählten Bundes- oder Landesregierungen absetzen konnten, wenn sie ihre Sicherheitsinteressen gefährdet sahen. Die Reaktionen der deutschen Kabinette in Bund und Ländern auf die Enthüllungen von Stay-Behind-Truppen in den frühen 1950er Jahren kann man nur bedingt im Licht dieser Zwänge sehen. US-Hochkommissar Donelly machte dem hessischen Ministerpräsidenten August Zinn klar, dass dessen Aufklärungsfeldzug gegen den Technischen Dienst des Bundes Deutscher Jugend (BND) den amerikanischen Interessen zuwiderlief. Zinn knickte zähneknirschend ein und ließ sich wider besseres Wissen auf die deutsch-amerikanische Erklärung ein, mit der die Arbeit einer Untersuchungskommission zum Erliegen kam. Er und andere Sozialdemokraten ließen in der Folge aber erkennen, dass sie sich lediglich der Macht der Besatzungsmacht gebeugt hatten.

Die Unterschlagung belastender Dokumente durch die US-Seite blieb somit folgenlos, ebenso wurden Strafverfahren gegen TD-Verantwortliche trotz erdrückender Beweise eingestellt. Die schwarz-gelbe Bundesregierung unter Konrad Adenauer und Teile der deutschen Justiz und der Geheimdienste sympathisierten hingegen, anders als Zinn, mit den politischen Zielen des BDJ. Union und FDP hatten die antikommunistische Organisation durch Gastredner und Geldzuwendungen unterstützt, auch die Industrie hatte den BDJ großzügig subventioniert. Heimliche Kontakte deutscher Politiker und Juristen zu den US-Diensten taten ein Übriges. So muss die Art, wie der vom hessischen Verfassungsschutz aufgedeckte BDJ-TD-Skandal von konservativer Seite behandelt wurde, als konzertierte rechtswidrige Vertuschungsaktion betrachtet werden. Bedenkt man zudem, dass der BDJ-TD plante, 7000 keineswegs demokratisch gesinnte Männer für Kampf- und Sabotageeinsätze auszubilden und zu bewaffnen, so muss die Unterdrückung der Untersuchung und strafrechtlichen Verfolgung der Organisation Peters als demokratiegefährdendes Manöver der Bundesregierung und ihrer Behörden gesehen werden.

Org-Chef Reinhard Gehlen erwog in der damaligen Zeit, Stay-Behind-Kräfte im Innern einzusetzen, falls sich eine neutralistische Parlamentsmehrheit bilden sollte. Auch die kleineren von der CIA geführten Kibitz- und Saturn-Netze rekrutierten sich zum Teil aus NS-belasteten SS- und Wehrmachtsveteranen, so dass die Stay-Behind-Organisationen in der frühen Bundesrepublik durchaus ein Risiko für die junge Demokratie darstellten. Über wie viele Waffen die verschiedenen SBO-Gruppen in der Bundesrepublik verfügten, kann aufgrund fehlender Unterlagen nicht geklärt werden. Im kleinen Österreich wurden in den 1990er Jahren 300 Pistolen, 250 Gewehre und 170 Maschinenpistolen, mehrere Tonnen Sprengstoff sowie mehrere Dutzend Bazookas und Maschinengewehre geborgen. Wenn man davon ausgeht, dass diese »vergessenen« Depots nur ein Teil der ursprünglich in den 1950er Jahren angelegten SBO-Waffenlager waren, so muss für Westdeutschland ein höherer Bestand vermutet werden. Da die 1956 gegründete deutsche SBO nach Auskunft der Bundesregierung über keine eigenen Waffen- und Sprengstofflager verfügt haben soll, wäre zu klären, in welchem Ausmaß die westlichen Besatzungsmächte derartige Depots in den frühen 1950er Jahren angelegt hatten und bis wann sie bestanden. Die späte Bergung britischer Depots 1996 in Berlin, bei der mehrere Lager nicht gefunden wurden, deutet darauf hin, dass zumindest zeitweise das Risiko bestand, dass Unbefugte oder Mitarbeiter aufgelöster SBOs sich aus diesen Beständen hätten eindecken können.

Mehrere Bundesregierungen müssen sich den Vorwurf gefallen lassen, die Geschichte der Ausrüstungslager nicht von sich aus aufgeklärt zu haben. Damit gingen sie das Risiko der Entdeckung durch Unbefugte und der missbräuchlichen Verwendung großer Mengen von Sprengstoff und Kriegswaffen ein. Hinzu kommt, dass der Bundesnachrichtendienst ab 1956 eine geheimdienstliche und militärische Struktur aufbaute, deren Rechtsgrundlage zumindest fragwürdig ist. Der Auslandsgeheimdienst darf nicht im Innern tätig werden. Die Bundesregierung erklärte im

Dezember 1990, Rechtsgrundlage von Stay Behind sei der Grundauftrag des BND vom 11.7.1955. Danach habe der BND und somit die SBO den Auftrag, »Informationen über das Ausland zu beschaffen und der Bundesregierung mitzuteilen«.[955] Die von den Sowjets im Kriegsfall besetzen Teile der Bundesrepublik seien »zwar nicht Ausland im üblichen Sinn, werden aber zumindest nachrichtendienstlich wie Ausland betrachtet, weil sie sich in ausländischer Hand befinden«.[956] Da diese Begründung für ein Tätigwerden des BND im Inland vor Ausbruch eines Krieges recht angreifbar erscheint, schob Kanzleramtsminister Stavenhagen zur Legitimierung der SBO die ebenso wenig überzeugende »Allgemeine Dienstanweisung für den BND« vom Dezember 1968 nach: »Der Bundesnachrichtendienst trifft die erforderlichen Vorbereitungen und Anordnungen für den Verteidigungsfall.«[957] Die Bundesregierung räumte damals ein, die für die Aufsicht über die Geheimdienste zuständige Parlamentarische Kontrollkommission (PKK) jahrzehntelang, bis 1990, nicht über die Existenz der SBO informiert zu haben. Lediglich drei verschwiegene Mitglieder des Bundestags-Haushaltsausschusses waren über das Budget von Stay Behind informiert, ohne jedoch die genauen Aufgaben der SBO und ihre Vernetzung in die NATO-Strukturen zu kennen.

Der Vorwurf, der BND habe die SBO gegen Recht und Gesetz als Schattenarmee im Innern und am Parlament vorbei geführt, wiegt schwer. Denn bei einem Regierungswechsel konnte man die aus den Oppositionsbänken an die Regierung gekommenen Politiker nach Belieben täuschen. Die Ära der SPD/FDP-Regierung ab 1969 zeigt, wie der BND versuchte, der SBO ein Eigenleben auch gegen den Regierungswillen zu ermöglichen. Zu Zeiten der sozialliberalen Koalition bemühte sich der BND, seine SBO als militärisch wie geheimdienstlich nutzbare Truppe zu erhalten, auch wenn dies den Vorgaben der Regierung widersprach. Dabei schmiedete der Dienst Allianzen mit einzelnen Bundeswehroffizieren gegen deren Führungsapparat im Verteidigungsministerium. Es ging darum, die Fähigkeiten der 1979 aufgelösten SBO-Truppe LAFBw für den BND trotz Verbots zu erhalten. Dazu schafften Seilschaften innerhalb des BND und der Bundeswehr Material und Geld für den militärischen Arm der SBO auch nach 1979 beiseite. Die Auflösung der LAFBw war mit völkerrechtlichen Argumenten begründet worden. Würde der BND nämlich zusammen mit der Bundeswehr weiterhin Kommandokräfte für Kriegseinsätze hinter den feindlichen Linien aufstellen, wären Soldaten der Bundeswehr, die an diesen Unternehmungen teilnähmen, im Verteidigungsfall in völkerrechtswidrige Kriegshandlungen verstrickt.

Zudem hatte die von der sozialliberalen Bundesregierung argwöhnisch beäugte LAFBw mehrere hundert Handfeuerwaffen und einige Kriegswaffen angesammelt. Einige Bundeswehroffiziere sahen die Gefahr, dass der BND diese Waffen für rechtswidrige Einsätze, sogar für einen Putschversuch, missbrauchen könnte. Die durch das Ende der LAFBw bewirkte Schwächung der SBO hielt auch nach 1982, nach dem Ende der SPD/FDP-Regierung, an. Von der deutschen Stay-Behind-Truppe ging somit keine Gefahr für den Staat aus. Doch die deutsche SBO war auch mit Stay-Behind-Organisationen wie der italienischen GLADIO-Organisation vernetzt, die im Innern ihres Staatsapparates tätig wurden. 1990 wurde enthüllt, dass der Partnerdienst des BND Kontakte zu einem rechtsextremen Netzwerk unterhielt, das mit der »Strategie der Spannung« eine kommunistische Regierungsbeteiligung gewaltsam zu verhindern trachtete. Dieser Ernstfall, die Gefahr einer kommunistischen Regierungsbeteiligung, trat in Westdeutschland jedoch nie ein, so dass die Gefahr einer Umfunktionierung der Überrollkrieger in antikommunistische Terrorkommandos hierzulande nicht stattfand. Doch die fehlende parlamentarische Kontrolle und die Beschäftigung von NS-belasteten Mitarbeitern zumindest in den Anfangsjahren der SBO barg die Gefahr in sich, dass die Partisanentruppe für innenpolitische Zwecke hätte missbraucht werden können. Im Kapitel über den BDJ-TD wurde deutlich, dass die christlich-liberale Bundesregierung im Jahr 1952 die Aktivitäten der rechtsterroristischen Stay-Behind Truppe nicht nur billigte, sondern auch an der Verhinderung der Aufarbeitung dieses Geheimdienstkapitels mitwirkte. Immerhin handelte sich beim TD um eine militärisch ausgebildete, schwer bewaffnete Truppe von ehemaligen SS- und Wehrmachtsoffizieren, die zu Terrorangriffen im Innern und zu Fememorden fähig waren und der Demokratie hätte gefährlich werden können. Deutsche und amerikanische Geheimdienstler arbeiteten Hand in Hand, um die Spuren des TD zu verwischen; Bundesanwälte beugten das Recht, um im Sinne der Amerikaner die Strafverfolgung der BDJ-Partisanen zu verhindern. Die unheimliche Allianz aus Politik, Justiz und Geheimdiensten erinnert an den aktuellen Skandal um die NSA-Abhöraffäre. Obwohl deutsches Recht durch ausländische Dienste erwiesenermaßen gebrochen wurde, unterstützen Bundesregierung und deutsche Nachrichtendienste die Aufklärung nicht und suchen stattdessen weiterhin die Nähe zu den Tätern. Der Generalbundesanwalt bringt Ermittlungen zur Abhöraffäre um das Handy der Kanzlerin und zur Ausspähung der Bundesregierung nicht zustande – ähnlich wie schon bei der Mitwirkung von US-Geheimdiensten und Contractor-Firmen auf deutschem Boden bei der Verschleppung Verdächtiger und bei der gezielten Tötung Terrorverdächtiger durch US-Drohnen. Im Sinne einer funktionierenden Demokratie ist die weitere Aufklärung über den Werdegang der in Westdeutschland bis mindestens 1991 bestehenden SBOs dringend notwendig.

Neben den nun vorliegenden Erkenntnissen zu den US-geführten Stay-Behind-Netzen und der SBO des Bundesnachrichtendienstes gibt es Hinweise auf noch unentdeckte Überrollagentengruppen, die sich aufgrund nicht freigegebener Akten jedoch nicht verifizieren lassen. Stellvertretend für diese Hinweise soll hier die Beobachtung eines hohen deutschen Offiziers wiedergegeben werden, der über den Anwerbeversuch für eine Stay-Behind-Truppe empört war.

Im Sommer 1978 erhielt Generalleutnant Dr. Franz Uhle-Wettler[958] einen ungewöhnlichen Anruf im Verteidigungsministerium. Ein britischer Brigadegeneral aus dem NATO-Hauptquartier in Brüssel wollte den deutschen Offizier persönlich zu einer dienstlichen Besprechung treffen. Am Telefon wollte der Brite nichts Näheres verraten. Uhle-Wettler, der damals in Führungsstab der Streitkräfte tätig war, empfing den Brigadegeneral kurz darauf an der Wache der Hardthöhe und führte ihn in sein Büro.

Der Besucher beschrieb Uhle-Wettler Pläne der NATO, nach denen ein sowjetischer Angriff bereits 30 bis 50 Kilometer hinter der deutsch-deutschen Grenze abgefangen werden sollte. Gemäß diesem General Defense Plan sollten in der besetzten Zone geheime Lager mit Waffen, Funktechnik und Verpflegung angelegt werden, um dann mit Hilfe von Kämpfern im besetzten Gebiet einen Partisanenkrieg zu führen. Als Partisanen sollten Zivilpersonen aus für die Infrastruktur wichtigen Berufen wie Förster geworben werden, die im sowjetisch besetzten Gebiet leben konnten, ohne das Misstrauen der Besatzer zu wecken. Dabei, so hoffte der britische General, könnte der deutsche Offizier helfen: »Sie dachten, ein anständiger Deutscher würde ihnen dienen«, berichtete Uhle-Wettler Jahrzehnte später über den Anwerbeversuch. Die Schilderung des britischen Brigadegenerals stimmte mit dem nach 1990 bekannt gewordenen Stay-Behind-Konzept des BND und seiner Partnerdienste überein, auch die Partisanentätigkeit im 50-Kilometer-Streifen diesseits der deutsch-deutschen Grenze passte zum Konzept der Vorneverteidigung, das in diesem Gebiet sogenannte MIL-Quellen vorsah.

Generalleutnant Uhle-Wettler wies die Bitte des Briten, diese Stay-Behind-Truppe zu unterstützen, jedoch scharf zurück: »In einem Partisanenkrieg hängt der Sieger seinen eigenen Partisanen einen Orden um«, sagte Uhle-Wettler. »Aber die Verlierer kriegen einen Strick um den Hals, und da mache ich nicht mit.« Der britische General sei »kreidebleich vor Wut« geworden. Uhle-Wettler ließ ihn von seinem Geschäftszimmerfeldwebel zurück zu seinem Wagen bringen. Wenige Monate später, im Spätherbst 1978, sollen drei Generäle aus Brüssel beim damaligen Verteidigungsminister Hans Apel vorstellig geworden sein. Die Besucher bestanden darauf, dass der Adjutant des Ministers nicht am Gespräch teilnahm und dass kein Protokoll der Besprechung geführt wurde. Zu Generalleutnant Uhle-Wettler sickerte jedoch durch, dass die Offiziere zum Minister wohl mit einem ähnlichen Anliegen wie vorher zu ihm gekommen waren. Auch Apel ließ die Brüsseler Gäste abblitzen, berichtete der Generalleutnant. Warum wollten die Briten 1978 eine weitere Stay-Behind-Organisation aufbauen, obwohl der BND doch seine militärischen SBO-Quellen in Grenznähe hatte und sie auch gegen den Widerstand des BMVg halten konnte?

Fest steht, dass es britische Waffen-, Funk- und Ausrüstungslager für Stay-Behind-Truppen in Österreich seit Ende der 1940er Jahre gab und dass die britische Regierung erst 1996 die deutsche Bundesregierung informierte, dass auch im früheren britischen Sektor Berlins noch mehrere Stay-Behind-Lager existierten.[959] Der britische Geheimdienst MI6 und die Spezialkräfte des SAS organisierten die heikelsten Stay-Behind-Organisationen. Mehrere Länder, die nicht zur NATO gehörten und ihre Neutralität auch im Konfliktfall zwischen NATO und Warschauer Pakt erhalten wollten, waren heimliche Verbündete im Stay-Behind-Netzwerk der NATO. Stay-Behind-Agenten der schweizerischen Geheimarmee P 26 wurden in Großbritannien ausgebildet, britische Ausbilder kamen in die Schweiz.[960] Auch die Stay-Behind-Organisationen im neutralen Schweden und in Teilen Österreichs wurden von den Briten aufgebaut. In der früheren britischen Besatzungszone Österreichs wurden 1959/60 und 1965 große britische SBO-Sprengstoff- und Waffenlager geräumt, die um das Jahr 1952 angelegt worden waren.[961] In den 1996 vorwiegend im früheren US-Sektor Österreichs geborgenen 84 amerikanischen Depots befanden sich auch Exemplare der britischen Welrod-Pistole, die für den Partisanenkampf geeignet ist.[962] Das britische Nachrichtenmagazin *Searchlight* behauptete sogar: »Es ist bewiesen, dass die SAS die geheimen Verstecke baute, in denen die Waffen im britischen Sektor von Westdeutschland gelagert wurden.«[963] Bis heute ist völlig ungeklärt, wo sich die britischen Lager in Westdeutschland befanden und wie lange britische Stay-Behind-

Organisationen in der Bundesrepublik existierten. Bereits 1977 enthüllte der britische Journalist Chapman Pincher im *Daily Express* die Existenz eines Resistance and Psychological Operations Committee (RPOC), das angeblich enge Kontakte zum britischen Verteidigungsministerium und dem SAS hatte und nach dem Vorbild der im Zweiten Weltkrieg erfolgreichen Special Operations Executive (SOE) arbeiten sollte. Im Falle eines sowjetischen Angriffs sollte das RPOC aus Reservisten britischer Spezialkräfte eine größere Stay-Behind-Truppe bilden.[964] Pincher bezeichnete die RPOC als Kern (»nucleus«) einer antikommunistischen Guerilla-Truppe, die seit 1971 bestand und die im britischen Reservisten-Verband RFA Stay-Behind-Agenten für den Ernstfall rekrutieren sollte. Das Konzept erinnert an die LAFBw der deutschen Stay-Behind-Organisation, die im Kriegsfall auf mehrere hundert Mitglieder, rekrutiert aus Bundeswehrreservisten, anwachsen sollte. RPOC soll laut Pincher Kontakte zu ähnlichen Geheimorganisationen in Westeuropa gehabt haben. Pinchers geradezu prophetischer Artikel aus dem Jahr 1977 macht deutlich, dass es in Großbritannien neben der seit den frühen 1950er Jahren bestehenden Stay-Behind-Organisation ab 1971 mit dem RPOC eine zweite Linie gab, die Stay-Behind-Kräfte mobilisieren sollte. Der Aufbau des RPOC passt zeitlich zum Anwerbeversuch Uhle-Wettlers durch den britischen General im Jahr 1978.

Waren die Briten für den Aufbau von Stay-Behind-Strukturen in Westeuropa nach 1945 sehr wichtig, so verwundert es, dass der Bundesnachrichtendienst 1956 zwar von den USA, Frankreich, Dänemark und den Niederlanden geführte deutsche SBO-Quellen und deren Ausrüstungslager übernahm, nicht aber die vom britischen Geheimdienst nach dem Zweiten Weltkrieg rekrutierten Schattenkrieger und ihre Depots. Existierte also nach 1956 in der Bundesrepublik eine britische SBO weiterhin parallel zur SBO des BND? Oder wurden die Quellen abgeschaltet und ihre Ausrüstungslager bis 1996 »vergessen« oder von einer neu gegründeten Stay-Behind-Struktur wie dem RPOC übernommen? Anfragen an die britische Regierung über deren Stay-Behind-Organisationen blieben unbeantwortet; nicht einmal der Eingang der Anfragen wurde bestätigt. Es dauerte 17 Jahre, von 1996 bis 2013, bis die Bundesregierung erste Informationen über die britischen Lager im Berliner Grunewald bekannt machte. Auf mehrere Nachfragen der Autoren gab es in den Jahren 2013 und 2014 ungenaue Antworten; erst eine parlamentarische Anfrage im Februar 2014 führte zu einer präzisen Auskunft über Alter und Inhalt der Depots. Dabei stellte sich heraus, dass einige der Lager unauffindbar waren, also entweder von Unbekannten zuvor geplündert oder aufgelöst worden waren oder unentdeckt weiter existierten. Zu diesem Zeitpunkt waren die von der Berliner Polizei gefertigten Fotos und die Asservate jedoch bereits vernichtet worden, so dass weitere Recherchen erfolglos blieben.[965]

Nach der Erstauflage dieses Buchs meldete sich bei den Autoren ein Mann, der sich als letzter kommandierender Offizier der britischen Stay-Behind-Truppen auf deutschem Boden bezeichnete. Seinen Aussagen zufolge gab es eine Parallelstruktur zu den deutschen und amerikanischen Partisanen, die sich nicht nur auf die frühere britische Zone beschränkte, sondern auch die amerikanische abdeckte. Weder der Bundesnachrichtendienst noch die US-Geheimdienste wären im Frieden darüber unterrichtet worden, weil sie den Briten als zu durchlässig galten. Erst im Kriegsfall hätte man wohl SHAPE (Supreme Headquarters Allied Forces Europe) über die Einheiten für den verdeckten Kampf unterrichtet, damit sie den anderen Schattenkriegern nicht ins Gehege kommen.[966]

Nur im Großraum Berlin setzten die Briten der Quelle zufolge auf dasselbe Modell wie ihre NATO-Partner: Erdverstecke für Waffen, Sprengstoff und Gerät, ein Teil davon auch auf dem Boden der DDR. Für Westdeutschland wären etwa 400 Tonnen Wehrmaterial zentral gebunkert gewesen – so die Quelle, die nach eigenen Angaben Offizier des SAS (Special Air Service) war, einer Spezialeinheit der British Army. Erst bei Auslösung des NATO-Alarms »active edge«, also bei einem unmittelbar drohenden Angriff der Warschauer-Vertragstruppen, sollten kleine Depots angelegt werden, zumeist in Wasserzisternen auf dem Land, zu denen die Briten Zugang mit Hilfe von Schlüsseln hatten. Eingeschweißt in dicke Plastikfolie wurde die Kampfausrüstung für jeweils etwa ein Dutzend Männer im Wasser versenkt.

Das gesamte britische Arsenal in der Bundesrepublik soll neben ca. 80 Tonnen Sprengstoff, Sanitätsmaterial, Überlebensrationen und Kleinstpäckchen zur elektronischen Kriegführung über eine breite Palette von Waffen verfügt haben: Pistolen vom Typ Browning High Power, automatische Gewehre vom Typ L1A1 (einem Derivat der belgischen FN) und leichte auf das NATO-Kaliber 7.62 umgestellte Maschinengewehre Bren MKI. Dazu kamen schwere Panzerfäuste vom Typ Carl Gustaf, der Raketenwerfer L1A2B1 vom Kaliber 66 mm als leichte im Falklandkrieg bewährte Panzerabwehrwaffe und 8-cm-Granatwerfer. Zur Luftunterstützung konnten die britischen Stay-Behind-Kräfte auf Hubschrauber vom Typ Gazelle zurückgreifen. Auch bei den Funkgeräten gab es eine nationale Lösung: den bei der SAS gebräuchlichen 30-Watt-Sender Clansman RT-319, der Daten mit hohen Geschwindigkeiten übertragen konnte. Die Funkleitstellen sollen sich in Belgien und Großbritannien befunden haben.

Die britischen Stay-Behind-Kräfte betrieben – so die Quelle – als Besonderheit in der NATO bereits im Frieden aktive Militärspionage in der DDR. Während der Manöver der Warschauer Vertragsstaaten sickerten einzelne SAS-Männer in Zivil über die Grenze in die Übungsgebiete ein. Neben der Augenbeobachtung platzierten sie auch Bewegungsmelder, die an Satelliten meldeten, wenn sich schwere Gefechtsfahrzeuge über Schlüsselpunkte bewegten. Einige dieser Warneinrichtungen waren mit Geigerzählern gekoppelt, da das besondere Augenmerk des SAS der Bewegung von nuklearen SS-20-Raketen und ihren Sprengköpfen galt. Aussagen von Generalmajor Horst Männchen aus dem Jahr 1992, dem Leiter der technischen Aufklärung des Ministeriums für Staatssicherheit, bestätigen die Aussagen des britischen Offiziers. Männchens Abwehrleute hatten einige dieser elektronischen Wanzen in der Nähe von sowjetischen Atomwaffenlagern aufgespürt.[967]

Daneben brachten die SAS-Leute auch Abhörvorrichtungen am drahtgebundenen Kommunikationsnetz der Kommandostäbe in der DDR an. Den Verlauf der Kabel kannten die Briten aus Beuteunterlagen des Zweiten Weltkriegs, denn für das DDR-Netz wurden teilweise alte Wehrmachtsleitungen genutzt. An einigen der angezapften Kabel waren auch durch Funksignale aktivierbare Zerstörungsvorrichtungen – teils mechanischer Art, teils mit Sprengstoff – angebracht, um bei Ausbruch eines Krieges die drahtgebundene Militärkommunikation im Osten zu stören. Weil die eingesetzten Briten weder akzentfrei Deutsch noch Sächsisch sprachen, berichtet die Quelle scherzhaft, waren ihnen zum Überstehen möglicher Kontrollen bei ihren gefährlichen Einsätzen gefälschte Taubstummenausweise der DDR mitgegeben worden, die ihnen Antworten auf bohrende Fragen ersparen sollten.

Der personelle Höchststand der SBO-Einheiten hätte nach dem Eintreffen von Verstärkungskräften, das von 1969 bis 1993 im Rahmen der NATO-Manövern REFORGER (Return of Forces to Germany) geübt wurde, etwa 1000 Helfer betragen, so die Quelle. Unter diesen Helfern seien sowohl deutsche als auch britische Soldaten und Reservisten gewesen, von denen viele eine deutsche Frau geheiratet hatten und so der deutschen Sprache mächtig waren.

Als nach der Wiedervereinigung die British Army of the Rhine (BAOR) Stück für Stück ins Mutterland zurückgeführt und Ende März

1994 zu den British Forces Germany umgegliedert wurde, gerieten die Stay-Behind-Depots in Vergessenheit, da es wegen der strengen Abschottung nur wenige eingeweihte Führungskräfte gab. Das starre Need-to-know-Prinzip führte letztlich dazu, dass es auch wegen der Versetzung von Offizieren keinen Verantwortlichen mehr gab.

Erst etwa zehn Jahre nach der deutschen Einheit wurden diese Kriegsvorräte – soweit sie noch aufgefunden wurden – durch Einheiten der Royal Engineers und des Royal Army Ordnance Corps zunächst nach Gütersloh und dann nach Großbritannien gebracht. Die dabei eingesetzten Soldaten trugen laut Quelle Zivil und benutzten zivile Fahrzeuge wie den Ford Transit. Formal abgeschaltet wurden die britischen Partisanen nie. Man überließ es ihrer Intelligenz, einzusehen, dass der Kalte Krieg vorüber war und sich ihr Auftrag erledigt hatte.

Auch wenn die Stay-Behind-Organisationen der NATO der Vergangenheit angehören, so ist die Aufklärung ihrer Tätigkeiten noch immer notwendig. Die Forderung des Europa-Parlaments nach Untersuchungsausschüssen von 1990 ist bis heute nicht umgesetzt worden. Die SBO-Einheiten arbeiteten in allen Ländern unter Missachtung der Kontrollrechte der Parlamente. Inwieweit sie in politische Mordkomplotte oder Anschläge gegen die Infrastruktur beteiligt waren, liegt weiterhin im Dunkeln. Die Zusammenarbeit der Stay-Behind-Truppen der westlichen Demokratien mit SB-Organisationen, die wie in Griechenland und der Türkei zur Stabilisierung antidemokratischer Strukturen beitrugen, harrt der Aufklärung. Doch auch Stay Behind in Deutschland ist trotz der Freigabe der ersten BND-Akten nur in Teilen aufgeklärt. Die Bundesregierungen haben bis heute unvollständige oder falsche Auskünfte über die Tätigkeiten der SBO gegeben. Auch sind Bezüge zwischen rechtsextremen Gruppierungen und deutschen Behörden im Fall des Münchener Oktoberfestattentats jahrzehntelang nicht untersucht worden. Der Schutz von V-Leuten könnte tiefergehende polizeiliche Ermittlungen verhindert haben.

Es ist jetzt, zweieinhalb Jahrzehnte nach Ende des Kalten Krieges, an der Zeit, sämtliche Stay-Behind-Akten des Bundeskanzleramtes, des Verteidigungsministeriums und des Bundesnachrichtendienstes herunterzustufen und für die Forschung freizugeben, um ein vollständiges Bild dieser Schattenarmeen zeichnen zu können. Dasselbe gilt für die weiteren NATO-Länder und die seinerzeit neutralen Staaten, in denen Stay-Behind-Organisationen existierten. Dänisch, französisch und niederländisch geführte Stay-Behind-Trupps in Westdeutschland wurden erstmals, wie oben dargestellt, im Frühjahr 2015 bekannt. Die britischen Dienste verweigern bislang die Öffnung ihrer Archive. Doch nur wenn Briten, Franzosen, Dänen und Niederländer Dokumente zu ihren deutschen SBOs freigeben, kann ein genaueres Bild zumindest dieser frühen Überrolltruppen entstehen. Die Autoren dieses Buches werden weiter an diesen Themen arbeiten. Mit unserem Buch wollen wir einen ersten Anstoß zur Aufarbeitung der Geschichte von Stay Behind geben, damit weitere Historiker, Journalisten, aber auch Gerichte und Parlamente sich intensiver mit diesem fast vergessenen Kapitel des Kalten Krieges beschäftigen.

Anhang

Anmerkungen

1 Vgl. Ulrich Chaussy: Geheimarmee Stay Behind, BR/WDR-Hörfunkfeature vom 4.10.2014, Manuskript S. 13.
2 Vgl. Bin ich Eisenhower?, in: Der Spiegel, 28.11.1951, S. 7f.
3 Ebd.
4 Zitat Feulner ebd. Laut *Spiegel*, befanden sich im Marktschorgaster-Depot eine Medikamentenkiste, eine Verpflegungskiste, fünf Kisten Sprengstoff (TNT), eine Kiste Sprengstoffzünder, vier Kisten Munition, 10 Pistolen, fünf Maschinenpistolen, 25 Eierhandgranaten. Die Schilderung der Abläufe des Depotfundes von Marktschorgast weicht von der *Spiegel*-Darstellung leicht ab, weil als Quellen auch das Interview mit dem Zeitzeugen Elmar Feulner, dem Sohn von Michel Feulner, und eine undatierte Tonbandaussage von Linhardt Hoffmann (im Privatbesitz von Elmar Feulner) hinzugezogen wurden.
5 Tonbandaussage Linhardt Hoffmann (o.J.), Privatarchiv Feulner.
6 Interview Elmar Feulner, Januar 2013.
7 Der Spiegel, 28.11.1958, S. 8.
8 Waffenlager in Oberfranken entdeckt, in: Frankenpost, 29.10.1951, S. 3.
9 Vgl. Heinz Magenheimer: Einheiten für verdeckte Einsätze, in: Österreichische Militärische Zeitschrift 2 (1991), S. 122f.
10 Entschließung des Europäischen Parlaments zur Gladio-Affäre vom 22.11.1990, in: Amtsblatt der Europäischen Gemeinschaften Nr. C 324 vom 24. Dezember 1990, S. 202.
11 U.S. Forces in the European Theater. Headquarters 7707 Military Intelligence Service Center: Operations and experiences of Frontaufklärung (FA) III Ost during the eastern campaign (Special report no. 32) vom 27.1.1947, in: Philp (William R.) Collection, Hoover Institution, Stanford University, History of Abwehr, stay behind/fight with Russian Intelligence, S. 22.
12 Vgl. ebd., S. 11 und 21ff.
13 Vgl. Christopher Andrew/Oleg Gordiewsky: KGB. Die Geschichte seiner Auslandsoperationen von Lenin bis Gorbatschow, München 1990, S. 394f. Hier schildert der Überläufer auch die Aktionen der Partisanen bei der Befreiung von Leningrad, bei den Sabotageaktionen gegen Eisenbahnlinien 1943 bei der Schlacht um Kursk und verweist auf das sowjetische Gegenstück zu den Werwölfen in der Hitlerjugend, den Besprisorniki, Jugendliche, die in Aufklärung und Sabotage ausgebildet worden waren.
14 Nikita Petrov: Die sowjetischen Geheimdienstmitarbeiter in Deutschland. Biografisches Nachlagewerk, Berlin 2010, S. 11.
15 Vgl. ebd., S. 12ff.
16 12th Army Group CI Directive for Germany vom 10.4.1945, In: U.S. Army Intelligence Center: History of the CIC XXI. Germany Overrun – Part II, Fort Holabird, MD März 1959, in: National Archives and Record Administration (NARA) Record Group (RG) 319.
17 Vgl. Kurt Hälker: Kurz vor Schluss in St. Germaine oder Risikovolles Finale. Erinnerungen an eine Fallschirmspringerausbildung 1945, in: Hans Schafranek/Johannes

Tuchel (Hg.): Krieg im Äther. Widerstand und Spionage im Zweiten Weltkrieg, Wien 2004, S. 357 ff.

18 Vgl. OSS: The German Intelligence Services, Bd. 1 A-K, S. 53, Washington D.C. 1944, Privatbesitz.

19 Vgl. World War II, German SS Fourth Reich Plans, British Intelligence Files, BACM Research, www.PaperlessArchives.com (Zugriff 22.11.2014).

20 Vgl. ebd. (Zugriff 20.12.2014).

21 Vgl. Dokumentationszentrum des österreichischen Widerstands (Hg.): Rechtsextremismus in Österreich nach 1945, Wien 1979, S. 119 f. und Urban, Josef Adolf, in: CIA Information Management Services (Hg.): Nazi War Crimes Disclosure Act (NWCDA) vom 1.2.2011 (im Folgenden zitiert als NWCDA), Box 181.

22 Zitiert nach Wolfgang Buschfort: Geheime Hüter der Verfassung. Von der Düsseldorfer Informationsstelle zum ersten Verfassungsschutz der Bundesrepublik (1947–1961), Paderborn 2004, S. 255. Dort findet sich eine ausführliche Darstellung des Falls. Siehe auch: Naumann, Werner, NWCDA, Box 155.

23 Rede Heinrich Himmlers vor ostpreußischen Volksturmmännern am 18.10.1944, zitiert nach Klaus-Dietmar Henke: Die amerikanische Besetzung Deutschlands, München 1995, S. 953.

24 Befehl Himmlers an Prützmann, in: BArch MA Freiburg, RW 44/I 22, zitiert nach Volker Koop: Himmlers letztes Aufgebot. Die NS-Organisation »Werwolf«, Köln/Weimar/München 2008, S. 31.

25 Aussage Irmgard Reschke, 11.5.1945, in: NARA RG 226 (OSS), Entry (E) 119a Folder (f) 624, S. 9.

26 Ebd., S. 12.

27 Ebd., S. 200–201, Draft Werwolves, 16.7.45.

28 Vgl. GAF Sonderkommando Bienenstock, Report, 12.5.1945, in: NARA RG 226 E-119a f-94.

29 Ebd., S. 26, Intermediate Interrogation Report Krim.Rat/Stubaf Ernst Wagner 30.8.1945 und Draft Werwolves, ebd., S. 217, Intermediate Interrogation Report Jürgen Stroop, 10.10.1945.

30 Vgl. NARA RG 226 E-119a f-625, S. 200–201, Draft Werwolves, 16.7.45.

31 Kasimierz Moczarski: Gespräche mit dem Henker, Berlin 1980, S. 320.

32 Ebd., S. 324.

33 Ebd., S. 320.

34 Interrogation Report Jürgen Stroop, 10.10.1945, in: NARA RG 226 E-119a f-625, S. 213.

35 Moczarski: Gespräche mit dem Henker, S. 323.

36 Collated Report on the SS Sonderkommando, 12.5.45, in: NARA RG 226 E-119a f-625, S. 44.

37 Report Unternehmen W in Wehrkreis XII, in: ebd., S. 205.

38 Collated Report on the SS Sonderkommando, 12.5.45, in: ebd., S. 44. In Tiefenthal fand auch die Ausbildung der SS-Jagdkommandos statt, die zusätzliche Stunden politische Indoktrination und Kampfsporttraining (Jiu Jitsu) hatten; vgl. Intermediate Interrogation Report Hans Gerlach, 11.8.1945, in: ebd., S. 174.

39 Ebd., S. 46. Gegenüber Moczarski äußerte Stroop sich ähnlich über die Einsatztaktik der Werwolf-Trupps, sprach aber von drei Verstecken für jede Zelle, vgl. Moczarski: Gespräche mit dem Henker, S. 328.

40 Interrogation Report Jürgen Stroop, 10.10.1945, in: NARA RG 226, E-119a f-94.

41 Der Beauftragte für Spezialabwehr im Bereich der Heeresgruppe Mitte: Arbeitsbericht Stand 20.3.1945 vom 31.3.1945 (künftig zitiert als »Müller-Bericht«), in: BStU, MfS, HA IX/11 ZUV: Akte 74, Bd. 3.

42 Vgl. Müller-Bericht, S. 2.

43 Vgl. ebd., S. 4.
44 Vgl. ebd., S. 6–8.
45 Vgl. ebd., S. 8–10.
46 Vgl. Counter Intelligence War Room, 27.7.1945, S. 13, in: NARA RG 226 E-119a f-261.
47 Vgl. Müller-Bericht, S. 10.
48 Vgl. ebd. S. 11 und Koop: Himmlers letztes Aufgebot, S. 90.
49 Vgl. Müller-Bericht, S. 12.
50 Vgl. ebd., S. 9.
51 Vgl. Interrogation of Irmgard Reschke, 24.6.1945, S. 6f., in: NARA RG 226 E-119a f-261.
52 Vgl. Intermediate Interrogation Report Ernst Wagner, 30.8.1945, S. 24, ebd.
53 Vgl. Intermediate Interrogation Report von Eberstein, 27.7.1945, S. 153ff., in: NARA RG 226 E-119a f-625 und Intermediate Interrogation Report Ernst Wagner, 30.8.1945, S. 26, ebd.
54 Vgl. Summary of Traces, 16.7.1945, S. 9, in: NARA RG 226 E-119a f-261.
55 Vgl. The German Sabotage Service, 23.7.1945, S. 91, in: NARA RG 226 E-119a f-625.
56 Vgl. Technical Sabotage Information, 23.7.1945, S. 119, ebd. Die Nipolit-Einheitspakete enthielten jeweils vier Päckchen Sprengstoff, zwei Nipolit-Eierhandgranaten, je eine Nipolit-Brand- und Druckauslöserbombe, einen Zugzünder 42 für Tretminen sowie diverse Sprengkapseln.
57 Das Schwarze Korps, 5.10.1944, zitiert nach Koop: Himmlers letztes Aufgebot, S. 123.
58 Vgl. Claudia Conrads: Die Christlich-Demokratische Union in Aachen. Von der Gründung bis zur Konsolidierung, Dissertation Bonn 2006, S. 22.
59 Vgl. Saul K. Padover u.a.: The Political Situation in Aachen, in: Daniel Lerner (Hg.), Propaganda in War and Crisis, New York 1951, S. 434–456.
60 Helmut Crous: Karneval in Aachen. Wie er wurde, wie er war, wie er ist, Aachen 1959, S. 70.
61 Zitiert nach Collated Report on the SS Sonderkommando, 12.5.45, in: NARA RG 226 E-119a f-625, S. 178.
62 Ebd.
63 Landgericht Aachen 6 Ks 2/49, Urteil vom 22.10.1949 gegen Ilse Hirsch u.a., Privatbesitz.
64 Intermediate Interrogation Report Jürgen Stroop 10.10.45, S. 217, ebd.
65 Ebd.
66 Interview Ulrich Stoll mit Ilse Hirsch im April 2005.
67 Ralf Georg Reuth (Hg.): Joseph Goebbels, Tagebücher, Bd. 5: 1943–1945, München und Zürich 1992, Eintrag 30.3.1945, S. 2177 und Eintrag 28.3.1945, S. 2171 und 2176, vgl. Eintrag 22.3.1945, S. 2165.
68 LG Aachen 6 Ks 2/49 und Interview mit Ilse Hirsch im April 2005.
69 Interview Ulrich Stoll mit Ilse Hirsch im April 2005.
70 Tagebücher Joseph Goebbels, Bd. 5, Eintrag 31.3.1945, S. 2181. Der geplante Mord am Rheydter Bürgermeister Hoffmann sollte, so Goebbels, »von Berliner Parteigenossen durchgeführt werden, die auf solche Akte schon gedrillt sind.«; Tagebücher Eintrag 11.3.1945, S. 2148.
71 Ebd.
72 Margarete Dörr: Durchkommen und Überleben. Frauenerfahrungen in der Kriegs- und Nachkriegszeit, Frankfurt a. M. 1998, S. 381.
73 Ebd., S. 571.
74 Befehl Adolf Hitlers vom 28.3.1945, in: BArch RW 59/91.
75 In den US-Papieren ist von einer geplanten Freikorps-Stärke von 3000 Mann die Rede, die auch nicht erzielbar war; vgl. Counter Intelligence War Room vom 27.7.1945, S. 15, in: NARA RG 226 E-119a f-261.

76 Aufruf Ley, in: BArch RW 59/91.
77 Tagebücher Joseph Goebbels, Bd. 5, Eintrag 31.3.1945, S. 2181.
78 Vgl. NARA RG 226 E-119a f-261, S. 15.
79 Vgl. Aufruf Ley, ebd., und Günther Gellermann: Die Armee Wenck. Hitlers letzte Hoffnung, Koblenz 1984, S. 43.
80 US-Flugblatt »Die Lage am 28.März 1945«, zitiert nach http://www.das-kriegsende.de
81 Tagebücher Joseph Goebbels, Bd. 5, Eintrag 27.3.1945, S. 2168.
82 Ebd.
83 Zitiert nach Koop: Himmlers letztes Aufgebot, S. 188.
84 Vgl. ebd., S. 183 ff. Koop hat einige der im Deutschen Rundfunkarchiv erhaltenen Sendungsmitschnitte wörtlich dokumentiert.
85 Werwolf-Nachrichten, Nr. 1, April 1945.
86 Vgl. http://www.3ad.com/history/wwll/rose.index.htm (Zugriff 2.11.2014).
87 Vgl. Der Spiegel, 14.4.2014, S. 62 ff.
88 Weitere Werwolf-Morde in nicht von den Alliierten besetzten Gebieten sind in der Urteilssammlung »Justiz und NS-Verbrechen« dokumentiert: Ein Kommando tötete in Lörrach im April 1945 acht sowjetische Zwangsarbeiter, der »Werwolf Weser-Ems« erschoss in Wilhelmshaven drei Zivilisten wegen abfälliger Worte über Hitler; vgl. http://www1.jur.uva.nl/junsv/brd/Lfdnrfr.htm (Zugriff 28.10.2014).
89 Flugblatt des Werwolf Oberbayern vom 25.4.1945, vgl. VVN-BdA Penzberg, www.mordnacht.de (Zugriff 28.10.2014).
90 Vgl. Perry Biddiscombe: Werwolf! The History of the National Socialist Resistance Movement 1944–1946, Toronto 1998, S. 129 und Koop: Himmlers letztes Aufgebot, S. 160–163.
91 Vgl. ebd., S. 111 ff.
92 LG Aachen 6 Ks 2/49 vom 22.10.1949.
93 Interview Ulrich Stoll mit Ilse Hirsch im April 2005.
94 Vgl. Schreieder, Joseph, in: NARA RG 226 E-119a f-1060.
95 Counter Intelligence War Room 27.7.1945, ebd., S. 7 und 16.
96 Sir Kenneth Strong: Geheimdienstchef in Krieg und Frieden, Wien/Hamburg 1969, S. 253.
97 Erlebnisbericht Waldemar F. Kehler, Typoskript, Tuttlingen 2002, in: Bundesarchiv/Militärarchiv Freiburg MSG 2/6963, S. 13.
98 Anonym: Werwolf. Winke für Jagdeinheiten, ebd., S. 2.
99 Overall Strategic Concepts, Department of the Army, 28.3.1949, ebd., S. 14.
100 Am 11. November 1943 hatte der SD in Berlin den SS-Sturmbannführer Karl Hass in Rom in Kenntnis gesetzt, dass über den Führer der georgischen Emigration, Michael Kedia – er sollte dann ab 1946 für die Organisation Gehlen tätig werden –, ein Kloster in Rom erworben worden war. Kedia würde Novizen für dieses Kloster rekrutieren und darunter zwei SD-Agenten. Vgl. OSS: Stay-Behind – Italy Flashes, ohne Datum, in: The College of William and Mary, Swem Library, Williamsburg, James H. Critchfield, German Collection (im Folgenden Critchfield German Collection), Box 1: 1945 – 1956 WWII.
101 The activation of Jagd Einsaetze in Holland and Daenemark was also planned, in: Headquarters US Forces European Theater Interrogation Center 23. Juli 1945: The German Sabotage Services und Annex No 1: Organization of the SS Jagd Verbaende, NARA NND 150/22 vom 21.7.2001, im Folgenden zitiert als The German Sabotage Services, Juli 1945, S. 25.
102 Vgl. ebd.
103 Vgl. ebd., S. 16 f. Übersetzung der Verfasser.
104 Vgl. Frans Kluiters: R-Netz. The Stay-Behind Network of the Abwehr in the Low

Countries, in: Beatrice de Graaf/Ben de Jong/Wies Platje (Hg.): Battleground Western Europe, Amsterdam 2007, S. 71–80, hier 72ff., 77 sowie The German Sabotage Services, S. 17.

105 Waffen, Munition und Sprengstoff erhielten sie aus den von der SS abgefangenen Lastenfallschirmlieferungen der Briten und Amerikaner für den dänischen Widerstand. Vgl. Interrogation Report 032/8/65 16.7.1945 Otto, Richard Bovensiepen, Comdr »Sipo«, Denmark, in: NARA RG 319 e119a f126 Bovensiepen, Sheet 4/5 und 8.

106 Vgl. ODEUM – Incidents with the British, 20.1.1954, in: NARA RG 263 Issel, Horst.

107 Vgl. Chief of Station, Karlsruhe an Chief, Munich Operating Base vom 20.6.1949, Subject: General – Operational, Specific: Candida Stay Behind Radio Operations, in: NARA RG 263 Schmalschlaeger, Heinz.

108 Schmalschläger, Kavallerieoffizier des Ersten Weltkriegs, war 1936 nach Aufgabe seiner Matratzenfabrik ins OKW-Amt Ausland/Abwehr eingetreten, diente ab 1938 als Major in der Abwehrstelle Wien, leitete im September 1939 das Frontaufklärungskommando zur Sicherstellung der Akten des polnischen Geheimdienstes und befehligte im Sommer 1941 das Vorauskommando Athen, bevor er das Kommando IV übernahm. Er trat nach langem Werben im Februar 1953 in die Organisation Gehlen als Hauptagent in der Gruppe 122 (Franz Xaver Schmidt) ein, diente ab März 1955 in der Spionageabwehrgrupp 127 unter Oskar Reile und wurde 1956 in den BND übernommen; siehe NARA RG 263 Schmalschlaeger, Heinz.

109 Vgl. ACMOB an COS, Karlsruhe vom 24.6.1949, Subject Specific: Candida's Opus on Stay-behind Radio Nets, in: NARA RG 263 Schmalschläger, Heinz.

110 Vgl. Klaus Eichner/Andreas Dobbert: Headquarters Germany. Die USA-Geheimdienste in Deutschland, Berlin 1997, S. 20ff.

111 Vgl. Tim Weiner: Legacy of Ashes. The History of the CIA, New York 2007, S. 13, 24 und 32.

112 Aufzeichnung Blankenhorn 6.6.1950, zitiert nach Karlheinz Höfner: Die Aufrüstung Westdeutschlands. Willensbildung, Entscheidungsprozesse und Spielräume westdeutscher Politik 1945 bis 1950, München 1990, S. 207f.

113 HMI 1 (siehe die nächste Anmerkung): I. Die Aufdeckung des Technischen Dienstes (TD) des BDJ in Hessen, S. 1.

114 Vgl. Hessischer Minister des Innern: Der Technische Dienst des Bundes Deutscher Jugend (BDJ), 121 Seiten zuzüglich eines Anhangs mit 49 Dokumenten, 20 Personalbögen und zwei Zeitungsausschnitten (im Folgenden zitiert als HMI 1) sowie Hessischer Minister des Innern: Zweite Dokumentensammlung zum Bund Deutscher Jugend und seines Technischen Dienstes, Wiesbaden, o.J., eine 298 Seiten umfassende Dokumentation, die Abschriften der Dokumente enthält, die bei den Durchsuchungen von BDJ-Büros und Privatwohnungen am 7. Januar 1953 beschlagnahmt wurden (im Folgenden zitiert als HMI 2). Die Autoren danken Leo A. Müller für die Überlassung dieser Dokumente.

115 Vgl. Security Report vom 30.9., in: Sachakte LCPROWL, Bd. 4, NWCDA, Box 70 (im Folgenden zitiert als LCPROWL).

116 Vgl. HMI 1, S. 3 und 13f.

117 Vgl. ebd., S. 2.

118 HMI 2, X (Berichte des Hessischen LfVs an das BfV und an das Ministerium für gesamtdeutsche Fragen) 3. Bericht vom 7. Dezember 1950, S. 194.

119 HMI 2, ebd., 5. Bericht vom 19. Dezember 1950, S. 196f.

120 Vgl. HMI 2, ebd., Bericht vom 6.1.1951, S. 206.

121 Vgl. *Spiegel*-Gespräch mit Herrn Dr. Lüth am 2.12.1968, Nachlass Peter-Ferdinand Koch im Archiv Forschungsinstitut für Friedenspolitik e. V. (FF), Weilheim

122 Deutscher Bundestag – 235. Sitzung, Bonn, Donnerstag, den 23. Oktober 1952, S. 10830.

123 Vgl. HMI-Ermittlungsakten: Anhang I. Personalien der Hauptbeteiligten, S. 3f.; http://de.wikipedia.org/wiki/Paul_L%C3%BCth (Zugriff 29.11.2014) und HMI 1, S. 36.

124 Vgl. HMI 1, S. 67.

125 Vgl. Assessment of Offence November 1952, in: LCPROWL, Bd. 4.

126 Vgl. Eichner/Dobbert: Headquarters Germany, S. 150.

127 Vgl. From Frankfurt to Policy Coordination vom 3.6.1950, in: LCPROWL, Bd. 4.

128 Vgl. To Chief, VLKIVA Washington, D.C. vom 10.6.1950, Subject: LCPROWL und to Chief, VLKIVA Washington, D.C. vom 5.7.1950, Subject: LCPROWL, in: LCPROWL, Bd. 4.

129 Vgl. Informationsdienst Bund Deutscher Jugend (1952) 11: Sonderausgabe! Rechtsstaat oder Parteiwillkür, S. 2.

130 Vgl. Nikolaus Jungwirth/Gerhardt Kromschröder: Die Pubertät der Republik. Die fünfziger Jahre der Deutschen, Reinbek 1978, S. 37.

131 HMI 2, S. III.

132 Vgl. Deutscher Bundestag, 235. Sitzung, S. 10832, 10829, 10827; Hessischer Sonntag vom 2.11.1952: Handgranaten auf die Menschenmassen.

133 HMI 1, S. 8.

134 Ebd., S. 64f.

135 Vgl. Weinsberg, Willi, NWCDA, Box 183.

136 Vgl. HMI 1, S. 89.

137 Vgl. Dieter von Glahn: Patriot und Partisan für Freiheit und Einheit, Tübingen 1994, S. 48ff. und Illustrationen im Anhang.

138 Vgl. Project Outline LCPROWL vom 24.1.1951, in: LCPROWL, Bd. 4.

139 Vgl. Germany Youth Organization LCPROWL vom Juli 1952, in: LCPROWL, Bd. 4.

140 Vgl. TOP B, Protokoll 252. Kabinettssitzung am 10.10.1952.

141 Vgl. http://de.wikipedia.org/wiki/Walter_J._Donnelly (Zugriff 19.12.2014).

142 Vgl. Brief Lucian K. Truscott (Chief of Mission Germany) an Frank G. Wisner vom 22.11.1952, in: LCPROWL, Bd. 2.

143 Vgl. Leo A. Müller: Gladio. Das Erbe des Kalten Krieges. Der NATO-Geheimbund und seine deutschen Vorläufer, Reinbek 1991, S. 144; HMI 2, S. 4.

144 Vgl. The BDJ Project vom 28.1.1953, in: LCPROWL, Bd. 3.

145 Hessischer Landtag II. Wahlperiode: Stenographischer Bericht über die 32. Sitzung, Wiesbaden, den 8. Oktober 1952. Erklärung der Landesregierung zur Aufdeckung einer Geheimorganisation des Bundes Deutscher Jugend (BDJ) in Westdeutschland, S. 1294ff.

146 Ebd.

147 HMI 1, S. 104.

148 Paul B. Comstock: Nazis, Liberals and Communist Manipulation, 13.11.1952, in: Records of the Psychological Strategy Board, Harry S. Truman Library and Museum, Independence, Missouri.

149 Spiegel-Gespräch mit Herrn Dr. Lüth, Archiv FF.

150 Vgl. HMI 1, Anhang I. Personalien der Hauptbeteiligten, S. 2.

151 Vgl. Die Zeit, 23.10.1952: Kleiner Partisan, armer Partisan …

152 Vgl. Müller: Gladio, S. 73.

153 Vgl. Naumann, Werner, in: NARA RG 263.

154 HMI 1, S. 67. Zur Person von Werthern, der dort auch der Division Großdeutschland zugerechnet wird: HICOG Frankfurt: Despatch No. 3771 vom 1.6.1951, Subject: Bund Deutscher Jugend, ohne Paginierung, Harry S. Truman Library and Museum, Independence, Missouri.

155 Vgl. Otto, Hans, NWCDA, Box 159; HMI 1, Anlage I. der Ermittlungsakten: Personalien der Hauptbeteiligten.

156 Vgl. Weiner: Legacy of Ashes, S. 47.
157 Vgl. HMI 1, Anhang II. Dokumente: Aussage des Hans Otto vom 23.9.1952.
158 HMI 1, S. 110.
159 Paul Lüth: Bürger und Partisan. Über den Widerstand gestern, heute und morgen, Frankfurt a.M. 1951, S. 9 und 16.
160 Ebd., S. 42.
161 Vgl. ebd., S. 5.
162 Ebd., S. 28.
163 Ebd., S. 42.
164 Ebd., S. 68.
165 HMI 1, Die Denkschrift des Paul Egon Lüth, ohne Paginierung.
166 Zitiert nach Wiesbadener Kurier, 15.11.1952: Was Dokumente über die Partisanengruppe sagen.
167 Vgl. Monthly Project Status Report for Month of August, in: LCPROWL, Bd. 1.
168 Vgl. HMI 1, Anhang I. Personalien der Hauptbeteiligten, S. 5 und 10.
169 Vgl. HMI 1, S. 64ff.
170 HMI 1, Anhang II, 20.
171 Vgl. HMI 1, S. 68.
172 Vgl. HMI 1, S. 69f.
173 Vgl. Buschfort: Geheime Hüter der Verfassung, S. 114, 152f.; Henry Leide: NS-Verbrecher und Staatssicherheit. Die geheime Vergangenheitspolitik der DDR, Göttingen 2005, S. 279, 282 und NARA RG 263 Hanelt, Gustav.
174 Vgl. Helmut Müller-Enbergs: Inoffizielle Mitarbeiter des Ministeriums für Staatssicherheit, Teil 2: Anleitungen für die Arbeit mit Agenten, Kundschaftern und Spionen in der BRD, Berlin 1998, S. 25 und Buschfort: Geheime Hüter der Verfassung, S. 114, 152f.
175 HMI 1, Anhang I. Personalien der Hauptbeteiligten, S. 11; HMI 1, S. 70.
176 HMI 2, Anlage II 11m, S. 1.
177 Vgl. HMI 2, Anlage II,11.
178 HMI 2, Anlage II,11c, S. 1.
179 HMI 2, Anlage II, 11g, S. 2.
180 HMI 2, S. VIII.
181 Vgl. Deutscher Bundestag, 235. Sitzung, S. 10801.
182 Zitiert nach Müller: Gladio, S. 112.
183 Vgl. Todesanzeige Sterling Garwood, in: Albuquerque Journal, 19.4.2003.
184 Vgl. Der Spiegel, 18.10.1952: Alles für Deutschland; vgl. auch Hans-Günther Murr: Die Partisanenaffäre von Wald-Michelbach, in: Geschichtsblätter Kreis Bergstraße Bd. 31 (1998), S. 251ff.
185 Deutscher Bundestag, 235. Sitzung, S. 10826.
186 Vgl. HMI 1, Anhang I. Personalien der Hauptbeteiligten, S. 5f. und 9f.
187 Abschrift Beurteilung. Lehrgang vom 20.4. bis 26.4.52. Name: Wurm, Heinz. Adler, in: HMI 2, Personendossiers, ohne Paginierung.
188 Vgl. Der Spiegel, 18.10.1952: Alles für Deutschland.
189 Vgl. HMI 2, S. 222f.
190 Vgl. Memorandum for: Deputy Director (Plans), Subject: Further Developement in the West German Police Investigation of the Paramilitary Adjunct of the League of German Youth vom 6.11.1952, in: LCPROWL, Bd. 1, und Frankfurter Rundschau, 14.11.1952: Deutsch-amerikanischer Konflikt über Untersuchung der Partisanenaffäre.
191 Vgl. Hessische Nachrichten, 10.11.1952: Ohne Verbindung zu Partisanen.
192 Vgl. Erich Schmidt-Eenboom: Undercover. Der BND und die deutschen Journalisten, Köln 1998, S. 195 und 334ff.

193 Vgl. Memorandum for: Deputy Director (Plans), Subject: Recent Developements Affecting the Security of the PP-sponsored League of German Youth (BDJ) (LCPROWL), undatiert (Ende 1952), in: LCPROWL, Bd. 4.
194 Vgl. Die Neue Zeitung, 18.11.1952: Ollenhauer und Zinn bei Hochkommissar Donnelly.
195 Zitiert nach Frankfurter Rundschau, 20.11.1952: Deutsch-amerikanische Erklärung zur Partisanen-Affäre.
196 Vgl. Giessener Freie Presse, 20.11.1952: Hochkommission wußte von nichts.
197 Offenbacher Post, 20.11.1952: Zinn. Deutschland ist ein Dschungel von Agenten und Gegenagenten.
198 Davon J. Dallin: Wie man Freunde in Deutschland verliert. Typoskript Nachlass Peter-Ferdinand Koch.
199 Vgl. Frankfurter Rundschau, 20.11.1952: Deutsch-amerikanische Erklärung zur Partisanen-Affäre.
200 Vgl. Deutscher Bundestag, 235. Sitzung, S. 10813.
201 Vgl. Parlamentarisch-Politischer Pressedienst PPP 2/141/=/del 15.1.1953: Hessen gab BDJ-Weißbuch aus.
202 Stuttgarter Zeitung, 13.1.1952: Eine Aufgabe für Herrn Dehler.
203 So klagte Zinn vor dem Bundestag, vgl. Deutscher Bundestag, 235. Sitzung, S. 10812.
204 Ebd., S. 10826.
205 Vgl. Hermann Zolling/Heinz Höhne: Pullach intern. General Gehlen und die Geschichte des Bundesnachrichtendienstes, Hamburg 1971, S. 318, 330; Alfred Charisius/Julius Mader: Nicht länger geheim. Entwicklung, System und Arbeitsweise des imperialistischen deutschen Geheimdienstes, Berlin 1978, Personenregister.
206 Kasseler Zeitung, 13.11.1952: Sturm im Wasserglas.
207 Vgl. Waldeckische Landeszeitung, 13.11.1952: Verfahren gegen BDJ niedergeschlagen.
208 Hessische Nachrichten, 13.11.1952: Partisanen-Führer frei!
209 Vgl. de.wikipedia.org/wiki/Ernst_Kanter (Zugriff 15.3.2015).
210 Vgl. BDJ Trial vom 10.2.1953, in: LCPROWL, Bd. 2.
211 Vgl. Memorandum for: Deputy Director (Plans), Subject: Further Developement in the West German Police Investigation of the Paramilitary Adjunct of the League of German Youth vom 6.11.1952, in: LCPROWL, Bd. 1.
212 Vgl. Log Item EE/PP/Germany vom 13.2.1953 und Log Item EE/PP/Germany vom 27.2.1953, in: LCPROWL, Bd. 3.
213 Vgl. Director, CIA an SR Rep Germany (Frankfurt) vom 7.2.1953, in: LCPROWL, Bd. 3.
214 Beschluss in der Strafsache 1 St E 5/57, zitiert nach Glahn: Patriot und Partisan, S. 80.
215 Vgl. HMI 2, Anlage II, 7.
216 Vgl. auch HMI 2, Anlage II, 7, drastischer noch waren die folgenden Sätze: »Einsatz von Kleingruppen gegen gegnerische Einheiten stets in Beunruhigungstaktik. Einzelne Schußgaben oder Sprengungen an verschiedenen Stellen. Stets die Führer vernichten.«
217 Vgl. Deutscher Bundestag, 235. Sitzung, S. 10799 ff.
218 Vgl. CIA: Memorandum for the Record, Subject: Catide Cover Firms, 2.11.1965, in: NARA RG 263 Ihm, Karl.
219 German-English Intelligence Glossary, o. O., o. J., S. 33, in: Critchfield German Collection, Box 4.
220 Vgl. Darmstädter Echo, 29.10.1952: BEJ will im »Hessenbanner« mitarbeiten.
221 Vgl. Hessische Nachrichten, 13.11.1952: SPD Stadt-Mitte gegen rechtsradikale Untergrundbewegung.
222 Vgl. Darmstädter Echo, 14.11.1952: Verlorene Schlacht der Demokratie. Der Bericht-

erstattung der Frankfurter Neuen Presse »Recht geht vor Politik« vom 15. November trat Dehler am 5. Dezember 1952 mit einer Gegendarstellung entgegen.

223 Vgl. Hessische Nachrichten, 14.11.1952: Märchenerzähler Zinn.

224 Vgl. Frankfurter Rundschau, 15.12.1952: BDJ-Tagung in Frankfurt nach Waffenfunden verboten.

225 Fuldaer Zeitung, 13.1.1953: Besser Stalinisten bekämpfen.

226 Vgl. Nachrichten Hessischer Rundfunk, 15.1.1953.

227 Informationsdienst Bund Deutscher Jugend, 1952, S. 1.

228 Vgl. Wiesbadener Kurier, 12.1.1953: Pankow lässt in fünf Garnisonen Partisanen für Westen ausbilden.

229 Vgl. Deutscher Bundestag, 235. Sitzung, S. 10812.

230 Vgl. Memorandum Hesse LfV L/O-Mr. Johs an Department of the Army Detachment Februar 1955, in: NARA RG 263 Ludwig, Albert.

231 Vgl. Die Neue Zeitung, 1.12.1952: Innenminister wollen Geheimorganisationen verbieten.

232 Vgl. Wiesbadener Kurier, 16.1.1953: Länder bleiben verschiedener Ansicht über BDJ.

233 Vgl. Waldeckische Landeszeitung, 14.1.1953: Für oder gegen BDJ-Verbot.

234 Zitiert nach Die Neue Zeitung, 10.1.1953.

235 Vgl. Memorandum for: Deputy Director (Plans) vom 30.1.1953, Subject: Investigation and Banning of the League of German Youth (BDJ) by the Hessian Government, in: LCPROWL, Bd. 3.

236 Vgl. Werra-Rundschau, 9.1.1953: BDJ in Hessen aufgelöst.

237 Vgl. Wiesbadener Tagblatt, 15.1.1953: Erste Sichtung beim BDJ.

238 Vgl. Sozialistische Volkszeitung, 20.1.1953: So leicht gibt sich die Reaktion nicht geschlagen.

239 Vgl. Kasseler Post, 12.1.1953: Beim verbotenen BDJ Kassel nur Anti-KPD-Material gefunden.

240 Vgl. Müller: Gladio, S. 136.

241 Vgl. Frankfurter Neue Presse, 15.1.1953: Gericht geht gegen BDJ vor.

242 Vgl. Deutsch-Amerikanischer Untersuchungsausschuss, Frankfurt a.M., 29.10.1952, in: HMI 1 Anlage II, S. 40.

243 Vgl. HMI 1, S. 88.

244 Abschrift. Beurteilung: Lehrgang von 20.4. bis 26.4.52. Name: Rüger, Georg-Robert, in: HMI 2, Personendossiers, ohne Paginierung.

245 Vgl. HMI 1, S. 109.

246 Vgl. Memorandum to Staff C vom 5.3.1953, Subject: Alleged BIS Agent Karl Heinz Bruhn, in: LCPROWL, Bd. 3.

247 Vgl. Giessener Freie Presse, 13.1.1953: Drei weitere Länder verbieten BDJ.

248 Wiesbadener Tagblatt, 14.1.1953: Bund Deutscher Jugend in vier Ländern verboten.

249 Vgl. HMI 1, Anhang I. Personalien der Hauptbeteiligten, S. 9.

250 HMI 2, S. 128.

251 Vgl. American Consulate General, Bremen and The Department of State, Washington vom 16.1.1952, Subject: Banning of BDJ in Bremen, in: LCPROWL, Bd. 2.

252 Vgl. Glahn: Patriot und Partisan, S. 9, 39, 43 f. und 69.

253 Vgl. Die Welt, 9.10.1952: BDJ-Partisanen.

254 TV-Interview v. Glahn mit Ulrich Stoll, WDR-Fernsehen, 1995.

255 Vgl. Der Spiegel, 26.11.1990: Angreifen und zerstören.

256 Vgl. Hessische Nachrichten, 14.1.1953: BDJ in Norddeutschland verboten.

257 Vgl. American Consulate General, Bremen and The Department of State, Washington vom 16.1.1952, Subject: Banning of BDJ in Bremen, in: LCPROWL, Bd. 2.

258 Vgl. HMI 1, Anhang I. Personalien der Hauptbeteiligten, S. 6.

259 Vgl. HMI 1, S. 88.

260 Vgl. Schwarting, Christian, NWCDA, Box 171.
261 Vgl. Menke, Walter, NWCDA, Box 154.
262 Vgl. Debrassine, Heinz, NWCDA, Box 115.
263 Vgl. Tellkamp, Eberhard, NWCDA, Box 178.
264 Vgl. HMI 2, Land Bremen: Mob – Plan – A.
265 Vgl. Glahn: Patriot und Partisan, S. 47f.
266 HMI 2, Anlage II, 5 Grundsätzliche Anweisungen für den Mob-Plan B, S. 1.
267 Ebd.
268 HMI 2, Anlage II, 24.
269 Vgl. American Consulate General, Bremen an The State Department, Washington vom 30.1.1953, Subject: Former activities of local Technischer Dienst, in: LCPROWL, Bd. 3.
270 Vgl. HMI 1, S. 106.
271 Vgl. HMI 1, S. 66 und 88.
272 Vgl. HMI 1, Anhang I. Personalien der Hauptbeteiligten, S. 6f. und S. 4.
273 Vgl. Die Zeit, 23.10.1952: Kleiner Partisan, armer Partisan ...
274 Vgl. Spiegel-Gespräch mit Herrn Dr. Lüth, Archiv FF.
275 Zolling/Höhne: Pullach intern, S. 218 und 358.
276 Vgl. Bross, Alarich, NWCDA, Box 112.
277 Vgl. Pressestelle der Landesregierung Schleswig-Holstein, 16.1.1953, Mitteilung Nr. 19/53: Kein Verbot des BDJ in Schleswig-Holstein.
278 Vgl. Deutsche Woche 4.2.1953: Der BDJ geht »aufs Land«.
279 Der Spiegel, 11.10.1952: Partisanen. Alles für Deutschland.
280 Vgl. Carstenn, Friedrich, NWCDA, Box 113. Vgl. auch Dienstalterlisten der Schutzstaffel der NSDAP vom 1.12.1936, 1.12.1937 und 1.12.1938 und Michael Wildt: Die Generation des Unbedingten. Das Führungskorps des Reichssicherheitshauptamtes, Hamburg 2002, S. 403.
281 Vgl. Welt der Arbeit, 23.1.1953: BDJ-Verbot. Bis die Kugeln pfeifen.
282 Vgl. Frankfurter Rundschau, 21.1.1953: Eine Nachfolge-Organisation des BDJ?; Die Neue Zeitung, 14.1.1953: Altmeier. BDJ wird überwacht.
283 Vgl. Industriekurier, 20.1.1953: Eine bittere Lehre.
284 Sozialdemokratischer Pressedienst, 24.1.1953: BDJ wollte »Rückgrat der neuen Truppe« werden.
285 Vgl. HICOG Frankfurt, Despatch No. 3771 vom 1.6.1951.
286 Vgl. Gerhard Finn: Die politischen Häftlinge der Sowjetzone. 1945–1958, Berlin 1958, S. 214.
287 Vgl. HMI 2, Anlage II, 2.
288 Vgl. Monthly Project Status Report for Month of August, in: LCPROWL, Bd. 1.
289 Vgl. Project: LCPROWL. Amendment No. 3, S. 7, in: LCPROWL sowie Enrico Heitzer: Die Kampfgruppe gegen Unmenschlichkeit (KgU). Widerstand und Spionage im Kalten Krieg 1948–1959, Köln 2015, S. 484.
290 Vgl. Die Freiheit, 28.1.1953: BDJ soll verboten werden.
291 Vgl. Die Welt, 29.1.1953: Minister Meyers paßt auf.
292 Vgl. Frankfurter Rundschau, 28.12.1952: BDJ-Landesführer wegen Mordes verhaftet.
293 Vgl. Wiesbadener Kurier, 19.12.1952: Heises BDJ-Mitgliedschaft ruht bis Gerichtsurteil vorliegt.
294 Vgl. Die Neue Zeitung, 6.1.1953: Ehemaliger BDJ-Funktionär Heise gesteht zweiten Mord.
295 Vgl. Jobke, Karl, NWCDA, Box 141.
296 Vgl. Wiesbadener Kurier, 17.12.1952: Rheinland-Pfalz sieht keinen Anlaß zum Vorgehen gegen BDJ.

297 Vgl. Die Neue Zeitung, 15.12.1952: Waffenfunde führen zur Auflösung einer BDJ-Tagung in Frankfurt.
298 Vgl. Oberhessische Presse, 13.1.1953: Länder-Innenminister wollen BDJ-Verbot erörtern; Frankfurter Rundschau, 13.1.1953: SPD-Protest gegen Asylgewährung für BDJ.
299 Vgl. Mainzer Allgemeine Zeitung, 12.1.1953: Der Bund Deutscher Jugend.
300 Vgl. Die Neue Zeitung, 14.1.1953: Altmeier. BDJ wird überwacht.
301 Vgl. Wiesbadener Tagblatt, 17.1.193: Keine Verlagerung des BDJ nach Rheinland-Pfalz.
302 Vgl. Rhein-Zeitung, 20.11.1952: Kein Beweis für Staatsfeindlichkeit.
303 Vgl. HICOG Frankfurt, Despatch No. 3771 vom 1.6.1951.
304 Vgl. Schreiben Ulrich an den BMI vom 18.2.1953, in: VIII. Einheit von BDJ und Technischem Dienst.
305 Vgl. Hessische Nachrichten, 21.2.1953: Noch ein BDJ-Verbot.
306 Vgl. Chief, MOB [James H. Critchfield] to Chief, OSO: Report of Investigation Rusty, 17.12.1948, S. 90, in: NARA NND003024, im Folgenden zitiert als Critchfield-Investigation.
307 Vgl. Wiesbadener Tagblatt, 15.1.1953: Erste Sichtung beim BDJ.
308 Vgl. Wiesbadener Kurier, 19.11.1952: Zehn weitere BdJ-Mitglieder aus der Haft entlassen.
309 Vgl. HM 1, S. 89.
310 Vgl. Vogt, Helmut, NWCDA, Box 182.
311 Vgl. HMI 2, S. 152.
312 Lutz Niethammer: Die Mitläuferfabrik. Die Entnazifizierung am Beispiel Bayerns, Berlin/Bonn 1982, S. 12f.
313 HMI 1, Anhang I. Personalien der Hauptbeteiligten, S. 9.
314 Zitiert nach Frankfurter Rundschau, 30.10.1952: Weitere Enthüllungen über die Tätigkeit der BDJ-Partisanen.
315 Kevin Ruffner (Hg.): The CIA and the Origins of the BND, Bd. 2: History of the Gehlen Intelligence Organization, September 1953, S. 263, in: NARA RG 263.
316 Vgl. James H. Critchfield: Gehlen Organization – First Five Years – Notes and Drafts, in: The College of William and Mary, Swem Library, Williamsburg, Special Collections Box 2.
317 Die Neue Zeitung, 10.11.1952: Ministerpräsident Ehard fordert Zurückhaltung von ehemaligen Militärs.
318 Vgl. Stuttgarter Zeitung, 30.10.1952; Partisanen »kein Anlaß zur Beunruhigung«.
319 Vgl. Süddeutsche Zeitung, 21.1.1953: Technischer Dienst des BDJ verboten.
320 Vgl. Stuttgarter Zeitung, 30.10.1952: Neue Einzelheiten über Geheimorganisationen.
321 HMI 1, S. 107.
322 Vgl. Krombholz, Franz, NWCDA, Box 146.
323 Vgl. Abendpost, 4.11.1952: Woher stammen die 30.000 DM?; Frankfurter Rundschau, 30.10.1952: Weitere Enthüllungen über die Tätigkeit der BDJ-Partisanen.
324 dpa, Chefredaktion Hamburg: Meldung 1961, 4.11.1952.
325 Vgl. HMI 1, Anhang I. Personalien der Hauptbeteiligten, S. 9.
326 Vgl. Wetzlarer Neue Zeitung, 5.11.1952: Bayreuther BDJ-Funktionär in Chemnitz wegen seiner Tätigkeit im Bundesgebiet verurteilt.
327 Vgl. Die Neue Zeitung, 11.11.1952: Erklärung des BDJ.
328 Vgl. OPC-Bericht (ohne Überschrift) vom 18.4.1951 und Policy Coordination an Frankfurt vom 12.12.1951: Security Information 9/0 (10-11-12), in: NARA RG 263 Steiner, Felix.
329 Vgl. CIA: Research Aid für die RG 263, Juni 2007.
330 HMI 1, S. 67.
331 Vgl. Bross, Alarich, NWCDA, Box 112.

332 Vgl. Die Tat, 1.11.1952: M.d.B. Mellies. BDJ – liebes Kind der Bundesregierung.
333 Zitiert nach Der Spiegel, 18.10.1952: Alles für Deutschland.
334 HMI 1, S. 111.
335 Deutscher Bundestag, 235. Sitzung, S. 10802, 10811, 10820, 10827 f. und 10832.
336 Die deutsche Soldatenzeitung, 23.10.1952.
337 HMI 2, S. 109.
338 HMI 1, Anhang II. Dokumente: Aussage des Hans Otto vom 23.9.1952.
339 HMI 2, S. VII.
340 Vgl. Monthly Project Status Report for Month of May 1952, in: LCPROWL, Bd. 1.
341 Vgl. LCPROWL Apparat, in: LCPROWL, Bd. 1.
342 Zur Kooperation von italienischen Konservativen mit der Mafia und mit Rechtsterroristen durch die CIA und italienische Nachrichtendienste im Zeichen einer Strategie der Spannung vgl. Regine Igel: Andreotti. Politik zwischen Geheimdienst und Mafia, München 1997.
343 Vgl. Frankfurter Rundschau, 21.1.1953: Vorsitzender legt seine Aemter nieder.
344 Vgl. Süddeutsche Zeitung, 3.1.1953: BDJ-KreisverBd. löst sich auf.
345 Vgl. Wiesbadener Tagblatt, 7.2.1953: BDJ Bayern löst sich von der Bundesleitung; Rhein Zeitung, 10.2.1953: BDJ distanziert sich.
346 Vgl. Wiesbadener Kurier, 14.2.1953: Bestehende BDJ-Landesverbände gründen Arbeitsgemeinschaft.
347 Vgl. Presseerklärung Paul Lüth, Februar 1953.
348 Vgl. Darmstädter Echo, 24.2.1953: BDJ Bayern unter neuem Namen.
349 Vgl. http://de.wikipedia.org/wiki/Paul_L%C3%BCth (Zugriff 29.11.2014).
350 Vgl. Chief, FHB an Chief, EE vom 22.12.1952, Subject Specific: Trapluck, in: Bross, Alarich, NWCDA, Box 112.
351 Vgl. Bross, Alarich, NWCDA, Box 112.
352 Vgl. CIA: Pastime vom 11.10.1952, in: CIA-Sachakte Pastime, NWCDA, Box 71 (im Folgenden zitiert als Pastime).
353 Karl Sennst: Mr. Lawrence Merritt Connel wollte mich zum Mörder machen. Enthüllungen des ehemaligen Chefs der BDJ-Nachfolgeorganisation KDJ in der Bonner Bundesrepublik, Berlin (Ost) 1954.
354 Ebd., S. 7.
355 Vgl. HMI 2, S. XXI und 160.
356 Vgl. HMI 2, Halder Abschrift Handschriftlicher Vermerk 9.5.1952.
357 Vgl. HMI 2, Abschrift Paulsen vom 23.4.1952: Kommunistischer Untergrund in West-Deutschland.
358 HMI 2, Abschrift Brief Bender vom 21.4.1952.
359 Vgl. Chief of Station, Karlsruhe an Chief, FDM vom 30.12.1949, in: NARA RG 263 Kopp, Walter, Bd. 1.
360 Ebd.
361 Vgl. Chief of Station, Karlsruhe an Chief, Foreign Division M vom 5.7.1950, Subject: General Kibitz Progress Report. Specific: Recruitment of Kibitz 14, ebd.
362 Vgl. Chief of Station, Karlsruhe an Chief, Foreign Division M vom 2.11.1950, Subject: Specific – Kibitz 16, ebd.
363 Vgl. Chief of Station, Karlsruhe an Chief, Foreign Division M vom 3.11.1950, Subject: Specific – Recruitment of Kibitz 17, ebd.
364 Vgl. Chief of Station, Karlsruhe an Chief, Foreign Division M vom 9.9.1950, Subject: Specific – Eduard Woellner, in: NARA RG 263 Woellner, Eduard.
365 Vgl. […] to Chief, EE/SO vom 23.1.1952, No. 1876, in: NARA RG 263 Kopp, Walter, Bd. 1.
366 Vgl. Chief of Station, Karlsruhe an Chief, Foreign Division M vom 22.11.1950, Subject: Specific: Kibitz and Vulture Progress Report, ebd. Zu den Identitäten siehe:

Operational Clearance Status of Stay behind Agents, NWCDA, Box 77. In dieser Aufstellung erfolgte eine teilweise geänderte Durchnummerierung der Agenten.

367 Vgl. CIA, Subject: Status of Pastime Projects vom 7.1.1952, in: Pastime, Bd. 1.

368 Vgl. Louis Meulstee/Rudolf F. Staritz: Wireless for the Warrior. A Technical History of Radio Communication Equipment in Clandestine and Special Forces Operations, Bd. 4: Clandestine Radio, Dorset 2004; Stückpreise und Empfangsstation aus Pastime.

369 Vgl. […] to Chief of Mission, Frankfurt vom 19.1.1953, Subject: Specific – Review of Kibitz 15 Net, in: NARA RG 263 Kopp, Walter, Bd. 2.

370 Vgl. Personal Record Questionaire vom 18.8.1950, in: NARA RG 263 Kopp, Walter, Bd. 1.

371 Vgl. Kapitel „Was ist Stay Behind?“, S. 18–21.

372 Vgl. Chief of Station, Karlsruhe an Chief, Foreign Division M vom 18.8.1950: Operational Kibitz – Walter Kopp, in: NARA RG 263 Kopp, Walter, Bd. 1.

373 Vgl. Chief of Station, Karlsruhe an Chief, Foreign Division M vom 9.10.1950, Subject Specific – Kibitz 15, ebd.

374 Vgl. Subject: Potential Informant for CE Activity; vgl. auch Chief of Station, Karlsruhe an Chief Foreign Division M vom 13.11.1951, Subject: Specific – Kibitz 15 – PRQ, Part II, ebd.

375 Vgl. Chief of Station, Karlsruhe an Chief, Foreign Division M vom 22.11.1950, Subject: Specific – Identification of Kibitz 15 Personnel, und Chief of Station, Karlsruhe an Chief, Foreign Division, M vom 22.11.1950: Identification of Will Schleif, etc., ebd; vgl. auch CIA: Operational Clearance Status of Stay Behind Agents vom 22.5.1952, in: Pastime, Bd. 1.

376 Vgl. Chief of Station, Karlsruhe an Chief, TAD vom 2.8.1951: Kennkarte for Kibitz 15, in: NARA RG 263 Kopp, Walter, Bd. 1.

377 Vgl. Chief of Station, Karlsruhe an Chief, Foreign Division M vom 13.8.1951, Subject: Specific – Salary – Kibitz 15, ebd.

378 Vgl. Operational Clearance No. 1808, ebd.

379 Vgl. […] to Chief of Mission, Frankfurt vom 19.1.1953, Subject: Specific – Review of Kibitz 15 Net, ebd, Bd. 2.

380 Vgl. Chief of Station, Karlsruhe an Chief, Foreign Division M vom 17.9.1951, Subject: Specific – Kibitz 15 – Progress Report, ebd., Bd. 1.

381 Vgl. Chief of Station, Karlsruhe an Chief, Foreign Division M vom 17.9.1951, Subject: Specific – Identifications, ebd.

382 Chief of Station, Karlsruhe an Chief, KOB vom 10.12.1951; Evaluation of Kibitz 15, S. 21 ff., ebd.

383 Vgl. CIA EE7SO/C an EE/SO vom 19.2.1952, Subject: Division Requirements for Stay-behind Burials, in: Pastime, Bd. 2.

384 Vgl. Chief, EE an Chief of Station, Frankfurt vom 12.5.1952: Kibitz 15, in: NARA RG 263 Kopp, Walter, Bd. 1.

385 Vgl. Chief of Station, Frankfurt an Chief, EE vom 6.8.1952, Subject: Specific – Data on Some New Actual and/or Potential Kibitzere in the Kibitz -15 Show, ebd.

386 Vgl. DCOM, Frankfurt an Chief, EE vom 26.8.1952: Dropping of some Agents, in: Kibitz-15 Show, ebd.

387 Erst am 22. Oktober 1952 veranlasste die CIA in Heidelberg eine spezielle Personenüberprüfung zum Verhältnis von Kopp zur Org in Pullach. Die sollte jedoch nur erfolgen, wenn sie von Amerikanern unbemerkt vom Gehlen-Apparat erfolgen könne; vgl. Chief, FHB an Chief of Base, Pullach vom 22.10.1952, ebd.

388 Vgl. Chief, FHB an Chief, EE vom 5.9.1952: Kibitz Assets, Problems, and Recommended Future, ebd.

389 Vgl. Chief, EE an Chief of Station, Frankfurt vom 12.9.1952: General Remarks on Kibitz, ebd.

390 Vgl. Director, CIA an SR. REP. Frankfurt vom 7.10.1952: DIR 22611, ebd.
391 Vgl. Chief, FHB an Chief, EE vom 31.10.1952: Kibitz/Vulture Progress Report für period 1 September to 31 October 1952, ebd.
392 Vgl. Chief, FHB an Chief of Mission, Frankfurt vom 28.10.1952, Subject: Specific-Report on 16 October 1952 Meeting with Kibitz 15 and his Reaction to BDJ »FLAP«; vgl. auch Chief, FHB an Chief of Mission, Frankfurt vom 28.10.1952: 23 October Meeting with Kibitz 15, ebd.
393 Vgl. Chief, FHB an Chief, EE vom 31.10.1952: Kibitz/Vulture Progress Report für period 1 September to 31 October 1952, ebd.
394 Vgl. Chief, FHB an Chief, EE vom 9.12.1953: Dropping of W/T Agents in Kibitz 15 Net, in: ebd., Bd. 2.
395 Vgl. Arbeitsvertrag mit Ernst Roeder vom 1.11.1952; ebd.
396 Vgl. SR REP Frankfurt an Director, CIA vom 7.1.1953: FRAN 0212, ebd. Der Name dessen, der die Unterrichtung Globkes vornehmen wollte, ist in dem Dokument geschwärzt. Vermutlich war es der amerikanische Hochkommissar; vgl. auch GD, DCOM an FHB vom 6.1.1953: Operational Call, ebd.
397 Vgl. Extract from EGNA 123, 26.9.1952, Subject: BfV's awareness of clandestine American activities in Germany, in: Pastime, Bd. 2.
398 Vgl. Chief of Base, Bonn an Chief of Mission, Frankfurt vom 3.12.1952: Hans von Gadow, ebd.
399 Vgl. Director, Central Intelligence an SR REP Germany vom 15.1.1953: DIR 36087, in: NARA RG 263 Kopp, Walter, Bd. 1.
400 Vgl. Chief, FHB an Chief, EE vom 7.1.1953, Subject: Specific – Contact Report – Kibitz 15 and Kibitz 150, ebd., Bd. 2.
401 Vgl. Chief, FHB an Chief, EE vom 7.1.1953, Subject: Specific – Contact Report – Kibitz 15 and Kibitz 150, ebd.
402 Vgl. EE/CFI an AC/FI vom 23.12.1952: Kibitz 15, ebd.
403 Vgl. From: Spull 4648 an DIR: RE DIR 30525, 32024 vom 24.12.1952, ebd.
404 Vgl. Spull 4648, ebd.
405 Vgl. [...] to Chief of Mission, Frankfurt vom 19.1.1953, Subject: Specific – Review of Kibitz 15 Net, ebd.
406 Vgl. ebd.
407 Vgl. Chief, FHB an Chief, EE vom 3.3.1953, Subject: Specific – Contact Report – Kibitz 150, ebd.
408 Vgl. Chief, FHB an Chief, EE vom 5.3.1953, Subject: Specific – Recommendation For Revision of Kibitz 15 Net, ebd.,
409 Vgl. SR REP Frankfurt an Director CIA vom 15.4.1953: Fran 3813, ebd. Zugleich wurde Kopp von seinen Redcap-Aktivitäten, der geplanten Anwerbung von sowjetischen Überläufern in Berlin, suspendiert.
410 Vgl. Chief, FHB an Chief, EE vom 10.5.1953, Subject: Specific – Termination of Kibitz-15, ebd. Kopps Sohn Rüdiger sagt, sein Vater habe nie einen VW Käfer besessen, sondern einen Steyr mit Holzvergaser gefahren; vgl. Interview Ulrich Stoll mit Rüdiger Kopp im Dezember 2012.
411 Vgl. Deputy Director for Plans an Chief, Counterintelligence Division vom 7.4.1971, Subject: Kopp, Walther, ebd., Er verstarb am 29.10.1974 in Gauting bei München.
412 Vgl. [...] to Chief of Mission, Frankfurt vom 19.1.1953, Subject: Specific – Review of Kibitz 15 Net, ebd.
413 Vgl. Timothy Naftali: New Information on Cold War CIA Stay-Behind-Operations in Germany and on the Adolf Eichmann Case, www.fas.oer/spg/eprint/ (Zugriff 1.12.2013), S. 3 f.
414 Timothy Naftali war vor der Freigabe der Sachakte Pastime im Juni 2006 irrtümlich davon ausgegangen, dass dieses Programm nur für Berlin galt. Pastime ist jedoch

der CIA-Oberbegriff für alle SBO-Programme, ausgenommen die der Organisation Gehlen. Die für Berlin und die SBZ/DDR geltenden Unterprogramme werden im folgenden Abschnitt dargestellt. Vgl. Naftali: New Information on Cold War CIA Stay-Behind-Operations.

415 Vgl. Fall Pastime Agent Description Form. Name of Agent: Calesa 8e, in: Pastime, Bd. 1.

416 Vgl. Chief of Station, Karlsruhe an Chief, Foreign Branch M vom 8.12.1948, Subject: Operational: Pastime, Progress Report #2, ebd.

417 Vgl. Fall Pastime Agent Description Form. Name of Agent: Cahier, ebd.

418 Vgl. CIA to Mr. Helms vom 2.9.1949, ebd.

419 Vgl. Chief of Station, Karlsruhe an Chief, Foreign Branch M vom 1.9.1949: Addresses in MGB-A-4621, ebd.

420 Vgl. Chief of Station, Karlsruhe an Chief, Foreign Branch M vom 10.7.1950, Subject: Specific: Recruitment of Radio Operateurs, and Caching of Radion Sets, ebd.

421 CIA vom 19.7.1950: Stay-Behind Program – Germany, ebd.

422 Vgl. Office of Special Operations Outline of Stay-Behind Operation vom 15.11.1950, ebd.

423 Vgl. CIA: Pastime vom 16.10.1952, in: Pastime, Bd. 2. Ein EC-2-Container enthielt drei automatische Pistolen, sechs automatische belgische Waffen jeweils mit Munition, zwei Handgranaten und 100 Goldmünzen Louis d'Or. Vgl. CIA, Subject: Division Requirement for Stay-behind Burials vom 19.12.1952, ebd.

424 Vgl. CIA, Subject: Status of Pastime Projects vom 7.1.1952, S. 2, ebd.

425 CIA, Subject: Summary of West German (Non-Zipper) Stay-Behind Activities as of 1 February 1952, S. 1 f., ebd.

426 Vgl. CIA EE/G vom 14.12.1955: Project Pastime, ebd. Die Projektakten reichen bis 1950, enthalten jedoch auch nachrichtendienstliche Ansätze auf die protestantische Kirche in der DDR im Mai 1953, in der Schläferagenten angeworben werden sollten.

427 Vgl. Operational Clearance Status of Stay-Behind Agents vom 22.5.1952, ebd.

428 George Bailey/Sergej Kondraschow/David E. Murphy: Die unsichtbare Front. Der Krieg der Geheimdienste im geteilten Berlin, Berlin 1997, S. 145.

429 Vgl. Antwort der Bundesregierung auf die Kleine Anfrage der Abgeordneten Ulla Jelpke, Wolfgang Gehrcke, Christine Buchholz, weiterer Abgeordneter und der Fraktion Die Linke, in: Bundestags-Drs. 18/524 und 18/701, 3.3.2014, S. 3 f.

430 Major Hans von Dach: Der totale Widerstand. Kleinkriegsanleitung für Jedermann, Bd. 4 der Schriftenreihe des Schweizerischen Unteroffiziersverbandes, Bern 1957.

431 Bundestags-Drs. 18/701, 3.3.2014, S. 2.

432 Vgl. Critchfield -Investigation, S. 72 und 94.

433 Vgl. ebd., S. 108.

434 Vgl. Org 36: Gliederung und Aufgaben der Abteilung Nachrichtenwesen vom 3.6.1950, S. 1, Archiv FF.

435 Vgl. Chief of Station, Karlsruhe an Chief, Foreign Division M vom 9.6.1951: Saturn/F-Net/Osmosis, S. 4, in: The CIA and the origins of the BND, Bd. 2, CIA Information Management Services, ebd., Box 193.

436 Vgl. Org: Die Unruhen in der Ostzone, Pullach Ende Juli 1953, S. 126 ff., BArch B 206/934.

437 Vgl. ebd.

438 Org: Undatiertes Schreiben Streng vertraulich an 2978, Betr. Juno-Programm, als Dokument abgedruckt bei Heinz Felfe: Im Dienst des Gegners. Autobiographie, Berlin 1988, S. 423.

439 Vgl. Org 30 d an 30 (Gehlen) vom 29.10.1953: Betr.: Juno-Programm, Archiv FF.

440 Org 50 D O – 1314/52 vom 17.7.1952: Betr.: Vorwarnmaßnahmen und Juno-Programm, S. 1, Archiv FF. Hervorhebungen im Original.

441 Vgl. Org 38/I O_1145/51 vom 1.6.1951: Betr. Abhandlung Nr. 620 Teil A und B, S. 6, Archiv FF.
442 Org: Anlage zum Schreiben 30d an 30, Vorschlag für Aufgabenbereich des Juno-Bearbeiters bei den GV-en, Archiv FF.
443 Org: Anlage zum Schreiben 30d an 30, Vorschlag für Aufgabenbereich des Juno-Bearbeiters bei den GV-en, Archiv FF.
444 Vgl. Neues Deutschland, 7.9.1954: Sie werden stets Verlierer sein.
445 Vgl. Org: Die Unruhen in der Ostzone, BArch B 206/934, S. 25 f.
446 Vgl. ebd., S. 43, 26 und 38.
447 Vgl. ebd., S. 35, 65, 177.
448 Vgl. David Stafford: Berlin Underground. Wie der KGB und die westlichen Geheimdienste Weltpolitik machten, Hamburg 2003, S. 180.
449 Erfahrungsbericht Schwarz (Albert Praun) 1960, S. 38, Archiv FF.
450 Vgl. Karl Wilhelm Fricke/Roger Engelmann: »Konzentrierte Schläge«. Staatssicherheitsaktionen und politische Prozesse in der DDR 1953 – 1956, Berlin 1998, S. 122 ff.
451 Vgl. Zolling/Höhne: Pullach intern, S. 149.
452 Urteil des 1. Strafsenats des Obersten Gerichts der DDR gegen Werner Haase und andere vom 21. Dezember 1953, zitiert nach dem Dokumentenanhang bei Fricke/Engelmann: Konzentrierte Schläge, S. 292.
453 Beim RSD handelte es sich um einen Sendebetrieb, der »zu bestimmten Zeiten und auf Frequenzen, die nicht im Hinblick auf einzelne Teilnehmer, sondern in Sprache ausgestrahlte, verschlüsselte Anweisungen und Mitteilungen für nachrichtendienstliche Verbindungen im europäischen Bereich« absetzte. Daneben nutzte auch die Org bereits den Sonderblinkfunkdienst, der »auf die individuellen (Sonder-)Verhältnisse abgestimmt« sich der Morsetelegrafie bediente und überdies auch an fiktive Agenten ausgesendet wurde, um die gegnerische Funkabwehr zu täuschen. Vgl. BND: Begriffsbestimmungen für den Bundesnachrichtendienst, Pullach 1974, S. 35 und 38.
454 Horst Männchen/Wolfgang Schwanitz: Funkelektronische Abwehr und Aufklärung (HA III im MfS und Abt. III der BV), in: Reinhard Grimmer u. a. (Hg.): Die Sicherheit. Zur Abwehr des MfS, Bd. 1, Berlin 2002, S. 559–579, hier 562.
455 Vgl. Zolling/Höhne: Pullach intern, S. 149.
456 Vgl. Julius Mader: Die Graue Hand. Eine Abrechnung mit dem Bonner Geheimdienst, Berlin 1960, S. 144.
457 Vgl. Tägliche Rundschau, 2.11.1954: Prozeß gegen 7 Gehlen-Agenten.
458 Vgl. Fricke/Engelmann: Konzentrierte Schläge, S. 137. Die Org hatte Misera ein Telegramm mit dem Code für den Absetzbefehl, »zwei Theaterkarten zu besorgen« geschickt, aber es erreichte ihn nicht mehr rechtzeitig; vgl. Friedrich-Wilhelm Schlomann: Was wußte der Westen? Die Spionage der CIA, des britischen SIS, der französischen DGSE und des BND gegen den Sowjetblock von 1945 bis 1990. Die westalliierten Militärverbindungsmissionen in Potsdam, Aachen 2009, S. 99.
459 Zolling/Höhne: Pullach intern, S. 261.
460 Org 50 D: Bonner Besuch 16.1.1951, S. 6; Archiv FF.
461 Vgl. Günter Möller/Wolfgang Stuchly: Zur Spionageabwehr (HA II im MfS/Abt. II der BV), in: Grimmer, Die Sicherheit, S. 506.
462 Vgl. ebd.
463 Vgl. Neues Deutschland, 7.9.1954: Sie werden stets Verlierer sein.
464 Vgl. NARA RG 263 Clemens, Hans; Der am 18.3.1915 in Teplitz geborene Sick war im Dritten Reich ehrenamtlicher Mitarbeiter der SD-Hauptaußenstelle Dresden; vgl. NARA RG 263 Baltrusch, Fritz.
465 Vgl. NARA RG 263 Huebner, Fritz; laut CIA ggf. identisch mit dem gleichnamigen SS-Untersturmführer, SS-Nr. 107111.
466 Erfahrungsbericht Schwarz, Archiv FF, S. 38.

467 Gerhard Wessel: Notiz über die Lage Bundesnachrichtendienst bei Übernahme am 1. Mai 1968, 22.4.1968, S. 7, Archiv FF.

468 Mitteilung eines seinerzeit in der DDR-Aufklärung eingesetzten BND-Mitarbeiters an Erich Schmidt-Eenboom vom Oktober 2011 (Protokoll aus Gesprächsnotizen).

469 Vgl. NARA RG 263 Huebner, Fritz; laut CIA ggf. identisch mit dem gleichnamigen SS-Untersturmführer, SS-Nr. 107111.

470 BStU, MfS, HA IX: Akte 1046, Blatt 1.

471 Vgl. BStU, MfS, HA IX: Akte 18332, Blatt 18. Die »Agenten« erhielten hohe Haftstrafen zwischen 7 und 15 Jahren, ebd., S. 24–27.

472 Vgl. ebd., S. 244.

473 Vgl. BStU, MfS, JHS: Akte 21834/1, Oberstleutnant Harry Dahl u. a.: Die Qualifizierung der vorbeugenden und offensiven Bekämpfung staatsfeindlicher Aktivitäten der verdeckten Kriegführung, Blatt. 260–262.

474 Vgl. BStU, MfS, HA IX: Ausgangsbasen für die spezifischen Grenzprovokationen gegen die DDR, 10.9.1976, in: Akte 4424, Blatt. 24 f.

475 BStU, MfS, HA IX: Erste Schlußfolgerungen in Auswertung der AsA-Problematik, 25.7.1978, in: Akte 11781 MF, Blatt 1.

476 BStU, MfS, HA IX: Akte 18332, Blatt 100.

477 Mitteilung eines ehemaligen hochrangigen BND-Beamten an Erich Schmidt-Eenboom vom März 2012 (Protokoll aus Gesprächsnotizen).

478 Vgl. ausführlich dazu Ruth Leger Sivard (Hg.): Die »AirLand Battle«-Doktrin. Eine offensive Kriegführungsdoktrin für das Schlachtfeld Europa, Militärpolitik Dokumentation Heft 34/35, Frankfurt a.M. 1983.

479 Vgl. CIA 84 5121041 ASR, Subject: CPC Support to SACEUR, S. 2, in: NARA RG 263 Zuber, Ebrulf, Bd. 2.

480 Vgl. […] to Richard Helms vom 28.10.1949: RE: MGKA-11378, CIA-Sachakte Saturn, NWCDA, Box 77 (im Folgenden zitiert als Saturn).

481 Vgl. […] an POB vom 16.4.1950, Subject: Project 145, ebd.

482 Vgl. Chief of Station, Karlsruhe an Chief, Pullach Operating Base vom 18.4.1950: Project 145 – F Net, ebd.

483 Vgl. Estimate of a Possible Plan for Strategic Concentration and Attack in Central Europe (Russian Army) April 1949, in: Philp (William R.) Collection, Hoover Institution, Stanford University.

484 Vgl. Estimate of a Possible Plan for Strategic Concentration and Attack in Central Europe (Russian Army) April 1949, in: ebd. Ausführlich ging die Studie auch auf Frühwarnindikatoren von anwachsendem Schiffsverkehr in der Ostsee über die Verstärkung der Luftverteidigung an Verkehrsknotenpunkten und die Einlagerung von Betriebsstoffen und Brückenbaumaterial bis zur Urlaubssperre für Soldaten ein.

485 Vgl. Hans-Peter Schwarz: Adenauer. Der Aufstieg 1876 – 1952, Stuttgart 1986, S. 728 f.

486 Aide-Mémoire Nr. 1 vom 15.7.1950, in: Bundesarchiv/Militärarchiv BW 9/3110; zitiert nach Höfner: Die Aufrüstung Westdeutschlands, S. 223.

487 Vgl. Tagebuch Heinz Danko Herre, 7.1.1950, in: Critchfield German Collection, Box 4, S. 92.

488 Tagebuch Herre, 13.1.1950, ebd., S. 97.

489 Vgl. Tagebuch Herre, 20.1.1950, ebd., S. 102.

490 Vgl. Tagebuch Herre, 9.2.1950, ebd., S. 114.

491 Vgl. Tagebuch Herre, 10.2.1950, ebd., S. 115.

492 Von Seydlitz-Kurzbach war am 22. Februar 1947 in die Org eingetreten und in der Fernmeldeaufklärung tätig. 1956 in den BND übernommen, war er bis 1961 als stellvertretender Leiter der Auswertung und Leiter der Personalabteilung tätig. Vgl. Waldemar Markwardt: Erlebter BND. Kritisches Plädoyer eines Insiders, Berlin 1996,

S. 90 und Frank Heigl/Jürgen Saupe: Operation EVA. Die Affäre Langemann. Eine Dokumentation, Hamburg 1982, S. 94.
493 Vgl. Tagebuch Herre, 15.2.1950, Critchfield German Collection, S. 119.
494 Vgl. Tagebuch Herre, 2.3.1950, ebd., S. 130.
495 Vgl. Tagebuch Herre, 6.3.1950, cbd., S. 132.
496 Vgl. Tagebuch Herre, 6.4.1950, ebd., S. 154.
497 Vgl. Tagebuch Herre, 21.4.1950, ebd., S. 167.
498 Vgl. Tagebuch Herre, 24.4.1950, ebd., S. 169.
499 Vgl. Tagebuch Herre, 26. und 27.4.1950, ebd., S. 171 ff.
500 Vgl. Tagebuch Herre, 3.5.1950, ebd., S. 179 f.
501 Vgl. Tagebuch Herre, 18.5.1950, ebd., S. 192.
502 Tagebuch Herre, 23.5.1950, ebd., S. 196.
503 Tagebuch Herre, 27.4.1950, ebd., S. 199.
504 Vgl. Tagebuch Herre, 26.7.1950, ebd., S. 250.
505 Vgl. Tagebuch Herre, 31.7.1950, ebd., S. 255.
506 Vgl. Tagebuch Herre, 22.8.1950, ebd., S. 268.
507 Vgl. Tagebuch Herre 2.1.1951, ebd., S. 17.
508 Vgl. Tagebuch Herre, 4.1.1951, ebd., S. 18 f.
509 Vgl. Tagebuch Herre, 5.1.1951, ebd., S. 19.
510 Vgl. Tagebuch Herre, 5.1.1951, ebd., S. 20.
511 Vgl. Tagebuch Herre, 8. und 11.1.1951, ebd., S. 20 und 22 f.
512 Vgl. Tagebuch Herre, 17.1.1951, ebd., S. 29.
513 Leo Hepp: Die geheimen Funkverbindungen des Bundesnachrichtendienstes (BND), Typoskript Ulm 1984, S. 17, Archiv FF.
514 Vgl. Org 36: Gliederung und Aufgaben der Abteilung Nachrichtenwesen, 3.6.1950, S. 2, Archiv FF.
515 Vgl. Tagebuch Herre, 2.3.1951, Critchfield German Collection, S. 9.
516 Vgl. Tagebuch Herre, 25.1.1951, ebd., S. 37.
517 Vgl. Chief of Station, Karlsruhe an Chief, Foreign Division M vom 9.6.1951, Subject: Specific-Saturn/F-NET/Osmosis, in: Ruffner: Origins of the BND, Bd. 2, S. 643 ff., in: NARA RG 263.
518 Vgl. Chief of Station, Karlsruhe an Chief, Foreign Division M vom 2.4.1951: Saturn Cover Designation and Identity Cards, in: Saturn.
519 Vgl. Memo for the Record vom 22.1.1952, Subject: Debriefing, ebd.
520 Vgl. CIA: Catide Cover Firms, ebd., S. 3.
521 Vgl. 39 (34) an 25 (25.34) (Translation of letter directed to 30a) – Subject Headquarters 34 vom 18.12.1952, ebd.
522 Vgl. CIA: Catide Cover Firms, ebd., S. 1, 3, 5, 6 und 13.
523 Vgl. Chief, Foreign Division M an Chief of Station, Karlsruhe vom 27.9.1950: Operational Zipper F-Net (Project 145), ebd.
524 Vgl. Office of Special Operations Outline of Stay-Behind Operation. Zipper F-Net vom 10.11.1950, ebd.
525 Vgl. CIA-Sachakte Iceberg, NWCDA, Box 69.
526 Vgl. Tagebuch Herre, 5.1.1951, Critchfield German Collection, S. 19.
527 Vgl. Tagebuch Herre, 15.3.1951, ebd., S. 17.
528 Vgl. CIA EE7SO/C an EE/SO vom 19.2.1952, Subject: Division Requirements for Stay-behind Burials, in: Pastime, Bd. 2.
529 Status Report of Zipper Stay-Behind-Program vom 5.11.1952, in: Saturn.
530 Vgl. CIA EE7SO/C an EE/SO vom 19.2.1952, Subject: Division Requirements for Stay-behind Burials, in: Pastime, Bd. 2.
531 Vgl. Fernschreiben SR REP Pullach an Director, CIA vom 22.10.1952, in: Saturn.
532 Glahn: Patriot und Partisan, S. 48.

533 Vgl. SR. REP. Pullach an Director, CIA vom 19.1.1953: Pull 4761, in: NARA RG 263 Lindstedt, Friedrich.
534 Vgl. www.woellner.cc/woellner.cc/Blog (Zugriff 24.1.2015). Er verstarb am 22.5.2010.
535 Schmitz, geboren am 30. Januar 1903 in Köln, wurde am 20. April 1944 als Leiter der Stapoleitstelle Düsseldorf zum Kriminaldirektor befördert. Von 1945 bis 1948 befand er sich in amerikanischer Internierungshaft und gründete anschließend 1949 eine Detektei. Schmitz wurde 1956 in den BND übernommen und erhielt im April 1959 eine Ausbildung zum Scharfschützen. Im Juli 1961 wurde er einer BND-Sicherheitsüberprüfung unterzogen; vgl. NARA RG 263 Schmitz, Hans.
536 Supper, geboren am 25.5.1899 in Karlsruhe, war 1913 in die Stadtverwaltung seiner Heimatstadt eingetreten, 1930 in die NSDAP. 1938 stieg er zum Stadtdirektor auf. Ab 1933 diente er dem SD als V-Mann und wurde Hauptsturmführer der Allgemeinen SS. 1944 war er im Volkssturm und wurde am 8.9.1945 in Karlsruhe von den US-Streitkräften verhaftet; vgl. NARA RG 263 Supper, Adolf.
537 Vgl. www.viehl-radio.de/homeda/chronik/kriegslizenzen.pdf (Zugriff 22.12.2014).
538 Vgl. Leiter 900 vom 10.4.1957 an 821 persönlich, in: NARA RG 263 Krichbaum, Wilhelm.
539 Vgl. CIA: Catide Cover Firms, Abschnitt I, in: Saturn.
540 Vgl. Memorandum for the Record vom 19.1.1953, Subject: Meeting with BIS, Bonn, 16 Jan 1953, ebd.
541 Vgl. Memorandum for: Chief of Operations – Zipper Evasion and Escape Program vom 20.12.1954, ebd.
542 Vgl. From: Communications Officer, POB vom 3.12.1954, Subject: Staff Notes, ebd.
543 Vgl. Chief of Base, Pullach an Chief, EE vom 28.12.1953: Operation/Zipper Saturn, ebd.
544 Vgl. Chief of Base, Pullach an Chief, EE vom 28.12.1953: Operation/ Zipper Saturn, ebd.
545 Vgl. Critchfield-Investigation, S. 60.
546 Org 34.3: Top Secret Entwurf Betrifft: Grundsaetzliche Richtlinien vom 30.1.1949 und Grundlegendes Übereinkommen (undatiert), S. 3, Archiv FF.
547 Vgl. Leo Hepp: Die Abteilung Nachrichtenwesen der Organisation Gehlen, 2. Fortsetzung, Anlage 3, Typoskript Ulm 1984, ebd.
548 Vgl. Tagebuch Herre, 1.8.1950, Critchfield German Collection, S. 257.
549 Vgl. Tagebuch Herre, 15.8.1950, ebd., S. 263.
550 Vgl. Critchfield-Investigation, S. 120.
551 Tagebuch Herre 30.6.1950, Critchfield German Collection, S. 224f.
552 Vgl. Notiz vom 20.10.1952, S. 3, in: Saturn.
553 Vgl. Chief of Station, Karlsruhe an Chief, Foreign Division M vom 9.6.1951, Subject: Specific-Saturn/F-Net/Osmosis, in: Ruffner, Origins of the BND, Bd. 2, S. 643ff. in: NARA RG 263.
554 Vgl. Tagebuch Herre, 9.3.1951, Critchfield German Collection, S. 12.
555 Vgl. Tagebuch Herre, 12.9.1950, ebd., S. 282.
556 Tagebuch Herre, 13.3.1951, ebd., S. 14.
557 Vgl. Tagebuch Herre, 15.3.1951, ebd., S. 17.
558 Vgl. Mitteilung eines ehemaligen BND-Offiziers an Erich Schmidt-Eenboom.
559 Vgl. Weiner: Legacy of Ashes, S. 33.
560 Vgl. Tagebuch Herre, 30.6.1950, Critchfield German Collection, S. 224.
561 Vgl. Memorandum for: Chief of Operations – Zipper Evasion and Escape Program vom 20.12.1954, in: Saturn.
562 Vgl. CIA: Project Outline Project Cryptonym Casnide, undatiert (2. Halbjahr 1955), ebd.

563 Vgl. Memorandum for: Chief of Operations vom 2.2.1955, Subject: Zipper Evasion and Escape Program, ebd.
564 Vgl. Memorandum for Chief, EE vom 7.1.1955: Zipper Evasion and Escape Program, ebd.
565 Daniel Kosthorst/Michael F. Feldkamp (Hg.): Akten zur auswärtigen Politik der Bundesrepublik Deutschland, Deutschland 1949/50, München 1997, S. 279.
566 Tagebuch Herre, 25.1.1950, Critchfield German Collection, S. 104.
567 Vgl. Tagebuch Herre, 2.8.1950, ebd., S. 260.
568 Vgl. Tagebuch Herre, 30.6.1950, ebd., S. 224.
569 Vgl. Tagebuch Herre, 27.7. und 28.7.1959, ebd., S. 251 und 2.53.
570 Vgl. Tagebuch Herre, 8.1. und 14.1.1951, ebd., S. 21 und 26.
571 Vgl. Mitteilung Ernst-Alexander Freiherr von Gersdorff an Erich Schmidt-Eenboom; NARA RG 263 Naumann, Werner; NARA RG 319 Gersdorff, Rudolph-Christoph Freiherr von XE008242.
572 Vgl. Crichtfield German Collection, Box 8: Book Production Chronologies & Notes 3.
573 Vgl. Critchfield German Collection, Box 1.
574 Vgl. NARA RG 263 Hinsch, Hans.
575 Vgl. CIA: Memorandum for Chief, EE vom 7.1.1955: Zipper Evasion and Escape Program, in: Saturn.
576 Vgl. ebd.
577 Vgl. Gedanken zum Auftrag des HOP-Netzes, o.J. (vermutlich 1966), Anlage 9, in: BND-Akte Nr. 34518, S. 3.
578 Stigler verstarb am 10.2.1982 in Erding; vgl. Dienstaltersliste der Schutzstaffel der NSDAP vom 1.12.1938; forum.axishistory.com/viewtopic.php?t=90440 (Zugriff 20.3.2015); NARA RG 263 Stigler, Josef.
579 Seinen Einsatzraum erwähnt die NARA-Akte nicht, nur als vorherigen Wohnort Hückeswagen. Er verstarb am 27.2.1979 in Houverath; vgl. wikipedia.org/wiki/Horst_von_Necker (Zugriff 20.3.2015); NARA RG 263 Stigler, Josef.
580 Vgl. Gedanken zum Auftrag des HOP-Netzes, o.J. (vermutlich 1966), Anlage 9, BND-Akte Nr. 34518. Die Abkürzung HOP lässt sich bis jetzt leider noch nicht entschlüsseln.
581 Gedanken zum Auftrag des HOP-Netzes, ebd., S. 7.
582 Vgl. Dach: Der totale Widerstand.
583 Gedanken zum Auftrag des HOP-Netzes, BND-Akte Nr. 34518, S. 13. Hervorhebung im Original.
584 Vgl. CIA: Memorandum for Chief, EE vom 7.1.1955: Zipper Evasion and Escape Program, in: Saturn.
585 Vgl. ebd, S. 48 ff.
586 Vgl. Chief, Munich Liaison Base an Chief of Station, Germany vom 11.10.1961, Subject: Summary of MLB Plans Section Activities August and September 1961, ebd.
587 Vgl. Gedanken zum Auftrag des HOP-Netzes, BND-Akte Nr. 34518, S. 8 f.
588 Vgl. Acting Chief, Munic Liaison Base an Chief, EE vom 27.7.1964: Ujventure-Charges and Additions in Notebooks, in: NARA RG 263 Hoesselbarth, Herbert.
589 Vgl. German Intelligence Service – Data for Wartime Use (undatiert, Frühjahr 1956), in: Saturn.
590 Saturn [unleserlich]: West and East Germany vom 16.7.1957, ebd.
591 Vgl. COS, Munic an COS, Germany vom 2.4.1958: Airplane Reconnaissance of Drop Zones, ebd.
592 Vgl. COS, Munic an Chief, EE vom 21.7.1958: Wartime Aerial Support Requirements, ebd.
593 Vgl. Bundestags-Drs. 17/13615, S. 6.

594 Vgl. UAL 57/Wüller an 41 A, 29.1.1981, in: BND-Akte Nr. 2054_OT, S. 121; Bericht der Bundesregierung über die Stay-Behind-Organisation des Bundesnachrichtendienstes vom 3.12.1990, S. 2, in: Bundestags-Drs. 17/13615, S. 2f.

595 Da keinerlei britische Akten zu Stay-Behind freigegeben wurden, lassen sich britische SBO-Netze nicht untersuchen.

596 Vgl. Org Betr.: Die Anfänge der Beziehungen zu ausländischen Nachrichtendiensten durch die Organisation Gehlen, Pullach o.J. (1950), S. 1, Archiv FF.

597 Vgl. Critchfield German Collection, Box 7: Affiliations.

598 Vgl. Chief of Station, Frankfurt an Chief, EE vom 17.5.1952: The Baun Diary – Part II, S. 5, in: NARA RG 263 Kanayan, Drostomat.

599 Vgl. Aktennotiz über Besprechung mit Kammgarn am 8.3.1956 in Hamburg vom 13.3.1956, S. 2f., in: BND-Akte Nr. 01292; Wie die Dänen auf Töpke gestoßen waren, erklärt sich daraus, dass er ab November 1943 Erster Generalstabsoffizier (Ia) beim Befehlshaber der Deutschen Truppen in Dänemark war; vgl. Christian Zweng (Hg.): Die Dienstlaufbahnen der Offiziere des Generalstabes des deutschen Heeres, Bd. 2: L-Z, Osnabrück 1998, S. 338.

600 Vgl. 363/VI L-Nr. 180/59 VS-Vertr. vom 17.2.1959 An 363 Betr.: Nachfolger Johannsen, in: BND-Akte Nr. 01292.

601 Vgl. 424 424/VII Nr. 81/62 VS-Vertraulich An 106 über 273 vom 5.1.1962: Betr.: Vorbereitung der Besprechung mit Begonie-Chef, in: BND-Akte Nr. 01292, S. 56.

602 Vgl. Anlage 1 zu 106/X Nr. 42/62 geh. vom 20.1.1962 Betr.: Besprechung bei Begonie am 15./16.1.1962, in: BND-Akte Nr. 01292, S. 64ff.

603 Vgl. Daniele Ganser: NATO-Geheimarmeen in Europa. Inszenierter Terror und verdeckte Kriegsführung, Zürich 2008, S. 267.

604 Braunschweiger Zeitung, 11.8.1954: In Berlin verschwunden.

605 Vgl. SR REP Bonn an Director, CIA vom 31.3.1953. RE: Revue Story on Partisan Activity, in: LCPROWL, Bd. 2.

606 Zur Geschichte der niederländischen SBO-Organisationen vgl. Ganser: NATO-Geheimarmeen, S. 238ff.

607 Vgl. Betr.: Zusammenarbeit BMVg/BND auf den Gebieten 1. Unorthodox Warfare (UW) 2. Stay-Behind-Organisation, hier: Chronologie der Zusammenarbeit (Stand September 1982), in: BND-Akte Nr. 34477_OT, S. 26.

608 Vgl. BND 41 A, Betr.: Stay-Behind-Konzeption, 12.3.1982, in: BND-Akte Nr. 4455, S. 52.

609 Vgl. Mitteilung eines ehemals leitenden BND-Mitarbeiters an Erich Schmidt-Eenboom.

610 Vgl. Chief, Munich Liaison Base an Chief, EE vom 11.10.1961, Subject: Uphill/Operations. Summary of MLB Plans Section Activities August and September 1961, in: Saturn. Zu Druschkowitsch vgl. NARA RG 263 Hoesselbarth, Herbert.

611 Vgl. Spiegel Online, 11.5.2002: BND-Chef Gehlen plante Staatsstreich.

612 Vgl. Chief of Base, Pullach an Director, Kubark (Attn: Robert A. Ascham) vom 15.3.1956, Subject Specific – 13 March Conversation with Utility, in: NARA RG 263 Gehlen, Reinhard, Bd. 2.

613 James H. Critchfield: Auftrag Pullach. Die Organisation Gehlen 1948–1956, Hamburg 2005, S. 228.

614 Brief Reinhard Gehlen an Allen Dulles, Pullach, 7.8.1959, S. 1; Der Schriftverkehr liegt in Privatbesitz. Aus Gründen der vereinfachten Zitierung wird im Folgenden ohne weitere Fußnote aus dem Brief zitiert.

615 Mary Ellen Reese: Organisation Gehlen. Der Kalte Krieg und der Aufbau des deutschen Geheimdienstes, Berlin 1992, S. 288.

616 Waldemar Besson: Die Außenpolitik der Bundesrepublik, Frankfurt a.M. 1973, S. 156f.

617 Vgl. COS, Germany an COB, Munic vom 28.4.1959: G-2 USAREUR Plan for Stay-behind in Former American Zone in: Saturn.

618 Vgl. COS, Munic an Chief, EE vom 5.1.1960: Summary of Activities, MB/LB War Plans Section, ebd.

619 Lehnert wurde im Herbst 1963 als Offizier pensioniert, jedoch erst im Mai 1964 aus dem BND entlassen; vgl. NARA RG 263 Hoesselbarth, Herbert.

620 Vgl. NARA RG 263 Hoesselbarth, Herbert und Warzecha, Gerhard.

621 Gedanken zum Auftrag des HOP-Netzes, BND-Akte Nr. 34518, S. 6.

622 Vgl. ebd.

623 Vgl. Die Anbahnung im Kriege, in: BND-Akte Nr. 34518. Aus Gründen der vereinfachten Zitierung wird im Folgenden ohne weitere Fußnote aus dem Dokument zitiert.

624 Vgl. COS, Munic an Chief, EE vom 15.9.1958: Ujlentil Amphibian Exercise, in: Saturn.

625 Vgl. CIA: Catide Cover Firms, , ebd., S. 19c.

626 Vgl. COS, Munich an Chief, EE vom 19.7.1960: Ujlentil Field Exercise, ebd.

627 Die Übung wurde von den Stabsmitarbeitern SCHLEYER (Klarname Schliefenbaum) und PINZER (bürgerlich Pichle) geleitet. Die operativen Mitarbeiter – EITEL (Eisenmann) als Chef Fox-Nord, sein Fernmeldeoffizier WOERMANN (Wohlan) und der Verbindungsführer Funk FREY (Ernst Fischer) konnten im ersten Übungsteil mit GOTE auf nur einen, im zweiten Abschnitt mit VOLKERT und TEGEL auf nur zwei V-Leute zurückgreifen. Das Wetter und technische Probleme ließen während des gesamten Manövers nur drei Flugzeugeinsätze zu; vgl. COS, Munich an Chief, EE vom 29.9.1960: Ujlentil Field Exercise, ebd.

628 Im ersten Übungsabschnitt vom 5. bis zum 8. Juli trainierten unter der Leitung von STAUDINGER, dem Chef NASHORN-Nord Eisenmann, seinem Fernmeldemann HAGEN und dem Ausbildungsoffizier SCHLEYER mit LIST und GOTE zwei V-Männer aus Norddeutschland. Im zweiten Übungsabschnitt kamen der Chef NASHORN-Süd VOGEL und sein Depotexperte WELSER hinzu, um ein zweiköpfiges Marburger Team zu schulen. Im dritten Teil des Manövers vom 12. bis 14. Juli kamen noch einmal der Funkleiter NASHORN DÜRER – der ehemalige Wehrmachtsmajor Werner Dippel –, der Verwaltungsleiter VOCKE und der Sicherheitsverantwortliche TRUMPF hinzu, unter deren Leitung die vierköpfige Gruppe U 7 unter PFISTER und seiner Ehefrau ZENS übte. Als Inspektionsteam hatte Pullach den Oberst i.G. Hans Dieckmann (DIEHL), NEUBAUER und FREYHARDT geschickt. Im letzten Übungsabschnitt beobachteten auch die Angehörigen des Stabs für Sabotageaktionen 961 MÜTAHL, HARER, FRITSCHE, SCHUP und DREUSE eine Nachtausbildung. Vgl. COS, Munich an Chief, EE vom 20.7.1961: Ujlentil Field Exercise, ebd.

629 Vgl. COS, Munich an Chief, EE vom 20.9.1961: Ujlentil Field Exercise, ebd.

630 Vgl. Chief, Munich Liaison Base an Chief, EE vom 11.10.1961, Subject: Uphill/Operations. Summary of MLB Plans Section Activities August and September 1961, ebd.

631 Vgl. Sicherheitsstudie (1965), in: BND-Akte Nr. 34518. Aus Gründen der vereinfachten Zitierung wird im Folgenden ohne weitere Fußnote aus der Studie zitiert. Die vom BND 2012 freigegebene Akte 34518 verfügt über keine durchgehende Nummerierung, ist also vermutlich nachträglich zusammengestellt. Die Seitenzahlen der darin enthaltenen Einzeldokumente werden deshalb wiedergegeben.

632 Vgl. Sicherheitsstudie, in: BND-Akte 34518.

633 Die Schilderung der Tätigkeit des SBO-Mitarbeiters basiert weitgehend auf den beiden ausführlichen Interviews Ulrich Stolls mit DIETER GERLACH am 1.2.2012 und 11.10.2013.

634 Vgl. 90 AD, 7/85, Betr.: Stay Behind Teileinheiten der Vg-Bereiche, in: BND-Akte 34477_OT, S. 8.

635 Vgl. Interviews Ulrich Stoll mit Dieter Gerlach am 1.2.2012 und 11.10.2013 und Aufstellungsbefehl LAFBw, in: BND-Akte 4449_OT, S. 68.

636 Vgl. 90 AD, 7/85, Betr.: Stay Behind Teileinheiten der Vg-Bereiche, in: BND-Akte 34477_OT, S. 8. »Fleurop-Partner« sind die Partner-Nachrichtendienste des BND.

637 Vgl. IV A »Ergebnisprotokoll Unorthodox Warfare« 24.4.1976, in: BND-Akte 4479_OT, S. 165.

638 Vgl. Interviews Ulrich Stoll mit Dieter Gerlach am 1.2.2012 und 11.10.2013.

639 Die niedrigste erlaubte Absprunghöhe für LAFBw-Fallschirmspringer betrug 275 Meter, vgl. Heeresamt an LFBw, 6.12.1974, in: BND-Akte 4481_OT, S. 82.

640 Vgl. 57 C, Konzeption für die […] geheimdienstlichen Operationen durch die SBO, in: BND-Akte 4480_OT, S. 45–47.

641 Vgl. Interviews Ulrich Stoll mit Dieter Gerlach am 1.2.2012 und 11.10.2013.

642 Vgl. BMVg Verlegungsbefehl, 12.8.1968, in: BND-Akte 4481_OT, S. 75.

643 Vgl. Peter F. Müller/Michael Müller/Erich Schmidt-Eenboom: Gegen Freund und Feind. Die Geschichte des BND, Reinbek 2002, S. 371 und Diethelm Damm: Die Praktiken des BND, oder: Was man aus dem Guillaume-Untersuchungsausschuss lernen kann in: Kritische Justiz (1975) 1, S. 90–98, hier S. 95.

644 Vgl. Gruppe I/2. I/2-15100-Ko 7/1/71 vom 27.8.1971: Bericht und Gutachten über das Ergebnis der Untersuchung einzelner Beschwerden von Angehörigen des Bundesnachrichtendienstes, Streng geheim, vom Referat 602 des Bundeskanzleramts am 18.1.2013 herabgestuft auf Offen, Archiv FF.

645 Gerhard Wessel: Notiz über Lage Bundesnachrichtendienst bei Übernahme am 1. Mai 1968, Pullach, 22.4.1968, S. 2f., Archiv FF.

646 Vgl. 48 (Blum; die Verf.) pers. Tgb.Nr. 125/68 geheim vom 24. Mai 1968: Betr. Sonderauftrag 106 (Präsident; die Verf.), Archiv FF.

647 Vgl. 48 Nr. 308/68 geh. vom 24.7.1968: An 106 – Betr. Neugliederung des Dienstes, Anlage 9c und Anlage 12, Archiv FF.

648 Vgl. Der Spiegel, 26.8.1991, S. 19: Schäubles schwaches Gedächtnis. Philipp half dem DDR-Devisenbeschaffer Alexander Schalck-Golodkowski 1990 im Auftrag des BND bei der Flucht aus der DDR nach Bayern und trug damit dazu bei, dass die Verbindungen zwischen BND, westdeutschen Politikern und Stasi-Oberst Schalck-Golodkowski nie ganz aufgeklärt werden konnten.

649 Vgl. Die Zeit, 24.8.1979, http://www.zeit.de/1979/35/zeitspiegel (Zugriff 21.2.2015) und Erich Schmidt-Eeenboom: Schnüffler ohne Nase. Der BND – Die unheimliche Macht im Staate, Düsseldorf 1993, S. 308f.

650 Vgl. Sicherheitsstudie der SBO von 1965, S. 16, in: BND 12CC, Akte Nr. 34518.

651 Vgl. Die Anbahnung, Sommer 1965, S. 4, in: BND SBO 12CC, Akte Nr. 34518.

652 Vgl. 90 AD, Betr. Stay Behind, Anlage 6, in: BND-Akte Nr. 34477_OT, S. 13.

653 Die 1962 von Major Konrad Rittmeyer aufgebaute Lehrgruppe R, später Fernspähkompanie, war am Standort der Luftlande- und Lufttransportschule in Altenstadt/Schongau stationiert und hatte folgende Aufgaben, die der SBO sehr ähnlich waren: Fallschirmabsprung automatisch und Freifall-Gleiteinsatz, Überrolleinsatz, Luftlandung mit Hubschrauber, Anlandung mit Boot, Verbringung mit gepanzerten Kräften, Infiltration zu Fuß.

654 Vgl. Schmidt-Eenboom: Schnüffler ohne Nase, S. 236.

655 Vgl. Interview U. Stoll mit dem SBO-Mitarbeiter Dieter Gerlach, 1.2.2012.

656 Vgl. V A Vg 5.9.1979, Betr.: Auflösung der LAFBw, in: BND-Akte 4455, S. 33. In einem Vermerk vom Dezember 1984 schildert die BND-Abteilung 90 AD die Legendierung: »Die Lehr- und Ausbildungsgruppe für das Fernspähwesen der Bundeswehr (LAFBw), auf Veranlassung des BND mit Einverständnis des BMVg als militärische Dienststelle aufgestellt, diente zur Abdeckung der vom BND zur Unterstützung von SACEUR (Supreme Allied Commander Europe) im Rahmen der unorthodoxen

Kriegführung aufgebauten Stay-Behind-Organisation.«, in: 90 AD, Betr. Unorthodox Warfare, Anlage 1, in: BND-Akte Nr. 34477_OT, S. 11; Deckadresse Dachauer Straße in: BND-Akte 34500_OT, S. 205.

657 An 106 – Betr. Neugliederung des Dienstes, ebd, S. 7.

658 90 AD Betr. Stay Behind, hier: Feldnachrichtenkommandos, Anlage 4, in: BND-Akte Nr. 34477_OT, S. 9.

659 UAL IV A 8.3.1978, Betr. Bunter Ziegel, in: BND-Akte Nr. 4455, S. 10.

660 Interview Ulrich Stoll mit SBO-Mitarbeiter F., 6.2.2012.

661 Vgl. Planübung Wassermann, in: BND-Akte Nr. 34503_OT, S. 23.

662 Vgl. Sicherheitsstudie der SBO von 1965, in: BND-Akte Nr. 34518.

663 Ausführlich siehe John Lewis Gaddis: Strategies of Containment. A Critical Appraisal of American National Policy During the Cold War, Oxford 2005.

664 Vgl. Beschreibung der Aufgaben der LAFBw vom 8.12.1978, in: BND-Akte Nr. 4480_OT, S. 16.

665 Auszug aus Chronik und Kartei 41 B (1984), Anlage 6, in: BND-Akte Nr. 34477_OT, S. 17.

666 I G 3, Vorläufige Konzeption für die Planung, Führung und Durchführung geheimdienstlicher Operationen durch die Stay-Behind-Organisation des BND, 26.1.1973, in: BND-Akte Nr. 34477_OT, S. 45.

667 57 C, Konzeption für die […] geheimdienstlichen Operationen durch die SBO, in: BND-Akte Nr. 4480_OT, S. 49.

668 Ebd., S. 25.

669 Vgl. Der Spiegel, 19.11.1990, S. 20: Das blutige Schwert der CIA

670 Vgl. Bericht der Bundesregierung über die Stay-Behind-Organisation des Bundesnachrichtendienstes vom 3.12.1990, S. 2, in: Bundestags-Drs. 17/13615.

671 I G 3, Vorläufige Konzeption für die Planung, Führung und Durchführung geheimdienstlicher Operationen durch die Stay-Behind-Organisation des BND, 26.1.1973, in: BND-Akte Nr. 34471_OT, S. 43.

672 Vgl. I G 3, Betr.: Vorläufige Konzeption für die Planung, Führung und Durchführung geheimdienstlicher Operationen durch die Stay-Behind-Organisation des BND, 19.12.1973, in: ebd., S. 11 f.

673 Vgl. Loringhoven-Vereinbarung vom 13.2.1973, in: BND-Akte Nr. 2054_OT, S. 4 f.

674 Vgl. 90 AD, Betr.: Unorthodox Warfare, Juli 1985, Anlage 2, in: BND-Akte Nr. 34477_OT, S. 4.

675 Betr. Stay Behind, 3/1986, in: BND-Akte Nr. 4455, S. 80 f.

676 Interview Ulrich Stoll mit den SBO-Mitarbeitern Gerlach 1.2.2012 und F am 6.2.2012.

677 Vgl. UAL IV A, Betr.: Bunter Ziegel, 8.3.1978, in: BND-Akte Nr. 4455, S. 10 f.

678 Vgl. Chronologie Betr.: Zusammenarbeit BMVg/BND, Stand Sept. 82, in: BND-Akte Nr. 34477_OT, S. 26 f.

679 Vgl. UAL IV A, Betr.: Bunter Ziegel, 8.3.1978, in: BND-Akte 4455, S. 10. Ab September 1974 hatte die Bundesluftwaffe der BND-SBO 100 Flugstunden jährlich für Luftlandeübungen zugesichert, ab September 1976 weitere 50 Hubschrauber-Flugstunden; vgl. Aktennotiz 25.1.1978, in: BND-Akte Nr. 34500_OT, S. 194.

680 Vgl. UAL IV A, Betr.: Bunter Ziegel, 8.3.1978, in: BND-Akte Nr. 4455, S. 10 f.

681 Vgl. Vermerk BND IV A 12.6.1980, in: BND-Akte Nr. 2054_OT, S. 315.

682 UAL IV, Unorthodox Warfare, 7.4.1978, in: BND-Akte Nr. 4455, S. 17.

683 Vgl. Protokoll der AL-Sitzung am 24. Juli 1978, in: BND-Akte Nr. 4480_OT, S. 8.

684 Chef BKAmt an BND-Vize Blötz 17.4.1978, in: BND-Akte Nr. 2054_OT, S. 370.

685 Vgl. Bundeskanzleramt an BND-Präsident, 24.8.1979, in: BND-Akte Nr. 4480_OT, S. 78.

686 Auszug aus dem Protokoll der AL-Sitzung, 26.7.1978, in: ebd., S. 11.
687 Vgl. Materialübersicht LAFBw, 12.9.1979, in: ebd., S. 94–99.
688 Vgl. Bericht der Bundesregierung über die Stay-Behind-Organisation des Bundesnachrichtendienstes vom 3.12.1990, S. 3, in: Bundestags-Drs. 17/13615.
689 Vermerk IV A-05, MilAufklärungsanforderungen, in: BND-Akte Nr. 4480_OT, S. 109.
690 Vgl. Vermerk BND 11F, 16.11.1982, in: BND-Akte Nr. 2054_OT, S. 455.
691 Vgl. ebd.
692 Vgl. ebd., S. 456.
693 Vgl. Schreiben BND-Vizepräsident an stellv. Generalinspekteur, 2.8.1983, in: ebd., S. 461.
694 Vgl. Schreiben Chef BKAmt/Koch an BND Vizepräsident Klusak, 10.8.1983, in: ebd., S. 464.
695 Vgl. Schreiben BND-Vizepräsident Klusak an Chef BKAmt/Koch, 20.10.1983, in: ebd., S. 469 und 474.
696 Vgl. ebd., S. 470 und 475.
697 Vgl. Vermerk BND 90YA an BND-Präsident Blum, 18.11.1983, in: ebd., S. 486.
698 Vgl. IV A 4 (2) an IV A 2, Unorthodoxe Kriegführung, 14.9.1979, in: BND-Akte Nr. 4480_OT, S. 119.
699 Vgl. Auszug aus Chronik und Kartei 41 B (1984), in: BND-Akte Nr. 34477_OT, S. 8.
700 ZY 1 A 16, 21.9.1983, in: BND-Akte Nr. 4455, S. 78.
701 Betr. Stay Behind 3/86 (Vermerk BND-Zentralabteilung), in: ebd., S. 80 f.
702 Vgl. IV A 1 Zusatzvermerk, 19.9.1979, in: BND-Akte Nr. 4480_OT, S. 125.
703 Vgl. Handschriftliche Chronologie LAFBw, in: BND-Akte Nr. 4455, S. 122 und Norbert Juretzko: Bedingt dienstbereit. Im Herzen des BND. Die Abrechnung eines Aussteigers, Berlin 2004, S. 93 f.
704 dpa-Meldung, 21.11.1990, 12.40 Uhr.
705 90 AD, Betr. Stay Behind, 7/85, Anlage 3, in: BND-Akte Nr. 34477_OT, S. 20.
706 Vgl. GC 10 an I G 3, 4.10.1973, in: BND-Akte Nr. 34502, S. 250.
707 Bericht der Bundesregierung über die Stay-Behind-Organisation des Bundesnachrichtendienstes vom 3.12.1990, S. 2, in: Bundestags-Drs. 17/13615, S. 3.
708 Interview U. Stoll mit den SBO-Mitarbeitern Gerlach 1.2.2012 und F. 6.2.2012.
709 Vgl. Table of basic equipment for 100 Men, in: Additional Stategic Considerations 1951, Serial Documents Section OAC/S G-3 Department of the Army.
710 Vgl. Erwin A. Schmidl/Walter Blasi/Felix Schneider (Hg.): B-Gendarmerie, Waffenlager und Nachrichtendienste. Der militärische Weg zum Staatsvertrag, Wien 2005, S. 167.
711 Vgl. ebd., S. 159 und S. 170.
712 Das Depot im Berliner Grunewald wird im letzten Kapitel dieses Buches dargestellt.
713 Vgl. Ganser: NATO-Geheimarmeen, S. 273 und 257 und Der Spiegel, 19.11.1990, S. 21.
714 Vgl. Vermerk 14.1.19080, in: BND-Akte Nr. 4481, S. 613.
715 Vgl. IV A Vg an IV A 3, 26.10.1977, in: ebd., S. 633.
716 Vgl. Liste der Beschaffung, in: ebd., S. 615 und BMVg Rü VII 2 an BWB: Beschaffungsanweisung, 10.6.1977, in: ebd., S. 635.
717 Vgl. Gedanken zum Auftrag des HOP-Netzes, o.J. (vermutlich 1966), S. 6, in: BND-Akte Nr. 34518, Anlage 24 (ohne Seitenzahl). Die geplanten V-Mann-Zahlen wurden jedoch nicht erreicht: im Jahr 1980 verfügte die SBO nur über 97 Quellen/V-Leute; vgl. Vermerk Brunhofer IV A, 1.7.1980, in: BND-Akte Nr. 2054_OT, S. 31.
718 Vgl. ebd., S. 31.
719 Vgl. ebd., S. 7.
720 Vgl. ebd., Anlage 5.

721 Vgl. 57 C, Konzeption für die [...] geheimdienstlichen Operationen durch die SBO, in: BND-Akte Nr. 4480_OT, S. 60.
722 Vgl. ebd., Anlage 24 ohne Seitenzahlen.
723 Vgl. ebd.
724 Vgl. 57 C Konzeption für dic [...] geheimdienstlichen Operationen durch die SBO, 2.1.1979, in: ebd., S. 26.
725 Vgl. Übersicht Quellen, Stand 07.78, in: ebd., S. 7.
726 Vgl. Jahresbericht 1979 für das Sachgebiet 57 CC, in: BND-Akte Nr. 34472_OT, S. 6–8.
727 Vgl. Anlage zum Jahresbericht 1980 des Sachgebiets 57 CC, in: ebd., S. 17.
728 Vgl. Jahresbericht 1980 des Sachgebietes 57 CC, in: ebd., S. 15 f.
729 Vgl. Stay-Behind-Bereich-Konzeption, Vermerk IV A vom 12.6.1980; in: BND-Akte Nr. 4455, S. 63.
730 Vgl. 57 C, Konzeption für die [...] geheimdienstlichen Operationen durch die SBO, in: BND-Akte Nr. 4480_OT, S. 38.
731 Vgl. ebd., S. 64.
732 Vgl. Jahresbericht 1981 des Sachgebietes 17 CC vom 4.1.1982, in: BND-Akte Nr. 34472_OT, S. 20.
733 Vgl. ebd., S. 22 und 24. FSS 20 ist das von Pfitzner und AEG-Telefunken in den 1970er Jahren für Stay Behind und militärische Spezialkräfte entwickelte Funkgerät SP 20, das Funkmeldungen im Morsecode übertrug: http://www.cryptomuseum.com/spy/sp20/index.htm (Zugriff 28.12.2014).
734 Vgl. Kleine Anfrage der Linken, 22.5.2013, in: Bundestags-Drs. 17/13615, S. 6. Dieselben Zahlen hatte die Bundesregierung bereits in ihrer Auskunft gegenüber der Parlamentarischen Kontrollkommission im November 1990 genannt. Dies war seither die einzige Aussage der Bundesregierung zur Personalstärke der SBO.
735 Vgl. Juretzko: Bedingt dienstbereit, S. 101.
736 Vgl. Vermerk BND 41 A vom 30.1.1981, in: BND-AkteNr. 2054_OT, S. 119 f. und Liste der Partnerdienste (1979), in: BND-Akte Nr. 4480_OT, S. 211 – 213.
737 Vgl. Chronik SB-Organisation, in: BND-Akte Nr. 34477_OT, S. 43.
738 Vgl. BND 41 A, Betr.: Stay-behind-Konzeption, 12.3.1982, in: BND-Akte Nr. 4455, S. 52.
739 Vgl. Antwort der Bundesregierung auf die Kleine Anfrage der Linken vom 4.10.2013, in: Bundestags-Drs. 17/14815, S. 5; http://dip21.bundestag.de/dip21/btd/17/148/1714815.pdf (Zugriff 17.12.2014): »Den bisher ausgewerteten Altunterlagen des BND konnten Hinweise auf sechs Übungen oder Operationen im Sinne der Frage entnommen werden. Darüber hinausgehende Auskünfte kann die Bundesregierung nicht öffentlich erteilen. Die erbetenen Informationen betreffen Einzelheiten zu ehemaligen Kooperationen mit ausländischen Stellen.«
740 Vgl. ebd.
741 So die deutsch-französischen Seeoperationen WASSERFALL Oktober 1974, DELPHIN November 1975, PELIKAN September 1976 (Seeschleusungs-, Luftlande- und Weiterleitungsoperation), CHARLES September 1977 und KORMORAN Juli 1978; vgl. BND-Akte Nr. 34502, S. 32,38,71, 84, 202, 224 und 246.
742 Vgl. Müller/Müller/Schmidt-Eenboom: Gegen Freund und Feind, S. 409.
743 Vgl. Ministère d'État, Service de Renseignements, 6.3.1980, in: BND-Akte Nr. 34472_OT.
744 Vgl. ebd., 25.1.1977.
745 Vgl. BND-Akte Nr. 34501_OT, S. 193, 244 (Übung FALKE) und 265 (Übung TULPE, PRIMEL und NELKE).
746 In: UAL IV A, 8.3.1978 an AL IV, Betr. ›Bunter Ziegel‹, in: BND-Akte Nr. 4455, S. 10.

747 Vgl. Betr. Jahresbericht 1979 für das Sachgebiet 57 CC, in: BND-Akte Nr. 34472_OT, S. 9; »Zusammenstellung von Einzeldaten, Anlage zu 57 CC, 2.1.1981, in: ebd., S. 18; Jahresbericht 1981 für das Sachgebiet 17 CC, 4.1.1982, Partnerübung LORD EXTRA, in: ebd., S. 23, Partnerübung EPERVIER, Straßburg, in: BND-Akte Nr. 34501_OT, S. 34; LAFBw an Lufttransportgeschwader 61, 14.12.1977, in: BND-Akte Nr. 4479_OT, S. 79.

748 Vgl. BND-Akte Nr. 34471_OT, S. 75.

749 Die türkische Stay-Behind-Organisation wird in einer BND-Aufstellung von 1979 als »Partnerdienst« aufgeführt; vgl. BND-Akte Nr. 4480_OT, S. 213.

750 Antwort der Bundesregierung auf die Kleine Anfrage der Linken vom 22.5.2013, in: Bundestags-Drs. 17/13615, S. 4.

751 Vgl. Schreiben Service de Renseignements vom 29.5.1970, in: BND-Akte Nr. 34472_OT (dort und in sämtlichen späteren luxemburgischen Schreiben ist vom Comité clandestin allié die Rede; dort werden auch die ACC-Mitglieder aufgezählt); Bericht der Bundesregierung über die Stay-Behind-Organisation des Bundesnachrichtendienstes vom 3.12.1990, S. 1, zitiert in: Bundestags-Drs. 17/13615, S. 8.

752 Vgl. 57 C an AL I, Zusammenarbeit mit PD im ACC, 16.5.1978, in: BND-Akte Nr. 4479, S. 174–175.

753 Vgl. Schreiben Service de Renseignements, 29.5.1970, in: BND-Akte Nr. 34472_OT.

754 Das ACC tagte in Senningen am 3.6.1970, am 3./4.11.1971, am 22./23.10.1985 und am 2./3.6.1987; das ACC-Subkomitee am 22. und 23.10.1985; vgl. div. Schreiben Ministère d'État, Service de Renseignements, 1970–1987. Die BND-Akten verzeichnen für 1978 und 1979 allein 5 ACC-Sitzungen in Deutschland und neun ACC-Sitzungen im Ausland, vgl. Betr. Jahresbericht 1979 für das Sachgebiet 57 CC vom 2.1.1980, in: BND-Akte Nr. 34472_OT, S. 12.

755 Main Committee Meeting 2& 3 June 1987, Proposal for sitting order, in: luxemburgisches »Plan«-Dokument, undatiert. In einer Auflistung einer größeren ACC-Sitzung sind die deutschen Vertreter Ernst, Lothar, Guido und Peter erwähnt.

756 Vgl. ACC-Dokument LU/ACC/04/87, 3.4.1985.

757 Vgl. Letzeburger Tagblatt, 28.9.2013, http://www.tageblatt.lu/nachrichten/luxemburg/story/Die-Geheimnisse-des-Senninger-SREL-Archivs-23297815 (Zugriff 3.1.2015).

758 Interview Charles Hoffmann in: Luxemburger Wort, 18.3.2013.

759 Paolo Inzerilli: Gladio. La Verità negata, Bologna 1995, S. 63, zitiert nach Ganser: NATO-Geheimarmeen, S. 64.

760 I G 3, Konzeption/Auftrag vom 19.12.1973, in: BND-Akte Nr. 34471, S. 71.

761 Vgl. Ministère d'État, Service de Renseignments, 24.8.1972.

762 Vgl. Vermerk I G 3/Gölles, 2.11.1977, in: BND-Akte Nr. 34470_OT, S. 19–20 und Vermerk I G 3, 24.2.1978, ebd., S. 24 und 29.

763 Vgl. Vermerk BND 11F, 25.11.1983, in: BND-Akte Nr. 2054_OT, S. 492 f.

764 Vgl. Vermerk BND 24 AB, 16.2.1981, in: ebd., S. 144.

765 Vgl. Vermerk BND IV A 1, 14.10.1980, in: ebd., S. 64 f.

766 Vgl. Schmidt-Eenboom, Schnüffler ohne Nase, S. 104–107.

767 Vgl. Vermerk Pr., 10.2.1981, in: BND-Akte Nr. 2054_OT, S. 140.

768 Vgl. Vermerk 24 AB vom 16.2.1981, in: ebd., S. 144.

769 Vgl. Notiz Kinkel, in: ebd., S. 144.

770 BND-Vizepräsident an Präsident 27.4.1981, in: ebd., S. 203.

771 Vgl. BND-Vizepräsident an UAL 57, 6.8.1981, in: ebd., S. 217 und UAL 57 an 41 A, 2.7.1981, in: ebd., S. 219.

772 Vgl. UAL 57 an Vizepräsident 18.8.1981, in: ebd., S. 227.

773 Vgl. BND-Vizepräsident an UAL 57, 6.8.1981 und UAL 57 an Vizepräsident, 18.8.1981, in: ebd., S. 217 und S. 224.

774 Vgl. BND-Präsident an BK-Amt Dr. Ritzel 30.9.1982, ebd., S. 245 und 11F 20.10.1982, in: ebd., S. 248.

775 Vgl. Der Spiegel, 19.11.1990, S. 21.

776 Vgl. Juretzko: Bedingt dienstbereit, S. 75 f.

777 Vgl. Interview Ulrich Stoll mit SBO-Mitarbeiter F. am 6.2.2012.

778 Nach einer BND-internen Aufstellung verfügten die belgische und der französische Stay-Behind-Organisation über je 100 Quellen, die italienische SBO Gladio über 200 Quellen, die niederländische SBO über 135 Quellen. Luxemburg hatte 16, Dänemark 60 Quellen; vgl. Liste Partnerdienste, in: BND-Akte Nr. 4480_OT, S. 211–213.

779 Vgl. ebd., S. 101.

780 57 C, Konzeption für die [...] geheimdienstlichen Operationen durch die SBO, 2.1.1979, in: ebd., S. 41–43.

781 Vgl. ebd., S. 102 und 128.

782 Vgl. 11 FC/VF Geigy, 27.5.1983, in: BND-Akte Nr. 34514_OT.

783 Vgl. ebd., S. 130 f.

784 Vgl. BStU, MfS, HA III: Akte 13732, Blatt 75.

785 Sachstandsbericht über eine spezielle Agentenart des BND, in: BStU, MfS, HA III: Akte 612, Blatt 5.

786 Erkannte Handlungen des BND beim Zusammenwirken mit in der BRD dislozierten ›Stay-behind‹-Quellen, (G/07191/03/84), in: BStU, MfS, HA III: Akte 6584, Blatt 287.

787 Die in diesem Kapitel zitierten Akten des MfS wurden von der BStU im September 2002 herausgegeben. Dennoch schreibt Günther K. Weiße in seinem 2005 erschienenen Standardwerk: Geheime Funkaufklärung in Deutschland, Stuttgart 2005: »Es ist fraglich, ob die HA III auch Einsatzübungen der BND-SBO (Gladio) erfasste, da sich keinerlei Hinweise in den bisher aufgefundenen Beständen der HA III bei der BStU nachweisen lassen«, S. 399.

788 Vgl. Hinweis zu den Funknetzen des BND, 03/80, in: BStU, MfS, HA III: Akte 6584, Blatt 290.

789 Interview Ulrich Stoll mit Horst Männchen, September 2002.

790 Vgl. ebd., und 57 CC: Jahresbericht 1979 für das Sachgebiet 57 CC vom 2.1.1980, in: BND-Akte Nr. 34472_OT, S. 5.

791 Vgl. Müller/Müller/Schmidt-Eenboom: Gegen Freund und Feind, S. 355.

792 Vgl. ebd., S. 9.

793 Vgl. 17 CC: Jahresbericht 1981 des Bereiches 17 CC vom 4.1.1982, in: BND-Akte Nr. 34472_OT, S. 20.

794 Vgl. Sachstandsbericht über eine spezielle Agentenart, in: BStU, MfS, HA III: Akte 612, Blatt 9.

795 Vgl. Sachstandsbericht ..., 2.8.1984, in: BStU, MfS, HA III: Akte 612, Blatt 2.

796 Vgl. Gegenwärtiger Stand bei der Bearbeitung des Funkverbindungssystems des BND zu Überrollagenten vom 5.7.1985, in: BStU, MfS, HA III: Akte 6584, Blatt 48: Die HA III/F/3 (Funkbeobachtungsstation 52, Hohen-Luckow) hatte die Funksprüche erfasst, die Abteilung XI (Chiffrierwesen) hatte sie entschlüsselt, die HA III/F/2 (Kurzwellenfunk der Geheimdienste, Gosen) hatte sie ausgewertet und einzelnen Agentengruppen zugeordnet und die HA III/1 (Auswertung) verknüpfte die gewonnenen Informationen mit Erkenntnissen aus anderen Quellen und leitete sie an die HA II/ 2 (Spionageabwehr im Operationsgebiet BRD) weiter.

797 Vgl. BND-Akte Nr. 4481_OT, S. 23 und Akte 4480, S. 208.

798 Vgl. Christopher Andrew/Wasili Mitrochin: Das Schwarzbuch des KGB, München 20023, S. 552 und Fußnote 66, S. 784.

799 Vgl. Müller/Müller/Schmidt-Eenboom: Gegen Freund und Feind, S. 408; Stern (1990) 48: Der Unrat muss auf den Tisch, S. 298 und Der Spiegel, 2.7.1979, S. 49.

800 Vgl. Supplement B to FM 30–31: Stability Operations Intelligence – Special Fields, Washington 10.3.1970, zitiert nach http://cryptome.org/inscom-foia02.htm (Zugriff 17.12.2014).

801 BStU, MfS, HA VI: Akte 1406, Blatt 16f.

802 Faksimile in The National Security Archive, S. 7f., http://www2.gwu.edu/~nsarchiv/news/20010430/northwoods.pdf (Zugriff 20.8.2015). Vorgeschlagen wurde: »Incidents to establish a credible attack […]: Start rumors (many). Use clandestine radio.
Land friendly Cubans in uniform ›over-the-fence‹ to stage attack on base.
Capture Cuban (friendly) saboteurs inside the base.
Start riots near the base main gate (friendly Cubans).
Blow up ammunition inside the base; start fires.
Burn aircraft on air base (sabotage).
Lob mortar shells from outside of base into base. Some damage to installations.
Capture assault teams approaching from the sea or vicinity of Guantanamo City.
Capture militia group which storms the base.
Sabotage ship in harbor; large fires – naphtalene.
Sink ship near harbor entrance. Conduct funerals for mock-victims.«

803 Interview Ulrich Stoll mit Horst Männchen, September 2002. Diese Darstellung deckt sich mit dem Bericht der BStU, MfS, HA III/F/2 vom 5.7.1985, S. 3 (Nr. 6584, S. 50): »Es kann damit gerechnet werden, daß alle Chiffregruppen 2 mal erstellt wurden, was beim BND jedoch noch nicht bemerkt wurde. Wenn sich der Fehler bestätigt, können alle Funksprüche aus dem IBFD ab dem Zeitpunkt dechiffriert werden, wo die Chiffregruppen zum 2. Mal benutzt werden.«

804 BStU, MfS, HA III: Akte 8117 (22.2.1988), Blatt 2.

805 Ebd.

806 Vgl. ebd., Blatt 2 und 4.

807 Vgl. ebd., Blatt 4.

808 Vgl. BStU, MfS, HA III: Akte 612, Blatt 12 ff.

809 Vgl. 17 CC: Betr. Jahresbericht 1981 des Sachgebietes 17CC, 4.1.1981, in: BND-Akte Nr. 34472_OT, S. 20 und 22, vgl. auch Bericht der Bundesregierung über die Stay-Behind-Organisation des Bundesnachrichtendienstes vom 3.12.1990, S. 3, in: Bundestags-Drs. 17/13615.

810 BStU, MfS, HA III: Akte 13732 Bd. 2, Blatt 72.

811 Ebd., S. 6 und 14ff.

812 BStU, MfS, HA III: Akte 6584, Blatt 11.

813 Interview mit Horst Männchen, September 2002.

814 Vgl. BStU, MfS, HA III: Akte 612, Blatt 6.

815 Vgl. dazu Andreas Schmidt: Hauptabteilung III. Funkaufklärung und Funkabwehr, hg. v. BStU, Berlin 2010, S. 31, http://www.nbn-resolving.org/urn:nbn:de:0292-97839421300667 (Zugriff am 28.12.2014): »In der Abteilung 12, seit 1985 befehligt von OSL Jürgen Reber, analysierten fünf Referate vorrangig funktechnische Daten und Informationen. Für die Analyse wurden offiziell und inoffiziell beschaffte Unterlagen verwendet, aber auch nachrichtentechnische Daten und Erkenntnisse, die mittels eigener Technik in der Linie III gewonnen wurden. Im ›Operativen Lagezentrum‹ (OLZ) wurde die Funklage bewertet und dargestellt, weil das Wissen um die Funktüchtigkeit und das technische Know-how der gegnerischen Funk- und Fernmeldesysteme die Voraussetzung für entsprechende Schritte und Aktionen der Funkaufklärung und -abwehr bildeten. Im Kern ging es darum, Entwicklungen und Trends in der gegnerischen Nachrichtenübertragung zu erkennen und neue Abschöpfquellen zu ermitteln. Nachrichtentechnische und funktaktische Parameter wurden eigens in einem elektronischen Funktaktikspeicher gesammelt und geordnet. Ende April 1988 waren in dieser Abteilung 38 Mitarbeiter.«

816 Vgl. BStU, MfS, HA III: Akte 8117, Blatt 11. An anderer Stelle werden die Geburtstage zwischen 24.11. bis 1.12. (Mann) und zwischen 19.9. und 26.9. (Frau) vermutet; vgl. BStU, MfS, HA III: Akte 6584, Blatt 9.

817 Vgl. BStU, MfS, HA III: Akte 6584, dort sind auf den Seiten 178–186 zahlreiche Inpol-Auszüge zu Bundesbürgern enthalten.

818 Vgl. BStU, MfS, HA III: Akte 8117, Blatt 12–19.

819 Vgl. BStU, MfS, HA III: Akte 6584, Blatt 108 und 113.

820 Vgl. ebd., S.110f.

821 Ebd., S. 199–204 und 6.

822 SBO-Übungen und Funkausbildungen 1987–1989: 1.–8.2.1987 Übung mit mehreren Agenten, S. 35 HA III 6584; 23.3.1987 Übung mit einem Agenten, BStU, MfS, HA III: Akte 6584, Blatt 33; 29.3.–11.4.1987 Ausbildung eines Agenten, BStU, MfS, HA III: Akte 6584, Blatt 31.
7.–9.4.87 Übung mit mehr als zwei Agenten, BStU, MfS, HA III: Akte 6584, Blatt 32.
13.–20.5.1987 Ausbildung von Agenten mit Funkkontakt zu drei Auslandsresidenturen, BStU, MfS, HA III: Akte 6584, Blatt 29.
22.7.1987 Ausbildung von 1 Agenten, BStU, MfS, HA III: Akte 6584, Blatt 25.
16.–22.8.87 Übung mit 3 Agenten Aktion Dialog, BStU, MfS, HA III: Akte 6584, Blatt 24.
24.–26.2.88 Übung mit 2 Agenten in München und Buchen/Bawü, BStU, MfS, HA III: Akte 6584. Blatt 18.
12.–14.3.1988 Ausbildung von 3 Agenten in Bayern/BaWü,, BStU, MfS, HA III: Akte 6584, Blatt 15.
15.–19.4.1988 Übung mit 2 Agenten, BStU, MfS, HA III: Akte 6584, Blatt 13.
20.–24.11.88 Übung einer Agentengruppe, BStU, MfS, HA III: Akte 6584, Blatt 10.
18.–20.4.89 Übung mit 8 Agenten, Interner Blindfunkdienst IBFD von Morsecode auf Sprechfunk umgestellt, BStU, MfS, HA III: Akte 6584 Blatt 2 und 5.
11.–18.7.89 Übung mit einer Gruppe Überrollagenten, BStU, MfS, HA III: Akte 6584, Blatt 1.

823 Vgl. ebd., S. 83.

824 Bei Redaktionsschluss dieses Buches befanden sich die im März 2015 entdeckten Akten zu den OV Kolonne, BStU AOP 22087/91 und Jagd, BStU AOP 16415/89 zur Prüfung beim Bundesministerium des Innern und waren noch nicht freigegeben.

825 Vgl. ebd., S. 8 und 277. Ein abgefangener Funkspruch an die Gruppe 4 lautete zur Luftschleusung im Juni 1983: »Absetzzone 2, 7. oder 8.6. 23.00 Uhr 1 Last, 1 Klient, 1 Anflug aus 320 Grad Propeller 100 Meter 50 Sekunden 3 Lampen, Kennung Anton 6 positiv 4 negativ. Last ins Versteck, Klient selbst weiter.« In: Sachstandsbericht über eine spezielle Agentenart, in: BStU, MfS, HA III: Akte 612, Blatt 20.

826 Vgl. Weiße: Geheime Funkaufklärung, S. 449: »Das gesamte Netz in der damaligen Bundesrepublik Deutschland geworbener Vertrauenspersonen für eine ›Widerstands- und Unterstützungsorganisation‹ des BND im Kriegsfall zur Unterstützung der NATO war dem MfS bekannt und damit ›verbrannt‹«.

827 BStU, MfS, HA III: Akte 6584, Blatt 61.

828 Vgl. Juretzko: Bedingt dienstbereit, S. 89f.

829 Einstellungsbeschluss GBA Ermittlungsverfahren gegen K.H. Hoffmann u.a., 23.11.1982, S. 14, Privatbesitz.

830 Vgl. Telex BLKA 29.9.1980, 15.35 Uhr, in: BND-Akte 35.012_OT, S. 481 und Einstellungsbeschluss GBA Ermittlungsverfahren gegen K.H. Hoffmann u.a., 23.11.1982, S. 15 und 20: Auch gaschromatische und massenspektrografische Untersuchungen konnten bis heute nicht die Herkunft und die Sprengstoffart der Oktoberfestbombe zweifelsfrei klären. Auch die Beschaffenheit der Zündvorrichtung ist bis heute ungeklärt.

831 Vgl. ebd., S. 59–62.
832 Tagesschau, 28.9.1980.
833 Interview F.J. Strauß mit TF 1, zitiert nach Ulrich Chaussy: Oktoberfest – Das Attentat. Wie die Verdrängung des Rechtsterrors begann, Berlin 2014, S. 38.
834 Zitiert nach ebd., S. 131.
835 Vgl. ebd., S. 115 f., 131 und 198 f.
836 Vgl. ebd., S. 200 und Antwort der Bundesregierung auf die Kleine Anfrage der Fraktion Bündnis 90/Die Grünen vom 24.11.2014, in: Bundestags-Drs. 18/3259, S. 7.
837 Vgl. Einstellungsverfügung GBA, Ermittlungsverfahren gegen Karl-Heinz Hoffmann u.a., 23.11.1982, S. 56, 94 und 95.
838 Ebd., S. 53 f.
839 Vernehmung Lauterjung am 6.11.1980, zitiert nach Chaussy: Oktoberfest, S. 60.
840 ZDF: Frontal 21, 25.3.2014.
841 Schlussvermerk Soko Theresienwiese vom 13.5.1981, S. 185, zitiert nach Chaussy: Oktoberfest, S. 23.
842 Einstellungsverfügung GBA, Ermittlungsverfahren gegen Karl-Heinz Hoffmann u.a., 23.11.1982, S. 70, 71 und 77.
843 Vgl. Chaussy: Oktoberfest, S. 178–180.
844 Vgl. LKA Baden-Württemberg an Soko Theresienwiese, 10.12.1980, in: BND-Akte Nr. 35.012_OT, S. 269–271 und Bundestags-Drs. 9/29, zitiert nach BND-Akte Nr. 35.012_OT, S. 284.
845 Vgl. Telex BND 51 D 1.10.1980 und Telex BND 17.6.1981, in: BND-Akte Nr. 35.012_OT, S.433 und 172.
846 Vgl. Telex BND 17.6.1981, in: BND-Akte Nr. 35012_OT, S. 172.
847 Vgl. Telex PP München an BND-Verbindungsstelle 98 (München), 19.12.1980, in: BND-Akte Nr. 35.012_OT, S. 278 und 349.
848 Vgl. Meldung 11D 21.1.1982, in: BND-Akte Nr. 35.012_OT, S. 45 und 299.
849 Brief Bergmann in: BND-Akte Nr. 35.012_OT, S. 274 f.
850 Auskunft Werner Dietrich am 5.3.2015.
851 Vgl. Telex 17.6.1981, in: BND-Akte Nr. 35.012_OT, S. 171 und 177 und Der Spiegel, 29.6.1981: Neonazis in Nahost. Betrogen und reingelegt, http://www.spiegel.de/spiegel/print/d-14342686.html (Zugriff 29.3.2015).
852 Vgl. BLKA an BND-Verbindungsstelle AC 60, 8.10.1980, in: BND-Akte Nr. 35.012_OT, S. 340 und Einstellungsbeschluss GBA Ermittlungsverfahren K.H. Hoffmann, 23.1.1982, S. 90.
853 Vermerk BKA-ST 32, 7.10.1980, in: BND-Akte Nr. 35.012_OT, S. 350.
854 Einstellungsbeschluss GBA Ermittlungsverfahren K.H. Hoffmann, 23.1.1982, S. 17.
855 Ebd., S. 90.
856 Vgl. Stefan Aust: Mauss, ein deutscher Agent, München 1989, S. 276 f. und 279.
857 Vgl. BStU, MfS, XXII/AGK: Tgb. E 1436/80, Blatt 21–24.
858 Vgl. ebd., Blatt 21.
859 Vgl. BND-Akte Nr. 35.012_OT, S. 465 und 489. Die neu zusammengestellte BND-Akte enthält auf den Seiten 463 bis 465 drei Blatt eines mindestens zwölfseitigen BND-Berichts zum Oktoberfestattentat, dessen erste neun Seiten entfernt wurden; die Seite 489 ist das einzeln abgeheftete Blatt 19 eines längeren nicht vorliegenden BND-Dokuments; vgl. auch Chaussy: Oktoberfest, S. 40.
860 Vgl. BfV: Vierteljährliche Informationen, 4. Qu. 1980, S. 67, in: BND-Akte Nr. 35.012_OT, S. 247 (nachträglich auf Antrag beim BfV wieder eingefügt).
861 Vgl. Antwort der Bundesregierung auf die Kleine Anfrage von Bündnis 90/Die Grünen, 22.6.2009, in: Bundestags-Drs. 16/13527, S. 3. Die Bundesregierung verweigerte die Auskunft zu Fragen nach den Ermittlungen der drei Landesämter für Verfassungsschutz zur WSG, ebd., S. 10; vgl. auch BND-Akte Nr. 35.012_OT, S. 489.

862 BStU, MfS, XXII/AGK: Tgb. E 1436/80, S. 21.
863 Die Verfassungsschutzbehörden haben das Recht, Hinweise zur Aufklärung von Straftaten gegenüber der Polizei zurückzuhalten, wenn dies ihre V-Leute oder geheimdienstliche Operationen gefährdet. Eine Änderung dieser fragwürdigen Regelung wurde 2015 als Konsequenz aus den NSU-Morden diskutiert.
864 Fernschreiben 730/31952 BLKA, zitiert nach BND-Akte Nr. 35.012_OT, S. 482.
865 Vgl. BfV: Vierteljährliche Informationen, 4. Qu. 1980, S. 67, in: BND-Akte Nr. 35.012_OT, S. 248 (ursprünglich aus Akte entfernt, nachträglich auf Antrag vom BfV freigegeben).
866 Betr. Wehrsportgruppe Hoffmann, ohne Datum, in: BND-Akte Nr. 35.012_OT, S. 208.
867 55 CB an 51 DB, 30.10.1980 und Auswertung Reisepass Hoffmann, in: BND-Akte Nr. 35.012_OT, S. 314 und 58.
868 Telex 51 D, 4.3.1981, in: BND-Akte Nr. 35.012_OT, S. 220.
869 Ebd.
870 Vgl. Der Spiegel, 19.11.1984, S. 82, zitiert nach Tobias von Heymann: Die Oktoberfest-Bombe. München, 26. September 1980. Die Tat eines Einzelnen oder ein Terror-Anschlag mit politischem Hintergrund?, Berlin 2008, S. 282 und Aust: Mauss, S. 281.
871 Einstellungsbeschluss GBA Ermittlungsverfahren gegen K.H. Hoffmann u.a., 23.11.1982, S. 11.
872 BfV II A an BMI. 16.10.1980 (ursprünglich aus Akte entfernt, nachträglich auf Antrag vom BfV freigegeben), ebd., S. 319 f.
873 Zitiert nach Der Spiegel, 29.6.1981, http://www.spiegel.de/spiegel/print/d-14342686.html (Zugriff 29.3.2015).
874 Ebd.
875 BND 51 D Vermerk 29.9.1980, ebd., S. 417.
876 Auswertung Reisepass Hoffmann, in: BND-Akte Nr. 35.012_OT, S. 57 und 58, vgl. auch BfV II A an BMI. 16.10.1980, ebd., S. 318–319.
877 Vgl. Kurzauskunft Joachim Fiebelkorn, in: BStU, MfS, HA XXII: Akte 1378/18, Blatt 5–6.
878 Vgl. Aust: Mauss, S. 284.
879 Strafanzeige K. H. Hoffmann an Kriminalpolizeiinspektion Bamberg, 14.1.2014.
880 Antwort K. H. Hoffmann auf Interviewanfrage von Ulrich Stoll, 10.3.2014.
881 Telex BfV 20.1.1981, in: BND-Akte Nr. 35012_OT, S. 256.
882 Meldedienstliche Verschlusssache 51 D, 13.10.1980, ebd., S. 306 und 51 D an BfV, 17.11.1980, ebd., S. 301.
883 Vgl. Der Spiegel, 22.2.1982, http://www.spiegel.de/spiegel/print/d-14345745.html (Zugriff 29.3.2015).
884 Vernehmung GBA 27.9.1980, zitiert nach Jens Mecklenburg (Hg.): Gladio. Die geheime Terrororganisation der NATO, Berlin 1997, S. 82.
885 Antwort der Bundesregierung auf die Kleine Anfrage der Fraktion Bündnis 90/Grüne, 21.11.2014, in: Bundestags-Drs. 18/ 3117, S. 6.
886 BStU, MfS, HA XXII: Akte 1378/18, Blatt 90.
887 Vgl. Einstellungsbescheid des GBA vom 3.12.1982, S. 5–7.
888 Tagebuch Heinz Lembke, 15.4.–3.6.1981, S. 1 f., Privatbesitz.
889 Ebd.
890 Ebd., S. 3.
891 Ebd., S. 4.
892 Tagebuch Heinz Lembke, 4.6.1981, S. 4.
893 Vgl. Einstellungsbescheid des GBA vom 3.12.1982, S. 1–3.
894 ZDF: Frontal 21, 25.3. 2014.
895 Vgl. Einstellungsbescheid des GBA vom 3.12.1982, S. 22.
896 Vgl. ebd., S. 28 f.

897 Vgl. ebd., S. 31.
898 Vgl. Terminkalender Heinz Lembke 1981, Liste »Postein-/ausgang«.
899 Einstellungsbescheid des GBA vom 3.12.1982, S. 4.
900 Ebd., S. 14.
901 Ebd., S. 36.
902 Ebd., S. 37 f.
903 Vgl. ebd., S. 36, 40 und 55 f.
904 Vgl. ebd., S. 58–60.
905 Magenheimer: Einheiten für verdeckte Einsätze, S. 123.
906 Ebd.
907 Vgl. BStU, MfS, HA III: Akte 6584, Blatt 260 und 262.
908 Vgl. Einstellungsbescheid des GBA vom 3.12.1982, S. 3 und BStU, MfS, HA III: Akte 6584, S. 260.
909 Antwort der Bundesregierung auf die Kleine Anfrage der Fraktion Bündnis 90/Grüne, 21.11.2014, in: Bundestags-Drs. 18/3117, S. 15.
910 Vgl. Meldung 52DY 190181 09: Mögliche Steuerung rechtsextremistischer Terroraktivitäten durch die DDR, in: BND-Akte Nr. 35.012_OT, S. 447 f.
911 Vgl. Antwort der Bundesregierung auf die Kleine Anfrage Die Linke, 5.2.2015, in: Bundestags-Drs. 18/3810, S. 1 f und 8.
912 Auskunft der Pressestelle GBA vom 26.2.2014.
913 Vgl. Süddeutsche Zeitung Online, 28.9.2014, http://www.sueddeutsche.de/muenchen/oktoberfest-attentat-neue-brisante-spur-aufgetaucht-1.2150345 (Zugriff 28.3.2015).
914 Vgl. Einsatztagebuch, zitiert nach Chaussy: Oktoberfest, S. 37.
915 Einstellungsverfügung GBA, Ermittlungsverfahren gegen Karl-Heinz Hoffmann u.a., 23.11.1982, S. 69 f.
916 Einstellungsbeschluss des GBA vom 3.12.1982, S. 4.
917 Vgl. Der Spiegel, 21.8.1995, http://www.spiegel.de/spiegel/print/d-9207705.html (Zugriff 29.3.2015).
918 Verfasser der GBA-Einstellungsverfügung zu Lembke/unbekannt vom 2.12.1982 war Oberstaatsanwalt Wolfgang Kube; Verfasser der GBA-Einstellungsverfügung zu Hoffmann u.a. vom 23.11.1982 war der mittlerweile verstorbene Oberstaatsanwalt Klaus Holland.
919 Auskunft Pressestelle GBA 26.2.2014. Staatsanwalt Griesbaum war jedoch bereits 1980 als Mitarbeiter der StA Karlsruhe mit den Ermittlungen zur Gruppe Hepp befasst, vgl. BKA-Fernschreiben, Betr. Fahndungshinweis (Haftbefehl Griesbaum gegen Hepp u.a.), 3.10.1980, sowie LKA Baden-Württemberg an StA Griesbaum, Betr. Ermittlungsverfahren Hepp, 10.12.1980, in: BND-Akte Nr. 35012_OT, S. 368 und 269.
920 Vgl. ebd., S. 14.
921 Kleine Anfrage der Fraktion Bündnis 90/Grüne, 21.11.2014, in: Bundestags-Drs. 18/3117, S. 14.
922 Vgl. Nürnberger Zeitung, 15.1.2014: War ein V-Mann am Oktoberfestattentat beteiligt?, http://www.nordbayern.de/nuernberger-zeitung/nz-news/war-ein-v-mann-am-oktoberfestattentat-beteiligt-1.3397599 (Zugriff 13.7.2015) und Der Freitag, 29.5.2015: Andreas Förster: Das Ende der Einzeltäter-Theorie, https://www.freitag.de/autoren/der-freitag/das-ende-der-einzeltaeter-theorie (Zugriff 13.7.2015)
923 Vgl. Regine Igel: Terrorismus-Lügen. Wie die Stasi im Untergrund agierte, München 2012, S. 260. Dort berichtet Igel, ein anderer IM der Stasi habe behauptet, Hepp habe auch dem BfV als V-Mann berichtet. Die Stasi habe Hepp deshalb zu dem Anwurf einen langen Fragenkatalog vorgelegt, die Stasi-Unterlagenbehörde hat die Antworten jedoch geschwärzt.
924 Vgl. Heymann: Die Oktoberfest-Bombe, S. 460.

925 Ebd.
926 Kleine Anfrage der Fraktion Die Linke vom 25.7.2016, in: Bundestags-Drs. 18/2237, S. 4.
927 Kleine Anfrage der Fraktion Bündnis 90/Die Grünen vom 24.11.2014, in: Bundestags-Drs. 18/3259, S. 8.
928 Kleine Anfrage der Fraktion Die Linke vom 9.2.2015, in: Bundestags-Drs. 18/3985, S. 2.
929 Schreiben des Bundesministeriums der Justiz, 7.4.2015, zitiert nach BR 5 Aktuell, 10.4.2015, http://www.br.de/nachrichten/oktoberfest-attentat-gruene-100.html (Zugriff 12.4.2015).
930 Vgl. Ganser: NATO-Geheimarmeen, S. 36–38.
931 The European, 9.11.1990, zitiert nach ebd., S. 56.
932 E-Mail NATO-Archiv an D. Ganser vom 18.8.2000, in: ebd., S. 65.
933 Vermerk Jung: Betr. Meldungen über eine angebliche Geheimorganisation der Nato, 14.11.1990, zitiert nach Der Spiegel, 19.11.1990, S. 20.
934 Tagesschau, 14.11.1990.
935 Antwort der Bundesregierung auf schriftliche Fragen, in: Bundestags-Drs. 11/8483 vom 23.11.1990, Geschäftsbereich des Bundeskanzleramtes, S. 1.
936 Kleine Anfrage der Fraktion Die Linke vom 22.5.2013, in: Bundestags-Drs. 17/13615, S. 4.
937 Bundestags-Drs. 11/8483 vom 23.11.1990, Geschäftsbereich des Bundeskanzleramtes, S. 2f.
938 Vgl. dpa-Meldung, 18.11.1990, 14.51 Uhr und dpa, 19.11.1990, 16:15 Uhr.
939 Vgl. dpa-Meldung, 21.11.1990.
940 Vgl. AP-Meldung, 18.11.1990, 14:49 Uhr.
941 Entschließung des EU-Parlaments zur Gladio-Affäre, 22.11.1990, S. 201f.
942 Vgl. Kleine Anfrage der Fraktion Die Grünen/Bündnis 90, in: Bundestags-Drs. 11/8509 vom 29.11.1990, S. 1f.
943 Bericht der Bundesregierung über die Stay-Behind-Organisation des Bundesnachrichtendienstes vom 3.12.1990, S. 1, nachgedruckt in: Bundestags-Drs. 17/13615, 22.5.2013.
944 Ebd.
945 Vgl. ebd., S. 4.
946 Kleine Anfrage der Fraktion PDS/Linke Liste vom 27.5. 1992, in: Bundestags-Drs. 12/2703, S. 1.
947 Kleine Anfrage der Gruppe Bündnis 90/Die Grünen vom 17.5.1991, in: Bundestags-Drs. 12/560, S. 2.
948 Vgl. Vermerk des luxemburgschen ACC-Delegierten an das ACC-Komitee vom 15.1.1991: The German Delegate to the ACC announced the Disbandment of the German SBO on 27 December 1990, Privatbesitz.
949 Ebd., S. 2f.
950 Vgl. Kleine Anfrage der Fraktion PDS/Linke Liste vom 27.5.1992, in: Bundestags-Drs. 12/2703, S. 1f.
951 Vgl. News (1996) 4, S. 10–13: Heiße Waffen, kalte Krieger.
952 Kleine Anfrage der Fraktion Die Linke vom 22.5.2013, In: Bundestags-Drs. 17/13615, S. 7.
953 Vgl. Kleine Anfrage der Fraktion Die Linke vom 4.10.2013, in: Bundestags-Drs. 17/14815, S. 3. Das BMVg erklärte auf Anfrage vom 17.2.2011, es gäbe keinerlei Archivmaterial zur Zusammenarbeit SBO/Bundeswehr.
954 Besatzungsstatut vom 12.5.1949, Artikel 3.
955 Bericht der Bundesregierung über die Stay-Behind-Organisation des Bundesnachrichtendienstes vom 3.12.1990, S. 1, zitiert in: Bundestags-Drs. 17/13615, S. 8.

956 Ebd., S. 2, in: Bundestags-Drs 17/13615, S. 9.

957 Ebd.

958 Die Darstellung des Vorganges beruht auf der Schilderung Dr. Franz Uhle-Wettler gegenüber den Journalisten Lars Winkelsdorf und Ulrich Stoll im April 2015.

959 Vgl. Kleine Anfrage der Fraktion Die Linke vom 3.3.2014, in: Bundestags-Drs. 18/701, S. 3 f.

960 Vgl. Daniele Ganser: The British Secret Service in Neutral Switzerland. An Unifinished Debate on NATO's Cold War Stay-Behind Armies, in: Intelligence and National Security 20 (2005) 4, S. 566.

961 Vgl. Schmidl/Blasi/Schneider: B-Gendarmerie, S. 142–149.

962 Vgl. ebd., S. 159.

963 Searchlight Januar 1991, zitiert nach Ganser: NATO-Geheimarmeen, S. 85.

964 Vgl. Daily Express, 18.7.1977: Artikel von Chapman Pincher, zitiert nach Lobster Magazine, Special Issue 11 (April 1986): Wilson, MI5 and the Rise of Thatcher. Covert Operations in British Politics 1974–1978: »For the past six years a clandestine section of it had been setting up the nucleus of an underground resistance organisation which could rapidly be expanded in the event of the Russian occupation of any part of NATO, including Britain itself. With the Tory Government's blessing it was Operations Executive and the Joint Warfare Establishment [...] formed close links with the SAS [...] own secret intelligence network [...] secured access to the Foreign Office's Information and Research Department which has special functions.«

965 Vgl. Kleine Anfrage der Fraktion Die Linke vom 3.3.2014, in: Bundestags-Drs. 18/701, S. 3 f.; im November 2013 und im Januar hatte das Berliner LKA Auskünfte zu den Lagern verweigert; im Februar 2014 gab das Bundespresseamt keine Auskunft über den Inhalt der Depots und teilte mit, die vorliegenden Unterlagen »lassen einen eindeutigen Rückschluss auf die Anleger der Depots nicht zu«.

966 Interview Erich Schmidt-Eeenboom mit der Quelle am 9.2.2016. Die Angaben des Offiziers lassen sich nicht durch Dokumente näher verifizieren, da die britischen Behörden keinerlei Akteneinsicht gewähren.

967 Interview Erich Schmidt-Eenboom mit Horst Männchen im Herbst 1992.

Quellen- und Literaturverzeichnis

Archivalien

National Archive and Record Administration (NARA)

Headquarters US Forces European Theater Interrogation Center 23. Juli 1945: The German Sabotage Services und Annex No 1: Organization of the SS Jagd Verbaende, NARA NND 150/22

Chief, MOB [James H. Critchfield] to Chief, OSO: »Report of Investigation Rusty, 17.12.1948, NARA NND003024

NARA RG 226 (OSS), Entry (E) 119a Folder (f) 624, Irmgard Reschke, 11.5.1945

NARA RG 226, E-119a f-94, GAF Sonderkommando Bienenstock, Report 12.5.1945; Intermediate Interrogation Report Krim.Rat/Stubaf Ernst Wagner 30.8.1945; Draft Werwolves, Intermediate Interrogation Report Jürgen Stroop

NARA RG 226, E-119a f-625, Draft Werwolves 16.7.1945; Collated Report on the SS Sonderkommando 12.5.45; Report Unternehmen W in Wehrkreis XII; Intermediate Interrogation Report Hans Gerlach 11.8.1945; The German Sabotage Service, 23.7.1945

NARA RG 226 E-119a f-261, Counter Intelligence War Room 27.7.1945; Intermediate Interrogation Report Ernst Wagner 30.8.1945; Interrogation of Irmgard Reschke, 24.6.1945; Summary of Traces 16.7.1945

NARA RG 226 E-119a f-625, Intermediate Interrogation Report von Eberstein, 27.7.1945; Intermediate Interrogation Report Ernst Wagner, 30.8.1945

NARA RG 226 E-119a f-1060 Schreieder, Joseph

NARA RG 263 Steiner, Felix

NARA RG 319 (Records of the OSS) e119a f126, Interrogation Report 032/8/65 16.7.1945 Otto, Richard Bovensiepen

NARA RG 319 Gersdorff, Rudolph-Christoph Freiherr von XE008242

Ruffner, Kevin (Hg.): The CIA and the Origins of the BND, Vol. 2, September 1953, in: NARA RG 263 (Records of the CIA)

Personalakten RG 263: Baltrusch, Fritz; Clemens, Hans; Hinsch, Hans; Hoesselbarth, Herbert; Huebner, Fritz; Ihm, Karl; Issel, Horst; Kanayan, Drostomat; Kopp, Walter; Krichbaum, Wilhelm, Lindstedt, Friedrich; Ludwig, Albert; Naumann, Werner; Schmalschlaeger, Heinz; Schmitz, Hans; Stigler, Josef; Supper, Adolf; Warzecha, Gerhard; Zuber, Ebrulf

The College of William and Mary, Swem Library, Williamsburg

James H. Critchfield, German Collection, Box 1, 1945–1956 WWII, OSS: Stay Behind – Italy Flashes; Box 4, Tagebuch Heinz Danko Herre; German-English Intelligence Glossary, o.O. o.J., Box 4

James H. Critchfield: Gehlen Organization – First Five Years – Notes and Drafts, in: Special Collections Box 2

Harry S. Truman Library and Museum, Independence, Missouri

HICOG Frankfurt: Despatch No. 3771 vom 1.6.1951. Subject: Bund Deutscher Jugend

Comstock, Paul B.: Nazis, Liberals and Communist Manipulation, 13.11.1952, in: Records of the Psychological Strategy Board

Hoover Institution, Stanford University, Philp (William R.) Collection

U.S. Forces in the European Theater. Headquarters 7707 Military Intelligence Service Center: Operations and experiences of Frontaufklärung (FA) III Ost during the eastern campaign (Special report no. 32) vom 27.1.1947

Estimate of a Possible Plan for Strategic Concentration and Attack in Central Europe (Russian Army) April 1949

CIA Information Management Service (Hg.):
Nazi War Crimes Disclosure Act (NWCDA) vom 1.2.2011

Sachakten: Iceberg Box 69; Lcprowl Box 70; Saturn, Box 77; Pastime, Box 71.

Personalakten: Bross, Alarich, Box 112; Carstenn, Friedrich, Box 113; Debrassine, Heinz, Box 115; Jobke, Karl, Box 141; Krombholz, Franz, Box 146; Menke, Walter, Box 154; Naumann, Werner, Box 155; Otto, Hans, Box 159; Schwarting, Christian, Box 171; Tellkamp, Eberhard, Box 178; Urban, Josef Adolf, Box 181; Vogt, Helmut, Box 182; Weinsberg, Willi, Box 183

Bundesarchiv

BArch RW 59/91, Befehl Adolf Hitlers vom 28.3.1945; Aufruf Ley

Bundesarchiv/Militärarchiv Freiburg MSG 2/6963, Erlebnisbericht Waldemar F. Kehler, Typoskript, Tuttlingen 2002

Privatbesitz

OSS: The German Intelligence Services, Band 1 A-K, S. 53, Washington D.C. 1944

Landgericht Aachen 6 Ks 2/49, Urteil vom 22.10.1949 gegen Ilse Hirsch u.a.

Einstellungsbeschluss GBA Ermittlungsverfahren gegen K.H. Hoffmann u.a., 23.11.1982 Tagebuch Heinz Lembke, 15.4.–3.6.1981

Vermerk des luxemburgschen ACC-Delegierten an das ACC-Komitee vom 15.1.1991: The German Delegate to the ACC announced the Disbandment of the German SBO on 27 December 1990

Archiv Bundesnachrichtendienst Pullach

BND-Akten 01292, 2054_OT, 34514_OT, 34470_OT, 34471_OT, 34477_OT, 34479_OT, 34500_OT, 34501_OT, 34502, 34503_OT, 34518, 35.012_OT, 4455, 4479, 4480_OT, 4481_OT

Bundesbeauftragter für die Unterlagen des Staatssicherheitsdienstes
der ehemaligen DDR (BStU) Berlin

BStU, MfS, HA III: Akte 8117; BStU, MfS, HA III: Akte 13732; BStU, MfS, HA III: Akte 6584; BStU, MfS, HA III: Akte 612; BStU, MfS, HA III: Akte F/2; BStU, MfS, HA IX: Akte 11781 MF; BStU, MfS, HA IX: Akte 1046; BStU, MfS, HA IX: Akte 18332, BStU, MfS, HA IX/11ZUV: Akte 74, Band 2; BStU, MfS, HA IX: Akte 4424; BStU, MfS, HA VI: Akte 1406; BStU, MfS, HA XXII: Akte 1378/18; BStU, MfS, Juristische Hochschule: Akte 21834/1; BStU, MfS, XXII/AGK: Tgb. E 1436/80

Archiv Forschungsinstitut für Friedenspolitik e. V. (FF), Weilheim

Org 30 d an 30 (Gehlen) vom 29.10.1953: Betr.: Juno – Programm

Org 34.3: Top Secret Entwurf Betrifft: Grundsätzliche Richtlinien vom 30.1.1949 und Grundlegendes Übereinkommen (undatiert)

Org 36: Gliederung und Aufgaben der Abteilung Nachrichtenwesen, 3.6.1950

Org 38/I O _1145/51 vom 1.6.1951: Betr. Abhandlung Nr. 620 Teil A und B

Org 50 D O – 1314/52 vom 17.7.1952: Betr.: Vorwarnmaßnahmen und Juno-Programm

Org 50 D: Bonner Besuch 16.1.1951, S. 6

Org Betr.: Die Anfänge der Beziehungen zu ausländischen Nachrichtendiensten durch die Organisation Gehlen, Pullach o.J. (1950)

Org: Anlage zum Schreiben 30d an 30, Vorschlag für Aufgabenbereich des Juno-Bearbeiters bei den GV-en

Erfahrungsbericht Schwarz (Albert Praun) 1960
Wessel, Gerhard: Notiz über die Lage Bundesnachrichtendienst bei Übernahme am 1. Mai 1968, 22.4.1968
48 pers. Tgb.Nr. 125/68 geheim vom 24. Mai 1968: Betr. Sonderauftrag 106
48 Nr. 308/68 geh. vom 24.7.1968: An 106 – Betr. Neugliederung des Dienstes
Gruppe I/2. I/2-15100-Ko 7/1/71 vom 27.8.1971: Bericht und Gutachten über das Ergebnis der Untersuchung einzelner Beschwerden von Angehörigen des Bundesnachrichtendienstes, Streng geheim, vom Referat 602 des Bundeskanzleramts am 18.1.2013 herabgestuft auf Offen
BND: Begriffsbestimmungen für den Bundesnachrichtendienst, Pullach 1974
Hepp, Leo: Die Abteilung Nachrichtenwesen der Organisation Gehlen, 2. Fortsetzung, Anlage 3, Typoskript Ulm 1984
Hepp, Leo: Die geheimen Funkverbindungen des Bundesnachrichtendienstes (BND), Typoskript Ulm 1984
Dallin, Davon J.: Wie man Freunde in Deutschland verliert. Typoskript Nachlass Peter-Ferdinand Koch
Dienstalterlisten der Schutzstaffel der NSDAP vom 1.12.1936, 1.12.1937 und 1.12.1938

Parlaments- und Regierungsdrucksachen
Hessischer Landtag II. Wahlperiode: Stenographischer Bericht über die 32. Sitzung, Wiesbaden, den 8. Oktober 1952. Erklärung der Landesregierung zur Aufdeckung einer Geheimorganisation des Bundes Deutscher Jugend (BDJ) in Westdeutschland
Hessischer Minister des Innern: Der Technische Dienst des Bundes Deutscher Jugend (BDJ), Wiesbaden 1952
Hessischer Minister des Innern: Zweite Dokumentensammlung zum Bund Deutscher Jugend und seines Technischen Dienstes, Wiesbaden, o.J. (1952)
Pressestelle der Landesregierung Schleswig-Holstein 16.1.1953: Mitteilung Nr. 19/53: Kein Verbot des BDJ in Schleswig-Holstein
Entschließung des EU-Parlaments zur Gladio-Affäre, 22.11.1990, in: Amtsblatt der Europäischen Gemeinschaften Nr. C 324 vom 24.12.1990
Deutscher Bundestag – 235. Sitzung. Bonn, Donnerstag, den 23. Oktober 1952: Tagesordnungspunkt 3: Beratung der Großen Anfrage der Fraktion der SPD betreffend Geheimorganisation Technischer Dienst des BDJ in Hessen
Antwort der Bundesregierung auf schriftliche Fragen, Bundestags-Drs. 11/8483 vom 23.11.1990, Geschäftsbereich des Bundeskanzleramtes
Kleine Anfrage der Fraktion Bündnis 90/Die Grünen, 29.11.1990, Bundestags-Drs. 11/8509
Kleine Anfrage der Gruppe Bündnis 90/Die Grünen, 17.5.1991, Bundestags-Drs. 12/560
Kleine Anfrage der Fraktion PDS/Linke Liste vom 27.5.1992, Bundestags-Drs. 12/2703
Antwort der Bundesregierung auf die Kleine Anfrage von Bündnis 90/Die Grünen vom 22.6.2009, Bundestags-Drs. 16/13527
Antwort der Bundesregierung auf die Kleine Anfrage der Linken vom 4.10.2013, Bundestags-Drs. 17/14815
Antwort der Bundesregierung auf die Kleine Anfrage der Linken vom 22.5.2013, Bundestags-Drs. 17/13615
Bericht der Bundesregierung über die Stay-Behind-Organisation des Bundesnachrichtendienstes, 3.12.1990, Bundestags-Drs. 17/13615
Kleine Anfrage der Fraktion Die Linke, 22.5.2013, Bundestags-Drs. 17/13615
Kleine Anfrage der Fraktion Die Linke, 4.10.2013, Bundestags-Drs. 17/14815
Antwort der Bundesregierung auf die Kleine Anfrage der Abgeordneten Ulla Jelpke, Wolfgang Gehrcke, Christine Buchholz und weiterer Abgeordneter sowie der Fraktion Die Linke, Bundestags-Drs. 18/524 und 18/701

Antwort der Bundesregierung auf die Kleine Anfrage der Fraktion Bündnis 90/Die Grünen, 24.11.2014, Bundestags-Drs. 18/3259
Antwort der Bundesregierung auf die Kleine Anfrage der Fraktion Bündnis 90/Die Grünen, 21.11.2014, Bundestags-Drs. 18/3117
Antwort der Bundesregierung auf die Kleine Anfrage Die Linke vom 5.2.2015, Bundestags-Drs. 18/3810
Kleine Anfrage der Fraktion Bündnis 90/Die Grünen, 24.11.2014, Bundestags-Drs. 18/3259
Kleine Anfrage der Fraktion Bündnis 90/Die Grünen, 21.11.2014, Bundestags-Drs. 18/3117
Kleine Anfrage der Fraktion Die Linke vom 25.7.2015, Bundestags-Drs. 18/2237
Kleine Anfrage der Fraktion Die Linke vom 3.3.2014, Bundestags-Drs. 18/701
Kleine Anfrage der Fraktion Die Linke vom 9.2.2015, Bundestags-Drs. 18/3985

Literatur

Andrew, Christopher und Oleg Gordiewsky: KGB. Die Geschichte seiner Auslandsoperationen von Lenin bis Gorbatschow, München 1990
Andrew, Christopher und Wassili Mitrochin: Das Schwarzbuch des KGB. Moskaus Kampf gegen den Westen, München 2002[3]
Anonym: Werwolf. Winke für Jagdeinheiten, Düsseldorf 1985
Aust, Stefan: Mauss, ein deutscher Agent, Hamburg 1988
Bailey, George, Sergej Kondraschow und David E. Murphy: Die unsichtbare Front. Der Krieg der Geheimdienste im geteilten Berlin, Berlin 1997
Besson, Waldemar: Die Außenpolitik der Bundesrepublik. Erfahrungen und Maßstäbe, Frankfurt a.M. 1973
Biddiscombe, Perry: Werwolf! The History of the National Socialist Resistance Movement 1944–1946, Toronto 1998
Buschfort, Wolfgang: Geheime Hüter der Verfassung. Von der Düsseldorfer Informationsstelle zum ersten Verfassungsschutz der Bundesrepublik (1947–1961), Paderborn 2004
Charisius, Albrecht und Julius Mader: Nicht länger geheim. Entwicklung, System und Arbeitsweise des imperialistischen deutschen Geheimdienstes, Berlin 1978
Chaussy, Ulrich: Oktoberfest – Das Attentat. Wie die Verdrängung des Rechtsterrors begann, Berlin 2014
CIA: Research Aid für die Record Group 263, Juni 2007
Conrads, Claudia: Die Christlich-Demokratische Union in Aachen. Von der Gründung bis zur Konsolidierung, Dissertation, Bonn 2006
Critchfield, James H.: Auftrag Pullach: Die Organisation Gehlen 1948–1956, Hamburg 2005
Crous, Helmut: Karneval in Aachen. Wie er wurde, wie er war, wie er ist, Aachen 1959
Dach, Hans von: Der totale Widerstand. Kleinkriegsanleitung für Jedermann. Band 4 der Schriftenreihe des Schweizerischen Unteroffiziersverbandes, Bern 1957
Damm, Diethelm: Die Praktiken des BND, oder: Was man aus dem Guillaume-Untersuchungsausschuss lernen kann, in: Kritische Justiz (1975) 1, S. 90–98
Dörr, Margarete: Durchkommen und Überleben. Frauenerfahrungen in der Kriegs- und Nachkriegszeit, Frankfurt a.M. 1998
Dokumentationsarchiv des österreichischen Widerstands (Hg.): Rechtsextremismus in Österreich nach 1945, Wien 1979
Eichner, Klaus und Andreas Dobbert: Headquarters Germany. Die USA-Geheimdienste in Deutschland, Berlin 1997
Felfe, Heinz: Im Dienst des Gegners. Autobiographie, Berlin 1988
Finn, Gerhard: Die politischen Häftlinge der Sowjetzone. 1945–1958, Berlin 1958

Fricke, Karl Wilhelm und Roger Engelmann: »Konzentrierte Schläge«. Staatssicherheitsaktionen und politische Prozesse in der DDR 1953–1956, Berlin 1998
Gaddis, John Lewis: Strategies of Containment. A Critical Appraisal of American National Policy During the Cold War, Oxford 2005
Ganser, Daniele: NATO-Geheimarmeen in Europa. Inszenierter Terror und verdeckte Kriegsführung, Zürich 2008
Ganser, Daniele: The British Secret Service in Neutral Switzerland: An Unifinished Debate on NATO's Cold War Stay-Behind Armies, in: Intelligence and National Security, Jg. 20, Nr. 4, Dezember 2005
Gellermann, Günther: Die Armee Wenck. Hitlers letzte Hoffnung, Koblenz 1984
Glahn, Dieter von: Patriot und Partisan für Freiheit und Einheit, Tübingen 1994
Grimmer, Reinhard u.a. (Hg.): Die Sicherheit. Zur Abwehrabeit des MfS, Band 1, Berlin 2002
Hälker, Kurt: Kurz vor Schluss in St. Germaine oder Risikovolles Finale. Erinnerungen an eine Fallschirmspringerausbildung 1945, in: Hans Schafranek u. Johannes Tuchel (Hg.): Krieg im Äther. Widerstand und Spionage im Zweiten Weltkrieg, Wien 2004
Heigl, Frank und Jürgen Saupe: Operation EVA. Die Affäre Langemann. Eine Dokumentation, Hamburg 1982
Heitzer, Enrico: Die Kampfgruppe gegen Unmenschlichkeit (KgU). Widerstand und Spionage im Kalten Krieg 1948–1959, Köln 2015
Henke, Klaus-Dietmar: Die amerikanische Besetzung Deutschlands, München 1995
Heymann, Tobias von: Die Oktoberfest-Bombe. München, 26. September 1980. Die Tat eines Einzelnen oder ein Terror-Anschlag mit politischem Hintergrund? Berlin 2008
Höfner, Karlheinz: Die Aufrüstung Westdeutschlands. Willensbildung, Entscheidungsprozesse und Spielräume westdeutscher Politik 1945 bis 1950, München 1990
Igel, Regine: Andreotti. Politik zwischen Geheimdienst und Mafia, München 1997
Igel, Regine: Terrorismus-Lügen. Wie die Stasi im Untergrund agierte, München 2012
Jungwirth, Nikolaus und Gerhardt Kromschröder: Die Pubertät der Republik. Die fünfziger Jahre der Deutschen, Reinbek 1978
Juretzko, Norbert: Bedingt dienstbereit. Im Herzen des BND. Die Abrechnung eines Aussteigers, Berlin 2004
Kluiters, Frans: R-Netz. The Stay-Behind Network of the Abwehr in the Low Countries, in: Beatrice de Graaf, Ben de Jong und Wies Platje (Hg.): Battleground Western Europe. Intelligence Operations in Germany and the Netherlands in the Twentieth Century, Amsterdam 2007, S. 71–80
Koop, Volker: Himmlers letztes Aufgebot. Die NS-Organisation »Werwolf«, Köln/Weimar/München 2008
Kosthorst, Daniel und Michael F. Feldkamp: Akten zur auswärtigen Politik der Bundesrepublik Deutschland 1949/50. September 1949 bis Dezember 1950, München 1997
Leger Sivard, Ruth (Hg.): Die »AirLand Battle«-Doktrin. Eine offensive Kriegsführungsdoktrin für das Schlachtfeld Europa, Militärpolitik Dokumentation Heft 34/35, Frankfurt a.M. 1983
Leide, Henry: NS-Verbrecher und Staatssicherheit. Die geheime Vergangenheitspolitik der DDR, Göttingen 2005
Lüth, Paul: Bürger und Partisan. Über den Widerstand gestern, heute und morgen, Frankfurt a.M. 1951
Mader, Julius: Die Graue Hand. Eine Abrechnung mit dem Bonner Geheimdienst, Berlin 1960
Magenheimer, Heinz: Einheiten für verdeckte Einsätze, in: Österreichische Militärische Zeitschrift (ÖMZ) 2 (1991)

Männchen, Horst und Wolfgang Schwanitz: Funkelektronische Abwehr und Aufklärung (HA III im MfS und Abt. III der BV), in: Reinhard Grimmer u. a. (Hg.): Die Sicherheit. Zur Abwehr des MfS, Band 1, Berlin 2002, S. 559–579
Markwardt, Waldemar: Erlebter BND. Kritisches Plädoyer eines Insiders, Berlin 1996
Mecklenburg, Jens (Hg.): Gladio. Die geheime Terrororganisation der NATO, Berlin 1997
Meulstee, Louis und Rudolf F. Staritz: Wireless for the Warrior. A Technical History of Radio Communication Equipment in Clandestine and Special Forces Operations, Band 4: Clandestine Radio, Dorset 2004
Möller, Günter und Wolfgang Stuchly: Zur Spionageabwehr (HA II im MfS/Abt. II der BV), in: Reinhard Grimmer u. a. (Hg.): Die Sicherheit. Zur Abwehrarbeit des MfS, Band 1, Berlin 2002, S. 431–558
Moczarski, Kasimierz: Gespräche mit dem Henker, Berlin 1980
Müller, Leo A.: Gladio. Das Erbe des Kalten Krieges. Der NATO-Geheimbund und seine deutschen Vorläufer, Reinbek 1991
Müller, Peter F., Michael Müller und Erich Schmidt-Eenboom: Gegen Freund und Feind. Die Geschichte des BND, Reinbek 2002
Müller-Enbergs, Helmut: Inoffizielle Mitarbeiter des Ministeriums für Staatssicherheit, Teil 2: Anleitungen für die Arbeit mit Agenten, Kundschaftern und Spionen in der BRD, Berlin 1998
Niethammer, Lutz: Die Mitläuferfabrik. Die Entnazifizierung am Beispiel Bayerns, Berlin/Bonn 1982
Padover, Saul K. u.a.: The Political Situation in Aachen, in: Daniel Lerner (Hg.), Propaganda in War and Crisis, New York 1951, S.434–456
Petrov, Nikita: Die sowjetischen Geheimdienstmitarbeiter in Deutschland. Der leitende Personalbestand der Staatssicherheitsorgane der UdSSR in der Sowjetischen Besatzungszone Deutschlands und der DDR von 1945–1954. Biografisches Nachschlagewerk, Berlin 2010
Reese, Mary Ellen: Organisation Gehlen. Der Kalte Krieg und der Aufbau des deutschen Geheimdienstes, Berlin 1992
Reuth, Ralf Georg (Hg.): Joseph Goebbels, Tagebücher, Band 5: 1943-1945, München/Zürich 1992
Schlomann, Friedrich-Wilhelm: Was wusste der Westen? Die Spionage der CIA, des britischen SIS, der französischen DGSE und des BND gegen den Sowjetblock von 1945 bis 1990. Die westalliierten Militärverbindungsmissionen in Potsdam, Aachen 2009
Schmidl, Erwin A., Walter Blasi und Felix Schneider (Hg.): B-Gendarmerie, Waffenlager und Nachrichtendienste. Der militärische Weg zum Staatsvertrag, Wien 2005
Schmidt, Andreas: Hauptabteilung III. Funkaufklärung und Funkabwehr, hg. v. BStU, Berlin 2010, http://www.nbn-resolving.org/urn:nbn:de:0292-97839421300667
Schmidt-Eenboom, Erich: Schnüffler ohne Nase. Der BND – Die unheimliche Macht im Staate, Düsseldorf 1993
Schmidt-Eenboom, Erich: Undercover. Der BND und die deutschen Journalisten, Köln 1998
Schwarz, Hans-Peter: Adenauer. Der Aufstieg 1876–1952, Stuttgart 1986
Sennst, Karl: Mr. Lawrence Merritt Connel wollte mich zum Mörder machen. Enthüllungen des ehemaligen Chefs der BDJ-Nachfolgeorganisation KDJ in der Bonner Bundesrepublik, Berlin (Ost) 1954
Stafford, David: Berlin Underground. Wie der KGB und die westlichen Geheimdienste Weltpolitik machten, Hamburg 2003
Strong, Sir Kenneth: Geheimdienstchef in Krieg und Frieden, Wien/Hamburg 1969
Weiner, Tim: Legacy of Ashes. The History of the CIA, New York 2007
Weiße, Günther K.: Geheime Funkaufklärung in Deutschland, Stuttgart 2005

Wildt, Michael: Die Generation des Unbedingten. Das Führungskorps des Reichssicherheitshauptamtes, Hamburg 2002
Zolling, Hermann und Heinz Höhne: Pullach intern. General Gehlen und die Geschichte des Bundesnachrichtendienstes, Hamburg 1971
Zweng, Christian (Hg.): Die Dienstlaufbahnen der Offiziere des Generalstabes des deutschen Heeres, Band 2: L–Z, Osnabrück 1998

Verwendete Medien

Abendpost, Albuquerque Journal, AP, Bayerischer Rundfunk, Braunschweiger Zeitung, Daily Express, Darmstädter Echo, Der Spiegel, Deutsche Soldatenzeitung, Deutsche Presse-Agentur, Deutsche Woche, Die Freiheit, Die Neue Zeitung, Die Tat, Die Welt, Die Zeit, Frankenpost, Frankfurter Neue Presse, Frankfurter Rundschau, Fuldaer Zeitung, Giessener Freie Presse, Hessische Nachrichten, Hessischer Rundfunk, Hessischer Sonntag, Industriekurier, Informationsdienst Bund Deutscher Jugend, Kasseler Post, Kasseler Zeitung, Letzeburger Tagblatt, Luxemburger Wort, Mainzer Allgemeine Zeitung, Neues Deutschland, News, Oberhessische Presse, Offenbacher Post, Österreichische Militärische Zeitschrift, Parlamentarisch-Politischer Pressedienst PPP, Rhein-Zeitung, Sozialdemokratischer Pressedienst, Sozialistische Volkszeitung, Stuttgarter Zeitung, Süddeutsche Zeitung, Tagesschau, Tägliche Rundschau, Waldeckische Landeszeitung, Welt der Arbeit, Werra-Rundschau, Werwolf Nachrichten, Wetzlarer Neue Zeitung, Wiesbadener Kurier, Wiesbadener Tagblatt, Zweites Deutsches Fernsehen.

Verwendete Websites

http://cryptome.org/inscom-foia02.htm (Zugriff 17.12.2014)
http://de.wikipedia.org /Ernst_Kanter (Zugriff 15.3.2015)
http://de.wikipedia.org/wiki/Horst_von_Necker (Zugriff 20.3.2015)
http://de.wikipedia.org/wiki/Paul_L%C3%BCth (Zugriff 29.11.2014)
http://de.wikipedia.org/wiki/Paul_L%C3%BCth (Zugriff 29.11.2014)
http://de.wikipedia.org/wiki/Walter_J._Donnelly (Zugriff 19.12.2014)
http://forum.axishistory.com/viewtopic.php?t=90440 (Zugriff 20.3.2015)
http://www1.jur.uva.nl/junsv/brd/Lfdnrfr.htm (Zugriff 28.10.2014)
http://www2.gwu.edu/~nsarchiv/news/20010430/northwoods.pdf (Zugriff 20.8.2015)
http://www.3ad.com/history/wwll/rose.index.htm (Zugriff 2.11.2014)
http://www.br.de/nachrichten/oktoberfest-attentat-gruene-100.html (Zugriff 12.4.2015)
http://www.cryptomuseum.com/spy/sp20/index.htm (Zugriff 28.12.2014)
http://www.das-kriegsende.de (Zugriff 15.12.2015)
http://www.fas.oer/spg/eprint/ – Timothy Naftali: New Information on Cold War CIA Stay-Behind-Operations in Germany and on the Adolf Eichmann Case (Zugriff 1.12.2013)
https://www.freitag.de/autoren/der-freitag/das-ende-der-einzeltaeter-theorie (Zugriff 13.7.2015)
http://www.mordnacht.de (Zugriff 28.10.2014).
http://www.nbn-resolving.org/urn:nbn:de:0292-97839421300667 (Zugriff 28.12.2014)
http://www.nordbayern.de/nuernberger-zeitung/nz-news/war-ein-v-mann-am-oktoberfestattentat-beteiligt-1.3397599 (Zugriff 13.7.2015)
http://www.paperlessarchives.com (Zugriff 22.11.2014 und 20.12.2014)
http://www.spiegel.de/spiegel/print/d-14342686.html (Zugriff 29.3.2015)
http://www.spiegel.de/spiegel/print/d-14345745.html, (Zugriff 29.3.2015)
http://www.spiegel.de/spiegel/print/d-9207705.html (Zugriff 29.3.2015)
http://www.sueddeutsche.de/muenchen/oktoberfest-attentat-neue-brisante-spur-aufgetaucht-1.2150345 (Zugriff 28.3.2015)

http://www.tageblatt.lu/nachrichten/luxemburg/story/Die-Geheimnisse-des-Senninger-SREL-Archivs-23297815 (Zugriff 3.1.2015)
http://www.viehl-radio.de/homeda/chronik/kriegslizenzen.pdf (Zugriff 22.12.2014)
http://www.woellner.cc/woellner.cc/Blog (Zugriff 24.1.2015)

Interviews

Interviews Ulrich Stoll mit Dieter Gerlach am 1.2.2012 und 11.10.2013
Interview Ulrich Stoll mit Elmar Feulner Januar 2014.
Interview Ulrich Stoll mit Horst Männchen 2002.
Interview Ulrich Stoll mit Ilse Hirsch April 2005
Interview Ulrich Stoll mit Rüdiger Kopp 2012.
Interview Ulrich Stoll mit dem SBO-Mitarbeiter F. Februar 2012.
Interview Ulrich Stoll mit Dieter von Glahn, WDR-Fernsehen 1995.

Abkürzungen, Kryptonyme, Glossar

Absalon	Dänisches Stay-Behind-Programm
AFCENT	Allied Forces Central Europe (NATO-Kommandobereich für Mitteleuropa)
AFNORTH	Allied Forces Northern Europe (NATO-Kommandobereich für Nordeuropa)
AFSOUTH	Allied Forces Southern Europe (NATO-Kommandobereich für Südeuropa)
Afu	Außenfunker (Stay-Behind-Programm des BND für Beobachter in West-Berlin und der DDR)
ACC	Allied Clandestine Committee (geheimes Planungskomitee der NATO für Stay-Behind-Aktivitäten in Europa, siehe auch CPC)
ACCG	Allied Coordinating and Consultive Group (Koordinierungs- und Beratungsgremium der Alliierten)
ANBw	Amt für das Nachrichtenwesen der Bundeswehr
AsA	Agenten mit spezieller Auftragsstruktur
Aster	BND-Deckname für den britischen Nachrichtendienst
BAOR	British Army of the Rhine
BdS	Befehlshaber der Sicherheitspolizei und des Sicherheitsdienstes der SS (SD)
BDJ	Bund Deutscher Jugend
BDJB	Bund Demokratischer Jugend Bayern
Begonie	BND-Deckname für den dänischen Nachrichtendienst
BFR	Bund Freiheit und Recht
BFSt	Bundesstelle für Fernmeldestatistik
BfV	Bundesamt für Verfassungsschutz
BHJ	Bund Heimattreuer Jugend
BMVg	Bundesministerium für Verteidigung
BND	Bundesnachrichtendienst
BVJ	Bund Vaterländischer Jugend
BStU	Bundesbeauftragter für die Unterlagen des Staatssicherheitsdienstes der ehemaligen DDR
BWB	Bundesamt für Wehrtechnik und Beschaffung
Cabinda	CIA-Stay-Behind-Programm mit US-Offizieren
Cacinnabar	Stay-Behind-Programm der CIA in der DDR
Cadeau	CIA-Programm zum Bunkern von Waffen, Funkgeräten etc. in der Sowjetischen Besatzungszone
Cajun	US-Geheimdienstprogramm zur Funkergewinnung und -ausbildung in Berlin
Camp	Nikolaus Deckname für die Zentrale der Organisation Gehlen und des BND in Pullach
Casnide	CIA-Kryptonym für das Evakuierungsprogramm der Organisation Gehlen und des BND
CIA	Central Intelligence Agency (US-Auslandsnachrichtendienst)
CIC	Counter Intelligence Corps (Nachrichtendienst des Heeres der USA)
CID	Criminal Investigation Command (Militärpolizei der U.S. Army)
CINCEUR	Commander in Chief European Command U.S. Army

CPC	Clandestine Planning Committee (geheimes Planungskomitee beim Oberbefehlshaber der NATO für Stay-Behind-Aktivitäten in Europa, siehe auch ACC)
COMLANDJUT	deutsch-dänisches Kommando in Rendsburg
CPC	Coordinating and Planning Committee (Koordinierungs- und Planungskomitee des NATO-Rats)
DA	Deutsche Aktionsgruppen (rechte Terrororganisation)
Drs.	Drucksache
Duclematis	CIA-Kryptonym für ihr Office of Special Operations (OSO)
EE	East-Europe (Osteuropaabteilung der CIA)
Elefant	BND-Projekt mit Evasion & Escape-Teams, Nachfolger vom Nadelwald
EUCOM	United States European Command (Europäisches Kommando der Vereinigten Staaten)
Evasion & Escape	Schleusungs- und Fluchtprogramme (für Agenten hinter feindlichen Linien)
EVG	Europäische Verteidigungsgemeinschaft
FDJ	Freie Deutsche Jugend
FE	Forsvarets Efterretningstjenste (dänischer Militärnachrichtendienst)
FHO	Fremde Heere Ost (Abteilung der Wehrmacht zur Feindaufklärung an der Ostfront)
F-Netz	Stay-Behind-Programm der Organisation Gehlen
Fox	Stay-Behind-Programm des BND für Luftversorgung
FüM	Führungsstab der Marine
FüS-II	Führungsstab II der Bundeswehr, Militärisches Nachrichtenwesen
Gladio	Stay-Behind-Organisation Italiens
Glaive	Stay-Behind-Organisation Belgiens
GSSB	Gesellschaft zum Studium sozialer Beziehungen (Tarnorganisation für französische Stay-Behind-Organisation in der BRD)
GV	Generalvertretung der Organisation Gehlen, Führungsaußenstelle
HFNKdo	Höheres Feldnachrichtenkommando
HICOG	High Commission for Occupied Germany (US-amerikanischen Hochkommission)
HOP-Netz	Stay-Behind-Programm des BND (die Abkürzung HOP konnte nicht entschlüsselt werden)
Hortensie	Deckname des BND für die CIA
I & O	Niederländische Stay-Behind-Organisation
Iceberg	Stay-Behind-Programm der CIA in Wien
IDB	Inlichtingendienst Buitenland (niederländischer Nachrichtendienst)
JN	Junge Nationaldemokraten (Jugendorganisation der NPD)
Juno	Aufklärungsprogramm der Organisation Gehlen in der DDR für den Kriegsfall

KGB	Komitet Gosudarstwennoi Besopasnosti (sowjetischer In- und Auslandsnachrichtendienst 1954–1991)
KgU	Kampfgruppe gegen Unmenschlichkeit (militante antikommunistische Organisation in West-Berlin)
Kibitze	Stay-Behind-Programm der CIA Karlsruhe
Kmmanly	CIA-Kryptonym eines Projektes zur Unterstützung militärischer Fachzeitschriften und der Gesellschaft für Wehrkunde
Kmprude	CIA-Kryptonym für den Bund Deutscher Jugend (BDJ)
LAFBw	Lehr- und Ausbildungsgruppe für das Fernspähwesen der Bundeswehr (SBO-Partner des BND bei der Bundeswehr)
Lcprowl	CIA-Kryptonym für den Technischen Dienst (TD) des Bundes Deutscher Jugend (BDJ)
Lcstart	CIA-Stay-Behind-Programm in der DDR mit dem Bund Freiheit und Recht (BFR)
MfS	Ministerium für Staatssicherheit (In- und Auslandsnachrichtendienst der DDR)
MGB	Ministerstwo Gosudarstwennoj Besopastnosti (Vorläuferorganisation des KGB 1946–1954)
MI6	Military Intelligence, Section 6 (Britischer Auslandsnachrichtendienst, siehe auch SIS)
Missouri	CIA-Projekt zur Ausbildung von Stay-Behind-Funkern
Nadelwald	BND-Projekt mit Evasion & Escape-Teams
NADIS	Informationssystem der Nachrichtendienste in der BRD
NARA	National Archive and Record Administration (US-Nationalarchiv)
Narzisse	BND-Deckname für den französischen Nachrichtendienst
Nashorn	Stay-Behind-Programm des BND für Grenz- und Seeschleusungen
NHB	Nationaldemokratischer Hochschulbund (Hochschulorganisation der NPD)
NKWD	Narodnyj Komissariat Wnutrennich Del (Volkskommissariat des Innern, Nachrichtendienst der Sowjetunion 1934–1946)
NSA	National Security Agency (Technischer Nachrichtendienst der USA)
OCA	Operations by Clandestine Actions (Sabotageaktionen im Rücken des Gegners)
Odeum	CIA-Kryptonym für die Organisation Gehlen (Org)
OPC	Office of Policy Coordination (CIA-Organisation für verdeckte Aktionen)
OMGUS	Office of Military Government for Germany (US-Amt der Militärregierung für die amerikanisch besetzte Zone)
Org/ORG	Organisation Gehlen, Vorläuferorganisation des BND
OSO	Office of Special Operations (Büro für Sondereinsätze der CIA zur Nachrichtengewinnung)
OSS	Office of Strategic Services (Vorläuferorganisation der CIA, Nachrichtendienst des Kriegsministeriums der USA 1942–1946)
P 26	Schweizer Stay-Behind-Organisation
PKK	Parlamentarische Kontrollkommission

Plan	Luxemburgische Stay-Behind-Organisation
Projekt 145 (F-Netz)	Stay-Behind-Programm der Organisation Gehlen
Pastime	CIA-Gesamtprogramm Stay Behind
POB	Pullach Operation Base (CIA-Stützpunkt in Pullach)
Redcap	CIA-Programm zur Anwerbung von sowjetischen Überläufern
REFORGER	Return of Forces to Germany
RPOC	Resistance and Psychological Operations Committee (britische Stay-Behind-Organisation)
RSD	Rundspruchdienst der Organisation Gehlen und des BND
RSHA	Reichssicherheitshauptamt (1939–1945)
SACEUR	Supreme Allied Commander Europe (NATO-Oberbefehlshaber für Europa)
SAR	Search-and-Rescue-Teams (international in staatlichem Auftrag tätige Such- und Rettungsdienste für Notfälle in Luft- und Seefahrt)
SAS	Special Air Service (Spezialeinheit der britischen Armee)
Saturn	Stay-Behind-Programm der Organisation Gehlen
SBO	Stay-Behind-Organisation
SBZ	Sowjetische Besatzungszone
SDECE	Service de Documentation Extérieure et de Contre-Espionnage (französischer Auslandsnachrichtendienst)
SD	Sicherheitsdienst der SS
SGR	Service Général de Renseignement et de Sécurité (belgischer Nachrichtendienst)
SHAPE	Supreme Headquarters Allied Forces Europe
SIS	Secret Intelligence Service (britischer Auslandsnachrichtendienst, siehe auch MI6)
SISMI	Servizio per le Informazioni e la Sicurezza Militare (italienischer Militärnachrichtendienstdienst)
Soko Theresienwiese	Sonderermittlungskommission zum Oktoberfestattentat
SOE	Special Operations Executive (alliierte britische Widerstandsgruppen im Zweiten Weltkrieg)
SREL	Service de Renseignement Luxembourg (luxemburgischer Nachrichtendienst)
StAN	Stärke- und Ausrüstungsnachweisung (Festlegung der Ausstattung an Personal und Material für Dienststellen der Bundeswehr)
Storch	Programm des BND zur taktischen Aufklärung in Westdeutschland
Technischer Dienst	Stay-Behind-Organisation der CIA innerhalb des Bundes Deutscher Jugend (BDJ)
Thor-Netz	Dänisches Stay-Behind-Netz in Schleswig-Holstein
Tpember	Stay-Behind-Programm der CIA in der DDR
Trapluck	Stay-Behind-Nachfolgeprogramm der CIA für den Bund Deutscher Jugend (BDJ)
Ujkevel	CIA-Kryptonym für das Evakuierungsprogramm der Organisation Gehlen und des BND
USAREUR	United States Army in Europe (Hauptquartier der US-Armee mit dem militärischen Verantwortungsbereich Europa)

VFF	Volksbund für Frieden und Freiheit (antikommunistische Propaganda-Organisation)
Vulture	CIA-Programm zum Anlegen von Erdverstecken
Wiesel	BND-Programm zum Anlegen von Erdverstecken
Wrinkle	Stay-Behind-Unterprogramm der CIA in der DDR und Berlin
W/T	Wireless Transmitter (drahtlose Übertragung per Funk)
Yoke	Stay-Behind-Unterprogramm der CIA in der DDR
Zacatus	Deckname der CIA-Organisation für verdeckte Aktionen (siehe auch OPC)
Zebra	Stay-Behind-Unterprogramm der CIA in der DDR
Zipper	CIA-Kryptonym für die Organisation Gehlen
Zrelope	Agentenausbildungsprogramm der CIA

Zeittafel

Juni 1946
Gründung der Organisation Gehlen (Org) durch die U.S. Army als geheimer Nachrichtendienst in der amerikanischen Besatzungszone.

26. Juli 1947
Gründung der Central Intelligence Agency (CIA).

1948
Die CIA beginnt mit dem Aufbau erster Stay-Behind-Gruppen in Berlin, der Sowjetischen Besatzungszone (SBZ) und in der US-amerikanischen Besatzungszone. Die Organisation Gehlen beginnt mit Vorbereitungen für den Kriegsfall und dem Aufbau eines Netzes aus Schläferagenten.

4. April 1949
Gründung der NATO.

10. April 1949
Die drei Westalliierten verkünden das Besatzungsstatut für die Bundesrepublik Deutschland, das u. a. die langfristige Entmilitarisierung ihrer Zonen bestimmt. Durch das Besatzungsstatut war die Bundesrepublik Deutschland nur begrenzt souverän; die drei Westalliierten hatten massive Eingriffsrechte.

Oktober 1949
Die CIA erhebt das Stay-Behind-Projekt 145 der Organisation Gehlen zum Dauerprogramm.

November 1949
Die CIA-Station Karlsruhe beginnt mit dem Aufbau der KIBITZ-Netze.

Mai 1950
Die Zentrale für Heimatdienst (ZfH) wird als Planungszentrum für die Wiederbewaffnung ins Leben gerufen.

25. Juni 1950
Ausbruch des Koreakrieges.

23. Juni 1950
Gründung des Bundes Deutscher Jugend (BDJ) in Frankfurt a.M. Sein Technischer Dienst (BDJ-TD) wird als Partisanenorganisation aufgebaut.

Anfang Oktober 1950
Die CIA Karlsruhe rekrutiert Oberst a. D. Walter Kopp (KIBITZ 15), der ein eigenständiges Stay-Behind-Netzwerk aufbaut.

26. Oktober 1950
Das Amt Blank wird als Vorläuferorganisation des Bundesministeriums der Verteidigung gegründet.

Januar/März 1951
Das Stay-Behind-Projekt der Organisation Gehlen erhält den neuen Decknamen SATURN und wird auf Österreich ausgeweitet.

9. September 1952
Der ehemalige SS-Hauptsturmführer Hans Otto enthüllt die Partisanentätigkeit des BDJTD und bringt die Affäre um den Technischen Dienst des BDJ ins Rollen.

23. Oktober 1952
Debatte im Deutschen Bundestag über den BDJ-TD. Im Anschluss daran entscheiden die amerikanische Regierung und die CIA, dass alle Stay-Behind-Aktivitäten nur noch im Einvernehmen mit der Bundesregierung entfaltet werden. Die deutsch-amerikanische Untersuchungskommission muss kurz darauf die Aufklärung der BDJ-TD-Affäre einstellen.

1952
Die Organisation Gehlen begründet das JUNO-Programm zur Fortsetzung der Aufklärung in der DDR im Kriegsfall.

Februar 1953
Ende des BDJ.

Mitte April 1953
Die CIA Karlsruhe beginnt mit der Auflösung der KIBITZ-Netze.

Dezember 1954
Der Stay-Behind-Auftrag der Organisation Gehlen wird um die Aufgabe ergänzt, Bergungs-und Fluchtrouten für abgeschossene US-Flugzeugbesatzungen aufzubauen.

Mai 1955
Der Deutschlandvertrag tritt in Kraft. Das Besatzungsstatut wird aufgehoben und die Alliierte Hohe Kommission aufgelöst. NATO-Beitritt der Bundesrepublik Deutschland.

13. März 1956
Org-Chef Gehlen droht mit einem putschähnlichen Einsatz seiner Partisanentruppe im Innern für den Fall einer Bundestagsmehrheit für eine neutralistische Politik.

1. April 1956
Aus der Organisation Gehlen wird der Bundesnachrichtendienst (BND). Der BND übernimmt die Stay-Behind-Netze der US-Amerikaner, Franzosen, Dänen und Niederländer auf deutschem Boden.

1957
Der BND wird Mitglied der nachrichtendienstlichen Planungsgruppe Coordinating and Planning Committee (CPC) der NATO.

1959
Der BND wird Mitglied im Allied Coordination Committee (ACC) der NATO.

1. April 1960
Der BND beginnt mit der Aufstellung von Sabotagegruppen.

1. Mai 1968
Gerhard Wessel löst Reinhard Gehlen als BND-Präsident ab. Er setzt eine Kommission ein, die eine Reform des Dienstes vorbereitet.

Dezember 1968
Die »Allgemeine Dienstanweisung für den BND« wird erlassen: »Der Bundesnachrichtendienst trifft die erforderlichen Vorbereitungen und Anordnungen für den Verteidigungsfall, in Grundsatzfragen im Einvernehmen mit dem Chef des Bundeskanzleramtes.« (§ 16) Der BND bezeichnet das als Grundlage für die Legitimität der Geheimtruppe Stay Behind und ermächtigt seine Stay-Behind-Einheit LAFBw zur »unorthodoxen Kriegführung«.

1971
Der BND und das Bundesministerium für Verteidigung kooperieren bei der Nachrichtengewinnung. Auflösung der BND-Feldnachrichtenkommandos.

2. Januar 1973
»Vorläufige Konzeption für die Planung, Führung und Durchführung geheimdienstlicher Operationen durch die Stay-Behind-Organisation des Bundesnachrichtendienstes.« Dazu gehören Operations by Clandestine Actions, also Sabotage im besetzten Gebiet. Die Quellen haben den Auftrag, Sabotagemöglichkeiten zu erkunden.

13. Februar 1973
Loringhoven-Vereinbarung über die Zusammenarbeit zwischen Bundeswehr und BND auf dem Gebiet der Beschaffung militärischer Nachrichten durch den BND im Verteidigungsfall.

14. Februar 1973
Der BND wird Vollmitglied der Executive Group des Coordination and Planning Committee (CPC) der NATO.

27. November 1975
Stärke- und Ausrüstungsnachweisung (StAN) der Bundeswehr für die als Bundeswehreinheit getarnte BND-Einheit LAFBw (Lehr- und Ausbildungsgruppe für das Fernspähwesen der Bundeswehr).

27. April 1978
Verteidigungsstaatssekretär Joachim Hiehle verweigert dem BND die weitere Bundeswehr-Unterstützung für dessen militärische Einheit LAFBw.

Mai 1978
Der Journalist Carmine Pecorelli stellt einen Zusammenhang zwischen dem Mord an Aldo Moro und einer staatlich gesteuerten Geheimorganisation her, die erst 1990 als GLADIO-Organisation bekannt wird. Pecorelli wird ein Jahr nach Moros Tod am 20. März 1979 in Rom ermordet.

25. September 1979
Verteidigungsstaatssekretär Joachim Hiehle ordnet die Auflösung der Lehr- und Ausbildungsgruppe für das Fernspähwesen der Bundeswehr (LAFBw) zum 31.10.1979 an.

Oktober 1979
Das Ministerium für Staatssicherheit (MfS) der DDR erhält durch Funkaufklärung von NATO-Übungen in der Bundesrepublik erste Hinweise auf ein BND-geführtes Funknetz. Das MfS beginnt mit der Entschlüsselung von Funksprüchen der BND-Schweigefunker.

2. August 1980
Bombenanschlag auf den Wartesaal im Bahnhof von Bologna mit 85 Toten und über 200 Verletzten.

26. September 1980
Bombenanschlag auf das Münchener Oktoberfest mit 13 Toten und über 200 Verletzten. Gundolf Köhler, der beim Platzieren der Bombe starb und Kontakte zur Wehrsportgruppe Hoffmann hatte, wird als Täter ermittelt. Generalbundesanwalt Kurt Rebmann vermutet anfangs Hintermänner im rechtsextremen Milieu.

27. September 1980
Raymund Hörnle und Sibylle Vorderbrügge, Mitglieder der rechtsterroristischen Deutschen Aktionsgruppen (DA), weisen die Bundesanwaltschaft auf Waffen- und Sprengstofflager des Oechtringer Forstwirtschaftsmeisters Horst Lembke hin.

23.–25 Oktober 1981
Die Funkaufklärung des MfS bemerkt am Rande der NATO-Herbstmanöver eine mehrtägige Übung des BND unter Kriegsbedingungen, bei der die »Verlagerung der Sendestelle nach Monschau« trainiert wird.

26. Oktober 1981
Ein Waldarbeiter entdeckt in der Nähe von Uelzen das erste von 33 Waffendepots, die Heinz Lembke angelegt hatte.

1. November 1981
Nach erneuter Inhaftierung Selbstmord von Heinz Lembke.

November/Dezember 1982
Generalbundesanwalt Kurt Rebmann stellt die Ermittlungen zum Oktoberfestattentat und zu Heinz Lembkes Waffenlagern ein.

1983
Die Stay-Behind-Organisation in der BRD gibt nach Angaben der Bundesregierung 1990 angeblich ihre »Widerstandskomponente« auf.

September 1983
Die BND-Zentralabteilung äußert Kritik an der heimlichen Weiterführung militärischer Stay-Behind-Strukturen.

3. August 1984
»Sachstandsbericht über eine spezielle Agentenart des BND« des MfS. Seit 1980 hatte die DDR-Staatssicherheit über 50 Agententrupps der BND-»Schweigefunker« entdeckt.

Juli 1985
Die Stay-Behind-Organisation des BND hält an der unorthodoxen Kriegsführung fest und bildet weiterhin Widerstandskräfte aus, auch in heimlicher Zusammenarbeit mit den Bundeswehr-Kampfschwimmern.

1. Januar 1986
Die deutsche Stay-Behind-Organisation wird auf 26 hauptamtliche Mitarbeiter reduziert.

3. August 1990
Auf eine Parlamentsanfrage gibt der italienische Ministerpräsident Giulio Andreotti erstmals die Existenz der vom Geheimdienst SISMI geführten Stay-Behind-Organisation GLADIO zu.

8. November 1990
Nachdem in einem Brigate-Rosse-Versteck in Mailand Aldo Moros Briefe gefunden werden, in denen Hinweise auf den staatlichen Terror durch GLADIO stehen, ist Andreotti gezwungen, die Struktur von GLADIO offenzulegen. Er offenbart 622 GLADIO-Mitglieder und 139 Waffenlager. Im November wird bekannt, dass Geheimtruppen in ganz Westeuropa, auch in neutralen Staaten, existieren.

14. November 1990
Der für Geheimdienste zuständige Abteilungsleiter im Kanzleramt, Hermann Jung, verfasst einen Geheimvermerk über Struktur und Werdegang der deutschen Stay-Behind-Organisation. Danach habe sie über 50 militärische, 125 allgemeine und 25 Schleusungsquellen und in Pullach über 75 Planstellen für die Steuerung der SBO verfügt.

20. November 1990
In der Fragestunde des Bundestages gibt Kanzleramtsminister Stavenhagen dem FDP-Abgeordneten Burkhard Hirsch die Auskunft: »Eine geheime NATO-Truppe GLADIO gibt es nicht.«

22. November 1990
Die Regierung informiert die Parlamentarische Kontrollkommission des Bundestages (PKK) erstmals über die Stay-Behind-Organisation. Das Europaparlament nimmt die »Entschließung zur Existenz paralleler militärischer Nachrichtendienste und Aktionsgruppen in verschiedenen EG-Mitgliedsstaaten« an. Das Europaparlament verurteilt die Einrichtung von geheimen Organisationen und »fordert die Mitgliedsstaaten auf, die erforderlichen Maßnahmen zu ergreifen, gegebenenfalls im Rahmen eines parlamentarischen Untersuchungsausschusses, um eine komplette Bestandsaufnahme [...] zu erstellen«. Die EU-Resolution führt zu Untersuchungsausschüssen in Belgien, Italien und der Schweiz.

3. Dezember 1990
Die Bundesregierung verbreitet den vierseitigen Bericht Stavenhagens für die PKK an die Abgeordneten des Bundestages. Die Auflösung der SBO werde »bis April 1991 vollzogen«.

27. Mai 1992
Die Bundesregierung bestätigt auf Anfrage der PDS, dass Stay Behind aufgelöst ist.

1996
Die US-Botschafterin in Österreich, Swanee Hunt, übergibt der Regierung in Wien Hinweise auf rund 80 bislang unentdeckte Stay-Behind-Waffen- und Sprengstofflager, was zu einer Debatte über Stay Behind in Österreich führt. Der britische Geheimdienst weist deutsche Behörden auf die Existenz von mehreren Stay-Behind-Depots im Westen Berlins hin, die unauffällig aufgelöst werden, ohne dass die Öffentlichkeit hiervon erfährt.

2000
Die Untersuchungskommission »Terrorismus und Massaker (1994–2000)« des italienischen Senats stellt zu den Terroranschlägen von den 1960er Jahren bis in die 1980er Jahre fest: »Diese Massaker wurden organisiert oder unterstützt von Personen in Institutionen des italienischen Staates und von Männern, die mit dem amerikanischen Geheimdienst in Verbindung standen.«

Oktober 2013
Kanzleramtsminister Ronald Pofalla gibt auf eine Anfrage der Linken die falsche Auskunft, die deutsche SBO hätte sich an lediglich sechs Partnerübungen beteiligt.

Dezember 2014

Rechtsanwalt Werner Dietrich erreicht durch Nennung neuer Zeugen die Wiederaufnahme der Ermittlungen zum Oktoberfestattentat durch den Generalbundesanwalt.

27. Februar 2014
Die Bundesregierung bestätigt erstmals den Fundort und Inhalt der Stay-Behind-Depots, die 1996 im Berliner Grunewald geborgen wurden.

Personenregister

Abu Ijad (Sicherheitschef der Fatah) 259
Adamson, Dr. (Verbindungsoffizier des dänischen Militärgeheimdienstes FE) 184
Adenauer, Konrad (Bundeskanzler der BRD, CDU) 54, 64 f., 84 f., 112, 133, 158, 165, 169, 173, 188
Adler, Harry (Kibitz-Agent) 127
Albrecht, Udo (Mitglied der Wehrsportgruppe Ruhrgebiet) 255, 260, 274
Altmeier, Peter (Ministerpräsident von Rheinland-Pfalz, CDU) 103
Anders, Heinz (Leiter eines französischen SBO-Netze 185 f.
Andreotti, Giulio (italienischer Ministerpräsident, Democrazia Christiana) 115, 277 f., 346
Apel, Hans (Bundesminister der Verteidigung, SPD) 290
Aretin, Anton Freiherr von (MdB Bayernpartei) 77
Arndt, Fritz (Waldarbeiter aus Oechtringen) 265
Auner, Kurt (Mallner, Außenstelle Salzburg der Org) 164
Aust (SBO-Stab des BND) 191
Axmann, Artur (Reichsjugendführer) 23
Ay, Georg (NSDAP-Kreisleiter) 102

Baader (BND-Funkleiter des SBO-Projekts Evasion & Escape) 174
Bahr, Joachim (Bach, Oberstleutnant, BND-Operationsoffizier im Stay-Behind-Programm) 180
Bandelow, Karli (Paetzig, V-Mann der Org) 149
Baum, Gerhard (Bundesminister des Innern, FDP) 249, 260
Baumann, Kurt (Bender, TD-Landesführer Franken) 70, 107, 120
Baumann, Winfried (BND-Agent in der DDR) 232
Beckenbach, Karl-Heinz (Finder eines US-Erdverstecks bei Schriesheim) 11
Beckenbach, Marianne (Finderin eines US-Erdverstecks bei Schriesheim) 11
Behle, Walter Ulrich (Mitglied der Wehrsportgruppe Hoffmann) 255 f. 258 f., 274
Benze, Walter (Kibitz-Agent) 124
Bergmann, Kay Uwe (Mitglied der rechtsextremen Wehrsportgruppe Schlageter) 252 f., 255
Berseviczy, Heinrich von (deutscher Geheimdienstoffizier) 20
Betzel (Entwicklungsingenieur im SBO-Stab des BND) 193
Bischoff, Gerhard (Schriftführer im BDJ-Bundesvorstand) 60, 83, 87, 90
Blank, Theodor (Bundesminister der Verteidigung) 53–55
Blankenhorn, Herbert (Leiter der Politischen Abteilung des Auswärtigen Amts) 54
Blötz, Dieter (Vizepräsident des BND) 202 f., 209, 211, 221
Blum, Eberhard (Hartwig, Leiter einer Reformkommission des BND) 202, 204, 214, 216
Bollmann, Karl-Heinz (TD-Kreisführer in Hof) 107
Böttger, Franz (als Org-Agent kontaktiert, offenbart sich dem MfS) 146
Boullion, Heinz (Afu in Petershagen) 150
Brandt, Jürgen (Generalinspekteur der Bundeswehr, General) 213
Brandt, Willy (Regierender Bürgermeister von West-Berlin, Bundeskanzler der BRD, SPD) 201
Brauer, Max (Erster Bürgermeister von Hamburg, SPD) 66
Breitkopf, Hans (Bretter, Leiter der Sicherheitsabteilung im TD-Bundesstab) 72, 82
Bross, Alarich (Funkgruppenleiter des BDJ-TD) 97 f.
Bruhn, Karl Heinz (BDJ-Landesleiter Hessen) 91
Buchhorn, Otto (Kibitz-Agent) 126, 136 f.
Bülow, Andreas von (Parlamentarischer Staatssekretär im Bundesministerium der Verteidigung, SPD) 221
Bünau, Rudolf von (Leiter der Soldatenselbsthilfe Süddeutschland) 132
Buxell, Gunnar (Agentenführer des BDJ-TD) 105

Carstens, Karl (Chef des Bundeskanzleramts, CDU) 201
Carstenn, Friedrich (Funker im BDJ-TD) 99 f.
Caskey, John (Major, leitender US-Geheimdienstoffizier der Militärregierung Münchens) 106
Casson, Felice (italienischer Untersuchungsrichter) 277
Chiaie, Stefano Delle (Mitglied in Licio Gellis Loge Propaganda Due) 260
Churchill, Winston (britischer Premierminister) 54
Clemens, Hans (Org-/BND-Mitarbeiter und KGB-Agent) 150
Colditz, Heinz (Mitglied der rechten Terrororganisation Deutsche Aktionsgruppen) 264
Critchfield, James H. (CIA-Aufseher über die Org) 106, 144, 156, 159–161, 167–173, 188 f.
Cziharz, Lothar (Gruppe If des BDJ-TD) 72 f., 111

Dalchau, Vitalis (Afu der Org) 149
Dallin, Davon J. (US-amerikanischer Fachjournalist und Buchautor) 80
Daur, Otto (1953 Kurier in der Generalvertretung G der Org) 166
Daut, Otto (Kibitz-Agent) 126
Debrassine, Heinz (BDJ-TD-Kreisleiter in Bremen) 94
Deglmann, Kurt (BDJ-Landesführer Bayern bis Dezember 1950) 107
Dehler, Thomas (Bundesminister der Justiz, FDP) 81, 85–87
Dehnkamp, Willy (Innensenator Bremen, SPD) 93
Dettborn, Dr. Horst (Calamus 2, SBO-Agent der CIA in der DDR) 140
Deutsch, Marta (Kibitz-Agentin) 131, 136
Dieckmann, Hans (Diehl, Oberst im BND) 314
Diels, Dr. Rudolf (erster Chef der Gestapo) 73
Dietrich, Werner (Opferanwalt Oktoberfestattentat) 248, 250, 253, 265, 271 f., 347
Dippel, Werner (Dürer, BND-Funkleiter Nashorn) 314
Dissberger, Karl-Heinz (Düsseldorfer Unterführer der WSG) 255, 257
Doerr, Hans (Dreher, Resident der Org in Madrid) 169 f.
Donnelly, Walter J. (US-Hochkommissar) 65, 79 f.
Dorn, Käthe (V-Frau der Org) 149
Dörr, Erwin (Leiter des Stoßtrupps gegen kommunistische Zersetzung in Regensburg) 107
Dreuse (BND-Stab 961 Sabotage) 314
Druschkowitsch, Helmut (Druxa, BND-Verbindungsoffizier zum ACCG der NATO) 188
Dulles, Allen (CIA-Chef) 65, 137, 189–191
Dupper, Steffen (Mitglied der rechtsextremen Wehrsportgruppe Schlageter) 252
Dupré, Georg (Dettmer und Bade, BDJ-Landesführer Baden-Württemberg) 104 f.
Dur, Philip F. (amerikanischer Konsul in Bremen) 96

Eberstein, Friedrich Karl von (SS- und Polizeiführer des Wehrkreises VII, SS-Gruppenführer) 30 f.
Eger (Leiter des BND-Referats IV A 5, Vorbereitungen für den Verteidigungsfall) 204
Egidi, Hans (Ministerialdirektor, Leiter der Hauptabteilung VI Öffentliche Sicherheit im Bundesinnenministerium) 76
Ehard, Hans (Ministerpräsident Bayerns, CSU) 107
Ehmke, Horst (Kanzleramtschef, SPD) 202, 278
Ehrhardt, Arthur (SS-Sturmbannführer) 27, 39 f., 49
Eidam, Gerhard (Instrukteur des BDJ) 73
Eisele, Dr. Toni (Kibitz-Agent) 124
Eisenmann (Eitel, Chef BND-SBO Nashorn-Nord) 314
Elbertzhagen, Eckart (Informant über Gegner des BDJ) 74
Esterriedt, Werner (Kibitz-Agent) 127
Euler, August-Martin (MdB FDP und hessischer Landesvorsitzender) 62, 64, 113
Ewers, Hans (MdB Deutsche Partei) 62

Faber, Stefan (Mitglied der WSG) 256
Felber, Hans W. (Kibitz-Agent) 124
Fernau, Hans Georg (Leiter der Organisation Deutscher Heimatschutz) 107
Feulner, Elmar (Sohn von Michael Feulner) 12, 293
Feulner, Michael (Finder eines US-Erdverstecks bei Marktschorgast) 12
Fiebelkorn, Joachim (nach Bolivien ausgewanderter Rechtsterrorist) 260
Fingerhut, Helmut (Staatssekretär im Bundesministerium der Verteidigung) 221
Fischer, Ernst (Frey, Chef BND-Verbindungsführer Funk Nashorn-Süd) 314
Fritsche (BND-Stab 961 Sabotage) 314
Freihardt (Leiter des BND-Referats I G 3, Sonderaufgaben Vg-Fall) 204
Freyend, John von (Org-Mitarbeiter) 173
Fuchs, Johannes (Mitglied des BDJ-TD) 89, 108
Führ, Helmut (Adjutant des Werwolf-Beauftragten des Gaues Weser-Ems) 46
Funk, Rudolf (Mitglied der WSG) 256f

Gadow, Hans von (Leiter der Bundesnachrichtenstelle des Bundesamts für Verfassungsschutz in Kassel) 134
Gaines, S. H. (Mitglied der deutsch-amerikanischen Untersuchungskommission zum BDJ) 79
Garwood, Sterling (CIA-Projektchef BDJ-TD) 57, 72, 76, 78 f., 90 f., 108, 118
Gehlen, Reinhard (Leiter der Org und Präsident des BND) 14, 39 f., 50–52, 69, 73 f., 76, 86, 104, 106, 118, 151, 156, 158–161, 165, 168–170, 173, 176, 181–185, 188-191, 195, 201-204, 286, 343 f.
Gehringer, H. (Kibitz-Agent) 124
Geissert, Willi (Kibitz-Agent) 126
Gelli, Licio (Loge Propaganda Due) 260
Gemayel, Bashir (Falangistenführer im Libanon) 259, 261
Gerlach, Dieter (SBO-Agent BND) 197–200, 314
Gerlach, Hans (SS-Jagdverband Südwest) 35
Gersdorff, Rudolph von (Org-Mitarbeiter, Kontaktmann zum MI6) 173
Glahn, Dieter von (Leiter des BDJ-TD in Oldenburg, FDP-Kommunalpolitiker) 63 f., 92 f., 95, 165
Gleisberg, Gerhard (Chefredakteur des SPD-Zentralorgans *Vorwärts*) 75
Globke, Hans Maria (Globus, Staatssekretär im Bundeskanzleramt) 53, 133 f., 169, 173, 306
Goertz, Alfred (Kibitz-Agent) 131
Göken (Friseur, Werwolf-Mordopfer) 46
Gönnawein, Fritz (Finder eines US-Erdverstecks) 11, 13
Gordiewsky, Oleg (KGB-Oberst) 18, 293
Gote (SBO-Agent BND) 314
Grimm (Fernmeldeoffizier des BND in der SBO) 193
Güde, Max (Bundesanwalt am BGH) 83
Guillaume, Günter (DDR-Spion) 209
Gutenberger, Karl (Leiter des Wehrkreises VI, SS-Obergruppenführer) 33, 35

Haberecht, Horst (Strohmann der CIA, Gründer der Jungdeutschen Freischar) 78
Hälker, Kurt (deutscher US-Agent im Zweiten Weltkrieg) 19
Hagen (Fernmeldeführer BND-SBO Nashorn-Nord) 314
Halter, Anton (Hammer, Leiter Beschaffung in Satellitenstaaten der Org) 160
Hamberger, Peter (Mitglied der rechtsextremen Wehrsportgruppe Schlageter) 252
Harer (BND-Stab 961 Sabotage) 192, 314
Härtel, Johannes (Heller, Oberst i. G. a. D.) 158
Heidorn, Georg (Attentäter Franz Oppenhoffs) 13, 36
Heilmann, Hilde (CIA-Agentin; Gründerin der Gesellschaft für Auslandskunde) 86
Heinz, Friedrich Wilhelm (Oberst a. D., Leiter des Friedrich-Wilhelm-Heinz-Dienstes) 73
Heise, Alfred (Landesvorsitzender des BDJ in NRW) 34, 102
Heissinger, Hans (Finder eines US-Erdverstecks) 12
Hellenbroich, Heribert (Präsident des Bundesamtes für Verfassungsschutz) 278

Helms, Richard (Leiter des Office of Special Operations der CIA, CIA-Chef) 140, 155, 160, 163, 172
Hennemann, Karl-Heinz (Attentäter Franz Oppenhoffs) 33, 36 f.
Hepp, Leo (Höbel, Gehlens Technikchef) 144, 161, 169
Hepp, Odfried (rechtsextremer Gründer der Wehrsportgruppe Schlageter) 252–255, 266, 273, 275
Herre, Heinz Danko (Herdahl, rechte Hand Gehlens in der Org) 158–161, 164, 168–173
Heusinger, Adolf (Leiter der Auswertung in der Org) 135, 184
Hiehle, Joachim (Staatssekretär im Bundesministerium der Verteidigung) 210–213, 216 f., 232 f., 344
Hinsch, Hans-Joachim (Verbindungsmann der Org zum britischen Geheimdienst) 174
Hirsch, Burkhard (Mitglied der Parlamentarischen Kontrollkommission, FDP) 279, 346
Hirsch, Ilse (Hauptgruppenführerin im Bund Deutscher Mädel, Werwölfin und Mit-Attentäterin Franz Oppenhoffs) 32 f., 35–37, 39, 46
Hoeck (BND-Mitarbeiter bei Evasion & Escape) 213
Hoegner, Wilhelm (Ministerpräsident und Innenminister Bayerns, SPD) 88, 106 f.
Hofer, Heidrun (BND-Mitarbeiterin und KGB-Agentin) 239, 245
Hoffmann, Charles (Chef des luxemburgischen Nachrichtendienstes SREL) 229
Hoffmann, Heinrich (Kibitz-Agent) 124
Hoffmann, Karl-Heinz (Wehrsportgruppe Hoffmann) 245, 248 f., 252, 254–263, 267, 271
Hoffmann, Linhard (Finder eines US-Erdverstecks bei Marktschorgast) 12, 293
Hoffmeister, A. F. (Reichsvorsitzender der Deutschen Jungdemokraten) 87
Hornauer, Hans (Kibitz-Agent) 121, 124
Hörnle, Raymund (Mitglied der rechten Terrororganisation Deutsche Aktionsgruppen) 262–264, 266 f., 345
Hübner, Fritz (Schläferagent des BND in Cummersdorf, DDR) 151
Huefner, Donald G. (Nachfolger von Tom Lucid als CIA-Verbindungsoffizier zum
BND) 189
Hunt, Swanee (US-Botschafterin in Österreich) 282, 346
Hüttl, Eduard (Ewald Herber, Landesführer BDJ-TD Bayern) 108 f.

Ims, Horst (Kibitz-Agent) 129, 131, 137 f.
Inzerilli, Paolo (Gladio-Leiter) 230
Issel, Horst (Mitarbeiter der Org) 50 f.

Jahn, Hans (Vorsitzender der Gewerkschaft der Eisenbahner) 66, 75
Janovsky, Hans Norbert (Kreisleiter des BDJ in Bayreuth) 109
Jelpke, Ulla (MdB PDS und Die Linke) 142, 282, 357
Jensen (Major, Beschaffungsleiter des dänischen Nachrichtendienstes) 184
Jeschke, Fritz (Instrukteur des BDJ zur Ausbildung des Nachwuchses) 73
Jobke, Karl-Otto (Landesleiter des BDJ-TD in NRW und Hauptfunkleiter) 102 f.
Johannsen (Thomsen, dänischer Militärnachrichtendienstler, verantwortlich für SBO in Dänemark) 183–185
John, Otto (Präsident des BfV) 65, 73, 88, 119, 173
Jung, Hermann (Leiter der Abteilung VI im Kanzleramt) 207, 216, 278, 346
Junge, Traudl (Sekretärin Adolf Hitlers) 41
Juretzko, Norbert (Hauptmann im BND) 217, 234–236, 245

Kaisen, Wilhelm (Erster Bürgermeister Bremen, SPD) 93
Kaiser, Jakob (Kibitz-Agent) 124
Kalische, Karl (BND-Major an der Special-Forces-Schule in Schleswig-Holstein) 192
Kanter, Dr. Ernst (Ministerialrat, Kontaktmann der CIA im Bundesjustizministerium) 83
Kaufeld, Ludwig (Lutz, BDJ-Instrukteur) 73, 77

Kaufmann, Erhard (Mitglied einer Werwolf-Einheit in Müncheberg) 41
Kempcke, Rolf (Mitglied des BDJ-TD in Hamburg) 97
Kennan, George F. (US-Botschaftsrat in Moskau) 51
Kennedy, John F. (US-Präsident) 206
Kiesinger, Kurt Georg (Bundeskanzler, CDU) 64, 201
Kilb, Hans (Referent Adenauers) 64
Kinkel, Klaus (Präsident des BND, FDP) 214, 232 f., 278
Kirkpatrick, Sir Ivone (britischer Hochkommissar) 21
Kleff, Friedrich (BDJ-Instrukteur) 73, 77
Klein, Hans (Regierungssprecher, CSU) 278, 280
Klinger, Rudolf (Mitglied der WSG) 256, 258
Klotz, Hans (TD-Kreisführer Frankfurt am Main) 72, 90
Klusak, Norbert (Vizepräsident des BND) 215 f.
Knöringen, Waldemar von (MdB SPD) 66
Koch, Peter-Ferdinand (*Spiegel*-Reporter) 60, 97
Kohler, Kurt (Klausner, Sicherheitschef der Org) 164
Köhler, Gundolf (Oktoberfestattentäter) 247–252, 254 f., 257, 267, 271–274
Kolb, Hans (Waldbesitzer Marktschorgast) 11 f.
Komorek, Christoph (V-Mann der der Org, Wirtschaftsleiter im VEB Binnenfischerei Wesenberg) 149
Kopf, Hinrich (Ministerpräsident von Niedersachsen, SPD) 66
Kopp, Volker (ehemaliger Sprecher des Verteidigungsministers) 33
Kopp, Walter (Leiter eines eigenständigen Kibitz-Agentennetzes) 125–137
Krichbaum, Wilhelm (Leitender Mitarbeiter der Org, Leiter des Referates III im SBO-Stab 900) 166
Kube, Wolfgang (Bundesanwalt) 264
Krombholz, Franz Josef (Sektionschef und Rekrutierungsbeauftragter BDJ-TD) 108
Kühlein, Konrad (Kühne, Beschaffungsleiter der Org) 145
Kuhn, Heinrich (Hausverwalter der Partisanenschule in Wald-Michelbach) 77, 89

Ladawi, Sala (Fatah) 258
Lahnstein, Manfred (Chef des Bundeskanzleramts, SPD) 212, 233
Langemann, Hans (Lückrath, leitender Mitarbeiter des BND, bayrischer Staatsschutzchef) 249, 272
Langkau, Wolfgang (Langendorf, General, leitender Mitarbeiter der Org) 158
Lauterjung, Frank (Zeuge des Oktoberfestattentats) 250 f.
Laux, Werner (Afu der Org in Leipzig) 149
Leber, Georg (Bundesminister der Verteidigung, SPD) 278
Lederer, Kurt (Kibitz 14 – Funkausbilder) 121, 124
Legenhausen, Bernd (Lengemann, TD-Kreisführer Bremen) 73, 93
Lehnert, Wolfgang Ulrich (Harer, Ausbilder an der Sabotage-Schule des BND) 192, 314
Lehr, Robert (Bundesminister des Innern, CDU) 62, 84 f., 88
Leitgeb, Sepp (Attentäter Franz Oppenhoffs) 33, 36 f.
LeMay, Curtis (General, Chef des Strategischen Luftkommandos der U.S. Air Force) 171
Lembke, Heinz (deutscher Neonazi, hauptamtlicher Funktionär des Bunds Vaterländischer Jugend) 13 f., 252, 262–270, 273–275, 282
Lenz, Otto (Chef des Bundeskanzleramts, CDU) 64, 86, 188
Ley, Robert (Reichsorganisationsleiter der NSDAP, Führer der Deutschen Arbeitsfront) 42
Lieventhal, Nikolaus (BDJ-Kreisleiter Stuttgart) 105
Lindsay, Frank (Leiter der Osteuropaabteilung der CIA) 171
List (SBO-Agent BND) 194, 314
Littmann, Gerhard (Polizeipräsident von Frankfurt am Main) 57, 88
Lobedanz, Walter (Löwe, Gehlens persönlicher Referent) 158
Lotto, Friedrich Wilhelm (Werwolf-Beauftragter des Gaues Weser-Ems) 46

Lucid, Thomas (Lucas, CIA-Offizier in Pullach) 171, 189
Lunding, Hans (dänischer Geheimdienstchef) 184
Lüth, Egon Paul (BDJ-Vorsitzender) 58–64, 66 f., 70 f., 74, 79. 81, 83, 90 f., 95, 97, 99, 101, 105, 111, 114–116, 118–120
Lutz, Hans Helmut (Oberst a. D. in der Org.) 73

Maenner, Alfred (Kibitz-Agent) 124
Magenheimer, Heinz (Chefredakteur der Österreichischen Militärischen Zeitschrift) 269
Maier, Paul (Kibitz-Agent, Projekt Missouri) 121, 124
Maneck, Arno (Hessischer Landgerichtsrat) 79
Männchen, Horst (Generalmajor, Leiter der MfS-Hauptabteilung III/Funkaufklärung und Funkabwehr) 148, 237 f., 241 f., 245, 293
Marx, Dr. Georg (BDJ Kreisführer Ulm) 107
Marx, Franz (MdB SPD) 75
Mattausch, Herbert (BDJ-Instrukteur) 73
Matterhaupt, Hans-Georg (Leiter der Special-Forces-Schule des BND in Bad Aibling) 192
Matz, Helmut (BDJ-Instrukteur) 73
Mauss, Werner (Privatdetektiv) 255
May, Babette 123
McCloy, John (US-Hochkommissar) 54, 79, 125
McNamara, Robert (US-Verteidigungsminister) 240
Mende, Erich (MdB FDP) 96
Menke, Walter (BDJ-TD-Kreisleiter Bremen) 94
Menzel, Walter (Innenminister Nordrhein-Westfalens von 1946 bis 1950, SPD) 84
Menzel, Dr. Wolfgang (Gehlen-Mitarbeiter, Gründer der Gesellschaft für Auslandskunde) 86
Menzel, Gerhard (MdB SPD) 112
Mercier, Marcel (Statthalter des französischen Auslandsnachrichtendienstes SDECE in Bern) 169
Mercker, Reinhold (Leiter von BND-Untersuchungskommission) 201
Merker, Otto (Kibitz-Agent) 124
Merz (Regierungsdirektor im BfV) 59
Meyer, Hellmut (rechtsextremer Freund Heinz Lembkes) 263 f., 266–268
Meyer, Herbert (Leiter der BDJ-Bundesgeschäftsstelle in Bergedorf) 97
Meyers, Franz (Innenminister von NRW) 102 f., 106
Miethig, Hans (Kibitz-Agent) 131
Misera, Ewald (Afu der Org, Disponent in der Reichsbahndirektion) 149, 308
Mordrelle, Olivier (bretonischer Nationalist und Gründer der bretonischen Nationalpartei) 20
Mörch, P. A. (Commodore, dänischer Leiter des Thor-Netzes) 184
Morgenschweiß, Erich (Attentäter Franz Oppenhoffs) 33, 36 f.
Moritz, August (Leiter der Untervertretung Hannover der Bezirksvertretung Nord (Hamburg) der Org zugleich Doppelagent des MfS-Vorläufers Außenpolitischer Nachrichtendienst) 74
Moro, Aldo (Entführungsopfer der Roten Brigaden in Italien) 277, 344
Müller (BDJ-TD-Kreisführer in Worpswede) 95 f.
Müller, Bruno (SS-Obersturmbannführer, Werwolf-Beauftragter der Heeresgruppe Mitte) 28–30
Müller, Josef (Justizminister in Bayern) 188
Müller, Leo A. 68
Münz (BND-Mitarbeiter und Ausbilder von Schleuserteams) 194
Mütahl (BND-Stab 961 Sabotage) 314

Naumann, Manfred (Afu der Org aus Blankenburg) 149
Naumann, Peter (Komplize von Heinz Lembke) 263, 266 f., 273
Necker, Hanns-Horst von (stellvertretender Operationschef im Projekt Nadelwald des BND) 176
Nehm, Kay (persönlicher Referent Rebmanns, später Generalbundesanwalt) 274
Neiber, Gerhard (stellvertretender Minister für Staatssicherheit) 245
Neubauer (BND-Offizier SBO) 191 314
Neubauer, Gotthard (Kibitz-Agent) 124

Nilsen, Kaj (Techniker im dänischen Nachrichtendienst) 184
Nikoll, Bruno (deutscher Geheimdienstoffizier 1945) 20
Nitsche, Hans (MdB SPD) 66
Nussbaum, Konrad (Kriminaldirektor, Werwolf-Mordopfer) 46
NUSSER (BND-Stabsangehöriger) 193

Obenauer, Otto (KIBITZ-Agent) 127
Ollenhauer, Erich (SPD-Vorsitzender) 65, 79, 106
Osten, Roman (Zuarbeiter von Uwe Wehlen) 74
Otto, Hans (Stabschef des BDJ-TD) 57, 59 f., 63 f., 66, 68–70, 74, 91, 97, 108, 113, 120

Pagel, Paul (Innenminister von Schleswig-Holstein, CDU) 99 f.
Pankraz, Frank (Schweigefunker der Org in der DDR) 148
Perner, Heinrich (Werwolf-Führer für Südbaden) 45 f.
Peters, Erhard (PAULSEN, WALTER, PASK, BOCHIN, zweiter Vorsitzender des BDJ, erster Bundesführer des TD) 57 f., 60, 63, 67–70, 74–77, 83, 89 f., 105, 108, 113 f., 120, 187
PFISTER (SBO-Agent BND) 314
Pfitzner (KIBITZ-Agent) 127, 318
Pforr, Karl A. (Leiter des LKA und LfV Hessen) 88
Philipp, Joachim (PANTEN, Oberst im BND) 202, 315
Philp, William R. (Oberst, Aufsicht für Army über die Org) 157
Pichle (PINZER, SBO-Stab BND) 314
Pincher, Chapman (britischer Journalist) 291, 327
Pintscher, Rudolf (Landesleiter des BDJ-TD in Niedersachsen) 92
Pitowranow, Jewgenij Petrowitsch (Generalleutnant, Leiter der KGB-Residentur in Berlin-Karlshorst) 147
Pohl, Leon (Verbindungsoffizier der Sureté zum BfV) 186
Praun, Albert (SCHWARZ, Leiter der Fernmeldeaufklärung des BND) 147, 151
Preuß, Ernst (Afu der Org aus Frankfurt/Oder) 149
Prince, Hanson von (BDJ-Kreisleiter von Ahrensburg) 99
Prittwitz-Gaffron, Heinrich (Sonderverbindung der Org, Gründer der Gesellschaft für Auslandskunde) 86
Prützmann, Hans-Adolf (SS-Obergruppenführer, Generalinspekteur für Spezialabwehr beim Reichsführer SS, Leiter der Werwolf-Organisation) 22–25, 28, 30–32, 35, 43

Rademacher, Rudolf (TD-Landesleiter Hessen) 90
Rahäuser, Kurt (HJ-Bannführer und Leiter eines Werwolf-Trupps) 46
Rall, Günther (Inspekteur der Luftwaffe) 210
Range, Harald (Generalbundesanwalt) 272, 276
Raschendorfer, Kurt (KIBITZ-Agent) 124
Reber, Jürgen (MfS-Offizier) 321
Reber, Samuel (Stellvertreter des amerikanischen Hochkommissars) 65, 78, 89
Rebmann, Kurt (Generalbundesanwalt) 13, 248 f., 256, 262, 267 f., 274
Rebmann, Regine (Tochter von Kurt Rebmann) 274
Reemtsma, Philipp F. (Freund Egon Paul Lüths) 60, 62
Reich, Werner (KIBITZ-Agent) 127
Reichert, Rüdiger von (stellvertretender Generalinspekteur der Bundeswehr, Generalleutnant) 221
Reinhardt, Bodo (ehem. BDJ-Landesführer Hessen) 74
Reiss, Karl (KIBITZ-Agent) 126, 131
Renger, Annemarie (Assistentin von SPD-Chef Schumacher) 84
Renner, Max (MdB KPD) 59, 84
Reppening, Werner (REINER, Org-Verbindungsmann zum MI6) 174
Reschke, Irmgard (Mitarbeiterin Hans-Adolf Prützmanns) 22 f., 43
Reuter, Ruppert (KIBITZ-Agent) 126
Richtarsky, Gert (Informant des LfV Bremen im BDJ) 93
Rietdorf, Otto (Ausbilder Wald-Michelbach, Abteilungsleiter Sicherheit und stellvertretender TD-Bundesführer) 77, 97
Rittmeyer, Konrad (Fallschirmjägermajor der Bundeswehr) 315

Rnhoosey (Rekrutierungsfachmann des Hamburger TD des BDJ) 111, 116
Roeder, Manfred (rechtsextremer Chef und Gründer der Deutschen Aktionsgruppen) 254f., 262–264, 266f.
Roessler, Karl (Kibitz-Agent) 126
Rogers, Bernard W. (US-General, NATO-Oberbefehlshaber für Europa) 213, 215
Rogge, Willi (Mordopfer der Kampfgruppe Wichmann) 45
Römer, Herbert (BDJ-Bundesführer) 99, 103
RÖMER (Teamleiter des BND in der SBO)
Rüdiger, Georg (Robert, Mitglied im BDJ-TD) 90
Rues, Hans (Kibitz-Agent) 122f.

Sallaba, Helmut (BDJ-Kreisführer Sonthofen) 107
Sachs, Hans (TD-Kreisführer Frankfurt am Main) 90
Salah, Hamsi Mohamed (Barkeeper in Damaskus) 258
Sänger, Fritz (Chef der DPA) 66
Schade, Helmut (Kibitz-Agent) 124
Schäfer, Hermann (MdB FDP) 113
Scheel, Walter (Vorsitzender der FDP) 201
Scheer, Hermann (MdB SPD) 279
Schellenberg, Walter (Leiter SD-Ausland, Amt VI des RSHA) 39
Schenk, Walter (Schack, Beschaffungsleiter der Org) 159
Scheurer, Sepp (Bahnwärter in Marktschorgast) 11f.
Schipplack, Heinz (BDJ-Bundesführer) 60, 90
Schleif, Wilhelm (Kibitz-Agent) 124, 126
Schlichter, Franz (Ministerialdirektor im Bundeskanzleramt) 212
Schliefenbaum (Schleyer, SBO-Stab BND) 314
Schmalenbach, Paul (Konsulatsbeschäftigter) 96
Schmalschläger, Heinz (Major der Abwehr, Mitarbeiter der Org) 18, 52, 297
Schmidt, Karl-Heinz (Org-Agent, aufgedeckt in der Sowjetischen Besatzungszone) 147–149
Schmidt, Paul (Leiter des LfV Hessen) 58f.
Schmidt (Kibitz-Agent) 127
Schmidt, Walter (Schröder, TD-Landesführer in Bremen) 73, 93, 96, 113
Schmidt-Tragzenberg, Arnold (Leiter der Gesellschaft zur Erforschung sozialer Beziehungen) 186
Schmitz, Dr. Hans (Dr. Schneiderhahn, Leiter der Area B der Org-Gruppe 34 Rhein-Main) 166, 311
Schneider, Heinrich (Hessischer Innenminister, SPD) 88
Schnez, Albert Paul (Organisator der Soldatenselbsthilfe Süddeutschland) 132f.
Schötendank, Walter (Gorke, Kreisführer des BDJ-TD in Coburg) 107
Schott, Detlev (dritter Bundesvorsitzender des BDJ) 115
Schreckenberger, Waldemar (Chef des Bundeskanzleramts, CDU) 278
Schreieder, Josepf (SS-Sturmbannführer beim Befehlshaber der Sicherheitspolizei und des SD in Den Haag) 47
Schröder, Gerhard (MdB CDU) 62, 112
Schröer, Gottfried (Org-Agent) 149
Schrübbers, Hubert (Bundesanwalt, Präsident des BfV) 81–83
Schulze, Karl (BDJ-TD-Landesvorsitzender in Bayern) 109
Schup (BND-Stab 961 Sabotage) 314
Schwarting, Christian (BDJ-TD Spitzenfunktionär) 93f.
Schweizer, Georg Adam (Kibitz-Agent) 131
Schwenk, Helmut (Afu der Org aus Burgstädt) 149
Seelig (Leiter des SBO-Aufstellungsstabs der Org, Verwaltungschef des SBO-Bereichs) 174
Seidler, Robert (Kibitz-Agent) 124
Sennst, Karl (Kreisleiter BDJ Braunschweig) 117–120
Seravalle, Gerardo (Geheimdienstgeneral, Chef der geheimen paramilitärischen Einheit der NATO in Italien namens Gladio) 227
Seydlitz-Kurzbach, Brinkhard von (Seidel, stellvertretender Leiter der Auswertung u. Leiter der Personalabteilung des BND) 159, 309

Sick, Oscar (Mitarbeiter der Org und Afu) 150, 308
Silva, Peer de (Operativchef der CIA in Pullach) 159, 160 f., 168
Skorzeny, Otto (SS-Obersturmbannführer und Gruppenchef des Sabotage-Referats im Reichssicherheitshauptamt) 24, 32, 35, 50, 97, 132 f.
Smid, Wolbert (Sandmann, BND-Unterabteilungsleiter, verantwortlich für SBO) 214, 217, 231
Soucek, Theodor (österreichischer Nationalsozialist und Gründer einer Werwolf-Bewegung) 21
Sswat, Gerhard (Schüssler, Bundesvorstandsmitglied und Landesleiter des TD in Niedersachsen) 82, 92
Stadler (Stellvertretender Operationschef des BND bei Evasion & Escape) 175
Staldner, Fred (Vertreter der U.S. Army) 65
Stalin, Josef W. (Generalsekretär des Zentralkomitees der Kommunistischen Partei der Sowjetunion) 51, 189
Staudinger (BND-Offizier SBO) 314
Stauffenberg, Hans Christoph Freiherr Schenk von (Scheffel, Org-Verbindungsmann zum MI6) 174
Stavenhagen, Lutz (Kanzleramtsminister, CDU) 219, 228, 278–282, 287
Steedman, Bill (Repräsentant des britischen Auslandsgeheimdienstes MI6) 173
Steiner, Felix (Felix, General der Waffen-SS, Sonderverbindung der Org) 98, 109–111
Steiner, Walter (Kibitz-Agent) 126
Steinhoff, Günter (Mitglied des Hamburger BDJ-TD) 97
Stewart, Gordon M. (Deutschlandchef der CIA) 133, 172 f.
Stierle, Helmut (Kibitz-Agent) 127
Stigler, Josef (Leiter des Evasion-&-Escape-Netzes 2 des BND) 176, 312
Stirnemann, Hans-Jost (stellvertretender BDJ-Landesleiter von Hamburg) 97
Stock, Roland (MfS-Oberstleutnant von der Abteilung F/2) 243
Stoltenberg, Gerhard (Bundesminister der Verteidigung, CDU) 278
Stone, Shepard (Chef des US-Amtes für öffentliche Angelegenheiten und politischer Berater McCloys) 79
Straub, Joseph (Kibitz-Agent) 126
Strauß, Franz Josef (bayerischer Ministerpräsident, CSU) 249
Strobell, Friedrich (Landesführer des Hamburger BDJ) 91, 99
Strohmeyer, Willibald (Mordopfer einer Werwolf-Gruppe) 45
Stroop, Jürgen (SS-Gruppenführer und SS- und Polizeichef des Wehrkreises XII) 24–26, 35
Such, Manfred (MdB Die Grünen) 279 f.
Supper, Adolf (Funkoperateur der Org) 166 311
Sutton, Henry S. (Henry Selby, CIA-Offizier) 60

Tandler, Gerold (Innenminister Bayerns, CSU) 272
Tegel (SBO-Agent BND) 314
Tellkamp, Eberhard (BDJ-Kreisleiter für den Kreis Leer) 94 f.
Thielbeer, Walter (BDJ-Landesführer Hamburg) 69, 97
Thomsen (Korvettenkapitän, Verbindungsmann des dänischen Nachrichtendienstes zum BND) 184
Tint, Otto (BDJ-Kreisleiter Stuttgart) 105
Töpke, Günther (Oberstleutnant, Leitung eines dänischen SBO-Netzes) 184, 313
Topp, Richard (BDJ-TD-Landesleiter für Hamburg und Schleswig-Holstein) 82, 97, 99
Tresckow, Henning von (Wehrmachtsgeneral und Widerstandskämpfer) 173
Truman, Harry S. (US-Präsident) 51
Trumpf (BND-Sicherheitschef Nashorn) 314
Trunk, Adolph (Kibitz-Agent) 127
Truscott, Lucian K. (General, Leiter der CIA-Mission Germany) 65, 79

Uhle-Wettler, Dr. Franz (Generalleutnant, Führungsstab der Streitkräfte) 289–291
Ulrich, Fritz (Innenminister Baden-Württembergs, SPD) 104

Velden, Joseph van der (Bischof Aachens) 34
Vilalobar (Offizier des spanischen Geheimdienstes) 170
Vocke (BND-Verwaltungsleiter Nashorn) 314
Voegt, Dr. Johannes (Calamus 4, SBO-Agent der CIA in der DDR) 140
Vogel (Chef BND-SBO Nashorn-Süd) 314
Vogt, Günter (Afu der Org aus Leipzig) 149
Vogt, Helmut (BDJ-Regionalleiter in Baden-Württemberg) 105
Voigt, Helmut (BDJ-Instrukteur) 73
Volkert (SBO-Agent BND) 314
Vorderbrügge, Sibylle (Mitglied der rechten Terrororganisation Deutsche Aktionsgruppen) 262, 264, 266 f., 345

Wagner, Ernst (Sturmbannführer, Werwolf-Beauftragter im südlichen Bayern) 31
Wagner, Dr. Rudolf (Nachrichtenhändler des BDJ) 74
Wagner, Kammersänger 76
Waibel, Christian (Weber, Freischärler des BDJ-TD) 105
Waldow, Hubert von (BDJ-Kassenwart) 60
Walz, Eugen (SS-Unterscharführer und Leiter eines Werwolf-Trupps) 46
Wehlen, Uwe (Abwehrbeauftragter der »Bruderschaft«) 74
Wehner, Herbert (MdB SPD) 66, 75, 86, 93, 188, 196, 203
Weinsberg, Willi (Leiter der Hauptabteilung IV »Jugendfragen« der BDJ-Bundesführung) 63
Weissbach, Hans (Kraftfahrer für den BDJ) 72, 90
Welser (BND-Depotexperte Nashorn-Süd) 314
Wendland, Horst (Wendt, Leiter der Zentralabteilung der Org) 159, 191
Wenzel, Herbert (Attentäter Franz Oppenhoffs) 33, 36 f.
Werner, Dr. (Operationschef des BND bei Evasion & Escape) 174
Werner, Rudolf (Kempe, Abteilungsleiter 1 des BND) 153
Werthern, Thilo von (Generalvertretung B der Org) 69, 298
Wessel, Gerhard (Nachfolger Gehlens als BND-Präsident) 151, 170, 202, 208, 344
Wiechmann, Carl (Oberbundesanwalt) 81-83
Winter, August (Wollmann, General Leiter des SBO-Programms von Org und BND) 158–160, 162, 169,174
Winter, Helmut (BDJ-Landesführer Bayern) 107
Wirmer, Ernst (Ministerialdirigent im Amt Blank) 114
Wisner, Frank G. (Chef des Office of Policy Coordination der CIA) 53, 65, 79, 106, 171
Wohlan (Woermann, Fernmeldeoffizier der SBO-Luftversorgung des BND) 314
Wöllner, Eduard (Kibitz-Agent, BND-Mitarbeiter) 123 f., 166
Wörner, Manfred (Bundesminister der Verteidigung, CDU) 214, 278
Würfel, Werner (Kibitz-Agent) 127
Wurm, Heinz (Adler, BDJler) 77 f.

Zaiser, Karl (Kibitz-Agent) 124
Zeidler, Gottfried (BDJ-Landesführer in Baden-Württemberg) 104
Zens (SBO-Agentin, BND) 314
Zietlow, Fritz (BND-Agent) 74
Zimmermann, Eberhard (Verbindungsmann der Org zum britischen Nachrichtendienst) 174
Zimmermann, Werner (SBO-Agent) 118
Zinn, August Georg (Hessischer Ministerpräsident, SPD) 57, 64–67, 78-80, 82, 84–87, 119, 132, 285
Zinnkann, Heinrich (Hessischer Innenminister, SPD) 57, 88 f., 106
Zöberlein, Hans (Anführer einer Werwolf-Gruppe, Leiter des Penzberger Mordkommandos) 45 f.
Zuber, Ebrulf (Ackermann, BND-Mitarbeiter) 153

Angaben zu den Autoren

Erich Schmidt-Eenboom
1953 geboren, Studium der Pädagogik und Neueren Geschichte; seit 1985 wiss. Mitarbeiter am Forschungsinstitut für Friedenspolitik e.V. in Weilheim; seit 1990 Leiter des Instituts; zahlreiche Veröffentlichungen zu nachrichtendienstlichen Themen, darunter im Ch. Links Verlag: »Im Schatten des Dritten Reiches – Der BND und sein Agent Richard Christmann« (2011).

Ulrich Stoll
1959 geboren, Studium der Geschichte, Literatur- und Theaterwissenschaft; seit 1984 freier Journalist für den WDR (ZAK, Monitor), seit 2001 für das ZDF-Magazin Frontal 21; Autor zahlreicher TV-Dokumentationen für ARD, ZDF und ARTE sowie von zeitgeschichtlichen Büchern, darunter im Ch. Links Verlag: »Einmal Freiheit und zurück – Die Geschichte der DDR-Rückkehrer« (2009).

Danksagung

Die Autoren danken
dem Freund und Kollegen Leo A. Müller, dem Pionier der deutschen SBO-Forschung, für die Überlassung seines reichhaltigen Recherche-Materials;
Susan Strange für die stets zuverlässigen Recherchen in der National Archive and Record Administration in Maryland, USA;
Dr. Andreas Elbach, dem Leiter des BND-Referats Archivwesen, für die zügige und unkomplizierte Freigabe der einschlägigen BND-Akten;
Dr. Bodo Hechelhammer, dem Leiter der Forschungs- und Arbeitsgruppe Geschichte des BND, für die Zugänge zu Zeitzeugen und Dokumenten;
Ulla Jelpke, MdB Die Linke, und Hans-Christian Ströbele, MdB Bündnis 90/Die Grünen, sowie ihren Fraktionskolleginnen und -kollegen für unermüdliche parlamentarische Anfragen an die Bundesregierung zu Stay Behind;
Diethild Lembke-Blümmel für Informationen über ihren Vater Heinz Lembke;
Jörg Schmidt für sein sorgfältiges Lektorat, das unsere Texte verständlicher und lesenswerter gestaltet hat, sowie diversen Informantinnen und Informanten, die anonym bleiben müssen und uns wichtige Hinweise zu Stay Behind gaben.